中国产业研究报告·物流与采购

·中国物流与采购联合会系列报告·

中国物流学术前沿报告

2011—2012

中国物流学会
China Society of Logistics
中国物流与采购联合会
China Federation of Logistics & Purchasing

China Logistics Academy Frontier Report (2011-2012)

中国物资出版社
China Logistics Publishing House

图书在版编目（CIP）数据

中国物流学术前沿报告.2011—2012／中国物流学会，中国物流与采购联合会主编.—北京：中国物资出版社，2011.11

ISBN 978-7-5047-4022-9

Ⅰ.①中… Ⅱ.①中… ②中… Ⅲ.①物流-研究报告-中国-2011~2012 Ⅳ.①F259.22

中国版本图书馆CIP数据核字（2011）第209339号

策划编辑	王佳蕾	**责任印制**	何崇杭
责任编辑	王佳蕾	**责任校对**	孙会香　杨小静　梁　凡

出版发行	中国物资出版社		
社　　址	北京市丰台区南四环西路188号5区20号楼	**邮政编码**	100070
电　　话	010-52227568（发行部）		010-52227588转307（总编室）
	010-68589540（读者服务部）		010-52227588转305（质检部）
网　　址	http：//www.clph.cn		
经　　销	新华书店		
印　　刷	中国农业出版社印刷厂		
书　　号	ISBN 978-7-5047-4022-9/F·1593		
开　　本	787mm×1092mm　1/16		
印　　张	30.75	**版　　次**	2011年11月第1版
字　　数	728千字	**印　　次**	2011年11月第1次印刷
印　　数	0001—2000册	**定　　价**	160.00元

《中国物流学术前沿报告》（2011—2012）

编　委　会

《中国物流学术前沿报告》（2011—2012）

编 辑 人 员

主　　编：贺登才

成　　员：周志成　黄　萍

联系方式：

联合会研究室：010－58566588 转 133、135、132

网　　址：中国物流与采购网（www.chinawuliu.com.cn）

电子信箱：yanjiushibj@vip.163.com

前　言

在第十次中国物流学术年会召开之际，精选年会优秀论文编辑而成的《中国物流学术前沿报告》（以下简称《报告》）再次与大家见面了。2011 年，是中国物流与采购联合会成立 10 周年，也是中国物流学术年会创立 10 周年。经过 10 年发展，年会已成为我国物流业界“产学研结合、国内外交流”的年度盛会，物流理论与实践工作者交流和合作的重要平台。《报告》精选历年中国物流学术年会征文的优秀成果，至今已经连续出版七本，展示了我国物流学术研究的前沿性成果。

即将过去的 2011 年，也是我国物流业政策环境进一步改善的一年。3 月，全国人大十一届四次会议审议通过的《“十二五”规划纲要》，再次突出强调“大力发展现代物流业”。6 月，温家宝总理主持召开国务院常务会议，专题研究支持物流业发展的政策措施。8 月，根据国务院常务会议精神，《国务院办公厅关于促进物流业健康发展政策措施的意见》（“国九条”）出台。政策环境的改善，为“十二五”期间我国现代物流服务体系建设奠定了坚实基础，也对物流理论和实践工作提出了新的要求。

在新的形势下，中国物流学会将团结广大会员和有志于从事中国物流事业的各界人士，深入贯彻国务院《物流业调整和振兴规划》和“国九条”，全面提升政策和理论研究水平，加快引导和集聚优秀人才，致力于建设我国物流业发展的首选智库。中国物流学术年会举办以来，参评论文规模不断扩大，质量稳步提高，影响力越来越大。第十次中国物流学术年会参评论文总数达 908 篇，出自全国 25 个省市自治区近 2000 位作者。其中部分成果获得了国家和省级科研经费资助，某些领域的研究居于国内或国际领先水平。经评审，共评选出获奖论文 321 篇，其中一等奖 15 篇，二等奖 27 篇，三等奖 91 篇，优秀奖 188 篇。这些论文选题紧扣行业发展需要，注重实用性和创新性相统一，具有一定的前瞻性和广泛的代表性。

作为中国物流学术年会的交流材料，本书精选其中的 38 篇获奖论文，征得作者同意，结集成册。全书分为物流经济篇、物流管理篇、供应链管理篇和物流技术与工程篇四个篇章。参照历年惯例，在本书附录中，收录第十次中国物流学术年会获奖论文名单及上海海事大学物流情报研究所提供的“2011 年物流文献检索”，以备读者查询。本书也可为物流相关院校、企业、园区、协会，以及所有热心物流研究的人士提供学习参考。

当前，我国正处于全面建设小康社会的关键时期，是现代物流服务体系建设的重要阶段。经济社会和物流实践的发展，对学会工作提出了新的要求。下一阶段，我们将继续深入开展调查研究，积极推动政策研究转化为政策措施，应用研究转化为实际运用效果，基础研究转化为学科体系建设的核心内容。努力创新研究思路和方法，团结各方面物流专家和人才，积极引导物流理论创新、管理创新和技术创新，共同建立有中国特色的物流学术理论研究创新体制。务实推进政产学研结合，继续做好产学研基地的组织开发工作，开拓产学研结合思路，创新产学研结合模式，积极推进学术研究与产业发展对接。做好专业教育与培训，培养高素质物流人才。深化国际交流与合作，扩大学会国际影响力。不断加强制度建设，进一步增强学会凝聚力。

《中国物流学术前沿报告》的出版，得到了各地物流研究、教学机构及相关企事业单位的关注和支持。特别是作者朋友积极参与征文活动，各位评委认真参加评审工作，上海海事大学物流情报研究所每年提供目录查询和科技查新服务。在此，我们向参评论文作者、各位评委以及所有关心、支持和参与本书编辑出版的各方面人士表示衷心的感谢！同时，我们也深知，我国物流学术理论研究水平与实际需求还有较大差距，物流研究的基础理论体系尚未形成，应用成果亟待推广。由于时间和篇幅所限，还有许多优秀成果尚未编入本书，入选论文也缺乏精细的编辑。对于本书的不足，恳请读者提出宝贵意见和建议。

2011 年是“十二五”规划的第一年，我国物流业发展面临着新的机遇和挑战。中国物流学会将继续团结广大物流理论和实践工作者，聚人才、上水平、求实效，努力把学会建设成为“中国物流首选智库”，谱写中国物流学会工作的新篇章！

编　者

2011 年 10 月

目　录

供应链管理

物流技术与工程

附　录

物流经济

空间经济学视角下的物流业集聚及其影响因素研究*

——中国31个省市的经验证据

钟祖昌

摘　要：本文首先利用区位熵理论分析了我国31个省市物流产业集聚状况，接着将区域空间相关性纳入到物流产业集聚影响因素分析模型中，并利用31个省市的相关数据进行了实证研究。结果表明，我国物流产业集聚在省域之间有较强的空间相关性和正的空间溢出效应。区域经济发展水平对物流业集聚促进作用明显；政府干预程度在初期对物流业集聚有显著负效应，但随着时间的推移负效应逐渐减弱；FDI对物流业集聚的作用有一个消化吸收的过程；市场化进程对物流业集聚存在负影响；基础设施水平对物流业集聚影响并不显著。

关键词：物流产业集聚　空间相关　空间计量

一、引言

随着经济全球化和信息技术的迅速发展，企业生产资料获取与产品经营范围不断扩大，企业与企业之间的竞争正在演变为物流与供应链的竞争，被称为“第三利润源泉”现代物流业越来越被企业和社会所重视。2010年，全国社会物流总额达125.4万亿元，比2000年增长5.86倍，年均增长22.9%；物流业实现增加值2.7万亿元，比2000年增长2.56倍，年均增长13.54%。同时，现代物流管理理念、方法和技术的广泛应用，使得传统运输、仓储、货代企业实行功能整合和服务延伸，加快向现代物流企业转型；一批新型的物流企业迅速成长，形成了多种所有制、多种服务模式、多层次的物流企业群体。当工业园区、高新技术园区的集聚效应日益显现的时候，以第三方物流企业为主体的现代物流业也出现了集中布局物流相关设施的物流集聚区，物流产业集聚对降低企业交易成本，减少资本投入，扩大市场规模，提高竞争优势，减少

* 基金项目：本研究成果得到国家自然科学基金“区域一体化、生产率增长与地区经济协调发展研究”（编号：71003111）、广东省哲学社科“十一五”规划课题（项目编号：090－24）、广州市哲学社科“十一五”规划课题（项目编号：08Y35）资助。

作者简介：钟祖昌，男，畲族，福建永泰县人，广东外语外贸大学国际工商管理学院，副教授，经济学博士，主要研究方向：知识管理、供应链管理、国际物流管理。

风险和不确定性等因素均发挥着重要作用，物流产业集聚正在成为区域经济增长的新引擎。那么当前我国的物流产业集聚程度如何？各省市之间物流产业集聚有何差异？在考虑空间经济外溢的条件下，我国各省市物流产业集聚的空间相关性如何？有哪些因素促进了我国省域物流产业集聚，这些因素在不同时期对物流产业集聚又有何不同的作用？本文首次将空间经济计量方法引入物流业集聚影响因素分析框架中，构建物流产业集聚影响因素的空间计量模型，试图揭示我国省域物流产业集聚的空间依赖性和地区差异性，以期为政府部门制定区域物流合理布局和发展政策提供决策参考。

二、文献回顾

对于产业集聚的研究目前已经达到比较成熟的阶段，但现有的研究主要集中于制造业领域，随着世界经济从“工业经济”向“服务经济”转变以及社会分工的不断细化，服务业特别是生产性服务业通过外包形式逐渐从原来制造业职能中分离出来，使得生产性服务业的集聚效应凸显，而物流业是生产性服务业的重要组成部分，物流业与制造业的联动正逐渐成为区域经济发展的关键。目前国内外关于物流产业集聚的研究尚处于起步阶段，大部分学者基本上是通过借鉴制造业集聚的研究思路和方法来分析物流产业集聚。李兰冰（2007）认为物流产业集群是物流产业发展的必然趋势，是制造业与物流联动的基础性保障，信任机制是物流产业集群形成与发展的重要动力机制之一。熊浩、鄢慧丽（2007）探讨了物流产业集群形成的条件及其发展的模式，并提出了促进物流产业集群发展的一些建议，为如何使物流园区成为名副其实的物流功能集聚区、经济功能协调区提供参考。王兰超（2008）从分析物流业 FDI 的特点和性质入手，根据全球和我国物流业 FDI 的现状，对物流业 FDI 的产业结构效应进行了深入探讨和分析。李尹松等（2008）分析了物流产业集聚形成的条件，同时，根据经济学产业分析中的钻石模型分析框架，提出了对物流产业集聚的形成有重要影响的因素，并对各影响因素和影响因素间的关系进行了深入地分析。马丽（2008）根据物流产业集群的特殊性，从宏观和微观两个维度，政府、环境、市场及集群网络四个方面探讨了物流产业集聚的影响因素。张智勇等（2009）基于复杂系统涌现性机理，对物流产业集群及服务创新进行了分析，指出物流产业集群涌现性的强弱与其服务创新能力及核心竞争力的高低成正比，并提出物流产业集群创新模型。王珍珍等（2009）基于1998—2007 年 31 个省级面板数据计算了我国的物流产业集聚度指数，在此基础上分析了我国物流产业集聚度的利益来源以及物流产业集聚度对工业增加值的影响。马丽（2010）以物流产业集群效应为出发点，分析了物流产业集群的特征，探讨了物流产业集群的类型，并对不同类型的产业集群的形成因素进行了分析。

综合国内外相关文献，可以看出，目前关于物流业集聚的研究基本上还是围绕集聚现象的定性分析，而在定量分析方面，只是对部分省份的物流产业集聚度进行度量，并没有揭露不同省份之间的物流产业集聚度的差异、导致这种差异的深层次原因。在研究方法上主要采用理论推断和描述性分析，尤其是描述性的统计分析方法应用比较普遍，深入的理论分析和定量实证研究还比较少，同时，现有的研究未将物流产业集聚的空间相关性和异质性纳入实证研究中。物流产业集聚本身是一种产业演化过程中的地理空间现象，具有极强的空间相关性，不同地区的空间差异非常明显，采用传统的回归方法来解释物流产业集聚现象往往会掩盖这种十分显著的空间差异。本文正是基于此，在纳入空间效应的基础上，从区域演化角度建立物流产业集聚影响因素分析框架，以1998—2008年省际面板数据为基础，对我国31个省际物流产业集聚影响因素进行空间计量分析，从而揭示物流产业集聚的内在机理。

本文结构：第二部分为文献综述，第三部分以区位熵为测度指标对我国31个省市的物流产业集聚现状进行了统计性描述和比较分析；第四部分在第三部分的基础上，综合新经济地理学和新古典经济学理论提出一个有关解释中国物流业集聚成因的分析框架模型；第五部分计量模型、变量选取及数据选择；第六部分是计量结果分析；第七部分为研究结论和建议。

三、我国物流业集聚特征分析

关于产业集聚的度量的方法较多，常用的区位熵、集中系数、空间基尼系数和产业地理集中指数等指标，考虑到物流产业的特性，本文选择区位熵系数（*LQ*）来测算我国物流产业的区域集聚程度。区位熵是衡量产业专业化的重要指标，可充分比较不同地区物流产业集聚程度，确定该地区物流产业集聚状况在全国所处的位置。计算公式如下：

$$LQ_i = \frac{e_i/e}{E_i/E} \tag{1}$$

其中，e_i 为 i 地区的物流产业从业人员数，e 为 i 地区的所有产业的从业人员数，E_i 为全国的物流产业从业人员数，E 为全国所有产业的从业人员数。如果该系数大于1.25，说明该地区物流产业在当地具有较为明显的比较优势，表现为高度集聚；如果该系数介于1～1.25，说明该地区产业处于一般集聚，规模较大，专业化程度较强；如果该系数小于1，说明该地区产业缺乏集聚，专业化程度较弱。

基于数据的可得性和实证研究的需要，本文使用的样本为1998—2008年中国31个地区物流业的从业人员数据。数据来源于《中国统计年鉴》（1999—2009）、各地区统计年鉴（1999—2009）。由于目前各国统计的产业分类体系中没有“物流产业”，从各年我国物流业增加值统计中交通运输、仓储和邮政业占到了物流业增加值总量的80%以上，能够基本上代表我国物流产业的基本情况。因此本文界定物流业包括：货物运输业、仓储业和邮政业三个部门。根据公式（1）计算结果如表1所示：

表1　中国物流业区位熵测算结果

	1998	2000	2002	2003	2004	2005	2006	2007	2008
北京	0.811	0.753	0.702	0.828	0.992	1.118	1.256	1.370	1.403
天津	1.167	1.109	1.236	1.117	1.179	1.155	1.201	1.199	1.294
河北	0.916	0.908	0.957	1.038	1.133	1.140	1.092	1.057	1.088

续 表

	1998	2000	2002	2003	2004	2005	2006	2007	2008
山西	1.042	1.087	1.092	1.042	1.060	1.049	1.099	1.037	1.013
内蒙古	1.166	1.215	1.246	1.329	1.305	1.355	1.329	1.414	1.481
辽宁	1.100	1.134	1.119	1.581	1.652	1.769	1.745	2.051	2.025
吉林	1.162	1.231	1.311	1.547	1.399	1.370	1.527	1.528	1.480
黑龙江	1.029	1.123	1.131	1.318	1.327	1.322	1.365	1.389	1.333
上海	1.187	1.216	1.168	1.142	1.134	1.188	1.251	1.276	1.411
江苏	1.115	1.079	1.027	0.759	0.721	0.678	0.669	0.638	0.653
浙江	1.014	0.966	0.924	0.706	0.672	0.675	0.636	0.576	0.582
安徽	0.963	0.935	0.893	1.100	1.113	1.138	1.120	1.085	1.005
福建	0.810	0.801	0.710	0.621	0.651	0.638	0.632	0.591	0.619
江西	1.020	1.049	1.105	1.062	1.030	1.089	1.089	1.069	1.090
山东	0.728	0.727	0.714	0.725	0.732	0.702	0.726	0.764	0.785
河南	0.875	0.892	0.891	1.062	1.096	1.081	1.025	1.017	0.918
湖北	1.101	1.120	1.179	1.266	1.206	1.202	1.165	1.262	1.241
湖南	1.033	1.084	1.134	1.111	0.987	0.962	0.977	0.958	0.897
广东	1.087	1.060	1.017	0.722	0.708	0.700	0.763	0.731	0.759
广西	1.023	1.013	1.149	1.288	1.296	1.361	1.438	1.429	1.415
海南	0.824	0.840	0.895	1.093	1.185	1.244	1.213	1.063	1.323
重庆	1.265	1.259	1.249	1.015	1.062	1.053	1.126	1.046	1.036
四川	0.863	0.846	0.845	0.843	0.868	0.905	0.869	0.904	0.865
贵州	0.850	0.802	0.786	0.913	0.891	0.905	0.884	0.894	0.962
云南	1.068	1.061	1.133	1.007	0.944	1.007	0.889	0.779	0.798
西藏	1.728	1.172	1.280	0.898	0.827	0.843	0.826	0.816	0.735
陕西	1.144	1.119	1.103	1.010	1.009	0.950	0.912	0.952	0.913
甘肃	1.008	1.001	1.132	0.957	0.972	0.996	0.980	0.897	0.912
青海	1.159	1.317	1.428	1.055	1.228	1.056	1.220	1.210	1.195
宁夏	0.809	0.899	1.011	0.941	0.911	0.891	0.804	0.716	0.859
新疆	0.808	0.763	0.732	0.968	1.049	1.102	1.089	1.074	1.086

从表1可以看出，总体上来看，1998—2008年，我国各省物流业的区位熵具有明显的波动性，在这种波动性的变化中，有的省份是从没有专业化优势变为具有专业化优势，也即物流业区位熵从小于1变为大于1，如北京、海南、新疆；有的省份则是逐渐失去专业化优势，也即物流业区位熵从大于1变为小于1或区位熵下降趋势明显，如广东、江苏、浙江、云南、西藏、湖南、陕西、甘肃；有一些省份的物流业区位熵基本上始终小于1，不具有专业化优势，如河北、山东、安徽、福建、四川、贵州、宁夏。还有一些省份的物流业区位熵始终大于1，具有较大的专业化优势，如天津、山西、内蒙古、辽宁、吉林、上海、广西、重庆、黑龙江、江西、青海等。各省市物流业集聚程度的变化反映了各省市经济结构调整、产业结构的变动、物流基础设施投入差异及政府对物流业发展的支持力度的不同。从2008年的区位熵测算结果来看，各地区物流产业集聚存在明显差异，物流业集聚指数大于1.25的有北京、上海、内蒙古、辽宁、吉林、黑龙江、广西、海南、天津，辽宁、吉林、黑龙江依托于振兴东北老工业基地战略，制造业水平明显提高，从而带动物流产业的快速发展，集聚优势明显，上海主要凭借其良好的区位优势、人才优势、市场优势、国际航运中心辐射效应及先进的基础设施水平，形成依托主导产业的集聚、城市高消费及交通枢纽与进出口港成的物流产业集聚。北京物流业集聚程度仅次于上海，以北京奥运会为契机，近年来北京市的物流园区建设步伐不断加快，物流业的集聚态势日益增强，主要是依托主导制造产业的集聚、城市高消费和交通枢纽形成的物流产业集聚。而浙江、福建、江苏的物流业集聚程度最低，主要是依托工业行业集聚和较高的社会消费的物流产业集聚。物流产业高度集聚的省份占29.03%，一般集聚的省份占29.03%，缺乏集聚的省份占41.94%。这说明虽然近来年我国物流业发展迅速，但大部分省份的物流产业的集聚水平还较低，物流业与制造业联动效果不显著，究其原因，主要有：一是计划经济时期形成的商业、物资、粮食、供销、外贸等系统自办储运的状况仍然没有得到根本改变；二是企业物流外包意识淡薄，大部分工业企业和商业企业仍旧倾向于自建物流体系，导致第三方物流发展较为缓慢，整个社会的物流资源得不到有效整合；三是各区域物流业协调机制的作用没有得到应有的发挥，物流市场条块分割现象仍十分严重，各地区物流基础设施建设方面存在重复建设，造成资源的严重浪费。因此，加大对我国及各省市物流产业的重组力度，整合社会物流资源，合理布局物流产业，提升物流业的规模效应是当务之急。

四、物流产业集聚影响因素的理论分析与模型设定

（一）物流产业集聚影响因素的理论框架

目前关于物流产业集聚还没有形成一个完整的理论分析框架，大多数研究仍然停留在围绕物流业集聚的动因及形成机理的研究阶段。本文在综合新古典经济学、制度经济学、空间经济学等理论的基础上，结合我国物流产业集聚特征分析结果，提出一个“市场—基础设施—制度—对外开放”的四维分析框架，作为分析我国物流产业集聚影响因素的理论框架，具体如图1所示。

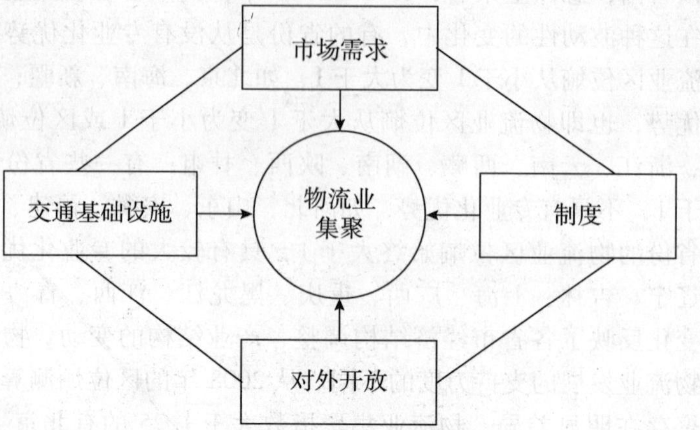

图1　物流业集聚动因分析框架

1. 基于市场因素

（1）物流市场需求。物流需求是在生产和流通活动中间接形成的引致需求，由于物流活动日益渗透到生产、流通、消费整个社会经济活动过程之中，与社会经济的发展存在着密切的联系，是社会经济活动的重要组成部分，社会经济发展是影响物流需求的主要因素。随着制造业集聚趋势的加强，也就意味着物流需求在不断集中，必然会导致越来越多的物流服务提供商集中在物流需求地周围，为物流需求者提供快捷、便利的服务，这就导致了物流产业的集聚。

（2）社会分工专业化。首先是产业间的分工。制造企业或流通企业通过将非核心的物流业务剥离出去交由专门的第三方物流企业来运作，不仅可以有效降低物流成本，提高企业的核心竞争力，也能够提高服务水平，促进交易的产生，为物流产业带来需求，导致物流企业的集中。其次是产业内的分工。物流产业具有较长的价值链，需要多个环节的有机结合形成最终的物流服务产品。已有的研究表明，在一定地域内存在较多物流企业的集聚和物流企业之间专业化分工协作体系，是物流产业高级化发展的最基本必备条件。区域经济的发展会加快社会分工的细化与深化，促使产业间企业进行合作，以发挥其核心竞争力，降低成本，从而促进物流产业集聚的形成。

假设1：区域经济发展与物流业集聚程度呈正相关关系。

2. 基于基础设施因素

物流活动中，最重要的环节之一就是运输，运输的便利性、运输成本的高低直接受着交通环境的影响。因此，机场、公路交汇处、港口等交通货运枢纽所在区域最容易吸引物流企业入驻，从而推动物流产业集聚的形成。本文认为交通基础设施可在以下三个主要方面带动物流业集聚的形成：①交通基础设施的发展有利于促进和扩大区域间要素的流动，提高物流运作中资源配置的效率，从而推动物流产业集聚的形成。②交通基础设施的发展有利于区域通达性的提高和运输成本的不断降低，提高周边区域经济的技术效率，从而推动物流业技术效率的提高和集聚的形成。③交通基础设施的发展有利于区域经济规模效率的提高，区域经济的集聚效应和辐射效应会得到增强。

综上所述，交通基础设施将从技术水平、技术效率、配置效率和规模效率等方面对物流业的集聚产生影响。

假设2：基础设施水平与物流业集聚呈现正相关关系。

3. 基于制度因素

产业集聚程度往往与制度因素密切相关，从物流业发展来看，政府通过物流业政策的制定，规范物流市场行为，建立物流服务标准及行业规范，将阻碍物流运营的各类不符合市场竞争原则、违反国家法律法规规定的地方保护、行业垄断等政策逐步废除，为物流业发展提供良好的发展环境，从而促进物流产业聚集的形成。同时，在目前中国以 GDP 为主的官员绩效考核体系下，许多地方政府更倾向于通过税收优惠等方式吸引国内和国外资本以及通过采取扶持部分具有比较优势的产业，从而拉动地方经济发展，这也在一定程度上促进了物流业的集聚。因此，较大的政府规模往往具有较强的行政干预能力，如通过设立各种物流园区和物流基地促进物流产业集聚，进而提升当地经济能力，以此作为自身晋级的资本，所以说，从短期来看，政府干预对物流业集聚有着显著的正效应，但随着物流产业的不断发展，政府干预所带来的负效应会逐渐显现。因此有：

假设3：政府干预在物流业发展的初期具有正效应，但随着时间的推移负效应会逐步显现。

4. 基于对外开放因素

我们着重分析 FDI 的进入对物流产业集聚的影响，林巍（2007）认为，初始的 FDI 降低了一个区域的投资成本与市场风险，从而使得产业在当地逐步积累，最终形成产业集群。从物流业发展角度来看，FDI 的进入发展了现代物流所必须的基础设施和公共信息平台，打破了部门、行业分割，通过横向联合或重组，充分发挥整体功能优势，彻底改变以前单一的商品储存功能，向综合型物流发展，逐步形成集储存、流通加工、配送、信息服务于一体的多功能物流服务体系，同时通过外资物流企业的示范效应和技术外溢效应，推动物流产业集群内技术水平的提升。总之，FDI 不但为东道国的物流业带来先进的技术和管理经验，而且通过技术和行业竞争方式提高了国内物流企业的生产率，商品的跨界流动促进了技术扩散，而参与世界市场竞争的压力将迫使国内企业进行降低成本的创新，从而推动物流产业的集聚。

假设4：对外开放水平的提高对物流业集聚具有正效应。

（二）变量选择及模型设定

根据以上理论假说，本文的线性模型形式设定如下：

$$LQ_i = \beta_0 + \beta_1 RJGDP + \beta_2 MARKET + \beta_3 GOV + \beta_4 FDI + \beta_5 ROAD + \mu_i \qquad (2)$$

式（2）中，β 为回归参数，i 为 1，2，…，31 个省域。被解释变量 LQ 是利用区位熵系数衡量的我国 31 个省份的物流产业集聚程度。*RJGDP* 表示区域经济发展水平，用人均 GDP 来衡量；*MARKET* 表示市场化程度，用非国有单位职工所占的比重来衡量；*GOV* 表示政府干预，用财政支出占 GDP 的比重来衡量；*FDI* 表示对外开放程度，用 *FDI* 占 GDP 的比重来衡量；*ROAD* 表示基础设施水平，用单位国土面积上的公路运输和铁路运输公里数来表示。μ 为随机误差项。

基于数据的可得性和实证研究的需要，本文使用的样本为1998—2008年中国31个地区（省、自治区、直辖市）的横截面数据。数据来源于《中国统计年鉴》（1999—2009）、各地区统计年鉴（1999—2009）。实证研究主要借助于Geoda0. 9. 1软件来完成。

五、空间计量方法

（一）空间全局自相关性

全局Moran指数是用来测量空间相关性的全局指标，反映的是空间邻接或空间邻近区域决策单元属性值的相似程度，度量区域决策单元的集聚效应。其计算公式如下：

$$Moran's\ I = \frac{\sum_{i=1}^{n}\sum_{j=1}^{n} W_{ij}(Y_j - \bar{Y})}{S^2 \sum_{i=1}^{n}\sum_{j=1}^{n} W_{ij}} \tag{3}$$

其中，$S^2 = \sum_{i=1}^{n}(Y_i - \bar{Y})/n$，$\bar{Y} = \sum_{i=1}^{n} Y_i/n$，$Y_i$ 表示第 i 个地区的观测值，n 为地区总数，W_{ij}为二进制的邻接空间权重矩阵。一般标准的 W_{ij} 为：

$$W_{ij} = \begin{vmatrix} 1 & 当区域\ i\ 和区域\ j\ 相邻 \\ 0 & 当区域\ i\ 和区域\ j\ 不相邻 \end{vmatrix} \tag{4}$$

Moran's I指数可看做是各地区属性值的乘积和，其取值范围在［-1，1］之间，如果各地区间的经济活动为空间正相关，其数值会比较大，反之则较小。

根据Moran's I指数的计算结果，可采用标准正态分布假设检验 n 个区域是否存在空间自相关关系，其标准化格式为：

$$Z(I) = \frac{Moran's\ I - E(I)}{\sqrt{VAR(I)}} \tag{5}$$

根据空间数据分布可以计算正态分布Moran's I指数的期望值及方差为：$E_n(I) = -\frac{1}{n-1}$，$VAR_n(I) = \frac{n^2 w_1 + nm_2 + 3w_0^2}{w_0^2(n^2-1)} - E_n^2(I)$，其中，$w_0 = \sum_{i=1}^{n}\sum_{j=1}^{n} w_{ij}$，$w_0^2 = \sum_{i=1}^{n}(w_{i.} + w_{.j})^2$，$w_{i.}$ 和 $w_{.j}$ 分别为空间权值矩阵中 i 行和 j 列之和。因此，可以根据 Z 值的大小判断区域观测值是否存在空间自相关性：①当 Z 值大于零且显著时，表明区域观测值存在正的空间自相关；②当 Z 值小于零且显著时，表明区域观测值存在负的空间自相关，表现为空间异质性；③当 Z 值等于零时，观测值呈随机分布。

经济地理学者认为，一个地区的物流业发展必然受到当地经济发展水平、基础设施状况、市场化进程、对外开放程度、制度条件等环境因素的综合影响。因此，物流业发展应具有在特定地区聚集的空间分布特征，这就是所谓的空间依赖或空间相关性。

（二）空间计量模型

1. 空间滞后模型

$$Y = \rho WY + X\beta + \varepsilon$$

其中，Y 为被解释变量，X 为外生解释变量矩阵，ρ 为空间自回归参数，反映了样本预测值中的空间依赖作用，即相邻区域的观测值对本地区观测值的影响方向和程度，

W 为空间权值矩阵，WY 为空间滞后因变量，ε 为随机误差项。

2. 空间误差模型

$$Y = X\beta + \varepsilon$$

$$\varepsilon = \lambda W\varepsilon + \mu$$

其中，ε 为随机误差项，λ 为 $n \times 1$ 的截面因变量向量的空间误差系数，μ 为服从正态分布的随机误差向量。参数 λ 衡量样本观测值中的空间依赖作用，即相邻区域的观测值对本地区观测值的影响方向和程度。SEM 的空间依赖作用存在于随机误差项中，度量了邻接地区关于因变量的误差冲击对本地区观测值的影响程度。

（三）空间自相关检验及 SLM、SEM 选择

判断地区间物流产业集聚的空间相关性是否存在，一般通过包括 Moran's I 检验、两个拉格朗日期乘数形式 LMERR、LMLAG 及其稳健形式 R－LMERR、R－LMLAG 等来进行，由于事先无法根据先验判断在 SLM 和 SEM 模型中是否存在空间依赖性，有必要构建一种判断准则，以决定哪种空间模型更加符合客观实际。Anselin 和 Florax 提出了如下判断准则：如果空间依赖性的检验中发现，LMLAG 较之 LMERR 在统计上更显著，且 R－LMLAG 显著而 R－LMERR 不显著，则可以断定适合的模型是空间滞后模型；相反，如果 LMERR 比 LMLAG 在统计上更显著，且 R－LMERR 显著而 R－LMLAG 不显著，则可以断定空间误差模型更合适。

六、实证结果分析

1. 物流业集聚空间自相关性

利用 1998—2008 年中国 31 个省市的物流业集聚值，运用 GeoDa 软件计算 Moran's I 指数，其中，空间权重矩阵采用“邻接”空间权重矩阵（W），计算结果见表 2。

表 2　　中国 31 个省市物流业集聚 Moran's I 指数及其 Z 值

年　份	Moran's I	标准差 Sd	正态性统计量 Z
1998	0. 4311	0. 122	3. 8066
1999	0. 3955	0. 1187	3. 6125
2000	0. 3504	0. 116	3. 3078
2001	0. 4388	0. 1189	3. 9706
2002	0. 2952	0. 121	2. 7149
2003	0. 223	0. 1168	2. 1943
2004	0. 2435	0. 113	2. 4496
2005	0. 2348	0. 1111	2. 4131
2006	0. 273	0. 1198	2. 5568
2007	0. 2406	0. 1145	2. 3921
2008	0. 267	0. 1139	2. 6365

由表 2 可知，Moran's I 的正态统计量 Z 值均大于正态分布函数在 0.05 显著性水平下的临界值，这表明我国 31 个省域物流产业集聚现象在空间上具有明显的正自相关关系（即空间依赖性）。这表明我国省域物流业发展在空间上并不是随机分布的，而是表现出物流业集聚相似的地区一直趋于空间集聚，高度集聚省市趋于集聚，落后省市也趋于集聚，具有显著的“马太效应”特征。也就是说，具有较高物流业集聚程度的省市相对地趋于和较高集聚程度的省区相邻近，或者物流业集聚程度较低的省市相对地趋于和较低集聚程度的省市相邻近。因此，从整体上来看，我国省域之间的物流业发展存在较为明显的空间自相关性。

为进一步分析我国省域物流产业发展的空间集聚特征，本文给出了 2008 年我国 31 个省市的局域 Moran's I 指数散点图，如图 2 所示。

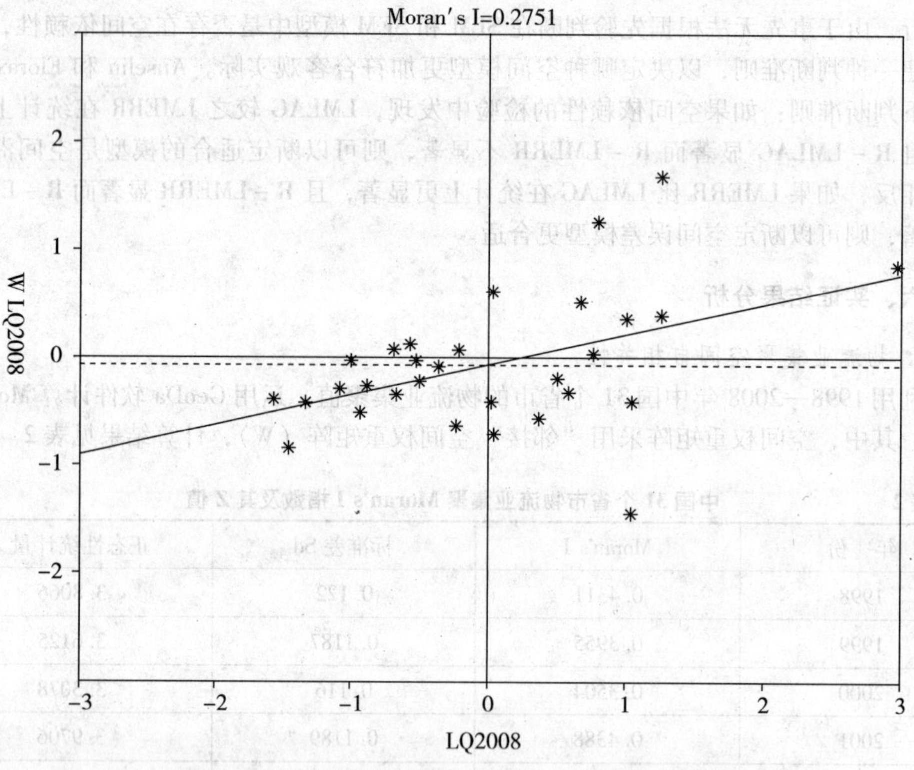

图 2　我国省域物流业集聚度的 Moran's 指数散点图

从图 2 和表 3 可以看出，各个省市物流产业发展可分为 4 种空间相关模式：图的右上方的第 1 象限，表示物流业高增长的地区被高增长的其他地区所包围（HH）；左上方的第 2 象限，表示物流业低增长的地区被高增长的其他地区所包围（LH）；左下方的第 3 象限，表示物流业低增长的地区被低增长的其他地区所包围（LL）；右下方的第 4 象限，表示物流业高增长的地区被低增长的其他地区所包围（HL），第 1、第 3 象限正的空间自相关关系表示相似观测值之间的空间联系，而第 2、第 4 象限负的空间自相关关系表示不同观测值之间的空间联系。如果观测值均匀地分布在 4 个象限，则表明地区之间不存在空间自相关性。

总体来看，我国位于第2、第4象限的省份不多，只有10个，第1、第3象限省域物流业集聚出现HH和LL两种模式的分化，因此可以认为，我国省域物流产业集聚存在着地理空间分布上的依赖性和异质性。

表3　　物流产业集聚度各省市的空间相关模式

位　置	空间相关模式	省　份
第1象限	HH	吉林、黑龙江、河北、天津、北京、内蒙古、海南、辽宁
第2象限	LH	湖南、宁夏、山西
第3象限	LL	广东、福建、浙江、江苏、山东、河南、贵州、甘肃、安徽、云南、陕西、四川、西藏
第4象限	HL	湖北、重庆、青海、广西、上海、江西、新疆

分析表明，我国省域物流业发展确实存在空间自相关性和异质性，因此有必要从空间维度的相关性和异质性出发，对物流产业集聚的影响因素进行空间计量分析。

2. 物流产业集聚影响因素空间计量检验与分析

空间相关分析虽然能定量证明中国省域物流业集聚的空间相关性及是否存在集群行为，但对造成省域物流产业集聚的影响因素和形成原因未能作出定量分析。因此，以下本文采用空间计量经济分析法，以我国31个省市为空间单元进行区域物流业集聚成因的空间计量检验和分析。本文选择的空间计量模型是纳入了空间效应的空间滞后模型（SLM）及空间误差模型（SEM），同时，为比较不同时期各影响因素对当期被解释变量的影响作用，根据设定的空间计量模型形式，又分别设定当期模型和跨期模型。

模型Ⅰ：当期模型。被解释变量和解释变量均选取2008年的数据，反映当期解释变量对当期被解释变量的影响。

模型Ⅱ：跨期模型。被解释变量选取2008年的数据，各解释变量选取的是1998的数据，反映初期解释变量对当期解释变量的跨期影响。

为进行SLM和SEM模型的选择，首先对模型Ⅰ和模型Ⅱ进行不考虑空间自相关性的OLS回归，结果见表4所示。由表3可以看出，模型Ⅰ和模型Ⅱ的拟合优度分别为0.539和0.527，对于模型Ⅰ，政府干预、经济发展水平系数均为正，且通过1%的显著性水平检验，表明这两个变量对物流产业的集聚产生显著的影响，与理论假设预期一致。而市场化水平、FDI和基础设施水平系数均为负，且只有市场化水平通过1%的显著性水平检验，这三个系数均与理论假设不符合。这说明本文所选择的变量对物流产业集聚的地区差异解释力还不够高，可能存在遗漏重要解释变量和模型设定问题，如未能考虑横截面单元之间的空间相关性，导致系数估计出现偏差。

实际上，空间统计Moran's指数检验已证明31个省域的物流产业集聚具有明显的空间依赖性，运用经典线性回归模型可能存在模型设定不当问题。为进一步验证省市间物流业空间自相关性的存在，由表4的Moran's指数检验、两个拉格朗日乘数的空间依赖性检验结果显示：Moran's指数（误差）检验证明经典回归误差具有较强的（5%

的显著性水平下）空间相关性能。同时，LMLAG 和 R－LMLAG 均通过 10% 的显著性水平检验，而 LMERR 和 R－LMERR 均未能通过 10% 的显著性水平检验，这说明空间滞后模型是更合适的模型。对于模型Ⅱ，也是选择空间滞后模型来估计比较合适。因此，我们可以认为，基于传统的线性回归 OLS 估计方法由于遗漏了空间误差自相关性而设定的模型不够合理，这也说明：区域之间物流业的发展具有较强的相关性，以往的研究大多假设地区之间相互独立，导致了基于 OLS 的估计结果及推论可能出现偏差，而要引入空间差异性和空间依赖性来重新估计模型。

表 4　　模型Ⅰ和模型Ⅱ的 OLS 估计结果

参　数	模型Ⅰ	模型Ⅱ
C	1.8748 *** (7.3182)	1.5919 *** (6.605)
MARKET	－1.9509 *** (－3.1746)	－1.9523 ** (－2.3664)
GOV	－1.188 *** (－2.7782)	－1.897 ** (－2.3949)
FDI	－0.0036 (－0.0641)	0.1059 (1.4546)
RJGDP	0.1048 *** (3.4213)	0.713 ** (4.906)
ROAD	－0.0463 (－0.3328)	－1.174 ** (－2.738)
R－squared	0.539	0.5275
Ad R－squared	0.4469	0.433
LOGL	0.3592	－0.026
AIC	11.28	12.05
SC	19.89	20.65
空间依赖性检验		
Mroan's I	0.215 **	0.2284 **
LM（lag）	3.4563 *	4.2942 **
R－LM（lag）	3.5777 *	1.176
LM（err）	0.9832	3.12 *
R－LM（err）	1.105	0.0065

注：括号内的数字为 T 统计值；*** 、** 和 * 分别表示 1%、5% 和 10% 的水平上显著。

下面，我们在模型Ⅰ和模型Ⅱ中加入空间效应，建立物流业集聚影响因素的当期和跨期的空间滞后模型（SLM），运用 GeoDa0.9.1 软件对模型进行估计，空间权重采用邻接原则生成，估计结果见表5。从表5可以看出，相对于经典 OLS 回归，当期模型和跨期模型的拟合优度和对数似然函数值都有所提高，且 AIC 和 SC 值都相对变小，这说明考虑空间滞后效应后的模型较好地消除了物流业集聚的空间自相关性。同时，模型Ⅰ和模型Ⅱ中的参数 ρ 都通过 5% 的显著性水平检验，这说明随着区域经济、市场化、对外开放和信息化的不断发展，我国物流业集聚现象日趋明显，物流业发展的空间依赖性和空间溢出效应显著。

（1）政府对经济社会日益增加的影响程度会造成物流业效率的低下。从模型Ⅰ和模型Ⅱ的估计结果来看，政府干预的系数均为负，但随着时间的推移，系数在变小。这说明，政府干预对物流业集聚产生显著的负面影响，但随着市场化进程的加快，政府对物流业发展负面影响在逐步减少，这表明政府这只“看得见的手”对物流业的影响越大，那么物流业的效率越低，这一结果与目前部分地方政府在物流园区和物流中心建设和运营上的低效率相一致。同时，也验证了中国政府在物流业发展问题上的改革逐步取得成效，随着对铁路运输、航空运输、快递业管制的逐步放松，有相当一部分物流领域已建立起一定的市场机制，如公路运输和海洋运输，但是当前政府对于铁路运输的干预仍然较多。

（2）模型Ⅰ和模型Ⅱ中，区域经济发展水平与物流业集聚均显著相关，这与理论假设一致。一般地区域经济发展水平越高，对物流业的需求数量也越大，同时，随着社会分工的细化和深化，制造业集聚水平也越高，越来越多的制造企业和流通企业会选择外包物流服务，以增强企业的核心竞争力，从而引导物流业向专业化、社会化、规模化和网络化方向发展，促进物流业结构优化，有利于物流业的集聚，推动物流业与制造业的联动发展。回归结果也表明，初期经济发展水平对于物流业的集聚会产生显著的影响。

（3）FDI 对物流业集聚影响在模型Ⅰ和模型Ⅱ中均不显著则出乎意料，但符号与理论预期一致。对外开放程度的不断扩大使得引进技术、设备和管理经验成为可能，从而会提高区域物流行业的效率及集聚程度。但相比制造业而言，物流业的开放相对较晚，2005 年 12 月物流业才全面开放，物流 FDI 的溢出效应还未充分体现出来，FDI 对物流业的效率及集聚程度的影响正处于不断强化阶段。这也对当前部分地区盲目引进外资敲响了警钟：究竟引进来外资对本地物流业发展是利还是弊？我们从中真的学到了先进的技术和管理经验吗？还只是仅沦为外资的赚取利润的来源地？

（4）在模型Ⅱ中，基础设施水平与物流业集聚呈现负相关，但在模型Ⅰ中，基础设施水平对物流业集聚的影响为正，但系数不显著。这一方面说明，在初期，我国在基础设施投资上存在着重复建设，基础设施闲置现象较为严重，从而导致基础设施水平对物流业集聚影响为负。但随着时间的推移，基础设施的利用率逐步提高，基础设施对物流业集聚的影响逐步显现。另一方面，由于本文在基础设施的衡量指标上只是选择了交通运输线路长度作为唯一指标，可能会导致估计结果出现偏差。

（5）市场化水平对物流业集聚的影响则不出人意料，但随着时间的推移，市场机制不完善对物流业集聚的负面影响在减少。可能的原因在于，一方面，物流业集聚的主要载体为物流园区和物流中心，各地区的物流园区的建设和运营主要由政府或国有企业来主导，从而使得物流园区存在较大重复建设的现象，定位不清晰。另一方面，中国经济在转轨的过程中，虽然市场化进程不断加快，但物流业发展还处于初级阶段，物流业中还大量存在非市场的竞争手段和运作模式，各地政府的地方保护主义仍然较严重，物流市场分割使得市场机制不能有效发挥作用，从而导致市场化水平对物流业集聚影响为负。

表5　　模型Ⅰ和模型Ⅱ的SLM估计结果

参　数	模型Ⅰ	模型Ⅱ
W_ LQ2008	0.37 ** (2.126)	0.359 ** (1.989)
C	1.361 *** (4.33)	1.162 *** (4.273)
MARKET	-1.87 *** (-3.63)	-1.945 *** (-2.83)
GOV	-0.99 *** (-2.73)	-1.74 *** (-2.62)
FDI	0.01 (0.208)	0.0886 (1.442)
RJGDP	0.10 *** (3.864)	0.715 *** (5.878)
ROAD	0.0223 (0.1907)	-1.043 *** (-2.89)
R - squared	0.603	0.594
LOGL	2.123	1.811
LR	3.53 *	3.676 *
AIC	9.75	10.376
SC	19.79	20.415

注：括号内的数字为T统计值；***、** 和 * 分别表示1%，5%和10%的水平上显著。

七、结论与建议

本文首先对我国物流产业集聚的现状进行了描述性分析，并结合新制度经济学、新古典经济学和新经济地理学对物流产业集聚的影响因素进行了理论分析，初步构建物流产业集聚影响因素五维分析框架。接着本文对省域物流产业集聚可能具有空间依赖性和异质性进行了探讨，并通过外生的空间权值矩阵，成功引入空间滞后因变量，构建了物流产业集聚影响因素的空间计量模型，弥补了传统文献中忽略的物流业发展的“第三方效应”，很好地解释了我国各省域物流业集聚的地区差异。实证结果显示：区域物流业集聚程度存在较强的空间自相关性和空间异质性，市场化水平和政府干预对物流业集聚产生负影响，但随着时间的推移和市场机制的完善，地方政府对物流业的干预所产生负作用正在逐渐减弱，人均 GDP 对物流业产业集聚影响显著，符合理论预期，表明区域经济发展水平对物流业的发展和集聚程度具有正效应，基础设施水平和 FDI 对物流产业集聚的影响不显著，这主要是我国目前在基础设施投资方面的效率还比较低，重复建设和定位不清晰现象大量存在，而物流业开放时间较晚，FDI 对物流业集聚的影响需要有一个不断强化的过程。

依据结果分析，为促进省域物流业的发展，提出如下建议：

（1）区域物流业的发展和集聚现象存在明显的空间自相关性，这一结论提示我们的地方政府，在制定物流发展规划和相关政策时应该具备全局观念，不仅要提高和完善自身的基础设施条件和制度环境，还要与周边省份进行协调配合，做到全国一盘棋，地区一盘棋，推动区域物流一体化，进而提高自身及区域整体的竞争力。

（2）减少政府对物流业发展的干预，逐步放宽政府对铁路运输、航空运输和快递业的管制，而在物流园区的建设上，政府主要起引导作用，重点做好基础设施建设及提供园区建设的相关便利条件和政策措施，具体的运营事宜由参与企业来运作。

（3）加大力度引导和支持制造企业和流通企业外包物流业务，剥离非核心业务，第三方物流具有资源优化配置，能提供灵活多样的顾客服务，为顾客创造更多的价值，发挥信息技术优势，有利于促进物流产业集聚效应的提升。

（4）从基础设施对物流业集聚的回归结果来看，地方政府应着力整合现有的物流资源，明确定位，遵循市场规律，避免出现重复建设和资源浪费现象，以提高物流资源的利用效率，进而推动区域物流业的发展。

参考文献

[1] 文燕．物流产业集聚的竞争优势研究［J］．经济与管理研究，2005（3）：39－42.

[2] 李兰冰．物流产业集群的信任机制研究与政策启示［J］．商业经济与管理，2007（10）．

[3] 熊浩，鄢慧丽．物流产业集群的发展初探［J］．物流技术，2007（2）．

[4] 王兰超．物流产业集群结构优化的 FDI 因素分析［D］．大连交通大学硕士学位论文，2008.

[5] 李尹松，熊华姝，张文杰．物流产业集聚影响因素分析［J］．生产力研究，2008（7）：120－122.

[6] 马丽．物流产业集群发展的模式研究［D］．武汉：武汉理工大学，2008.

[7] 张智勇，何景师，桂寿平，等．物流产业集群服务创新研究［J］．科技进步与对策，2009（2）．

[8] 王珍珍，陈功玉．我国物流产业集聚对制造业工业增加值影响的实证研究—基于省级面板数据的分析［J］．上海财经大学学报，2009（12）：49－56.

［9］马丽．基于集群效应的物流产业集群形成机理分析［J］．中国市场，2010（3）：62－64.

［10］任英华，徐玲，游万海．金融集聚影响因素空间计量模型及其应用［J］．数量经济技术经济研究，2010（5）：104－115.

［11］陈建军，陈国亮，黄洁．新经济地理学视角下的生产性服务业集聚及其影响因素研究［J］．管理世界，2009（4）：83－95.

区域物流网络规划研究现状及若干关键问题*

吴　刚　陈兰芳　张　燕　王　涵

摘　要： 合理的区域物流网络是提高物流运作效率、促进区域经济发展的重要条件。立足于物流“轴—辐”网络结构，深入分析了区域物流网络规划的研究现状及存在的问题。在此基础上，提出了区域物流网络规划“中心扩展”和“中心吸附”的研究思路，以及将数学优化模型与地理信息技术（GIS）有机结合的研究方法。进而指出区域物流网络规划研究中，区域尺度范围确定与划分、企业物流运营网络规划、区域跨界物流整合与优化、区域物流波及效应与摄动效应、区域物流网络动态演化机理及动力机制等，今后特别值得关注的一系列重要问题。

关键词： 区域物流　物流网络　物流规划　关键问题

一、引言

现代物流将运输、仓储、信息等产业有机结合，体现了地理单元间的经济联系和职能分工，显著的影响城市与区域的空间组织和网络形态；被公认为是继原材料、劳动力之后的第三利润源泉和经济增长的黑暗大陆。区域物流网络是一定区域范围内的物流组织与设施的集合，是区域内外各种经济要素流通、聚集、扩散的基础和平台。它是物流一体化的最高形式，也是现代物流发展的必然趋势，构建一个开放、合理的区域物流网络则是实现区域物流一体化和区域经济发展的有效手段。

二、我国物流发展现状

继2006年《国家“十一五”规划纲要》明确提出大力发展现代物流之后，国务院又在2009年通过了《现代物流业调整和振兴规划纲要》，并将其作为振兴经济的十大产业之一。此间，中央和地方政府相继出台了支持和促进现代物流业发展的各种优惠政策，加大了物流基础设施建设的投资力度，全国各地正掀起一股“物流”热潮。据中国物流与采购联合会调查，2007年仅物流园区一项，全国10万平方米以上的就达475个，比上年净增40%。当前，类似于“圈地运动”的物流发展不仅浪费了宝贵的土地资源，而且还造成地区间的人为阻隔。同时，由于缺乏统一规划指导，区域内物流建设定位不准、等级不清，相互间自成体系、缺少协作。直接导致我国物流园区60%的高空置率和低效率、高浪费的严重后果。为此，同样在2009年颁布的《现代物

* 基金项目：教育部人文社科规划基金资助（10YJA790020）。

作者简介：吴刚，男，四川南江县人，西南交通大学交通运输系，副教授，博士，中国物流学会理事，特约研究员。主要从事：逆向物流和物流经济研究。陈兰芳、张燕、王涵，西南交通大学交通运输系。

流业调整和振兴规划纲要》中，国务院又特别强调“各地区要统筹规划，科学引导物流业发展，防止盲目攀比和重复建设”。

物流发展面临的上述严峻形势，既有地域行政壁垒的因素，更与区域物流网络规划缺乏系统性的理论和方法指导有关。对于前者，部分地区在区域一体化发展方面已有了良好开端。比如，旨在促进长吉图区域协调发展的《中国图们江区域合作开发规划》已在2009年由国务院批准实施；涵盖四川省15个市和重庆31个区县的《成渝经济区区域规划》也在2011年3月由国务院批准实施。这些举措有助于打破地区封锁，为统筹区域物流发展奠定有益的实践基础。但是，如何优化区域物流网络、提高物流效率、降低物流成本，促进区域物流和区域经济发展方面的理论研究却仍然十分薄弱。

三、基于“轴—辐”结构的区域物流网络规划研究现状

既有物流规划方面的研究主要集中在具体的城市物流园区、物流中心、配送中心等物流设施的选址规划和配送线路规划，也有针对它们的集成优化。吴刚等系统、深入研究了物流规划涉及的系统建模、不确定性弱化、系统仿真、统计分析等问题，并提出了物流规划网络化和区域化的发展趋势。对于区域网络规划，“轴—辐”结构被证明是一种有效的网络模式。它起源于美国航空领域，并逐步在区域物流系统等方面显示出相对于传统网络的优越性。而由一级物流轴心城市（Hub）和二级物流轴心城市（Sub-hub）、物流腹地城镇（Spoke）组成的区域物流轴—辐网络，因从网络层次配置物流资源，具有明显的规模效益、集聚效益和空间效益，能显著降低物流成本、提高物流效率而备受关注。

1. 国外研究现状

20世纪80年代，国外开始侧重于数学模型的角度研究物流轴—辐网络。1986年，O'Kelly首次提出轴—辐概念，并基于启发式算法为单一枢纽区位配置问题设计了二次整数方程模型，实现了轴—辐模式由经验描述向科学计量的重大转变；到20世纪90年代，多重枢纽区位配置问题逐渐成为研究的活跃领域；其后，在不考虑环境、拥挤影响的理想状态下，Matsubayashi等研究了区域物流Hub数目的确定方法，Samir和Camargo在此基础上分别研究了Hub拥堵情况下的轴—辐网络设计问题。在企业层面，Guknther以成本节约为目标分析了第三方物流轴—辐网络结构中的运营策略；Cheng则比较了轴—辐网络中，直达和中转对航空快递物流的经济影响；基于轴—辐网络的集装箱班轮运输航线设计和空集装箱调配则是Akio关心的问题；对于多个供应商，Nobuo与Marco分别提出了供应商联盟共同组建轴—辐网络时的费用分配方案和在轴—辐网络中不同运输组织方式下的平衡条件。

2. 国内研究现状

国内直到21世纪才主要立足地理学，开始对轴—辐网络及相关理论在物流领域进行借鉴和运用研究，且数量较少。2001年，金凤君提出轴心—附属式轴—辐模式，并将其运用于中国与朝鲜半岛陆路交通联系和运输组织战略研究；其后，他又深入诠释了轴—辐网络的竞争优势：规模经济、集聚经济和范围经济，姚志刚进一步实证认为轴—辐网络运营模式确实存在范围经济；韩增林与张建松运用轴—辐网络模型分别研

究了集装箱运输网络和辽宁省公路货运的空间联系；徐建和潘坤友则对长三角和安徽沿江中心城镇物流轴—辐网络的构建进行了初步研究。

四、区域物流网络规划研究存在的问题

可见，国内外已开始重视对物流优化和轴—辐网络规划的研究，并取得部分开创性研究成果。但分析表明，已有研究，尤其是区域物流网络规划的相关研究还存在以下问题需要解决：

（1）在研究物流规划时，绝大部分成果针对的是城市内部具体物流设施的选址和具体物流企业的配送路径优化。该类问题简单、单一，缺乏更大范围的区域背景，其优化效果十分有限。

（2）区域物流网络规划的区域尺度研究缺乏。目前的区域物流网络规划研究中，区域大小都是假定已知的。比如，前面已提及的分别针对安徽沿江区域、中朝边境地区、省级区域、长三角地区等具体区域，且其尺度存在明显差异。但并没有从系统优化、资源配置、服务水平的角度给出区域物流网络规划中“区域”的尺度应为多大才合适。

（3）分析发现，有关区域物流网络规划的研究方法还存在一个显著差异。物流和交通领域的学者大多从建立纯粹数学优化模型的角度研究物流规划问题；而地理学者则主要基于 GIS 的空间网络分析手段实施定性研究，对涉及的定量因素通常都是基于历史数据的统计分析。巧合的是，该领域国外学者多属于前者，国内学者则更多选择了后者。

（4）既有研究缺少对未来发展趋势的动态分析。区域物流网络中无论是物流园区、物流中心还是配送中心都属于基础设施，其设计、使用寿命长，一经建成不能移动、也难以扩建（周围环境限制）。故对区域物流网络规划，不仅需要提供静态研究成果，还需在既有状况基础上结合区域内外交通网络、城市发展、社会经济等的中长期规划及演变规律，对可能影响区域物流网络变化的因素进行仿真分析，动态模拟其发展趋势，为区域物流网络规划成果后续实施提供更长远的指导。

五、区域物流网络规划研究的发展趋势

1. 研究思路

（1）“中心扩展”的研究思路。首先明确区域物流枢纽节点候选条件，建立枢纽节点评价指标体系、明确评价方法；然后确定枢纽节点，并以枢纽节点为中心，根据其对外经济和物流联系确定其物流辐射范围；考虑成本和时间约束，确定区域内物流节点层次结构以及不同层次的节点的位置；进而明确其与辐射范围内的不同层次节点间以及同一层次节点间的交通组织模式。该思路适用于已知区域尺度的区域物流网络规划。

（2）“中心吸附”的研究思路。该思路与中心扩展刚好相反，它针对的是区域尺度范围尚不明确的物流网络规划问题。此时，可根据经济和物流空间联系情况及交通状况，考虑成本和时间约束，确立最小尺度单位（与规划区域大小有关），对该区域范围

内的最小尺度单位由小到大逐步实施空间聚类，明确区域物流规划范围，并在该范围内进一步确定其内部节点层次结构及不同层次的节点的位置；进而确定不同层次及同一层次间的交通联系方式。该过程完成的同时，各节点的辐射范围也随之确定。

2. 融合数学优化模型和地理信息技术的区域物流网络规划研究方法

基于区域经济发展、物流基础设施、企业物流需求等实际情况和发展趋势，综合运用数学模型和地理信息技术，并结合交通规划理论，为空间分异规律、空间区划确定以及区域资源配置等提供新的分析方法，促使对区域复杂系统的研究由一般定量分析转向系统集成。再辅以 GPS 和计算机等现代技术手段，可进一步提高区域物流网络规划的研究精度。因此，借助地理计算方法将数学建模与地理学最擅长表达且具有直观、易懂、信息量大的图形语言相结合，是区域物流网络规划研究方法的重要发展趋势。

3. 区域尺度确定与划分研究

规模经济要求物流设施、运距与运量要达到一定规模才能获得最佳的经济效益，这就需要资源在一定地域范围集聚后才能实现；但另一方面，一定地域范围内的物流设施及运输能力供给、经济的辐射与吸引范围又是有限的，而且一些物流需求又存在明显的服务时间限制。因此，在既服务于地方经济又满足自我发展的双重约束下，物流必然需要也存在一个合理的作用区域。那么，这样的区域尺度应该是多大，又该如何划分等就成为一个亟待解决的问题。

4. 企业物流运营网络规划研究

在全球生产网络理论兴起的今天，各个国家和地区都不同程度地参与到这一复杂网络中，社会经济也不同程度地受到该组织方式的影响。此外，随着我国物流业的快速发展，能够承担大规模、跨区域服务的物流企业也越来越多，为适应这一变化的需要，物流企业的营业网点数量和单个网点货运量不断增加，而客户对时效的要求也日益增强。为此，急需在“供应—物流节点—需求”三级结构而非过去“物流节点—需求”两级结构的基础上，研究一种能够充分考虑物流企业营业网点数量、单个网点货运量、历史运营数据及未来发展趋势、新型运输组织方式（比如，汽车甩挂运输、多式联运）和运输时效，同时兼顾企业组织网络战略规划的企业物流运营网络。

5. 跨界物流整合与优化研究

研究区域物流，就必然涉及跨界物流。跨界物流是指在区域物流确立的区域内外由于行政边界的存在而被相对割裂的物流区域。包括区际跨界和区内跨界两种形式。这种特殊地理单元，往往集地理空间完整性、物流资源共享性、地理区位边缘性、利益主体复杂性等诸多特征于一体；无论是基于产业发展的时间视角，还是目的地建设的空间视角，区域物流发展都不得不面对行政区划屏蔽导致的物流边界效应问题。可以预见，在全球化、网络化、信息化以及科学发展观的背景下，跨界物流的整合与优化研究将成为区域物流网络规划研究的又一重点。

6. 区域物流波及效应与摄动效应研究

区域物流影响区域经济结构与经济效益的机理是什么？其传递路径与影响因素又是什么？如何分析区域物流状况的不同变化对区域经济结构、经济效益的影响范围与大小？前者可称为物流“波及效应”，后者则可称为物流“摄动效应”。对物流波及效应与摄动效应的研究将为区域物流产业结构规划、调整、发展和促进区域社会经济增长等研究提供新的思路。

7. 区域物流网络动态演化机理及动力机制研究

区域物流网络形态作为区域经济与物流相互作用的结果，空间模式的演变反映了区域物流网络化的发展过程。另外，区域经济对外联系范围会随着经济全球化的发展而发生变化；同时，交通条件及相应的物流时间也在逐步改善。此时，区域物流网络空间亦会随之向外延伸。通过网络演化模型，对实际区域物流网络加以模拟，可以明确区域物流网络动态发展模式、规律、轨迹和演化机制。

六、结束语

物流是经济地理与交通地理的研究桥梁；陆大道院士也曾指出，包括区域发展与规划在内的区域物流网络规划研究是21世纪发展研究的重要方向。将地理信息技术、数学优化模型有机结合，深入研究区域物流网络规划，不仅可以对区域物流规划进行合理指导，为行业物流、工商企业物流及第三方物流企业的物流网络布局提供基础理论和分析方法，还有助于对当前混乱的物流现状加以引导，避免恶性竞争和重复建设，从而推动区域一体化和社会经济可持续发展。

参考文献

[1] 王成金. 1950年代以来中国铁路物流的交流格局及演变特征 [J]. 地理科学进展，2008，27 (1)：46 - 55.

[2] 木易. 物流园区热背后的冷思考 [N]. 现代物流报，2009 - 09 - 03 (6).

[3] 王保华，何世伟. 不确定环境下物流中心选址鲁棒优化模型及其算法 [J]. 交通运输系统工程与信息，2009，9 (2)：69 - 74.

[4] 徐丽群，侯立文，胡巍. 基于GIS的物流配送线路图解优化模型 [J]. 工业工程与管理，2007 (4)：25 - 28，33.

[5] 吴刚，晏启鹏，陈兰芳，等. 基于反向物流的废旧电子产品系统动力学模型仿真与优控 [J]. 系统管理学报，2007，16 (5)：553 - 557，562.

[6] 徐斌，王海燕，白芳. 基于离散双层规划的枢纽航线网络构建方法研究 [J]. 预测，2009，28 (2)：53 - 59.

[7] 潘坤友，曹有挥，曹卫东，等. 安徽沿江中心城镇“轴—辐”物流网络构建研究 [J]. 长江流域资源与环境，2006，15 (4)：421 - 426.

[8] 金凤君. 我国航空客流网络发展及其地域系统研究 [J]. 地理研究，2001，20 (1)：31 - 39.

[9] 金凤君. 东北亚运输合作：中国与朝鲜半岛陆路交通联系与运输组织战略 [J]. 世界地理研究，2002，11 (1)：24 - 32.

[10] 姚志刚，周伟，王元庆. “轴—辐”式运输网络的范围经济问题 [J]. 交通运输系统工程与信息，2009，9 (1)：24 - 27.

[11] 韩增林，安筱鹏，王莉，等. 中国国际集装箱运输网络的布局与优化 [J]. 地理学报，

2002，57（4）：480－488.

［12］张建松，韩增林，董晓菲．省级地域公路货运的空间联系探讨［J］．地理科学进展，2006，25（4）：96－107.

［13］徐建，曹有挥，孙伟．基于公路运输成本的长三角轴—辐物流网络的构建［J］．地理研究，2009，28（4）：911－919.

［14］陈彦光，刘继生．地理学的主要任务与研究方法［J］．地理科学，2004，24（3）：257－263.

［15］陆大道，蔡运龙．我国地理学发展的回顾与展望——地理学：方向正在变化的科学［J］．地球科学进展，2001，16（4）：467－472.

［16］ERHAN KUTANOGLU，MOHIT MAHAJAN. An Inventory Sharing and Allocation Method for a Multilocation Service Parts Logistics Network with Time－based Service Levels［J］．European Journal of Operational Research，2009，194（3）：728－742.

［17］SUH－WEN CHIOU. A Bi－level Programming for Logistics Network Design with System－optimized Flows［J］．Information Sciences，2009，179（14）：2434－2441.

［18］JEAN－FRANCOIS CORDEAU，GILBERT LAPORTE，FEDERICO PASIN. An Iterated Local Search Heuristic for The Logistics Network Design Problem with Single Assignment［J］．International Journal of Production Economics，2008，113（2）：626－640.

［19］WU GANG，CHEN LAN－FANG，YAN QI－PENG，et al. The Existing Problems and New Methods of the Net Programming for Reverse Supply Chain［C］．The First International Conference of Transportation Engineering，2007.

［20］HESSE W，RODRIGUE J H. The Transport Geography of Logistics and Freight Distribution［J］．Journal of transport geography，2004（12）：171－184.

［21］O'KELLY M E. Activity Levels at Hub Facilities in Interacting Networks［J］．Geographical Analysis，1986（18）：343－356.

［22］NICOLE ADLER，JOSEPH BERECHMAN. Evaluating Optimal Multi－hub Networks in a Deregulated Aviation Market with an Application to Western Europe［J］．Transportation Research Part（A），2001（35）：373－390.

［23］HEESEOK LEE，YONG SHI，SUFI M，et al. Multicriteria Hub Decision Making for Rural Area Telecommunication Networks［J］．European Journal of Operational Research，2001（133）：483－495.

［24］MATSUBYASHI，UMEZAWA，MASUDA，et al. A Cost Allocation Problem Arising in Hub－spoke Network Systems［J］．European journal of operational research，2005（16）：821－838.

［25］SAMIR ELHEDHLI，FRANK XIAOLONG HU. Hub－and－spoke Network Design with Congestion［J］．Computers&Operations Research，2005（32）：1615－1632.

［26］R. S. DE CAMARGO，G. MIRANDA JR.，R. P. M. FERREIRA，et al. Multiple Allocation Hub－and－spoke Network Design under Hub Congestion［J］．Computers&Operations Research，2009（36）：3097－3106.

［27］GUKNTHER ZAKPFEL，MICHAEL WASNER. Planning and Optimization of Hub－and－spoke Transportation Networks of Cooperative Third－party Logistics Providers［J］．Int. J. Production Economics，2002（78）：207－220.

［28］CHENG－CHANG LIN，YU－JEN LIN，DUNG－YING LIN. The Economic Effects of Center－to－center Directs on Hub－and－spoke Networks for Air Express Common Carriers［J］．Journal of Air Transport Management，2003（9）：255－265.

[29] AKIO IMAI A, KOICHI SHINTANI, STRATOS PAPADIMITRIOU. Multi - port vs. Hub - and - Spoke Port Calls by Containerships [J]. Transportation Research Part (E), 2009 (45): 740 - 757.

[30] NOBUO MATSUBAYASHI, MASASHI UMEZAWA, YASUSHI MASUDA, et al. A Cost Allocation Problem Arising in Hub - spoke Network Systems [J]. European Journal of Operational Research, 2005 (160): 821 - 838.

[31] MARCO ALDERIGHI, ALESSANDRO CENTO, PETER NIJKAMP, et al. Network Competition—the Coexistence of Hub - and - spoke and Point - to - point Systems [J]. Journal of Air Transport Management, 2005 (11): 328 - 334.

[32] OLIVIER D, BRIAN SLACK B. Rethinking the Port [J]. Environment and Planning (A), 2006 (38): 1409 - 1427.

物流产业集群共生发展影响因素实证研究*

唐卫宁　徐福缘

摘　要：本文根据物流产业集群发展的实际情况，以共生理论为基础，从资源集聚、分工合作、资源共享三个维度构建了物流产业集群共生发展的影响因素模型，并运用结构方程模型通过对浙江省物流产业集群的问卷调查进行了实证检验。研究表明，在物流产业集群演化过程中，提高物流产业集群共生体的资源集聚，增强集群共生单元间的分工合作以及集群共生体资源共享能力都将有效促进物流产业集群共生发展。

关键词：物流产业集群　共生发展　影响因素　结构方程模型

一、引言

伴随着企业的竞争范式由单个企业间的竞争演进为供应链的竞争以及竞争战略向竞合战略转变，物流产业集群呈现出明显的共生特征，进而形成物流产业集群共生系统。物流产业集群共生系统的存在有利于资源集聚、整合和共享，从而有效的创新物流服务和提升竞争优势。因此，物流产业集群共生发展既是集群内外企业间互动所形成的结果，也是物流产业集群内企业实现可持续发展的重要路径。纵观日、韩、美等物流强国的物流产业发展历程，不难发现，当代物流产业发展的一个重要特征就是物流产业集群的共生发展。没有“共生”，这些国家的物流产业的发展不会像今天这样繁荣。因此，研究影响物流产业集群共生发展因素及其之间的关系，对于制定和完善促进物流产业集群发展政策具有很强的现实意义。近年来我国学者对物流产业集群的研究主要集中在物流产业集群的形成动因、作用效应、动力机制、竞争优势、生命周期演进等方面，这些文献描述性研究较多，缺乏产业层面的实证研究，鲜有文献考察物流产业集群共生发展影响因素之间的关系。鉴于此，本文试图根据物流产业集群发展的实际情况，从共生理论出发，设计调查问卷，构建物流产业集群共生发展影响因素的结构方程模型，实证考察影响物流产业集群共生发展的关键因素以及这些因素之间的关系以及强度，以期能够把握影响物流产业集群共生发展演化的规律，为我国物流产业集群的发展提供理论支持。

二、共生理论与物流产业集群共生发展模式

“共生”的概念最早是由德国生物学家德贝里于1879年提出的，指的是由于生存的需要，两种或多种生物之间必然按照某种模式互相依存和相互作用地生活在一起，

* 作者简介：唐卫宁，湖州师范学院商学院。徐福缘，上海理工大学管理学院。

形成共同生存、协同进化的共生关系。它们之间相互影响和互相作用，形成了一个相互依赖、相互调节的共同生存和协同进化的共生系统。目前，人们越来越接受“内共生是进化创新的重要来源”的观点。如今共生理论已延伸到社会、经济等各个领域的研究中，成为探讨各类组织共生关系产生和发展规律、共生关系与共生环境的相互作用、共生单元进化与创新作用的理论工具。

物流产业集群是在某一特定区域内，以物流需求为导向，以现代物流业为主导的众多相关物流企业与机构组成的物流服务供应链的集聚，以共生关系为本质特征的网络化产业组织形式和社会经济现象。因此，物流产业集群的本质是共生，通过集群内部产业链的分工与合作构成了共生网络，共生是物流产业集群形成的原动力，也是物流产业集群发展的一种有效的模式。借助共生理论，本文中物流产业集群共生系统是指集群内企业与物流服务需求主体以及集群内企业间、企业与组织机构间在一定的区域、一定共生环境中依据一定的共生模式而形成的相互依存、竞争合作的关系，同时也是具有竞争优势的产业发展模式。与生物共生理论相似，物流产业集群共生系统也包括三个要素：共生单元、共生模式和共生环境，其中共生单元是基础，共生环境是重要的条件，共生模式是关键，三个要素相互影响、相互作用、共同反映着物流产业集群共生演化的方向和规律。因此，物流产业集群共生发展一定程度上取决于集群共生系统对资源的集聚能力和共生单元间分工与合作，共生单元间通过良好的共生界面相互间交换物质、能量、信息等“供需流”进而实现专业化的分工协作，集群共生结构使得集群内具有畅通的“供需流”交流的渠道，从而为保持物流产业集群共生发展提供了动力，促进了物流产业集群的创新及共生能量的增加。

三、物流产业集群共生发展影响因素的理论假设

根据物流产业集群共生的本质特性，结合相关文献和研究目的，本文从物流产业集群共生体资源集聚、集群共生体分工合作、集群共生体资源共享三个方面揭示与物流产业集群共生发展的关系，并借助实证的办法进行进一步的验证。

1. 物流产业集群共生体资源集聚

所谓资源集聚即为集群共生系统内部企业和部门通过利用共生体特有的资源、环境和组织特征从而实现对集群共生体外部资源的吸引。作为资源集聚的核心功能，是把物流设施、资金、技术、人才、知识和信息等要素进行集聚并进行优化配置。一方面，通过集聚能够克服物流供给与市场的诸多矛盾，创造物流市场，实现市场的扩大；另一方面，它能够有效降低物流服务运营成本，提高集群内物流服务企业的响应速度，形成一体化物流服务体系，从而进一步提高共生效率，促进集群共生发展。基于此，我们提出以下假设：

H1：资源集聚对物流产业集群共生发展有显著正向影响

2. 物流产业集群共生体分工合作

物流产业集群共生体内共生单元通过物流服务供应链的运作，彼此分工合作，共同为物流服务需求企业提供集成一体化的物流服务。从微观角度看，共生体内的每个企业、部门及机构只是处于物流服务供应链上的一个环节或是提供部分的物流功能和

物流服务；从整个共生系统角度看，4PL、3PL以及仓储、运输、配送等功能性物流企业通过物流服务供应链的协调与集成，为物流服务需求企业提供集成一体化的物流服务解决方案。因此，集群共生体内共生单元间通过基于物流服务供应链基础上的专业化分工合作能够提高市场竞争力及共生企业的能力，增加共生体的共生能量。基于此，我们提出以下假设：

H2：分工合作水平对物流产业集群共生发展有显著正向影响

3. 物流产业集群共生体资源共享

现代物流的本质要求整合分散于各领域的物流资源，发挥物流的集成功能。鉴于物流资源的分散化和无序化，需要一种先进的产业组织形式或一个整合的载体和平台，来组织、开发和利用这些物流资源，而物流产业集群共生体正适应了这种资源整合需求，可以说物流资源共享在物流产业集群共生发展中具有核心地位。物流产业集群共生体可看成是基于物流产业的众多相关企业和其他组织在某个地理区域上的“资源共享平台”，在此基础上促成了共生单元间的专业化分工合作与资源的共享。这种资源共享的程度直接影响到集群共生体共生单元之间共生关系的稳定状态，资源共享程度越大，彼此间相互依赖的程度也越大，共生共享越稳定。通过这种资源的整合不仅促进了“供需流”等要素在企业间快速的扩散，还有利于企业间合作创新物流服务，提高物流服务质量。基于此，我们提出如下假设：

H3：资源共享对物流产业集群共生发展有显著正向影响

四、实证分析

1. 问卷设计

在文献调研和分析的基础上，通过实地访谈和“头脑风险”法对问卷的内容和形式进行讨论和修改，并利用物流园区发展研讨会的机会，对物流园区负责人、物流中高层管理人员和物流研究人员进行了试调查，并根据试调查结果和反馈意见修改条款的内容与表达，形成正式问卷。每个影响因素变量设置了4~5个操作变量，每个操作化变量的测量采用李克特五级变量来测量答卷人对每个研究变量的信念，其中数字1代表了“非常不同意”，数字5代表“非常同意”。对这些观测变量的描述性统计如表1所示。

在问卷定稿之后，我们选择了浙江省11个地（市）具有一定规模的物流园区进行研究，考虑到向大量物流园区发放问卷，并且保证一定的回收率和有效率，保证问卷填写的时间和质量，课题组采取了多种问卷发放办法。第一，选取浙江省传化物流基地、绍兴柯桥物流园、宁波梅山保税港物流园区、嘉兴现代综合物流园区进行调研和访谈时直接发放问卷，现场回收。第二，利用浙江籍学生的关系自行发放问卷，通过这些联系人同相关物流园区联系，由他们将问卷通过电子邮件或纸质问卷发给物流园区（基地）的被调查者，请其填写完毕后将问卷发给问卷联系人，然后由联系人通过电子邮件或亲自将问卷交回。第三，课题组在浙江省物流供应链研讨会议上向物流园区参会企业家发放问卷，请调查者现场填写，现场回收。由于问卷的填写对象比较有针对性，所以，可以认为问卷的回答在一定程度上具有有效性。本次调研共发放问卷181份，收回151份，有效问卷146份，回收率为83.42%，问卷有效率为80.66%。

表 1　　影响物流产业集群共生发展主要影响因素

	潜变量	观测变量
外生潜在变量	资源集聚 A	A_1　共生体区位条件
		A_2　共生体物流道路交通基础设施条件
		A_3　共生体资源获取能力
		A_4　共生体环境阻力
	分工合作 B	B_1　共生单元地理邻近性
		B_2　共生单元间信任程度
		B_3　共生单元专业化程度
		B_4　共生单元间竞争程度
		B_5　共生单元间协同程度
	资源共享 C	C_1　共生单元人力资源流动
		C_2　共生单元间信息共享能力
		C_3　共生单元间合作意向
		C_4　共生单元间合作的透明度
		C_5　共生单元技术转移与吸收能力
内生潜在变量	共生发展程度 D	D_1　资源利用率
		D_2　共生体内共生单元经济效益增加水平
		D_3　共生体物流服务水平

2. 信度和效度检验

（1）信度检验。在研究模型之前，必须首先对数据进行信度和效度检验。信度检验指标通常采用 Cronbach α 系数。Cronbachα 系数越大，表示该变量各个题项的相关性越大，即内部一致性程度越高。Wortzel 认为 Cronbachα 介于 0.7～0.98 属于高信度，而0.35 以下应拒绝使用。本研究采用 SPSS 18.0 软件对问卷数据进行信度的分析，信度检验结果见表 2，从中我们发现问卷的信度处于高信度范围，是适合的，即表明该问卷具有一定的内部一致性和稳定性，可靠程度高。

表 2　　各变量的信度值

潜在变量	Cronbach α 系数	参考值
资源集聚	0.8765	$\alpha \geqslant 0.70$
分工合作	0.9123	
资源共享	0.6459	
共生发展程度	0.8651	

（2）效度检验。一般来讲，效度评价一般包括内容效度和构建效度两个效度。本研究使用的问卷项目以及测量量表大部分来自过去很多学者的研究成果，经过大量的实证研究，得到了充分的确认，同时在最终问卷确定之前，我们还向相关领域的专家进行了咨询，通过预试并修正问卷的部分提法、内容，因此问卷具有相当的内容效度。构建效度，本研究采用验证性因子分析来检验各变量的构建测度。各拟合指标的拟合要求，卡方自由度比χ^2/df一般应该大于1小于3；规范拟合指数NFI、增值拟合指数IFI和比较拟合指数CFI的值大于0.9越接近1越好；近似误差均方根RMSEA低于0.05表示非常好的拟合。验证性因子分析各项指标如表3所示。因此，可见各指标均达到可接受的水平。

表3　经验性因子分析结果

拟合指标	χ^2/df	NFI	IFI	CFI	RMSEA
资源集聚	2.259	0.915	0.968	0.932	0.038
分工合作	2.147	0.974	0.957	0.897	0.037
资源共享	2.036	0.948	0.921	0.915	0.042
共生发展	2.728	0.904	0.917	0.926	0.041

3. SEM模型的确立

SEM是一种综合运用多元回归分析、路径分析和肯证式因素分析而形成的一种数据分析工具。SEM可以为每个估计的参数值的适合程度进行显著性检验，以及如果该参数在自由估计的情况下所导致的显著性改变和模型整体适合度的变化，其中包括了对能够解释若干组观测变量协方差的潜变量的检验。在目前的管理研究中，尤其是采用问卷法收集数据的情况下，SEM是针对传统回归分析的弱点（变量观测性、多重共线性）而开发出来的并已得到承认的数据分析方法。

在根据概念模型的基础上，本研究设计了针对AMOS 7.0软件的初始结构方程模型，图1为初始结构方程模型的路径图。初始模型有4个潜变量，17个观测变量。其中资源集聚、分工合作、资源共享为外生潜变量，共生发展程度为内生潜变量。除此之外还存在17个残差变量，残差变量的作用是为了保证模型的检验过程能够成立，因为从问卷得出的指标值难免会存在一定的误差，要使得指标值完全地匹配于模型几乎是不可能的，为了使路径能够验证，概念模型得到证明，必须引入残差变量。

4. 结构模型拟合及假设检验

为了从各方面评价结构模型是否能解释原始样本数据。首先使用AMOS 7.0软件对研究模型与实证数据进行拟合分析，拟合指标及检验值如表4所示。

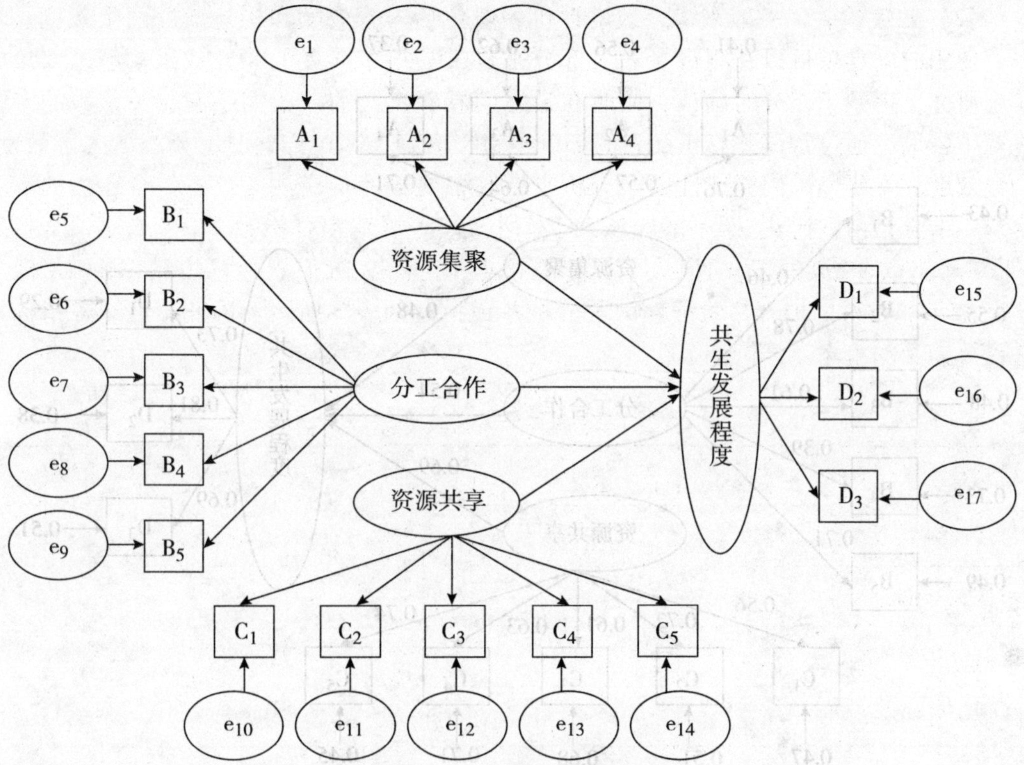

图 1　初始结构方程模型路径

表 4　　　　模型拟合优度统计值

拟合指标	χ^2/df	NFI	IFI	CFI	RMSEA
检验值	2.467	0.912	0.906	0.935	0.042
标准	>1 且 <3	>0.9	>0.9	>0.9	<0.05

根据前面介绍的各拟合指标的拟合要求。从表 4 可以看出 χ^2/df 小于 3，规范拟合指数 NFI、增值拟合指数 IFI 和比较拟合指数 CFI 的值均大于 0.9，近似误差均方根 RMSEA 小于 0.05，所以各指标的拟合情况比较理想，模型拟合结构良好。

5. 结果讨论

运用 AMOS 8.0 软件，采用结构方程模型来检验物流产业集群共生发展程度与资源集聚、分工协作及资源共享之间的相关关系。程序运行结果如图 2 所示。根据图 2 结构方程模型的路径系数，可以得出本文三个研究假设的相关信息，如表 5 所示。

在结构方程模型中，路径系数是否显著异于零的标准是临界比例（Critical Ratio，CR，即 t 值），当 t 的绝对值大于等于 2 时，路径系数即可认定为显著水平 0.05 以下与零存在显著差异，根据路径系统 t 值（如表 5 所示），可以判断资源集聚、分工合作水平、资源共享对物流产业集群共生发展程度在 95% 的置信水平下是显著的。通过路径系数可以看出，对物流产业集群共生发展影响来说，资源共享对物流产业集群共生发展程度最大，其次是分工合作水平，最后是资源集聚。

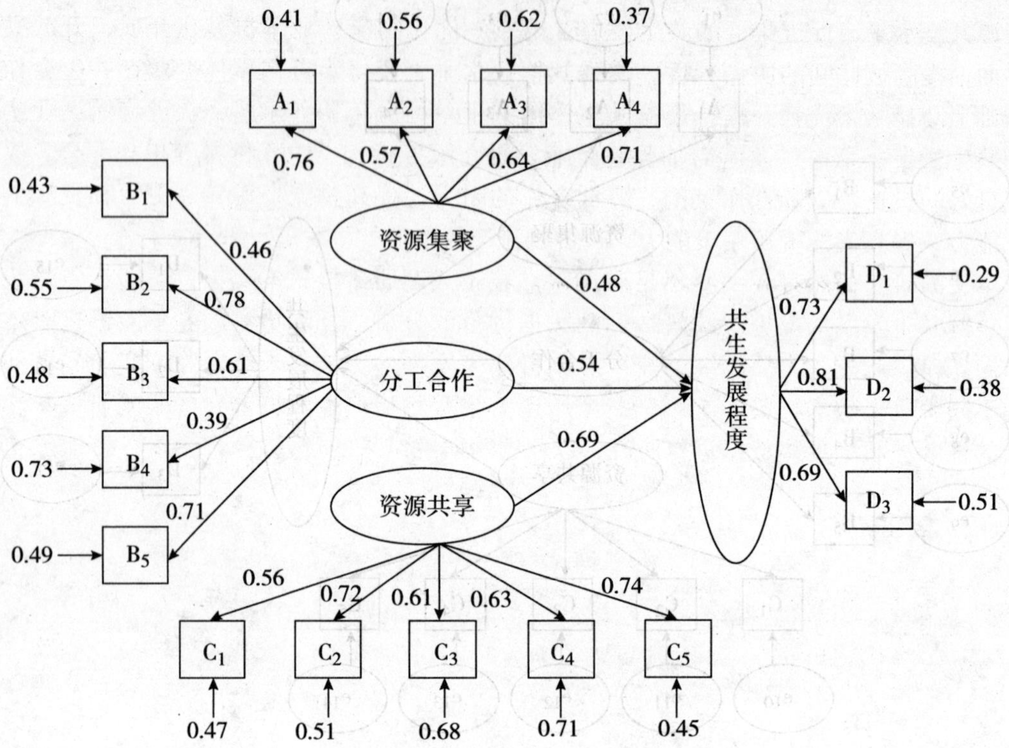

图 2　结构方程模型及路径系数

表 5　理论模型的路径系数与检验结果

假　设	影响方向	路径系数	t 值（CR）	检验结果
H1：资源集聚与物流产业集群共生发展正相关	+	0.48	4.73	支持
H2：分工合作水平与物流产业集群共生发展正相关	+	0.54	5.21	支持
H3：资源共享与物流产业集群共生发展正相关	+	0.69	6.75	支持

五、结论与启示

本文通过理论与实证分析得出如下结论：物流产业集群的资源集聚能力、分工合作水平和资源共享能力对物流产业集群共生发展有正向影响，即在物流产业集群演化发展过程中，提高物流产业集群共生体的资源集聚，增强集群共生单元间的分工合作以及集群共生体资源共享能力的增强都将促进物流产业集群共生发展；这三个因素对物流产业集群共生发展影响作用由大到小依次为：资源共享能力、分工合作水平、资源集聚能力。本文是对浙江省物流产业集群共生发展情况进行调研得到的数据进行的分析，分析结果基本符合浙江省物流产业集群发展的实际情况。根据上面的分析，依据浙江省物流产业集群发展的现状，为了促进物流产业集群共生发展，第一，增强集群共生单元间技术转移及吸收能力，引导各种“供需流”在集群共生体内无障碍流动，增强共生单元间合作的意愿及透明度，通过共生单元间的交流合作，提升集群共生体的资源共享水平，促进集群的共生发展；第二，优化物流产业集群共生介质，开放共生界面，提高彼此间的协调程度，增强其信任水平，使得集群共生体企业在共生合作的基础上凸显共生优势，提升集群共生体内共生单元分工协作水平，促进物流产业集群的共生发展；第三，政府需加强与企业、研究服务机构、中介机构等相互配合，以形成良好的投资环境和合作氛围，降低合作的阻力，提高物流资源的吸引力和资源的获取能力，提高集群资源集聚能力，促进物流产业集群共生发展。

本文的研究仍然存在一些不足和局限。在正式调研阶段，本文只针对浙江省物流产业集群共生发展情况进行调研得到的数据进行的分析，样本量有限且不能进行有效的横向比较。此外，本文围绕物流产业集群共生发展的影响，未结合物流产业集群演化的不同阶段来考虑相关影响因素，今后还需结合物流产业集群演化的不同阶段，在不同的地区、收集更多数据进行研究，以便检验研究结果的普遍适用性。

参 考 文 献

[1] 陈云萍．物流产业集群的竞争优势与形成模式［J］．科技进步与对策，2010（21）．

[2] 史安娜，南岚．港口物流产业集群共生性分析［J］．商业经济与管理，2010（2）．

[3] 闫俊周．物流产业集群信任机制博弈分析［J］．商业经济与管理，2009（8）．

[4] 周文详．全球产业链的物流业集群竞争力分析［J］．经济纵横，2007（8）．

[5] 李兰冰．基于生命周期的物流产业集群演进机制研究［M］．北京：经济科学出版社，2008.

[6] 支燕．物流产业集群的竞争优势研究［J］．经济与管理研究，2005（3）．

[7] 袁纯清．共生理论——兼论小型经济［M］．北京：经济科学出版社，1998.

[8] 蔡宁，吴结兵．产业集群与区域经济发展——基于“资源—结构”观的分析［M］．北京：科学出版社，2007.

[9] 李焕荣．基于共生观的战略网络关系进化动因研究［J］．科技进步与对策，2007（6）．

[10] 饶品样．共生理论视角下的旅游产业集群形成与演进研究［D］．西安：西北大学，2010.

[11] WORTZEL R. New Life Style Determinants of Women's Food and Shopping Behavior［J］. Journal of Markting，1979（43）：28－29.

基于模糊物元的中部六省物流能力评价*

张　诚　张　红　于兆宇

摘　要：本文利用模糊物元的方法，在分析了9个相关指标基础上，得出了中部六省物流能力值的发展趋势与经济发展趋势，以期为提升中部地区的物流能力，加速中部地区经济的发展提供合理的建议。

关键词：中部六省　物流能力　模糊物元

一、引言

继2009年3月国务院发布《物流调整和振兴规划》以来，我国物流业的发展迎来了重大的机遇。纵观现有的文献，研究物流与经济关系的文献颇多。谭清美，冯凌云，葛云（2003）研究了物流能力对区域经济增长的贡献率与不同时段物流能力对江苏经济增长作用。闫秀霞，孙林岩（2006）从物流的主体、客体、载体3个维度论证了物流能力与区域经济的关系，提出了物流能力与区域经济关系的概念模型，对地区差异条件下物流能力对经济增长的影响作用进行了研究。江晓东，王丹（2008）构造了物流业发展与经济增长关系的固定效应模型，利用2003—2005年省级面板数据进行回归分析，得出了物流业发展水平对区域经济增长有显著的正向影响，但是物流业发展的经济增长效应存在着跨区差异。周泰，叶怀珍（2008）从系统的角度构建了以基础设施支撑能力、信息系统保障能力、经营管理运作能力、发展环境支持能力为要素的三层量化指标体系，并将综合集成赋权法与模糊物元相结合，对区域物流能力进行了量化分析。邵扬，骆振华，姚微娜（2009）通过建立区域经济增长和物流的空间面板回归模型，定量研究了我国区域经济增长和物流的空间相关关系。

作为承东启西的中部地区也应极力发展物流业，促进中部地区的崛起。本文在此基础上，以中部六省1998—2008年的统计数据为基准，采用模糊物元的方法，研究得出中部物流能力值的发展趋势与经济发展趋势，并对其进行评价，为促进中部六省物流业的发展提出合理的建议。

二、物流能力评级模型的建立

1. 物流能力评价指标体系的确定

从微观角度看，物流能力指微观物流供给主体向微观物流需求主体提供物流服务

* 作者简介：张诚教授，华东交通大学经济管理学院，院长。张红、于兆宇，华东交通大学经济管理学院。

的能力。从宏观角度看，物流能力指国民经济物流部门向全社会提供物流支撑和服务的能力。本文将用以下三个方面的指标来衡量中部六省的物流能力，详细的指标体系及数据如图 1 所示：

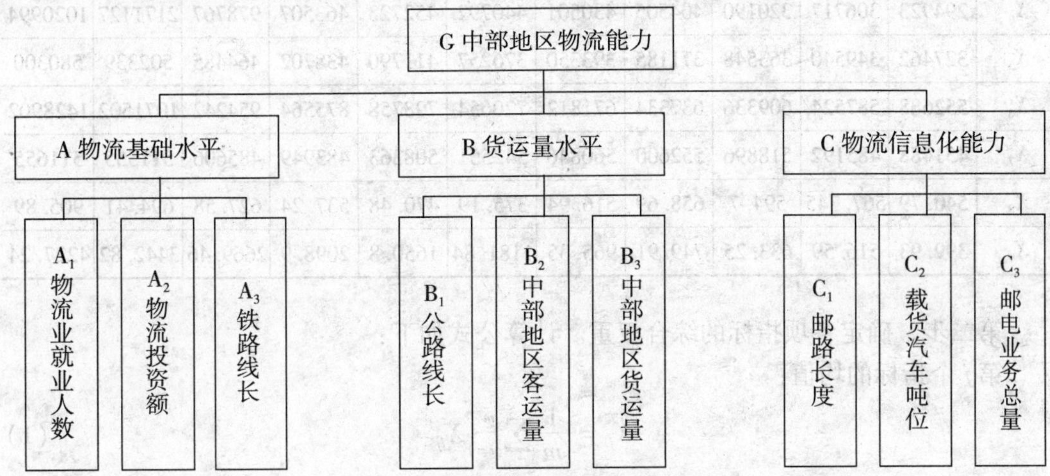

图 1　中部地区物流能力评价指标体系

2. 模糊物元模型

模糊物元分析就是把模糊数学和物元分析有机地结合在一起，对事物特征相应的量值所具有的模糊性和影响事物众多因素间的不相容性加以分析、综合，从而得出解决这类模糊不相容问题的一种方法。它把解决矛盾问题的过程形式化，并用“事物、特征、量值”这三个要素来描述事物，实现对事物由定性到定量的转变，适用于指标众多且不相容的情况。

在实际的操作中，首先要确定模糊物元和复合模糊物元然后依次确定从优隶属度、最优模糊物元与差平方复合模糊物元和欧式贴近度复合模糊物元，最后计算出综合权重，作出评价。

三、中部六省物流能力的评价

根据模糊物元理论与中部六省的物流能力评价指标体系，采用统计年鉴上 1998—2008 年中部六省的统计数据，按下列过程对中部六省的物流能力进行量化分析：

第一步，确定模糊物元和复合模糊物元。以年份作为物元，统计指标作为特征，构造以下复合物元，其中，$M_1 \sim M_{11}$ 表示 1998—2008 年这 11 个年份，$X_1 \sim X_9$ 对应图 1 中的 9 个指标。

表 1　　**评价矩阵**

	M_1	M_2	M_3	M_4	M_5	M_6	M_7	M_8	M_9	M_{10}	M_{11}
X_1	167. 8	165. 5	163. 1	153. 9	579. 7	140. 4	136. 2	129. 5	127	130. 8	128. 9
X_2	462. 69	492. 48	598. 68	730. 88	787. 17	995. 52	1558. 5	1825. 1	2207. 9	2246. 9	2464. 8

续 表

	M_1	M_2	M_3	M_4	M_5	M_6	M_7	M_8	M_9	M_{10}	M_{11}
X_3	13147	13196	13202.9	16250.2	16379.6	16675.3	17183.9	17457.1	17392.4	17573.7	18493
X_4	294923	306717	320190	404505	430501	440792	452723	463507	978767	2171127	1020994
X_5	327462	349540	363548	371185	393350	376257	411790	438702	464485	502339	580300
X_6	552688	587524	609336	637334	671812	720654	798758	875564	954242	1071502	1428902
X_7	451488	485192	518896	552600	560846	542551	508363	483949	485606	511555	511655
X_8	540.79	567.745	594.7	658.69	516.94	375.19	470.48	537.24	627.58	694.41	905.89
X_9	399.93	516.59	633.25	749.91	965.35	1181.84	1650.8	2098.9	2669.46	3442.82	4227.24

第二步，确定各项指标的综合权重。计算公式如下：

第 j 个指标的均值：

$$\overline{X_j} = \frac{1}{m}\sum_{i=1}^{m} X_{ij} \tag{1}$$

$$\begin{bmatrix} \bar{X}_1 & \bar{X}_2 & \bar{X}_3 & \bar{X}_4 & \bar{X}_5 & \bar{X}_6 & \bar{X}_7 & \bar{X}_8 & \bar{X}_9 \\ 183.89 & 1306.42 & 16086.46 & 662249.64 & 416268.91 & 404923.46 & 510245.55 & 589.97 & 1685.10 \end{bmatrix}$$

其中，X_{ij} 表示第 i 个事物 M 的第 j 个特征值。

第 j 个指标的均方差：

$$D_j = \sqrt{\frac{1}{m}\sum_{i=1}^{m} (\overline{X_j} - X_{ij})^2} \tag{2}$$

$$\begin{bmatrix} M_1 & M_2 & M_3 & M_4 & M_5 & M_6 & M_7 & M_8 & M_9 \\ 0.02 & 0.04 & 0.07 & 0.11 & 0.25 & 0.16 & 0.23 & 0.27 & 0.39 \end{bmatrix}$$

第 j 个指标的变异系数：

$$\delta_j = \frac{D_j}{x_j} \tag{3}$$

$$\begin{bmatrix} \delta_1 & \delta_2 & \delta_3 & \delta_4 & \delta_5 & \delta_6 & \delta_7 & \delta_8 & \delta_9 \\ 0.69 & 0.56 & 0.12 & 0.81 & 0.17 & 0.31 & 0.06 & 0.03 & 0.73 \end{bmatrix}$$

第 j 个指标的权重：

$$\omega_j = \frac{\delta_j}{\sum_{i=1}^{m}\delta_j} \tag{4}$$

$$\begin{bmatrix} \omega_1 & \omega_2 & \omega_3 & \omega_4 & \omega_5 & \omega_6 & \omega_7 & \omega_8 & \omega_9 \\ 0.20 & 0.16 & 0.03 & 0.23 & 0.05 & 0.09 & 0.02 & 0.01 & 0.21 \end{bmatrix}$$

第三步，计算出从优隶属度。其中，正向指标按公式（5）计算：

$$\mu_{ij} = \frac{x_{ij} - \min(x_{ij})}{\max(x_{ij}) - \min(x_{ij})} \tag{5}$$

对于负向型指标则按公式（6）计算：

$$\mu_{ij} = \frac{\max(x_{ij}) - x_{ij}}{\max(x_{ij}) - \min(x_{ij})} \tag{6}$$

其中，$\max(x_{ij})$与$\min(x_{ij})$分别表示各事物中第j项特征所对应的所有量值x_{ij}中的最大值与最小值。

第四步，确定最优方案的模糊物元。以最大值为最优，即最优模糊物元中的各指标从优隶属度为1。根据公式（7）计算出评级指标与标准指标之差的平方值，得到平方复合模糊物元。

$$\Delta_{ij} = (\mu_{oj} - \mu_{ij})^2 \tag{7}$$

第五步，根据公式（4）计算出模糊物元$R_{\rho h}$，其相应的数值如下：

$$\begin{bmatrix} M_1 & M_2 & M_3 & M_4 & M_5 & M_6 & M_7 & M_8 & M_9 & M_{10} & M_{11} \\ 0.02 & 0.04 & 0.07 & 0.11 & 0.25 & 0.16 & 0.23 & 0.27 & 0.39 & 0.52 & 0.46 \end{bmatrix}$$

四、评价结果分析

上述$R_{\rho h}$值具体表示的是中部六省1998—2008年这11年的物流能力值。为了能更加详细、合理地分析中部六省的总体物流能力情况，作出中部六省物流能力变化的总体趋势折线图：

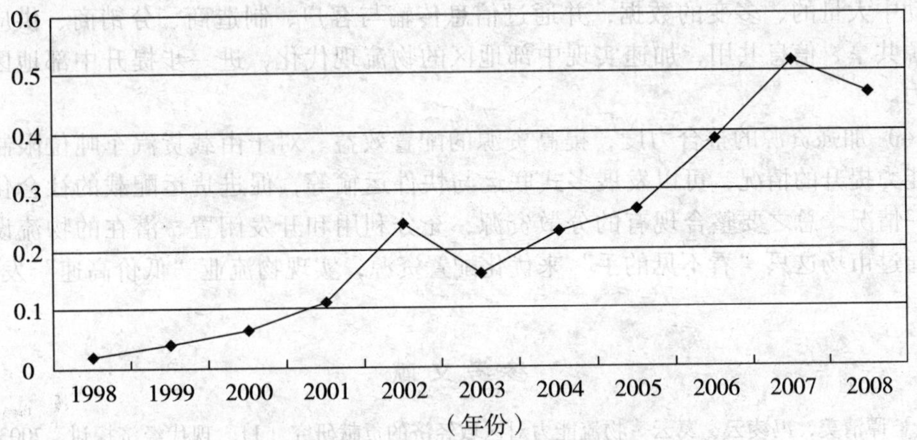

图2　中部六省物流能力变化趋势

从图2可以看出，在1998—2008年这11年里，中部六省的物流能力，除了个别年份以外，总体呈上升趋势，这表明自1998年以来，中部六省的物流能力在逐步提高，而且，其增长的速度也在逐步加快。

对比各项指标的发展趋势可以发现，大多数指标也呈上升趋势，其中主要有：物流投资额、中部地区货运量与邮电业务总量等，这一方面说明中部各方认识到了发展物流业的重要性，纷纷增加对物流业的投资，促进了物流能力的提高，即物流业的投资力度对中部地区物流能力的影响较大；另一方面也说明了以邮电业务为代表的物流信息化促进了中部物流能力的提升。2002—2003年突然有较大幅度的下降，2004年以后有所回升，这主要是由于这段时间里物流方面就业人数骤减、客运量减少所致，同时，也是由于受到了邮路长度与载货汽车吨位的限制。由此可见，虽然加大了对物流业的投资，但是投资带来的正面效益部分被基础设施投资不够产生的负面效益抵消了。

因此，为了在今后几年中继续增强物流能力，中部六省必须从这几个方面入手：

（1）加大对物流基础设施的投入力度，保证投入资金的比重，这样才能提高整体物流能力以适应中部地区经济高速发展的需要。

（2）加强物流人员的引进与培养，满足物流业人才的需求。这可联合高校展开行动：鼓励和支持有条件的高等院校增设物流专业和课程，加快物流硕士和学士的培养步伐，增加江西省的物流人才，促使一大批具有高素质与高技能水平的人员加入到物流业中，共同为促进中部地区物流能力的提升作出贡献。还可以鼓励企业加强与高校及科研机构的合作，为中部物流业的发展培育出大批应用型物流专业人才。另外，还可通过加强与周边发达地区的人才交流来实现：引进发达地区的物流人才，提供机会让本地区的物流从业人员到物流业发达地区学习和深造，提高中部地区物流从业人员的整体素质。

（3）现代物流趋向于商流和信息流的一体化，通过提高物流信息化水平可以促进物流能力的提升。因此，中部六省各级政府应采取积极措施，逐步完成覆盖全省的现代化物流信息平台，广泛采用信息网络技术快速、准确、及时的采集、分析和处理物流活动中大量的、多变的数据，并通过信息传输与客户、制造商、分销商、供应商实现资源共享、信息共用，加速实现中部地区的物流现代化，进一步提升中部地区的物流能力。

（4）加强资源的整合力度，提高资源的配置效益。对于由载货汽车吨位限制影响物流能力提升的情况，可以发展多式联运与快件运输等，促进货运配载的社会化来改善这一情况。总之要整合现有的分散资源，充分利用和开发闲置、潜在的物流设施资源，通过市场这只“看不见的手”来优化配置资源，实现物流业“低价高速”发展。

参考文献

[1] 谭清美，冯凌云，葛云．物流能力对区域经济的贡献研究［J］．现代经济探讨，2003（8）：22-24.

[2] 闫秀霞，孙林岩．物流能力对区域经济发展的影响分析［J］．科技进步与对策，2006（10）：160-163.

[3] 江晓东，王丹．物流业发展与经济增长——基于省级面板数据的实证分析［J］．开发研究，2008（3）：5-9.

[4] 周泰，叶怀珍．基于模糊物元欧式贴近度的区域物流能力量化模型［J］．系统工程，2008（6）：27-31.

我国省域物流作业的 CO_2 排放量测评及其低碳化对策研究*

周　叶　王道平　赵　耀

摘　要： 物流活动是主要碳排放源之一，是温室气体减排、缓解气候变化的重要领域，从省域层面对我国物流作业的碳排放量进行核算和比较分析，对于从宏观上掌控各省域物流作业碳排放量及省域物流作业节能减排目标确定具有重要的意义。本文首先给出了省域物流作业 CO_2 排放量测量模型，测算了不同能源的 CO_2 排放因子及排放系数；接着，以物流作业直接能耗法来核算我国各省域2008年物流作业的 CO_2 排放指标，包括各省域的 CO_2 排放量和单位货物周转 CO_2 排放量，对比分析发现：我国省域之间物流活动产生的 CO_2 排放量存在着地域不平衡性，CO_2 排放量中东部大部分省域要高于西部省域，而单位货物周转 CO_2 排放量西部大部分省域要高于中东部省域；最后，根据物流作业的特点，分别从发展低碳运输、探索物流作业的技术性减碳方法、实行精细化物流作业管理、建立完善的节能减排考核与激励约束机制、制定低碳物流作业标准与打造低碳物流示范企业等五个主要的方面来阐述我国物流作业的低碳化对策，以期促进我国低碳物流的发展。

关键词： 省域　低碳　物流作业　碳排放量

一、引言

近年来，随着全球气候的变暖，温室气体（主要是二氧化碳，CO_2）的减排受到我国政府的密切关注。在2009年召开的世界气候峰会上，我国承诺到2020年实现单位GDP二氧化碳排放比2005年下降40%～45%，并作为约束性指标纳入国民经济和社会发展中长期规划。以此为标志，发展以低能耗、低污染、低排放为基础的低碳经济与生态经济，成为我国的一项重要国策和战略重点。物流作业作为主要碳排放源之一，是温室气体减排、缓解气候变化的重要领域。物流在低碳经济中占有重要的地位，一方面物流既是能源消耗大户，又是碳排放大户，2009年国际能源署发布的《运输、能源与二氧化碳：迈向可持续发展》报告显示，全球 CO_2 排放量约有25%来自交通运输，因此，降低物流作业的能源消耗，能够有力促进低碳经济发展；另一方面，先进的物流方式可以支持低碳经济的生产方式和生活方式，降低经济运行成本，推动区域经济

* 基金项目：国家自然科学基金项目（No：70872010）；江西省青年科学基金项目（No：GJJ09485）。

作者简介：周叶，北京科技大学，博士生，南昌航空大学经济管理学院，副教授，主要研究方向：物流与供应链管理、知识与创新管理。王道平、赵耀，北京科技大学经济管理学院。

增长方式转变，因此，低碳经济离不开现代物流的支撑，发展低碳物流是大势所趋。从省域层面对我国物流作业的碳排放量进行核算和比较分析，更有利于从宏观上掌控各省域物流作业碳排放量，为进一步的省域物流作业比较分析、物流行业节能减排目标确定和相关支撑政策制定奠定基础。为此，本文以物流作业直接能耗法来核算碳排放量，依据国家统计局公布的最新相关统计数据，核算出各省域2008年的CO_2排放量及相关数据，通过比较分析来了解各省域的能源消耗和CO_2排放状况，同时，从多个角度来探讨物流作业低碳化的制度性和实用性对策。

二、相关研究综述

通过对国内外相关文献分析可知，在物流碳排放量计算方面，目前的研究主要有基于油料消耗和基于运距两种测算方法，除此之外，Ubeda（2010）以西班牙一家领先的食品配送公司Eroski为例来研究绿色物流，主要包括估计环境的影响（采用基于运距的方法来测算其配送作业碳排放量）、配送路线的重新优化（采用新的CVRP算法来缩短运距）、优化环境的影响（通过建立碳排放量最小的配送模型来进行优化）。Piecyk（2009）采用集中讨论和大规模Delphi调查方法将影响货物运输需求、车辆油料消耗和相应碳排放的因素根据不同层次的物流决策分成六大类，并构建了三种场景对2020年公路运输碳排放量进行评估。Hickman（2010）为伦敦市构建了一个运输和碳排放仿真模型，该模型可用于分析多种政策下的执行效果，为降低碳排放量提供参考。王晓华（2009）以2000年为基准年，将北京市物流分为运输部门、物流中心部门和配送部门，建立北京市未来（2000—2030年）物流—能源—环境模型，再通过运用回归分析等方法预测物流服务量、计算能源强度和排放强度等模型参数，并利用LEAP（Long－range Energy Analysis Plan system）模型计算和分析北京市2000—2030年不同情景下的物流能源需求与环境排放，模型结果表明：所设计的各个发展情景对能源需求和碳排放量比基础情景均有不同程度的降低。温宗国等（2009）采用物质流分析方法评估了我国公路交通系统的物质代谢，结果显示：2005年中国公路交通系统的物质总输入为521Mt，排放的污染物量占资源投入量的28.3%。朱松丽（2010）以不同燃料驱动类型车辆的保有量、年均运营距离、能源强度及排放强度为主要参数定量计算2005年北京和上海两市的城市交通能耗和CO_2排放量。在低碳物流的发展对策方面，Brand（2010）提出了一个新的战略运输、能源、碳排放和环境影响模型（UKTCM），它包含一系列涉及社会经济、能源需求减少政策影响、生命周期内的碳排放和外部成本等的运输—能源—环境问题，并通过三个简单政策和一个政策体系来证明模型的可行性，从而为低碳运输政策的制定提供理论支持。王国文（2010）从低碳物流和绿色供应链的概念出发，基于供应链流程标准，提出了以建立贯穿供应链的碳排放监督测量机制、优化订单量与库存、低碳运输管理、低碳仓储配送管理、回收与排放管理、发展多式联运降低碳排放等管理和技术方法来构建低碳物流体系。陈飞等人（2009）通过低碳交通模型，对上海交通碳排放总量及不同交通方式碳排放现状进行量化分析，并运用情景模式分析上海市低碳交通发展的战略目标，提出城市低碳交通发展的对策。由此可见，低碳物流相关研究取得了丰富的成果，但从省域层面来研究物流作业碳排放量测评及减排对策的成果还比较少见。

三、省域物流作业 CO_2 排放量测量模型

物流作业所引发的 CO_2 排放，是由于在物流作业过程中消耗各种能源和物质所带来的直接和间接 CO_2 排放，物流作业消耗的物质种类不同（如各种包装材料、标签、托盘等），其生产和流通过程中排放的碳难以进行统一核算，故本文所测算的物流作业 CO_2 排放量是依据各省域物流作业活动实际消耗的能源折算而成的，省域碳排放量测量模型如式（1）所示：

$$Q_c = Q_{pc} + Q_{cc} + Q_{gc} + Q_{ec} + Q_{hc} \tag{1}$$

其中，Q_{pc} 为消耗石油燃料的碳排放量，Q_{cc} 为消耗煤炭所排放的碳量，Q_{gc} 为消耗燃气所排放的碳量，Q_{ec} 为消耗电能所折算的碳排放量，Q_{hc} 为消耗热能所折算的碳排放量。

1. 省域物流作业石油燃料的 CO_2 排放量

物流作业过程中使用的石油燃料主要有汽油、煤油和柴油等，其主要的消耗是在运输和配送作业活动中，因此，以省域内物流作业活动所消耗的石油燃料量来核算所排放的碳量，其核算公式见式（2）：

$$Q_{pc} = \sum (\text{不同燃油消耗量} \times CO_2 \text{ 排放系数}) \tag{2}$$

其中，不同燃油的排放因子见表 1 所示。

2. 省域物流作业煤炭燃料的 CO_2 排放量

物流作业过程中所使用的煤炭燃料主要用于为物流节点供热，因此，以区域内物流活动所消耗的煤炭燃料量来核算所排放的碳量，其核算公式见式（3）：

$$Q_{cc} = \sum (\text{不同煤炭消耗量} \times CO_2 \text{ 排放系数}) \tag{3}$$

其中，不同煤炭的 CO_2 排放系数见表 1 所示。

3. 省域物流作业燃气燃料的 CO_2 排放量

燃气燃料主要用于物流节点供暖和燃气能源车辆设备的运输搬运等物流作业，因此，以区域内物流活动所消耗的燃气燃料量来核算所排放的碳量，其核算公式见式（4）：

$$Q_{gc} = \sum (\text{不同燃气消耗量} \times CO_2 \text{ 排放系数}) \tag{4}$$

其中，不同燃气的 CO_2 排放系数见表 1 所示。

4. 省域物流作业消耗电能折算的 CO_2 排放量

在物流作业过程中离不开电力资源，电的消耗本身不直接排放 CO_2，但电厂（主要是火电厂，其发电量 2008 年占全国总电量的 80.5%，本文考虑到能源采掘、加工、存储和运输过程中的 CO_2 溢散排放，故不考虑其他能源方式的发电，直接将火电厂的 CO_2 排放系数作为电能的 CO_2 排放系数，其计算公式见表 1 注③）发电过程中会导致 CO_2 的排放，属于间接碳排放，因此，需要先核算出电能的 CO_2 排放系数，再根据省域内物流活动所消耗的电量来核算所排放的间接 CO_2 量，其核算公式见式（5）：

$$Q_{ec} = \text{电能消耗量} \times CO_2 \text{ 排放系数} \tag{5}$$

其中，电能的 CO_2 排放系数的计算公式为：CO_2 排放系数 =

$\frac{\sum 火电厂能源消耗量 \times 各能源的CO_2排放系数}{火电发电总量}$，电能的 CO_2 排放系数见表 1 所示，本表结果根据《中国能源统计年鉴 2009》中 2008 年的全国火电厂消耗的能源量和总发电量数据进行核算。

表 1　不同能源的 CO_2 排放因子及排放系数

能源类型	CO_2 排放因子（kg CO_2/TJ）	平均低位发热量（kJ /kg）	CO_2 排放系数（kg CO_2/kg）	能源类型	CO_2 排放因子（kg CO_2/TJ）	平均低位发热量（kJ /kg）	CO_2 排放系数（kg CO_2/kg）
原油	73300	41816	3.0651	煤焦油（作为其他焦化产品数据）	80700	33453	2.6997
汽油	69300	43070	2.9848	木材或木炭（作为其他能源数据）	112000	16726	1.8733
煤油	71500	43070	3.0795	液化石油气	63100	50179	3.1663
柴油	74100	42652	3.1605	炼厂干气	57600	46055	2.6528
燃料油	77400	41816	3.2366	能源类型	CO_2 排放因子（kg CO_2/TJ）	平均低位发热量（kJ / m^3）	CO_2 排放系数（kg CO_2/ m^3）
其他石油制品	73300	41816	3.0651	天然气	56100	38931	2.1840
原煤	98300	20908	2.0553	焦炉煤气	44400	17354	0.7705
洗精煤	94600	26344	2.4921	其他煤气	44400	16979	0.7539
其他洗煤	94600	8363	0.7911	能源类型	CO_2 排放系数（kg CO_2/kWh）		
型煤	97500	26344	2.5685	电能（火力发电）	0.9439		
焦炭	107000	28435	3.0425				

注：①本表的碳排放因子数据来源于《2006 年 IPCC 国家温室气体清单指南》第二卷"能源"部分，平均低位发热量数据来源于《中国能源统计年鉴 2009》。

②本表汽油的碳排放因子选用车用汽油的数据；煤油的碳排放因子选用航空煤油的数据；其他石油制品的平均低位发热量选用原油的数据；原煤的碳排放因子是采用无烟煤的数据；洗精煤的碳排放因子选用炼焦煤的数据；其他洗煤的碳排放因子选用其他沥青煤的数据，平均低位发热量选用洗中煤的数据；型煤的碳排放因子选用棕色煤压块的数据，平均低位发热量选用洗精煤的数据；其他煤气采用煤气公司煤气的碳排放因子数据，平均低位发热量为发生炉煤气、重油催化裂解煤气、重油热裂解煤气、焦炭煤气、压力气化煤气和水煤气的低位发热量的均值；焦炉煤气的平均低位发热量选取给定范围的中值。

③化石燃气能源的 CO_2 排放系数的计算公式为：CO_2 排放系数 $= \frac{CO_2 排放因子 \times 平均低位发热量}{1 \times 10^9}$。

5. 省域物流作业消耗热能折算的 CO_2 排放量

在我国北方省域，为了确保正常的物流作业，需要对物流节点进行供暖，这就需要消耗热能，供暖本身不直接排放 CO_2，但供热厂产热过程中会导致 CO_2 的排放，属于间接碳排放，因此，需要先核算出热能的 CO_2 排放系数，其核算公式见式（6），由于每个省域所消耗的能源和供应的热能差别较大，根据《中国能源统计年鉴 2009》中 2008 年各省域的热能耗能和供应数据，分别核算出统计年鉴中物流作业有热能需求的各省域的热能 CO_2 排放系数，见表 2，最后，根据省域内物流节点所消耗的热能来核算所排放的间接 CO_2 量，核算公式见式（7）：

$$\text{热能 } CO_2 \text{ 排放系数} = \frac{\sum \text{省域热能厂能源消耗量} \times \text{各能源的 } CO_2 \text{ 排放系数}}{\text{省域供热总量}} \quad (6)$$

$$Q_{hc} = \text{热能消耗量} \times CO_2 \text{ 排放系数} \quad (7)$$

表 2　　各省域的热能 CO_2 排放系数

省　域	北京	天津	河北	内蒙古	辽宁	吉林
热能 CO_2 排放系数（kg CO_2/10^7kJ）	1127.8402	1198.0443	1536.2592	1809.5930	1366.2608	1450.6843
省　域	黑龙江	上海	江苏	浙江	山东	河南
热能 CO_2 排放系数（kg CO_2/10^7kJ）	1961.8757	1159.0703	1175.1879	1105.6856	1276.1823	1299.9234
省　域	青海	宁夏	新疆			
热能 CO_2 排放系数（kg CO_2/10^7kJ）	1498.3826	1290.8562	1136.2933			

注：其他省域物流活动未使用或未统计热能，故未核算。

四、我国省域物流作业 CO_2 排放量及其对比分析

根据上面的 CO_2 排放量测量模型，采用 2008 年各省域的交通运输、仓储和邮政业的数据，核算出我国省域2008 年物流作业 CO_2 排放量，详见表3 所示，CO_2 排放量排名前后 5 名的省域见表 4 所示。由表 4 可知，物流作业的 CO_2 排放绝大部分都是油品类能源消耗所带来的，其次是电能和煤炭；而且，东部发达省域的物流 CO_2 排放量较大，而西部省域的物流 CO_2 排放量较小，这主要与其物流作业量大小有关。

由于各省域的物流作业量大小不同，单独比较省域间的 CO_2 排放量存在不合理性，因此还需要核算省域单位物流作业量的 CO_2 排放量，本文采用单位货物周转 CO_2 排放量这个指标来进行核算对比，其核算公式见式（8）：

$$\text{单位货物周转 } CO_2 \text{ 排放量} = \frac{\text{省域 } CO_2 \text{ 排放总量}}{\text{省域货物周转总量}} \quad (8)$$

表 3　　我国 2008 年各省域物流作业 CO_2 排放量

省域	油品合计 (10^4t)	油品 CO_2 排放量 (10^4t)	煤类合计 (10^4t)	煤类 CO_2 排放量 (10^4t)	燃气合计 (10^8 m^3)	燃气 CO_2 排放量 (10^4t)	电能 (10^8kWh)	电能 CO_2 排放量 (10^4t)	热能 (10^{10}kJ)	热能 CO_2 排放量 (10^4t)	CO_2 排放量合计 (10^4t)	单位货物周转 CO_2 排放量 (t /10^4t · km)
北京	493. 5900	1526. 1050	26. 8900	55. 2670	2. 7000	58. 9680	44. 8400	423. 2448	963. 5300	108. 6708	2172. 2556	2. 8624
天津	234. 9400	736. 4127	18. 9100	38. 8657			11. 0700	104. 4897	45. 1800	5. 4128	885. 1809	0. 3274
河北	430. 5926	1343. 9962	35. 9604	74. 0944	0. 7014	15. 1772	45. 0209	424. 9523	67. 4160	10. 3568	1868. 5769	0. 3153
内蒙古	564. 1600	1761. 0165	147. 4000	270. 3349	0. 5900	12. 8856	8. 6400	81. 5530	989. 1000	178. 9868	2304. 7768	0. 6299
山西	460. 5600	1432. 4259	64. 8500	133. 2862	0. 3000	6. 5520	40. 6600	383. 7897			1956. 0538	0. 7634
辽宁	870. 6900	2718. 4642	85. 6700	182. 4178	0. 2500	2. 1708	26. 4200	249. 3784	391. 5400	53. 4946	3205. 9258	0. 4558
吉林	225. 6600	706. 7280	104. 5464	214. 8743	3. 7200	81. 2448	11. 5700	109. 2092	577. 6600	83. 8002	1195. 8565	1. 0329
黑龙江	230. 6400	709. 5352	121. 2500	249. 2051			21. 1100	199. 2573	2. 6400	0. 5179	1158. 5155	0. 6851
上海	1262. 8596	3997. 7371	5. 9100	12. 1468	0. 4498	6. 9148	23. 7200	223. 8931	22. 3300	2. 5882	4243. 28	0. 2647
江苏	740. 3400	2279. 8190	41. 3100	84. 9044	1. 0000	21. 8400	22. 8900	216. 0587	28. 9000	3. 3963	2606. 0184	0. 6059
浙江	669. 0879	2075. 4444	2. 0000	4. 1106			18. 7166	176. 6660	4. 3200	0. 4777	2256. 6987	0. 4536
安徽	252. 0930	785. 2551	34. 3700	70. 6407	0. 9200	20. 0928	10. 5300	99. 3927			975. 3813	0. 1669
福建	408. 5800	1280. 8615	6. 0000	12. 3318			13. 5700	128. 0872			1421. 2805	0. 5931
江西	228. 4800	715. 1346	5. 1600	12. 2271			8. 9200	84. 1959			811. 5576	0. 3551
山东	1389. 7800	4341. 2361	25. 5100	52. 4307	1. 0600	23. 1504	31. 2265	294. 7469	351. 0000	44. 7940	4756. 3581	0. 4706
河南	451. 4000	1403. 5208	15. 6300	32. 1243			37. 9000	357. 7381	16. 0000	2. 0799	1795. 4631	0. 3476
湖北	752. 6200	2309. 8515	175. 2000	360. 0886	2. 0500	44. 7720	10. 8600	102. 5075			2817. 2196	1. 1151

续 表

省域	油品合计 (10^4t)	油品 CO_2 排放量 (10^4t)	煤类合计 (10^4t)	煤类 CO_2 排放量 (10^4t)	燃气合计 (10^8 m^3)	燃气 CO_2 排放量 (10^4t)	电能 (10^8kWh)	电能 CO_2 排放量 (10^4t)	热能 (10^{10}kJ)	热能 CO_2 排放量 (10^4t)	CO_2 排放量合计 (10^4t)	单位货物周转 CO_2 排放量 (t/10^4t · km)
湖南	371.5100	1156.2503	26.7400	57.0115	0.2600	5.6784	24.1600	228.0462			1446.9864	0.6158
广东	1510.9200	4685.2793	1.7800	3.6584			39.5000	372.8405			5061.7782	1.1430
广西	384.9500	1198.4753	31.6600	65.0708			7.6300	72.0196			1335.5657	0.6424
海南	158.5200	494.7348			0.5100	11.1384	1.6500	15.5744			521.4476	0.8724
重庆	308.9900	964.4826	27.2300	58.2166	0.1100	2.4024	9.3400	88.1603			1113.2619	0.7470
四川	587.5500	1804.1695	19.5100	43.8108	0.4900	10.7016	20.2900	191.5173			2050.1992	1.2987
贵州	265.6267	823.9196	7.2300	14.8598	0.0100	0.0771	18.0200	170.0908			1008.9473	1.2528
云南	430.4200	1343.1388	19.2006	39.9072	0.0012	0.0088	14.2363	134.3767			1517.4315	1.8477
陕西	367.4800	1149.3118	78.6400	161.6288			34.6700	327.2501			1638.1907	0.8082
甘肃	137.7700	431.6054	53.0000	108.9309	0.7800	17.0352	27.7100	261.5547			819.1262	0.5136
青海	46.1291	144.5630	14.5500	29.9046	0.6815	14.8840	1.1635	10.9823	4.5000	0.6743	201.0082	0.5988
宁夏	82.3000	258.4831	4.1000	8.4267	0.2100	4.5864	5.3400	50.4043	150.0000	19.3628	341.2633	0.4850
新疆	270.5200	840.6548	53.1000	109.2352	3.2000	69.8880	6.1100	57.6723	24.0000	2.7271	1080.1774	0.8485

注：①本表的能源消耗数据来源于《中国能源统计年鉴2009》中的“交通运输、仓储和邮政业”2008年数据，由于数据原因，未对港澳台及西藏地区的物流作业CO_2排放量进行核算；省域货物周转量数据来源于《中国统计年鉴2009》的2008年数据。

②每类CO_2排放量为本类（不同类型的能源耗量×对应的CO_2排放系数）之和。

③煤类合计包括焦炭的消耗量；由于统计年鉴将液化石油气以重量进行核算，故本表中的油品合计包括液化石油气的消耗量；燃气合计则包括焦炉煤气、其他煤气、炼厂干气和天然气的消耗数据之和。

表4　　排名前后5省域的物流作业 CO_2 排放量及不同能源的排放比重

前5省域	广东	山东	上海	辽宁	湖北
CO_2 排放总量（10^4t）	5061.7782	4756.3581	4243.2800	3205.9258	2817.2196
油品类 CO_2 排放比重	92.56%	91.27%	94.21%	84.79%	81.99%
煤炭类 CO_2 排放比重	0.07%	1.10%	0.29%	5.69%	12.78%
燃气类 CO_2 排放比重	0%	0.49%	0.16%	0.07%	1.59%
电能 CO_2 排放比重	7.37%	6.20%	5.28%	7.78%	3.64%
热能 CO_2 排放比重	0%	0.94%	0.06%	1.67%	0%
后5省域	青海	宁夏	海南	江西	甘肃
CO_2 排放总量（10^4t）	201.0082	341.2633	521.4476	811.5576	819.1262
油品类 CO_2 排放比重	71.92%	75.74%	94.88%	88.12%	52.69%
煤炭类 CO_2 排放比重	14.88%	2.47%	0%	1.51%	13.30%
燃气类 CO_2 排放比重	7.40%	1.34%	2.14%	0%	2.08%
电能 CO_2 排放比重	5.46%	14.77%	2.99%	10.37%	31.93%
热能 CO_2 排放比重	0.34%	5.67%	0%	0%	0%

根据该公式及相关数据，得出各省域的单位货物周转 CO_2 排放量，详见表3和图1，可以看出北京的单位货物周转 CO_2 排放量最大，达到2.8624吨/万吨公里，北京作为陆运交通枢纽，拥有诸多大型的物流节点，消耗的电能（占排放量的19.48%）和热能（占排放量的5%）资源比其他大部分省域的要高，而作为消费型城市其货物周转量又少，这可能是导致其单位货物周转 CO_2 排放量较其他省域高，或者是统计数据出现偏差的原因，但这个出乎意料的结果应该值得关注和进一步的分析。安徽省以975.3813万吨的物流作业 CO_2 排放量完成5843.2054亿吨公里的周转量，是我国省域中单位货物周转 CO_2 排放量最少的省域。由图1可看出，华东和华北地区的单位货物周转 CO_2 排放量较小，而西南地区则较大，因此，可以看出单位货物周转 CO_2 排放量跟物流作业的地域存在一定关系。

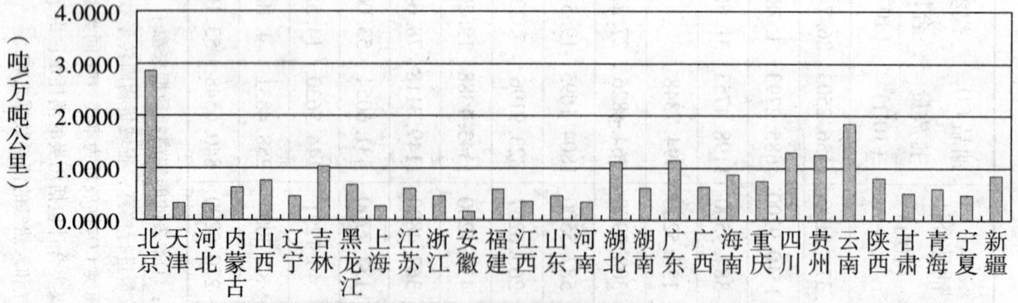

图1　我国省域单位货物周转 CO_2 排放量

五、我国物流作业低碳化对策分析

将表3我国各省域的CO_2排放量进行汇总，2008年我国物流作业CO_2排放总量达到54565.7872万吨（未包含西藏、港澳台地区），占我国全年能源消耗排放CO_2总量的7.16%（根据《中国能源统计年鉴2009》数据计算得2008年全国CO_2总排放量为762037.6345万吨）。有报告说，全球物流活动每年产生28亿吨的CO_2，大约占人类活动排放量500亿吨的5.5%。而且，世界经济论坛（WEF）2009年年底发布的研究报告指出，物流业如果进行环保改革，有潜力每年为全球减少逾14亿吨的CO_2排放，大约是所有人类活动排放量的近3%。由此看出，我国物流活动的碳排放量比重明显高于国际平均水平，需要大力探索适合我国国情的物流低碳作业模式和低碳发展策略。为此，本文试图从以下5个方面来探讨物流作业的低碳化发展策略。

1. 发展低碳运输

运输是物流的主要功能之一，其CO_2排放量占物流作业总排放量的70%左右，因此，发展低碳运输是实现节能减排和低碳物流的关键。发展低碳运输的途径主要包括。

（1）推广和使用新能源或环保低耗的运输工具。公路运输一直是我国最重要的物流运输方式，2009年我国公路运输货运量占总运量的75.32%（根据《中国统计年鉴2010》数据计算所得），但公路运输运量小、成本高、高能耗、高排放和高污染，因此，发展新能源汽车是降低公路运输碳排放的关键所在，国家应大力鼓励以混合动力、燃料电池和电动汽车为代表的新能源汽车的研发与应用，如福田汽车推出的一款轻卡欧马可成为零碳馆指定物流用车，它是我国首款国Ⅳ柴油欧系轻卡，能全面满足用户领先可靠、领先安全、领先节油与领先环保的物流需求。另外，对于公路运输，还应该提高能源效率、节约能源，有文章显示，我国乘用车单位油耗比欧盟高出15%～22%，载货汽车的单位油耗也较日本、美国都高，平均高于日本10%左右，因此，应该着力研究运输车辆的节油降耗技术，缩短与国外先进国家的单位油耗差距。同时，国家应强制淘汰高耗落后的运输设备，对其给予一定的财政补贴和低息贷款，用以购置新型低耗的运输设备，从而降低碳排放量。有报道称，到2020年，全球航空业将会购置5500架新飞机，而机队的更新将有助于每年减排1.3%。

（2）推进铁路运输和管道运输等低碳运输模式的发展。据日本对各种运输方式的二氧化碳排放比例调查结果表明，小轿车52%、货运汽车31%、航运6%、铁路3%、航空3%、其他5%。在运输方式中，公路和航空运输耗油量大，而铁路是耗油量最少的运输方式，测算表明，在等量运输下，铁路、公路和航空的能耗比为1.9∶3∶18.6。因此，通过完善电气化铁路货运网和先进的铁路货运组织管理来提高铁路货运量和运输效率，降低碳排放量。管道运输具有低损耗和低碳排放等特点，目前主要应用于能源领域的运输，可以通过构建合理的管道运输网络，优化能源运输方式，来降低能源运输的碳排放量。

（3）优化运输作业管理，减少空载运输、无效运输等不合理运输方式。采用GPS（全球定位系统）、GIS（地理信息系统）和运输管理信息系统等先进的信息技术，优化运输作业，规避不合理的运输方式，减少运力浪费和油料耗损，实现节能减排。有报道称在航空运营方面，国际航协已帮助成员航空公司节省3600万吨碳排放量，通过改善航线，国际航协帮助节省了253万吨排放量。

2. 探索物流作业的技术性减碳方法

对物流作业的设备和设施，进行技术创新和改进，也是实现节能减排的重要方法。例如福田公司推出的欧马可C280轻卡采用一站式高速ECM控制中枢配合独有的每缸4气门与中置喷油器设计，极大地提升了燃烧经济性，平均每百公里油耗相比同类轻卡节约4L左右。福建龙洲运输股份有限公司采用超声波清洗技术替代汽油清洗剂人工刷洗，一年就节约清洗用汽油95000余升。青岛港自主研发的“门机作业自动计量系统”，取代了传统粗放的港口装卸计量统计模式，在22台各类门机上应用后，设备作业效率提高了17.77%、能耗降低了13.08%，每年可节电143.47万千瓦时，减少二氧化碳排放1510吨。马士基航运公司实施的仓储运输质量与能源效率（QUEST）方案，是一种提供全新温度控制模式的软件解决方案，能大幅削减冷藏集装箱（冻柜）的能耗与二氧化碳排放量，全面实施QUEST方案后，每年将减少的二氧化碳排放量可达32.5万吨。联邦快递在加州奥克兰建成了一座以太阳能为主要能源的货物转运中心，该转运中心在开始运营的前三年提供了超过300万千瓦时的清洁能源，减少的二氧化碳排放量超过1000吨。

3. 实行精细化物流作业管理

通过改进物流作业操作技能或工作方法也能实现节能减排，例如湖北省交通厅总结王静20多年的驾驶经验，将其提炼为一套四位一体的工作方法，其主要内容是“十九字”节油操作法、“三好三不”安全驾驶法、“六个一点”优质服务法及“三边三勤”工作创新法，“王静工作法”在湖北省推广后，2008—2009年，湖北省30万辆营运车辆共节约燃油55440万升，减少碳排放约合150万吨，安全事故率下降33%。另外，还有青岛港的“学良节油”工作法可使拖轮油耗降低37.5%，中海运集团的“船舶只开单台辅机工作法”可每天节约燃油0.4吨以上。通过先进的运输和配送车辆调度和管理方法，提高车辆实载率，减少空载运输、无效运输等不合理运输方式，提高车辆利用率，缩短送货运距，从而降低碳排放量。在仓储作业中，通过对货物仓位的合理分配，可以缩短存取货时间和搬运路径、降低能源消耗，从而减少碳排放。这些先进的物流作业方法只需在作业管理精细化和人员专业化上下工夫，就能取得明显的节能减排成效。

4. 建立完善的节能减排考核与激励约束机制

没有考核，就无法衡量物流作业节能减排的实施效果和进行有效的对比分析，因此，需要构建合理的物流作业节能减排考核指标和考核方法，并将考核结果与激励政策结合起来，鼓励一线物流作业人员积极探索节能减排的技术和方法。同样，在物流企业层面也应该建立相应的节能减排目标和激励约束机制，用以推动物流企业切实落实节能减排目标，也可考虑建立适合我国国情的低碳物流企业认证体系，依托专业的第三方认证和评级机构对物流企业进行低碳化认证和评级，推动物流企业低碳化作业的实现。

5. 制定低碳物流作业标准，打造低碳物流示范企业

我国目前还没有低碳物流作业标准，物流企业只是响应政府的“节能减排”号召结合自身情况进行这方面的探索，没有形成一套完善的低碳作业标准，为此，可以考虑由物流行业协会牵头，在借鉴国外相关低碳物流作业标准的基础上，结合我国物流行业的特点，联合一些低碳物流示范企业，进行这方面的经验总结和标准制定，并进行全行业推广学习。同时，政府部门和物流交通行业协会可以考虑举办区域内的物流作业节能减排比赛，一方面可以激励物流作业人员重视节能减排，另一方面，又提供了经验交流和相互学习的平台。例如浙江省安吉县通过开展节能减排技能比赛，2009年该县班车百车公里油耗为17.5升，比2008年降低了0.2升/百车公里，一年下来节约成本超百万元。除此之外，行业协会可以根据物流作业的特点，分别建立运输类、仓储类、配送类、物流园区类等低碳物流示范企业（基地），鼓励其进行低碳化物流作业方式的探索和研究，通过试点后再进行全行业推广应用。

六、结语

随着人们对以二氧化碳为表征的温室气体排放重要性的逐渐认识，经济低碳化已经从民间行为上升到国家战略层面，低碳经济成为世界经济的新潮流，作为低碳经济的重要组成部分——物流业，势必会在低碳经济发展中扮演着重要的角色。然而，通过上述的分析，可以看出我国省域之间物流活动产生的CO_2排放量存在着不平衡性，这种不平衡性是基于物流作业活动中能源消耗不均所引发的。从排放总量来看，东部沿海省域要普遍大于西部省域，西部地区以四川省的排放量最大，另外有些中部省份如湖北和内蒙古等的排放量排名也靠前；而从单位货物周转CO_2排放量来看，西部省域普遍要大于中东部省域，东部沿海地区以广东省最大，西部地区则以云南省最大。通过这些比较分析，可以让我们大致了解各省域物流作业碳排放的基本情况，更重要的是相关省域的行政主管部门和物流行业机构要能挖掘这些数据背后所隐藏的各省域物流活动过程中能源利用效率和节能减排实施效果等深层次的内容。这些内容与省域内具体物流企业的低碳物流作业是密切联系的，关键就是要通过对比分析找出差距的原因，从而寻求降低省域内各种物流作业活动碳排放量的方法和策略。根据我国物流作业的特点，本文从五个主要的方面阐述了物流作业的低碳化对策，既有宏观的政策和制度层面，又有实际的技术减排层面，但由于物流活动涉及面非常广，还有很多的低碳化物流作业需要实践者不断深入去探索，这其中也有更多的配套政策和制度需要政府和相关部门去制定和实施，两者相辅相成方能更有利于我国低碳物流的发展。

参考文献

[1] 陆娅楠．排放大户交通运输业如何加快减排［N/OL］．人民日报，2010-05-24.

[2] 戴定一．物流与低碳经济［J］．中国物流与采购，2008（21）：24-25.

[3] 王晓华．基于LEAP模型的北京市物流发展对节能减排影响研究［D］．北京：北京交通大学，2009.

［4］温宗国，李瑞娟，黄丽雅，等．中国公路交通系统的物质代谢分析［J］．清华大学学报：自然科学版，2009，49（9）：84－87.

［5］朱松丽．北京、上海城市交通能耗和温室气体排放比较［J］．城市交通，2010，8（3）：58－63.

［6］王国文．低碳物流与绿色供应链：概念、流程与政策［J］．开放导报，2010，2（4）：37－40，53.

［7］陈飞，诸大建，许琨．城市低碳交通发展模型——现状问题及目标策略——以上海市实证分析为例［J］．城市规划学刊，2009（6）：39－46.

［8］吴文化．我国交通运输行业能源消费和排放与典型国家的比较［J］．中国能源，2007，29（10）：19－22.

［9］WOENSEL T. V.，CRETEN R.，VANDAELE N.. Managing the Environmental Externalities of Traffic Logistics：The Issue of Emissions［J］．Production and Operations Management. 2001（10）：207－223.

［10］PALMER A.. AnIntegrated Routing Model to Estimate Carbon Dioxide Emissions from Freight Vehicles［C］．Logistics Research Network 2007 Conference Proceedings，University of Hull，Hull. 2007：27－32.

［11］UBEDA S.，ARCELUS F. J.，FAULIN J.. Green Logistics at Eroski：A Case Study［J］．International Journal of Production Economics，2010（3）：1－8.

［12］PIECYK M I.，MCKINNON A C. Forecasting the Carbon Footprint of Road Freight Transport in 2020［J］．International Journal of Production Economics，2009（9）：1－12.

［13］HICKMAN R，ASHIRU O，BANISTER D.. Transport and Climate Change：Simulating the Options for Carbon Reduction in London［J］．Transport Policy，2010，17（2）：110－125.

［14］BRAND C，TRAN M，ANABLE J.. The UK Transport Carbon Model：An Integrated Life Cycle Approach to Explore Low Carbon Futures［J］．Energy Policy，2010（9）：1－18.

新兴港口城市物流金融基地建设研究*

钱　进　黄湘民　陈雪松

摘　要：在新形势下，沿海港口城市的竞争已经从规模和等级的竞争，转移到港口功能与服务之间的竞争。即从传统依赖港口码头、岸线、航道水深等“核心资源优势”升级到金融、贸易、物流网络、供应链管理等“核心竞争优势”方面。新兴港口城市必须以供应链整合优势获得区域竞争后发优势，实现跨越式发展。本文分析了新兴港口城市产业发展现状，认为物流金融产品广泛应用，是帮助新兴港口城市各企业参与国际供应链体系、在全球市场获得客户资源、掌握核心资源的重要手段，并系统阐述了新兴港口城市建设物流金融基地的总体思路，最后对新兴港口城市建设物流金融基地提出了对策建议。

关键词：新兴港口城市　供应链　物流金融　物流金融基地

一、引言

随着我国“走出去”战略的实施，港口城市在提升区域和国际竞争力、推进社会经济发展方面的作用越来越大。港口城市的发展，需要落实在产业形成发展中，产业成为连接港口和城市的纽带。现代临港物流产业是配置全球资源的重要载体，联合国贸易组织提出“贸易港口作为海运转运为其他运输方式的必经转运点的作用逐渐减弱，但作为组织外贸的战略要点的作用日益增强，成为综合运输链中的一个主要环节，是有关区域经济并往往是工业发展的支柱”。

英国著名经济学家马丁·克里斯多夫（Martin Christopher）早在1992年即明确提出，“真正的竞争不是企业与企业之间的竞争，而是供应链与供应链之间的竞争。”当前，现代物流业发展已进入供应链时代。供应链正在从传统的线状模式向新型的、集约化的网状供应链模式转变。它体现了竞争关系由单个企业之间竞争向供应网络竞争演变的趋势。在经济全球化的大背景下，沿海地区经济竞争的价值链正在发生深刻变化。

临港物流产业成为港口城市和区域经济发展的重要支撑，也同时受制于全球供应链的配置。如何降低供应链各个关键环节成本，发挥供应链最大效益，是当前新兴港口城市增强产业链竞争力必须解决的主要难题。而作为供应链金融工具的物流金融基

---

* 作者简介：钱进，清华大学工业工程系。黄湘民，中外运美旗物流管理（北京）有限公司。陈雪松，中国物流智库。

地则是解决这一难题的有效手段。

二、新兴港口城市的产业发展现状

（一）新兴港口城市的规划与发展

港口城市通过水上（特别是海上）通道完成与其他地区和城市的贸易往来，从而达到经济上的繁荣，并通过这种最廉价的运输方式衍生出人群和社会经济活动的高度聚集。特别是近年来，港口—城市关系更成为政府、学界和企业所共同关注的热点，到2009年为止，中国参与经济全球化的沿海地区和城市已占全国对外贸易总量的93%，特别是滨水岸线的再开发在城市规划和城市发展中已经成为与20世纪50年代修建高速公路和60年代的新城运动相提并论的重大事件。沿海港口城市可以率先参与国际分工，接受全球性经济中心和市场中心的辐射，以国际市场为导向，并联系腹地经济的分工协作，通过开发，充分利用了国际国内两种资源和两个市场，更容易吸纳和集聚国际范围内的生产力各要素，快速促进城市成长和区域经济发展。

瞻望全球，世界发达国家无一不是利用海岸带优越的自然条件，以大型港口为核心，大力发展临港产业，带动区域乃至全国经济发展，“临近港口的城市在历史上一直居于主导地位，并将继续主导许多国家和地区的城市版图，人口规模超过1000万的19个世界最大城市中，有14个位于能够将地方经济联系到区域性乃至全球性供应链和贸易体系的大型水体附近”。

（二）新兴港口城市的产业现状

通过对黄骅港、唐山港、秦皇岛港等我国沿海较具代表性新兴港口的调查研究发现，当前，我国新兴港口城市的现有主导产业集群中存在供应链结构不尽合理、高科技高附加值产品少、缺乏供应链中龙头企业、人员素质偏低、高水平研发机构和人员不足、自主创新能力弱、企业规模弱小、融资困难等一系列重大挑战，削弱了产业竞争力，显著束缚了沿海新兴港口城市实现产业升级优化、构建区域创新体系，实现跨越式发展的步伐。

在供应链结构层面上，主要表现在：产业链条短、关联性弱，亟待形成产业集群；产业结构尚待调整，产业规模与竞争力待提升；供应链核心企业须加强，产业集群水平待提高；物流结构性矛盾较突出，专业化需要提高；多数产品处于价值链低端，研发创新能力需加强；政府需强化产业组织及服务政策配套。

在企业经营层面上，主要表现在：流通渠道缺乏规划，流通渠道需加强，流通规模需扩大、流通效率待提高；信用体系须健全、融资渠道须完善；物流资源有待整合，物流成本相对偏高；信息化平台基础较弱，信息技术体系需完善。

（三）新兴港口城市产业问题的解决手段

在新形势下，沿海港口城市的竞争已经从规模和等级的竞争，转移到港口功能与服务之间的竞争。即从传统依赖港口码头、岸线、航道水深等“核心资源优势”升级到金融、贸易、物流网络、供应链管理等“核心竞争优势”方面。

新兴港口城市必须从供应链角度考虑产业布局，整合产品设计、原料采购、物流运输、订单处理、批发经营、终端零售与生产制造环节，营造企业和产业生存与发展的“生态环境”，以供应链整合优势获得区域竞争后发优势，实现跨越式发展。

物流金融产品广泛应用，帮助港口城市各企业参与国际供应链体系，并提供了区域竞争中在全球市场获得客户资源、掌握核心资源的重要手段。通过建构物流金融基地，为客户提供一站式的物流金融服务，在提高供应链整体效率同时，帮助企业盘活闲置原材料和产品的资本占用，降低整体供应链成本。这种创新的业务模式将突破传统“以钱换钱”的束缚，实现了“以货换钱”的新型融资服务方式，显著提升区域产业竞争力。

三、新兴港口城市物流金融业务市场分析

（一）物流金融概述

物流金融发展起源于物资融资业务，是物流、流通与金融相结合的复合业务概念。国际上，美国和加拿大以及菲律宾等地构建了最全面的物流金融规范体系。早在1916年，美国颁布了美国仓库存储法案（US Warehousing Act of 1916），并以此建立起一整套关于仓单质押的系统规则。这一体系不仅成为家庭式农场融资的主要手段之一，同时也提高了整个农业营销系统的效率，降低了运作成本。时下，物流金融已成为某些国际物流巨头的制胜法宝与首要利润来源。

在商品融资过程中，由物流企业、融资企业、银行构成活动主体。融资企业可将所拥有的货物作为抵押，向银行提出贷款申请，银行通过与物流企业的合作，及时掌握融资企业质押货物的状态，有效防范贷款融资风险。物流企业通过提供向银行质押物监管服务，及优质的包括仓储、运输、货代在内的综合物流服务，获得了更多的业务收入，融资企业也获得了发展所需资金，最终实现了三方共赢目标。

（二）新兴港口城市物流金融业务市场现状

当前，我国沿海新兴港口城市的金融服务业务从金融机构构成来看，主要是银行（四大国有银行、信用社、邮政储蓄银行等）、保险公司（太平洋、人寿等）、证券公司、小额贷款公司和提供小额贷款业务的财务顾问公司或投资公司。

从金融服务产品的角度看，除银行提供信贷资金、保险公司部分财产保险业务外，其他金融机构对企业发展的直接作用有限。银行类金融机构为物流业提供的金融服务仅为传统的信贷服务，主要解决固定资产投资和流动资金周转，新型的物流金融产品与服务还处于规划导入阶段。

物流金融是为物流产业提供资金融通、结算、保险等服务的金融业务。它伴随着物流产业的发展而产生。沿海港口新兴城市依托自然地理优势，大宗散货的物流规模庞大，交易活跃，资金需求十分迫切，物流金融需求旺盛，为开展物流金融业务提供了庞大的市场空间。

（三）新兴港口城市物流金融基地建设的作用与意义

新兴港口城市的突出优势在于两个方面，一方面是自然地理优势，另一方面是各级政府政策优势。针对其普遍制定的“区域型国际物流中心”战略目标，必须集现代物流中心、加工贸易中心、金融商务中心、信息服务中心为一体，不断拓展物流金融服务功能，构建物流金融基地，是其中不可或缺的关键环节。

另外，随着新兴港口城市现代物流服务功能的不断完善，可逐步提供包括现货质押、仓单质押、集中授信、未来货权开证、未来货权融资、保兑仓等多方面的物流金融增值服务，对于港口带动的区域经济可持续发展具有重要作用。

同时，目前港口物流企业所提供的物流服务大部分目前仍局限在传统的运输、仓储、货代等业务，现代化的物流运作乃至整体供应链物流服务很少，与新兴港口城市现代物流发展的战略目标不相匹配，也无法满足客户日益增长的物流服务需求。特别是客户需要实现物流、资金流与信息流的一体化服务。物流金融作为一种创新的高端物流增值服务，对于提高新兴港口城市的物流服务水平在当前尤其具有重要意义。

四、新兴港口城市物流金融基地的总体框架构想

（一）新兴港口城市物流金融业务基本模式

随着银行业的竞争越来越激烈，在控制风险的前提下制度创新成为银行在竞争中取得优势的关键所在，目前，我国大多数银行设计了物流金融产品，如供应链融资、保兑仓、厂商一票通，并纷纷与现有物流企业建立了物流金融业务合作关系。不同模式的物流金融服务成为了企业新的融资途径，银行信贷新的增长点，同时也推动了物流企业向提供金融服务方向延伸。目前国内主流的物流融资模式主要有仓单质押模式、动产质押模式和保兑仓模式，其在实践中的具体操作模式如下：

1. 仓单质押模式

仓单是指作为保管人的专业仓储公司向存货人出具的提取仓储物的凭证。仓单质押贷款业务，是指出质人将仓单作为质物交付于商业银行作为担保，从而从商业银行获得融资的业务。

2. 动产质押模式

动产质押模式是指借款人（或第三人）将动产（包括原材料、半成品、产品）等存放在银行指定或认可的第三物流企业的仓库内作为质押物，银行据此向企业发放贷款的融资模式。

实践中，动产质押又分为如下三类：一是静态动产质押模式是指在质押期间质押物处于封存状态，直至担保物所担保的债权全部清偿为止；二是动态动产质押模式（也称总量控制模式）；三是追加保证金以赎出质押物的“动产质押”。

3. 保兑仓模式

保兑仓模式是指银行向核心生产企业（卖方）及其经销商（买方）提供的以银行承兑汇票为载体的金融服务。

（二）新兴港口城市物流金融基地的总体框架

利用物流金融基地的各项集成功能及网络化平台，对融资企业、客户通过融资方式得到的资金和现货进行统一监管控制，并向银行开放相应的资金、货物监管接口，提供对客户的信用记录、评价及对各质押品种的适时价格、品质评定服务，打通银行向各优良客户提供信贷服务的信任瓶颈，扩大融资服务对象及额度，做活新兴港口城市商品与贸易融资，降低融资风险。

1. 集成的物流金融业务平台

（1）集成的物流现货资源。集成、整合新兴港口城市物流园区、物流中心、专业交易中心中仓库的现货资源。在商品融资与贸易融资中，最需要占压资金的便是库存资源，通过集中上述物流设施中的大部分现货资源，为银行提供统一融资服务的理想平台。

（2）集成的物流监管平台。通过信息网络系统将交易与新兴港口城市的物流园区、物流中心、专业交易中心等物流空间场所无缝连接，避免传统操作中的分散监管，为银行提供统一的货物监管平台，实现统一的仓储监管服务，减少融资银行需每家仓库逐一考察管理的难度。

（3）集成的融资客户群体。集成新兴港口城市有物流金融需求的客户群体，以一个整体的对象与银行进行洽谈合作，便于银行更加了解客户，并提供融资服务。

2. 严密的物流金融监控体系

主要包括：制定完善的合同体系，防止合同体系风险；建立违约突发事件的应急管理机制，防止此类事件造成的损失；构建严格的项目管理制度，控制项目风险；大力发展物流保险，分散担保风险；规范业务流程，开发应用物流金融管理信息系统。选择交割库除严格判断其业务操作是否规范外，并要求每一家交割库必须采用指定的业务管理信息系统，使仓库操作更为规范化和标准化；通过交易与物流的无缝对接，把此接口提供给银行，以提供严密的实时物流监管，避免不规范操作和市场风险。

3. 灵活便捷的物流融资方式

银行与新兴港口城市物流金融基地合作，可以客户提供更为灵活的融资服务，包括：仓单质押商银类型的总量质押、批货质押、联合质押；厂商银模式的先票后货；统一授信等系列服务。根据新兴港口城市物流布局、产业与港口物流特点，考虑以下两种基本思路：

（1）统一监管模式。新兴港口城市物流金融基地在银行取得物流监管资质认定。认定后，物流金融基地所合作的仓库作为银行的仓储监管合作方，为银行仓单质押业务提供物流监管服务。

银行现有的适用于客户的授信品种包括：仓单质押、现货质押、先票后货、担保提货等几种模式。由于以上授信模式的担保措施是借款人将其自有的或贸易合同项下的货物质押给银行，因此银行需要对质押物进行占有与监管。为了向客户提供融资便利，银行与物流金融基地合作，由新兴港口城市的物流金融基地作为物流监管方对融资客户放在指定园区仓库内的货物，即银行授信的质押物，进行仓储和物流监管。

在银行评定资质之后，由新兴港口城市物流金融基地与银行签署《物流监管合作协议书》。在协议中明确双方的责任与义务。对于指定仓库或物流监管公司的主要责任包括存放质押货物；办理货物的入库和出质手续；质押货物的出库与置换和保持信息沟通。

在单笔授信审批后，由银行下辖支行或机构、融资客户、指定园区仓库或物流监管公司共同签署适合不同业务的《合作协议书》，作为该业务的具体合作协议。

（2）统一授信模式。统一授信就是银行把贷款额度直接授权给新兴港口城市物流金融基地，再由物流金融基地根据客户的需求和条件进行质押贷款和最终结算。物流金融基地向银行按企业信用担保管理的有关规定和要求提供信用担保，并直接利用这些信贷额度向相关企业提供灵活的质押贷款业务，银行则基本上不参与质押贷款项目的具体运作。

该模式有利于企业更加便捷地获得融资，减少原先质押贷款中一些烦琐的环节；也有利于银行提高对质押贷款全过程监控的能力，更加灵活地开展质押贷款服务，优化其质押贷款的业务流程和工作环节，降低贷款的风险。

但该模式涉及信用担保，可依托新兴港口城市的政府投资机构提供担保。同时通过将客户质押货物的集中监管与控制进行风险防控。

五、新兴港口城市建设物流金融基地的对策建议

（一）依托物流园区（中心）合作开展物流金融业务

新兴港口城市物流金融基地，可以以港口城市规划的物流园区（中心）及交易中心为基础依托，通过引入国内外知名的专业化物流企业合作，或合资、独资成立专业物流监管公司，联手国内多家银行及金融机构，创新港口金融服务功能，为入驻园区、交易中心的企业、客户开展集中统一授信与监管。打造物流金融基地平台。

该平台主要业务内容是，银行及金融机构向客户企业授信，客户企业将物流金融基地的监管仓库中货物质押给银行，从而获得贷款，实现资产盘活。作为物流中间平台的物流金融基地则扮演货物监管角色，实时掌握货物动态，降低金融风险，搭建起畅通的物流金融体系。

在此基础上，利用物流金融，进一步加大与国内外金融机构合作力度，整合港口与物流资源，将物流金融业务向供应链融资领域拓展，有效带动存货融资、采购融资、全程物流，实现业务模式多元化，从而带动新兴港口城市相关金融业务的发展。

（二）积极扩大合作银行范围，完善物流金融产品体系

根据各个银行不同业务模式和风险偏好，大致可分为：大型国有银行、中小型商业银行、本地城市商业银行、外资银行等。

大型银行。例如工商银行、建设银行、交通银行、中国银行等。这类银行业务规模大、网点分布密集，主要以地区为单位开展物流金融业务。在总行层次上，各个银行都在力推物流金融业务。

中小型商业银行。例如民生银行、深圳发展银行、中信银行、光大银行等。这类银行对于新产品的开发能力强，业务理念新，主要针对重点行业和重点地区进行业务拓展。例如，民生银行对市场进行行业化梳理，按照行业建立能源部、冶金部、交通部和房地产四大事业部。能源部主要针对煤炭、油品等类型质物；冶金部主要针对矿石（有色金属矿石、铁矿石等）；交通部则致力于打造汽车质押的监管品牌。

本地城市商业银行。城市商业银行被称作四大国有商业银行和12家股份制银行之后的“第三梯队”。目前存在的主要问题是市场定位不够明确。作为地方性中小银行，城市商业银行缺乏足够实力与大型银行争夺大项目、大客户。在此情形下，可考虑将

服务物流作为业务重点，开拓生存空间。

外资银行。例如渣打银行、奥地利中央银行、法国巴黎银行等外资银行，这些银行在动产质押业务上拥有成熟经验，拥有国际银行的高端技能和水平，偏好开发高端客户，同时拥有全球化的客户资料。

考虑到新兴港口城市发展物流金融的现实与未来广阔前景，有必要根据新兴港口城市物流金融的不同行业及客户需求，积极扩大银行合作范围，以业务合作为突破口，逐步探索建成多层次的物流银行，满足新兴港口城市不同行业、不同层次客户的融资需求。

主要包括：积极引进若干家银行落户新区，开展物流金融服务；积极培训本地商业银行开发物流金融业务；有针对性引进金融服务机构，特别是租赁公司、信托公司、投资公司等；积极鼓励银行、物流企业进行业务产品创新，建立多元化、功能完备的物流金融产品库，为新兴港口城市提供多层次、多方面的物流金融服务。

（三）借鉴发达国家经验，探索组建政府级物流金融公司

在发达国家，专业物流市场早期是以银行贷款为主，但随着物流市场的发展和成熟，专业物流金融公司已成为服务的主体。如 UPS（联合包裹公司）在 2001 年 5 月并购了美国第一国际银行后，将其改造成 UPS 金融部门（UPS Capital），为客户提供全方位的金融服务，不仅提供从客户原材料购买、生产、销售所需要的资金，而且还为客户提供国际贸易中最直接、成本最低的结算方式及进出口贸易融资。

UPS 通过 UPS Capital 金融平台为客户提供包括信用证、票据兑付、金融增值服务和垫资等金融服务。例如，货到付款是国际贸易中最常见的结算方式（Cash on Delivery，COD），客户可以将 COD 支票存入 UPS Capital 的银行账户，UPS 在收到出口商的货物时，由 UPS Capital 给出口商提供部分预付货款，UPS 再通过 UPS Capital 与进口商进行结算，收取全部货款。由此，UPS 可获得一笔不需付息的货款差额，而 UPS Capital 就滚动利用这些资金向客户发放贷款。

根据发达国家跨国物流公司的经验，未来对企业供应链的金融服务完全有可能由物流公司承担。目前，国内少数大型物流企业正在探索供应链信用物流，尝试为客户提供类似的金融服务。在我国银行业分业经营和进入门槛限制情况下，新兴港口城市的大型第三方物流企业可以借鉴 UPS 在集团内部成立内部财务公司的形式。例如，在新兴港口城市的政府级投资机构下设立面向客户企业的专业物流金融子公司，借助母公司对于城市和产业信息的了解来实现成功的运营。负责客户企业的货款结算、物流金融融资等个性化服务。待未来我国银行业开放，第三方物流企业就可以名正言顺的全面开展物流金融融资服务的自营模式。

参考文献

[1] 王海平．现代港口与现代物流［J］．港口经济，2003（5）：20 – 21.

[2] 马丁·克里斯托弗．物流竞争——后勤与供应链管理［M］．马越，译．北京：北京出版社，2001.

［3］王辑宪．中国港口城市的互动与发展［M］．南京：东南大学出版社，2010.

［4］联合国人居署．和谐城市—世界城市状况报告（2008/2009）［R］．北京：中国建筑工业出版社，2008.

［5］陈雪松．商品融资与物流监管实务［M］．北京：中国经济出版社，2008.

［6］黄湘民，陈雪松．中国物流金融研究、实践现状及进展［J］．物流工程与管理，2008（10）：26－29.

［7］BIRD J H. Therrajor seaports of the United Kingda［M］．London：London Hutchisons，1963.

［8］HALL PETER. Waterfronts：a new urban frontier（Working Paper）［D］．Berkeley C. A.，Institute of Urban and Regional Development．USA：University of California，1991.

我国铁路货物运输的空间经济分析*

姜　旭

摘　要： 本文以我国铁路货物运输作为研究对象，对各省铁路货物运输的到达量、发送量进行分类。从铁路基础设施、产业分布、经济状况等角度对铁路货物运输量的变化进行了解释，论证了我国货物运输的区域特点。在此基础上，利用固定效果模型对28个省20年的面板数据进行了实证研究，提出了各地区铁路货物运输的决定要素，解释了影响各省铁路货物到达量与发送量的决定因素。

关键词： 货物运输　空间经济分析　固定效果模型　面板数据

一、绪论

随着我国经济快速发展，货物运输需求不断增加，铁路、公路、水路等各种运输方式的竞争更加激烈。本文根据OD表，对我国各省铁路货物运输的发送量及到达量进行分析，提出各省货物运输的空间特征，并总结出各省铁路货物运输发送量和到达量的影响因素。

二、从各省的数据看铁路货物运输的变化

从1986年开始，我国交通运输协会每年发行一部《中国交通年鉴》，在此年鉴中显示了我国31个省市自治区之间获取运输的到达量、发送量的数据，而且以矩阵的形式表达。这个表就是国家铁路货物交流表（OD表），根据OD表，可以反映出各省之间铁路货物运输的实际流动情况。通过这个OD表的使用，可以对每一个省的铁路货物到达量、发送量的变化情况进行分析。表1显示了从各省到本省以及其他省份的铁路货物运输量（以下称发送量）和从本省以及其他省到各省的货物运输量（以下称到达量）。并反映出1985—2005年20年间年均变化率，其数值按大小去掉顺序排列，根据排列顺序对各省的变化率进行分组，对正变化、负变化、没有变化（以全国平均变化率为基准）进行分别研究。

首先，从到达量来看，高于全国平均水平的省份列为第一集团。其次，到达量低于全国平均水平的省份列为第二集团。最后，呈负增长的省份列为第三集团。发送量也按同样方法进行划分。

---

* 基金项目：本文系北京市优秀人才培养资助项目“我国货物运输空间经济研究”（2011D005009000002）及北京物资学院日本物流研究中心的阶段性成果之一。

作者简介：姜旭，北京物资学院。

1. 到达量

（1）第一集团（高于全国平均增长率处于正增长）：广西、浙江、新疆、云南、江西、河北、福建、山东、贵州、江苏、天津、广东、四川。

（2）第二集团（低于全国平均水平，增长率大于零）：湖南、安徽、山西、甘肃、宁夏、湖北、青海、辽宁、内蒙古、陕西、河南。

（3）第三集团（处于负增长）上海、吉林、黑龙江、北京。

2. 发送量

（1）第一集团（高于全国平均增长率处于正增长）：新疆、青海、内蒙古、山西、贵州、云南、福建、广西、山东、江西、陕西、安徽、广东。

（2）第二集团（低于全国平均水平，增长率大于零）：四川、宁夏、河南、甘肃、浙江、天津、黑龙江、湖北、河北、湖南、江苏。

（3）第三集团（处于负增长）：吉林、辽宁、上海、北京。

表 1　各地区铁路货物到达量和发送量变化率的比较

到达量			发送量		
	1985—2005 年平均变化率（%）			1985—2005 年平均变化率（%）	
上升（平均 3.13 以上）	广西	6.46	上升（平均 2.99 以上）	新疆	7.97
	浙江	5.98		青海	7.09
	新疆	5.82		内蒙古	5.75
	云南	5.46		山西	5.58
	江西	5.42		贵州	5.55
	河北	5.35		云南	5.36
	福建	5.14		福建	4.19
	山东	4.89		广西	4.18
	贵州	4.33		山东	3.82
	江苏	4.00		江西	3.69
	天津	3.48		陕西	3.69
	广东	3.44		安徽	3.37
	四川	3.30		广东	3.15
停滞（平均～1）	湖南	2.93	停滞（平均～1）	四川	2.84
	安徽	2.80		宁夏	2.80
	山西	2.76		河南	2.78
	甘肃	2.73		甘肃	2.37
	宁夏	2.10		浙江	2.36
	湖北	2.03		天津	2.02

续 表

到达量			发送量		
	1985—2005 年平均变化率（%）			1985—2005 年平均变化率（%）	
停滞（平均~1）	青海	1.87	停滞（平均~1）	黑龙江	1.52
	辽宁	1.84		湖北	1.47
	内蒙古	1.76		河北	1.34
	陕西	1.28		湖南	1.25
	河南	1.00		江苏	1.16
减少（1 以下）	上海	0.74	减少（1 以下）	吉林	0.58
	吉林	0.41		辽宁	0.14
	黑龙江	0.24		上海	-0.28
	北京	0.15		北京	-2.12

数据来源：《中国交通年鉴》（1986—2006 年）

从表 1 可以看出，到达量列为第一集团的除了第 3 位的新疆，第 9 位的贵州以外，其他省份都属于东南沿海城市。到达量的第二集团中，处于中部地区、西南地区的省份较多。而到达量的第三集团则以大城市北京、上海以及东北地区的省份为主。另外，从发送量来看，在第一集团中，除去了第 7 位的福建，第 9 位的山东，第 13 位的广东以外，基本在西北和西南内陆地区的省份比较集中。发送量第二集团，处于环渤海地区、长三角地区的省份比较多。最后在第三集团当中，以大城市北京、上海及东北地区的省份为主。从以上的分析可以看出，1985 年以后，铁路货物到达量增加的省份主要以东南沿海城市为主。发送量增加的省份主要以西南、西北的内陆省份为主，而到达量及发送量减少的省份主要以大城市北京、上海及东北地区的省份为主。

其次，为了进一步捕捉各集团的共同特点，表 2 显示了各省铁路货物到达量、发送量的比率变化。到达量第一集团中变化率最高的为浙江省 1985 年和 2005 年分别为 1.72% 和 3.04%。同时可以看出，其运输量的比率也在逐渐增加。另外，到达量第二集团当中，变化最小的河南省从 1985 年的 5.37% 下降为 2005 年的 3.61%。此外，到达量第三集团中下降比率最大的北京从 4.37% 下降为 2005 年的 2.49%，其比率发生了大幅度下滑。

同样，观测发送量各集团中具有特点省份的比例变化情况，发送量第一集团变化最高的新疆，从 1985 年的 0.91% 增加为 2005 年的 2.32%，其发送量不断增加。在第二集团当中，变化率最小的江苏省从 3.16% 减少为 2.2%。在第三集团中变化比率减小最大的北京市从 2.38% 减少为 0.86%，其比率出现大幅下降。

表 2　　各地区铁路货物到达量和发送量所占比率的比较

到达量				发送量			
1985 年比率（%）		2005 年比率（%）		1985 年比率（%）		2005 年比率（%）	
辽宁	12.09	河北	14.14	山西	12.62	山西	20.66
河北	9.02	辽宁	9.62	辽宁	10.89	内蒙古	7.27
黑龙江	8.07	山东	7.30	黑龙江	9.06	黑龙江	6.76
河南	5.37	江苏	5.36	河北	8.03	辽宁	6.18
吉林	5.13	四川	4.76	河南	5.80	山东	5.87
山东	5.09	黑龙江	4.68	山东	5.02	河北	5.79
湖北	4.64	天津	4.67	吉林	4.52	河南	5.54
四川	4.50	湖北	3.83	内蒙古	4.30	四川	4.03
江苏	4.43	河南	3.61	四川	4.17	安徽	3.74
北京	4.37	安徽	3.20	安徽	3.49	吉林	2.80
天津	4.27	湖南	3.18	湖南	3.21	广东	2.60
内蒙古	3.47	广东	3.15	江苏	3.16	陕西	2.59
安徽	3.34	吉林	3.08	湖北	2.87	贵州	2.39
湖南	3.23	山西	3.06	广东	2.54	新疆	2.32
山西	3.22	浙江	3.04	北京	2.38	湖南	2.27
广东	2.90	广西	2.89	陕西	2.27	江苏	2.20
甘肃	2.40	江西	2.80	甘肃	2.00	湖北	2.12
陕西	2.34	内蒙古	2.72	江西	1.83	江西	2.08
江西	1.76	北京	2.49	天津	1.76	云南	2.04
上海	1.73	甘肃	2.27	贵州	1.47	甘肃	1.77
浙江	1.72	云南	2.03	浙江	1.40	广西	1.73
广西	1.50	福建	1.93	广西	1.38	福建	1.51
福建	1.28	陕西	1.67	云南	1.30	天津	1.45
云南	1.27	贵州	1.34	福建	1.20	浙江	1.23
贵州	1.04	新疆	1.11	宁夏	1.11	宁夏	1.06
新疆	0.65	上海	1.11	上海	1.06	北京	0.86
宁夏	0.59	宁夏	0.49	新疆	0.91	青海	0.57
青海	0.57	青海	0.45	青海	0.26	上海	0.55

资料来源：《中国交通年鉴》（1986—2006 年）

在我国货物运输中，铁路渠道依然占有重要的位置。根据OD表，可以把我国铁路货物运输的发送量及到达量按年均变化比率分为三个集团，并对集团中每一个省份的特点进行分析，从各省的铁路整备、产业分布、经济规模等不同的角度，对铁路货物运输量的变化量进行了分析，可以得到以下两点：①各省的经济状况决定了该省铁路货物到达量的变化；②各省的基础设施建设决定了该省铁路货物发送量的变化。

三、各省铁路货物发送量与到达量的影响因素

1. 问题的提出

分别从运输方式、经济产业状况、人口、煤炭等大宗物资等方面提出假设。另外，由于省内、省外、全省影响到达量与发送量的决定因素各不相同，运用同样的说明变量推算出不同结果的可能性是存在的①。

（1）运输手段。由于新线的建设及铁路网络的不断扩大，再加上铁路复线率、电气化率的不断提高，使得铁路货物运输的效率得以提高，对铁路货物运输也产生了较大的影响。在本文中，筛选出各省的铁路运输距离作为变量，明确铁路线路的增加对铁路货物运输量产生的影响。

（2）经济发展。本文以各省的第一、第二、第三产业GDP为说明变量，来分析各省的经济产业情况。如果各地区GDP增加，势必要增加生产所需要的原材料，并且生产过程中也要增加投入。这意味着流入到本省的货物若通过铁路进行运输的话，该省的铁路货物到达量与各地区GDP的变化为正相关关系。另外，各地区GDP的增加还会使最终产品的供给量增多，从该省到其他地区的流出量增加，如果用铁路进行货物运输的话，从该省发往各省的铁路货物发送量与各地区GDP的变化也为正相关关系。

（3）基础设施。各省货物运输到达量及发送量与铁路、公路整备情况存在一定的关系。铁路或者公路基础设施整备较好的省份，其货物运输到达量及发送量处于增加的趋势，也就是说基础设施的整备，促进了区域经济的发展，使货物到达量及发送量不断增加。另外，以东南沿海城市为中心，高速公路的建设不断推进，汽车拥有量不断增加，这些城市周围的其他城市之间短距离货物运输的需求不断增加，末端配送的需求也不断增加，造成其货物运输量出现上升趋势。道路建设与铁路建设在交通运输系统中处于互补的关系，由于运输能力的改善，发送量及到达量处于上升的趋势。

（4）人口规模。人口变化与铁路货物到达量及发送量的变化也存在一定的关系。人口较多的省份到达量的增长率高于发送量的增长率。近年来，由于人口的增加导致经济规模扩大，生产活动能力加强，促进了工业生产的进步。同时，由于工业产业的发展为当地产生新的就业机会，而且其购买力也不断增强，对其他各省货物的需求量不断增加。由此可以看出，人口的变化与货物发送量及到达量的变化之间存在一定的关系。

（5）煤炭生产。煤炭的正常供应是中国经济、社会稳定发展不可缺少的活动之一。煤炭是我国主要的能源，因此煤炭运输占有非常重要的位置。从煤炭运输的比率来看，

① 省内货物发送量及到达量是省内相互到达发送的货物运输量，省外货物发送量及到达量是各省之间相互发送到达的货物运输量，全省的货物发送量及到达量是指省内及省外发送量到达量的合计。

铁路货物运输50%左右都是运输煤炭等矿产物资，也就是说煤炭的生产量及其运输量是决定我国经济发展稳步进行的关键。从这些状况可以推测出，如果煤炭生产量不断扩大，发送量将不断增加，从产运系数来看①，煤炭生产量的增加与铁路货物运输量的增加有着直接的密切关系，我国铁路货物运输主要包括煤炭、钢铁、各种矿石、石油、粮食、建筑材料、化肥、水泥等大宗货物。特别是煤炭的运输比率较高。煤炭生产量的增加推动了货物运输量的上升。

2. 使用数据及推定的方法

由于不同省份的省内、省外、全省货物运输发送量及到达量的影响因素各不相同，即使使用同一数据，得出结果也会存在差异，因此本文对各省的省内、省外、全省货物运输到达量、发送量分别进行计算分析。

（1）所使用数据。本文所使用的铁路货物运输到达量及发送量的数据为，中国交通运输协会每年出版的《中国交通年鉴》中《国家铁路货物地区间交流表》（以下简称OD表），从1985—2005年20年间28个省市自治区的面板数据②。OD表当中所反映的数据是我国各省之间，空间相互作用关系唯一可以推定的数据，我国28个省市自治区的相互作用通过OD表中的货物运输量来表示。但是应该注意到，此OD表只用重量来表示货物关联性，由于我国铁路货物运输当中初级产品的比率达到了70%，重量较大的原材料所拥有的地区效果明显。另外，其结果未必能完全反映出经济状况与货物运输之间的关系，这些数据存在着一定偏离性，由此对其结果进行解释时应该注意，但从我国唯一的货物运输OD表中仍然可以解读出很多有用的信息。

本文运用OD表确定本省省内和从本省到其他省的货物发送量，以及从其他省到达本省的货物到达量等要素，然后进行横向和纵向的实证分析。另外，提取了各省的第一、第二、第三产业GDP，以及人口、煤炭生产量、铁路营业距离、公路营业距离。考虑到各省物价的上涨情况，运用实际GDP进行分析。

（2）推算方法。运用铁路货物到达量及发送量各说明变量从1985—2005年20年间28个省的面板数据，通过人口、经济状况、基础设施整备、煤炭生产量等要素对铁路货物到达量及发送量的影响进行了分析，推定出铁路到达量、发送量的计量模型。在研究中，对以下两个模型进行了推定：①时间存在一定影响时的固定效果模型。

① 产运系数是指对货物的运输量与生产量二者之间的变化进行比较，根据这一系数可以掌握该货物生产量与运输量的关系，产运系数＝货物运输量/货物生产量，我国煤炭产运系数为59.5（1985年），59.4（1986年）58.5（1987年）、57.6（1988年）、57.8（1989年）、58.2（1990年）、57.6（1991年）、57.4（1992年）、56.8（1993年）、53.1（1994年）、49.5（1995年）、51.6（1996年）、51.3（1997年）、51.3（1998年）、61.8（1999年）、68.7（2000年）、66（2001年）。

② 面板数据＝时间序列数据＋横切面数据。运用面板数据进行计量分析的优点包括：

A. 可以反映各经济主体之间的差异性，可以掌握特定地区的特殊情况；

B. 随着参考数据的增加，自由度也增加，推定结果的信赖程度也不断提高；

C. 运用动力学的原理可以对数据进行调整分析。

缺点：

A. 经济主体数量较多、时间较短的情况会出现；

B. 参考数据的不确定性。

②时间影响不存在的固定效果模型。

前者的模型只考虑各自变量对到达量及发送量的影响，相反，考虑到时间影响时各变量产生了共通的外部环境因素，这对铁路货物运输的到达量及发送量产生了另外层次的影响。本文具体的研究方法为，在模型中加入了时间虚拟变量，由此可以分析出时间对铁路货物运输所产生的影响，从实证分析的结果进行综合判断可以看出，考虑到时间效果的影响的模型其说明力度较强，本文所使用的固定效果模型如下所示：

$$y_{it} = \alpha_i + \sum_{k=1}^{7} \beta_k x_{kit} + u_{it}$$

其中：

y_{it}——被说明变量，i 省（$i=1$，…，28）t 年份（$t=1985$，…，2005）省内、省外、全省货物到达量或发送量；

x_{kit}——说明变量，i 省 t 年份人口、铁路距离、公路距离、煤炭生产量、第一产业GDP、第二产业GDP、第三产业GDP；

α_i——i 省的虚拟变量；

β_k——参数；

u_{it}——误差系数。

如果在固定效果模型中加入时间效果，模型按以下公式定义。

$$y_{it} = a_i + c_{it} + \sum_{k=1}^{7} \beta_k x_{kit} + u_{it}$$

其中：

c_{it}——i 省时间效果的虚拟变量。

为了使该模型更具有说明力，利用了雨宫预测准则（PC）以及赤池信息量准则（AIC）来对其精度进行推测①。

四、到达量与发送量的计量分析

1. 四类地区的划分

由于我国各省的经济规模、消费水准、发展水平、产业结构、能源分布、基础设施建设等情况各不相同，各省区域开发的基本情况也存在很大差异，导致发展水平的差异，特定的省之间存在很大的偏离②。本文对各省的发送量和到达量的影响因素进行了回归分析，论证了其影响程度。各省的货物运输到达量及发送量因各省的特性不同而存在很大的差异，应该根据不同省的特性进行分类，明确同类地区影响其货物到达

① 雨宫预测准则（Amemiya Prediction Criterion，PC）是用来比较向量参数两个估计优劣的一种准则。使损失系数达到最小化，其值最小时，整个模型更具有说明力，估计模型优劣性的比较。赤池信息量准则（Akaike Information Criterion，AIC）是衡量统计模型拟合优良性的一种标准，可以检测回归分析的适用性，与雨宫预测准则一样，数值越小、程度越好、模型的效果越好。

② 从2005年数据来看，广东的实际GDP为6645亿元（第1位），贵州177亿元（第28位）；上海人均GDP为1.79亿元/万人（第1位），贵州0.17亿元/万人（第28位）；河南人口为9613万人（第1位），青海529万人（第28位）。从铁路营运的密度来看，每万平方公里铁路营运距离，北京为677公里（第1位），青海15公里（第28位），每万平方公里公路营业距离，上海为10138公里（第1位），青海333公里（第28位）。

量及发送量的共同要素。各省货物运输到达量及发送量的影响要素因地区不同而不同，因此，对不同地区进行分类并总结出共同要因非常重要。

与我国区域的常规划分方法不同①，本文运用因子分析法的聚类分析对铁路货物到达量及发送量的影响因素进行分析，根据各省地理特点以及经济状况把特征相似的省按组区分，分为以下四个地区。

从各省的地域特征来看，每个地区影响铁路货物发送量及到达量的因素各不相同。东南沿海地区比内陆地区经济增长速度快，进出口贸易量高，公路和水路运输发达。另外，西部内陆地区经济发展速度较慢，人口密度较低，又处于高原地带，从内陆到沿海的距离较长，因此，交通运输网络的构建还没有形成。由于各地区区位条件、基础设施状况以及经济规模的差异，为了更科学的分析出决定因素，本文对我国进行了四个地区的分类，并对各地区的省内、省外到达量及发送量进行了回归分析，比较各自的决定因素，从而确定我国整体货物到达量及发送量的影响因素。

（1）华北地区：北京、天津、河北、山西、内蒙古。

（2）东北地区：黑龙江、吉林、辽宁。

（3）长江华南地区：上海、江苏、浙江、安徽、福建、江西、山东、河南、湖北、湖南、广东。

（4）西部地区：广西、四川、贵州、云南、陕西、甘肃、青海、宁夏、新疆。

2. 省内、省外、全省货物发送量与到达量的划分

根据上述分析，为了使各省、各地区到达量及发送量关系的研究细化，本文对我国28个省市自治区的到达量及发送量按照到达地及发送地的不同，分为全省、省内、省外，提取出全省到达量、省内到达量、省外到达量、全省发送量、省内发送量、省外发送量6个目的变量。其中，省内到达量与省内发送量都处于OD表中45度斜线位置，即省内到达量等于省内发送量，由此本文最后确定出全省到达量、省外到达量、全省发送量、省外发送量、省内到达量（省内发送量）5个被说明变量作为研究对象。图1显示了各省省内、省外到达量、发送量比率的变化情况。从1985年起，各省的省外到达量、发送量超过了省内到达量、发送量，而且以极快的速度增长。从图2可以看出各省省内、省外铁路货物变化的情况。大部分省份由于省外货物运输的增强使得该省的货运量不断增加②。

① 一般我国行政区域按六大行政区域进行划分：

华北地区：河南、河北、山西、山东、天津、北京

华中地区：安徽、湖北、江西、江苏、上海、浙江

华南地区：湖南、广西、广东、福建

东北地区：吉林、黑龙江、辽宁

西北地区：甘肃、新疆、青海、内蒙古、陕西、宁夏

西南地区：云南、贵州、四川

② 从各省到达量、发送量来看，全国平均以2.27%的速度增长，大部分省份省外运输大于省内运输，到达量增加第一位的浙江省，省外到达量的增长率有7.16%，而省内到达量只有1.87%；另外从发送量最多的省份新疆来看，其省外发送量增长率为8.77%，省内发送量的增长率为5.15%。

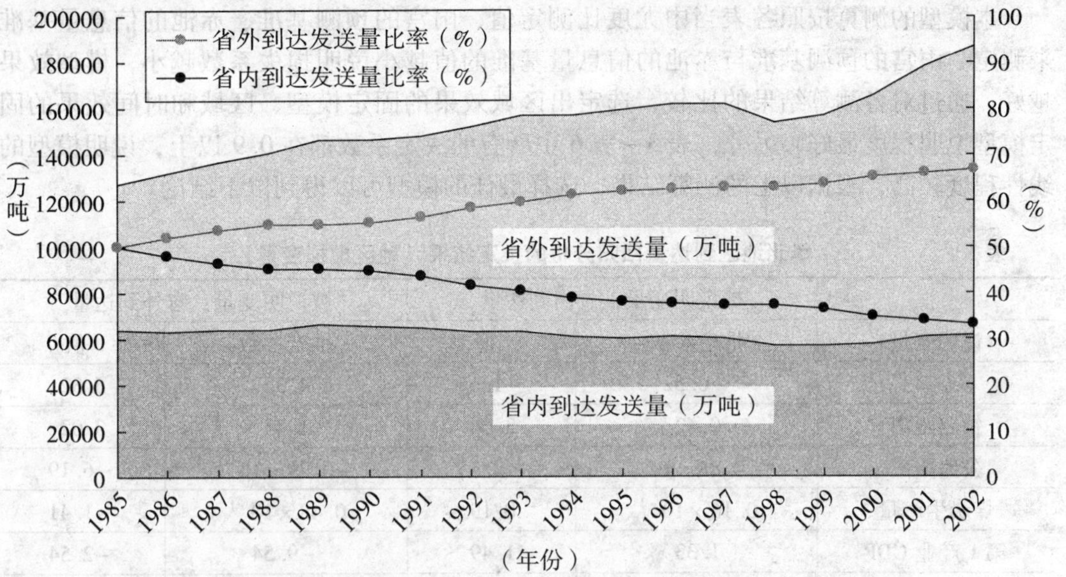

图 1　各省省内、省外货物到达发送量的变化

资料来源：《中国交通年鉴》

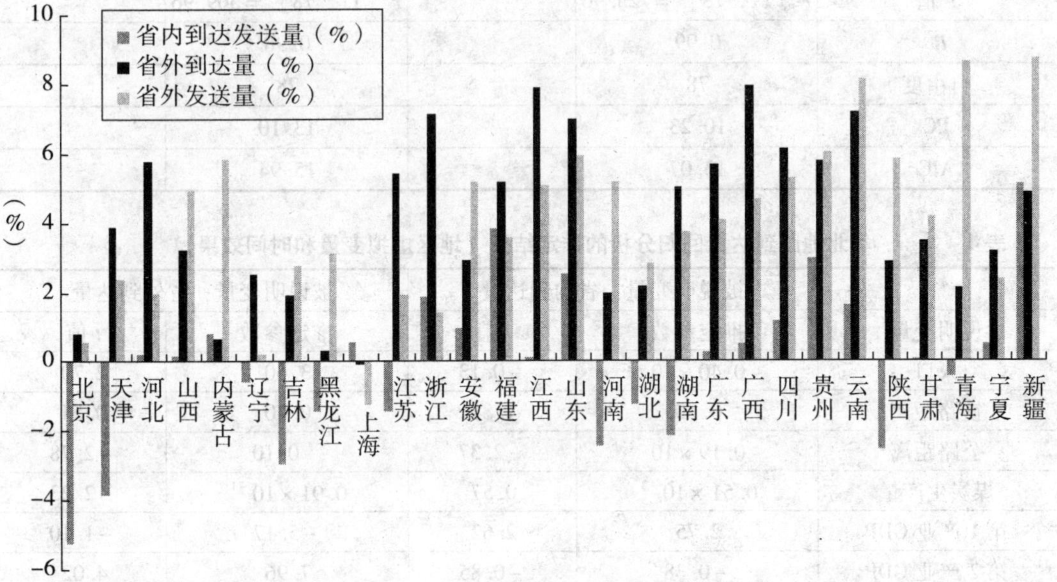

图 2　各省省内、省外货物到达发送量变化率的比较

资料来源：《中国交通年鉴》

五、推算结果分析

运用地区虚拟变量和时间虚拟变量及时间效应的固定效果模型对本文的推定结果进行总结，如表 3 ~ 表 6 所示①。

① 因篇幅关系，其他三个地区回归分析的推定结果表在此省略。

本模型的测算按照各表当中尤度比测定值、雨宫的预测基准、赤池的信息量基准来测定。雨宫的预测基准与赤池的信息量基准的值越小说明损失系数越小，模型效果越好。通过对各测算结果的比较，选定出区域效果的固定模型、区域和时间效果的固定模型说明程度最好，另外，表3～表6中所有的决定系数都在0.9以上，说明模型的线性程度较高，根据以上的测算结果，选择最佳的模型可以得到以下结论。

表3　　华北地区到达量回归分析的推定结果（地区虚拟变量）

	被说明变量：省内到达量		被说明变量：省外到达量	
说明变量	推定参数	t 值	推定参数	t 值
人口	−0.32	−1.65	4.32	5.32
铁路距离	0.42	3.64	1.44	3.02
公路距离	-0.88×10^{-2}	−2.45	-0.93×10^{-1}	−6.19
煤炭生产量	0.16×10^{-2}	0.19	0.48×10^{-1}	−1.41
第1产业GDP	1.33	1.49	−9.54	−2.54
第2产业GDP	−0.13	−0.34	7.41	4.54
第3产业GDP	−0.59	−2.61	−3.23	3.39
F 值	$F[11, 78]=723.96$		$F[11, 78]=309.96$	
R^2	0.99		0.98	
自由度	78		78	
PC	10.23		13.10	
AIC	13.07		15.94	

表4　　华北地区到达量回归分析的推定结果（地区虚拟变量和时间效果）

	被说明变量：省内到达量		被说明变量：省外到达量	
说明变量	推定参数	t 值	推定参数	t 值
人口	-0.40×10^{-2}	−0.13	3.60	2.70
铁路距离	0.30	1.81	0.40	0.54
公路距离	-0.19×10^{-1}	−2.37	−0.10	−2.78
煤炭生产量	0.51×10^{-2}	0.57	0.91×10^{-1}	−2.23
第1产业GDP	2.75	2.62	−5.17	−1.10
第2产业GDP	−0.38	−0.85	7.96	4.02
第3产业GDP	−1.01	−2.78	−4.65	−2.82
常数	2360.67	3.23	−2437.62	−0.74
F 值	$F[29, 60]=292.25$		$F[29, 60]=109.30$	
R^2	0.99		0.97	
自由度	60		60	
PC	10.32		13.32	
AIC	13.13		16.13	
尤度比测定值	29.98		16.71	

表 5　华北地区发送量回归分析的推定结果（地区虚拟变量）

	被说明变量：省内发送量		被说明变量：省外发送量	
说明变量	推定参数	t 值	推定参数	t 值
人口	−0.32	−1.65	5.52	3.86
铁路距离	0.42	3.64	0.85	1.01
公路距离	-0.88×10^{-2}	−2.45	0.19	7.18
煤炭生产量	0.16×10^{-2}	0.19	0.32	5.38
第 1 产业 GDP	1.33	1.49	−39.47	−5.98
第 2 产业 GDP	−0.13	−0.34	8.50	2.96
第 3 产业 GDP	−0.59	−2.61	−6.83	−4.07
F 值	F［11，78］=723.96		F［11，78］=366.12	
R^2	0.99		0.98	
自由度	78		78	
PC	10.23		14.23	
AIC	13.07		17.07	

表 6　华北地区发送量回归分析的推定结果（地区虚拟变量和时间效果）

	被说明变量：省内发送量		被说明变量：省外发送量	
说明变量	推定参数	t 值	推定参数	t 值
人口	-0.40×10^{-2}	−0.13	6.11	2.54
铁路距离	0.30	1.81	−0.18	−0.13
公路距离	-0.19×10^{-1}	−2.37	0.17	2.51
煤炭生产量	0.51×10^{-2}	0.57	0.28	3.85
第 1 产业 GDP	2.75	2.62	−38.87	−4.59
第 2 产业 GDP	−0.38	−0.85	9.87	2.77
第 3 产业 GDP	−1.01	−2.78	−9.72	−3.32
常数	2360.67	3.23	−12497.55	−2.12
F 值	F［29，60］=292.25		F［29，60］=123.78	
R^2	0.99		0.98	
自由度	60		60	
PC	10.32		14.50	
AIC	13.13		17.31	
尤度比测定值	29.98		13.02	

表 7　　到达量影响因素的比较

	华北地区		东北地区		长江地区		西部地区	
	省外	省内	省外	省内	省外	省内	省外	省内
铁路距离	+	+	×	×	×	×	×	×
公路距离	−	−	×	×	−	+	−	+
第 1 产业 GDP	−	×	×	×	×	−	+	+
第 2 产业 GDP	+	×	−	×	+	−	−	×
第 3 产业 GDP	−	−	+	×	−	+	+	×
煤炭生产量	×	×	×	×	×	+	−	+

1. 到达量的结果分析

根据以上的推算结果把影响到达量的决定因素归纳于表 7 中，根据表 7 对各固定效果模型进行选择比较，除去人口因素，各说明变量对到达量的正、负影响关系如表 7 所示①。根据表 7 可以得到以下结论。

（1）交通运输基础设施的整备。除去铁路对华北地区的影响以外，铁路建设对到达量几乎不产生影响，由于铁路的整备，运输成本不断下降，从生产原材料的产地到产品的消费地更容易进行运输。但是在消费之前，必须有对商品的需求，即使对铁路进行良好的整备，但是没有商品的需求，对该地区的到达量也不产生影响。另外，华北地区、长江地区、西部地区的道路整备对省外到达量都产生了负的影响，由于高速公路的不断建设，使其公路运输能力增强，特别是高速公路的整备，提高了公路运输效率，为省内外的交易提供了便利条件，因此省外货物运输，由铁路向公路进行了转换。

（2）区域经济状况。第一产业 GDP，仅对西部地区省内、省外货物运输到达量产生正的影响，也就是西部地区由于第一产业的产品生产量增加，对农药、化肥等货物的需求不断增加，而且该地区对这些货物供给不足，必须有其他地区供应，因此，考虑到其他的三个地区对化肥的供应情况，可以推测出第一产业 GDP 对该地区货物到达量不产生直接影响。

第三产业 GDP，对经济发达的华北地区及长江地区省内、省外货物运输到达量产生了负的影响，或者没有影响，另外，对经济发展相对落后的东北地区、西部地区省外到达量产生了正的影响。也就是说，当东北地区、西部地区的派生需求不断增加时，该地区对这些产品的供给不足，必须通过其他地区货物的流入来满足第三产业派生的需求。因此，对其他地区依赖程度较高。此外，对于经济发达的华北地区、长江地区，这些地区对于第三产业的需求有一定的供给能力，因此，对于经济发达地区来说，第三产业 GDP 对货物到达量不产生影响，经济落后地区第三产业 GDP 对货物到达量产生正的影响。

① 人口只决定了该地区的经济规模，对货物到达量没有直接的影响。

第二产业 GDP，对经济发达的华北地区、长江地区的省外到达量产生了正的影响，对经济落后的东北地区、西部地区省内、省外的货物到达量产生了负的影响或没有影响，由此可以看出，对于到达量来说经济发达的地区比经济落后的地区，第二产业的 GDP 影响力度较强。

为了进一步说明以上的推测结果，对各地区的产业结构进行说明，华北地区制造业和加工业的基础较好，但是木材、电子电器、金属冶金、机械制造、石油化工、精密仪器等的原材料及相关资源并不十分充分，不能满足省内的需求，必须依靠其他地区提供这些商品，因此这些商品的到达量较高。东北地区重工业的基础较好，轻工业对其他地区的依存度较高，该地区纺织、服装、皮革制品、食品加工、高科技产业、通信设备等产业相对落后，这些产品必须要依靠其他地区的供应来维持需求，这些产业全部为轻工业及高附加值产品。产品的重量较轻、价值较高，而且这些轻工业产品与东北发达地区的重工业产品形成了相互替代的关系，第二产业 GDP 对于该地区的到达量产生了负的影响。长江地区的制造业、加工业的产业集聚度较高，电子电器、机械产业比较发达。矿产资源及能源相对退化，为了维持该地区高速的发展，煤炭、石油等能源、建筑原材料的需求量不断增加。这些货物必须要依靠其他地区的供给满足需求，因此这些产品成为了该地区主要流入的货物。总之，长江地区由于第二产业的发达，使得第二产业 GDP 对省外到达量产生正的影响。西部地区由于工业基础较薄弱，制造业生产率较低，电子、电器、计算机、通信、机械制造等高科技产业的产品必须依靠其他地区的供给满足需求，这些产品多为高附加值的产品，而且有重量轻、价值高的特点。因此，在西部地区，这些商品与其初级商品产生了替代的关系，第二产业 GDP 对该地区到达量产生了负的影响。

(3) 煤炭生产量对于到达量几乎不产生影响。

2. 发送量的结果分析

把影响发送量的决定因素归纳于表 8 中，在各固定效果模型中选择最合适的模型。除去人口变量对发送量的影响以外，各说明变量对到达量的正、负影响关系如表 8 所示。根据表 8 可以得到以下结论。

表 8　　发送量影响因素的比较

	华北地区		东北地区		长江地区		西部地区	
	省外	省内	省外	省内	省外	省内	省外	省内
铁路距离	×	+	×	×	+	×	+	×
公路距离	+	–	×	×	+	+	+	+
第 1 产业 GDP	–	×	+	×	+	–	×	+
第 2 产业 GDP	+	×	+	×	×	–	×	×
第 3 产业 GDP	–	–	–	×	–	+	×	×
煤炭生产量	+	×	×	×	+	+	+	+

（1）基础设施的整备。除东北地区以外，对省外发送量都产生了影响。其中，由于铁路的整备，改善了企业运输的条件，节省了生产费用，提高了运输效率，实现原材料及产品从产地到消费地更流畅的运输。作为运输货物的载体，铁路整备促进了货物供给效率的提高，增强了该地区向其他地区货物供给的能力。另外，由于道路的整备，增强了综合货物运输的衔接性，改善了原材料的供给条件，强化了运输能力，缩短了各地区之间的运输时间。由于综合运输设施的整备，使该地区的供给能力迅速增强，对货物发送量呈现正的影响。

（2）经济状况。从各产业的发展情况来看，可以得到以下结论。首先，第一产业对华北地区及西部地区的省内及省外的发送量产生负的影响，或者没有影响，而对东北地区及长江地区的省外发送量产生了正的影响。也就是说，东北地区和长江地区第一产业的产品丰富，而且这些地区是我国主要的粮食供给基地，在这两个地区农产品的生产较集中，第一产业的生产能力较高，给其他地区供给能力较强。其次，第三产业 GDP 对四个地区的省内、省外发送量多数是负的影响，或者没有影响。总之，可以得出第三产业对货物发送量不产生影响的结论。最后，第二产业对华北地区、东北地区的省外货物发送量产生正的影响，而且效果明显，另外，对长江地区、西部地区省内、省外到达量都产生了负的影响，或者没有影响。

铁路货物发送量由重工业的生产决定的情况较多，其中，华北地区各种资源丰富，而且生产制造业非常发达，钢铁、金属冶炼、机械制造、能源、金属矿石等重工业产品及原材料的生产所占比重较高，再加上属于（加）煤炭的主要供给地区，可以推测出由华北地区向其他地区流出的重工业产品较多，因此，第二产业对省外货物发送量产生了正的影响。东北地区森林资源、矿山资源、非金属工业集中。另外，是国内木材、矿产品机械生产的主要供给基地，对于这些产业，东北地区有着较强的制造能力和加工能力，这些产品可以由东北地区向其他地区大量供给，通过这些关联产业的活动，促使第二产业对省外货物发送量都产生了正的影响。

长江华南地区，主要以电子精密仪器、交通通信设备、机械制造业、服装加工业、食品加工业的生产为主，这些产业的产品可以供给其他地区消费。但是，这些产业大多数都属于轻工业和高附加值产业，即货物重量轻，价值高的产品较多，因此该地区产品的特点为轻量化、小型化，对铁路货物发送量不产生影响。西部地区制造业发展比较落后，矿业、石油、化学工业、焦炭、煤炭的生产率比较高。但是除煤炭和石油以外，可以供给其他地区消费的货物的数量较少，而且煤炭作为本文的说明变量之一，已经被单独表示出来。石油利用管道运输的情况较多，因此，该地区的第二产业对货物发送量不产生影响。

（3）煤炭生产量。对于省内、省外的发送量都产生了正的影响，也就是说，随着煤炭的生产量的增加，省内外煤炭发送量增加，促使货物发送量不断上升。

六、结论

根据以上内容，对我国 28 个省的面板数据进行了分析，推测出影响我国不同地区铁路货物发送量和到达量的决定因素，根据以上的分析，可以总结出以下四点内容：

（1）基础设施的整备。对于发送量的影响高于对于到达量的影响。也就是说发送量的变化由该省的基础设施整备情况来决定。

（2）煤炭生产量。对于发送量来讲，煤炭生产量的增加将直接导致货物发送量的压力上升，货物发送量将会直线上升，另外，煤炭生产量对到达量几乎不产生任何影响。

（3）第一、第二、第三产业 GDP。对经济发达的华北地区、长江地区，从外省流入的原材料较多，向外省流出的商品较多。第二产业 GDP 对到达量产生正的影响，对发送量几乎不产生任何影响。另外，经济落后的东北地区和西部地区，原材料向其他省份流出，而产品由其他省份流入的情况较多，第二产业 GDP 对发送量产生正的影响，对到达量不产生影响。第一产业、第三产业 GDP 对货物发送量、到达量要么产生负的影响，要么没有影响，也就是说，到达量的变化由该省的经济状况反映，发送量的变化由该省产业结构来反映。

（4）人口。仅是对该地区经济规模产生一定的影响。对该地区的货物到达量、发送量几乎不产生直接的影响。

区域物流网络的形成机理与实证研究*

彭本红　冯良清

摘　要：区域物流网络是带动区域经济发展的重要力量，它应以中心城市作为核心。区域物流网络的形成是一个漫长的空间演化过程，依次为物流通道、物流经济带、物流网络、物流圈。论文以江西为例进行了实证分析，结果表明该省可以构建五个区域物流中心，三个物流圈，物流中心与物流圈协同作用，促进区域物流的联动发展。

关键词：区域物流网络　物流圈　区域物流中心

一、引言

加强区域物流网络系统的建设与发展，已经成为振兴区域经济的一项重要内容。随着市场化体制不断完善，国内经济发展已经呈现出区域特征，如长江三角洲、珠江三角洲以及津京塘环渤海地区等典型经济聚集区域。国内各典型区域经济的发展成为全国范围内经济聚集吸引、辐射、扩散的中心，直接影响着国民经济的发展。在"不能融入即意味着退出与衰落"的区域竞争背景下，现代物流将为加强各经济聚集区内"城镇—城市—中心城市"经济联系紧密协作提供支持，增强区域整体竞争能力。

目前区域物流正朝网络化、协同化、系统化方向发展。对于区域物流网络的研究国外起初多是对于交通运输网络规划方面，比如 Taffe，Morrill 和 Gould（1963）通过对加纳和尼日利亚的研究，提出了一个运输网络的演化模型。Vance（1970）发展了一个五阶段的商业模型描述运输路线的发展和北美城镇层级的增长。Rimmer（1977）对 Vance 的模型进行了修改，提出了发展中国家的四阶段模型和城镇级增长。对于区域物流的实证分析方面，Thurston. charles W（1996）介绍分析了跨国企业越来越多地利用自由贸易区作为区域物流中心进入拉丁美洲市场的情况。Tally Wayne（1996）建立了区域交通基础设施投资与区域经济生产的关系模型。Perry A. Trunick（1999）分析了美国俄亥俄州的交通战略物流规划区域的区域物流发展的依赖性。Gandlur. Karthik Satyanarayana. M. S（2002）提出公共物流网络对区域物流系统运作的影响和作用。Becky. P. Y. Loo（2001）以香港为例，分析了国际、国内及地方因素与港口形成和发展的相互作用，结合港口内陆腹地，初步探索了铁路货运站发展成为货运中心的条件和分

* 基金项目：江西省人文社科基金（GL0891）。

作者简介：彭本红，男，博士，南昌航空大学经济管理学院，副教授，上海财经大学应用经济学博士后流动站人员，研究方向为物流管理，技术经济。冯良清，南昌航空大学经管学院。

布情况。Tim Schwanen（2003）从区域科学的角度，分析了运输规划、物流及空间布局的问题等。

国内研究方面，有的学者从物流组织的网络来看，可以把区域物流网络看成区域之间和区域内部运输、仓储、包装、装卸流通加工、配送以及相关的信息传递等诸要素之间存在有机联系的整体。卞文良（2006）研究了网格之下的物流网络，具有前瞻性。还有部分学者从实证的角度进行了研究，比如谭清美、王子龙（2003）对江苏现代物流发展现状进行了分析，研究了区域物流网络及其效应。郎丰平（2006）分析了区域物流系统的规划合理化问题，应用区域物流网络多层次模糊评价法对东北经济区域物流网络以及对俄边贸物流网络分别进行了规划研究，最终确定了区域物流网络评价体系。王成金，韩增林（2004）研究了环渤海物流网络的形成与运作。王健（2005）构建了一个以主枢纽港为骨干、区域性重要港口为辅助、地方中小港为补充的层次分明的海峡西岸经济区港口物流网络体系。潘坤友（2006）研究了安徽沿江中心城镇“轴—辐”物流网络构建，这些实际的研究使物流网络理论更具有实用性。总体而言，我国区域物流网络的研究大多还处于探索阶段，对区域物流网络的形成机理还缺乏系统论述，相应的实证研究还不多。本文试图从理论上分析区域物流的形成过程，并用一个案例来做实证，说明如何构建区域物流网络。

二、中心城市是区域物流网络的极点

1. 区域物流网络

区域物流网络（Regional Logistics Network）是由各级物流节点和连线以及所属经济“组织”构成的相互联系、相互作用的系统结构形式。“点”是指各级物流中心；“连线”是由交通、通信干线连接起来的基础设施束；“组织”是指物流业、物流市场、物流咨询机构和地方政府。区域物流网络形成过程中，在各种“组织”的协调运作下，社会经济要素在“节点”上集聚，并由线状基础设施联系在一起而成“轴线”。“轴线”对附近区域有很强的经济吸引力和凝聚力。轴线上集中的社会经济设施通过产品、信息、技术、人才、金融等，对附近区域有扩散作用。扩散的物质要素和非物质要素作用于附近区域，与区域生产力要素相结合，形成新的生产力，推动社会经济的发展。在区域经济发展的过程中，“轴线”上一般会形成产业聚集带。

2. 区域物流网络系统以城市物流系统为核心

一般来说，城市是商品集散和加工的中心，而且物流设施和基础建设齐全，流通人力资本高，消费集中而且需求量大，交通与信息发达，与周围地区存在不对称性，在这种非对称结构中，物流系统扮演着“中心地”或“增长极”的作用，以城市为枢纽将其他地域“极化”成一个商品流通整体。城市的空间结构和空间形态经历了城市空间体系相互独立、集聚分布的城市空间极核集聚阶段到城市空间极核集聚扩散阶段，再到城市空间体系相互衔接形成的多方面、多层次、网络状的区域空间网络化阶段。

城市作为整个社会物流的枢纽节点，通过不同层次的物流节点和交通通信线路的有机结合形成城市内部物流网络系统，带来各种经济要素的集聚和扩散，发展成为高层次的区域经济增长极。不同的城市与交通通信网络线路有机结合，形成区域物流网络系统，促进区域经济要素的充分流动，强化区域内经济联系与扩散。区域物流网络系统充分体现了城市内部、城市之间的生产与消费、供给与需求的关系，把整个社会再生产过程有机地联系起来，成为城市物流网络系统的综合体，也成为国民经济网络系统的有机组成部分。

3. 城市在区域物流中心的地位

区域物流中心城市的物流业是城市经济的重要支柱产业，拥有集体、外资、合营以及私营等多种所有权模式的物流企业；业务范围从铁路、公路、城市交通、航空、管道、水运等传统性物流运输业，到快速发展的城市配送、电子商务、货运代理、特快专递等现代物流服务业；既有城市制造业自我服务、分散经营的企业内部物流业，又有高度社会化分工的社会物流业。这样完备高效的物流业结构构成了物流中心城市的物流产业体系，物流经济成为城市经济的重要组成部分，城市中物流经济总体功能和整体效益的发挥成为激活物流中心城市经济的动力源泉。

物流中心城市是少数具有物流发展优势的大城市，在区域物流经济发展过程中充当着发展“极点”的作用，是区域物流经济发展的极核地带。中心城市的物流发展，能使其自身的物流及综合经济实力进一步增强，从而对周围地区的物流经济发展产生强烈的物流辐射和带动效用，同时因其物流经济强烈的凝聚力，对周围地区的物流经济发展起归纳和吸收作用。

三、区域物流网络的形成机理

1. 区域物流网络的空间层次

（1）物流通道。由于地域经济发展的不平衡性，促使物流经济因素在空间的集聚运行。根据物流经济活动集中的区域特征，可将物流资源在空间的集聚形式分为点状集聚和线性集聚两类，这是组成区域物流网络空间层次组成的基本形式。物流经济点状聚集的特征是物流活动集中区域为面积狭小的城市区域，如物流中心城市。而物流经济线性集聚，则是由于物流资源及其带动的相关产业沿着物流资源流动路线进行集聚而使得集聚区域呈现线性通道特征，即物流通道。

（2）物流经济带。物流经济带，则是在物流点状或线性集聚的基础上，结合其他经济要素随后的集聚，依托于物流中心城市及其经济腹地，形成的物流经济为特色的区域经济有机整体。这是区域物流集聚活动的升级，意味着区域物流经济不平衡的加剧。

（3）物流网络。物流资源网络集聚模式的形成，是随着物流经济要素在地域上不断地集聚和扩散的过程中实现的。随着区域物流经济的发展，物流的点状集聚点逐渐连接成为线状集聚地带上的一部分，即物流中心城市和物流经济带联系更为紧密，使得区域内物流资源集聚通过点—线之间的连接成为一体，最终进化形成网络体系。物流网络体系，保证区域内具有复杂、交错、便利的物流资源流动通道，加剧物流资源的集聚、吸引和辐射效应，促进物流经济要素在地域上集聚密度的提高，进而加深区域物流经济的不平衡发展。

（4）物流圈。物流圈是区域物流经济高级同质化的表现，集团内物流经济与周围地区相比，发展呈现出高水平的一致同质性。物流圈的形成是以物流网络的完善为基础，通过物流点状集聚和线性集聚程度的加深，使得区域内物流经济要素运动趋向于多方向性的扩散与辐射。物流圈具有巨大的物流经济吸引和辐射力，能达到相应地区经济发展的最大地域范围，能提高不发达地域物流经济水平，使区域物流经济呈现出高级化平衡发展，见图1。

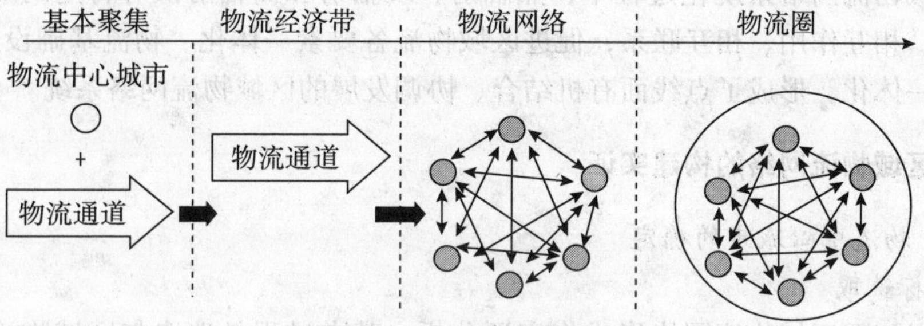

图1　区域物流网络空间层次

2. 区域物流网络系统化

区域物流网络系统化是一个动态的发展过程，深刻地影响着工农业生产、居民生活和区域经济社会的正常运行。不同区域在不同发展阶段有不同的表现内容，一般来说包括点辐射、线辐射、面辐射三种形式，见图2。

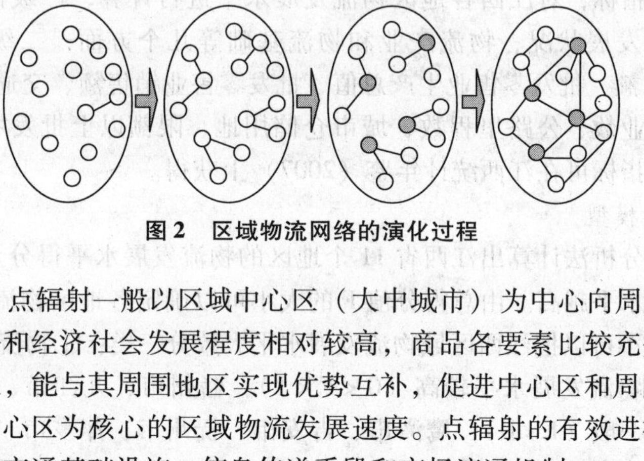

图2　区域物流网络的演化过程

（1）点辐射。点辐射一般以区域中心区（大中城市）为中心向周边地区推开。中心区的现代化水平和经济社会发展程度相对较高，商品各要素比较充分，但自然资源或劳动力相对匮乏，能与其周围地区实现优势互补，促进中心区和周围地区之间的物资流通，加快以中心区为核心的区域物流发展速度。点辐射的有效进行，必须依靠良好的辐射媒介，如交通基础设施、信息传递手段和市场流通机制。

（2）线辐射。线辐射一般以辐射干线（如铁路干线、公路干线、大江大河以及大湖沿边航道和频临沿海的陆地带）为辐射的带状源，向两翼地区和上下游地区推开。相对辐射干线两翼来说，辐射干线上的地区经济发展水平和现代化程度较高，两者之间的物资流通可以实现优势互补，推动区域经济一体化发展。线辐射通过辐射干线向两翼的辐射、辐射干线上下游之间的辐射，构成一个有效的线辐射体系。

（3）面辐射。点辐射和线辐射大大加快了辐射区域经济社会的发展，形成了以中心区为核心，以辐射干线为骨架，各地区相互衔接、分开合理的面状辐射体系。面辐射可以分为摊饼式辐射和跳跃式辐射。摊饼式辐射是指经济发展水平和现代化水平较高的地区向周围的物资流动过程，使周围地区发展速度加快，并逐渐向外推移；跳跃式辐射是指经济发展水平和现代化程度较高的地区跨过一些地区，直接与落后地区发生物流联系，使落后地区进一步发展。其中摊饼式辐射的辐射距离比跳跃式短，阻力小，物流成本小，物流效率高。

在区域物流网络系统化过程中，点辐射、线辐射和面辐射没有特定的顺序，三者相互交叉、相互作用、相互联系，促进区域物流各要素一体化、物流基础设施一体化、物流市场一体化，形成了点线面有机结合、协调发展的区域物流网络系统。

四、区域物流网络的构建实证

（一）物流中心城市的确定

1. 指标选取

本文以江西区域物流网络形成作实证分析，基本过程是选取与区域物流网络构建相关的指标；然后进行因子分析，分析各中心城市物流发展水平，一般来说，发展水平越高，越易形成区域物流中心；再进行聚类分析，哪些物流中心城市可聚为一类，进一步作物流中心的判断依据；最后结合交通、地理、区位等因素进行综合分析，找出区域物流中心，构建区域物流网络。

根据指标选取的可查性、可比性和定量性等特征，选取了与物流发展水平和实力相关的9个评价指标，对江西各地区物流发展水平进行计算，一级指标包括综合发展状况、物流市场发展状况、物流产业和物流基础等几个方面；二级指标分别是人均GDP 、进出口总额、批发零售业生产总值、批发零售业销售额、交通运输邮电业总值、国有及非国有企业数、公路里程数、城市仓储用地、限额以上批发零售贸易业库存总额等9项，相关指标可在江西统计年鉴（2007）上获得。

2. 多元统计模型

先运用因子分析法计算出江西省11个地区的物流发展水平得分及其排名，排名越前说明物流发展水平越高。由总得分值F的大小可以确定各地区物流发展的综合水平。由此根据F的大小可以把江西区域物流发展水平大致分三类：①物流发展水平高（$F>1$）：南昌市；②物流发展水平较高（$0<F<1$）：赣州市、九江市、宜春市、上饶市；③物流发展水平一般（$F<0$）：鹰潭市、吉安市、抚州市、萍乡市、新余市、景德镇。区域物流中心应从南昌市、赣州市、九江市、宜春市、上饶市和鹰潭市等城市选取出。

再对样本进行层次聚类，见图3，从聚类谱系图可以看出，江西省区域物流发展水平可分为三类。第一类是南昌，这是全省物流发展最活跃的地区，物流业吸收资金能力很强，物流市场发育很成熟，宜作区域物流中心；第二类是九江、宜春、赣州，这一类地区物流业发展水平很有发展潜力，有较高的发展程度，吸收资金的能力和物流发育市场相对成熟，也较适合做区域物流中心城市；第三类是鹰潭、上饶、吉安、抚州、萍乡、新余、景德镇。这一类地区物流业的发展潜力有待进一步的提高，物流发展的总量和实力较弱，可从中选取一个或几个作区域物流中心。

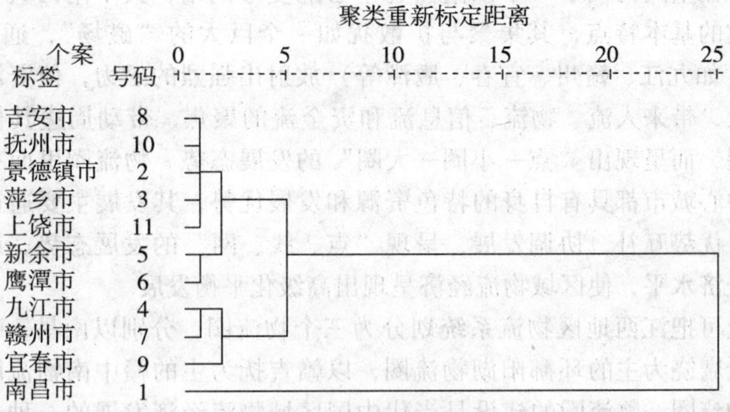

图3 样本聚类谱系

3. 给合地理、交通、区位等进行综合分析

区域物流中心除应有以物流产业为核心、区域物流增长极核作用，以及开放性、完整性等特性外，还具有以下特征：①有以主导产业为核心，并有与周围地区的产业高度相关的产业综合体；②有某一方面或某几方面的突出优势，如一项或若干项产业优势、市场优势等；③有一定的基础设施水平。根据各地区的区位、产业、地理和历史情况，结合主因子分析和聚类分析结果，选出南昌、九江、赣州、宜春、鹰潭五个城市作区域物流集聚中心。

要指出的是鹰潭铁路网络比较完善，目前有浙赣铁路、皖赣线铁路和鹰厦铁路均在此通过，属于国家级重点工程，吸收和辐射能力较强，也是全省主要的经济增长点，通过“东连、西接、南扩、北拓”，是一个典型的枢纽城市，所以比起上饶更宜发展为物流集聚中心。

（二）物流经济带形成

通过地理和区位分析，发展区域物流中心有四条主要的点轴带：京九铁路点轴带、浙赣铁路点轴带、皖赣铁路点轴带和鹰厦铁路点轴带。沿线上，产业集聚是最紧密，吸附和辐射能力最强的，充分发挥着经济增长带的优势作用。

干线通道是轴与轴之间的交通线为干线，这是轴—幅系统模式的核心部分。干线一般具有较高的车船密度和大规模的客货流，运行距离较长。目前南昌与九江、赣州、宜春、鹰潭之间已有高速公路、铁路和国道相通，交通便捷。依次构建江西地区物流干线通道，形成大“十”字型。

支线通道是“轴—辐”模式形成的基础。确定轴的喂给辐是构建支线通道网络的关键，本文遵循以下两个原则来构建支线通道网络：①完全覆盖原则，构建的轴—辐模式辐射所有喂给辐，主要集中在四大点轴带上；②时间最短原则，以时间距离最近而非距离最近来决定喂给辐的所属问题；根据以上原则，对理想状态下的支线网络进行修正，从而构建江西地区的支线通道网络。

（三）区域物流网络构建

确定了点和线后，网络框架基本上就可以形成。整个江西地区形成了以五个物流中心为极点，在空间构成了一个以南昌为中心的菱形网络，其中南昌具有高集聚、高能级和强开放的基本特点，其集聚与扩散犹如一个巨大的“磁场”，通过“磁力线”向其他地区（如九江、赣州、宜春、鹰潭等）放射出强烈的磁力，使资源优化配置的地域范围扩大，带来人流、物流、信息流和资金流的聚焦，带动周边其他中心城市物流经济的发展，而呈现出“点—小圈—大圈”的发展态势。物流圈里面存在多个中心城市，每个中心城市都具有自身的特色资源和发展优势，其发展主要通过各中心城市的资源整合、优势互补、协调发展，呈现“点、线、网”的发展态势。从而提高不发达地域物流经济水平，使区域物流经济呈现出高级化平衡发展。

从总体上可把江西地区物流系统划分为三个物流圈，分别以南昌、赣州、宜春为中心，昌九景鹰饶为主的环鄱阳湖物流圈，以赣吉抚为主的赣中南物流圈，以新宜萍为主的赣西物流圈。物流圈的建设是当代中国区域物流经济发展的一种趋势，江西物流的发展需要一定数量的优势物流圈，以形成经济核心，带动和加速内部物流经济的崛起。

五、结论

（1）区域物流网络应以中心城市作为核心，它的形成是一个扩散和集聚的过程，依次为物流通道、物流经济带、物流网络、物流圈，经过点辐射、线辐射、面辐射的演化过程。

（2）通过江西区域物流网络的实证可以看出，该省可构建五个区域物流中心城市，以南昌为中心构成一个复杂的菱形网络，同时还可以构建三个物流圈，环鄱阳湖物流圈，赣中南物流圈，赣西物流圈，带动和加速圈内外物流良性互动。

参考文献

[1] 卞文良，鞠颂东. 网格影响下的物流网络及其对物流企业运作的作用 [J]. 中国软科学，2006 (2).

[2] 潭清美. 王子龙. 区域物流网络及其效应研究 [J]. 中外科技信息，2003 (8).

[3] 郎丰平. 区域物流网络系统规划研究 [J]. 交通运输规划与管理，2006 (6).

[4] 王成金，韩增林. 环渤海物流网络的形成与运作 [J]. 人文地理，2004 (4) .

[5] 王健. 海峡西岸经济区港口物流网络体系的构建 [J]. 中国流通经济，2005，19 (12).

[6] 潘坤友，曹有挥. 安徽沿江中心城镇“轴—辐”物流网络构建研究 [J]. 长江流域资源与环境，2006 (7).

[7] 徐青青. 现在区域协同物流系统研究 [D]. 天津：天津大学，2003.

[8] 王子龙. 区域物流网络结构及其功能研究 [D]. 南京：南京航空航天大学，2004.

[9] HEESEOK LEE，YONG SHI，SUFI M，et al. Muhicriteria hub decision making for rural area telecommunication networks [J]. European Journal of Operational Research，2001 (133)：483 - 495.

[10] NICOLE ADLER，JOSEPH BERECHMAN. Evaluating optimal multihub networks in a deregulated aviation market with an application to Western Europe [J]. Transportation Research Part A，2001 (35)：373 - 390.

[11] TAE H, ANMING. A note on optimal airport pricing in a hub and spokes system [J]. Transportation Research Part B, 1996, 30 (1): 11 - 18.

[12] VLADIMIR M, DUNIEL S, CHARLES R. Location of hubs in a competitive environment [J]. European Journal of Operational Research, 1999 (114): 363 - 371.

[13] KENNETH B D. Some common myths about airport hubs [J]. Journal of Air Transport Management, 2002 (8): 177 - 188.

[14] THURSTON, CHARLESW. FTZs: Gatewaysto Latin Ameirica [J]. Distribution, Radnor: Dec1996, 1995 (13) 13: 44 -47.

[15] TALLEY WAYNE . Linkages between transportation infrastructure investment and economic reduction [J]. Logistics and Transportation Review , Vancouver: Mar 1996, 32 (1): 145 -1147.

[16] PERRY A TRUNICK. Is your region logistics friendly [J]. Transportation& Distribution. Cleveland : May 1999, 40 (5).

[17] GANDLUR , KARTHIK SATYANARAYANA , M. S.. Implementation of adaptive routing in public logistics networks [J]. North Carolina State University , 2002 (125): 1141 -1145.

[18] TIM SCHWANEN . Transport Planning , Logistics, and Spatial Mismatch: A Regional Science Perspettive [J]. Journal of Regional Science , Heightstown: 2003, 43 (1).

[19] TURGUT A. The hub location and routing problem [J]. European Journal of Operational Research, 1995 (83): 200 - 219.

第五代物联网港口设想与我国港口物流信息化展望*

李　辉　李向文

摘　要：本文提出了物联网港口概念与第五代港口发展模式，旨在破解近来业界提出的“智慧港口”、“港口联盟”、节能环保、绿色低碳港口等第五代港口理念和发展模式如何理解的问题与如何实现的难题，将这些概念统一整合在物联网港口下，便于今后我国第五代港口的研究与发展。

关键词：第五代港口　物联网港口　发展模式　物流信息化

一、第五代物联网智慧港口设想

1. 物联网与港口信息化提升

电子商务是通过计算机实现人与人的沟通，物联网是将物品连到网上，使物体能够“说话”，从而实现物与物沟通，人与物沟通，以人为本，掌控物流。借助 RFID 射频识别技术，无线数据通信等技术，通过将物品进行标识，实时监控物品的运载情况，物联网技术的发展能够实现供应链系统的全程信息化。引进先进的物联网技术并对现有供应链上企业单位的管理信息系统进行升级将逐渐成为一种趋势。而港口作为供应链上一个重要的运输枢纽节点，信息化管理的升级显得尤为重要。

物联网技术实现了位于两个甚至多个地理位置的港口之间进行有效的沟通，对货物、设备等进行有效管理。物品不仅可标识，而且可在任何时间和地点被实时监控。基于数据平台上的信息流，建立港际系统互联，使信息被完整、定向、快捷地传递到相关港口的管理信息系统中，再通过计算机的数据处理功能进行相关资源的调度。

基于物联网技术的港口管理信息系统升级，不仅能提高港口本身作业效率，降低经营成本，发挥预测与调度优化职能，提高自身竞争力；更能吸引更多的相关方加入到物联网港口平台上，发挥集群优势，抢占供应链份额，在激烈的市场竞争中最大程度地降低物流成本，取得更高的收益和利润。

---

* 作者简介：李辉，中国远洋运输集团，深圳远洋公司部门经理，大连海事大学交通运输规划与管理工程专业硕士研究生。李向文，大连海事大学交通运输管理学院物流系，副教授，研究生导师，中国物流学会理事、特约研究员，中国物流与采购网物流信息化专家。主要从事水运交通运输发展战略、企业竞争策略、物流信息化等方面的研究工作。

2. 物联网港口概念与模式的提出

笔者跟踪研究了港口发展态势，综合上述观点、结合物联网技术，提出物联网港口概念及其第五代港口发展模式。除了目前的港口装备技术改造、节能减排，实施绿色港口战略和措施，未来进一步降低港口物流成本、降低碳排放量，需要通过信息化管理、智能化挖潜，建立港口航运透明化供应链，信息化和智能化是必由之路，是唯一途径。

物联网港口是通过射频识别（RFID）、红外感应器、全球定位系统、传感器等信息识别与采集技术设备，按不同的协议，把任何港口设备、运输工具、物流对象物与港口内部网络及互联网连接起来，进行信息交换和通信，以实现港口物流智能化识别、定位、跟踪、监控和管理的一种基于物联网平台的信息化智能港口。物联网港口不仅是一种新的信息技术和解决方案，而且更是一种新的理念和发展模式。

物联网港口 IOP（The Internet of Port）就是利用物联网感知、互联和智慧的技术特征，使港口装备、船货信息以及港口物流的各种资源和各个参与方更广泛的互联互通，更快速透彻的感知，更敏捷深度的智能，从而破解港口物流信息化的瓶颈。

二、智能港口或智慧港口

智能港口是利用商务智能、物流仿真优化等智能化技术，将港口的信息化管理水平提升到智能决策支持、资源配置与作业调度优化的最高层次。

智能港口物流网建设的主要内容是智能物流网综合使用无线传感器网络、RFID、移动通信及宽带通信等技术，并在港口物流链中进行集成创新研究。集中建设智能闸口管理系统、集装箱码头操作系统，散杂货码头营运管理系统、智能堆场通信及定位系统、电子车牌电子驾照系统、货物配送信息采集系统（包括 GIS 技术）等一整套港口物流信息平台。

智能港口系统是将互联网技术（WEB）、全球定位系统（GPS）、移动通信技术（GMS）、无线通信技术（WAP）、地理信息系统（GIS）、无线射频识别技术（RFID）、实时监控系统（AIS）、自动化装卸设备、物流搬运机器人（AGV）等先进的信息技术和自动化技术综合应用于整个港口物流作业、运输服务及港口管理等各个方面，建立一种在港口服务范围内全方位发挥作用的，实时、准确、高效、优质的港口物流服务体系。

自 1994 年第一次智能交通系统世界大会提出智能交通系统（ITS）概念以来，港口作为社会交通大系统的一个重要组成部分，智能港口系统研究得到了普遍关注并取得很大进展。2004 年韩国政府开始在韩国港口实施“智能集装箱”项目，埃及新杜姆亚特港 2004 年年底宣布已经建成地中海沿岸第一个智能港口。

我国智能港口系统研究目前才刚起步，但已经得到政府和港口企业的普遍重视，交通部在 2005 年制定出台的《公路水路交通科技发展战略》中已经将智能港口系统作为未来智能化数字交通管理技术主要研究方向，有关科研机构已经开始了智能港口系统研究，天津、上海、深圳等国内主要港口也已开始进行智能港口系统规划。目前，国内主要港口已经实现了港口集装箱作业从空箱、装箱、卡车运输、堆场位置到报关、起吊、装船的全程实时监控和即时历史数据查询等，但还存在着诸多问题。

三、我国港口物联网研究发展与应用情况

1. 港口物联网研究发展与应用合作情况

随着 EPC/RFID、无线传感网络等物联网核心技术的研发与应用，美国、欧洲鹿特丹港和汉堡港、新加坡、日本的一些港口 20 世纪末 21 世纪初，陆续实现了智能化港口、集装箱码头，2007—2008 年日本野村综研成功实验基于 EPC（电子产品代码）的亚洲、美洲港口之间 RFID 港口航运集装箱物流跟踪项目。

跨国供应链和国际物流上存在多种多样的各相关方，相关各方存在着多种多样的信息获取需求，如图 1 所示。

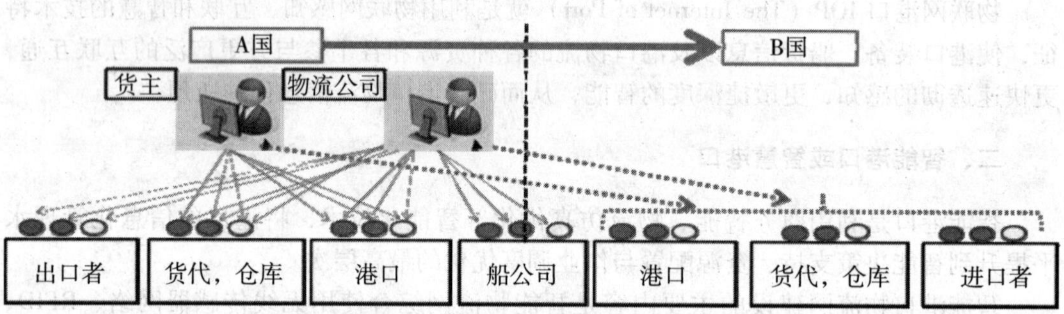

图 1　国际物流各相关方多种多样的信息获取需求

针对上述问题，中日韩三国运输和物流部长签署合作备忘录，联合声明成立东北亚物流信息服务网络（NEAL – NET）合作机制。合作机制旨在实现三国物流信息系统的互联互通。网络是国际性的、非营利的物流信息互联、交换和共享技术交流与应用合作机制。其主要目标是促进东北亚各国间物流信息平台互联互通，实现物流信息交换和资源共享。统一物流信息交换基础标准，实现大规模联网推广应用。

该项目实现中日韩三国物流信息平台的互联互通，通过物流业务数据的转换和流转，成为联结三国的信息纽带和桥梁，从而有效促进三国物流资源的整合，推动东北亚区域物流一体化发展。2010 年 12 月 2 日 ~3 日在杭州举办了中日韩运输及物流发展论坛，三方就东北亚物流信息服务网络 NEAL – NET 建设项目技术方案进行了研讨、交流，成立了第一届理事会，签署了合作备忘录。宁波港作为此次中日韩项目的试点单位，将配合省电子口岸 Logink 平台，提供港区作业的相关信息，实现集装箱进出门、装卸船数据的信息共享，实现物流链端点到端点可视化管理。港口物联网应用的国际合作已经展开。

2. 我国港口物联网研究发展应用情况

继 2008 年上海港抱起帆团队成功实施 RFID 两个港口间集装箱航运物流跟踪实验项目，江苏无锡江阴港、连云港、浙江宁波、山东青岛、辽宁大连、深圳盐田港、广东虎门等相继提出建设港口物联网或智能港口项目规划并陆续实施示范工程。

2010 年 8 月，无锡港口物联网平台落户临港新城。由江阴软件园、南京大学江阴信息技术研究院和江阴港港口集团联合承担的“港口物联网支撑技术与平台研究”项目获江苏省立项，这是全省首个以港口物联网为背景的产学研前瞻性联合创新项目，也是全国首家整合物流和物联网技术的专业化应用平台。该项目将为江阴临港新城打造千亿级现代物流产业集群提供物联网与物流技术平台。

江阴港在南京大学江阴信息技术研究院支持下，成功引入国内首个智能绿色港口物联网技术平台。该平台以现代物流为背景，以港口物流为主线，以国内外物流业务运营与管理为研究内容，港口物联网组网控制软件、港口设备运行状态监控系统等多项技术获得自主知识产权认证。

2010 年 8 月 25 日，上海国际港务集团、中国国际海运网与西安国际港务区共同签订了三方合作的联合打造西安国际港务区物联信息港战略框架协议。依据协议，上海国际港务集团、中国国际海运网和西安国际港务区将发挥各自的优势、整合行业资源，将西安国际港务区打造成为中国内陆物联信息港示范区——这标志着西安国际港务区长期以来进行的信息化战略进入实施阶段，同时标志着西部地区拉开了跨入“物联网时代”的历史大幕。西安市副市长、国际港务区管委会主任韩松说：“国际陆港将通过整合公路、铁路、航空运输平台的信息资源，通过与沿海、沿边口岸、港口合作，构建信息数据系统，推动物联网技术的研发与应用，用信息技术提升西安服务业发展水平。”

2010 年 11 月，野村综研（上海）咨询有限公司、NEC（中国）有限公司、大连港集团有限公司就大连港口现代化工程与大连市政府签署了备忘录，备忘录称以上四方将共同探讨通过物联网这一信息通信技术，建设大连的港口基础系统，从而实现数字物流港战略。

从上面这些我国港口物联网的规划、研究、发展、应用情况来看，出发点是物联网在港口物流中的应用，明显停留在港口物流信息化、智能化的层面，把它当做一个港口信息化水平的提升和基础设施的改造项目，并没有完全抓住物联网港口的本质，对物联网对港口发展模式产生的影响或无意识，或认识比较模糊。由于篇幅所限，以上具体情况不一一赘述，可以查阅相关资讯。

四、总结、建议与展望

1. 核心观点总结

综上所述，本文提出的物联网港口概念与第五代港口发展模式，旨在破解近来业界提出的“智慧港口”、“港口联盟”、节能环保、绿色低碳港口等第五代港口理念和发展模式理解与实现的难题，将这些概念统一整合在物联网港口下，便于今后的研究与发展。

概括起来，用最简洁的表达方法：

第五代物联网港口 = 大港口联盟 + 绿色低碳港口 + 港口物流 + 智能港口 + 虚拟无水港 + 港口物联网

或：第五代物联网港口 ∈ {大港口联盟，绿色低碳港口，港口物流，智能港口，

虚拟无水港，港口物联网}

正如基于互联网的电子商务不只是一种互联网技术，而是多种电子信息与网络通信技术的集成应用，本质上是一种创新的交易模式，可行与成功的关键是打破人们的时空间隔，降低交易成本，带来商业的便利。将互联网延伸并提升的物联网更不仅仅是一种新的、单一的网络信息技术，而是多种创新、核心信息技术的聚合，更重要的是一种创新的商业模式，可行与成功的关键是通过自动感知将实物联网并赋予智能。基于下一代互联网的物联网港口是一种技术+商业模式创新的港口物流服务模式，可行与成功的关键是可以将联营合作子母港模式、绿色、低碳“两型港口”模式、虚拟无水港模式第五代港口发展战略模式落地与实现。

物联网港口没有必要像建设实体码头、泊位一样，每个港口都重复开发物联网信息平台，建设数据中心。云计算是物联网的基石，通过建立物联网港口云计算数据中心，采用供应链服务提供商、第四方物流或 SaaS/PaaS 等商业模式提供港口物联网服务，特别是组合港、联营合作子母港模式，应该统一信息化标准，共享信息资源，通过物联网港口平台实现大港口联盟，绿色、低碳“两型港口”建设目标与第五代港口发展模式。

港口物联网技术服务和商业模式上采用云计算中心和 SaaS/PaaS（软件即服务/平台即服务）的运营模式，通过公有云 SaaS 平台提供电子政务和公共信息交换第三方服务、基础设施服务及核心服务，通过私有云提供港口物流业务信息平台服务。

2. 物联网港口研发与创新应用技术路线与建设方案建议

（1）物联网港口研发与创新应用技术路线。

①从港口物流信息化、口岸物流公共信息平台切入

②官产学研结合（申报项目）

③建立联合开发应用研究所、实验室

④打造新一代物联网智慧港口理论研究

⑤物联网观念导入，提炼问题与课题

⑥物联网港口相关技术、标准的研究、实验与实践平台

⑦物联网港口应用展示平台（示范工程）

⑧物联网港口产品研发与推广平台

⑨提出物联网港口研究框架初步设想（建议）

⑩出台物联网港口研究报告蓝皮书与解决方案技术白皮书

（2）物联网港口与口岸试点示范工程建设方案建议。构建物联网港口并不会一蹴而就。正如李盛霖部长在走访中国工程院时所表示的，物联网既是实践问题也是理论问题，既涉及技术也涉及体制，理论研究和推广应用要同时进行、互相促进。随着物联网概念的逐渐普及推广，港口物联网时代就在我们眼前。

以枢纽港口为龙头，加强港口资源整合与合作，发展内陆无水港联盟，建立物联网港口与物联网口岸试点示范工程，建设方案具体的建议如下：

①充分发挥市场配置资源的作用，调动企业的积极性，从满足物流需求的实际出发，注重投资的经济效益。政府要为前期港口口岸物流网的建设投资，并为其发展营

造良好的政策环境，扶持重点项目建设。

②物流网所用数据传输格式应当与口岸电子政务平台和港航电子商务平台保持一致，以实现数据共享，更好地为港口公用物流信息平台服务。

③要充分利用整合现有资源，例如，视频监控可利用口岸远程监控和计算机联网系统，口岸信息要充分利用海关 H2000 系统、国检 CIQ 2000 系统等，并在此基础上逐步开展各类细分的应用项目。

④采取大港口、组合港、内陆无水港试点，然后逐步推广的方式。即首先让地方港口集团、物流仓储等大企业做试点工作，再联网运行，逐步推广。

总而言之，拟通过产学研联合实验室和示范工程的形式，将以物联网港口集装箱示范项目研发港口物流与港口装备物联网所涉及的各方面技术，其中重点解决物联网港口主要关键技术，并以此示范项目推进我国港口物流与港口物联网技术和信息化技术的发展，支持我国向第五代港口的进化与跨越发展。

3. 我国物联网港口未来展望

传统的观念认为，由于港口的属地性特征和岸线、水域资源的独占性，港口的核心竞争力是资源的不可再生性，地位的不可替代性。尽管从第一代到第四代港口发展过程中，每一代都有理念、功能的提升，技术、服务的换代，但是，都没有跳出一港独大的思维模式和以我为中心的发展战略定位。物联网环境下未来港口的发展规律是：突破地理和地域学限制，物联网将使港口无处不在，物联网港口是无处不在的港口，港口物流的触角和服务功能通过物联网可以延伸到港口以外的任何地方和供应链的任何环节。第五代物联网港口将“物联天下，大而无疆”。

物联网可以使港口向供应链的两头进一步纵深，更加灵活地扩大和促使港口间的横向整合。港口竞争模式从同质化和低水平重复向建立竞合关系和调整生产服务结构转变；港口生产力要素投入从人力资源、生产资料、设施设备向资本、科技、信息转变；港口物流发展模式和效益从投资建设驱动向经营管理驱动转变；港口物流服务水平提高从设施、技术驱动向智能信息服务驱动；从供应链的物流转运节点向供应链的控制枢纽转型；从航运中心向港口网络转型；服务功能从海港、河港、空港向内陆港转移、延伸，使由于地域、国家断裂的运输物流信息无缝连接，打造透明运输物流链。使物联网码头操作系统、港口信息平台、口岸信息平台、公共物流信息平台等大的“信息孤岛与节点”变成“信息海洋与大陆”，使港口物联网、口岸物联网、智能港口、物联信息港“一网打尽”。

从第四代与第五代港口的比较和物联网港口的内涵及发展模式出发，是否可以重新设计和部署我国的港口强国战略，通过物联网使我国港口的发展阶段和战略模式实现跨越式发展，从第三代“跨四迈五”，即跨越第四代港口，直接迈向第五代物联网港口，加快实现从港口大国向港口强国的发展目标。

我国物联网发展战略规划和物流信息化规划即将出台，其中，交通运输信息化是重点。在制订“十二五”规划中，交通运输部已经明确提出我国交通运输与港口发展模式转型，从资源消耗型、投资建设交通向服务型交通转型，将在交通运输与港口物流信息化方面加大倾斜，投入巨资。可见，下一代物联网港口的构建虽然不会一蹴而就，但就在眼前 。第五代物联网智慧港口已经在向先知先觉者召唤，这是中国港口的又一次新机遇，争夺枢纽港、建设航运中心、竞争中寻求突破的港口应该科学规划，迎接挑战、找准定位，适时切入。

到目前为止，国内外研究物联网在港口中应用的文献资料和成果比较少，而且提法都是港口或口岸物联网。到截稿为止，关键词为物联网港口概念与发展模式的文献还没有检索到，是笔者首次这样提出，诚惶诚恐。由于位卑学浅，水平有限，定有不妥和未尽之处，还请专家、学者、同行不吝指教，共同商榷。

中国—东盟自由贸易区物流急需标准化*

吴砚峰　韦克俭

摘　要： 中国—东盟自由贸易区物流发展迅猛，但各国物流标准参差不齐，多种多样，严重影响了中国—东盟自由贸易区物流的发展。本文分析了中国—东盟自由贸易区各国物流标准化的现状，揭示了物流标准化存在的问题，提出了建设性的对策，目的是为了促进中国—东盟自由贸易区物流的健康稳步发展。

关键词： 中国—东盟自由贸易区　物流标准化　稳步发展

一、中国—东盟自由贸易区物流业发展的背景

中国与东盟国家之间的商流与物流发展很快，贸易物流额从2001年双边开始提出建立中国—东盟自由贸易区时的416.15亿美元快速发展到2010年的2927.8亿美元，10年间翻了六倍多。2010年比中国—东盟自由贸易区正式建立之前的2009年增长了37.5%。早在2005年，东盟就已成为中国的第四大贸易（商流与物流）伙伴，2010年中国成为东盟的第一大贸易（商流与物流）伙伴，2011年上半年，东盟超过了日本成为中国的第三大贸易（商流与物流）伙伴，可见中国与东盟国家的经济建设和社会发展都非常需要物流业来支撑。

2010年1月1日中国—东盟自由贸易区正式建立，近7000种商品货物商流与物流享受零关税，实现商品货物贸易自由化。中国对东盟的平均关税从之前的9.8%降至0.1%，东盟的泰国、印度尼西亚、马来西亚、菲律宾、新加坡、文莱6个老成员国，对中国的平均关税从12.8%降低到0.6%，与此相适应，海运物流、公路物流、铁路物流、航空物流四种物流方式都有了较快的发展，并取得了较好的经济效益。据中国海关总署的统计，2011年1月~6月，中国和东盟的双边贸易额达到1711.2亿美元，比2010年同期增长25.4%，东盟成为中国的第三大贸易伙伴。以中国大陆最靠近东盟国家的广西北部湾经济区海运物流为例，2010年广西北部湾沿海港口（含防城港、钦州港、北海港、铁山港）的吞吐量达到11395.1万吨，比2006年增长130%。

---

* 基金项目：本文是2011年中国物流学会研究课题“中国—东盟自由贸易区建成后物流存在的问题与对策研究”（立项编号2011CSLKT189）和广西教育厅新世纪教改A类课题“基于中国—东盟自由贸易区物流业发展的《物流信息技术》课程开发研究”（立项编号2011JGA205）的阶段性研究成果。

作者简介：吴砚峰，男，湖北随州人，硕士研究生，广西职业技术学院管理系讲师、经济师、物流师，主要从事物流管理和企业管理研究。韦克俭，男，广西河池市人，北京师范大学研究生院毕业，硕士研究生，广西职业技术学院管理系教授，中国物流学会特约研究员，主要从事物流管理和国际物流研究。

为了更好地掌握中国与东盟国家之间的商流与物流发展状况，近几年来，我们多次到中国与东盟连接最紧密和物流量最多的中国—越南边境实地调查研究，发现中国与东盟物流标准化存在许多问题，双边很多物流标准建设对接不上，采购、运输、装卸、搬运、仓储、配送、报检、通关、流通加工和冷链物流标准存在许多不一致的地方，最典型的是许多商品物资运输到边境都需要重新分拣、包装，由此加大了物流成本。目前中国和东盟各国的物流标准化没有建立起来，严重制约着中国—东盟物流业的健康稳步发展。

二、中国—东盟自由贸易区物流标准化现状

1. 物流标准化的内容

物流标准化是指在采购、运输、包装、装卸、搬运、保管、流通加工、配送及信息管理等环节中，对重复性事物和概念通过制定发布和实施各类标准，达到协调统一，以获得最佳秩序和社会经济效益。物流标准化一般包括三个方面的含义：第一，从物流系统角度出发，制定各个子系统的设施、设备、专用工具等的技术标准，以及业务工作或业务操作的标准；第二，研究各子系统技术标准和业务工作标准的配合性，按配合的要求，统一整个物流系统标准；第三，研究物流系统与其他相关系统的配合性，谋求物流大系统的标准统一。

2. 中国物流标准化现状

中国于1978年改革开放以后从美欧和日本引进物流概念，2001年4月由中国物流与采购联合会起草、国家质量技术监督局首次颁布了《中华人民共和国国家标准物流术语》（GB/T 18345—2001），于同年8月正式实施，该物流标准术语规定了物流活动中基本概念术语、物流作业术语、物流技术装备与设施术语以及物流管理术语，是中国物流领域的第一个基础性标准，对规范中国物流业的基本概念、促进物流业迅速发展起到了重要作用。由于物流业发展很快，中国几年后又对物流标准术语进行了修订，并于2006年12月发布了新的《中华人民共和国国家标准物流术语》（GB/T 18354—2006），从2007年5月1日正式实施。短短几年两次对国家物流标准术语进行制订和颁布，大大推进了中国物流业标准化的发展。

中国的地方物流标准化方面，2007年10月1日上海在全国率先推出并实施了食品冷链物流行业地方标准《食品冷链物流技术与管理规范》；浙江省于2009年11月发布并实施了地方标准《药品冷链物流技术与管理规范》，成为中国冷藏药品物流的首项管理标准；河北省于2010年1月颁布并开始实施《食品冷链物流技术与管理规范》；广东省深圳市于2011年8月颁布实施了物流标准化指导性技术文件《食品冷链技术与管理规范》。

虽然很多有识之士在关注并且有很多人都在参与物流标准化工作，但物流标准化的现状仍然比较混乱。由于中国缺少物流标准化的国家强制性法律法规，物流业存在多头管理和中国大多数物流企业发展水平比较低，所以，目前中国正在进行的物流标准化工作产生的实际作用十分有限，更多的作用在于为以后物流标准化的正式推行做准备。表现在：

（1）推行物流标准化的国家强制性法律法规缺失。没有法律法规作为依据，推进标准化工作很难进行。可以说，缺少有强制力的法律法规是物流标准化过程中最大的软肋。目前，只有卫生标准、安全标准与环保标准被纳入国家强制性标准范畴。现有的物流标准只是在推荐性标准中设定强制性条款。例如，物流业的基础标准《物流术语》国家标准，虽然很多企业都认同并执行，但并不是强制性标准。以交通运输中的安全管理标准为例，目前全国物流标准化技术委员会正在组织制定。其中会规定物流运输过程中必须按照什么要求装车、必须怎么运输、必须使用什么材料捆绑等操作规范。以前在这些环节，没有任何法律法规或者标准可以参照执行。

（2）目前已有的物流标准大多数针对传统物流，如与仓储相关的物流环节中，推出了“中华人民共和国国家标准批准发布公告”（2007 年第 8 号），由中国仓储协会组织起草制定的《通用仓库等级》（GB/T 21072—2007）、《仓储服务质量要求》（GB/T 21071—2007）、《仓储从业人员职业资质》（GB/T 21070—2007）等三项仓储国家标准，2007 年 9 月 15 日由国家标准化管理委员会批准发布，自 2008 年 3 月 1 日实施。

（3）有的物流标准出台过于仓促，没有经过充分的认证，不能被彻底执行。如针对 2010 年年底多次曝光的“快件暴力分拣事件”，为了防止再次发生此类恶性事件，针对快递行业存在的快件丢失、野蛮分拣等顽疾，国家邮政总局急忙颁布了《快递业务操作指导规范》，对快递业务全程作业的重要环节和关键质量控制点作出基本要求，规定快递企业在接单 2 小时内取件；取件后在 3 小时内将快件送交快递营业场所。快件分拣脱手时，离摆放快件的接触面之间距离不应超过 30 厘米等要求。

另外，还有一些为了应对某些突发事件或采取临时措施而以意见或措施推行的物流标准。

3. 东盟 10 国的物流标准化现状

东盟 10 国的物流标准化根据发展程度可以分为高、中、低三个层次，高层次为新加坡、文莱等发达国家，人均 GDP 超过 1 万美元，其物流业发展水平比较高，物流标准化程度也高，且多数物流和国际物流标准靠拢，物流标准化程度优于中国。中等层次为越南、泰国、马来西亚、印度尼西亚、菲律宾等发展中国家，人均 GDP 在 1 万美元以下，物流业发展水平处在同一水平，其物流标准化程度与中国不相上下，有的略好于中国，都属于发展之中。低层次为老挝、缅甸、柬埔寨等欠发达国家，人均 GDP 少于 1 千美元，物流发展水平比较低，物流标准化程度也比中国低。东盟 10 国至今没有对物流标准进行统一，仍然是各自为政的状态。中国与东盟国家之间也没有制定和实施物流标准化，使物流费用居高不下。

三、中国—东盟自由贸易区物流标准化存在的突出问题

1. 运输标准化问题

运输标准化的问题比较严重，尤其反映在中国向东盟国家出口的货物运输管理过程中。例如中国有大量的机电产品出口到东盟越南等国家，而中国向越南出口运输电冰箱等电器，按规定如果包装箱没有损坏而电器有损坏时由生产制造厂家负责任，如果包装箱有损坏而且电器也有损坏，责任在运输物流企业。运输中通常物流公司都是

用绳子在商品两头一系就可以了，运输过程中绳子容易损坏包装用的纸箱。这时候，电器本身出现问题难以追究责任，生产制造厂家与运输物流企业容易互相扯皮。其实，运输物流过程中的标准，主要目的是为了保证货物运输的安全。比如运输车在刹车、转弯甚至翻车时，按照标准规范执行的货物应该跟随车体一起晃动，而不会由于惯性脱离车体，造成危险或损失。事实上，这类涉及安全的标准相当重要并且急需，但是中国—东盟自由贸易区国家之间至今没有统一相关法律法规进行要求，只是作为推荐性标准，而非市场准入标准，所以物流企业并不重视，一旦出现问题，就会互相推诿。原因在于使用普通草绳或者塑料绳包装捆绑要比使用规定的特别材料包装捆绑便宜很多，企业不会自动给自己增加成本。

2. 仓储标准化问题

相比其他的物流环节而言，仓储标准化问题是比较少的，主要原因为仓储是传统的物流之一，发展时间比较早，而且标准化程度也比较高。中国在2007年已经发布了通用仓库等级（GB/T 21072—2007）、仓储服务质量要求（GB/T 21071—2007）、仓储从业人员职业资质（GB/T 21070—2007）。但在仓储环节仍有一些标准需要确定，如托盘的标准化问题，这是中国—东盟自由贸易区的国家普通存在的问题。仓储标准化的主要问题反映在托盘标准化上，受到业界广泛关注的中国托盘规格标准，究竟是采用日本的1100毫米×1100毫米标准还是欧洲的1000毫米×1200毫米标准成为主要分歧点。实际上，托盘的标准化之争在某种程度上是贸易之争、利益之争。抛开经济上的因素，单纯从保障安全的技术角度分析，一些物流装备行业专家认为，1000毫米×1200毫米的托盘更稳定一些，因为在此规格托盘上堆放的货箱为矩形，码放第二层货箱时可以调换长宽方向，从而错开上下层货箱与旁边的货箱形成同一个缝隙，而1100毫米×1100毫米的托盘上货箱为正方形，则无法错开。

现在ISO对托盘规格又通过了新方案，增加了1100毫米×1100毫米和1067毫米×1067毫米两种规格，变为6种标准规格。目前标准化托盘的使用率，澳大利亚为95%，欧洲为70%，美国为55%，日本为35%，韩国约为27%。在美国、日本，托盘是一个巨大的产业，政府为推进物流标准化、提高托盘的利用率，相继出台了多项鼓励政策和优惠措施。中国目前流通中的托盘规格有30多种。2002年中国进行了第一次托盘普查，2005年6月北京会议上明确亚洲一贯运输用托盘建议采用1100毫米×1100毫米，1200毫米×1000毫米两种规格，亚洲托盘标准化机构名称初步定为“亚洲托盘系统联盟（APSF）”。并初步讨论了设立“亚洲托盘系统联盟”的提案。2006年6月亚洲托盘系统联盟在东京正式成立，以后几年又分别在曼谷、河内、吉隆坡和雅加达举行了年度联盟大会，继续为推进亚洲托盘标准化和托盘事业的发展而努力，在亚洲各国扩大了影响。2005年中国成立了托盘国家标准修订小组，经过3年努力，在2008年3月公布了《联运通用平托盘主要尺寸及公差》（GB/T 2934—2008）新的国家标准。新标准确定了1200毫米×1000毫米和1100毫米×1100毫米两种托盘规格为国家标准规格，且特别注明1200毫米×1000毫米为优先推荐规格。当前1200毫米×1000毫米，1200毫米×800毫米，1100毫米×1100毫米规格托盘在中国得到比较广泛的应用。现在东盟各国采用或接受的托盘国际标准主要集中在1200毫米×1000毫米和1100毫米×

1100 毫米两种规格上，如果中国采用 1100 毫米 ×1100 毫米作为托盘的国家标准，将有可能引导东盟国家推广采用 1100 毫米 ×1100 毫米型托盘标准，逐步使亚洲地区的托盘标准走向相对统一，使得 1100 毫米 ×1100 毫米标准在全球成为三分天下有其一的局面。如果中国采用 1200 毫米 ×1000 毫米作为托盘的国家标准，也将有可能引导包括东盟国家在内的世界更多国家使用 1200 毫米 ×1000 毫米型托盘国际标准，使得全球托盘标准走向统一。

3. 包装和集装单元标准化问题

以集装单元为基础而组织的包装、装卸、搬运、储存和运输等物流活动一体化运作的方式称为集装单元化。由包装为货物单元、集装器具、物料搬运技术装备设备和输送设备等有机和谐组成的高效、快速进行物流功能运作的系统称为集装单元化系统。集装单元化有效地将各项分散的物流活动联结成一个整体，是物流系统合理化的核心内容和主要方式。在包装标准方面，中国已制定了包装术语、包装尺寸、包装标志、包装技术、包装材料、包装容器、产品包装、运输、储存与标志等方面的标准，但还没有与东盟国家对接。

中国与东盟物流标准集装单元化在集装箱方面做得比较好，但对机械设备产品和农产品、水产品方面做得比较差，机械设备产品种类繁多、形状各异，标准集装单元化有难度，而农产品、水产品等完全可以运用标准集装单元化。目前中国与东盟物流在这方面问题很突出，例如中国出口到东盟的温带水果，山东、河南、云南等省出口到东盟的大蒜，黑龙江、吉林等省出口到东盟的珠葱，甘肃等省出口到东盟的洋葱，以及东盟各国出口到中国的热带水果和水产品，很多都在边境重新进行分拣和包装，这种情况在中国—东盟陆路物流主渠道的广西东兴、凭祥、友谊关、水口、龙邦、平孟以及云南河口、勐腊、畹町、瑞丽等口岸随处可见。包装和集装单元的不标准和重复劳动增加了许多费用，加大了物流成本。在东盟国家中，菲律宾对农产品香蕉的包装标准化做得比较好，笔者曾在北京、上海、广州等大城市对菲律宾出口中国的香蕉包装标准化进行过调查研究，该国对香蕉包装标准化做得比较好，保鲜技术也先进，值得中国学习。

4. 物流信息标准化问题

现代物流信息技术主要包括计算机条码管理技术（BC）、射频技术（RF）、无线射频识别技术（RFID）、电子数据交换技术（EDI）、管理信息系统（MIS）、运输管理系统（TMS）、仓储管理系统（WMS）、地理信息系统（GIS）、全球卫星定位系统（GPS）、物联网（IOT）等在物流中的推广和运用。物流信息标准化在物流发展中至关重要，随着物流服务标准化持续推进，形成了以市场和客户需求为核心，包括采购、运输、装卸、搬运、仓储、中转、流通加工、展示、电子报关、通关、清关、报检、配送等各个环节密切相连的现代物流标准化服务体系。中国与东盟各国物流在这方面还有很多问题。例如目前从中国广西陆路口岸物流到新加坡的商品物资需要 4 次装卸和 8 次报关通关，物流信息化不标准不统一会带来很多麻烦，增加很多费用。

5. 物流设备标准化问题

物流设备标准化主要包括车载和船载标准化、货架标准化、托盘标准化、叉车堆垛机标准化等内容。中国与东盟物流设备标准化最突出的是车载和船载标准化问题，中国和东盟各国车辆多种多样、船只差别很大，以中国和越南为例，越南多用日本、美国和韩国生产的大卡车，吨位重、容积大，中国的载重汽车包括山东“黄河牌”、吉林“解放牌”、湖北“东风牌”、广西柳州的“乘龙牌”、陕西的“霸龙牌”、北京的“欧曼牌”等，与越南使用的大卡车相比普遍吨位轻、容积小。若以冷链物流车辆来比则差距更大。铁路物流方面，中国使用的是标轨，间距为1435毫米，越南使用的是窄轨，间距为1000毫米，铁路物流运输功能受很大限制。中国昆明到泰国曼谷公路（昆曼公路）全程1807公里，2008年3月21日通车，共设有中国磨憨、老挝那堆和会晒、泰国清孔4个口岸，一辆满载货物的大卡车从昆明出发，必须办理4次出入境手续，中、老、泰三国在通关环节中的标准五花八门，比如车辆限载标准，中国将3轴车核定为30吨，4轴车核定为40吨，老挝则将3轴车核定为21吨，4轴车核定为25.2吨，如果是60吨卡车有可能会在某一个环节被打回头。可见物流设备标准化不一致问题的严重性。

四、中国—东盟自由贸易区实施物流标准化的重要意义

1. 实施中国—东盟自由贸易区物流标准化，可大大降低双边的物流成本

在中国—东盟自由贸易区实施物流标准化，可以加快物流过程中运输、装卸的速度，减少中间损失，提高工作效率，因而可获得直接或间接的物流效益，货物运输装卸能力将会大大加强，减少物流环节，缩短装卸设施如站台、货场占用时间，物流机械化作业程度提高以后，可避免搬运工人直接搬运货物的做法，减少人工野蛮装卸，节约社会经济资源，将会大大降低双边的物流成本。以统一托盘和集装箱规格为例，中国—东盟各国之间可以实现无缝连接，同时统一的运输设备将会随之出现，运输效率也会提高。托盘规格的相对统一，货架的规格也将会相对一致，仓储效率也会相应提高，这对需要冷藏的商品货物具有特别重要的意义。此外，托盘标准的相对一致，托盘共用系统有效建立的效果还会延伸到环保方面。例如可循环利用的塑料托盘使用比例将会大大提高，一次性木质托盘将会减少，既能避免木材垃圾问题、节约森林资源、保护生态环境，又能降低各个国家的物流运行成本。

2. 中国—东盟自由贸易区物流标准化，将大大提高物流的速度

中国—东盟自由贸易区的海运物流、公路物流、铁路物流和航空物流对接的标准化，以及物流要素运输、装卸、搬运、仓储、流通加工、报关、报检、配送等的标准化，推广物流信息技术标准化，使物流术语标准化、托盘及集装单元标准化、商品编码标准化等，促进电子商务国际物流标准化。必能减少物流的许多不必要环节，大大提高双边物流的速度。

3. 中国—东盟自由贸易区物流标准化，能大大提高物流服务质量

物流服务的标准化，对加快物流速度、提高效率至关重要。如以装货的托盘为例，若生产企业和物流企业全部执行统一的托盘标准，那托盘就能实现全流通的重复使用，大大减少物流企业和生产企业自备各种规格托盘所需的费用和装卸成本。又如铁路与公路在使用集装箱统一标准之前，运输转换时要“倒箱”，为此每吨货物要增加费用，

各国“倒箱”数量庞大，损失巨大。物流服务标准化，要求在运输工具、包装、集装单元、装卸、仓储、信息，甚至资金结算等方面采用统一标准，达到物流效率的最大化，物流服务质量的优质化。

物流服务过程是物流标准规范的对象。众所周知，物流服务是企业行为。物流企业的基本功能就是为客户服务，满足客户要求是物流企业的服务目标，货物本身的性状和设备工具的参数等则构成对物流服务过程质量的约束条件。在特定约束条件下去寻求目标函数即满足客户要求的最优解，即为客户提供高效经济的物流解决方案，不仅是物流企业的根本任务，也是物流企业生存和发展的基本前提。物流企业的服务产出具有无形性、不可储存性、过程互动性和结果差异性的特点。对服务水平，就如同对制造的产品一样，也是要进行质量检测和控制的。在物流服务的过程中，服务的结果是由物流企业和客户在事先约定并预期的，对服务质量的控制却不可能采取事后检验的办法。因此，必须实施对服务过程的监测和控制——对物流服务质量实施预防性或前置性管理。因而物流服务标准化可以大大提高物流服务质量。

五、实施中国—东盟自由贸易区物流标准化的主要对策

1. 11个国家密切合作共同重视和推进物流标准化发展

从贸易的角度来说，每一个国家的利益集团都希望其他国家采用本国的物流标准，以便本国有货物能够充分利用他国的物流设备与设施，以较低的物流成本顺利进入他国的市场，而不愿意为其他国家改变本国的物流标准，进而为改变产业标准分担代价。因此，物流标准历来成为国际标准制定和国际贸易谈判斗争的焦点之一。中国—东盟自由贸易区内11个国家都应该求同存异，和睦相处，11个国家密切合作共同重视和推进物流标准化发展，从大局出发采用统一的物流标准，才能较好地减少物流成本，提高自由贸易区的活力与竞争力，从而带动各国之间的经济贸易发展。

建议在每一年召开的中国—东盟交通部长会议和中国—东盟经贸部长会议上列出物流标准化专题进行讨论、沟通、交流，统一思想，统一认识。必要时加强中国—东盟各国物流行业协会之间或中国—东盟各国标准化组织机构之间的接触、沟通和交流，统一认识、统一思想，共同推进中国—东盟自由贸易区物流标准化的发展。

2. 深刻认识物流标准化的重要性

现代物流已经成为跨部门、跨行业、跨地域的以现代科技管理和物流信息技术为支撑的综合性产业，完善的物流基础设施、高效的物流信息平台和发达的第三方物流企业是现代物流的“三驾马车”，现代物流的必然发展趋势是实施物流标准化。物流信息技术需要物流标准化，才能实现物流的信息化管理，推动自由贸易区中物流企业的发展。只有通过物流标准化无障碍的物流信息通道，才可以使信息流通过计算机网络管理为基础的物流平台，突破原有的发展平台限制，规划业务流程，有效实现跨区域物流业务管理，在中国—东盟自由贸易区内实现商流、物流、信息流和资金流的畅通，节省物流运营成本，提高物流业服务能力。中国—东盟自由贸易区内11个国家都要深刻认识物流标准化的重要性。

3. 抓住重点推动物流标准化建设

目前，中国—东盟自由贸易区内物流标准的多样化、不统一、不规范已成为制约该自由贸易区物流业发展的重要因素之一。因此，首先要在运输、装卸、搬运、仓储、流通加工、报关、报检等重点物流环节标准化，逐步统一标准，尤其在物流条码、物流信息的标准化工作方面多下工夫。物流标准化的形式包括流程简化、统一化、系列化、通用化、组合化，要抓住重点推动物流标准化建设。其次，要加快自由贸易区内一些急需的物流标准化工作，如国与国之间海关电子通关的 EDI 标准、接口标准、数据传输标准、用户协议等。最后，加强自由贸易区内物流标准化的宣传和推广，扩大影响和实施。

4. 立足现实建设好物流标准化的公共信息平台

标准化的物流公共信息平台是通过对物流相关的信息采集，为生产、销售及物流企业的信息系统提供物流信息服务，满足企业信息系统对物流公用信息的需要，支撑企业信息系统各种功能的实现。通过构建标准化的物流信息平台，使物流企业可以实现数据标准流转，实现信息共享，避免重复劳动，节约社会资源。企业可以通过标准化公共信息平台，实现物流信息发布、查询，缩短物流信息流转环节，降低运营费用，拓展业务范围。同时，行业或政府可以通过平台及时获取企业信息、需求总量、供给能力和运输方式等运营情况，以便进行有针对性的行业调控和指导。

5. 求真务实共同迈向物流标准一体化

中国—东盟自由贸易区物流标准化的实施是一项巨大的系统工程，该自由贸易区 11 个国家的经济贸易往来、投资合作发展都离不开物流，物流的标准化是该区域经济发展的必然趋势。各国需要密切配合，求真务实共同迈向物流标准一体化。建设该区域物流标准化需要从三个方面进行统筹规划、协调发展。一是抓好物流基础设施建设，包括港口、码头、机场、铁路、道路、保税区、仓库、物流中心、配送中心、站场、停车场、信息网络设施等规范化建设。二是做好物流设备类标准化配置，包括物流中心、配送中心的各种运输工具、装卸搬运机械、自动化作业设备、流通加工设备、信息处理设备及其他各种设备的优化组合。三是逐步统一物流标准，包括物流术语标准、运输标准、包装标准、仓库标准、托盘标准、卡车标准、集装设备标准、货架标准、商品编码标准、商品质量标准、表格与单证标准、信息交换标准和作业标准等。

六、结论

中国—东盟自由贸易区物流发展迅速，中国已成为东盟的第一大贸易伙伴，2011 年至 6 月份的上半年东盟超过了日本成为中国的第三大贸易伙伴，中国—东盟自由贸易区正式建立之后一年比正式建立之前一年贸易物流额增长了 37.5%，该自由贸易区的快速发展令人振奋，但自由贸易区的物流发展受制于物流标准化的滞后，使物流成本过高。例如，目前中国连接东盟国家的两条铁路（中国南宁至越南河内和中国昆明到越南河内），两个国家的铁路运输技术参数标准不一致；又如昆曼公路出入境手续不统一，中、老、泰三国在通关环节标准五花八门，等等，都严重影响了物流的畅通。自由贸易区内各个国家的物流标准多种多样，缺乏统一性；汽车等物流设备、运输、包装、托盘集装、报关、报检等的标准与国际标准不完全一致，对物流速度和流通质量都造成了影响。要提高中国—东盟自由贸易区的物流速度，降低物流成本，提高物流服务质量，中国—东盟自由贸易区物流标准化势在必行，可见中国—东盟自由贸易区物流急需标准化。

参考文献

[1] 冯怀宇，周志权．推进广西物流标准化工作的思考［J］．学术论坛，2010（4）：129－132.

[2] 孟国强，孙轲．关于我国托盘应用现状与发展的建议［N］．中国包装报，2010－03－19.

[3] 晏绍庆，王晓燕，凌湖吉．标准化建设推进我国物流产业发展［J］．学术，2009（12）：25－28.

[4] 张学引．标准化是物流企业健康发展的必由之路［J］．河北企业，2010（1）：12－13.

[5] 刘国信．冷链食品物流标准踏上“破冰”之旅［J］．湖南包装，2010（3）：12－13.

[6] 安华．物流标准化成港口物流获利增长点［N］．中国包装报，2010－12－10.

[7] 高宏伟．加快物流标准化建设，促进物流产业发展［J］．论坛，2011（4）：103－104.

[8] 胡玉莹．中日韩国际物流系统无缝连接探析［J］．对外经贸实务，2010（6）：90－92.

[9] 米志强，邓子云．物流信息技术与应用［M］．北京：电子工业出版社，2010.

[10] 肖绍萍，李万青．中国—东盟自由贸易区物流联盟的构建与策略研究［J］．特区经济，2011（6）：222－224.

现代区域物流网络节点选择研究及实证分析*

海　峰　郭　强　丁　灿　邵　校

摘　要：轴辐式物流网络将一个或几个物流节点设立为中心枢纽站，而将非中心枢纽站节点的货物流在此集中后再根据目的站进行集运。轴辐式区域物流网络是将区域物流网络中的一个或几个城市设为枢纽城市，货物流从出发地经此送达目的地。由于具有规模经济优势并能有效提高相关资源的利用率，带动节点城市及其所在区域的经济发展，该网络模型得到了广泛的应用。论文主要分析了轴辐式区域物流网络的构建及运作，并以湖北省为例，运用主成分分析法，从定量的角度探讨了现代区域物流网络节点的选择及等级划分方法，对如何从整体上优化湖北省区域物流网络提供了一定的理论指导。

关键词：轴辐　区域物流　物流节点　主成分分析

一、引言

在经济全球化、区域经济一体化背景下，区域、区际之间的经济联系大大增强，作为与区域内外各产业紧密关联的产业，区域物流是区域经济发展的重要基础性产业。在区位、资源、产业基础、交通条件等确定的情况下，区域产业组织和区际产业组织之间物流活动的整体性、一致性和协调性是提高区域产业组织效率和效益，增强区域经济综合实力的关键。区域物流业的发展可以进一步带来商流、资金流、信息流、技术流的聚集，加快区域经济结构和产业布局合理化调整，带动地区和区域经济发展，改变区域经济增长方式，促进新型产业形态形成，优化区域产业结构，促进以城市为中心的区域市场的形成和发展。

近年来国内出现的物流热、各省市的物流规划、物流园区和物流中心的规划建设等，足以说明企业、政府和社会各界对物流业促进企业和区域经济发展作用的认同。因此，如何科学的选择物流网络节点使其为区域经济服务已成为物流业发展的首要问题。目前，在物流网络节点的选择方面出现的问题主要表现为：区域物流网络存在着

---

* 基金项目：本文为武汉大学自主科研项目（人文社会科学）研究成果，得到“中央高校基本科研业务费专项资金”及武汉市科技局项目资助：项目编号：201040333111—05。

作者简介：海峰，男，安徽合肥人，武汉大学经济与管理学院博士生导师、教授，研究方向：区域物流，物流管理。郭强，男，山西柳林人，武汉大学经济与管理学院博士研究生，研究方向：区域物流，物流管理。丁灿，男，湖北武汉人，武汉大学经济与管理学院硕士研究生，研究方向：区域物流，物流管理。邵校，女，湖北十堰人，武汉大学经济与管理学院博士研究生，研究方向：区域物流，物流管理。

有点无网、有网无流的状况，各省、市的物流网络节点的选择未能从整个区域物流网络的视角出发，致使各物流节点独立运作，未能发挥网络节点的辐射功能，导致大量资源的闲置和浪费。同时，物流网络的规模经济、范围经济和结构经济等作用也未能充分体现，更难以降低区域范围内的物流运作成本，这些都已成为制约区域物流业发展的瓶颈。导致上述问题的原因除了现代物流基础设施匮乏之外，关键还在于：区域物流网络节点的选址和布局缺乏科学的依据。因此，区域物流网络节点选择的研究具有极为重要的理论意义，同时对落实国家《物流业调整和振兴规划》具有重要的现实意义。

“轴辐”系统研究最具影响的人物 O'Kelly（1987）首先提出了轴辐式网络枢纽设施选址和网络设计的 p－枢纽中值模型（p－HMP）。在此模型中，枢纽的数目 p 是事先给定的，外生的，枢纽没有容量闲置，只考虑运输成本，所有非枢纽节点上的交通流量都必须通过枢纽才能到达另一个非枢纽节点，求枢纽的位置和辐的分配；O'Kelly（1992）再次提出了无容量限制枢纽选址问题模型（UHLP），此模型中枢纽的数量未知，枢纽没有容量限制，考虑运输成本和建设枢纽的固定成本，所有非枢纽节点上的交通流量都必须通过枢纽才能到达另一个非枢纽节点，求枢纽的数量、位置和辐的分配；Current 提出了层级式网络涉及问题，试图找到最小运营成本的运输网络支线；Nicole Adler（2001）对多重分配枢纽选址（Multiple Allocation p－hub Location）问题进行了详细的研究，使其成为轴辐研究的活跃领域，轴辐网络研究逐渐接近现实；国内学者张世翔等（2005）针对长三角地区城市群物流体系的构建，运用了 MAHMP 选址模型进行优化设计与规划，并为该地区区域物流运输通道建设和城市物流发展规划提供技术对策；金凤君等（2005）研究了轴辐伺服理念下的中国航空网络模式的构建；汪传旭（2008）研究了基于轴辐运输系统的区域港口群二级物流运输网络优化；刘沛等（2009）在轴辐模型的基础上，利用遗传算法设计了一个适合其公司的复合轴辐式货运网络，并通过仿真程序运行结果说明了该轴辐式网络降低运营成本的效果。对国内外文献的回顾表明：国内外学者从不同的角度对轴辐式物流网络的构建以及优化做了大量的研究，本文在回顾文献的基础上，提出了一种构建区域物流网络的思路以及区域物流网络节点的选择方法，结合湖北省各市州的统计数据，为湖北省物流网络节点的选择提供了一种方法指导。

二、轴辐式区域物流网络模式与构建

物流网络（Logistics Network）的形成是基于需求分散性和物流活动多方向性的驱动，以降低物流组织成本和实现物流规模化运作的要求。从地域运动形态看，物流网络是物流中心城市与物流经济带及物流通道所形成的物流经济活动的空间组织的中级形态。

区域物流网络（Regional Logistics Network）是由区域内物流通道与物流节点有机结合而构成的一种区域物流经济活动的空间组织形态，是区域内外各种经济要素流通、聚集、扩散的基础和平台。

“轴辐”网络（Hub－and－Spoke Network）的空间形态与自行车轮子相似，是一个节点——路径系统。简而言之，货物从不同的出发地（Spoke）到达不同的目的地（Spoke），或者从相同的出发地到达不同的目的地，在“轴—辐”网络中都必须先到达一个中间地点（Hub），在这里进行转载，然后享受优惠的直达式运输服务，目的是为了集中交通流量，实现规模经济效益。“轴辐”网络起源于航空领域，是航空运输放松管制和航空公司追求网络规模经济和机场（物流枢纽）追求规模经济的产物，是物流网络的特殊网络形式，研究认为：轴辐网络具有规模经济、范围经济、密度经济和结构经济。

“轴辐”物流网络（Hub - and - Spoke Logistics Network）模式已成为不同区域经济发展战略的重要组成部分。“轴辐”物流网络规划和设计的研究是目前国外区域物流研究的热点领域，也是解决区域物流网络布局与优化的主要理论和方法。

1. 轴辐式网络的分类

在轴辐式网络中，支柱网络和分支网络的链路空间结构都如图 1 形式（Klincewicz，1998）：完全连通形网络（任意一对节点之间都连通）、部分连通形网络（部分非相邻节点之间的两两连通）、星形网络（图 1 中的 A：同一等级节点都只跟更高等级的节点连通）、树形网络（图 1 中的 B：在同一等级节点中形成不同级别的星形，无闭合通路）、环形网络（图 1 中的 D：每一节点只与相邻节点首尾相连，形成闭合通路）和路径形网络（图 1 中的 C：线形网络），因此可以有 36 种不同的支柱、分支网络模型。

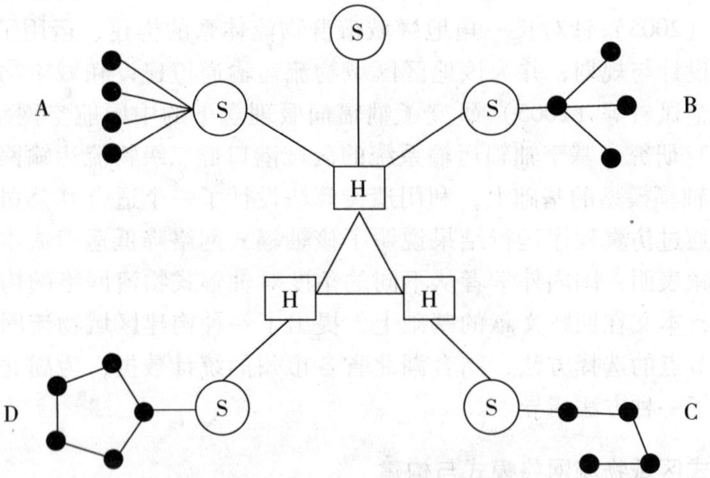

图 1　轴辐系统网络类型

2. 轴辐式区域物流网络的特点及运作

轴辐式区域物流网络是物流网络演化发展的结果。在区域物流服务中，承运人（物流网络运营商——物流企业）提供将货物从出发点运送到目的地的服务。如果没有物流能力的限制，对承运人来说，最好的策略就是满载运输。这种策略可以最大化运输设备的利用率，并将货物或乘客直接运送到目的地。但是，货物装满整车的概率并不大，因为，并不是任何两地间的货流都充足到可以保证承运人满载。因此，在一般情况下，要么延迟发货进行集配，要么在不满载的情况下发货。显然，前者无法满足客户的时间性要求，后者则使物流成本过高。在这种两难的情况下，承运人会把服务进行分解，即把不同托运人的货物组成一个班次，到达某个共同节点（物流园区、中心）后进行分拆、合并，再组成不同的服务班次到达各自的目的地。“合并—分拆—合并”的服务方式就促使了轴辐式区域物流服务网络结构的形成，而有效的区域物流网络结构应该是一种轴辐式的网络结构。运营商之所以会选择轴辐式网络，是因为该网络具有密度经济性、结构经济性、规模经济性和范围经济性。

轴辐式网络将货流从出发地经过枢纽点送达目的地，相比于直达式的网络，尽管增加了实际运行距离，但使得很多点对点网络中没有的或成本非常大的服务得到了提供或改善，对于物流服务的覆盖面积起到了极大的提高作用。因此，区域物流网络系统的规划最重要的就是枢纽点的选址与设计。在省级物流规划中，省会城市通常都已被定为国家级的物流节点城市，而在其他非省会城市中如何选择某个城市作为物流节点或者如何确定某个物流节点城市的等级就成为省级区域物流网络规划的关键，因此，确定某个物流节点城市的等级的科学方法将会对政府政策及其规划有着重要的指导作用。

3. 思路设计与计算方法选择

对于轴辐式区域物流网络的构建而言，区域物流网络的节点选取是其整个网络构建的关键。以湖北省为例，对于整个湖北省的物流网络，武汉作为国家级的物流节点城市，毫无疑问是一级节点城市，而要使物流带动省内整体经济的发展，必须要科学合理地构建整个物流网络，除武汉外，其余的物流节点城市应如何选取就成为湖北省区域物流网络构建的主要问题。由于各个城市所处的地理位置、经济发展状况以及交通基础设施等方面的差异，必须要设计一个评分体系对各个城市进行评估，然后根据评分来划分城市的等级，从而将不同的城市进行合理的物流节点功能划分，保证整个区域物流网络的经济性、科学性和合理性。

基于以上的思路和原则，本文选择主成分分析法来做定量计算和分析。主成分分析就是把多个指标化为少数几个综合指标的一种通常使用的统计分析方法。我们设定其综合指标的形式为原始数据指标的线形组合，根据实际需要从中选取几个较少的综合指标，以尽可能多地反映原来指标的信息。虽然这些综合指标是不能直接观测到的，但这些综合指标之间互不相关，且能反映原来那些指标的信息。即将维数较高的各相关指标变量通过线性变换变换为维数较低的各互不相关的指标变量，亦即主成分变量，同时要求主成分变量所包含的指标信息量占原始指标信息量的80%以上。这就是主成分分析的主要思想，也是我们利用其进行分析和评价的主要手段。

三、指标体系设计与数据实证分析

1. 实例背景介绍

湖北省地处我国中部，长江中游，承接东西，贯通南北，东临我国经济发展速度和水平最高，具有较强的开放和技术优势的地区，西接我国近年来经济发展速度较快，具有较大的资源优势的西部大开发地区。位于东部技术产业密集区和西部资源密集区接合部的湖北省，在全国经济发展中占有重要地位。以武汉为圆心，北到北京、天津，南至广州、深圳，东到上海、杭州，西抵成都、西安，距离都在半径大约1100公里范围内，湖北承东启西，连贯南北，居中独厚的区位优势和较为发达的综合运输网络，使其进入国内外广阔市场具有通达性和便捷性优势，为湖北现代物流业发展提供了优越的基础条件。

然而，长期以来，由于湖北省内各市州的经济发展不平衡以及物流网络节点布局的不合理，导致各物流网络节点之间的衔接不畅，货物在多交通方式运输中运输周期较长，不能建立高效的多式联运机制，阻碍了物流效率的提高，造成了资源的浪费。因此，本文将采用主成分分析法，通过对湖北省统计年鉴中数据的分析，将湖北省区域物流网络节点进行等级划分，希望能对湖北省区域物流网络的构建提供一些理论指导。

2. 指标体系设计

本文针对湖北省经济和物流发展现状，认为影响区域物流网络节点城市等级的因素主要有需求因素和环境因素。需求因素又包括了需求现状和需求增长：主要包括地区生产总值、人口、工业企业的个数、工业增加值、社会消费品零售总额、货运量等；环境因素则主要包括公路里程、内河通航里程、铁路运营里程等。在考虑到数据的准确性和影响因素的针对性的前提下，本文提出的影响城市物流能力的变量如下：

X_1：GDP；　　X_2：第一产业增加值；　X_3：第二产业增加值；

X_4：社会消费品零售总额；　X_5：货运总量；

X_6：物流相关产业从业总人数；　X_7：境内公路通车里程；X_8：境内内河通航里程

3. 数据分析

通过对2008年湖北省统计年鉴以及湖北省各市统计年鉴等相关资料中数据的整理，得到原始数据。运用SPSS软件对其进行主成分分析，得到表1的主成分列表：

表1　　　　　　**主成分列表**

主成分	初始特征根			主成分贡献率			旋转后的载荷方差		
	总计	方差占比	累计占地	总计	方差占比	累计占地	总计	方差占比	累计占地
1	5.207	65.085	65.085	5.207	65.085	65.085	4.913	61.417	61.417
2	1.992	24.894	89.979	1.992	24.894	89.979	2.285	28.562	89.979
3	0.558	6.978	96.957						
4	0.182	2.278	99.235						
5	0.042	0.522	99.757						
6	0.018	0.220	99.977						
7	0.002	0.021	99.998						
8	0.000	0.002	100.000						

通过SPSS的处理，从表1可以看出在特征值大于1和累计贡献率超过85%的原则下，前三个主成分的累计贡献率已经达到了91.588%，因此这里选择前三个主成分进

行分析。

表2为因子载荷矩阵，可以看出f_1对X_1、X_3、X_4、X_5、X_6的解释力度较大，f_2对X_2、X_7、X_8的解释力度较大。

表2　　因子载荷矩阵

指　标	成　分	
	1	2
GDP（亿元）	0.990	-0.132
第一产业增加值（亿元）	0.545	0.759
第二产业增加值（亿元）	0.978	-0.177
社会消费品零售总额（亿元）	0.989	-0.122
货运总量（万吨）	0.965	-0.196
物流相关产业从业总人数（万人）	0.944	-0.274
境内公路通车里程（公里）	0.323	0.819
境内内河通航里程（公里）	0.257	0.753

表3为因子得分矩阵，具体表达式为：

$$W_1=0.201X_1-0.015X_2+0.206X_3+0.2X_4+0.206X_5+0.214X_6-0.065X_7-0.067X_8 \quad (1)$$

$$W_2=-0.006X_1+0.395X_2-0.028X_3-0.001X_4-0.038X_5-0.076X_6+0.411X_7+0.375X_8 \quad (2)$$

其中（1）和（2）中的X为标准化后的数据。

表3　　因子得分矩阵

指　标	成　分	
	1	2
GDP（亿元）	0.201	-0.006
第一产业增加值（亿元）	-0.015	0.395
第二产业增加值（亿元）	0.206	-0.028
社会消费品零售总额（亿元）	0.200	-0.001
货运总量（万吨）	0.206	-0.038
物流相关产业从业总人数（万人）	0.214	-0.076
境内公路通车里程（公里）	-0.065	0.411
境内内河通航里程（公里）	-0.067	0.375

最后，计算每个城市的综合得分，以每个主成分的特征值占三个主成分总的特征值之和的比例作为权重：

$$综合得分\ F = \frac{\lambda_1}{\lambda_1 + \lambda_2}W_1 + \frac{\lambda_2}{\lambda_1 + \lambda_2}W_2 \tag{3}$$

其中 λ 为主成分的特征值。

根据上文中计算所得到的特征值，可以得到公式：

$$F = 0.723W_1 + 0.277W_2 \tag{4}$$

通过公式（4）计算，得到了各城市的综合得分及排名表4：

表4　　各城市综合得分排名

城市	W_1	W_2	综合得分	综合排名
武汉	3.79836	−0.22926	2.68270926	1
黄石	0.07021	−0.93041	−0.2069617	9
十堰	−0.31158	0.42051	−0.1087911	8
宜昌	0.18937	0.89231	0.38408438	3
襄樊	0.11405	1.33396	0.45196507	2
鄂州	−0.24088	−1.06412	−0.4689175	14
荆门	−0.1719	0.14053	−0.0853569	7
孝感	−0.03649	0.44199	0.09604896	6
荆州	−0.41477	2.22289	0.31586182	4
黄冈	−0.24943	1.09121	0.12192728	5
咸宁	−0.3492	−0.00277	−0.2532389	10
随州	−0.31678	−0.63309	−0.4043979	12
恩施州	−0.45847	0.25265	−0.2614898	11
仙桃	−0.39344	−0.52801	−0.4307159	13
潜江	−0.35634	−1.0471	−0.5476805	16
天门	−0.39545	−0.84733	−0.5206208	15
神农架	−0.47725	−1.51395	−0.7644159	17

4. 实证结果分析

从分析结果可以看出：

武汉作为湖北省省会，得分远远高于其他市州，以绝对的优势排名第一。无论从经济发展现状还是区域地理位置来说，武汉都是湖北省的中心城市。

襄樊和宜昌分别排名第二和第三，虽然得分和省会相比还有较大的差距，但是要比其他市州的得分高出很多，襄樊汽车产业和农业等非常发达，处于鄂豫交界，地理位置优越，交通便利；宜昌农业、电力和化工等产业发达，地处沿长江经济带，地理位置突出，交通非常便利。这两个城市都处在省域的交通枢纽位置，对周边的市州具有较强的辐射能力，这些优势都为发展物流业提供了良好的条件。

荆州排名第四，其农业、汽车和旅游等产业优势明显，地处省域中部，是省内东西和南北通道的枢纽位置；黄冈和孝感分别位列第五和第六，黄冈得益于沿长江经济带，孝感得益于天河机场周边的临空经济区，加之两者都位于武汉城市圈内，与武汉的合作较为密切，故排名较为靠前。其余市州得分与前面几个城市的差距较大，主要与其经济发展状况、地理位置和交通条件有关。

整体来说，对于原始数据的分析结果基本能够体现湖北省十七个市州的实际情况，能够反映出各市州的经济发展状况和发展物流的基础条件。

四、湖北省轴辐式区域物流网络的构建

根据湖北省各市州物流能力的综合得分，同时综合考虑各市州所处的地理位置、交通基础设施、物流需求和物流发展潜力等，本文初步构建了湖北省轴辐式区域物流网络。

湖北省物流节点城市的分类为：武汉为一级节点；宜昌和襄樊两个省域副中心城市为二级节点；其余市州为三级节点。武汉依托其雄厚的经济实力，优越的地理位置以及完善的交通基础设施，可以带动整个“武汉城市圈”的物流业的发展，逐步发展成为武汉物流圈；襄樊和宜昌可以辐射并带动整个“鄂西生态文化旅游圈”内城市的物流业发展，加快山区市州如恩施等地的经济发展。其余市州作为物流节点城市，可以辐射并带动其行政区划里的地级市、县级市以及农村的物流和经济的发展，从而在整体上构建出一个综合区域物流网络。

整个湖北省区域物流网络内的物流节点城市都可以通过交通干线进行互通，依据地理位置和交通基础设施，“武汉城市圈”内的物流节点城市之间的通道主要通过“轴—辐”的方式来构建，即通过一级节点城市武汉向“武汉城市圈”内其他三级物流节点城市辐射；而“鄂西生态文化旅游圈”地域面积广阔，因此，二级物流节点城市襄樊和宜昌与其余三级物流节点城市的通道主要通过“轴—轴”的方式进行构建，配合湖北省内发达的高速公路网和铁路网，这些物流通道完全可以覆盖整个省域的节点城市，形成一个发达畅通的轴辐式区域物流网络。

本文规划构建的湖北省区域物流网络包括“武汉物流圈”和“鄂西物流圈”两个子网络，“武汉物流圈”能够充分发挥武汉城市圈的区位、交通、经济优势，辐射武汉100公里半径内的黄石、鄂州、孝感、黄冈、咸宁、仙桃、潜江、天门8个三级物流节点城市，重点为武汉城市圈的制造业如汽车、化工、机械、服装等基础产业群和高新产业群的发展服务，以“武汉物流圈”为中心，依托长江航道、沪蓉高速公路、京珠高速公路、福银高速公路、京广铁路和武汉天河机场，对内能够连接鄂西生态文化旅游圈，对外辐射河南、安徽、江西和湖南等省市，有利于将“武汉物流圈”打造成为中部地区物流枢纽区域；“鄂西物流圈”以省域副中心城市宜昌、襄樊、十堰、荆州、荆门、随州、恩施、神农架等物流节点城市为依托，服务鄂西生态文化旅游圈雄厚的汽车、化工、钢铁制造业、农业、以及发达的旅游业，满足鄂西生态文化旅游圈的物

流需求，提高各类资源要素在圈内的流通速度和效率，促进鄂西生态文化旅游圈内的物流产业的迅速发展，同时“鄂西物流圈”与河南、陕西、重庆和湖南接壤，依托其区位、交通优势，鄂西物流圈对外将承担起服务豫、陕、渝、湘等省市间货物中转流通的责任，成为中西部地区重要的物流枢纽。

五、结论

本文基于“轴辐”网络理论，通过主成分分析，对湖北省 17 个市州的物流能力进行的分析计算，得出这 17 个市州的物流能力排名，从而确定了城市物流节点等级，并且根据地理位置、交通条件以及湖北省总体经济的战略要求，规划了“武汉物流圈”和“鄂西物流圈”两个子网络，从而能够更加合理的优化整个湖北省的区域物流网络，为政府部门以后的物流规划提供了一定的理论指导。

参考文献

［1］海峰，武兰芬，张丽立. 发展区域物流，推动区域经济［J］. 科技进步与对策，2004（9）：71－73.

［2］张世翔，霍佳震. 基于轴辐式物流网络模型的长三角地区城市群物流配送体系规划研究［J］. 管理学报，2005（2）：194－199.

［3］金凤君，王成金. 轴—辐侍服理念下的中国航空网络模式构筑［J］. 地理研究，2005，24（5）：774－784.

［4］汪传旭. 基于轴—辐运输系统的区域港口群二级物流运输网络优化［J］. 系统工程理论与实践，2008（9）：152－158.

［5］刘沛，刘超. 基于遗传算法的轴辐式物流网络设计研究［J］. 物流技术，2009（12）：101－103.

［6］王成金. 试论我国物流经济的空间组织模式［J］. 经济地理，2005（3）：366－368.

［7］鄢飞，董千里. 陕西区域物流网络构建研究［J］. 西北农林科技大学学报：社会科学版，2008（2）：51－57.

［8］金凤君，王晖军. 环黄海经济圈航运中心与运输网络一体化发展战略研究［J］. 经济地理，2002（6）：665－670.

［9］李阳. 轴辐式网络理论及应用研究［D］. 上海：复旦大学，2006.

［10］O'KELLY，M. E. A quadratic INTEGER program for the location of interacting hub facilities［J］. European Journal of Operational Research，1987（32）：393－404.

［11］CURRENT J，PIRKUL H. The Hierarchical Network Design Problem with Trans－Shipment Facilities［J］. European Journal of Operational Research，1991，51（3）：338－347.

物流管理

物流企业竞争力的构成要素及其演化分析*

——来自中国的实证研究

刘伟华　刘秉镰　陈伟博　王海鹏

摘　要：本论文以中国物流企业为研究对象，将物流企业细分为四种类别，即平台型物流企业、通用型物流企业、专业型物流企业和供应链型物流企业，然后分析了物流企业竞争力的三大构成要素（能力、资源和动态机制），并将物流企业发展分成起步期、成长期、成熟期、再生期四个阶段，详细地探讨了中国物流企业竞争力构成要素及其演化过程。基于问卷调查所得到的数据，利用SPSS软件和因子分析方法，研究了物流企业竞争力各个要素对企业竞争力大小的影响程度。在此基础上，比较了四种不同类型的物流企业竞争力要素构成，分析了不同生命周期阶段物流企业竞争力三大要素的演进路径。

关键词：物流企业　竞争力　构成要素　演化　实证研究

一、引言

近年来，中国的许多物流企业纷纷改进物流管理，提升物流服务竞争能力，涌现出一大批具有规模优势、网络优势和品牌优势的物流企业，他们在推动物流行业的发展和进步中发挥了重要作用。以中国物流与采购联合会发布的“中国物流企业50强排名”为例，2005年中国物流企业第50强的营业收入仅为3.6亿元，而2010年中国物流企业第50强的营业收入已达到12.2亿元，同比增长8.6亿元，年均增幅为35.7%，2010年排名第一的中国远洋运输（集团）总公司营业收入已经达1046亿元，这表明中国物流企业竞争力正在不断提升，显示出中国物流企业的企业竞争力呈现出不断提升的趋势。在此背景下，从企业实证角度，系统地研究中国物流企业的竞争力构成要素和演化过程，将有助于加快中国本土物流企业提升服务能力和提高物流服务水平。

由于中国物流企业涉及范围广，细分行业多，服务对象复杂，因此，根据不同物流企业的服务对象和物流服务集成度的差异，中国的物流企业可以大致分为平台型物流企业、通用型物流企业、专业型物流企业和供应链型这四种不同类型（He 和 Liu, 2011）。平台型物流企业是指提供平台型的服务、专门为各类物流企业提供从事运营的

* 作者简介：刘伟华，天津大学管理学院。刘秉镰、陈伟博、王海鹏，南开大学现代物流研究中心。

必要场站设施服务的企业，如港口企业、铁路物流企业、公路货运站和航空货运站企业、配送中心企业、物流中心经营企业、物流园区经营企业等；通用型物流企业是指能够提供规模化、多产业化的通用型物流服务的企业，如运输企业、仓储企业、综合型物流企业。专业型物流企业是指针对某一细分产业如汽车、医药、家电等进行物流服务的企业，这种企业往往具有针对某一产业的个性化专家式服务的能力。供应链型企业是指能够提供供应链服务的企业，如供应链公司，他们基于生产企业的供应链上下游结构，具备对供应链的物流、信息流和资金流等三流进行整合和优化的能力。因此本文拟选取这四种物流企业作为研究对象，从生命周期的四个阶段出发，通过问卷调研和数据分析，研究中国物流企业竞争力的构成要素及其演化过程。

二、文献综述

企业竞争力是在一定竞争环境里，企业通过制订目标、作出战略选择和发展其能力，在获取、整合和利用内外资源的基础上，在产品和服务方面比竞争对手更好更快地满足顾客需求，进而为企业带来收益，最终取得长期生存和发展的综合力量（Catherine and Pervaiz，2007；Wang，2010）。近年来，国内外学者对物流企业竞争力开展了许多研究。总的来看，目前的研究焦点主要集中在物流企业竞争力内涵、物流企业竞争力评价及物流企业竞争力培育等几个方面。

1. 物流企业竞争力的定义与构成要素

对物流企业竞争力内涵的清晰描述与准确界定，直接影响到相关学术研究的科学性与合理性。物流企业竞争力的概念由企业竞争力概念引申而来，但其又兼具物流领域独有的特征。C. K. Prahlad 和 Gary Hamel（1990）认为企业竞争力应具有价值性、难以模仿性、独创性等特征，并由此提出了企业核心竞争力理论。Barney（1991）认为企业竞争力主要来自于稀缺资源的积累，并从资源论的角度对企业竞争能力进行了定义。而 Snyder and William（1992）则认为企业竞争力应当是一种能为企业带来长期竞争优势的能力，这种能力是企业其他竞争优势的来源。以上学者对企业竞争力的内涵与特征进行的探讨，已逐渐发展成为企业竞争力研究的主流观点。

物流企业竞争力指的是在一定竞争环境里，物流企业通过制订目标、作出战略选择和发展其能力，在获取、整合和利用内外资源的基础上，在物流服务方面比竞争对手更好更快地满足客户需求，进而为企业带来收益。许多学者分别从不同的角度对物流企业竞争能力构成要素进行了分析。Richey（2007）从以资源论为基础，从技术水平和技术互补角度来探讨物流企业竞争力构成，认为技术是物流企业竞争力的主要来源。Feng（2008）从客户满意角度对物流企业竞争力内涵进行分析，并利用边际效应理论构建了一个评价模型，以确定客户满意度最大时物流企业竞争力要素构成组合。Mo（2008）从企业服务能力和财务运作能力角度对物流企业竞争力内涵进行了分析，通过对 74 家物流企业的实证研究，得出企业服务能力、财务能力与企业竞争力之间有明显的正相关关系，从而表明企业服务能力、财务能力是企业竞争力的重要组成部分。Qiao（2008）提出了第三方物流企业成熟模型（3PL－SCMM），并将物流企业发展成熟度划分为五个阶段，并对每个阶段中物流企业竞争力的内涵及构成要素分别进行了描述与探讨。

2. 物流企业竞争力评价

许多学者在分析物流企业竞争力内涵及构成要素的基础上，进一步研究了物流企业竞争力评价指标体系和方法。在评价指标体系方面，Han（2008）依据物流企业竞争力资源组成要素、组织运作要素以及能力要素，构建了一个评价物流企业生命周期各环节企业竞争能力的定量化模型。Xiao（2008）针对特定的煤炭港口物流问题，设计了专业化物流企业的竞争力体系。Lu（2010）从创新能力、客户反应能力和柔性化运作能力这三个角度对物流企业竞争力进行评价，并运用聚类分析方式对受访企业进行分组，结果表明同时具备客户服务快速反应和企业创新能力的企业业绩最好。

在评价方法方面，主要有层次分析法、多维综合评价法、结构方程模型以及实证分析等方法。Shao（2008）综合应用层次分析思想和模糊识别模式原则，构建了一个物流企业竞争力的混合指数总体评价模型，该模型综合考虑了定性和定量两种评价指标，因此能够客观真实地反映被评价对象。Ding（2009）将界限值分析（TIA）、矩阵分析法（MA）和模糊多准则决策方法进行了融合，得到了一个新式综合性评价模型，并依据问卷结果对物流企业竞争力进行了评价，最终得出企业的市场快速反应能力、安全性及服务附加值水平这三种能力对企业竞争力排名影响较大。Naim（2010）评价了供应链不确定性情况下，物流企业柔性服务能力对于企业竞争力的影响，并运用一个实证案例进行了验证。Tan（2007）对物流竞争能力构成体系中的运营、柔性和分配因素进行了分析，并运用结构方程模型（SEM）对一系列假说进行验证与说明。

上述学者选取的评价指标体系和评价方法虽有所不同，但大多从组织能力、创新能力、柔性化能力、客户反应能力、技术水平、资源构成等层面对企业竞争力进行了探讨，并取得了良好的效果。既有的研究多为静态研究，即评价物流企业竞争力在某一个时刻的情况，对物流企业竞争力发展全周期的研究还很少见，尚未从动态视角对物流企业竞争力进行分析。

3. 物流企业竞争力培育

许多学者对物流企业竞争力培育已经开展了较多的研究，其中绝大部分都是定性研究，关于物流企业竞争力提升路径的实证研究很少见。Canen（2004）依据跨国物流企业的特性，提出了物流企业竞争力培育应与其所在地文化环境相融合的观点，他认为物流企业竞争力的培育应以多元文化互融为基础。Esper（2007）提出企业学习在物流企业中的重要性，认为进一步加强企业学习框架的建设有利于物流企业提升竞争能力。Sandberg（2011）以资源论的理论框架分析了企业操作能力、动态物流能力与企业持久竞争优势之间的关系，提出以IT系统建设带动物流企业竞争力提升的发展路径。

从文献综述来看，我们可以发现，目前关于物流企业竞争力的构成要素与演化过程研究较为缺乏，特别是缺乏对不同生命周期阶段所需要的物流企业竞争力研究。因此，本文将分析物流企业竞争力的构成要素，在此基础上结合问卷调研，系统地研究不同生命周期阶段物流企业竞争力的要素构成，进而探讨竞争力的演化过程。

本文的其他部分框架大致是这样组织的：论文的第三部分将研究物流企业竞争力的构成要素及物流企业发展阶段，为动态分析物流企业竞争力奠定基础；第四部分是问卷调查，说明问卷结果的数据特征，进行问卷的数据可靠性分析；第五部分是根据利用问卷调查数据，分析了物流企业竞争力各个要素对物流企业竞争力大小的影响程度；第六部分将比较四种不同类型的物流企业竞争力要素构成；第七部分将分析不同生命周期阶段物流企业竞争力的演进路径；第八部分给出本文研究的主要结论和未来研究展望。

三、物流企业竞争力的构成要素及物流企业发展阶段分析

根据动态能力理论（Teece，1997；Luo，2000；Zollo and Winter，2002；Zoot，2003；Catherine and Pervaiz，2007；Wang，2010），企业竞争力存在于组织机制中，它不断推进企业改革、变化和发展，并与外部环境适应匹配，因此，我们认为企业竞争力主要由三大要素构成：能力、资源和动态机制。企业竞争力以企业资源为基础，以能力为主体，以动态机制促进和保障其演化与外部环境相匹配，使资源和能力得到积累，最终促进企业成长。

借鉴物流企业竞争力要素构成的相关研究（Lai，2004；Richey，2007；Wang hecheng，2010），我们认为物流企业竞争力构成包括企业能力、企业资源和动态机制三个大要素，每个大要素又细分为几个小要素，具体如表1所示。

表1　　物流企业竞争力构成要素

第一层要素	第二层要素	第三层要素	对第三层要素的解释
企业能力	主导能力	企业家能力	如企业家的敬业与创新能力、风险意识能力、组织协调能力等
		学习能力	如企业的知识获取、吸收和利用能力
		创新能力	如企业的创新意识、创新投入大小、创新组织能力和创新保障能力等
	战略能力	战略能力	如企业的战略预见能力、战略定位能力和战略组织能力等
	基于价值链的能力	物流方案设计能力	如物流方案设计的资金投入、物流方案设计的管理制度、物流方案设计人员的数量和人员学历构成等
		物流服务成本控制能力	如物流成本预测能力、决策能力和评价能力等
		物流服务质量控制能力	如物流服务质量的全员参与、全程控制、全面管理以及持续改进的能力
		物流资源整合能力	如物流企业客户资源整合能力、运作资源整合能力、信息资源整合能力等
		物流服务风险控制能力	如物流服务风险预警、风险规避、风险应对和风险总结能力等
		物流服务营销能力	如掌握物流市场信息的能力、服务营销策划能力、客户渠道控制能力以及物流售后服务保障能力

续 表

第一层要素	第二层要素	第三层要素	对第三层要素的解释
企业能力	基于价值链的能力	部门之间协调能力	如运营部门与市场部门协调、运营部门与质量部门协调、运营部门与信息技术支持部门协调、人力部门与其他部门协调、财务部门与其他部门协调等
		外部界面协调能力	如企业与客户协调能力、企业与供应商协调能力、企业与政府管理部门的协调能力等
		人力资源管理能力	如人力资源规划、招聘体系设计、人才培育机制、人才考核与奖惩体系、人才晋升体系等
		财务管理能力	如财务分析能力、企业融资能力等
企业资源	静态性的基础资源	物流设施设备资源	如设备先进性、设备规模性等
		物流信息技术资源	如物流信息技术先进性、信息技术实用性
		物流服务网络资源	如物流网络的数量、密度和规模等
		物流服务客户资源	如物流企业的客户数量、客户品牌性、客户关系质量等
		企业财力资源	企业的注册资金、净资产以及资金筹措途径等
		企业人力资源	如高素质员工、高素质管理人员的数量
	动态性的上层资源	知识与信息资源	如企业的经营管理经验、信息情报网络建立与管理、特殊信息渠道等
		企业文化	如企业经营理念、企业凝聚力、企业共同愿景等
动态机制	动态机制	动力机制	如企业的组织结构、决策机制、激励约束机制
		学习机制	如建立学习型组织、每年企业培训次数、企业学习制度等
		反应机制	如对客户的快速反应、对竞争对手的快速反应、对市场环境的快速反应等

Haire（1959）认为组织的成长就像有机体一样，符合生物学中的成长曲线，从诞生、成长、成熟、衰退至死亡，存在着显而易见的周期现象，并指出企业管理的水平

成为制约企业发展的瓶颈因素。学者 Leontiades（1980）、Cameron 和 Whetten（1981）根据过去的研究发现，企业成长阶段划分以四阶段最为常见且最合适。因此，物流企业的发展历程，其大致可分为起步期、成长期、成熟期和再生期这四个阶段。在不同阶段物流企业所面临的机遇、挑战和内外部环境各不相同，因此，在不同阶段物流企业的竞争力构成要素也有所差异。本文对竞争力发展路径的研究也将从这四个阶段出发，探讨不同生命周期阶段下的竞争力演化过程。

基于以上的分析，我们将企业竞争力分为三个空间维度，分别是企业类型维、生命周期维、竞争力要素维，如图 1 所示。不同类型的物流企业在不同的生命周期阶段所需要的竞争力是不一样的。后文将重点研究具体的竞争力发展情况。

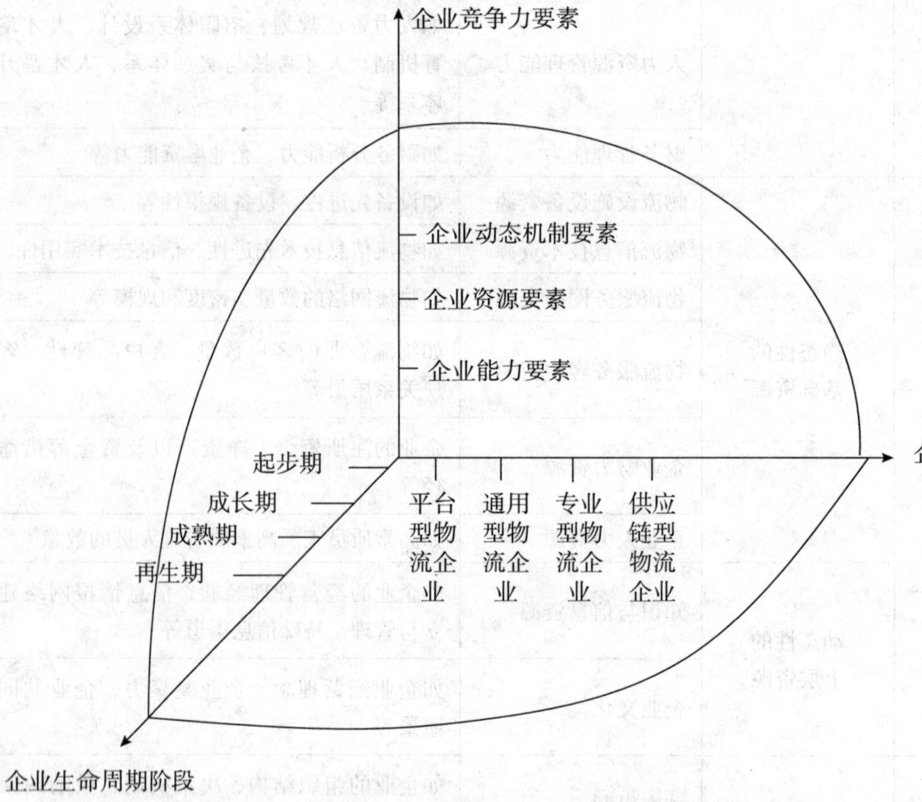

图 1 物流企业竞争力的三维空间

四、物流企业竞争力发展路径的问卷调查

（一）问卷设计与变量测量

本次调研采取自行设计的问卷作为研究工具，问卷内容的设计参考了 Shmuel（2003）、Frenandez（2000）、Zahra（2003）、Thomas（2003）、Calantone（2003）、Lai（2004）、Wang（2010）等学者的研究材料。问卷的主要内容包括物流企业竞争力现状调查、能力对物流企业竞争力的贡献程度调查、资源对物流企业竞争力贡献程度调

查、动态机制对物流企业贡献竞争力调查以及企业所处生命周期阶段调查。本次问卷调查采用 likert 量表打分的办法（Lai，2004），对每个问题进行打分，分值从 1 分至 7 分。问卷填写时，由被访者直接选择相应的答案。根据所收集的全部问卷，进行数据统计分析。

（二）数据采样

1. 调查区域的确定

为了全面了解中国物流企业竞争力发展现状情况，在中国国家自然科学基金的资助下，我们于 2010 年 12 月至 2011 年 5 月，采取三种模式进行问卷发放：

（1）根据中国地理区域的分布，将调查区域分成东北、西北、华北、华中、华东、华南、西南等 7 大区域，通过邮局和 E－mail 方式进行问卷发放，共计发放问卷 660 份，回收问卷 58 份。

（2）参加 2011 年中国物流发展报告会、2011 年中国物流领域产学研结合座谈会、2011 年全球采购与供应链北京论坛等会议，共计发放问卷 300 份，回收问卷 54 份。

（3）在天津大学物流工程硕士在职研究生班、南开大学国际航运与物流在职研究生班等班级授课上，发放问卷 200 份，回收问卷 124 份。

本次调查共发放问卷 1160 份，收回问卷 236 份，回收率为 20.34%，有效问卷 220 份，有效率为回收问卷的 93.22%。从回收问卷的效果来看，华东地区、华南地区和华北地区反应比较积极，回收率比较高，而其他地区的回收率偏低。这一点与地区之间经济发展不平衡有关系，中国的华东、华南和华北区域是经济最发达的地区，物流企业发展也相对较为成熟，因此，企业返回问卷的积极性较高。

2. 问卷结果的基本数据特征

根据调研的数据，统计了本次问卷的样本信息，如表 2 所示。

表 2　　样本的基本信息

	类　别	数　量	比例（%）
企业类型	平台型物流企业	48	21.82
	通用型物流企业	82	37.27
	专业型物流企业	47	21.36
	供应链型物流企业	43	19.55
企业所处阶段	创业/起步阶段	12	5.45
	成长阶段	100	45.45
	成熟阶段	62	28.19
	再生阶段	46	20.91

续 表

类 别		数 量	比例（%）
企业所在的地区分布	东北	15	9.09
	华北	38	21.82
	华中	10	12.73
	华南	40	18.18
	华东	46	20.91
	西南	20	11.36
	西北	12	5.91
企业的物流主营业务销售收入	1000万元以下	42	19.09
	1000万~5000万元	75	34.09
	5000万~1亿元	19	8.64
	1亿元以上	70	31.82
	其他	14	6.36
企业的物流员工人数	100人以下	52	23.64
	100~500人	41	18.64
	500~1000人	72	32.73
	1000~5000人	33	15.00
	5000~10000人	12	5.45
	10000人以上	10	4.55
被调查人员的物流行业工作年限	2年以下	55	25.00
	3~5年	51	23.18
	5~7年	47	21.36
	8年以上	67	30.45
被调查人员的现任职位	员工	55	25.00
	主管	43	19.55
	经理	63	28.64
	高管	59	26.82

（三）样本无偏性检验和信度检验

为了检验调查的对象是否具有代表性，需要进行抽样无偏性检验，无偏性检验即检验调查对象的反应者与非反应者是否存在统计性偏差。

样本的无偏性检验的一种做法是采用两次抽样，这种做法先进行第一次抽样，然后再对没有反应（不参加调查）的样本群体进行第二次抽样，用 t 检验法检验两次抽样（参加调查和不参加调查）的样本对调查问卷的反应是否存在差异。另一种做法是按照样本回收时间的自然波分界，把样本分为两个样本群（Two Waves）进行对比检验（*t* 检验），判断是否存在差异。本文采用第二种做法。检验结果表明，所有测量指标的 *t* 值均大于 0.5，Sig.（2－tailed）值均大于 0.45，因此，样本上没有统计学上的显著性差异（$P<0.05$），即符合无偏性。

问卷回收后对问卷有效性进行分析，即对问卷做信度检验。本文采用信度检验方法为“Cronbach a”系数法。用 SPSS 软件对表 1 的假设变量进行信度检验，各个变量的信度均在 0.8 以上，总的信度为 0.854，大于 0.7，信度可以接受，说明问卷中对假设变量的设计和结果具有一致性与可信度。

五、物流企业竞争力各个要素的影响程度分析

1. 企业竞争力构成要素的影响程度排序

根据问卷数据，本部分内容主要是对物流企业竞争力三大构成要素如企业资源、企业能力、动态机制对竞争力相对影响力大小（影响程度）及企业现实中的普遍薄弱环节进行分析，以便对企业提升竞争力策略的制订提供指导。

本文采用 SPSS15.0 软件进行结构模型分析，来判别企业竞争力各个构成要素对企业竞争力的影响程度。竞争力测量模型的外源变量是物流企业竞争力。三个内源变量分别是企业能力、企业资源和动态机制。三个内源变量又分别有多个观察变量。观察变量与内源变量之间的标准化参数值等同于因子分析结果，即因子负荷值；内源变量与外源变量之间的标准化参数值等同于回归分析结果。具体如图 2 所示。

由图 2 可以看出，对于竞争力这个外源变量而言，依据其三个内源变量的标准化参数值，企业能力（0.952）、企业资源（0.913）、动态机制（0.896），可以看到他们确实能够很好地反映物流企业竞争力的大小。可以进一步的看出，企业能力在物流企业竞争力中的影响程度是最大的。

对于能力这个内源变量而言，14 个观察变量及其标准化值分别如表 3 中的参数值所示。其中战略能力、创新能力、企业学习能力、企业家能力等这些主导能力处在最上层，在整个能力体系中处于相对重要的位置，而运作层面的价值链能力则处于下层。其中，财务管理能力影响程度最大，说明财务管理能力是当前中国物流企业发展可持续的最重要的竞争力要素。

对于资源这个内源变量而言，8 个观察变量及其标准化值分别见表 3 中的参数值所示。其中物流服务网络资源、企业文化资源、企业人力资源等处在最上层，在整个资源体系中处于相对重要的位置。物流服务网络资源的影响程度最大，说明物流企业作为典型的网络型企业，其网络化程度对资源型竞争力形成有重要影响。企业文化资源处于较高位置，虽然在统计分析中，系数不是最大，因为它是一个慢变量，它的作用具有渗透性特点，体现在动态机制中。从表 3 来看，人力资源、信息技术资源作为特殊资源对企业竞争力的形成也非常重要。

对于动态机制这个内源变量而言，3 个观察变量及其标准化值分别见表 3 中的参数值所示。其中反应机制 0.93，动力机制 0.86，学习机制 0.83。这说明在当前市场竞争

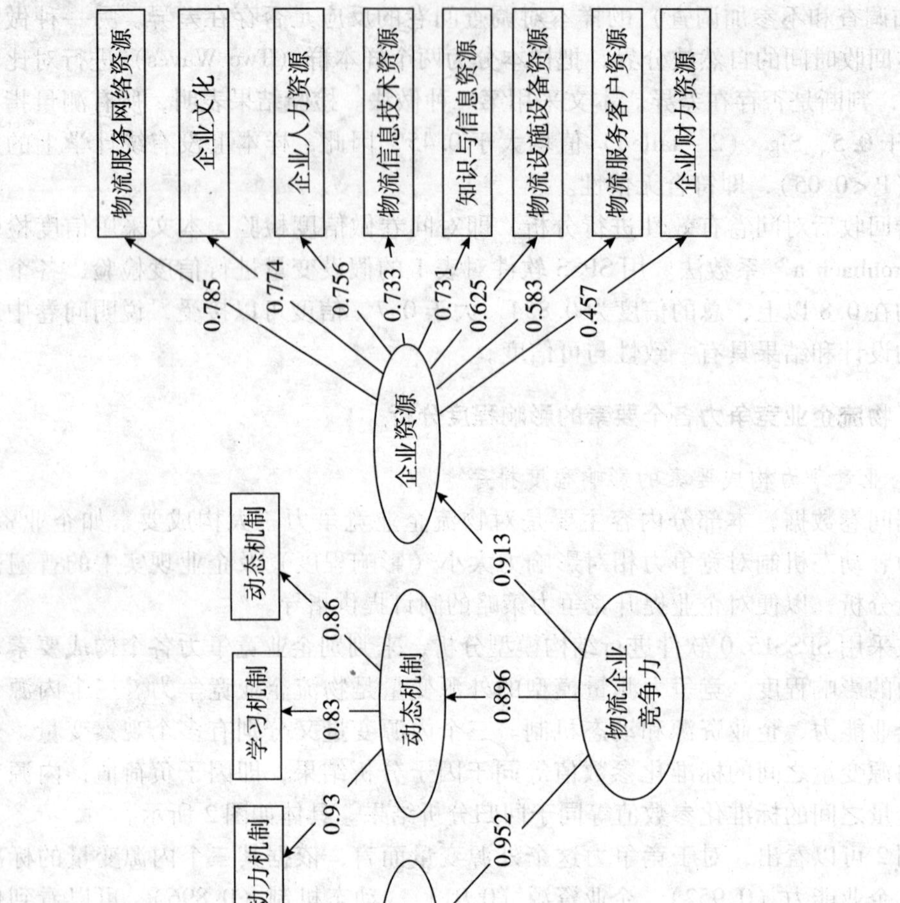

图2 物流企业竞争力各个要素的标准化系数

日益激烈的情况下，由于环境不确定性和快速变化，反应机制在中国物流企业成长中起到了非常重要的作用。同时，动力机制对企业持续竞争性优势的形成起到了激发和推动作用。

表3　　企业竞争力构成要素的影响程度排序

企业能力	参数值	排序	企业资源	参数值	排序	动态机制	参数值	排序
财务管理能力	0.83	1	物流服务网络资源	0.785	1	反应机制	0.93	1
战略能力	0.765	2	企业文化	0.774	2	动力机制	0.86	2
创新能力	0.76	3	企业人力资源	0.756	3	学习机制	0.83	3
企业学习能力	0.733	4	物流信息技术资源	0.733	4			
企业家能力	0.699	5	知识与信息资源	0.731	5			
物流服务风险控制能力	0.694	6	物流设施设备资源	0.625	6			
人力资源管理能力	0.677	7	物流服务客户资源	0.583	7			
物流资源整合能力	0.656	8	企业财力资源	0.457	8			
物流服务成本控制能力	0.646	9						
物流服务质量控制能力	0.638	10						
外部界面协调能力	0.638	10						
物流方案设计能力	0.563	12						
物流服务营销能力	0.528	13						
企业各部门之间协调能力	0.448	14						

以上是对物流企业竞争力的构成要素（包括各种企业能力、企业资源和动态机制）的影响力进行了分析，要了解企业竞争力的实际情况，需要对物流企业竞争力构成要素的均值进行分析。根据调查的数据，本论文对物流企业竞争力构成要素的均值进行了计算并按大小排列，如表4所示。

表4　　企业竞争能力构成要素的均值分析

能　力	参数值	排序	资　源	参数值	排序	动态机制	参数值	排序
物流服务质量控制能力	5.89	1	物流服务客户资源	5.93	1	反应机制	5.97	1
战略能力	5.86	2	物流服务网络资源	5.69	2	动力机制	5.43	2
创新能力	5.81	3	企业财力资源	5.63	3	学习机制（如培训与学习）	5.3	3
企业家能力	5.66	4	物流信息技术资源	5.58	4			

续 表

能　力	参数值	排序	资　源	参数值	排序	动态机制	参数值	排序
物流资源整合能力	5.65	5	知识与信息资源	5.35	5			
企业学习能力	5.60	6	企业文化	5.28	6			
物流服务成本控制能力	5.60	6	企业人力资源	5.26	7			
企业各部门之间协调能力	5.59	8	物流设施设备资源	5.13	8			
外部界面协调能力	5.58	9						
物流服务风险控制能力	5.43	10						
物流服务营销能力	5.40	11						
物流方案设计能力	5.36	12						
财务管理能力	5.29	13						
人力资源管理能力	5.11	14						

将表3和表4的结果汇总，得到了表5的综合分析结果。从表5中可以看出，各构成要素对物流企业竞争力的影响程度排序（影响程度从最大到最小）和强弱排序（得分均值从最大到最小）。

表5　　　　物流企业竞争力构成要素的综合分析

能　力	影响程度排序	强弱排序	资　源	影响程度排序	强弱排序	动态机制	影响程度排序	强弱排序
财务管理能力	1	13	物流服务网络资源	1	2	反应机制	1	1
战略能力	2	2	企业文化	2	6	动力机制	2	2
创新能力	3	3	企业人力资源	3	7	学习机制（如培训与学习）	3	3
企业学习能力	4	6	物流信息技术资源	4	4			
企业家能力	5	4	知识与信息资源	5	5			
物流服务风险控制能力	6	10	物流设施设备资源	6	8			
人力资源管理能力	7	14	物流服务客户资源	7	1			
物流资源整合能力	8	5	企业财力资源	8	3			
物流服务成本控制能力	9	6						
物流服务质量控制能力	10	1						
外部界面协调能力	10	8						
物流方案设计能力	12	12						
物流服务营销能力	13	11						
企业各部门之间协调能力	14	7						

为了对表5中的内容有更直观的了解，根据影响程度的大小和强弱排序将企业能力和资源分别绘成图3和图4。

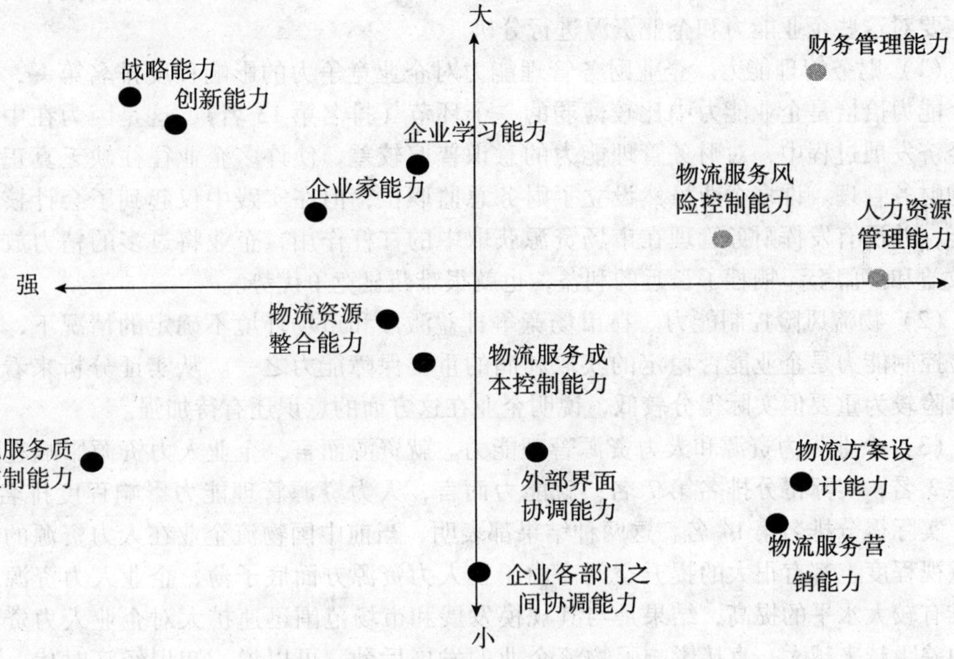

图3　物流企业能力与竞争力

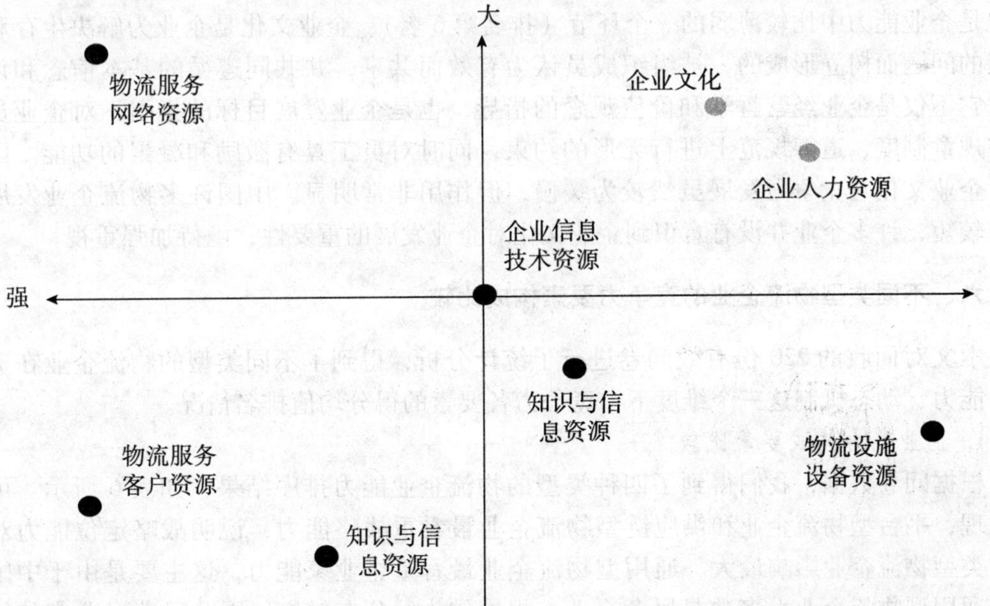

图4　物流企业资源与竞争力

2. 影响物流企业竞争力提升的关键要素分析

从图3和图4可以看出，能力、资源分布在四个象限内，其中处在第一象限是最需要重视的。因为他们对物流企业竞争力的影响最大，而实际中又是最弱的，所以下面主要对这些企业能力和企业资源进行分析。

（1）财务管理能力。企业财务管理能力对企业竞争力的影响程度排名第一，但是这个能力恰恰是企业能力中比较薄弱的一个环节（排名第13名），这是因为在中国市场经济发展过程中，对财务管理能力的意识普遍较差，使许多企业往往缺乏真正意识上的财务管理。许多企业虽然设立了财务总监职位，但在实践中仅起到了会计核算的功能，并没有发挥财务管理在市场资源获取中的杠杆作用，企业将过多的精力放在短期效益和部门上，牺牲了长远的利益，也就很难凸显竞争优势。

（2）物流风险控制能力。在市场竞争日益激烈和市场环境不确定的情况下，物流风险控制能力是企业能否稳定的获取利润的重要保障能力之一。从实证分析来看，物流风险较为重要但实际得分较低，说明企业在这方面的意识还有待加强。

（3）企业人力资源和人力资源管理能力。就资源而言，企业人力资源影响程度排名第3名，实际得分排名第7名；就能力而言，人力资源管理能力影响程度排名第7名，实际得分排名第14名。这两种结果都表明，当前中国物流企业在人力资源的投入和重视程度上都有很大的提升空间。由于在人力资源方面底子薄，企业人力资源素质很难有较大水平的提高，结果是与其规模发展和市场范围迅速扩大对企业人力资源要求的差距越来越大，直接影响了物流企业的发展后劲。可以说，知识经济时代，必须加强对人力资源的战略性管理。

（4）企业文化。企业文化资源对企业竞争力的影响程度排名第2名，但是这个资源也是企业能力中比较薄弱的一个环节（排名第6名）。企业文化是企业为解决生存和发展的问题而树立形成的，被组织成员认为有效而共享，并共同遵循的基本信念和认知。它不仅是企业经营哲学和价值观念的指导，也是企业发展目标的指引，对企业员工在规章制度、道德规范上进行无形的约束，同时对员工具有激励和凝聚的功能。因此，企业文化对竞争力发展虽然较为缓慢，但作用非常明显。中国许多物流企业发展历史较短，许多企业并没有意识到企业文化对企业发展的重要性，亟待加强重视。

六、不同类型物流企业的竞争力要素构成比较

本文对回收的220份有效问卷进行了统计分析，得到了不同类型的物流企业在资源、能力、动态机制这三个维度下，竞争力各要素的得分均值排名情况。

1. 企业能力构成要素比较

根据问卷数据，我们得到了四种类型的物流企业能力排序结果，如表6所示。可以发现，平台型物流企业和供应链型物流企业最看重战略能力，说明战略定位能力对两种类型物流企业影响最大。通用型物流企业最看重企业家能力，这主要是由于中国目前通用型物流企业大多数是民营企业，规模较小，分布较广，因此民营企业家的能力直接决定了企业的未来发展。专业型物流企业最看重物流服务质量控制能力，这说明专业型物流企业的物流服务质量对企业生存发展影响最大。

表 6　　企业能力的前七名类型

排名	平台型物流企业	通用型物流企业	专业型物流企业	供应链型物流企业
1	战略能力	企业家能力	物流服务质量控制能力	战略能力
2	创新能力	战略能力	物流资源整合能力	物流服务质量控制能力
3	企业学习能力	创新能力	物流服务成本控制能力	财务管理能力
4	企业家能力	物流服务质量控制能力	企业各部门之间协调能力	企业各部门之间协调能力
5	物流服务成本控制能力	外部界面协调能力	创新能力	创新能力
6	物流服务质量控制能力	企业学习能力	物流服务风险控制能力	企业家能力
7	物流资源整合能力	物流资源整合能力	物流服务营销能力	企业学习能力

2. 企业资源构成要素比较

根据问卷数据，我们得到了四种类型的物流企业能力排序结果，如表 7 所示。可以发现，这四种企业都将物流客户资源作为最重要的企业资源。平台型物流企业、通用型物流企业和供应链型物流企业都将物流服务网络作为第二重要资源，专业型物流企业则将企业财力资源作为第二重要资源，显示出专业型物流企业在设备引进和购买方面需要花费更多的财力，因此，企业财力资源的重要性比网络资源重要性更突出。物流信息技术资源在所有类型企业中均跃居前四名，显示出物流信息技术资源的重要地位。

表 7　　企业资源的前四名类型

排名	平台型物流企业	通用型物流企业	专业型物流企业	供应链型物流企业
1	物流服务客户资源	物流服务客户资源	物流服务客户资源	物流服务客户资源
2	物流服务网络资源	物流服务网络资源	企业财力资源	物流服务网络资源
3	物流信息技术资源	企业财力资源	物流服务网络资源	物流信息技术资源
4	企业财力资源	物流信息技术资源	物流信息技术资源	企业人力资源

3. 企业动态机制构成要素比较

根据问卷数据，我们得到了四种类型的物流企业能力排序结果，如表 8 所示。可以看出，四种类型的物流企业都将反应机制列为最重要的动态机制要素，排在第一位。

平台型物流企业、通用型物流企业、专业型物流企业均将物流动力机制列在第二位，而供应链型物流企业将学习机制列在第二位，这表明，供应链型物流企业比其他类型物流企业更强调外部知识的学习能力，强调适应供应链上下游多环节知识的引进与吸收。

表 8　　动态机制的排序

排名	平台型物流企业	通用型物流企业	专业型物流企业	供应链型物流企业
1	反应机制	反应机制	反应机制	反应机制
2	动力机制	动力机制	动力机制	学习机制
3	学习机制	学习机制	学习机制	动力机制

4. 三种企业竞争力要素比较

根据问卷数据，我们得到了四种类型的物流企业能力排序结果，如表 9 所示。可以看出，平台型物流企业和通用型物流企业均将物流资源列为影响物流企业竞争力的最重要要素，说明资源要素对这两类企业发展的重要性是排在第一位的。而专业型物流企业和供应链型物流企业则将物流企业能力列为影响物流企业竞争力的最重要要素，说明这两类企业更侧重物流能力。此外，所有类型的物流企业将动态机制列为第三重要的机制，这个结论与“企业竞争力构成要素的影响程度排序”所得到的结论是一致的。

表 9　　三种要素的排序

排名	平台型物流企业	通用型物流企业	专业型物流企业	供应链型物流企业
1	物流企业资源	物流企业资源	物流企业能力	物流企业能力
2	物流企业能力	物流企业能力	物流企业资源	物流企业资源
3	动态机制	动态机制	动态机制	动态机制

七、不同生命周期阶段物流企业竞争力的演进路径分析

本文对回收的 220 份有效问卷进行了统计分析，探讨了企业在起步期、成长期、成熟期和再生期这四个不同发展阶段关于能力、资源和动态机制各个要素的得分均值排名情况。

1. 企业能力构成要素比较

表 10 给出了不同生命周期阶段下物流企业能力要素的得分及排序，图 5 是表 10 对应的柱状图。

表 10　不同生命周期阶段下物流企业能力要素的得分及排序

排名	起步期	成长期	成熟期	再生期
1	战略能力（5.85）	物流服务质量控制能力（6.04）	物流服务质量控制能力（6.03）	战略能力（6.38）
2	物流服务成本控制能力（5.8）	战略能力（5.98）	企业家能力（5.93）	创新能力（6.25）
3	企业家能力（5.7）	创新能力（5.89）	物流资源整合能力（5.73）	企业家能力（5.88）
4	物流方案设计能力（5.65）	物流资源整合能力（5.87）	创新能力（5.7）	企业学习能力（5.88）
5	物流资源整合能力（5.55）	物流服务成本控制能力（5.77）	物流服务成本控制能力（5.65）	外部界面协调能力（5.70）
6	物流服务营销能力（5.45）	外部界面协调能力（5.75）	战略能力（5.6）	物流服务质量控制能力（5.63）
7	企业各部门协调能力（5.4）	企业各部门协调能力（5.70）	企业各部门协调能力（5.53）	企业各部门协调能力（5.5）

注：括号内表示该要素的平均得分。

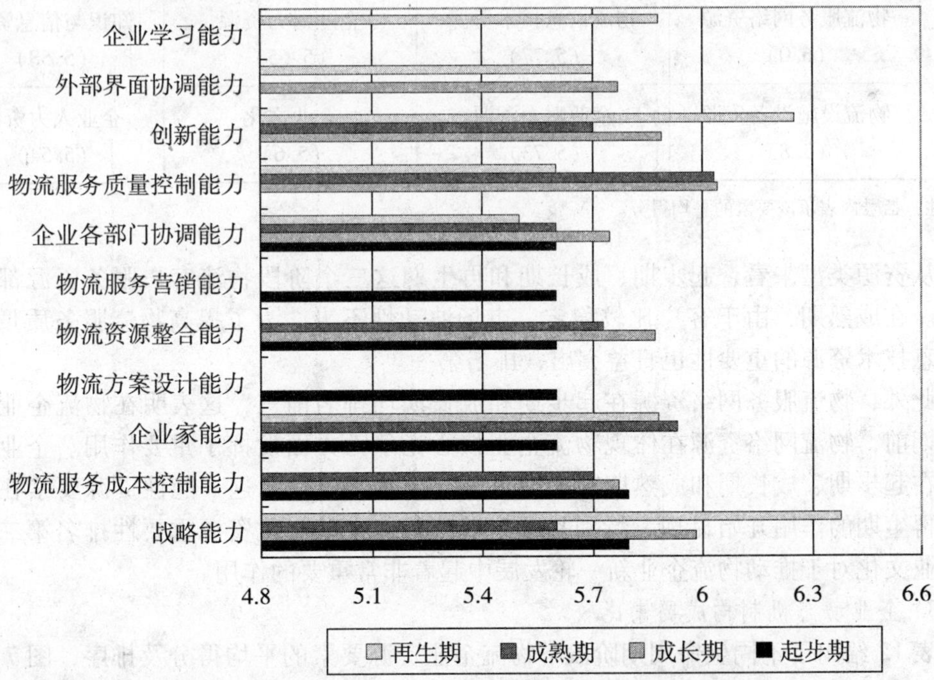

图 5　不同生命周期阶段下物流企业能力要素的得分值

从总体数据看，起步期的战略能力最重要，随着企业不断成长，战略能力重要性不断下降。相反，运作能力如质量控制与服务创新能力的地位不断提升。战略能力和企业各部门协调能力这两种能力在四个阶段中都非常重要，均进入前七名，说明在企业成长中这两种能力不可或缺。

企业家能力在四个阶段都较为重要，特别是起步期和成熟期。这说明，对于企业开始阶段和稳定阶段企业家的综合素质决定了企业能否可持续发展。

物流企业的资源整合能力只有在成熟期才体现出较为重要，说明在起步和成长期间，企业更注重灵活多变的个性化服务，而相对资源整合这种能够带来成本降低和运作柔性的能力由于在此阶段不具备规模效应，因此很难实现整合效应。只有成熟期才更具价值。

2. 企业能力构成要素比较

表 11 给出了不同生命周期阶段下物流企业资源要素的平均得分及排序，图 6 是表 11 对应的柱状图。

表 11　　不同生命周期阶段下物流企业资源要素的得分及排序

排名	起步期	成长期	成熟期	再生期
1	物流服务客户资源（6.4）	物流服务客户资源（6.16）	物流信息技术资源（5.83）	物流服务客户资源（6.0）
2	企业财力资源（6.2）	物流服务网络资源（6.06）	物流服务客户资源（5.7）	企业文化（5.79）
3	物流服务网络资源（6.0）	物流信息技术资源（5.77）	企业财力资源（5.65）	知识与信息资源（5.58）
4	物流设施设备资源（5.8）	企业财力资源（5.73）	企业文化（5.6）	企业人力资源（5.54）

注：括号内表示该要素的平均得分。

从资源类型来看，起步期、成长期和再生期这三个阶段物流客户服务资源都非常重要。在成熟期，由于客户比较稳定，市场波动性不大，为了提高物流服务质量，物流信息技术资源的重要性也日益突出，排名第一。

此外，物流服务网络资源在起步期和成长期均排名前三，这表明在物流企业进入成熟期前，物流网络资源在体现物流企业核心竞争力方面发挥了重要作用。企业财力资源在起步期、成长期和成熟期都比较重要。企业文化资源这一隐性资源要素在成熟期和再生期的作用开始显现，特别是再生期阶段，企业文化资源重要性排名第二，说明企业文化对于推动物流企业新一轮发展中起着非常重要的作用。

3. 企业动态机制构成要素比较

表 12 给出了不同生命周期阶段下物流企业资源要素的平均得分及排序，图 7 是表 12 对应的柱状图。

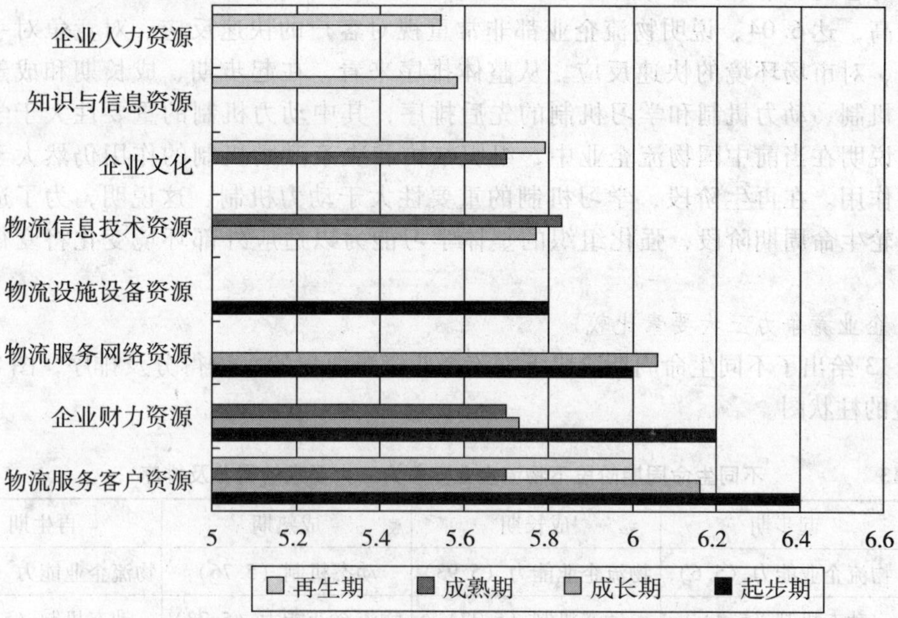

图6　不同生命周期阶段下物流企业资源要素的得分值

表12　　不同生命周期阶段下物流企业动态机制要素的得分及排序

排名	起步期	成长期	成熟期	再生期
1	反应机制（6）	反应机制（6）	反应机制（5.97）	反应机制（6.04）
2	动力机制（5.6）	动力机制（5.63）	动力机制（5.58）	学习机制（5.45）
3	学习机制（5.5）	学习机制（5.3）	学习机制（5.36）	动力机制（5.25）

注：括号内表示该要素的平均得分。

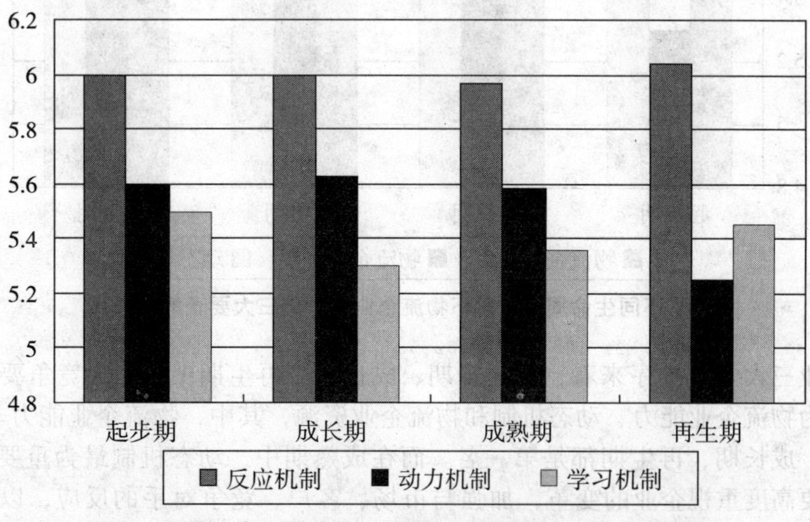

图7　不同生命周期阶段下物流企业动态机制要素的得分值

从动态机制来看，所有阶段中反应机制均位列第一名，且再生阶段的反应机制得分最高，达6.04，说明物流企业都非常重视对客户的快速反应、对竞争对手的快速反应、对市场环境的快速反应。从整体排序来看，在起步期、成长期和成熟期都是反应机制、动力机制和学习机制的先后排序，其中动力机制的重要性大于学习机制，这说明在当前中国物流企业中，组织结构和决策激励机制的作用仍然大于学习与培训作用。在再生阶段，学习机制的重要性大于动力机制，这说明，为了适应企业新一轮生命周期阶段，强化组织的整体学习能力以适应外部环境变化将变得更加重要。

4. 企业竞争力三大要素比较

表13给出了不同生命周期阶段下物流企业资源要素的平均得分及排序，图8是表13对应的柱状图。

表13　不同生命周期阶段下物流企业竞争力三大要素的得分及排序

排名	起步期	成长期	成熟期	再生期
1	物流企业能力（5.6）	物流企业能力（5.93）	动态机制（5.76）	物流企业能力（5.88）
2	动态机制（5.4）	动态机制（5.77）	物流企业能力（5.73）	动态机制（5.75）
3	物流企业资源（5.3）	物流企业资源（5.70）	物流企业资源（5.57）	物流企业资源（5.67）

注：括号内表示该要素的平均得分。

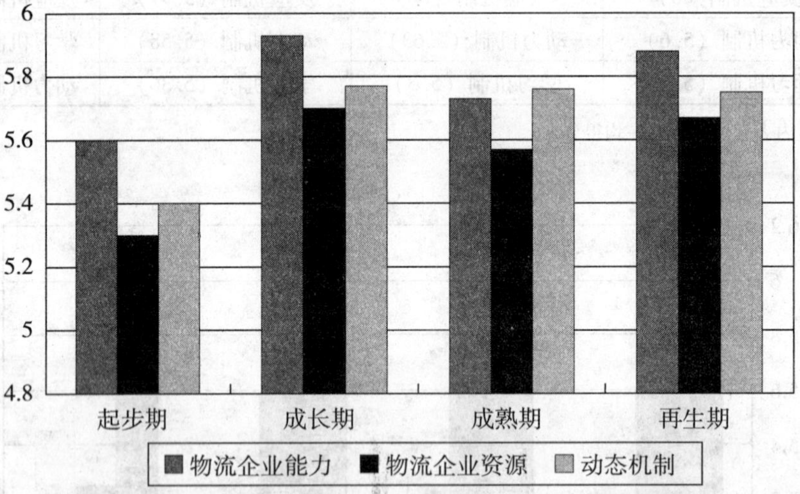

图8　不同生命周期阶段下物流企业竞争力三大要素的得分值

从企业三大要素排序来看，在起步期、成长期、再生期中，三大竞争要素的先后排序分别为物流企业能力、动态机制和物流企业资源，其中，物流企业能力非常重要，在起步期、成长期、再生期都是第一名。而在成熟期中，动态机制最为重要，这表明在成熟期要高度重视企业的变革，加强与市场、客户、竞争对手的反应，以促进物流企业稳步度过成熟期。

八、主要结论和研究展望

开展物流企业竞争力发展路径的研究可以为中国乃至其他国家的物流企业提升服务能力提供相应的借鉴。与以往研究物流企业竞争力不同的是，本论文研究将物流企业细分为四种类别，从生命周期的四个阶段出发，探讨了物流企业竞争力构成要素及其演化过程。因此，本文研究比以往研究更为深入和全面。本论文研究得到以下四个方面的主要结论：

（1）物流企业竞争力主要由能力、资源和动态机制三大要素构成。物流企业竞争力是以企业资源为基础，以能力为主体，以动态机制促进和保障其演化与外部环境相匹配，使资源和能力得到积累，最终促进企业成长。在不同阶段物流企业所面临的机遇、挑战和内外部环境各不相同，因此，在不同阶段物流企业的竞争力构成要素也有所差异。

（2）影响中国物流企业竞争力大小的三大要素排序分别为企业能力、企业资源、动态机制。根据对三大要素的各个细分要素重要性进行排序，我们发现，三种能力（财务管理能力、物流风险控制能力、人力资源管理能力）和两种资源（企业人力资源和企业文化资源）对物流企业竞争力提升的影响程度最大，但在实际企业表现中又是最弱的，中国物流企业急需提高这三种能力，并强化这两种资源。

（3）从不同类型物流企业的竞争力要素构成比较来看，平台型物流企业和供应链型物流企业最看重战略能力，通用型物流企业最看重企业家能力，专业型物流企业最看重物流服务质量控制能力。四种企业都将物流客户资源作为最重要的企业资源，平台型物流企业、通用型物流企业和供应链型物流企业都将物流服务网络作为第二重要资源，专业型物流企业则将企业财力资源作为第二重要资源。四种类型的物流企业都将反应机制列为最重要的动态机制要素。在三种竞争力要素的排序中，平台型物流企业和通用型物流企业将物流资源列为影响物流企业竞争力的最重要要素，而专业型物流企业和供应链型物流企业则将物流企业能力列为最重要要素。

（4）从生命周期视角来看，起步期的战略能力最重要，随着物流企业不断成长，战略能力重要性不断下降。相反，运作能力如质量控制与服务创新能力的地位不断提升。起步期、成长期和再生期这三个阶段物流客户服务资源最重要，而成熟期的物流信息技术资源最重要。四个生命周期阶段都将反应机制列为第一名，且再生阶段的反应机制得分最高。在起步期、成长期、再生期中，三大竞争要素的先后排序分别为物流企业能力、动态机制和物流企业资源，而在成熟期中，动态机制最为重要。

本文的研究也存在一定的局限性，许多方面的问题还值得今后继续开展研究。例如，由于物流企业绩效与物流企业竞争力存在一定的关联关系，今后还可以研究不同物流企业绩效下物流企业竞争力构成要素以及演化过程。此外，限于篇幅关系，本文尚未对竞争力构成要素之间的关联关系展开分析，今后可以采取 Person 相关分析、偏相关分析、结构方程模型等方法研究这些要素之间的关联关系。最后，调查样本总数仍然不是足够多，处于某一企业生命周期的物流企业数量仍然偏少，本文的一些结论可能会存在误差，为了更深入研究物流企业竞争力问题，今后将持续开展对中国物流企业的调查，以更加全面地了解中国物流企业竞争力的发展趋势。

参考文献

[1] 贺登才，刘伟华．现代物流服务体系研究［M］．北京：中国物资出版社，2011：105－107.

[2] 王核成．动态环境下的企业竞争力——基于动态能力观的企业竞争及其演化研究［M］．北京：科学出版社，2010.

[3] CATHERINE L W，PERVAIZ K A. Dynamic capabilities：a review and research agenda［J］．International Journal of Management Reviews，2007（2）：35－37.

[4] PRHALAD C. K，HAMEL GARY. The Core Competence of the Corporation［J］．Journal of Harvard Business Review，1990（5）：79－91.

[5] BARNEY JB. Firm Resources and sustained competitive advantage［J］．Journal of Management，1991，17（1）：99－120.

[6] SNYDER AV，EBELING HW JR. Targeting a company's real core competence［J］．Journal of Business Strategy，1992，13（6）：26－32.

[7] RICHEY R GLENN，DAUGHERTY PATRICIA J，ROATH ANTHONY S. Firm Technological Readiness and Complementarity：Capabilities Impacting Logistics Service Competency and Performance［J］．Journal of Business Logistics，2007，28（1）：195－228.

[8] LU CHINSHAN，YANG CHINGCHIAO. Logistics service capabilities and firm performance of international distribution center operators［J］．Journal of Service Industries，2010，30（2）：281－298.

[9] NAIM MOHAMED，ARYEE GILBERT. Determining a logistics provider's flexibility capability［J］．International Journal of Production Economics，2010，127（1）：39－45.

[10] XIAO HB，CHEN J. Research on Concept and Relevant Factors of Coal Port Logistics Capability［C］．6th International Conference on Material Handling，Shanghai，2008.

[11] TAN Y，MA SH，GONG FM. Empirical Study on Impact of Logistics Operations Capability on Supply Chain Performance［C］．3rd International Conference on Wireless Communications，Networking and Mobile Computing，Shanghai，2007.

[12] SHAO JP，HE KT，DONG SH，et al. Evaluation Model of Regional Logistics Competence Based on Hierarchy and Fuzzy Decision［C］．6th IEEE International Conference on Industrial Informatics，Daejeon，2008.

[13] DING JIFENG. Identifying Key Capabilities to Determine Core Competence for Ocean Carrier－based Logistics Service Providers［J］．Journal of Innovative Computing Information and Control，2009，5（9）：2627－2644.

[14] CANEN ALBERTO GABBAY. Multicultural Competence and Trust：A New Road for Logistics Management［J］．Journal of Cross Cultural Management，2004，11（3）：16.

[15] ESPER TERRY L，FUGATE BRIAN S，DAVIS－SRAMEK BETH. Logistics Learning Capability：Sustaining the Competitive Advantage Gained Through Logistics Leverage［J］．Journal of Business Logistics，2007，28（2）：57－82.

[16] SANDBERG ERIK. Logistics capabilities for sustainable competitive advantage［J］．Journal of Logistics：Research and Applications，2011，14（1）：61－75.

[17] TEECE D J，PISANO G，SHUEN A. Dynamic capabilities and strategic management. Strategic Man-

agement Journal, 1997, 18 (7): 509 -530.

[18] Luo Y. Dynamic capability in international expansion [J]. Journal of World Business, 2000, 35 (4): 355 -378.

[19] ZOLLO M, WINTER S G. Deliberate learning and the evolution of dynamic capabilities [J]. Organization Science, 2002, 13 (3): 339 -351.

[20] ZOOT C. Dynamic capabilities and the emergence of intra - industry differential firm performance: insight from a simulation study [J]. Strategic Management Journal, 2003 (24): 97 - 125.

[21] HAIRE, M. Biological Models and Empirical History of the Growth of Organizations: Modern Organizational Theory [M]. New York: John Wiley and Sons, 1959.

[22] LEONTIADES, M. Strategies for Diversification and Change [M]. MA: Little Brown, 1980.

[23] CAMERON, K. S. , WHETTEN, D. A. Perceptions of Organizational Effectiveness over Organizational Life Cycles [J]. Administrative Science Quarterly, 1981 (26): 525 -544.

[24] SHMUEL E, NOGA S. Organizational learning mechanism and manager's perceived uncertainty [J]. Human Relations, 2003, 56 (10): 1233.

[25] FRENANDEZ E, MONTES J M, VAZQUEZ C J. Typology and strategic analysis of intangible resource: a resource - based approach [J]. Technovation, 2000, 20 (2): 81 -92.

[26] ZAHRA A, NEUBAUM D O. Environmental adversity and the entrepreneurial activities of new ventures [J]. Journal of Developmental Entrepreneurship, 2003, 3 (2): 123 -140.

[27] THOMAS O T, HARRITNGTON D. Boundaries and interfaces in management [J]. Irish Journal of Management, 2003, 24 (1): 1 -2.

[28] CALANTONE R J, CAVUSGIL S T. Tacit knowledge transfer and firm innovation capability [J]. The Journal of Business & Industrial Marketing, 2003, 18 (1): 6 -22.

SDN 企业实施 MC 的逆向物流成本控制模型研究*

倪　明　廖瑞辉

摘　要：在建设循环经济政策导引下，企业通过构建逆向物流网络来实现循环经济。从信息资源、节点管理、成本控制等角度，分析了 SDN 企业实施 MC 逆向物流特征，在分析影响逆向物流成本的复杂因素基础上，运用模糊数学方法建立逆向物流成本控制模型，通过算例，说明了 SDN 企业比 SC 企业在实施 MC 的逆向物流成本小。

关键词：SDN　大规模定制　成本控制　逆向物流

一、引言

随着产品生命周期的缩短和客户需求的日益多样化、个性化，传统的大规模生产模式已经无法适应当前的市场竞争，大规模定制（Mass Customization，MC）以接近大规模生产的效率完成定制产品的生产，由此来实现个性化生产和大批量生产的有效结合，这已逐渐成为信息时代制造企业发展的必然趋势。Stock（1992）提出：逆向物流是一种包括了产品退回、物料替代、物品再利用、产品废弃处置、再处理、维修与再制造等流程的物流活动，Pine（1993）对大规模定制进行了详细而深入的阐释，指出大规模定制是以大规模生产的成本和速度，提供定制的个性化产品和服务的生产模式，他认为行业和企业的市场扰动是从大规模生产向大规模定制转变的主要标志。同时，企业实施 MC 的逆向物流领域也具有很大的研究价值。逆向物流系统的高度复杂性、多样性使企业整个系统的运作更依赖于物流网络，因而在企业实施大规模定制中的逆向物流管理很重要的一个方面就是优化设计逆向物流网络。目前这方面的研究还不是很多，O. Listes（2005）对一个有产品回流的制造企业进行了研究，采用需求拉动策略，并基于类目设计模型，对供应—回流网络进行建模，给出了模型最优解。Abdelkader（2007）等在现有的逆向物流领域提出结合国家和地方政策的绿色物流网络的构建，这在强调循环经济的当今国际环境中具有很好的指导意义，文中提出了废弃回流物流的车辆路径设计和整合优化方法。Marilyn（2008）等以地毯制造企业为例，分析了制造

* 基金项目：该研究得到国家自然科学基金（70962010）、省社科规划项目（10GL19）和省教育厅科技项目（GJJ11425）资助。

作者简介：倪明，男，安徽桐城人，华东交通大学 经济管理学院 副教授，博士，硕导，研究方向，系统工程。廖瑞辉，男，江西南康人，华东交通大学 经济管理学院 硕士研究生，研究方向：逆向物流系统工程。

企业在实施逆向物流中存在的问题和难点，提出了资源循环利用在逆向物流中的实现方法。Jessica（2008）等提出了对使用寿命终结的产品逆向物流的处理方法，建立优化成本的管理模式，对整个合作网络采取责任跟踪机制。Demirel（2008）等提出了基于混合整数模型的逆向物流网络设计，通过详细分析再制造的逆向物流环境，对模型中的参数采用动态范围，增加了稳定性。Daniel（2009）等对目前供应链及其逆向供应网络的研究做了综述，归纳了常用的方法和模型类别，提出逆向物流的发展前景的预测。Janse（2009）等在文中提出了一种逆向物流的诊断工具，对企业实施逆向物流中出现的现象进行快速分析，判断其问题出现的原因，并以电子产品为例进行阐述。Conceicao（2009）等提出随机回收点设计模型，对逆向物流的不确定性进行分析，并结合运输成本进行优化。Saman（2009）等利用模拟退火方法，对逆向物流网络进行了设计，对各种回收渠道进行归类，并结合整数线性规划，提出了一个多类目回收平台方案。薛顺利（2006）等从逆向物流结构整合角度进行了优化，得出了一些见解。杨杰（2006）等通过细化起始点、收集点的运营费用和中转运输费用来对逆向物流网络成本进行研究。但斌（2009）等从大规模定制的供应链延时生产策略进行成本优化，针对一条包括制造商和供应商两个节点企业的供应链进行了模型构建。

综上，当前国内外文献主要研究集中在已确定的回收节点进行网络设计，多数根据某一类产品的特性进行优化分析，适应范围比较窄，对大规模定制产品的逆向物流研究不多。多功能开放型企业供需网（Supply and Demand Net-work with Multi－Function and Opening Characteristics for Enterprises，SDN）是以全球资源获取、全球制造、全球销售为目标，相关企业之间由于“供需流”的交互作用而形成的一种多功能开放式的供需动态网络结构。依托SDN网络的节点企业，其信息化程度、合作理念等方面，比供应链（Supply Chain，SC）企业更具有优势，所以，SDN节点企业间能够做到充分合作和信息共享。与传统供应链模式相比，因其具有网络性、多功能性、开放性和动态稳定性等特性，日益受到学术界和企业界的关注。本文从逆向物流复杂及不确定性角度出发，结合SDN的开发性以及拓扑性结构，提出了基于模糊理论的逆向物流成本控制模型，并通过算例对模型进行了数值演算和验证。

二、SDN企业实施MC的逆向物流特征

MC模式下SDN企业的最大优点就在于以较低的成本对市场需求的变化作出快速的反应，从而有效地满足顾客的需求，扩大企业利润空间。在激烈的竞争环境中，企业生产系统日趋复杂，尤其是在实施MC中，对各部门以及各节点之间的协作，提出了更高的要求，如图1中，M_1，M_2，…，M_m 为上游MC企业，R_1，R_2，…，R_n 为下游逆向物流节点企业，C_j 为顾客，当顾客对定制的产品需要退换货时，各核心企业跟上下游的节点形成一个动态的网络结构组合，核心企业之间也是有合作关系的，共同完成顾客的退换货流程。SDN企业有利于克服影响实施MC方式的一些外部挑战，但每个节点成员又多是相互独立的，各自占有资源，都具有一定的决策权，其内部系统受到外部事件的触发，又在不断调整其组织模型与业务过程。SDN企业实施MC的逆向物流特征主要有：

（1）信息化资源高效整合。企业实施MC会产生大量的顾客和产品的定制信息，

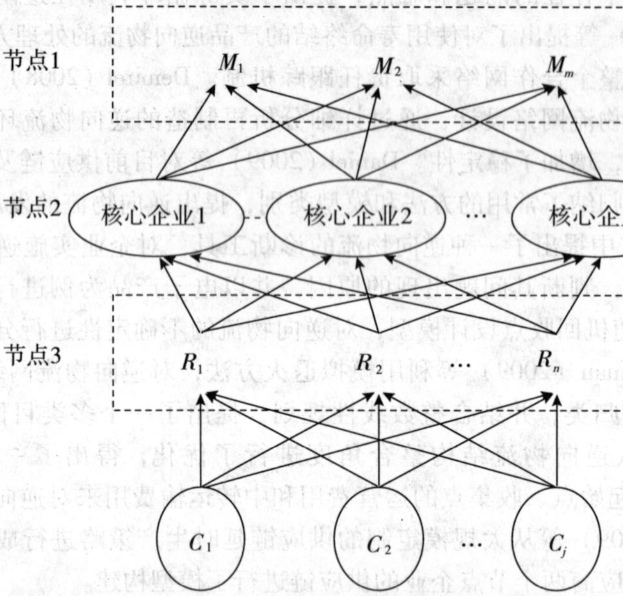

图 1　SDN 企业实施 MC 逆向物流模式

SDN 企业需要将信息进行高度的整合才能在实施逆向物流中保持高效稳定运行，SDN 企业之间将建立一个共享的信息平台。在逆向物流中，相对于 SC 企业，各节点成员处于系统环境中，SDN 企业需要提供客户基于该定制产品的全生命周期的服务支持，产品发生使用问题或故障时，由系统外部的合作伙伴节点与系统内部进行数据交换获取产品信息，以及解决方案，然后提供服务给客户，可以有效避免 SC 企业中产生的“牛鞭效应”。对于更换维修以及重新装配等相对复杂的售后服务，则需要由合作伙伴基于产品信息进行判断后再向整个系统提出需求进行再次定制，最终完成客户提出的需求。

（2）节点企业管理复杂性高。SC 企业实施 MC 的链节点企业相对固定，利益分配和风险共担都是围绕着核心企业展开，存在着利益和信息的不对称，其中任何一个链节点出现问题，将对整个供应链带来影响。但是在 SDN 企业实施 MC 中，进行大批量定制生产的主要包括实施大规模定制的制造企业、供应商、服务提供商以及其他合作伙伴，其合作深度和广度都得到了进一步加强，各节点替代率高，保证了整个网络的稳定性。SDN 企业实施 MC 将会产生多样性的产品回流，每个客户的要求可能不一样，同时还存在零配件的更换问题，在很大程度上，逆向物流的复杂性是由不确定性引起的。而这种存在于系统中的不确定性源于与返回品有关的数量、时间、产品构成以及质量的信息和控制机制的缺乏，所以各节点还要有开放的企业文化理念来接收其他节点企业的经营方式的影响，这对 SDN 企业的管理也提出了更高的要求。

（3）成本控制要求高。逆向物流成本的控制与优化是很多企业关注的一个重要方面，因为逆向物流多频度、小批量的配送需求增多，库存量大且不稳定造成库存管理费用增加，成本控制贯穿在整个逆向物流网络之中。逆向物流系统是现代企业确立声誉，提高效益的有效途径，逐渐成为企业战略中的重要环节。SC 企业相对固定的逆向物流回收线路中，处理时间的延长，将会使得消费区域对其产品的超量处理成本和违约成本增加，但在 SDN 企业中，各节点可以通过运输优化，整合相似作业过程，建立区域性的回收中心等来提高对成本的控制。SDN 企业实施 MC 时，产品设计模块化以及相应的零配件的互换性程度加大，同时受到回收率和修复率的影响，这些都增加了 SDN 企业实施 MC 的逆向物流成本控制难度。

三、模型设计

本文采用模糊数学思想来建立模型分析。模糊数学中有三大基本概念：模糊集合、模糊关系和模糊隶属函数。模糊概念由模糊集合来描述，基本变量 X 的有序变化划分出彼此之间没有截然的分明界限的论域，任意论域上至少存在一些既不完全属于又不完全不属于，且可能既属于这个论域又属于另一个论域的基本变量 X。基本变量 X 渐变而不是突变的，每个微小的变化都影响着 X 属于模糊集的程度。模糊集合的基本特征是边界模糊性，模糊集合之间也就存在界限不明显的关系，自然这种不明确的关系由直积上的模糊集来进行描述，这就是模糊关系，它是模糊理论最重要的内容之一，应用范围十分广泛。模糊隶属函数是表示基本变量 X 属于论域的程度，以连续的状态区间［0，1］表述模糊现象，是用精确数学方法描述模糊集合概念的关键。

设 $\tilde{A}$ 在论域 X 到［0，1］上一个映射，即 $\tilde{A}$：$X\rightarrow$［0，1］，$x\rightarrow\tilde{A}(x)$，称 $\tilde{A}$ 是 X 上的一个模糊集，而函数 $\tilde{A}(x)$ 称为模糊集 $\tilde{A}$ 的隶属函数，$\tilde{A}(x)$ 称为 x 对模糊集合 $\tilde{A}$ 的隶属度，表示 x 属于 $\tilde{A}$ 的程度。

当 $\tilde{A}(x)=1$ 时，则 x 完全属于模糊集合 $\tilde{A}$，当 $\tilde{A}(x)=0$ 时，则 x 完全不属于模糊集合 $\tilde{A}$，$\tilde{A}(x)$ 越接近于 1，x 属于 $\tilde{A}$ 的程度就越大。常用三角形模糊数或梯形模糊数来表示不确定性情况，如：$\tilde{N}=[a, b, c]$ 或 $\tilde{N}=[a, b, c, d]$，其中 $a<b<c<d$。

制造业中的逆向物流中，由于消费者分布广泛，从消费节点流向节点企业的数量相对模糊，实施 MC 所涉及产生的个性化产品类型比较多，由此所需要的零配件的库存数量难以确定，这给 SDN 企业实施 MC 带来一定的影响。

不确定情况下，由于缺少足够的历史资料，人们只能根据收集的外在各种模糊信息进行模糊推断，其模糊概念通常是："需求率在 D 上下"、"需求率至少为 E"或"需求率最多为 F"等。如考察 1 年内某零配件的需求情况，大致推测月需求量为"600 件上下"，含义是该物品月需求量在 600 件左右（如 580～610）的可能性最大，不可能低于某一值（如 330），也不可能高于某一值（如 670），该零配件需求模糊数可表示成三角形模糊数：$\tilde{N}=[330, 600, 670]$。时间因素也是很重要的考虑方面，它关系着企业对顾客的服务水平和节点企业运行的效率，制造业中的各节点的逆向物流产品的出现以及产品处理都需要一定的作业时间，为相互独立的模糊变量。在此，利用模糊集理论分析的目的是为了使得各节点企业在产品逆向物流中所需花费的费用最小。不确定环境下，各节点接受的数量维修拆卸费用、零配件库存保管费用等都是模糊的，这构成了多模糊参数的逆向物流问题。

1. 建模假设

（1）考虑单产品零件、单周期的逆向物流。

（2）在成本方面，只考虑运输成本、单位运营成本，不考虑时间成本、社会效益等。

（3）各种设施的处理能力、投资及部分设施间的运输费用已知。

（4）模型中各消费区域的产品零件回收量以及消费区域到分销中心的运费作为模糊变量来处理。

2. 参数描述

（1）下表集合。

i——生产厂商；

j——分销中心；

k，t——均表示已划分的消费区域（$k=1$，2，3，…，K）。

（2）决策变量。

x_{ji}^{df}——分销中心 j 运往生产厂商 i 的回流产品零配件数量；

x_{kj}^{dr}——销售区域 k 运往分销中心 j 的回流产品零配件数量；

y_i^f——0 -1 变量，表示生产厂商 i 是否收到单位零配件的召回，0 表示没有，1 表示有；

y_j^d——0 -1 变量，表示分销中心 j 是否收到单位零配件的召回，0 表示没有，1 表示有。

（3）相关参数。

Q_j^d——分销中心 j 的最大处理能力；

P_t^c——回收中心 t 处理单位回收零配件的处理固定成本；

Q_i^f——生产厂商 i 的最大处理能力；

C_{ij}^{fd}——分销中心 j 运往生产厂商 i 的回流零配件单位运费；

$\tilde{D}_k$——消费区域 k 的回流产品零配件数量，为模糊变量；

$\tilde{C}_{kj}^{dr}$——消费区域 k 运往分销中心 j 的单位运费，为模糊变量；

F_i^f——生产厂商 i 的固定成本；

F_j^d——分销中心 j 的固定成本；

P_i^f——生产厂商 i 处理单位回流零配件的固定成本；

$\tilde{N}=[N_1, N_2, N_3]$（件/月）——节点企业零配件需求量；

$\tilde{V}=[V_1, V_2, V_3]$——单位零配件单位时间的库存保管费用；

$\tilde{h}=[h_1, h_2, h_3]$——单位零配件空缺期间单位时间所引起的损失；

$\tilde{g}=[g_1, g_2, g_3]$——单位零配件维修产生的费用。

订货周期固定，每周期零配件耗尽到零的时间为 t，每周期单位时间平均费用为 $\tilde{W}(T, t)$，也是模糊数。

每周期固定成本为 C_0，仓库保管费用为 $\tilde{V}\times\tilde{N}\times t^2\times\frac{1}{2}$，零配件维修更换所产生的费用为 $\tilde{g}\times\tilde{N}$，时间损失费用 $\tilde{h}\times(T-t)$，则有：

$$\tilde{W}(T,t)=\tilde{V}\times\tilde{N}\times t^2\times\frac{1}{2}+\tilde{g}\times\tilde{N}+\tilde{h}\times(T-t)$$

3. 模型的构建

$$Z=\sum_{i\in I}F_i^f y_i^f+\sum_{j\in J}F_j^d y_j^d+\sum_{i\in I}\sum_{j\in J}(C_{ij}^{fd}+P_i^f)x_{ij}^{fd}+\sum_{j\in J}\sum_{k\in K}(\tilde{C}_{kj}^{dr}+P_j^d)x_{kj}^{dr}+\sum_{k\in K}P_i^f(\tilde{D}_k-\sum_{j\in J}x_{kj}^{dr})+\tilde{W}$$

s. t.

$$\sum_{j\in J}x_{kj}^{dr}\approx\tilde{D}_k\quad k\in K \tag{1}$$

$$\sum_{j\in J}x_{ij}^{fd}\leqslant y_i^f Q_i^f\quad i\in I \tag{2}$$

$$\sum_{k\in K}x_{kj}^{dr}\leqslant y_j^d Q_j^d\quad j\in J \tag{3}$$

$$y_i^f,y_j^d=0\text{ 或 }1\quad i\in I,j\in J \tag{4}$$

$$x_{ji}^{df},x_{kj}^{dr}\geqslant 0\quad i\in I,j\in J,k\in K \tag{5}$$

模型中，目标函数 Z 是为了使总成本最小，(1)，(2)，(3)，(4)，(5) 式为相应的约束条件，求 min$Z$。模型中 SDN 和 SC 的区别在于 y_i^f，y_j^d 的取值，由于供应链之间的契约束缚，在 SC 模式中，y_i^f，y_j^d 取值比较固定单一同时取 1 或同时取 0，F_i^f，F_j^d 固定成本消耗较大，会造成消费区域对产品的超量处理成本和违约成本增加；在 SDN 模式中，y_i^f，y_j^d 取值灵活，可以取不同值，通过受理退换货业务，分销中心从上游网络节点企业获得的收益，降低 F_j^d 的固定成本消耗，同时生产厂商通过零部件回收等方式加快资金的流动，提高生产效率。

模型求解时可以将该模型转化为清晰的一般模型，当模糊数比较大小时，应先解模糊，即非模糊化，也称为确定模糊数的核，其方法有多种。这里采用广义平均值法来解模糊值。设一三角形模糊数 $\tilde{A}=[a_1, a_2, a_3]$，根据该方法求解其模糊值为 $p(\tilde{A})=(a_1+2a_2+a_3)\times\frac{1}{4}$。

四、算例测试与比较

为了说明两种企业实施 MC 逆向物流的效率，用算例进行测试，各参数初始值如下：

$F_1^f=50$ 万，$F_2^f=60$ 万，$F_j^d=10$ 万 ($j=1, 2, 3, 4$)，$P_1^f=20$ 元，$P_2^f=30$ 元，表 1 为四个分销中心到生产厂商的单位运费，表 2 为三个消费区域到分销中心的单位运费。

表 1　　分销中心到生产厂商的单位运费 C_{ij}^{fd}　　（单位：元）

i \ j	1	2	3	4
1	0.28	0.25	0.22	0.19
2	0.23	0.17	0.30	0.13

表 2　　消费区域到分销中心的单位运费 $\tilde{C}_{kj}^{dr}$　　（单位：元）

k \ j	1	2	3	4
1	[0.21，0.23，0.24]	[0.14，0.15，0.16]	[0.16，0.18，0.19]	[0.25，0.26，0.27]
2	[0.16，0.18，0.19]	[0.25，0.27，0.28]	[0.31，0.33，0.34]	[0.36，0.38，0.39]
3	[0.33，0.34，0.37]	[0.14，0.16，0.17]	[0.20，0.24，0.26]	[0.20，0.22，0.23]

将以上数据代入模型（1）式中，在 Matlab 中输入相应的参数。计算得出：①在 SDN 企业中，$\min Z_{SDN}^{*}=110$ 万。因为在 SDN 企业网络中，该结构的动态稳定性和完全开放性，使得结构中任何一个 SDN 节点企业可以随意进出，成员地位平等，企业之间可以选择最优的解决路径。②在 SC 企业中，各节点主要围绕着核心企业展开运作，存在着局限性和不平等性。其中在 SC 环境下链上节点企业不能进行跨链和跨区域选择最优逆向路线，在分销中心 1、分销中心 2、消费区域 1 和生产厂商 1 所构成的供应链中，$y_2^f=0$，$y_3^d=y_4^d=0$，即该供应链以外的生产厂商 2 和分销中心 3、4 受理数量为零，由于生产厂商 1 的最大处理能力 Q_1^f 的限制，将会导致处理时间的延长，使得消费区域对产品的超量处理成本和违约成本增加，代入相应数据求得 $\min Z_{SC}^{*}=121$ 万，通过对比可以看出，在实施大规模定制的逆向物流中，SDN 企业组织结构比 SC 企业组织结构更节省费用。

五、结论

本文通过对 SDN 企业实施 MC 逆向物流中的模糊变量用模糊集理论进行分析，在此基础上我们建立了相应的理论模型，并通过解模糊进行优化求解。在模糊环境下，由于缺乏足够的精确历史数据，运用模糊数学来控制企业实施 MC 时的逆向物流库存成本是可行的，通过 SDN 企业和 SC 企业的比较，对研究在模糊环境下的制造企业的逆向物流具有重要的现实意义。并且，我们还要充分利用一切有利信息作出正确的思维判断，以动态稳定的组织结构实现 MC 的同时，相应的信息管理控制和配套服务的制定也显得非常重要。

参 考 文 献

[1] 薛顺利，徐渝，宋悦林．再制造逆向物流结构整合优化［J］．系统工程，2006（4）：1-6.

agement Journal, 1997, 18 (7): 509 – 530.

[18] Luo Y. Dynamic capability in international expansion [J]. Journal of World Business, 2000, 35 (4): 355 – 378.

[19] ZOLLO M, WINTER S G. Deliberate learning and the evolution of dynamic capabilities [J]. Organization Science, 2002, 13 (3): 339 – 351.

[20] ZOOT C. Dynamic capabilities and the emergence of intra – industry differential firm performance: insight from a simulation study [J]. Strategic Management Journal, 2003 (24): 97 – 125.

[21] HAIRE, M. Biological Models and Empirical History of the Growth of Organizations: Modern Organizational Theory [M]. New York: John Wiley and Sons, 1959.

[22] LEONTIADES, M. Strategies for Diversification and Change [M]. MA: Little Brown, 1980.

[23] CAMERON, K. S., WHETTEN, D. A. Perceptions of Organizational Effectiveness over Organizational Life Cycles [J]. Administrative Science Quarterly, 1981 (26): 525 – 544.

[24] SHMUEL E, NOGA S. Organizational learning mechanism and manager's perceived uncertainty [J]. Human Relations, 2003, 56 (10): 1233.

[25] FRENANDEZ E, MONTES J M, VAZQUEZ C J. Typology and strategic analysis of intangible resource: a resource – based approach [J]. Technovation, 2000, 20 (2): 81 – 92.

[26] ZAHRA A, NEUBAUM D O. Environmental adversity and the entrepreneurial activities of new ventures [J]. Journal of Developmental Entrepreneurship, 2003, 3 (2): 123 – 140.

[27] THOMAS O T, HARRITNGTON D. Boundaries and interfaces in management [J]. Irish Journal of Management, 2003, 24 (1): 1 – 2.

[28] CALANTONE R J, CAVUSGIL S T. Tacit knowledge transfer and firm innovation capability [J]. The Journal of Business & Industrial Marketing, 2003, 18 (1): 6 – 22.

物流回收线路中，处理时间的延长，将会使得消费区域对其产品的超量处理成本和违约成本增加，但在 SDN 企业中，各节点可以通过运输优化，整合相似作业过程，建立区域性的回收中心等来提高对成本的控制。SDN 企业实施 MC 时，产品设计模块化以及相应的零配件的互换性程度加大，同时受到回收率和修复率的影响，这些都增加了 SDN 企业实施 MC 的逆向物流成本控制难度。

三、模型设计

本文采用模糊数学思想来建立模型分析。模糊数学中有三大基本概念：模糊集合、模糊关系和模糊隶属函数。模糊概念由模糊集合来描述，基本变量 X 的有序变化划分出彼此之间没有截然的分明界限的论域，任意论域上至少存在一些既不完全属于又不完全不属于，且可能既属于这个论域又属于另一个论域的基本变量 X。基本变量 X 渐变而不是突变的，每个微小的变化都影响着 X 属于模糊集的程度。模糊集合的基本特征是边界模糊性，模糊集合之间也就存在界限不明显的关系，自然这种不明确的关系由直积上的模糊集来进行描述，这就是模糊关系，它是模糊理论最重要的内容之一，应用范围十分广泛。模糊隶属函数是表示基本变量 X 属于论域的程度，以连续的状态区间［0，1］表述模糊现象，是用精确数学方法描述模糊集合概念的关键。

设 $\tilde{A}$ 在论域 X 到［0，1］上一个映射，即 $\tilde{A}$：$X\rightarrow[0,1]$，$x\rightarrow\tilde{A}(x)$，称 $\tilde{A}$ 是 X 上的一个模糊集，而函数 $\tilde{A}(x)$ 称为模糊集 A 的隶属函数，$\tilde{A}(x)$ 称为 x 对模糊集合 $\tilde{A}$ 的隶属度，表示 x 属于 $\tilde{A}$ 的程度。

当 $\tilde{A}(x)=1$ 时，则 x 完全属于模糊集合 $\tilde{A}$，当 $\tilde{A}(x)=0$ 时，则 x 完全不属于模糊集合 $\tilde{A}$，$\tilde{A}(x)$ 越接近于 1，x 属于 $\tilde{A}$ 的程度就越大。常用三角形模糊数或梯形模糊数来表示不确定性情况，如：$\tilde{N}=[a,b,c]$ 或 $\tilde{N}=[a,b,c,d]$，其中 $a<b<c<d$。

制造业中的逆向物流中，由于消费者分布广泛，从消费节点流向节点企业的数量相对模糊，实施 MC 所涉及产生的个性化产品类型比较多，由此所需要的零配件的库存数量难以确定，这给 SDN 企业实施 MC 带来一定的影响。

不确定情况下，由于缺少足够的历史资料，人们只能根据收集的外在各种模糊信息进行模糊推断，其模糊概念通常是：“需求率在 D 上下”、“需求率至少为 E”或“需求率最多为 F”等。如考察 1 年内某零配件的需求情况，大致推测月需求量为“600 件上下”，含义是该物品月需求量在 600 件左右（如 580 ~ 610）的可能性最大，不可能低于某一值（如 330），也不可能高于某一值（如 670），该零配件需求模糊数可表示成三角形模糊数：$\tilde{N}=[330,600,670]$。时间因素也是很重要的考虑方面，它关系着企业对顾客的服务水平和节点企业运行的效率，制造业中的各节点的逆向物流产品的出现以及产品处理都需要一定的作业时间，为相互独立的模糊变量。在此，利用模糊集理论分析的目的是为了使得各节点企业在产品逆向物流中所需花费的费用最小。不确定环境下，各节点接受的数量维修拆卸费用、零配件库存保管费用等都是模糊的，

[2] 杨杰，周磊山，孙琦，等. 逆向物流成本优化模型研究 [J]. 物流技术，2006 (3)：120 – 122.

[3] 但斌，饶凯，李海燕. 大规模定制环境下供应链实施延迟生产的成本优化模型 [J]. 计算机集成制造系统，2009 (2)：287 – 291.

[4] 倪明. 两种组织理念及其在推进社会和谐发展中的应用 [J]. 中国软科学，2009，27 (3)：68 – 75.

[5] 吕艳辉，马宗民，张富. 基于模糊概念模型的模糊本体构建方法 [J]. 东北大学学报：自然科学版，2009 (9)：1262 – 1265.

[6] STOCK. J. R. Reverse Logistics [M]. Oak Brook. IL：Council of Logistics Management，1992.

[7] PINE J. Mass Customization：the New frontier in business competition [M]. Boston：Harvard Business School Press，1993.

[8] O. LISTES. A generic stochastic model for supply – and – return network design [J]. Computers & Operations Research，2005 (4)：42 – 47.

[9] ABDELKADER SBIHI，RICHARD W. EGLESE. Combinatorial Optimization and Green Logistics [J]. Flexible Services and Manufacturing Journal，2007 (5)：99 – 116.

[10] MARILYN M. HELMS，AREF A. HERVANI. Reverse Logistics for Recycling：Challenges Facing the Carpet Industry [J]. IEEE，2008 (11)：117 – 135.

[11] JESSICA HANA，SAMI KARA，HARTMUT KAEBERNICK. Reverse logistics strategies for end – of – life products [J]. The International Journal of Logistics Management，2008 (3)：367 – 388.

[12] NESLIHAN ÖZGüN DEMIREL，HADI GöKçEN. A mixed integer programming model for remanufacturing in reverse logistics environment [J]. Int J Adv Manuf Technol，2008 (39)：1197 – 1206.

[13] DANIEL P. Jeschonowski AE Julia Schmitz AE. Management control systems in logistics and supply chain management：a literature review [J]. The International Journal of Logistics Management，2009 (1)：113 – 127.

[14] BASTIAAN JANSE，PETER SCHUUR，MARISA P. DE BRITO. A reverse logistics diagnostic tool：the case of the consumer electronics industry [J]. The International Journal of Advanced Manufacturing Technology，2009 (11)：118 – 123.

[15] M. CONCEICAO FONSECA，LVARO GARC，MIGUEL ORTEGA，et al. A stochastic bi – objective location model for strategic reverse logistics [J]. Sociedad de Estadística e Investigación Operativa，2009 (6)：1653 – 1657.

[16] MIR SAMAN PISHVAEE，KAMRAN KIANFAR，BEHROOZ KARIMI. Reverse logistics network design using simulated annealing [J]. European Journal of Operational Research，2009 (7)：91 – 106.

基于安全可靠度的食品物流系统优化*

邹毅峰　谢如鹤

摘　要：为在保证安全的前提下有效降低食品的物流成本，以食品中的微生物生长模型为基础，借鉴系统可靠性理论，给出了食品物流安全可靠度定义，建立了食品物流单元和物流系统的安全可靠度模型；以此为基础建立了无成本约束和有成本约束的食品物流系统优化决策模型，并根据模型的特点给出了求解的启发式算法。研究表明，利用安全可靠度对食品物流系统进行优化，反映了食品安全在物流过程中持续下降的本质，而且求解较为简便。

关键词：物流　食品　安全　可靠度　优化

一、引言

食品物流系统是指在一定的时间和空间内，由所需位移的食品、包装设备、装卸机械、运输工具、仓储设施、流通加工、配送、信息处理等若干相互制约的动态要素所构成的具有特定功能的有机整体。通过这些要素的相互配合、协调工作，完成食品物流系统特定的目标，实现食品的空间效益和时间效益。食品在物流过程中，易遭受微生物（特别是致病菌）的污染，在降低食品质量的同时，还导致食品安全问题，危害食用者的身体健康和生命安全。

量化表示食品物流安全可以用食品卫生监测合格率、食品卫生抽检合格率等指标。但这些指标都是基于历史统计数据，是静态指标，而食品物流系统的组成结构和环境条件是不断变化的，需要动态描述。目前量化研究食品物流过程中安全性的论文还很少，一般都是研究食品物流过程中的品质损耗。但是食品的安全性和品质不是同一概念，而且基于食品品质指数衰变模型建立的物流系统优化模型很难求解。本文利用食品中微生物生长模型建立起来的安全可靠度可以为分析和优化食品物流系统提供一种有效的途径和方法。

二、食品物流的安全可靠度模型

可靠度是产品在规定条件下和规定时间内完成规定功能的概率。按照可靠度的含义，可将食品物流单元的安全可靠度定义为：食品物流单元在规定时间和规定条件下，提供的物流服务能使食品的安全性保持在一个规定的允许范围内的概率。对于食品物流过程而言，这个概率主要由微生物的数量决定。食品中致病性微生物数量越多，安

---

* 作者简介：邹毅峰、谢如鹤，广州大学商学院。

全可靠度越小，反之，食品物流单元和系统的安全可靠度越高。

1. 微生物生长模型

食品中微生物生长数量表达式如下：

$$N_t = N_0 e^{b^2 (T - T_{\min})^2 t} \tag{1}$$

其中：N_t——t 时刻的微生物浓度（cfu/g）；

N_0——起始时刻的微生物浓度（cfu/g）；

b——适用于实验数据的参数；

T——微生物生长温度（℃）；

$T_{\min}$— 微生物零生长温度（℃）。

令 $\Delta T = T - T_{\min}$，则（1）式可表示为：

$$N_t = N_0 e^{b^2 \Delta T^2 t} \quad 或 \quad \ln(N_t) = \ln(N_0) + b^2 \Delta T^2 t \tag{2}$$

2. 物流单元的安全可靠度模型

食品物流系统是由多个物流单元依照一定的连接方式组成有机体。这里的物流单元是指具有明确的输入输出界面，可以独立提供物流中某一特定功能的物流实体或者物流环节。消费者食用含有致病菌的食物后，可能会对健康造成危害，而且感染的概率与食品中致病菌浓度的对数成正比。因此对食品的安全可靠度可作如下规定：

（1）安全可靠度与食品可能导致的致病率（感染率）之和为1。

（2）食品中的致病菌浓度不大于1cfu/g时的安全可靠度为1。

（3）食品中的致病菌达到或超过致病浓度 N_D（国家公布的卫生标准）时，食品物流单元的安全可靠度为0，即如果致病菌浓度一旦超过卫生标准，此时物流单元的安全可靠度为0，食品不能食用。

由以上规定，t 时刻食品物流单元的安全可靠度可表示为：

$$R_t = 1 - \frac{\log_{10}(N_t)}{\log_{10}(N_D)} \tag{3}$$

由（2）、（3）两式可得：

$$R_t = 1 - \frac{0.434 b^2 \Delta T^2 t + \log_{10}(N_0)}{\log_{10}(N_D)} \quad (0 \leqslant R_t \leqslant 1) \tag{4}$$

令 $\frac{0.434 b^2}{\log_{10}(N_D)} = d$，则（4）式可化为：

$$R_t = 1 - d \Delta T^2 t - \frac{\log_{10}(N_0)}{\log_{10}(N_D)} \quad (0 \leqslant R_t \leqslant 1) \tag{5}$$

3. 食品物流系统的安全可靠度

食品物流系统是由采购、生产（采摘）、运输、包装、加工、储存、配送、销售等环节组成的串联系统，上一物流单元输出的微生物浓度是下一物流单元的初始微生物浓度（图1）。

由（2）式可以得到如下的递推关系：

初始浓度 N_0

第1单元 $N_1 = N_0 e^{b^2 \Delta T_1^2 t_1}$

第 2 单元　　$N_2 = N_1 e^{b^2 \Delta T_2^2 t_2} = N_0 e^{b^2[\Delta T_1^2 t_1 + \Delta T_2^2 t_2]}$

⋮　　⋮

第 i 单元　　$N_i = N_0 e^{b^2 \sum_{j=1}^{i} \Delta T_j^2 t_j}$

N_i——食品经过 i 个物流单元后的微生物浓度（cfu/g）。

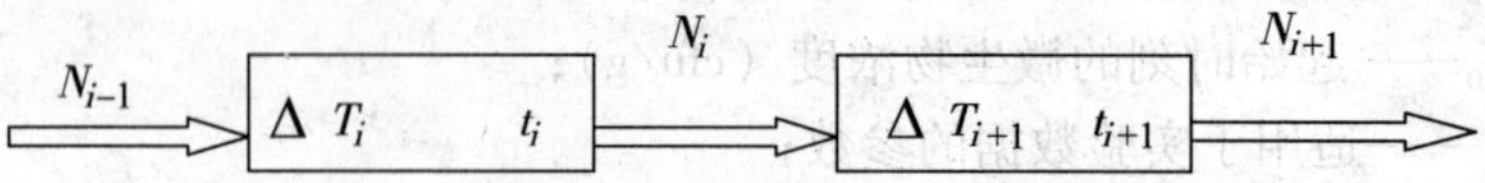

图 1　食品物流系统微生物浓度传递

所以食品经过 i 个物流单元后的安全可靠度 R_i 可以表示为：

$$R_i = 1 - d\sum_{j=1}^{i} \Delta T_j^2 t_j - \frac{\log_{10}(N_0)}{\log_{10}(N_D)} (0 \leqslant R_i \leqslant 1) \tag{6}$$

令 $1 - \frac{\log_{10}(N_0)}{\log_{10}(N_D)} = R_0$，则（6）式可化为：

$$R_i = R_0 - d\sum_{j=1}^{i} \Delta T_j^2 t_j (0 \leqslant R_i \leqslant 1) \tag{7}$$

利用上式，可以简便地计算出食品物流系统中每一时点的安全可靠度。

三、无成本约束的食品物流系统优化

如果在一个有 m 个物流单元的食品物流系统中，只考虑安全性，不考虑物流成本和物流单元能力的限制，则根据（6）式可以得到食品物流系统的优化模型：

$$\begin{aligned} & \max R_m = 1 - d\sum_{j=1}^{m} \Delta T_j^2 t_j - \frac{\log_{10}(N_0)}{\log_{10}(N_D)} \\ & \text{s. t} \quad \sum_{j=1}^{m} \Delta T_j^2 t_j \leqslant \frac{1}{d}\left[1 - \frac{\log_{10}(N_0)}{\log_{10}(N_D)}\right] \\ & \qquad \Delta T_j \geqslant 0 (j = 1, 2, \cdots, m) \\ & \qquad t_j \geqslant 0 (j = 1, 2, \cdots, m) \end{aligned} \tag{8}$$

约束条件（8）式是为了确保安全可靠度不为负数。在实际的食品物流系统中，各物流单元的温度和处理能力都是有约束的。一般情况下，温度要求越低，制冷设备条件要求越高，而设备可达到的温度不可能无限低，必有一温度下限（如有些保温车的最低温度只能达到 5℃）。将这一温度下限用 T_j^* 表示。另外，物流单元的处理时间一般也都有限制，用 t_j^* 表示处理时间的限制要求。因此以上优化模型可以改进为：

$$\begin{aligned} & \max R_m = 1 - d\sum_{j=1}^{m} \Delta T_j^2 t_j - \frac{\log_{10}(N_0)}{\log_{10}(N_D)} \\ & \text{s. t} \quad \sum_{j=1}^{m} \Delta T_j^2 t_j \leqslant \frac{1}{d}\left[1 - \frac{\log_{10}(N_0)}{\log_{10}(N_D)}\right] \\ & \qquad \Delta T_j \geqslant T_j^* \geqslant 0 (j = 1, 2, \cdots, m) \\ & \qquad t_j \geqslant t_j^* \geqslant 0 (j = 1, 2, \cdots, m) \end{aligned} \tag{9}$$

显然，（9）式中当各物流单元的温度和时间都取下限 T_j^* 和 t_j^* 时，$\sum_{j=1}^{m} \Delta T_j^2 t_j$ 最小，

目标函数达到最大，此时食品物流系统的安全可靠度最高。

四、有成本约束的食品物流系统优化

食品物流系统作为一个经济系统，不仅需要考虑安全性，还需要考虑资源成本等约束，例如费用、重量、体积和消耗能量等。在规划设计和评估物流系统时，要用最少的物流资源或者最小的物流成本，达到期望的服务水平或安全可靠度。

1. 模型的建立

对于不同的食品物流系统，其提供物流服务的成本是不同的。假定有一个由 m 个物流单元组成的物流系统，食品经过物流单元 j 的物流成本为 C_j，提供的物流服务量为 V_j，安全可靠度为 R_j，则这个物流单元的物流成本函数为：

$$C_j = C_j(V_j, R_j) \tag{10}$$

食品物流单元提供物流服务具有典型的规模效应（如冷库的库存量越大，单位运营成本越低；冷藏车的配送量越大，单位配送成本也越低），即物流成本与物流服务数量的关系满足：

$$\frac{\partial C_j}{\partial V_j} > 0 \quad 且 \quad \frac{\partial^2 C_j}{\partial V_j^2} < 0$$

在系统处理能力固定的条件下，食品物流系统的处理量与处理时间成正比，则上式可以化为：

$$\frac{\partial C_j}{\partial t_j} > 0 \quad 且 \quad \frac{\partial^2 C_j}{\partial t_j^2} < 0 \tag{11}$$

在食品物流过程中，一般要保持低温，需要购置专门的冷藏设备，需要消耗能量。而且，随着物流单元温度的下降，需要消耗更多的能量和要求技术条件更高的设备，物流成本增加更快。所以，食品物流单元的物流成本与温度有以下关系：

$$\frac{\partial C_j}{\partial \Delta T_j} > 0 \quad 且 \quad \frac{\partial^2 C_j}{\partial \Delta T_j^2} > 0 \tag{12}$$

目前食品冷链往往只能延伸到销售环节，要保证消费安全，消费环节必须预留一定的安全可靠度。当要求某食品物流系统最终的安全可靠度不能低于 R_E 时，则由（6）式可得到：

$$\sum_{j=1}^{m} \Delta T_j^2 t_j \leqslant \frac{1}{d}\left[1 - R_E - \frac{\log_{10}(N_0)}{\log_{10}(N_D)}\right]$$

综上所述，对于有处理能力和安全可靠度约束的食品物流系统，其成本优化决策模型如下：

$$\min C = \sum_{j=1}^{m} C_j(V_j, R_j) = \sum_{j=1}^{m} C_j(\Delta T_j, t_j) \tag{13}$$

$$\text{s. t} \quad \sum_{j=1}^{m} \Delta T_j^2 t_j \leqslant \frac{1}{d}\left[1 - R_E - \frac{\log_{10}(N_0)}{\log_{10}(N_D)}\right]$$

$$\frac{\partial C_j}{\partial t_j} > 0 \quad 且 \quad \frac{\partial^2 C_j}{\partial t_j^2} < 0$$

$$\frac{\partial C_j}{\partial \Delta T_j} > 0 \quad 且 \quad \frac{\partial^2 C_j}{\partial \Delta T_j^2} > 0$$

$$\Delta T_j \geqslant T_j^* \geqslant 0 \qquad (j = 1, 2, \cdots, m)$$

$$t_j \geqslant t_j^* \geqslant 0 \qquad (j = 1, 2, \cdots, m)$$

2. 模型求解

因为每个物流单元的成本函数都是不同的，而且表达式十分复杂，所以模型直接求解比较困难。但是根据物流成本与温度和时间的特殊关系，可以找到一种比较简便的启发式算法。

求解思路：从（7）式可以得到以下结论：要使物流单元达到相同的安全可靠度要求，调整物流单元的温度比调整物流时间的效果更加显著。即在满足系统总体安全可靠度不低于最终安全可靠度要求 R_E 的前提下，从温度最低的物流单元开始，将温度调升到与其温度值相邻最近的单元温度值；如果有多个物流单元的温度相同，则优先调整物流时间最大的单元；不断调整，直到系统总体安全可靠度达到限制要求 R_E。

求解步骤：

步骤1：将 T_j^* 按照升序进行排列，得到集合 S（S_1，S_2，…，S_m）。

步骤2：令 $t_j = t_j^*$，$\Delta T_j = T_j^*$（$j=1$，2，…，m）。

步骤3：如果 $\sum_{j=1}^{m}\Delta T_j^2 t_j > \frac{1}{d}\left[1 - R_E - \frac{\log_{10}(N_0)}{\log_{10}(N_D)}\right]$ 则无解，退出；否则，步骤4。

步骤4：取集合 S 剩余元素中最小元素 S_i，其对应物流单元 j，如果有多个元素是最小值，则取 t_j^* 最大的单元。令 $\Delta T_j = \Delta T_j + (S_{i+1} - S_i)$，其余单元温度不变。

如果：$\sum_{j=1}^{m}\Delta T_j^2 t_j = \frac{1}{d}\left[1 - R_E - \frac{\log_{10}(N_0)}{\log_{10}(N_D)}\right]$，则找到优化解。

如果：$\sum_{j=1}^{m}\Delta T_j^2 t_j > \frac{1}{d}\left[1 - R_E - \frac{\log_{10}(N_0)}{\log_{10}(N_D)}\right]$，则逐步缩小 ΔT_j，直到满足

$\sum_{j=1}^{m}\Delta T_j^2 t_j = \frac{1}{d}\left[1 - R_E - \frac{\log_{10}(N_0)}{\log_{10}(N_D)}\right]$，则找到优化解。

步骤5：如果 $\sum_{j=1}^{m}\Delta T_j^2 t_j < \frac{1}{d}\left[1 - R_E - \frac{\log_{10}(N_0)}{\log_{10}(N_D)}\right]$，则将 S_i 从集合 S 中去掉，重新按 ΔT_j 值不降序排列集合 S，返回步骤4。

五、算例

寿司因由手工制作，容易被金黄色葡萄球状菌污染而引起食品安全问题。表1是某寿司物流过程的温度和时间限制数据，假设为了保证消费者购买寿司一段时间后仍能安全食用，要求期望安全可靠度为0.8，已知金黄色葡萄球状菌最小致病浓度为 10^5 cfu/g，d 为0.0003，零生长温度为5℃。

根据式（6），当各物流单元温度和时间都取下限时，得到最终安全可靠度为0.851（计算过程见表1），高于期望安全可靠度0.8，所以在保证安全的前提下，从成本角度考虑，这个物流系统还需要优化。

表 1 **优化前物流过程的各项数据**

编号 j	物流单元	温度 T_j（℃）	时间 t_j（h）	$\Delta T_j^2 t_j$	$\sum_{j=1}^{i} \Delta T_j^2 t_j$	$d\sum_{j=1}^{i} \Delta T_j^2 t_j$	R_i
1	制作	15.0	0.8	80.0	80.0	0.024	0.976
2	包装	17.0	0.5	72.0	152.0	0.046	0.954
3	装车	22.0	0.1	28.9	180.9	0.054	0.946
4	配送	13.0	2.3	147.2	328.1	0.098	0.902
5	卸车	21.0	0.2	51.2	379.3	0.114	0.886
6	搬运	20.0	0.2	45.0	424.3	0.127	0.873
7	销售	11.0	2.0	72.0	496.3	0.149	0.851

根据求解思路，首先优化温度最低的单元。本系统中，最低温度单元是销售单元（11℃）。利用前面的启发式算法，将销售单元的温度提高到与其最相近的配送温度13℃，重新计算系统的安全可靠度，此时仍然高于期望安全可靠度0.8。循环运算，可以得到优化后各冷链单元的温度和时间（如表2）。即通过将配送和销售环节的温度适当提高（分别提高2.5℃和2℃），可以在充分保证食品安全的前提下尽量节约物流成本。

表 2 **优化后物流过程的各项数据**

编号 j	物流单元	温度 T_j（℃）	时间 t_j（h）	$\Delta T_j^2 t_j$	$\sum_{j=1}^{i} \Delta T_j^2 t_j$	$d\sum_{j=1}^{i} \Delta T_j^2 t_j$	R_i
1	制作	15.0	0.8	80.0	80.0	0.024	0.976
2	包装	17.0	0.5	72.0	152.0	0.046	0.954
3	装车	22.0	0.1	28.9	180.9	0.054	0.946
4	配送	15.0	2.3	230.0	410.9	0.123	0.877
5	卸车	21.0	0.2	51.2	462.1	0.138	0.862
6	搬运	20.0	0.2	45.0	507.1	0.152	0.848
7	销售	13.5	2.0	144.5	651.6	0.196	0.804

六、结束语

食品物流系统的优化就是要在保证食品安全的前提下，实现物流成本最小化。以上的分析和算例表明：食品物流系统的安全可靠度模型是对食品物流系统进行量化研究的基础；利用安全可靠度对食品物流系统进行优化，一方面反映了食品在物流过程中持续变化的本质；另一方面根据食品物流成本与温度和时间的特殊关系，模型可以找到一种启发式算法，求解较为方便。为分析、设计和改进食品物流系统提供了一种新的思路和方法。

参考文献

[1] 陈锦汉，庞杰，龚加顺．食品物流学［M］．北京：中国轻工业出版社，2007.

[2] 金征宇．食品安全导论［M］．北京：化工工业出版社，2005.

[3] 邱祝强，谢如鹤，邹毅峰．GO－FLOW 法在蔬菜物流安全风险分析中的应用［J］．武汉理工大学学报：交通科学与工程版，2010，34（2）：332－336.

[4] 李江萍，但斌，陈军．基于货损约束的配送系统优化模型［J］．工业工程，2006，9（6）：66－69.

[5] 鲍长生．冷链物流运营管理研究［D］．上海：同济大学，2007.

[6] 金星，洪延姬．系统可靠性评定方法［M］．北京：国防工业出版社，2005.

[7] 余小川，季建华．物流系统的可靠度及其优化研究［J］．管理工程学报，2007，21（1）：67－70.

[8] 宋怿．食品风险分析理论与实践［M］．北京：中国标准出版社，2005：118－119.

[9] 刘广海．冷藏运输能耗分析与装备优化研究［D］．长沙：中南大学，2007.

[10] ANDREW FEARNE，SUSAN HORNIBROOK，SANDRA DEDMAN. The management of perceived risk in the food supply chain：a comparative study of retailer－led beef quality assurance schemes in Germany and Italy［J］. The International Food and Agribusiness Management Review，2001，4（1）：19－36.

[11] M. H. ZWIETERING，J. C. DE WIT，S. NOTERMANS. Application of predicative microbiology to estimate the number of Bacillus cereus in pasteurized milk at the point of consumption［J］. International Journal of Food Microbiology，1996，30（1）：55－70.

[12] MIN－JEONG RHO，DONALD W. Schaffner. Microbial risk assessment of staphylococcal food poisoning in Korean kimbab［J］. International Journal of Food Microbiology，2007，116（2）：332－338.

现代物流服务业自主创新的驱动力及模式选择*

汪旭晖　翟丽华

摘　要：在中国物流服务业竞争异常激烈的宏观背景下，本土物流企业只有通过自主创新，才能够有效突围，取得领先市场地位。物流服务企业的自主创新可分为原始创新、集成创新、技术引进消化吸收再创新三种类型，自主创新活动的实施受到内部驱动力和外部驱动力的双重影响，其中内部驱动力包括企业人力资源、企业战略和企业文化；外部驱动力包括了技术轨道、制度轨道、服务专业轨道、社会轨道以及现有竞争者、潜在进入者、供应商、顾客等行为者。在这些驱动力的作用下，电子商务模式、典型的R&D模式、破坏性创新模式、合作创新模式将成为未来现代物流服务业自主创新的主要模式。

关键词：物流服务业　自主创新　驱动力　模式

一、引言

物流服务业作为国民经济中一个新兴的服务部门，正在全球范围内迅速发展。在国际上，物流服务业被认为是国民经济发展的动脉和基础产业，其发展程度成为衡量一国现代化程度和综合国力的重要标志之一，被喻为促进经济发展的“加速器”。但是相对于发达国家的物流服务业而言，我国的物流服务业尚处于起步发展阶段，产业竞争力十分低下，主要表现在物流企业数量众多，但是规模普遍较小，大型的或是具有较强市场竞争力的物流企业特别是专业性的第三方物流企业很少；物流企业和物流服务呈现出严重的“均质化”倾向，产品和服务差别化程度低，企业间的竞争以低层次价格竞争为主；传统物流市场的进入和退出壁垒比较低，整个物流市场尚未形成合理有效的市场竞争与协作的格局。

随着我国物流市场对外开放程度的提高，越来越多的跨国物流企业进入中国市场，给本土物流企业的生存和发展带来了巨大的冲击和威胁。此外受燃油价格攀升、国家节能减排指标的颁布以及劳动合同法实施等诸多外部因素的影响，近年来物流企业运

---

* 基金项目：教育部新世纪优秀人才支持计划（NCET－08－0862）；辽宁省高等学校优秀人才支持计划(2008RC17）的阶段性研究成果。

作者简介：汪旭晖，男，辽宁大连人，管理学博士，东北财经大学工商管理学院教授，物流管理系主任，清华大学经济管理学院博士后，中国市场学会流通学术委员会副秘书长，中国物流学会常务理事，全国高校贸易经济教学研究会常务理事，中国商业经济学会理事。翟丽华，女，山东菏泽人，东北财经大学工商管理学院硕士研究生。

行管理成本不断上升，这也进一步加剧了国内物流市场的竞争。在这样的环境背景下，有的学者提出物流企业有效突围，取得领先市场地位的唯一法则，那就是要增强自主创新能力，通过自主创新，打造自身的核心竞争力。那么现代物流服务业自主创新的驱动力和模式究竟有哪些？对这些问题的解答，将为中国本土物流企业的健康发展提供指导。

二、对物流服务业自主创新内涵与类型的诠释

创新（Innovation）是当代企业生存与发展的基本要素和重要特征。1912 年，美国哈佛大学熊彼特教授第一次把创新引入了经济领域。他认为创新就是要建立一种生产函数，实现生产要素从未有过的组合。根据熊彼特的创新理论，创新是对新产品、新过程的商业化及新组织结构等进行的搜寻、发现、开发、改善和采用的一系列活动的总称。创新作为“第三利润源”是现代企业的根本特征之一，其创新领域的确定及创新方式的选择，对于现代企业的可持续发展意义重大。

对于物流服务业而言，自主创新就是指物流服务企业依赖自身所具有的能力和资源，或集成和应用各种物流技术知识，在物流市场上获得竞争优势的各种创新活动的集合。物流服务企业自主创新的类型包含三种：原始创新（Original Innovation），集成创新（Integrated Innovation）及技术引进消化吸收再创新。所谓原始创新指物流企业在创新过程中，在一个相对较长的时期内，通过自身不断努力，攻克技术难关，实现技术突破，并依靠自身能力实现创新成果产业化，最终实现企业预期目标的创新活动。例如全球定位系统（GPS）、射频标识技术（RFID）、条形码技术、激光导引自动车技术（AGV）等都是原始创新。原始创新强调的是标新立异，人无我有，人有我新。所需要的核心技术来源于企业内部的技术突破，依靠自身力量，通过独立的研究与开发活动而获得，这是该创新类型的主要特点。

集成创新是在系统集成思想的指导下，运用集成方法将创新要素优化整合，创造出满足市场需求的技术和产品，并实现成果市场化的创新过程。集成创新比原始创新简单，借鉴整合了现有技术和其他行业技术。例如昆船公司集成创新的激光自动导引车（LGV），其导航定位、交通管理、车辆调度、信号采集、故障诊断等都是信息化的 LGV 集成了瑞典、德国、芬兰、美国、瑞士、日本等世界一流厂商的软硬件技术，是全球化集成的。昆船公司运用集成创新的思路和方法精选了如 SIEMENS、ROCKWELL、IBM、HP 等的关键零部件和关键软件，自己开发单机、系统软件，开展系统设计，实现了企业部分物流技术的跨越式发展。

技术引进消化吸收再创新是在引进国外先进技术基础上，经过学习、分析和研究整合企业资源实现从技术引进到消化吸收再到二次创新的创新实现过程。例如，天津保税区努力营造便捷高效和国际化的物流运营环境，吸引了跨国物流公司纷至沓来，美国 UPS、丹麦马士基等跨国物流公司在保税区建立区域性物流中心和采购中心，把先进的物流理念、运作经验和市场渠道带到天津，成为推动现代物流服务业快速发展的强大引擎。在消化吸收及基础上，保税区又创新运作模式、服务方式，推出符合国际运作规范、适合中国国情的现代物流运作方式，着力构建海、陆、空、铁多式联运

体系。

这三种创新方式既彼此独立，又相互联系、相互渗透。在保证异质性和持续性提高的前提下，实现创新方式的重新组合可以更好地实现持久差异化战略。

三、现代物流服务业自主创新的驱动力分析

物流服务业创新的基本驱动力是形成自主创新模式的基础，也是自主创新模式的决定因素。各种驱动力要素的组合会构成物流企业的系统创新环境。因此对驱动力的正确识别和把握是制定自主创新模式的前提。

服务企业开展创新活动的驱动力多种多样，既包括企业内部行为主体的驱动，也有来自外部诸多因素的作用。对于现代物流服务企业来说，自主创新的驱动力主要有以下几方面（见图1）。

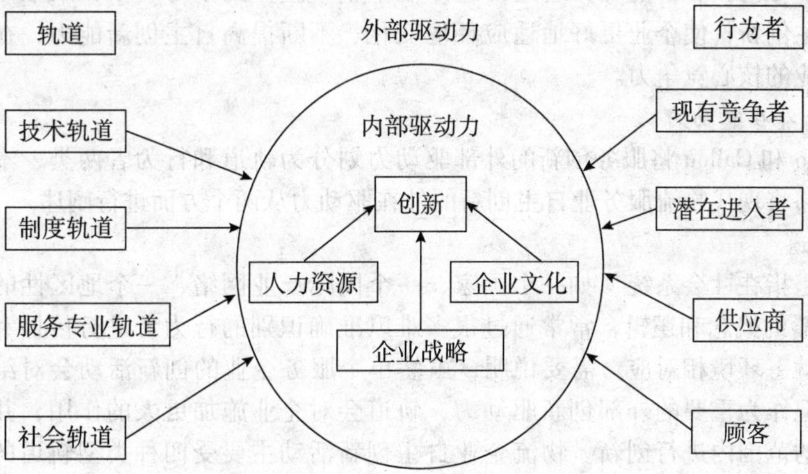

图1　物流服务业自主创新的驱动力模型

（一）内在驱动力

1. 人力资源

随着中国物流市场的全面开放以及世界制造中心逐步形成，全球采购与全球销售形成庞大的国际物流系统，企业需要的是精通进出口贸易、海关业务、电子商务、采购系统、供应链管理的复合型物流人才。目前我国的物流企业中有相当一部分企业是从传统的运输企业和仓储企业转型而来的。在这样的企业中，员工特别是一线员工从事的仍是基础的运输、配送工作。由于自身能力不足及企业信息系统的不完善，完全不能有效地了解顾客需求，无法面对激烈的市场竞争。事实上，管理者的创新理念和远见以及员工素质对于创新活动至关重要。管理者和员工观念和素质技能的改变会导致组织创新和管理创新。因此要求员工及管理者形成创新意识，敢于面对市场的变化，使得人力资源成为企业的竞争制胜之本。

2. 企业战略

物流服务企业自主创新已经由最初的随意性和非系统性活动转变为企业整体战略

引导下的一种有意识的系统性行为。所以对于物流服务企业而言，战略是一种最为根本同时也最为有效的内部创新驱动力。战略是物流服务企业有关自身发展的长期规划，是指导企业各项活动的根本准则。具有创新意识的物流服务企业会将自主创新作为战略规划的重要组成部分，一次作为获取竞争优势、占领市场和形成良好企业形象的根本手段，并形成针对自主创新活动的管理概念，使自主创新成为企业谋求生存和发展的主要需求和内在动力。

3. 企业文化

企业文化是企业全体员工所共同拥有的一系列基本一致的价值观念、经营方式、理想追求、情感意志和行为规范的综合反映，是维系企业生存和发展的精神支柱。企业文化是自主创新的一个非常重要的驱动器，学习型企业文化更是保证企业不断自主创新的充分条件。学习型企业文化以鼓励个人学习和自我超越、促进建立共同愿景和激励团队学习为核心价值观，通过营造弥漫于整个企业的学习气氛，来推动物流服务企业的自主创新，使企业更好地适应环境变化、不断提高自主创新能力，在市场竞争中增强企业的核心竞争力。

（二）外在驱动力

Sundbo 和 Callou 将服务创新的外部驱动力划分为轨道和行为者两类，本文也将借鉴这个思路将现代物流服务业自主创新的外在驱动力从两个方面进行阐述。

1. 轨道

轨道是指在社会系统（如一个国家、一个国际产业网络、一个地区性的专业网络等）中传播的概念和逻辑，常常通过很多难以准确识别的行为者进行传播和扩散，并与周围的动态环境相对应。需要说明，虽然单个服务企业的创新活动会对给定轨道产生影响，但作为重要的外部创新驱动力，轨道会对企业施加更大的作用，并使企业在轨道约束的范围内进行创新。物流企业自主创新活动主要受四种类型轨道的驱动：技术轨道、制度轨道、服务专业轨道和社会轨道。这四种轨道常常是相互交织并共同对物流企业自主创新活动产生影响。

（1）技术轨道。技术轨道为物流服务业自主创新提供技术支持，以保证物流企业各项创新活动实现的时效性。我国物流企业大多都规模偏小，企业的生存和发展大多依赖于基于廉价劳动力等因素的低成本竞争策略。随着电子商务和其他软硬件技术在物流企业中的引入和广泛应用，物流行业市场竞争的日趋激烈，越来越多的中国物流企业已经意识到仅仅依靠低成本服务已经无法在竞争中立足。为了适应现代物流的发展趋势，中国的物流企业迫切需要新的立足点和增长点：强大的技术创新能力。只有通过有效地技术创新，引入高科技手段，及时响应客户需求变化服务模式，不断提升运营和服务效率，才能在新的竞争环境中站稳脚跟。技术轨道中包括研究开发和服务机构、实验室和大学等。这些机构为企业自主创新提供一个平台，具有开放性和兼容性，比较容易获得政府、企业和各种研究基金的支持，可以源源不断地提供知识创新的成果、物流人才以及创业者，在创造知识、传播知识、营造产业创新环境方面发挥作用。一个国家物流产业内大学和科研院所的多少已经成为衡量物流产业创新能力强弱的一个重要指标。

（2）制度轨道。制度轨道描述了物流服务业外部制度环境的一般演变规律和趋势，包括政治环境、管制规则等的变化。制度环境的变化会促进大量创新的出现，也可能抑制创新活动的发生。物流业是一种跨部门、跨行业的复合型产业，不但涉及铁路、公路、航空等多种运输方式，以及运输、仓储、流通加工等多项业务种类，而且涉及技术设备、投资融资、税收、海关等多个领域。与之相应，物流业涉及铁道部、交通部、海关总署等诸多行业部门。因此物流企业的发展离不开宏观层面的政策支持。我国目前在制度层面对物流企业给予了大力的支持。具体表现：党中央在"十一五"规划的建议中，明确把"物流"作为产业提出，并明确要大力发展现代物流服务业。全国现代物流工作部级联席会议也于2005年建立，标志着全国政府部门间推进现代物流工作的协调机制开始形成。

（3）服务专业轨道。在四类轨道中，最重要的是服务专业轨道。物流服务企业自主创新一般由物流行业自身性质所决定，必须以物流业的一般性知识、基本方法和行为准则为基础，同时还要考虑到物流服务的特殊之处，在服务专业轨道约束和演进范围内进行。物流服务业中由服务本身特性所引发的创新越来越重要。

（4）社会轨道。社会轨道是社会一般规则和惯例的演进，如生态和环境保护意识的加强就会对物流服务企业的创新活动产生重大影响。如现今出现的冷链物流技术把易腐、生鲜食品的生产、运输、销售、经济和技术等各种问题集中起来考虑，协调相互间的关系，以确保易腐食品在加工、运输和销售过程中的质量和安全，这项创新技术关系到人民生命安全和生活品质的提高，因此与社会轨道相符。

2. 行为者

行为者是指人、企业或组织，其行为对服务企业的创新活动有重要影响，并经常被包含在创新过程中。对于物流服务业自主创新的外部行为者驱动力分析，必须基于物流业的竞争结构，才能刻画出创新活动的真实情况。在这里我们主要分析四类行为者。

（1）现有竞争者。在物流市场中的现有竞争者对创新活动会有很大的影响。物流企业可以通过模仿竞争者的创新行为而在其内部产生创新，其他企业通常不采取进攻性的创新战略，因而开始一项创新活动的条件经常是竞争者首先行动。物流业同业竞争日益激烈，采取"中间路线"，没有明显特色的物流商将无法生存。因此在领先竞争者创新示范效应的影响下，物流企业必须在技术、成本等多方面实施差异化战略，这是物流企业最为直接的创新来源。

（2）潜在进入者。物流企业必须密切关注潜在新进入者的动态及其对企业经营的影响。潜在进入者使得物流企业愿意尽早在运营过程中应用各种先进技术。但是我国物流市场进退壁垒比较低，物流企业寿命比较短，这使得声誉、品牌等很难在市场中进行有效的传播，企业之间的竞争以低层次价格竞争为主，在很大程度上造成国内物流市场的混乱局面。

（3）供应商。供应商包括三种类型：原材料供应商、知识供应商和技术供应商。原材料供应商主要在成本上对物流企业起作用。知识供应商是创新思想的重要来源和创新活动的推动者，它们可以为服务企业提供大量创新思想，并帮助企业开展具体的创新。技术供应商（包括软件供应商）在创新过程中也是重要的合作者，如很多软件是在服务企业和技术供应商之间合作开发的。它们通过各种应用技术创新的新型设备来提高渠道效率和效益，从而迫使物流企业不断创新来改进服务并削减成本，相应地也使其运营模式和管理方法发生改变，因此也是一种重要的驱动力。

（4）顾客。随着国民经济的持续快速发展和全社会物资、商品、信息的高速流通，中国物流市场总体规模持续扩张。如图 2 所示，中国物流市场规模在亚太地区所占份额呈现出持续快速增长的态势。反映出物流需求规模不断扩张。由此也带来了顾客需求的多种多样和快速变化。物流服务业创新的根本动力是顾客需求的快速变化。快速的人口、经济、社会和技术变化导致了顾客价值观越来越具有个性，形成了日益复杂和多样化的顾客需求。如何来满足不同消费群体的需求成为物流业自主创新的最主要驱动力。

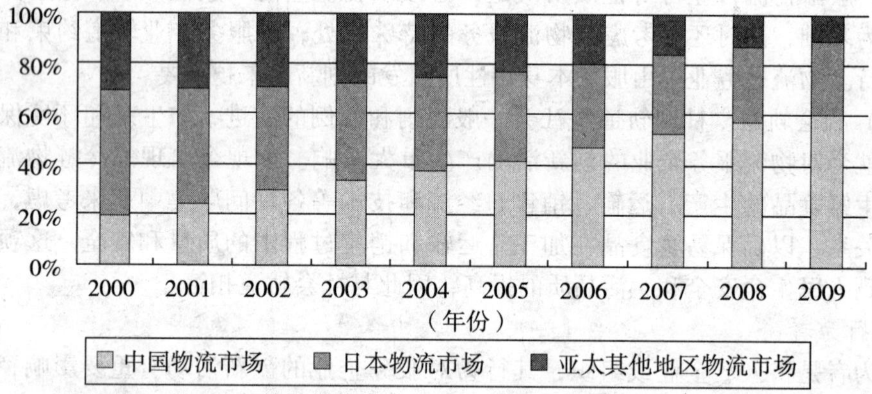

图 2　2000—2009 年亚太地区各国（或地区）物流市场所占份额变化趋势

资料来源：根据 Datamonitor 数据整理而来

目前，物流服务业的创新活动的发展趋势更加主动和系统化，因此从某种角度上说，内部驱动力比外部驱动力变得更加重要。但是无论是外部驱动力还是内部驱动力都会对自主创新活动产生不同程度的影响，物流企业必须根据自身能力和环境的变化，准确分析企业的创新驱动力，选择恰当的创新模式，以确保自主创新的顺利实施。

四、现代物流服务业自主创新的模式选择

模式就是从不断重复出现的事件中发现和抽象出的规律。只要是一再重复出现的事物，就可能存在某种模式。服务企业一方面受到制造业创新的影响，采取的某些创新模式与制造业类似；另一方面服务企业自身包含更多独特的创新模式，被服务企业更加频繁和更为普遍地采用。此外，不同类型的创新活动必须适应不同的创新模式。物流服务业自主创新的模式是不同驱动力作用的结果。从图 1 的驱动力模型出发，可以把物流服务业创新模式总结为以下四种。

（一）电子商务创新模式

在技术轨道驱动力的作用下众多物流服务企业采用了电子商务创新模式。与传统

物流企业相比，不同类型的电子商务都在服务概念、顾客界面、传递系统和技术选择上发生了改变。这些自主创新的基础是信息与通信技术，结合顾客需求的变化、新物流配送体系的出现，电子商务实现了交易结构的全新改变。通过网络信息传递，有效地实现对物流的实时控制，并且从社会的角度进行系统的组织与管理，实现物流的合理化。技术支持系统是电子商务创新的关键。电子商务建立了以数据库为核心的决策支持及运营系统，采用电子货币等新支付方式来取代传统货币的支付方式；对消费者的海量数据进行挖掘以建立客户忠诚系统等技术措施，使得物流企业的管理系统由产品服务管理为中心转向以顾客需求管理为中心。例如从创建到现在一直保持60%增长的德邦物流现今的创新点就是网络购物和支付宝，成为淘宝网的推荐物流服务商，并建立了自己的网上营业厅。

（二）典型的R&D模式

该模式是“复制”传统制造业中的R&D模式，它在R&D和生产之间存在清晰的界限。这种模式在其他服务业中出现的较少，但是在专门针对信息和物资处理的标准化运作的大型服务企业中运用的较多。最典型的就是应用在物流服务业，这种模式更容易产生的是原始创新。

R&D模式中分为传统模式和新工业模式。Kline和Rosenberg认为，在正面临着强大竞争压力的大规模信息服务业中，创新通过互动源或行为而产生，创新过程很少遵循线性模型，而更多采用相互作用的复杂模型。该模式的主要外部驱动力是技术轨道和服务专业轨道以及顾客，其中技术轨道更为重要。顾客在模式中出现，但不作为被动的信息源和创新接受者，而是创新的积极参与者，并与企业各部门间发生大量相互作用。

对于第三方物流而言能够独立支撑起R&D机构的物流企业很少，因此R&D模式大多应用于大型企业中的物流部门。但是近年来，许多物流企业采用技术引进消化吸收再创新的方式，既引进先进的硬件技术，也积极开发、积累软件技术。物流企业内部正在形成能开发独特的专门技术的企业聚群。

（三）破坏性创新模式

Christensen（1997）识别了三种创新：持续性创新、低端的破坏性创新和新市场的破坏性创新。他认为如果创新是可持续的，那么现有竞争者几乎总会战胜新进入者；而如果创新是破坏性的，那么现有竞争者则几乎总会失败。低端的破坏性创新的兴起是由于企业追求产品的改进与创新，是超越了顾客的需求与期望，低端的创新能够提供更简单、更廉价的产品。历史研究发现，成熟型大公司往往被小公司的破坏性创新淘汰出局。这主要是因为在前一代技术轨道上建立起来的组织规章、企业文化、激励机制、经营策略、组织能力都与前一代技术轨道后期的持续性创新相适应，而前一代技术轨道上积累的成功经验、核心能力与竞争优势恰恰成为了新一轮竞争的障碍。

对于现代中国物流企业来讲，破坏性创新可以针对部分农村群体顾客以及不追求服务质量只在意服务价格的顾客群体。企业可以使用低廉的成本，并且没有时间限制，顾客只需相当低的价格就可以得到能够满足的服务。另外，在应用于物流行业的车辆跟踪系统领域里，GPS及其他混合技术产品，如GPSOne等，是物流跟踪技术的主流解决方案。而作为竞争对手出现的 LBS – LTS 系统却另辟蹊径，遵循着破坏性创新，成功地以“适宜的效果、超低的成本、低端的客户”模式，开创了物流跟踪技术领域的蓝海市场。

破坏性创新可能导致整个产业发生变革，实现技术的跨越性变迁，是我国相对落后的物流业急需的创新模式。但是这种创新出现频率较低，时机难以把握，且风险较高，鼓励物流企业勇于尝试破坏性创新，将是未来的一个发展方向。

（四）合作创新模式

合作创新是指物流企业间或企业、研究机构、高等院校、政府之间的联合创新行为。由于全球技术创新的加快和技术竞争的日趋激烈，企业技术问题的复杂性、综合性和系统性日益突出，依靠单个企业的力量越来越困难。因此，利用外部力量和创新资源，集成各个方面的创新优势，借鉴整合各个行业的领先技术，实现优势互补，成果共享，已经成为技术创新日益重要的趋势。

物流企业间结成物流联盟来共同创新，可以达到比单独从事物流创新有更好的效果，企业间可以形成相互信任、共担风险、共享收益的物流伙伴关系。有专家认为“小”（经营规模小）、“少”（市场份额少、服务功能少、高素质人才少）、“弱”（竞争能力弱、融资能力弱）、“散”（货源不稳定且结构单一、网络分散、经营秩序不规范）是目前我国大多数中小型物流企业的通病。这种现状对企业创新活动非常不利。我国物流企业面临的是全球市场，市场上出现的许多商机和创新点，需要将各种复杂系统结合起来，但这就目前的中小物流企业本身而言是很难应付的。例如德国汉堡和不莱梅两个港口物流，具有共同腹地，原本为竞争对手。但现今两港口讨论通过合作产生协同作用，谈判其集装箱部门合作创新问题，使得两个物流企业整合了内部资源，集成两者的创新经验，从而在面对欧洲北海鹿特丹、安特卫普等港口的竞争时游刃有余。所以，我国物流企业应该通过建立物流联盟，搭建信息共享平台，整合各企业的核心能力，扬长避短，优势互补。

另外，物流服务作为上游生产者服务业，和制造业的关系非常紧密，尤其在自主创新环节。制造业生产过程实际上是一种扩展的劳动过程，即由直接的车间劳动延伸到 R&D、设计、采购、产品检测和售后服务等的扩展过程。先进制造业的良性发展离不开现代物流业的有力支撑，发达的现代物流业可为制造业提供高质量、低成本的中间投入，进行专业化的服务，能够延长高技术制造业的产业链，提高其劳动生产率、产品附加值和产业竞争力。制造业整体水平和产品品质的提升，越来越依赖于物流服务业。同时物流服务业的发展也处于一种需求遵从地位，即通过对经济增长尤其是制造业扩张所引致的物流的服务需求来产生影响。先进制造业是现代物流业的需求方，制造业的发展还可以带动现代物流业水平的提升。所以物流服务业和制造业已经进入高度相关和互补的阶段。

因此协同创新便成为了一种非常重要的自主创新模式。协同创新是指创新相关要素通过有机配合协作，进而通过复杂的相互作用产生单独要素所无法实现的整体协同效应的过程。这里并不是指单纯的“1 + 1 > 2”，而是各种要素通过协同的关系组织起来，根据要素之间的内在联系形成的一个互动机制，从而构成一个有机的不可分割的整体，实现一种整体效应。这种创新模式更多应用的是集成创新，它借鉴和整合了现有技术和其他行业的技术。

一个物流企业的自主创新模式不可能只有一种，企业在选择创新模式时，必须处理好各类驱动力之间的关系，处理好各种创新模式之间的相互整合。只有这样，才能提高物流企业核心竞争力。

参考文献

[1] 汪旭晖，徐健．中国本土物流企业自主创新能力的影响因素：一个实证研究［J］．经济管理，2010（1）：140－146.

[2] 刘军，王雁．物流企业服务创新的路径与战略选择［J］．物流技术，2007（1）：14.

[3] SCHUMPETER，J. A. The Theory of Economic Development［M］．Massachusetts：Harvard University Press，1934.

[4] SHEN H WANG，L. W XU，Q LI，et al . Toward A Framework of Innovation Management in Logistics Firms：A Systems Perspective［J］．Systems Research & Behavioral Science，2009，26（2）：297－309.

[5] SUNDBO，J，GALLOUJ，F. Innovation in Service［J］．S14S Project Synthesis. Work package，1998，3（4）：19.

[6] KLINE S，ROSENBERG N. An Overview of Innovation［M］．Washington DC：National Academic Press，1986.

[7] CHRISTENSEN C. M. The Innovator's Dilemma：When New Technologies Cause Great Firms to Fail［M］．Harvard Business School Press，1997.

关于快递网络效应问题的探讨*

向先文　张　锦

摘　要：本文从快递供给和需求的角度，首次提出并分析了快递网络的网络效应，提供了一个联系快递活动供需双方经济行为的研究视角。本文认为，快递网络效应意味着快递网络变化过程中价值在供给网络和需求网络上的实现，而且供需两个层面的网络都表现出直接网络效应和间接网络效应。之后，提出了基于网络效应的快递网络演化方式。本文为快递及其他类型物流活动的市场、组织、政府管制等方面的研究和实践提供了一种新的思路。

关键词：物流　快递网络　网络效应　网络经济　网络演化

一、引言

快递企业依托于基础设施网络进行生产力布局，也通过网络提供快递服务，并最终形成网络化的消费者群体。可见，快递活动具有明显的网络化特点，快递活动经济主体的行为也可从网络的角度进行观察和研究。

网络效应指用户的价值随着网络中用户数量的增加，网络规模扩大而增加的现象，如当一个电话网络拥有较多用户数量时，对于电话网络的用户而言就具有了较高的价值，其实质是需方规模经济。网络效应的认识源自对电信网络的经济分析，它作为一种重要的市场力量深刻地影响着网络企业的竞争行为，使市场呈现出不同于一般市场的特点。例如，网络企业具有更为普遍的合作倾向、因正反馈而出现“马太效应”等现象。

那么，快递网络是否表现网络效应，其网络效应具有什么样的特点，同前面提到的电话网络的网络效应有何区别，又会对快递经济活动各主体带来何种影响就成为需要探讨的问题。

二、相关研究回顾及评价

（一）研究回顾

网络效应的研究思想源于利用网络方法进行经济学分析的理论流派，现有网络效应的研究主要针对信息（Information）、通信（Communication）和技术（Technology）产业（ICT 产业）。研究主要包括网络市场均衡、企业兼并、产品兼容、技术转移、转移成本等众多方面，已成为经济学的一个分支理论。本文针对国内外与快递网络效应

* 作者简介：向先文、张锦，西南交通大学交通运输与物流学院。

相关的交通运输网络、物流网络领域，在网络经济、网络效应、规模经济与范围经济等方面一些代表性研究进行了回顾。

国外研究中，Economides（1996）指出交通运输是网络经济学的重要研究对象。运输网络中，耐用物品为运输的基础设施，相关工具是移动载运工具，相关服务则是与基础设施与载运工具有关的操作、维护，而功能则是完成客货运输。Hartmut Wolf（2001）研究了网络效应对德国航空运输政策的影响，认为航空运输具有的枢纽网络结构使得通过航运线路整合方式实现范围经济和交通密度经济成为可能。Job van Exel 等（2002）基于网络效应和价值增加的视角研究了欧洲交通运输网络，得到关于交通运输政策取向的观点。Sergio R 等（2003）认为在分析交通运输网络扩张时，应从范围经济角度而非规模经济角度出发。James J. Laird 等（2005）通过回顾交通基础设施建设中的网络效应研究，提出在研究交通运输和宽广经济领域的网络效应时需要更加精准的定义，并建立能够反映网络效应影响的模型。Hiroyuki Iseki（2008）认为处于不同层次运输服务商具有不同的成本结构，规模经济的表现存在差异。他认为处于三个不同层次、不同规模的运输服务商都可能出现规模不经济。Hande Yaman（2011）利用一个混合整数规划研究了枢纽网络的总运输成本问题，提出当一个节点通过多个枢纽进行交通流的交换比仅通过单一枢纽更具经济性。可见，国外关于快递网络效应的相关研究已经兴起，并且已经在产业政策、企业运营等实践层面逐渐展开，尝试定量地探讨网络效应对经济主体的影响及其实现方式。

国内研究中，荣朝和（2001）在研究运输业规模经济和范围经济时分析了运输网络特性，定义了运输业网络经济的概念，并就其与规模经济和范围经济的关系进行了深入剖析，得到了网络经济决定市场结构的观点。王永立，杨东援（2006）提出道路运输运营线路网络效应的概念，并通过效应隶属度模型对其进行了综合评价。余国平，宗蓓华（2007）在网络效应经济理论研究基础上，结合荣朝和的研究观点，分析了交通运输业网络效应特点，从运输供应方和需求方分别分析了交通运输网络效应产生与作用机理。徐杰（2007）简单分析了物流网络效应的意义，并提出物流企业利用网络效应提高服务水平的建议。颜飞，王健伟（2008）深化了对运输业网络经济的认识，认为运输业在基础设施和运输组织两个层次上都具有网络经济特征。田炜（2008）分析了集装箱港口的网络效应。鄢飞，董千里（2009）研究了物流网络的协同效应。作者（2010）从网络效应出发，构建三阶段动态博弈模型研究了快递网络间的兼容问题，但缺乏对快递网络效应的分析。可见，国内交通运输和物流领域的学者结合网络效应经济理论对本学科问题的研究正在兴起并且逐步深入。

另有一些学者研究了快递、物流网络的特性、经济性、规划等方面的问题。以上研究与快递网络效应密切相关，为该问题的研究带来了启示。

（二）现有研究的评价

从网络效应的角度出发研究市场主体的行为及其对产业发展的影响，这类研究主要集中于 ICT 产业，其研究思路和方法可作为借鉴应用于快递网络效应的分析中。但 ICT 产业研究中所提到的网络同快递网络确实存在着显著差异，需要针对快递网络，对其网络效应产生的原因、作用机理的深入分析，以实现网络效应经济理论同快递研究的结合。

国内外学者虽然关注于交通运输和物流活动具有的网络化特点，并认识到所形成的网络经济现象。但这类关注于网络经济的研究主要基于供给网络的视角，很少考虑到供给网络的网络化和需求之间的关系。这一点也被 James J. Laird 等（2005）所发现，他们认为现有的模型在联系需求和决定服务品质的供给方面是薄弱的。

快递网络效应的研究不应限于在交通运输和物流研究中基于供给网络的探讨，还应将需方纳入进来。这是因为快递的竞争是服务的竞争，而服务品质又由需方感知，并反过来影响到企业在市场中的竞争过程。而且，由于网络效应的本质是需方规模经济，其研究本来就是从研究需方开始的。本文即是尝试以网络效应为视角，将供给和需求结合起来探索快递活动的规律。

三、快递网络的定义

（一）快递供给网络

快递基础设施网络的节点是各快递节点，连接这些节点的公路、铁路、航空线路等是网络的边。快递节点指快递物品收集和发送的各类机构和设施，包括各级快递转运中心，收货和派货的经营网点等，从物流功能上都可以看做不同等级的快递物品集散场所。从抽象的意义来看，供给网络节点是某种意义上快递物品的“需方”，而由实体线路组成的边实现了节点之间快递物品的交换，或称交互。快递基础设施网络是快递服务的支撑体系，由快递企业提供或利用，本文称之为快递供给网络，如图1（a）所示。要注意的是，这是狭义的供给网络概念，并不涉及对其他一些同属供给层面网络如组织网络、信息网络的探讨。

（二）快递需求网络

本文将快递物品的收发双方都看成是快递服务的消费者。如果将消费者看做网络节点，则可构成快递需求网络。在此网络中，消费者依托快递供给网络以及与供给网络相连的线路联系在一起，如图1（b）所示。消费者通过实体节点和线路连接形成需求网络，如图1（c）所示。需求网络节点是快递物品的最终“需方”，虚拟的边意在实现消费者之间关于快递物品的交换。

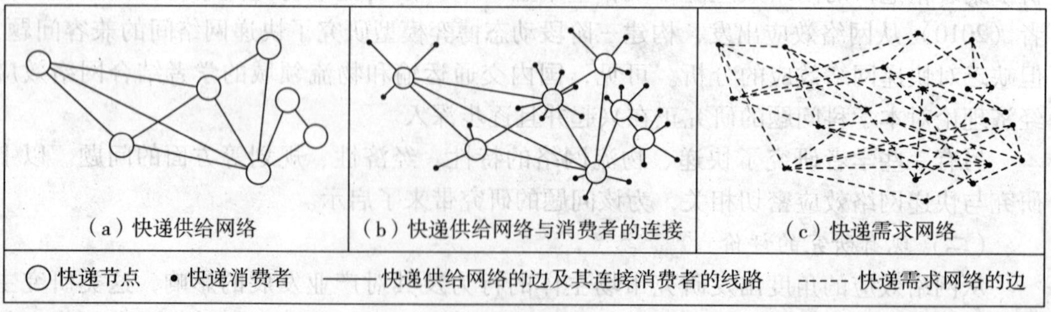

图1 快递网络示意

四、快递网络效应的提出与论证

前文指出，过去研究很少考虑供给网络的网络化和需求之间的关系。尽管有学者从供需两方面阐述交通运输中的网络效应问题，但并未从供需两个层面对网络加以区分，更未将供需网络效应之间的关系以及作用机理进行分析。本文对快递网络效应的分析将从供需两个方面分别进行。

后文将提到直接网络效应和间接网络效应的概念。网络效应研究中，前者指使用相同产品（或兼容产品）用户的增加而直接增加该产品价值，后者则指价值增加的方式是间接的，主要为互补产品增多、质量提升为原用户带来价值。

（一）快递供给网络的网络效应

快递供给网络效应反映了在需求网络扩大的驱动下，供给网络扩大过程中价值在供给网络上的实现。根据前文定义，快递供给网络是由点、线构成的，结构、功能、信息完整的实体网络，它提供的是一种“系统化”的产品，即快递服务。网络各组成部分可以看成是实现系统化产品功能的组件。根据网络效应起源的观点，快递供给网络由于在提供系统化产品过程中同时具有结构、功能、信息等方面的互补性，于是从整体上就体现了网络效应。更深入地看，构成快递供给网络的各个组件，或称为互补件，如节点、线路等同样具有网络效应，譬如有学者研究了作为网络节点的集装箱港口的网络效应以及作为线路的道路运输线路的网络效应问题，这是由于它们也有同其他节点和线路进行兼容，也就是互补的需要，或者说与其他部分一起共同地、更好地实现某种交互功能的需要，而这也正是供给网络得以形成的原因。

1. 供给网络直接网络效应

快递供给网络的直接网络效应是指：在快递需求网络规模扩大所导致的供给网络规模扩大过程中，不同节点之间快递物品交互能力的提高，主要表现为供给网络连接快递消费者能力的增强以及节点上的快递物品在进行转运时具有更多的选择，具有同更多的节点建立转运关系的机会。这可认为是供给网络的价值得到了提升。对于供方而言，意味着获得了更多快递组织方式的可能，例如，以往必须直达的快递物品，可以通过中转的方式实现。James J. Laird 等（2005）在论述交通运输领域中的网络效应时就提到通过调整或采取新的方案来替代原有运送服务以联系不同的区域和国家经济。事实上，这是通过整合方式获取成本的下降，整合可以看成是网络效应实现的方式之一。

2. 供给网络间接网络效应

快递供给网络的间接网络效应是指：在快递需求网络规模扩大所导致的供给网络规模扩大过程中，通过间接的方式带给供给网络的价值提升。那么，它的具体表现是什么呢？本文认为，它至少表现以下三个方面。

（1）网络经济的实现。荣朝和（2001）提出了运输业网络经济的概念，并认为它是运输网络由于规模经济与范围经济的共同作用，运输总产出扩大引起平均运输成本不断下降的现象。而由于运输业规模经济和范围经济的特殊性，网络经济又通过运输密度经济和幅员经济而具体实现。显然，作为以运输为基础的快递服务同样具有类似的特性。若仅从规模经济的角度来理解，则可认为是快递供给网络上特定线路快递业务量增加带来的经济性；若仅从范围经济的角度来理解，则可以是快递服务的种类增加，如当日达、次晨达等服务种类的增加（也可从货物种类的角度来理解）。本文认为，网络经济降低供给网络的运营成本，提升了网络价值。于是，快递供给网络间接网络效应的一部分表现为快递供给网络的网络经济。需要指出，这实际上属于供方规模经济性，不属于严格意义上的网络效应，本文将其纳入到网络效应的讨论中。要注意到，在探讨生产规模经济和范围经济时，存在着一个必要条件，那就是供给网络扩大导致了快递业务量的增加，而事实上这一假设并不总是成立，甚至快递业务量的增加也不能保证网络经济的实现。

（2）网络运营效率的提高。对网络经济的探讨是从成本角度来分析快递活动。不难发现，网络经济的实现依赖于快递活动的组织，例如，需根据快递节点的分布制定合理的行车路线，方能实现密度经济。从另一角度来看，供方不但依靠快递活动的组织实现成本节约，同时还提高了快递供给网络的运营效率。例如，快递企业选择与另一家快递企业合作，那么可能因为利用了对方更加高效的干线运输能力而提升己方的总体运输速度；又如，一个快递网点每天进行固定次数的取货，但由于附近增加了数个网点，那么在向更高级转运中心集货过程中，就可以由其他网点取货车辆到该网点进行补充取货，从而提高该节点快递物品在各网点之间的递送速度。由于这真实地提高了快递节点间的货物交互水平，那么，它构成了快递间接网络效应的又一部分。

（3）互补产品方面价值的提高。快递供给网络虽然提供了“系统化”的产品，但其仍不完备，尚未构成完整的快递服务，可能还需要包括其他方面。比如，快递活动需要的设施设备及耗材、提供运力或者仓库等资源的合作伙伴、投资方等，它们可以看成是快递供给网络的互补产品的层面。正是它们，与供给网络一起提供了完整的快递服务。从网络效应观点出发，作者认为互补产品生产规模经济性也是间接网络效应产生的充分条件。而且认为，只要有更多或更好的互补产品被提供，那么对于用户而言就获得了更大的价值。这种“更多或更好”是指互补产品的种类、质量等的改善，不仅限于成本范畴。这在快递业中确实存在：随着消费者的增加，会出现如快递物品包装材料采购成本下降、潜在供应商增多、更低合作代价付出及更好合作伙伴增多等现象。这既包括成本下降的含义，也包括了快递服务品质改善的含义。长期来看，这也促进了快递活动相关的技术水平的提升，交通基础设施的改善，这将在一个长期的过程中对快递供给网络产生积极影响。

3. 供给网络直接网络效应与间接网络效应间的关系

快递供给网络的直接网络效应一定程度上促进了供给网络间接网络效应的形成。快递供给网络直接网络效应的实现，连接了更多的消费者，增加了供给网络处理的业务量，同时有利于快递货物的组织，使得在特定运输线路追求密度经济和幅员经济更加的容易。与之对应，间接网络效应的实现影响了直接网络效应的实现。例如，直接网络效应实现可以是得益于企业成本的降低，因为企业成本的有效降低会使网点或线路的增设更具现实可能。

当然，供给网络扩大并不总能实现网络经济，也可能实现所获得的经济性还不足以弥补设置新节点和开通新线路增加的成本。在这些情形下，网络经济并未实现，或者实现的效果并不明显。荣朝和（2001）认为增加新的服务网点或线路是否合理，判断标准在于其是否有利于提高网络经济性。但这样的提法没有论及这样一个事实：即使网络经济对于供方并不具有成本上的显著意义，但它却可能通过其他方面真实地提高了消费者的效用，并使得供方在竞争中获益。这意味着，网络效应可以带来更加广阔的分析视角，使得对快递活动的分析超越成本界限，进入到服务品质改进，市场竞争力提高的范畴。

（二）快递需求网络的网络效应

需求网络的网络效应是指：在需求网络规模的扩大过程中，价值在需求网络上的实现。对于需求网络而言，其节点是快递消费者。这一网络表明，存在着快递物品从一个消费者到另一个消费者之间的互补性，也就是交互性，于是网络效应（主要指直接网络效应）便产生了。

1. 需求网络间接网络效应

快递需求网络的直接网络效应是指：随着快递消费者的增加，快递消费者能够获得与更多的人群进行快递物品的交互的机会，从而提升消费者价值。可以认为是需求网络总体价值增加了。这种价值的增加不需要条件，原因是只要有新的消费者加入，那么网络中的消费者一定能够获得与更多潜在消费者进行快递物品交换机会的效用，而消费惯性和在人群中的广告效应也增大了这种价值。James J. Laird 等（2005）提到的交通连通阶段性改变可能带来很大的消费外部性，部分地可以看做是这一过程的结果。需要指出，本文仅从消费者增加，即需求网络规模扩大的角度阐述问题，并以消费者数量代表需求规模。

2. 需求网络间接网络效应

与直接网络效应无条件相比，间接网络效应的实现是需要条件的。这意味着，反映消费者快递物品交互性的需求网络直接网络效应会受到供应网络的影响和制约。明显的，消费者需要通过供应网络才得以联系在一起的，需求网络也依靠供应网络的联系才能存在。尽管并不否认需求存在的客观性，但也必须承认快递需求在很大程度上取决于有效供给的存在，实现货物交互性联系的低成本与高效率也受制于供给的水平。可以认为，以成本与效率改进为主要表现的供给网络运营水平的提高是交互需求得以实现和强化的关键。随着快递消费者的增加，快递供给网络规模也会相应增大，供给网络间接网络效应从价格和效率等方面提升了快递消费者之间的交互水平。

通过对快递供给和需求网络的网络效应之间的作用方式的分析，发现快递需求网络的间接网络效应主要表现为：在需求网络规模扩大过程中，供给网络直接网络效应在需方的实现，指响应性、便利性等交互水平提升带来的消费者价值升高；供给网络间接网络效应在需方的实现，主要表现为时效性、价格等方面带来的消费者价值升高。

快递网络的各种网络效应及表现如图 2 所示。

五、基于网络效应的快递网络演化机理

快递需求网络的网络效应表明需求网络扩大使得消费者获得了更大的价值。由此

所属网络	类别	表现
快递供给网络	直接网络效应	• 供给网络连接消费者能力的增强 • 节点在进行快递物品转运时具有同更多节点建立转运关系的机会
	间接网络效应	• 网络经济的实现 • 网络运营效率的提高 • 互补产品方面价值的提高
快递需求网络	直接网络效应	• 快递消费者获得与更多人群进行快递物品的交互机会，从而使消费者价值升高
	间接网络效应	• 供给网络直接网络效应在需方的实现，响应性、便利性等交互水平提升带来的消费者价值升高 • 供给网络间接网络效应在需方的实现，时效性、价格等方面带来的消费者价值升高

图 2　快递网络中的各种网络效应及表现

可见，快递需求网络的网络效应本质上反映了快递消费价值的构成，它是由快递消费价值特点所决定的快递活动属性，表明快递消费者对需求网络扩大和交互水平提升存在着内在要求，它是影响快递这种经济活动的驱动力量。

这种驱动力作用于快递企业，使得企业必然采取某种行为，以实现需求网络的网络效应，并在此过程中获利。其中，网络扩张无疑是重要的行为。于是，来自需方的驱动力促进了快递供给网络规模的扩大。供给网络的扩大从空间上主要体现为覆盖幅员的扩大或者节点密度增加。若幅员的扩大覆盖了以往没有服务的区域，意味着建立了新的消费者连接，实现了需求网络直接网络效应；对于已服务区域，节点密度的增加意味着提高了消费者在响应性、便利性方面的交互水平，实现了一部分需求网络间接网络效应。通俗地来讲，正是由于快递消费者想要与更多的人群进行快递物品的交换，而且希望这种交换带来的价值更大，于是诱发了企业快递供给网络规模的扩大，例如在新的区域开设快递经营网点，开发新的快递线路或者在已有经营区域提高网点密度等。

另外，快递供给网络直接网络效应形成了供给网络的间接网络效应，并通过直接和间接网络效应的相互作用，两方面网络效应都得到了强化。快递供给网络的网络效应以快递服务时效性的增强、网络经济和互补品方面改善等表现出来。快递供给网络的间接网络效应如果反映在需方，则是以快递服务水平的提升以及由成本降低可能导致的价格下降等形式作用于快递需求网络，使得消费者体验到的服务效用得以提升，从而实现了需求网络间接网络效应的又一部分。此外，成本的因素又作用于快递企业，推动了企业关于供给网络规模的决策。

以上过程构成了快递网络的一个演化循环：快递需求网络的网络效应的存在驱动了快递供给网络的扩张，而快递供给网络的扩张又通过实现供给网络网络效应的方式，实现了快递需求网络的网络效应。经过这样一个演化循环，快递供给网络和需求网络都得到了扩张，价值都得到了提升。通过快递供需双方如此不断地循环往复的相互作用，最终实现了快递供应网络和快递需求网络的共同演化，促进了快递业的向前发展。演化的总体过程如图 3 所示。

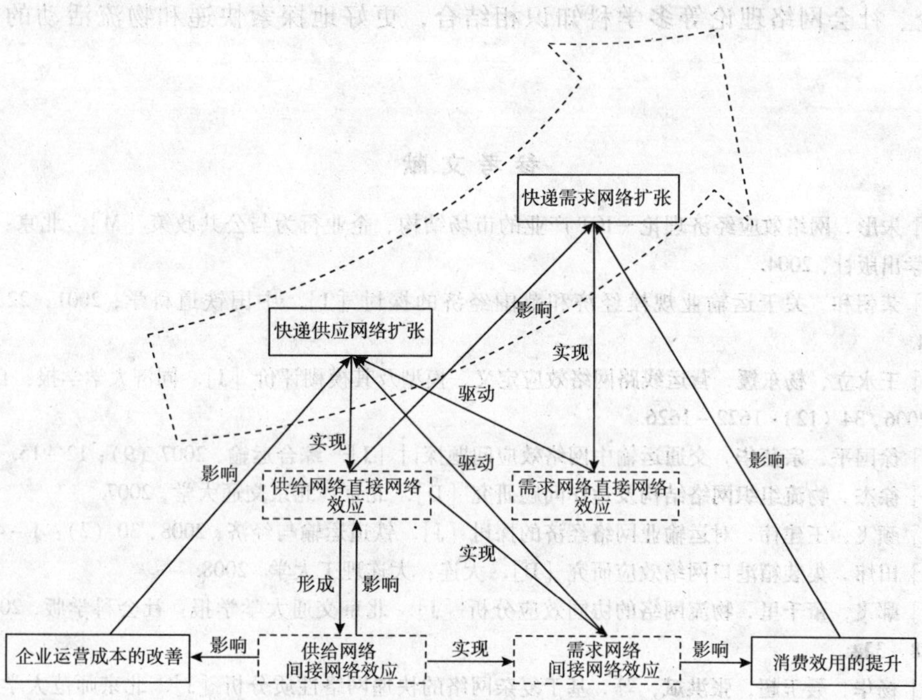

图3　基于网络效应的快递网络演化

六、结论及研究意义

本文尝试将网络效应经济理论同快递、物流研究相结合，以期获得从网络效应的角度对这类问题的认识和分析途径。本文在总结前人工作后，认为国内外学者虽对此问题有所涉及，但现有研究还不足以实现二者的有效结合。本文通过对快递供给网络和需求网络的区分，首次明确提出在快递供需两个网络层面都表现出了网络效应特征，并对其进行了深入分析，为运用网络效应经济理论分析快递问题奠定了基础。

揭示了供给网络和需求网络的直接网络效应、间接网络效应之间的作用机理，从网络效应的角度架起一座连通快递活动供方和需方的桥梁，使得从该视角下构建一个研究快递活动的总体框架成为可能，也得以提出了一种基于网络效应的快递网络演化的观点。

网络效应某种程度上体现了快递活动中影响各主体市场行为的原因，比如消费效用获得、企业成本、外部利益的获得等，它一定程度上反映了快递活动的内在规律。正因如此，从网络效应的角度对快递市场、组织、政府管制方面问题进行研究同样具有重要意义。

将网络效应经济理论同快递活动结合起来进行研究也对其他类别的、具有网络化特点的物流活动的研究带来了启示。相信这类研究必将在日后逐渐兴起，不但成为网络效应经济理论介入的又一重要领域，而且将与企业网络理论、复杂网络理论、社会网络理论等多学科知识相结合，更好地探索快递和物流活动的本质规律。

参考文献

[1] 朱彤．网络效应经济理论—ICT产业的市场结构、企业行为与公共政策［M］．北京：中国人民大学出版社，2004.

[2] 荣朝和．关于运输业规模经济和范围经济的探讨［J］．中国铁道科学，2001，22（4）：97-104.

[3] 王永立，杨东援．营运线路网络效应定义、模型及其模糊评价［J］．同济大学学报：自然科学版，2006，34（12）：1622-1626.

[4] 徐国平，宗蓓华．交通运输中网络效应问题探讨［J］．综合运输，2007（9）：12-15.

[5] 徐杰．物流组织网络结构及运作问题研究［D］．北京：北京交通大学，2007.

[6] 颜飞，王建伟．对运输业网络经济的探讨［J］．铁道运输与经济，2008，30（2）：1-4.

[7] 田炜．集装箱港口网络效应研究［D］．大连：大连理工大学，2008.

[8] 鄢飞，董千里．物流网络的协同效应分析［J］．北京交通大学学报：社会科学版，2009，8（1）：28-32.

[9] 杨华，聂玉超，张洪斌，等．基于复杂网络的快递网络性质分析［J］．北京师范大学学报：自然科学版，2009，45（1）：101-103.

[10] 倪玲霖，史峰，方晓平，等．全连通快递网络与轴辐快递网络的比较［J］．系统工程，2009，27（12）：45-50.

[11] 鞠颂东，徐杰，卞文良，等．物流网络理论的提出与探究［J］．北京交通大学学报：社会科学版，2009，8（2）：16-20.

[12] 陈治亚，陈维亚．第三方物流的规模经济性和发展策略研究［J］．商业经济与管理，2007，189（7）：3-7.

[13] 张锦，王坤．以物流供需匹配度为目标的流线优化模型［J］．西南交通大学学报，2010，45（2）：324-330.

[14] ARTLE，R.，C. AVEROUS. The Telephone System as a Public Good：Static and Dynamic Aspects［J］．Bell Journal of Economics，1973，4（1）：89-100.

[15] ROHLFS，J. A Theory of Interdependent Demand for a Communications Service［J］．Bell Journal of Economics，1974，5（1）：16 - 37.

[16] KATZ，M，C. SHAPIRO. Network Externalities，Competition and Compatibility［J］．American Economic Review，1985，75（3）：424 - 440.

[17] ECONOMIDES，N. The Economics of Networks［J］．International Journal of Industrial Organization，1996，14（6）：673-699.

[18] HARTMUT WOLF. Network effects of bilaterals：implications for the German air transport policy［J］．Journal of Air Transport Management，2001，7（1）：63-74.

[19] JOB VAN EXEL，SYTZE RIENSTRA，MICHAEL GOMMERS，et al. EU involvement in TEN development：network effects and European value added［J］．Transport Policy，2002，9（4）：299-311.

[20] SERGIO R. JARA-DIAZ，LEONARDO J. BASSO. Transport cost functions，network expansion and economies of scope［J］．Transportation Research Part E，2003，39（4）：271-288.

[21] JAMES J. LAIRD, JOHN NELLTHORP, PETER J. MACKIE. Network effects and total economic impact in transport appraisal [J]. Transport Policy, 2005, 12 (6): 537 - 544.

[22] HANDE YAMAN. Allocation strategies in hub networks [J]. European Journal of Operational Research, 2011, 211 (3): 442 - 451.

[23] BARNHART CYNTHIA, KRISHNAN NIRANJAN, KIM DAEKI, et al. Network Design for Express Shipment Delivery [J]. Computational Optimization and Applications, 2002, 21 (3): 239 - 262.

农业物流园服务能力的区域差异性与模式选择*

刘明菲　周梦华

摘　要：农业物流园服务能力的研究是合理建设农业物流园的基础，也是发展农业物流的关键。本文选取湖北省为样本，从内生能力和持续服务能力两个维度构建了农业物流园服务能力的评价指标体系，以 SPSS14.0 软件为分析工具，首先采用主成分分析法对湖北省 17 个市的农业物流园服务能力进行了分层评价和综合评价，并筛选出农业物流园服务能力的主要影响因子，分别为规模能力、配套设施能力、信息技术能力和政府支持能力；其次采用聚类分析法，根据农业物流园的服务能力水平，将湖北省 17 个市划分为五个区域，分析了农业物流园服务能力区域差异性产生的原因，并针对不同区域的特点提出农业物流园发展模式最优选择。

关键词：农业物流园　服务能力　评价体系　区域差异性　模式选择

一、引言

集农产品集散、交易、加工、信息交流等功能于一体的农业物流园，能够保证农产品顺利流通和增值，它是农业物流的重要节点，农业物流园服务能力的高低会直接影响农业物流的运行效率。总的来说，目前我国农业物流园的服务能力跟不上农业物流的发展需要，如何提高农业物流园的服务能力成为我们关注的焦点。

物流服务能力是从物流企业的物流能力中衍生出来的能力之一，是直接面向客户的能力，国内外还没有形成统一的概念。当前关于物流服务能力的研究主要集中于宏观的物流服务能力的界定、构成与评价、提高措施等研究，针对具体的农业物流园服务能力的研究十分缺乏。在物流服务能力概念界定方面，唐纳德 J. 鲍尔索克斯（2002）认为广义上的物流服务能力是指物流企业所能满足客户的物流及其相关需求的能力；张新安等（2003）将物流服务能力定义为物流企业开发和提供满足顾客期望的物流服务产品的能力。在物流服务构成要素与评价方面，马士华，陈铁巍（2004）认为基于供应链的物流服务能力由时间效率要素、信息要素和客户要素构成；Lai K H（2004）研究了基于企业资源约束下的物流服务提供商的物流服务能力，并将物流服务分为增值服务、技术支持服务和促进运输服务；李少蓉，赵启兰（2010）从运作时间效率、信息服务、成本和企业发展能力四个维度建立了基于熵权—双基点法的物流服

* 基金项目：湖北物流发展研究中心科学研究计划项目“湖北省农副产品冷链物流体系构建研究”（2010A05）；“湖北农业物流园区规划及实施研究”（2010Z01）。

作者简介：刘明菲，女，武汉理工大学管理学院，教授，博士，研究方向：服务营销与管理、物流系统规划与战略。周梦华，武汉理工大学管理学院。

务能力评价模型，运用算例对物流服务能力进行了评价。在相对微观的物流服务能力方面，徐佳（2006）研究了物流配送中心的服务能力，并应用计算机仿真技术实现了对配送中心服务能力的动态评价；牟宁，余开朝（2010）面向制造业，就第三方物流企业服务能力从运输、仓储、管理、客户服务、响应、配送、信息化水平能力七个方面，利用层次分析法构建了服务能力评价模型；赵启兰（2010）研究了大规模定制物流服务能力，并认为该物流服务能力由技术子能力、市场识拓子能力、组织管理子能力以及整合子能力四方面构成。在总结已有相关研究的基础上，本文将定性与定量方法结合起来，立足于湖北省农业物流园的发展态势，对农业物流园服务能力进行解构，构建农业物流园服务能力评价体系，以 SPSS14.0 软件为工具，通过主成分分析测定湖北省 17 个市农业物流园服务能力的得分，然后通过聚类分析了解服务能力的区域差异性，最后寻求适合各区域的能力积累和发展的途径。

二、农业物流园服务能力评价指标体系的构建

农业物流园服务能力是指农业物流园从接收客户需求到完成客户需求期间，所能满足客户的农业物流及其相关需求的能力。农业物流园服务能力受到宏观微观等众多因素的影响，基于 Michael E. Ponrter 的竞争力理论，本文认为农业物流园服务能力由微观层面的内生能力，以及宏观层面的持续服务能力构成。根据评价指标选择的科学性、客观性、可得性和可操作性原则，我们选择了 23 个具体的指标来衡量以上两个要素。

内生能力侧重于农业物流园产业内部成长性的因素，涉及产业规模、结构、配套设施、需求、供给等因素。主要衡量指标包括：X_1已运营农产品物流园数量（个）、X_2在建农产品物流园数量（个）、X_3铁路营业里程（公里）、X_4公路总里程（公里）、X_5第一产业比重（%）、X_6农林牧渔总产值（亿元）、X_7农林牧渔服务业增加值（亿元）、X_8农林牧渔业劳动力（万人）、X_9年末耕地面积（千公顷）、X_{10}城镇居民人均可支配收入（元）、X_{11}农业机械总动力（万千瓦）、X_{12}货物周转量（亿吨公里）。

持续服务能力是指对农业物流园的发展有直接或间接促进作用的诸如政策、文化、创新、信息技术等方面的要素，主要的衡量指标包括：X_{13}互联网用户（万户）、X_{14}高新技术总产值（万元）、X_{15}邮电业务收入（亿元）、X_{16}专利授权当年累计（项）、X_{17}技术改造投资（亿元）、X_{18}固定资产投资（亿元）、X_{19}固定资产投资增长率（%）、X_{20}第一产业投资（亿元）、X_{21}第一产业投资增长率（%）、X_{22}第三产业投资（亿元）、X_{23}第三产业投资增长率（%）。

三、湖北省农业物流园服务能力的主成分分析

1. 数据的采集与处理

本文研究对象涉及湖北省 17 个市，即武汉、黄石、十堰、宜昌、襄阳、荆州、荆门、鄂州、孝感、黄冈、咸宁、随州、恩施、仙桃、潜江、天门和神农架。为了保证数据的可得性和有效性，数据均来源于各市 2009 年《国民经济和社会发展统计公报》、《湖北统计年鉴 2010》以及相关政府网站。

为了防止数据的量纲差异对研究结果产生不利影响，在主成分分析之前首先用

SPSS14.0 软件对数据进行无量纲化处理，以得到标准化的数据。

2. 湖北省农业物流园服务能力分层评估

（1）湖北省农业物流园内生能力评估。首先对湖北省 17 个市农业物流园内生能力进行评估。利用 SPSS14.0 分析软件对内生能力包含的 12 个指标进行 KMO 和 Bartlett 球形检验，得到 KMO 值为 0.655，大于 0.5，Bartlett 球形检验显著性概率为 0.000，小于 0.05，因此适合进行因子分析，通过因子分析，得到表 1。

表 1　　内生能力主成分提取分析表

成分	初始特征值			提取平方和载入		
	合计	方差的 %	累积 %	合计	方差的 %	累积 %
1	5.514	45.947	45.947	5.514	45.947	45.947
2	3.240	26.999	72.946	3.240	26.999	72.946
3	1.235	12.295	85.241	1.235	12.295	85.241
4	0.830	4.916	90.157			
5	0.559	4.660	94.818			
6	0.231	1.928	96.745			
7	0.160	1.333	98.078			
8	0.107	0.894	98.972			
9	0.072	0.599	99.571			
10	0.024	0.199	99.770			
11	0.023	0.189	99.959			
12	0.005	0.041	100.000			

由表 1 可知，前三个主成分对应的特征值均大于 1，且累计贡献率达到 85.241%，因此提取前三个因子 F_1、F_2、F_3为主成分。计算方差最大正交旋转后的因子载荷矩阵，结果如表 2 所示：

表 2　　旋转后的因子载荷矩阵

指　标	编　号	主成分		
		F_1	F_2	F_3
已运营农产品物流园数量	X_1	0.607	0.489	0.472
在建农产品物流园数量	X_2	0.708	−0.289	0.482
铁路营业里程	X_3	0.526	0.798	0.224
公路总里程	X_4	−0.081	0.705	0.265
第一产业比重	X_5	−0.056	−0.814	0.329

续 表

指 标	编 号	主成分		
		F_1	F_2	F_3
农林牧渔总产值	X_6	-0.111	-0.152	0.964
农林牧渔服务业增加值	X_7	-0.142	-0.547	0.723
农林牧渔业劳动力	X_8	0.848	-0.216	-0.182
年末耕地面积	X_9	0.901	-0.301	-0.166
城镇居民人均可支配收入	X_{10}	0.676	0.482	-0.274
农业机械总动力	X_{11}	-0.201	0.857	-0.336
货物周转量	X_{12}	0.348	0.809	0.024

指标因子在主成分上的载荷越高，表明对该主成分的解释程度越高。主成分 F_1 在 X_1、X_2、X_8、X_9、X_{10} 上的载荷较大，这 5 个指标都是反映农业物流园及农业物流园产业的规模，因此将 F_1 定义为规模能力因子；F_2 在 X_3、X_4、X_{11}、X_{12} 上的载荷较大，这 4 个指标反映的都是农业物流园建设所需的相关设施设备，因此将 F_2 定义为配套设施能力；F_3 在 X_5、X_6、X_7 上的载荷较大，这 3 个指标反映的都是农业物流园产业在整个产业结构中所占的比例，因此将 F_3 定义为结构能力。

通过计算三个主成分中每个指标的系数，我们可以得到各主成分得分的计算公式，即

$$F_1 = 0.26X_1 + 0.21X_2 + 0.22X_3 + 0.32X_4 - 0.02X_5 + 0.41X_6 + 0.31X_7 + 0.36X_8 + 0.38X_9 + 0.21X_{10} + 0.36X_{11} + 0.15X_{12}$$

$$F_2 = 0.27X_1 - 0.16X_2 + 0.44X_3 - 0.05X_4 - 0.45X_5 - 0.08X_6 - 0.30X_7 - 0.12X_8 - 0.07X_9 + 0.38X_{10} - 0.136X_{11} + 0.45X_{12}$$

$$F_3 = 0.42X_1 + 0.64X_2 + 0.20X_3 + 0.24X_4 + 0.30X_5 - 0.10X_6 - 0.13X_7 - 0.16X_8 - 0.15X_9 - 0.25X_{10} - 0.3X_{11} + 0.02X_{12}$$

根据各主成分的方差贡献率占所有主成分方差贡献率所计算出的权重加权，即可得出湖北省 17 个市农业物流园内生能力的评价公式：

$$A_1 = 0.539F_1 + 0.317F_2 + 0.144F_3$$

由此可以得出湖北省 17 个市农业物流园内生能力的分层得分以及在各主成分上的得分，如表 3 所示。

表 3　　内生能力及相应主成分得分

地区	规模能力 F_1 得分	配套设施能力 F_2 得分	结构能力 F_3 得分	内生能力 A_1 得分
武汉	4.586937	5.615934	1.072185	4.586937
黄石	-0.72509	1.16192	0.014757	-0.72509

续 表

地区	规模能力 F_1 得分	配套设施能力 F_2 得分	结构能力 F_3 得分	内生能力 A_1 得分
十堰	-1.08342	0.489731	-0.25492	-1.08342
宜昌	3.214159	1.494144	1.966825	3.134159
襄阳	3.724109	1.03517	0.40063	3.724109
荆州	3.183241	-0.62373	-1.95529	3.183241
荆门	1.301843	-1.26204	-0.68455	1.301843
鄂州	-2.06646	1.031079	0.124324	-2.06646
孝感	1.003867	1.00812	-1.10479	1.003867
黄冈	3.121911	-2.68081	0.184791	3.121911
咸宁	-1.46491	-1.14227	0.728415	-1.46491
随州	-0.42191	-0.13499	0.328116	-0.42191
恩施	-0.29784	-1.26878	0.512538	-0.29784
仙桃	-2.18564	-1.29092	-0.51503	-2.18564
潜江	-2.54474	-1.205496	-0.53693	-2.54474
天门	-2.34337	-0.74628	-0.22873	-2.34337
神龙	-3.90268	-1.344816	-0.25106	-3.90268

（2）湖北省农业物流园持续服务能力评估。采用和上述内生能力评估相同的分析方法，我们对湖北省农业物流园持续服务能力进行评估，得到KMO值为0.755，Bartlett球形检验显著性概率为0.000，适合进行因子分析，并且通过主成分提取分析以及方差最大正交旋转分析可知：持续服务能力可以提取三个主成分，即在 X_{13}、X_{15} 上载荷较高的 F_4，我们将其定义为信息技术能力；在 X_{18}、X_{19}、X_{20}、X_{21}、X_{22}、X_{23} 上载荷较高的 F_5，我们将其定义为政府支持能力；在 X_{14}、X_{16}、X_{17} 上载荷较高的 F_6，我们将其定义为创新能力。同时可以得出湖北省17个市农业物流园持续服务能力的评价公式：

$$A_2 = 0.533F_4 + 0.339F_5 + 0.124F_6$$

由此可以得出湖北省17个市农业物流园持续服务能力的分层得分以及在各主成分上的得分，如表4所示：

表4　　持续服务能力及相应主成分得分

地区	信息技术能力 F_4 得分	政府支持能力 F_5 得分	创新能力 F_6 得分	持续服务能力 A_2 得分
武汉	10.12259	0.483123	1.71095	7.398855
黄石	-0.24835	0.445572	0.322428	-0.08013
十堰	-0.87433	0.300798	0.498113	-0.53731
宜昌	0.58217	0.399059	1.687188	0.649711

续 表

地区	信息技术能力 F_4 得分	政府支持能力 F_5 得分	创新能力 F_6 得分	持续服务能力 A_2 得分
襄阳	0.774857	0.31317	1.125597	0.525014
荆州	-0.0018	-0.41271	0.577738	0.012953
荆门	-0.43613	-0.69772	1.013511	-0.16699
鄂州	-0.82281	-1.31301	-0.55216	-0.85409
孝感	-0.56162	0.186714	0.797448	-0.14783
黄冈	-0.2725	-0.08036	0.677754	-0.12687
咸宁	-1.14327	0.295618	0.307316	-0.66152
随州	-0.84943	-1.29826	-1.22989	-0.9556
恩施	-0.61611	0.1729	-1.5347	-0.73544
仙桃	-1.04412	-1.37143	-0.92712	-1.05703
潜江	-1.19047	-0.001858	-1.55459	-0.92612
天门	-1.88288	-0.160928	-0.56137	-1.00791
神农架	-1.53579	-0.7141	-0.95632	-1.32968

3. 湖北省农业物流园服务能力综合评估

在计算农业物流园服务能力两个层次得分的基础上，将各分层能力得分的方差占总方差的比率作为权重，计算得出内生能力 A_1 的权重为 0.6546，持续服务能力 A_2 的权重为 0.3454，加权计算出湖北省 17 个市农业物流园服务能力的综合得分，如表 5 所示：

表 5　湖北省农业物流园服务能力分层及综合得分汇总

地区	服务能力		内生能力 A_1		持续服务能力 A_2	
	总排名	综合得分	排名	得分	排名	得分
武汉	1	3.767781605	1	4.586937	1	7.398855
黄石	10	-0.566813187	10	-0.72509	5	-0.08013
十堰	11	-0.949407039	11	-1.08342	9	-0.53731
宜昌	2	2.954783691	4	3.134159	2	0.649711
襄阳	3	2.939051095	2	3.724109	3	0.525014
荆州	4	2.405252205	3	3.183241	4	0.012953
荆门	6	0.941390672	6	1.301843	8	-0.16699
鄂州	13	-1.768946386	13	-2.06646	12	-0.85409
孝感	7	0.721239755	7	1.003867	7	-0.14783

续　表

地区	服务能力		内生能力 A_1		持续服务能力 A_2	
	总排名	综合得分	排名	得分	排名	得分
黄冈	5	2.324659017	5	3.121911	6	-0.12687
咸宁	12	-1.267755968	12	-1.46491	10	-0.66152
随州	9	-0.552876273	9	-0.42191	14	-0.9556
恩施	8	-0.40522471	8	-0.29784	11	-0.73544
仙桃	14	-1.908680806	14	-2.18564	16	-1.05703
潜江	15	-2.147533462	15	-2.54474	13	-0.92612
天门	16	-2.015650446	16	-2.34337	15	-1.00791
神农架	17	-3.271263398	17	-3.90268	17	-1.32968

由表5可知，湖北省17个市农业物流园服务能力由高到低依次为：武汉、宜昌、襄阳、荆州、黄冈、荆门、孝感、恩施、随州、黄石、十堰、咸宁、鄂州、仙桃、潜江、天门、神农架。

四、湖北省农业物流园服务能力差异性和模式选择

1. 聚类分析与区域差异性评价

为深入比较湖北省农业物流园服务能力的区域差异性，本文以内生能力、持续服务能力得分作为变量，采用SPSS14.0软件对湖北省17个市的物流园服务能力进行聚类分析，得到的结果如表6所示：

表6　　湖北省农业物流园服务能力的区域分布情况

能力强度	聚类	数量	包含区域
强	Ⅰ	1	武汉
较强	Ⅱ	2	宜昌、襄阳
一般	Ⅲ	5	荆州、黄冈、荆门、孝感、恩施
较弱	Ⅳ	5	随州、黄石、十堰、咸宁、鄂州
弱	Ⅴ	4	仙桃、潜江、天门、神农架

由表6可知，湖北省农业物流园服务能力由强到弱可以划分为五大类，表现出如下的特点：

（1）Ⅰ、Ⅱ类区域农业物流园服务能力最活跃，但三个城市服务能力不均衡。武汉以3.768的得分遥遥领先于其他两个城市，其内生成长能力与持续服务能力在湖北省也居首位。总的来说，湖北三大圈即武汉城市圈、宜荆物流圈、襄十随物流圈中各有一个中心城市的农业物流园服务能力较强，即武汉、宜昌、襄阳在各自所处的圈域

中起着带头作用。

（2）Ⅲ类区域的农业物流园服务能力居中，有待进一步的提升。从整体看，该类区域的农业物流园服务能力比较均衡，无论是综合得分还是分层得分在湖北省17个市中都属于中等偏上的水平，没有特别突出的优势，也没有急需改善的劣势。

（3）Ⅳ类区域的农业物流园服务能力较弱。该区域的五个城市总体优势不足，但在某些方面的优势却十分明显，特别是黄石、十堰和咸宁的持续服务能力排名比较靠前，通过进一步的扬长避短可以取得较好的发展。

（4）Ⅴ类区域的农业物流园服务能力最弱。仙桃、潜江、天门、神农架四个城市的综合得分和分层得分均排在最后，因此提高该区域的农业物流园服务能力对发展湖北省农业物流园有着重要的意义。

2. 基于农业物流园服务能力差异性的模式选择

为了更进一步测度湖北省各区域农业物流园服务能力的差异性，以便选择与之匹配的发展模式，本文汇总了6个主成分的贡献率，如表7所示。

表7　湖北省农业物流园服务能力各因子贡献率

层次		主成分		
名称 A_i	对服务能力的贡献率（%）	名称 F_i	对 A_i 的贡献率（%）	对服务能力的贡献率（%）
内生成长能力 A_1	0.6546	规模能力 F_1	0.539	0.352829
		配套设施能力 F_2	0.317	0.207508
		结构能力 F_3	0.144	0.094262
持续服务能力 A_2	0.3454	信息技术能力 F_4	0.533	0.184098
		政府支持能力 F_5	0.339	0.117091
		创新能力 F_6	0.124	0.04283

由表7可知，湖北省农业物流园服务能力的主要影响因子依次为：规模能力（35.29%），配套设施能力（20.75%），信息技术能力（18.41%）和政府支持能力（11.71%），这四个主成分对湖北省农业物流园服务能力的贡献率达到86.16%。因此，各区域无论农业物流园服务能力处于何种水平，要想快速提升农业物流园服务能力，都应该着重完善这四种能力。但由于不同区域的城市在这四种能力上的排名不同，如表8所示，各区域发展的侧重点是不同的，具体的发展模式完全不同。

表8　不同区域物流服务能力得分排名

类别	城市	规模能力排名	配套设施能力排名	信息技术能力排名	政府支持能力排名
Ⅰ	武汉	1	1	1	1
Ⅱ	宜昌	3	2	3	3
	襄阳	2	4	2	4

续 表

类别	城市	规模能力排名	配套设施能力排名	信息技术能力排名	政府支持能力排名
Ⅲ	荆州	4	9	4	12
	黄冈	5	17	6	10
	荆门	6	13	7	13
	孝感	7	6	8	7
	恩施	8	14	9	8
Ⅳ	随州	9	8	11	15
	黄石	10	3	5	2
	十堰	11	7	12	5
	咸宁	12	11	14	6
	鄂州	13	5	10	16
Ⅴ	仙桃	14	15	13	17
	潜江	15	12	15	9
	天门	16	10	17	11
	神农架	17	16	16	14

（1）在Ⅰ、Ⅱ类区域建立综合性的国际农业物流园。Ⅰ、Ⅱ类区域的规模能力、配套设施能力、信息技术能力和政府支持能力均较高，且武汉位于湖北的东部，襄樊和宜昌位于湖北的西部，有较好的地理优势和交通优势，分别向东西辐射则可以覆盖全国乃至海外，因此可以在这三个城市建立综合性的国际农业物流园，成为湖北农产品流通最重要的节点。

（2）在Ⅲ类区域建立全国性枢纽型物流园。该区域的农业物流园综合服务能力处于中等偏上水平，规模能力和信息技术能力排名靠前，配套设施能力和政府支持能力排名落后，表明该区域的农业物流园在规模和技术上已经具有一定的实力，能够辐射非常大的范围，但目前基础设施建设和政府支持力度不够。因此对该区域要加大投资，完善配套的设施设备，利用已有的规模，建立辐射全国的枢纽型物流园。

（3）在Ⅳ类区域建立区域组织型物流园。该区域的农业物流园综合服务能力处于中等偏下水平，配套设施能力、规模能力和信息技术能力排名十分落后，目前还不适合建设大规模的物流园，但该区域的五个城市处于湖北省的四个角落，是连接湖北省与周边省市的重要通道，因此，可以在该区域建设区域组织型物流园，实现区域间农产品的流通。

（4）在Ⅴ类区域建立城市配送型物流园。该区域的农业物流园综合服务能力最弱，且四个主要的能力因子得分均排在末尾，不具备建立大型农业物流园的优势和条件。现阶段主要建立一些城市配送型物流园，满足本区域农产品流通的需求，同时向外界输送本区域的优势农产品即可，待到该区域农业物流园综合服务能力有了一定的提升时，再考虑是否要扩大该区域农业物流园的规模。

五、结语

农业物流园能够保证农产品顺利流通和增值，它是农业物流的重要节点，建设农业物流园是湖北省发展农业物流的重要工程。本文构建了湖北省农业物流园服务能力的评价指标体系，利用主成分分析法解析了湖北省 17 个市农业物流园服务能力的现状，提取了对农业物流园服务能力影响最大的因子，并通过聚类分析，将湖北省 17 个市划分为五大区域，针对不同区域物流园服务能力，设计了各区域农业物流园发展模式。

本研究存在如下局限性：首先，由于农业物流园服务能力的理论研究比较少，以及数据可得性的限制，在构建评价指标体系时不能涵盖所有能够反映农业物流园服务能力的指标；其次，服务能力的研究是基于较长时序的动态的过程，本文选取的数据对动态性反映不足，未来还需进一步的研究。

参考文献

［1］唐纳德 J. 鲍尔索克斯，戴维 J. 克劳斯．物流管理·供应链过程的一体化［M］．北京：机械工业出版社，2002.

［2］张新安，田澎．利用扩展的 GAP 模型评价企业的服务能力［J］．工业工程与管理，2003（5）：17－21.

［3］马士华，陈铁巍．基于供应链的物流服务能力构成要素及评价方法研究［J］．计算机集成制造系统，2007，13（4）：744－750.

［4］李少蓉，赵启兰．基于熵权—双基点的物流服务能力评价［J］．北京交通大学学报：社会科学版，2010，9（2）：37－41.

［5］徐佳．物流配送中心服务能力评价方法及实现［D］．武汉：武汉理工大学，2006.

［6］牟宁，余开朝．面向制造业的第三方物流企业服务能力评价研究［J］．现代制造工程，2010（2）：32－35.

［7］赵启兰．大规模定制（MC）物流服务能力研究［D］．北京：北京交通大学，2010.

［8］LAI K H. service capability and performance of logistics service providers［J］．Transportation Research Part E，2004，40（5）：385－399.

物流企业客户终身价值系统模型与仿真*

黄向宇　庞　燕

摘　要： 从系统和动态的观点出发，对物流企业客户终身价值形成机制进行了分析，分析各影响因素的因果关系，构建了因果关系回路，给出了收入子系统、成本和客户终身价值子系统、客户生命周期子系统、客户满意度子系统4个子系统的系统流图，完成了物流企业客户终身价值系统动力学模型的建立，利用Vensim软件对模型进行仿真分析，验证了模型的正确性，进行了模型的初始模拟，为下一步利用该模型来仿真物流企业客户终身价值的变化趋势，找出提升客户终身价值的关键因素奠定了基础。

关键词： 客户终身价值　物流企业　系统动力学　系统建模

一、引言

管理大师彼得·德鲁克提出："企业的最终目的，在于创造客户并留住他们，实现这一目标最重要的方法是最大化客户价值以使客户满意，进而实现客户忠诚。"物流企业面临着庞大的市场需求，尤其生产企业和商业企业越来越认识到把业务外包给物流企业的好处，纷纷在寻找自己的战略伙伴。他们要求的并不是一次的交易关系，而是一种长期合作、战略联盟的关系，这是物流企业在激烈的市场竞争中发展壮大的机会，物流企业要想在激烈的市场竞争中立于不败之地，应尽快加强对客户价值的分析和研究，建立同客户的战略联盟，提升物流企业的客户资产，实现与客户共创价值，抓住机遇，创造更多的利润，进一步发展壮大。

理论界和企业界对客户终身价值理论（Customer Life-time Value，CLV）的研究给予了极大的关注，目前的研究主要集中在计算模型方面，应用领域也多集中在零售、银行等行业。对于新兴的物流企业而言，最为关注的是，了解客户终身价值的影响因素和提升途径，通过有效的方法识别、创造（吸引）、保留与发展有价值的客户。物流企业客户价值受服务价格、服务效益、客户满意度、客户忠诚度、平均利润等多种因素影响，这些影响因素的测评指标众多，量化困难，还存在着效益悖反的关系，同时，客户终身价值体系具有时滞性、反馈性、非线性、动态性、数据不充分和人为因素的特点。基于此，本文根据已有的客户终身价值研究成果，从物流企业客户服务现状出

* 基金项目：本文获中南林业科技大学青年科学基金项目（项目编号：2009035B）资助。

作者简介：黄向宇，女，硕士，中南林业科技大学交通运输与物流学院，讲师，研究方向：物流工程与管理。庞燕，女，博士，中南林业科技大学交通运输与物流学院，副教授，研究方向：物流工程与管理。

发，分析物流企业客户终身价值的影响因素及其相互关系，利用系统动力学方法建立物流企业客户终身价值形成机制模型，选择案例进行模型仿真，验证模型的正确性与准确性并找出提升物流企业客户终身价值的关键因素，以期为物流企业客户终身价值的提高提出政策建议。

二、物流企业客户终身价值的系统动力学分析

1. 客户终身价值的测算

客户终身价值的基本观点是，客户在整个生命周期内给企业带来的利润的折现值之和，由收入、成本、生命周期和折现率四类因素所决定。不同学者提出了不同的测算模型，一些模型更向深层次发展，考虑了更多的客户交易相关变量以及企业成本相关变量。为了能够更好的进行系统仿真，本文以 Reichheld（1996）提出的一个计算客户终身价值的模型为基础。Rcichheld 认为客户生命周期价值是指在维持客户的条件下，企业从该客户持续购买中获得的利润流现值，主要取决于三个因素：一是客户购买所带来的利润；二是客户生命周期长度；三是折现率。用数学公式可以表示为以下形式：

$$\mathrm{CLV} = \sum_{t=1}^{n} a_t\ (1 + d)^t \qquad (1)$$

其中，a_t 是客户在第 t 年购买所带来的利润，n 为客户生命周期长度(单位为年)，d 为每年的折现率。由于折现率是一个外界变量，是企业的不可控因素，为简化研究，本文暂将其忽略，将 CLV 的主要驱动因素分成三大类，即收入因素、成本因素和客户生命周期因素。在最终模型仿真中本文基于式（1），采用式（2）作为计算客户终身价值的计算公式。

$$\text{客户终身价值} = \text{客户生命周期长度} \times （\text{收入} - \text{成本}） \qquad (2)$$

2. 系统目标与假设

系统的核心是解决目前大部分企业尤其是物流企业在客户关系管理中存在的只按当前已经发生的企业收入来衡量客户的价值等问题，帮助企业以长远眼光，根据潜在收入等因素来发现价值更高的客户，并正确识别和管理客户价值，找到提升客户终身价值的关键因素，不断采取措施提升已有客户的终身价值以实现企业和客户的双赢，促进企业长足健康的发展。为了使本文研究得以顺利进行，对所建模型进行了如下简化型假设：

（1）假设企业所在行业的相关政策保持不变，即不考虑政策对于系统的影响。

（2）不同的实体追求不同的目标。企业客户要求从企业产品中获得对于自身各种需求的满足，企业追求自身价值的最大化。

（3）企业的单位投资获取的收益是相同的。

3. 系统总体回路分析

系统动力学中的因果关系图能够反映系统中每种因素之间全部联系，明确表现整个客户终身价值系统所有因素的微观结构。客户终身价值系统是一个复杂关联系统，根据系统目标，将整个模型划分为 5 个子系统，即收入子系统、成本子系统、客户生命周期子系统、客户满意度子系统和客户终身价值子系统。各子系统内部各因素之间

相互关联，各子系统之间的关系也错综复杂，综合诸多影响因素，建立了客户终身价值系统因果关系回路，如图 1 所示。

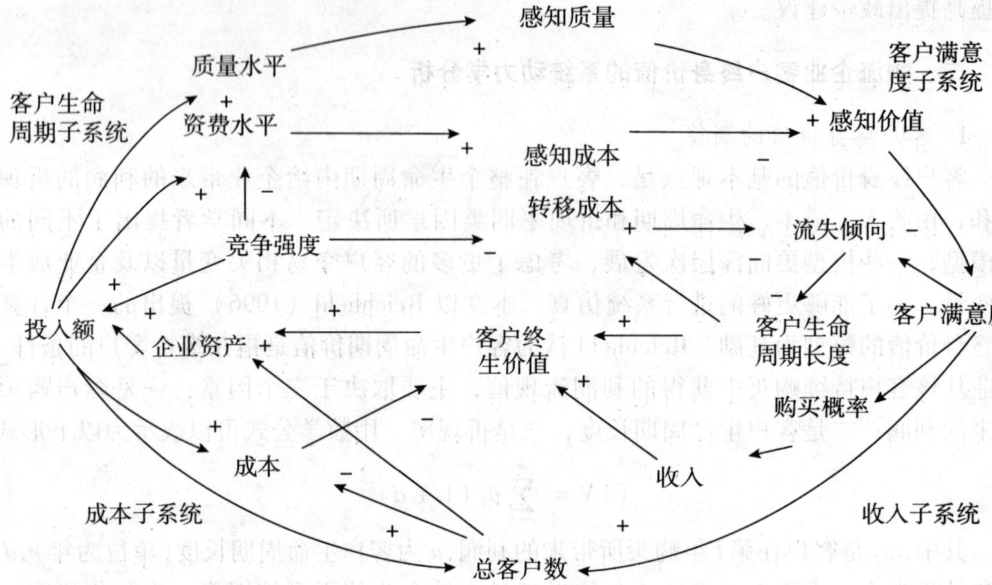

图 1　系统因果关系

图 1 中存在多条反馈环路，各反馈环路相互交织耦合在一起，相互作用，保证整个系统稳定平稳运行，处于动态平衡之中。在本模型中比较典型的就是客户终身价值富者愈富基模中的正负反馈环共同作用，保证客户终身价值稳定增长。

三、系统流图模型

为了清楚描述系统的构造，系统动力学通过建立系统流图模型，来反映峰谷分时电价系统内部的定量和定性关系。本研究用 Vensim 软件建立的峰谷分时电价的系统流图中包含 5 个状态变量，模型可以被简化为 5 个一阶微分方程。下面分子系统进行具体论述。

1. 收入子系统

经过分析，收入子系统流图如图 2 所示。

该子系统包含 1 个状态变量——收入，1 个流率变量——收入增长率，3 个辅助变量——收入现值、购买概率和总客户数为辅助变量，客户满意度是作为该子系统的外部变量输入的，其余的为常量。当客户满意度越高，其购买概率必然在平均购买概率的基础上上升，反之则下降，总客户数也是同样的道理，而当购买概率升高后，收入现值就会在平均收入的基础上上升，反之亦然。收入增长率是收入对时间的一阶导数，当其为正值时，则收入增加，反之收入减少。该子系统的主要方程列出如下。其中：L 代表状态变量方程，R 代表流率变量方程，A 代表辅助变量方程，以下相同。

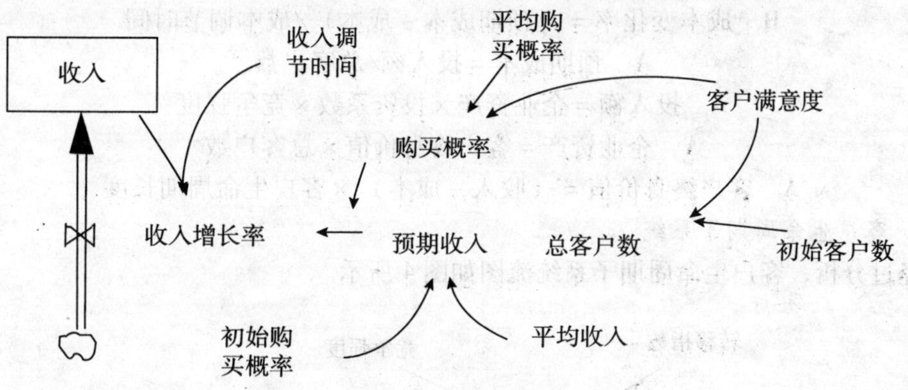

图2　收入子系统流

L　收入（t）＝收入（$t-1$）＋收入增长率（t）×收入调节时间　（3）

R　收入增长率＝（预期收入－收入）/收入调节时间　（4）

A　预期收入＝平均收入×（1＋购买概率－初始购买概率）　（5）

A　购买概率＝平均购买概率×（1＋客户满意度）　（6）

A　总客户数＝初始客户数×（1＋客户满意度）　（7）

2. 成本和客户终身价值子系统

经过分析，成本和客户终身价值子系统流图如图3所示。

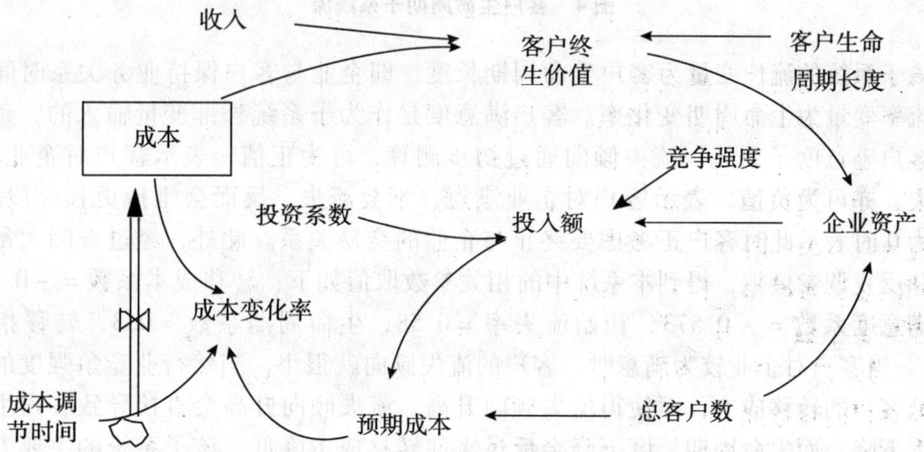

图3　成本和客户终身价值子系统流

该子系统包含1个状态变量——成本，1个流率变量——成本变化率。它描述了企业经营成本在整个系统中处于动态平衡的状态。当成本升高时，客户终身价值降低，企业资产减少，企业投入到日常运营中的资源随之减少，那么预期成本就会降低，这保证了一旦成本过高时，经过该系统调节后，成本就会降下来。故整个子系统组成一个动态平衡回路。该子系统的主要方程列出如下。

L　成本（t）＝成本（$t-1$）＋成本变化率（t）×成本调节时间　（8）

R　成本变化率 =（预期成本 - 成本）/成本调节时间　(9)

A　预期成本 = 投入额/总客户数　(10)

A　投入额 = 企业资产 × 投资系数 × 竞争强度　(11)

A　企业资产 = 客户终身价值 × 总客户数　(12)

A　客户终身价值 =（收入 - 成本）× 客户生命周期长度　(13)

3. 客户生命周期子系统

经过分析，客户生命周期子系统流图如图 4 所示。

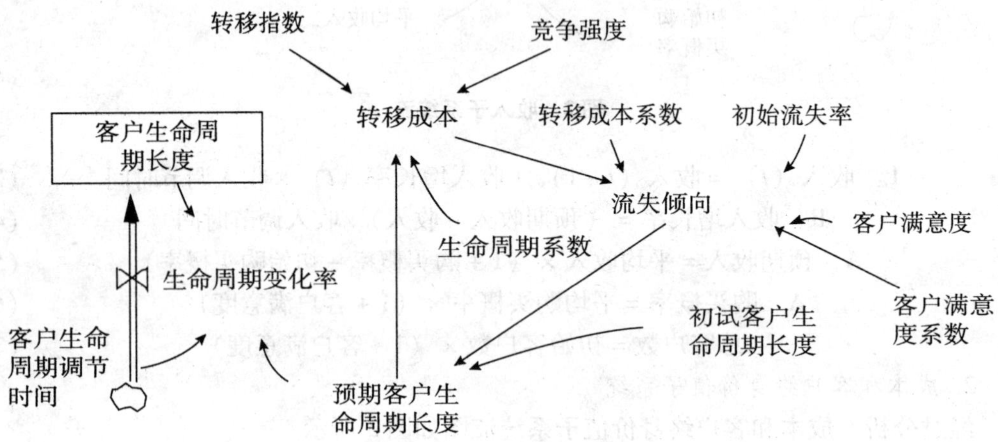

图 4　客户生命周期子系统流

该子系统的流位变量为客户生命周期长度，即企业与客户保持业务关系时间的长度，流率变量为生命周期变化率。客户满意度是作为子系统外部变量输入的，其值取决于客户满意度子系统。流失倾向通过初步测算，可为正值，表示客户对企业不满，会流失，亦可为负值，表示客户对企业满意，不会流失，反而会维持更长一段时间，当其为 0 时表示此时客户正考虑要终止与企业的交易关系。此外，经过查阅大量文献资料和反复调参模拟，得到本系统中的相关参数取值如下：转移成本系数 = -0.0532，客户满意度系数 = -0.573，初始流失率 = 0.58，生命周期系数 = 0.3，转移指数 = 0.637。当客户对企业较为满意时，客户的流失倾向就很小，当然行业竞争强度的加剧会降低客户的转移成本，而使得流失倾向升高。流失倾向升高会直接导致客户生命周期长度下降，而生命周期长度下降会反过来使转移成本降低。该子系统的主要方程列出如下。

L　客户生命周期长度（t）= 客户生命周期长度（$t-1$）+
生命周期变化率（t）× 客户生命周期调节时间　(14)

R　生命周期变化率 =（预期客户生命周期 - 客户生命周期长度）/客户生命周期调节时间　(15)

A　预期客户生命周期长度 = 初始客户生命周期长度 ×（1 - 流失倾向）　(16)

A　流失倾向 = 转移成本系数 × 转移成本 + 客户满意度系数 × 客户满意度 + 初始流失率　(17)

A　转移成本 = 转移指数 × arctan（生命周期系数 × 客户生命周期长度/竞争强度）　（18）

4. 客户满意度子系统

经过分析，客户满意度子系统流图如图 5 所示。

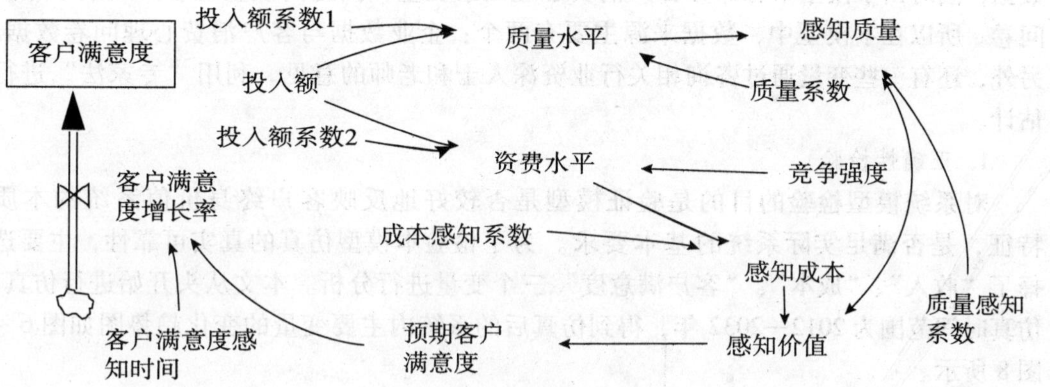

图 5　客户满意度子系统流

该子系统的流位变量为客户满意度，是对客户对企业满意与否的一个数值度量，当其值为正时，则客户对企业是满意的，为负时客户对企业不满意。流率变量为客户满意度增长率。客户满意度感知时间即为系统模拟间隔时间 1 年，成本感知系数和质量感知系数也是作为常量输入系统的，根据人们日常消费心理和快递行业经营状况，结合相关理论，分别取为 1.6 和 0.75。投入额是作为该系统外部变量输入的，其值取决于成本子系统。其余为辅助变量，其中感知价值是感知质量与感知成本的主观比较，当其大于 1 时，感知到的质量和价值比感知付出的成本要高，很满意。该系统中相关参数的确定方法同上，具体参数值为：投入额系数 1 = 128，投入额系数 2 = 0.00000001012，质量指数 = 0.63。当企业每年的投入额较大时，那么他的产品或服务的质量水平就会不断上升，感知质量也会提升导致感知价值的升高，而同时由于投入额增加，那么企业分摊到每位客户身上的成本也会升高，资费水平自然上升，感知成本也会上升，感知价值又会下降。感知价值越高，客户的满意度就会越高。该子系统的主要方程列出如下。

L　客户满意度（t）= 客户满意度（$t-1$）+
客户满意度增长率（t）× 客户满意度感知时间　（19）

R　客户满意度增长率 =（预期客户满意度 − 客户满意度）/客户满意度感知时间　（20）

A　预期客户满意度 = 感知价值 − 1　（21）

A　感知价值 = 感知质量/感知成本　（22）

A　感知质量 = 质量水平 × 质量感知系数　（23）

A　感知成本 = 资费水平 × 成本感知系数　（24）

A　质量水平 = 质量指数 × arctan（投入额 × 投入额系数 1）　（25）

A 资费水平 = 1/竞争强度 × EXP（ - 投入额 × 投入额系数 2）　(26)

四、模型正确性检验

数据的获取是本文进行的关键所在。本文主要根据某快递企业的相关财务、客户数据，同时由于模型中有部分客户消费心理因素变量，因此向该企业客户发放了相关问卷。所以在本模型中，数据来源主要有两个：企业数据与客户消费心理问卷数据。另外，还有一些变量通过咨询相关行业资深人士和老师的意见，利用“专家法”进行估计。

1. 正确性检验

对系统模型检验的目的是验证模型是否较好地反映客户终身价值系统的本质特征，是否满足实际系统的基本要求。为了检验本模型仿真的真实可靠性，主要选择了“收入”、“成本”、“客户满意度”三个变量进行分析。本文从头开始进行仿真，仿真时间范围为2012—2032年，得到仿真后的系统内主要变量的变化趋势图如图 6 ~ 图 8 所示。

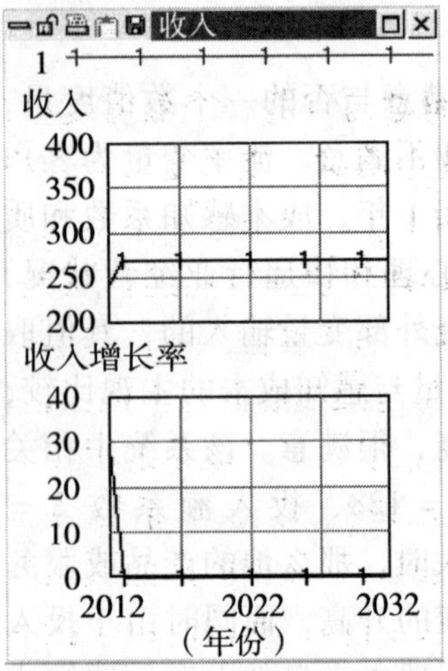

图 6　收入变化趋势

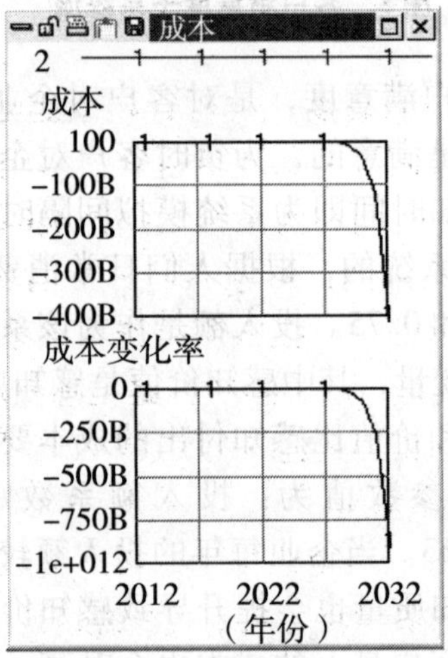

图 7　成本变化趋势

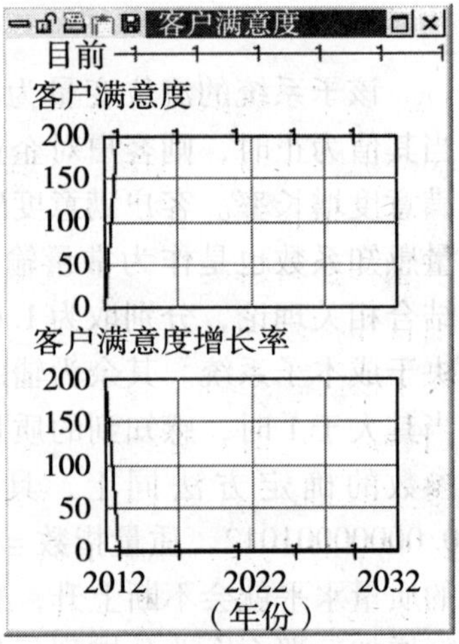

图 8　客户满意度变化趋势

通过初步仿真可知，模拟结果与实际系统特征基本吻合，较好地反映了各子系统间的动态制约关系，模型结构是正确的。当然由于模型初始运行时设置的参数与实际值存在偏差，故结果与实际还是有一定出入的。下面的模拟中可以通过不断调整模型的参数使得模型更加接近实际情况。

2. 模型初始模拟

对客户终身价值的演进进行分析，如图 9 所示。

从图 9 中可以看出，随着客户生命周期的延续，客户终身价值始终保持增长趋势，并且随着生命周期长度的提高，增长趋势明显加快，在本系统仿真终期，即第 2032 年，客户终身价值超过了 1000 元。事实上，这种变化趋势也是符合实际情况的，随着客户生命周期的延续，客户的转移成本不断提高，因此其生命周期长度也不断延长，必然最终导致客户终身价值的不断提高。但是，在这里有一点需要说明。依据实际情况，客户终身价值在这么短的预测期内，理论上讲应该无法达到这么高的一个数值。之所以出现这样的原因，主要是由于在模型中，本文采用的客户终身价值的计算方法是客户终身价值 =（收入 - 成本）× 生命周期长度，因此随着客户生命周期的延长，客户终身价值预测值必然大于实际值。

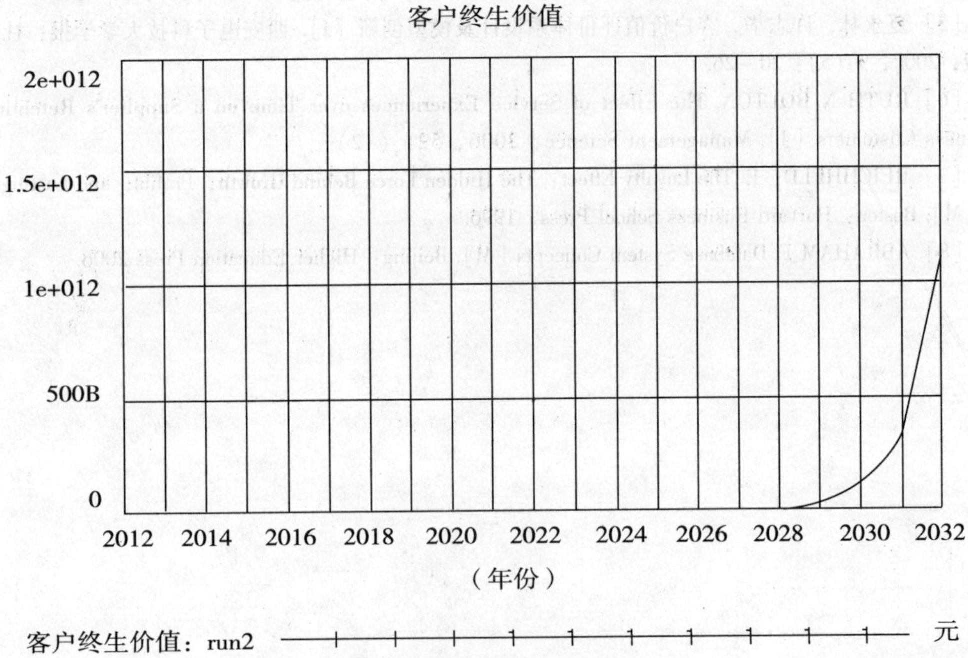

图9　客户终身价值仿真结果

五、结论

本文基于系统动力学方法，以客户终身价值为对象，首先通过因果关系分析找出了客户终身价值系统中的各主要影响因素，并深入分析了他们之间的相互关系。然后在因果关系分析的基础上将系统分为五个子系统，构筑了各子系统的流图，将因果关系分析中得到的各影响因素间的定性关系转化为定量关系，由此便得到流图中表征各变量间相互关系的方程和等式。至此，整个系统的模型构建完毕，为下一步利用该模型来仿真物流企业客户终身价值的变化趋势，找出提升客户终身价值的关键因素奠定了基础。

模型模拟的参数值确定时，用户响应各影响因数值的确定是根据实际系统运行特征估计得出，如果能对用户响应深入调研，并通过统计分析得出这些影响因素的精确数值和输入模型，将大大提高本模型的精确度和决策准确性。

参考文献

［1］钟永光，贾晓菁，等．系统动力学［M］．北京：科学出版社，2009.

［2］张棋．基于系统动力学的客户终身价值的提升研究［D］．北京：北京邮电大学，2009.

［3］刘旭，刘勇．第三方物流企业客户价值分析［J］．现代物流，2007（5）：53－54.

［4］胡登峰，陈云．客户终身价值的内涵及应用［J］．商业时代，2007（10）：20－21.

［5］夏永林，许志华．客户价值评价体系设计及模型创新［J］．西安电子科技大学学报：社会科学版，2007，9（5）：20－26.

［6］RUTH N BOLTON. The Effect of Service Experiences over Time on a Supplier's Retention of Business Customers［J］. Management Science，2006，52：（12）.

［7］REICHHELD，E. The Loyalty Effect：The Hidden Force Behind Growth，Profits，and Lasting Value［M］. Boston：Harvard Business School Press，1996.

［8］ABRAHAM F. Database System Concepts［M］. Beijing：Higher Education Press 2006.

有关物流人才培养的调查研究*

——基于89份高校物流教师的调查

谢林婕　孙莎莎　蒋长兵

摘　要：21世纪是人才的世纪，一个行业的繁荣发展与人才的培养息息相关。当前，我国物流产业正处于由传统物流业向现代物流业转型的关键时期，对物流人才需求巨大。本文通过对高校教师问卷调查所得的数据分析我国当前物流专业设置、教学设施设备、学生教育的基本情况，并针对存在的问题从人才培养模式、专业方向定位、教师教学素质、专业教学方法和手段等方面提出建议。

关键词：人才培养　高校培养　物流教学

一、引言

为了解各高校如何培养物流管理专业人才，即时反映物流人才培养过程中存在的问题与不足，本课题在中国物流与采购联合会的大力支持下，就物流管理及物流工程本科课程及人才培养等情况对各高校物流专业老师进行了为期半年的调查研究活动。从2010年12月起至2011年4月的5个月时间里，共发放问卷120份，回收96份，其中有效问卷89份，有效率高达74.17%。本文旨在通过分析高校物流教师所反馈的调查信息，了解目前我国物流人才的培养现状，并通过调查数据，分析当前物流人才培养中存在的问题，提出切实可行的建议以供各高校参考。现就回收的89份问卷（见表1）进行分析，以得出更科学的结论。

表1　　调研学校的类型及数量　　（单位：所）

211院校	13
地方重点院校	27
地方院校	49

二、数据统计分析

目前，开设物流专业的院校所开课程主要有物流管理专业或物流管理方向、物流工程专业或物流工程方向、物流（工程硕士）及其他，分别占所调研高校的58.82%、7.56%、15.13%、1.68%、11.76%、5.04%（见图1），由此可得出，目前物流管理

* 作者简介：谢林婕、孙莎莎、蒋长兵，浙江工商大学计算机与信息工程学院。

专业（方向）为物流专业的热门学科，更多的院校选择培养物流管理类的人才，更热衷于培养物流管理类人才。

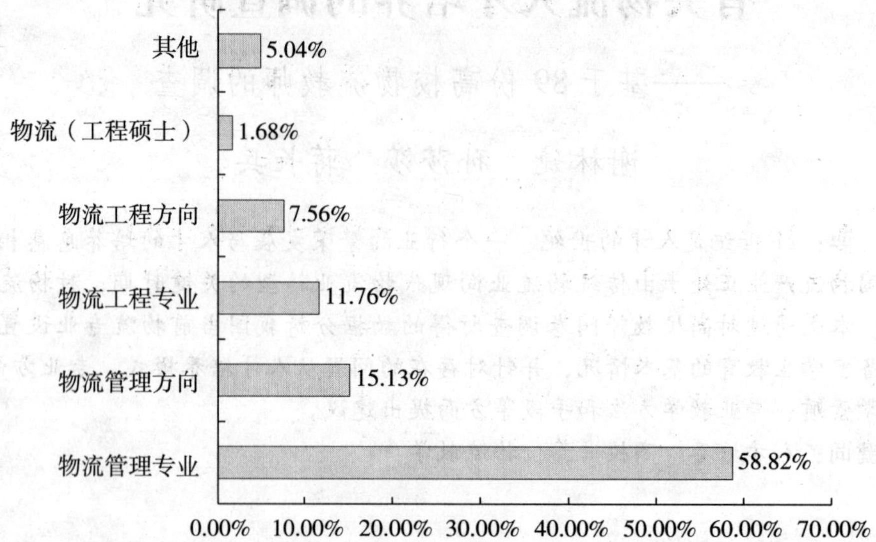

图1　学校开设物流专业或方向

在关于学生培养方向这个问题上，有 9. 20% 的高校将物流专业置于物流学院，33. 33% 的高校置于工商管理学院（系），24. 14% 的高校置于经济管理学院（系），9. 20% 的高校置于交通运输学院，2. 30% 的高校置于计算机学院以及 21. 84% 的高校置于另外的学院（见图2）。物流属于一门综合性极高的学科，应用于不同行业和不同领域中。由于社会对物流需求点的不同，各大高校也相应的将物流人才的培养放置在各个不同的学院，使人才的培养更具有针对性。

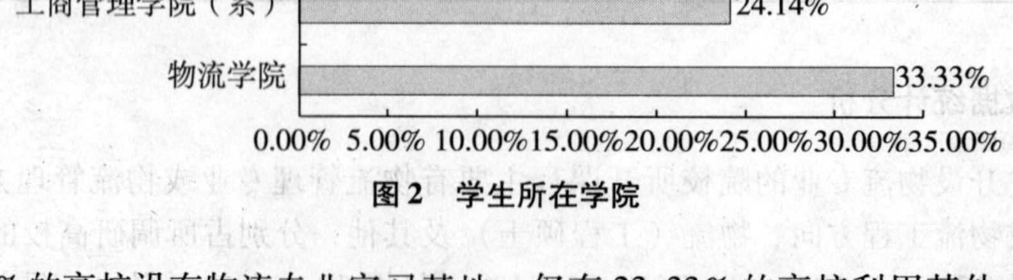

图2　学生所在学院

76. 67% 的高校设有物流专业实习基地，仅有 23. 33% 的高校利用其他方式进行物流调研。各高校对于物流实习基地的培训内容各有侧重点，内容主要包括物流企业、生产制造企业、连锁流通企业、内外贸易企业及其他，分别占 44. 78%、24. 63%、

20.15%、6.72%和3.73%（见图3）

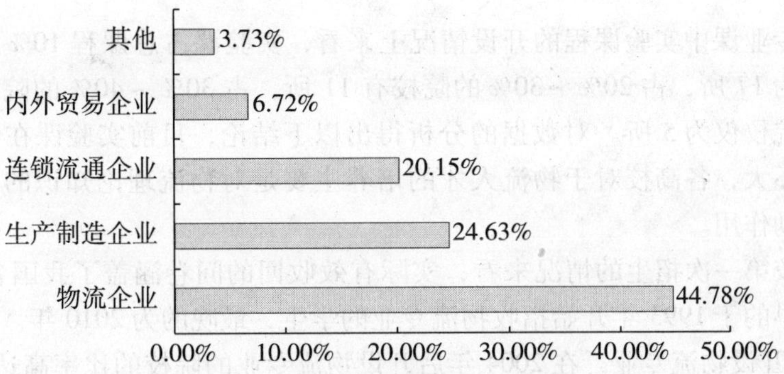

图3　物流实践基地的内容设置

从调查结果看，有73.26%的高校设有物流实验室，仅有26.74%并未开设。这个数据表明，现在的高校越来越重视对于物流人才实践操作能力的培养。

有64.29%的高校对于物流实验室的投资在100万元以下，有30.00%的高校的投资为100万~300万元，有5.71%的高校在物流实验室上的投资高达300万元以上（见图4），从中可以看出，目前高校对物流实验室的资金投入有限，实验室的规模和硬件设施有待提高。

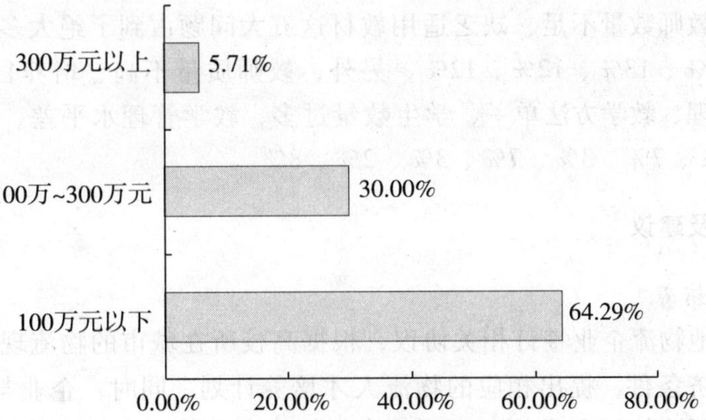

图4　现有物流实验室投资规模

硬件设施的投入对物流实验室是极为必要的。数据统计得，目前高校实验室的硬件主要包括：立体仓库系统、自动分拣系统、射频识别系统、机器人系统、自动导引车系统、条码系统、GPS定位系统和其他，分别占总量的19.62%、13.92%、18.35%、3.16%、8.86%、22.15%、7.59%、6.33%。其中，条码系统、立体仓库系统占的比重最大。

在现有的物流实验室的建设情况来看，主要有以下几种软件：仓储管理软件、运输管理软件、国际物流软件、单证填写软件、ERP软件、供应链管理软件、仿真软件、GIS/GPS软件及其他相关软件，分别占到总量的17.25%、13.74%、

8.63%、4.79%、20.13%、15.34%、14.06%、3.83%和2.24%。其中，ERP软件占的比重最大。

在物流专业课中实验课程的开设情况上来看，实验课占总课程10%～20%的院校数量最多，为17所，占20%～30%的院校有11所，占30%～40%的院校有9所，占50%以上的院校仅为5所。对数据的分析得出以下结论，目前实验课在物流专业课程中的比重并不大，各高校对于物流人才的培养主要是对物流理论知识的学习上，实验只是起到辅助作用。

从各院校第一次招生的情况来看，实际有效收回的问卷涵盖了我国各省市共计78所高校，最早的于1993年开始招收物流专业的学生，最晚的为2010年。97.4%的院校于2000年后开设物流专业。在2004年后开设物流专业的院校的比率高达42.70%。由此看出，我国物流专业的教育起步较晚，对物流人才的需求存在巨大缺口。

在毕业生就业方面，从问卷统计情况看，共有66位教师回答了该问题，实际有效的数据为58（剔除还未有毕业生的院校）。在这些已有数据中，72.41%的院校表示就业率在90%以上。以上数据表明物流专业毕业生就业情况普遍良好，但这并不排除各高校在就业率统计过程中过高统计和毕业生就业时专业不对口等情况的存在。同时，从数据中也可看出，不同院校的就业率情况存在巨大的差异。有些院校的就业率高达95%以上，而有些院校仅为50%左右。

针对专业教育中存在的问题，我们可以看出：教学经费不足、缺乏案例教学、缺乏专业实习、教师数量不足、缺乏适用教材这五大问题占到了绝大多的比重，分别占到了14%、13%、13%、12%、12%，另外，教师质量不高、培养目标定位不准确、教学计划不合理、教学方法单一、学生数量过多、教学管理水平差、忽视个性培养也分别占到了6%、7%、3%、7%、3%、2%、8%。

三、意见及建议

1. 订单式培养

高校与当地物流企业签订相关协议，根据高校所在城市的物流现状，结合当地的地理环境及经济条件，提出相应的物流人才培养计划，同时，企业与学校签订协议，在高校学生的理论知识上升到一定程度之后，企业为学生安排相应的岗位进行实习，然后，高校按照相关企业对于人才的需求方向进行人才的培养，完成人才供需方信息的有效对接。

2. 加强企业与高校的联系

针对高校教师资源匮乏的现象，可以通过企业与学校的交流以及高校之间的交流得以解决。第一，高校可以聘请企业内部的相关人才进行授课，该授课形式更接近实践操作，对于加强学生的实践动手能力有很大帮助；第二，可以进行教育外包的形式，即高校之间进行合作，对于在物流领域相对权威的教授进行资源共享，同时在多所高校间进行授课，举办讲座等各种形式，为最终培养高品质的物流人才奠定良好的基础。

3. 加强师资培训、定期开展学术沙龙

除了教师资源匮乏，教师质量不高也制约着中国物流人才的培养。针对该问题，可以从以下两方面加以改进：第一，加强高校高层次物流师资培养，开设物流类高级研讨班，定期聘请高端物流专家对学校教师进行培养授课，使其了解物流的最新动态，同时，加强与国际合作培养师资，支持和开拓国际物流师资引进和互动。另外，每学期给老师制定一定数量的教研成果，督促老师展开对物流的研究，从而提升老师自身对于物流的理解。第二，定期举办教学沙龙等活动，在教师内部展开经验交流，使得在交流过程中让老师发现问题即时改进问题。

4. 不同院校应明确专业定位，突出专业特色与优势

在人才培养上，各高校应明确定位，避免盲从与同质，谨防“人才过剩”。根据我国物流行业的情况和当地的经济、文化、社会和院校自身的条件，开设特色专业，突出专业特色与优势。在本科与高职专科物流人才的培养模式上做到合理区分，对高职专科物流人才的培养上更强调其物流功能知识的教学，而对本科人才培养时更应强调物流战略的教学。

5. 紧跟物流潮流，及时更新物流案例

近年来，我国物流业得到了迅猛发展，物流技术迅速发展，设备不断更新，物流管理理念不断完善。这就要求各高校在物流教学过程中不断求新、求变，紧跟物流发展的最新潮流，建立物流教学案例库，将最新的物流资讯、政策方针、先进的管理理念传达给学生，鼓励教师利用业余时间参与企业的物流运营项目，把实际经验带入课堂，更新物流教学中的案例，使学生能对知识做到“活学活用”，从而避免所学知识与物流实际应用上的脱节。

6. 采用分领域培养人才

物流作为一门综合类学科，涵盖面广泛，它包括了在制造企业物流、物流企业物流、国际物流、物流信息管理、物流园区规划等多研究方向。因此，在物流管理本专科人才培养时考虑分领域培养方向，以此代替目前现有的物流管理和物流工程的单一分类，如可分为：制造企业物流管理方向、电子商务物流方向、物流园区规划方向、物流信息管理方向、国际物流管理方向等。根据不同的方向对人才的不同要求，进行更加针对性的人才培养计划。

7. 加强老师与学生之间的交流，营造良好的学术氛围

鼓励教师与学生多进行学术探讨与交流，引导学生积极参与老师的物流科研项目、发表学术论文，积极参加物流专业的学科竞赛，如全国物流案例设计大赛等，鼓励学生在课余时间自主学习专业知识，营造良好的学术氛围。

8. 做好物流教学信息的及时反馈

在物流教学过程中，定期开展与学生的座谈会，了解目前物流教学存在的问题与不足，解答学生学习过程中的困惑，根据学生反馈的信息进行教学内容、形式等的调整。同时，与兄弟院校进行良好的合作关系，实现优质教学资源的共享。

参考文献

［1］刘建，吴凤霞，王倩，等．我国物流业振兴中的人才培养问题研究［J］．物流技术，2010（9）：148－150.

［2］王科．物流人才供需：一道待解的平衡式［J］．中国物流采购，2005（10）：48－52.

［3］刘联辉．应用型物流管理本科专业人才培养方案构建［J］．湖南工程学院学报，2005（3）．

危险货物运输突发事件与应急管理机理研究*

尚鸿雁　刘小东　陈　安　董千里　刘安琪

摘　要： 目前，国内危险货物运输突发事件（HMTE）方面的研究仍处于起步阶段，尚未形成系统、完善的理论体系。HMTE属于事故灾难类突发事件，是应急管理研究领域的一个重要分支。本文通过对突发事件、HMTE及应急管理特征和机理构成研究，初步建立了突发事件的二阶段变化机理体系——单一线性突发事件和多重非线性突发事件体系，并从系统内各要素相互作用特征的角度，分析了突发事件和应急管理机理的内在关系，构建了基于突发事件机理分析的应急管理机理分析框架，这对当前我国HMTE应急管理研究和实际应用具有普遍的指导意义。

关键词： 危险货物　突发事件　应急管理　风险评估　机理研究

HMTE（Hazardous Materials Transportation Emergencies）属于事故灾难类突发事件，是应急管理研究领域的一个重要分支，但是，目前国内HMTE机理方面的研究仍处于起步阶段，尚未形成系统、完善的理论体系。

近年来，随着危险货物运输量急剧增加，由危险货物运输造成的突发事件频繁发生。据不完全统计，我国每年仅通过公路运输的危险货物就高达2亿多吨、3000多个品种，各种运输事故的比例也最高，2006年达40.7%。欧洲一项研究表明：在近70年3222起危险货物事故中，41%是在运输过程中发生的，HMTE给人类生命财产、社会财产、环境保护、生态平衡甚至社会稳定，带来了不同程度的危害、破坏和损失。

我国政府将突发公共事件应急管理分为四大类：自然灾害类、事故灾难类、公共卫生事件类和社会安全事件类。危险货物运输安全事故属于事故灾难类。

一、引言

HMTE发展变化机理的研究，是发现问题根源、寻找研究对象内在规律，以及探索HMTE应急管理机理的有效途径。

从本质上来讲，HMTE发展变化和其他事故灾难，以及各类突发事件有很大的类

* 作者简介：尚鸿雁，女，陕西榆林人，高级工程师，中国物流工程学会会员，泰国华侨崇圣大学经贸管理学院副教授，泰国泰中企业联合会高级顾问，泰中物流供应商服务网络项目中方负责人及主研专家，长安大学，工学博士。研究方向：物流与应急管理。刘小东，男，陕西清涧人，高级工程师，香港经贸管理学院经管院博士研究生。研究方向：物流与企业管理及低碳经济、新能源与可持续发展。陈安，男，山东东平人，中国科学院科技政策与管理科学研究所副研究员，中科院博士后。研究方向：应急管理。董千里，男，教授，江西玉山人，长安大学教授、博士，博士生导师。研究方向：物流与供应链管理及交通运输规划。刘安琪，女，陕西清涧人，泰国Assumption（ABAC）大学工程学院。

同之处，它的特征同样体现在突发性、紧急性、严重性、扩散性、连锁性、灾害性及危害性等方面。灾难或重大突发事件给社会造成的危害有限，但是，一旦扩散将极有可能引发社会连锁反应，并给社会造成严重危害。典型的 HMTE，如 1989 年，美国埃克森公司（Exxon Corporation）瓦尔德斯号油轮原油泄漏事件就是这样一个典型案例，不仅自身演化成特大突发事件，还引发了其他突发事件，并形成连锁反应，导致了更为严重的危害。由于危险货物的特殊性，HMTE 也有它自身一些独特的发展变化机理，正是由于这种特殊性，本文首先对突发事件的特征和机理构成进行了研究，然后将 HMTE 分为单一线性突发事件和多重非线性突发事件进行了分类研究，最后从系统内各要素相互作用特征的角度分析了突发事件和应急管理的内在关系，并研究构建了基于突发事件机理分析的应急管理机理分析框架。

二、危险货物运输突发事件 HMTE 机理构成

机理的主要含义，是指事物变化和发展过程中所遵循的内在逻辑和规律。对于突发事件，分析事件的机理，就可以找到孕育事件的源头，发现事件的形成规律和推动事件发展的动力，以便在应急处置中找到相应的应对策略。Jacob. M 和 Hellstrom. T 的研究表明，对突发事件发生机理的认知，将极大地影响突发事件的处理和控制效率。机理分析和研究是开展应急管理的基础，只有掌握了突发事件的内在机理，才有可能在面临突发事件危机发生时迅速作出有效反应，才有可能采取尽可能优化和合理的应对措施，达到比较满意地处理突发事件、减少损失的最终目的。

有学者认为机理可以描述为一些特征，比如中科院陈安博士在《突发事件应急管理》一书中，就把事件的机理总结为：突然性和信息的高度缺失性、危害性和蔓延性、主体规律性、多范畴性，认为这是宏观层面上的机理。因此，研究突发事件的机理还应首先从突发事件的基本特征入手。

1. HMTE 的基本特征

许多学者对突发事件的特性进行了各种不同描述，但有时存在使用不同的动词或形容词描述了同样的性质。基于文献进行总结，无论是一般突发事件还是 HMTE，它们有三个重要的基本特征。

第一个特征，这类事件在一定范围内会引起较大危害，直接威胁到人类生命、财产安全，以及社会稳定，况且，这样的危害有可能在短时间内大范围蔓延、滋生、甚至连锁发生更加严重的危害，因此，称之为危害性和扩散性特征。

第二个特征，突然性和紧急性。突然性是指不易被感知的特征，即它的危害性和扩散性具有很大的意外性，往往在事先毫无征兆或者征兆没有被人们获知的情况下就发生了；紧急性是指由于这类事件的突然性、危害性和扩散性，在时间上形成的迫切性和重要性特征。正是由于这类事件所具有的不易被感知性和事故的严重性特征，就称之为突发事件（Emergencies）。

第三个特征，HMTE 的特征性还包含危险货物自身的理化特性。

2. 突发事件机理的构成

突发事件除了上述自身三个基本特征外，面对突发事件的危害对象，或者说突发

事件管理，还存在以下几方面规律性特征。

作者提出构建了一套分析研究突发事件机理的体系结构模型图，整个体系的层次关系如图1所示。机理构成包含的具体内容是："两个组成"、"四个类别"、"三个过程体系"和"八个具体变化"。

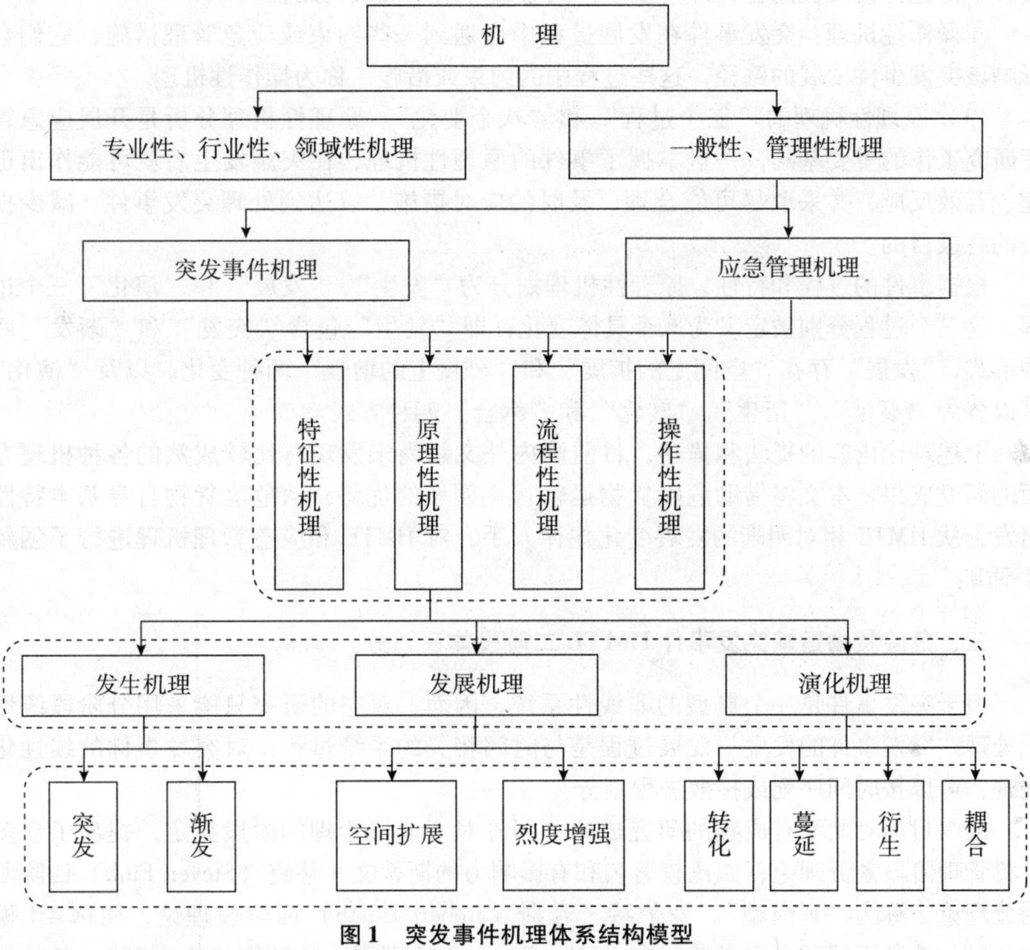

图1 突发事件机理体系结构模型

（1）突发事件机理的"两个组成体系"。从专业性和一般性角度对机理进行划分，可以划分为两个不同的组成体系。第一个组成体系是一般性的突发事件机理及应急管理机理，它刻画了突发事件一般性发生、发展及演化规律，并研究了相应的一般性管理机理；第二个组成体系是专业性、行业性、领域性的特定机理，比如，HMTE机理，除了具有一般性机理的一些共同特征外，其突发事件机理还存在一些特殊性，需要借助与危险货物的理化特性，以及与运输有关的物理学、化学、交通运输组织学和物流工程等学科进行解释。

（2）一般性机理的"四种类别"。一般性机理，应该包括一般性突发事件机理和一般性应急管理机理两方面内容，它们又分别由四种不同类别的机理组成，即特征性机理、原理性机理、流程性机理和操作性机理。突发事件的四个类别机理含义分别为：

①特征性机理：对各种突发事件进行抽象概括和总结，借鉴模型和仿真等方法，描述其共有特征及其变化规律。

②原理性机理：对各种突发事件发生、发展过程的内在规律性进行刻画。

③流程性机理：说明突发事件所应遵从的前后逻辑顺序，一般认为流程性机理是突发事件选择的发展路径，即突发事件向着最坏结果发展的路径。

④操作性机理：突发事件在发展过程中会遇到一些约束或应急管理措施，它们会影响该突发事件发展的路径，这些过程中的约束或措施，称为操作性机理。

（3）原理性机理的“三个过程”和“八个变化”。原理性机理分析是开展应急管理研究工作的重要基础，一旦掌握了事件的原理性机理，在灾难发生后就可能作出迅速、有效反应，并采取尽可能合理、及时的应对措施，以达到处理突发事件、减少损失的终极目的。

根据事件的过程和特性，原理性机理划分为“发生”、“发展”和“演化”三个过程，这三个过程分别被定义为八个具体变化：即“发生”包含“突发”和“渐发”两种形式，“发展”存在“空间上的扩展”和“烈度上的增强”两种变化，以及“演化”可以分为“蔓延”、“衍生”、“转化”和“耦合”四种方式。

上述理论内容的提法和描述，目前国内外文献尚未发现有比较成熟的各种机理方面的研究成果。本文将借助危险货物运输行业领域的优势，从危险货物自身基本特性出发，从 HMTE 相对明晰的发展变化规律入手，对 HMTE 和应急管理机理进行了创新性研究。

三、危险货物运输突发事件 HMTE 二阶段体系划分

由于突发事件是一个典型的非线性系统，因而，对它的研究只能采用分阶段线性化处理。突发事件的发生、发展过程是与时间相关的系统过程，对突发事件的线性化处理，可以按时间序列或扩散进程划分。

国内目前对此没有成熟的研究成果，国外对于危机管理的阶段界定，提出了众多危机管理阶段划分理论，如比较著名和有影响力的斯蒂文·芬克（Steven Fink）四阶段划分理论，称为“F 模型”，罗伯特·希斯（Robert Heath）四阶段理论，简称 4R 模型，以及核危机管理专家米特罗夫（Mitroff）五阶段模型，又简称“M 模型”。各种划分从不同侧面对危机或突发事件的形态有了一定的描述，但都没有论述突发事件的性质和机理特征。

HMTE 与其他自然灾害等突发事件相比，频率比较高，事件的规模相对较小，但它发展的过程却很典型，往往遵循突发事件的机理体系特征。为了比较清晰地表述突发事件的机理及其严重或复杂程度，本文用二阶段体系划分法，把这个机理体系中的突发事件变化过程分成两个阶段，并分别命名为：单一线性突发事件阶段和多重非线性突发事件阶段，如图 2 所示。

1. 单一线性 HMTE

单一线性突发事件，也称为单一突发事件，是指性质单一、危害较小的突发事件，一般是指一种事件对应引发一种结果，形成一种相对简单的线性发生和发展过程。这

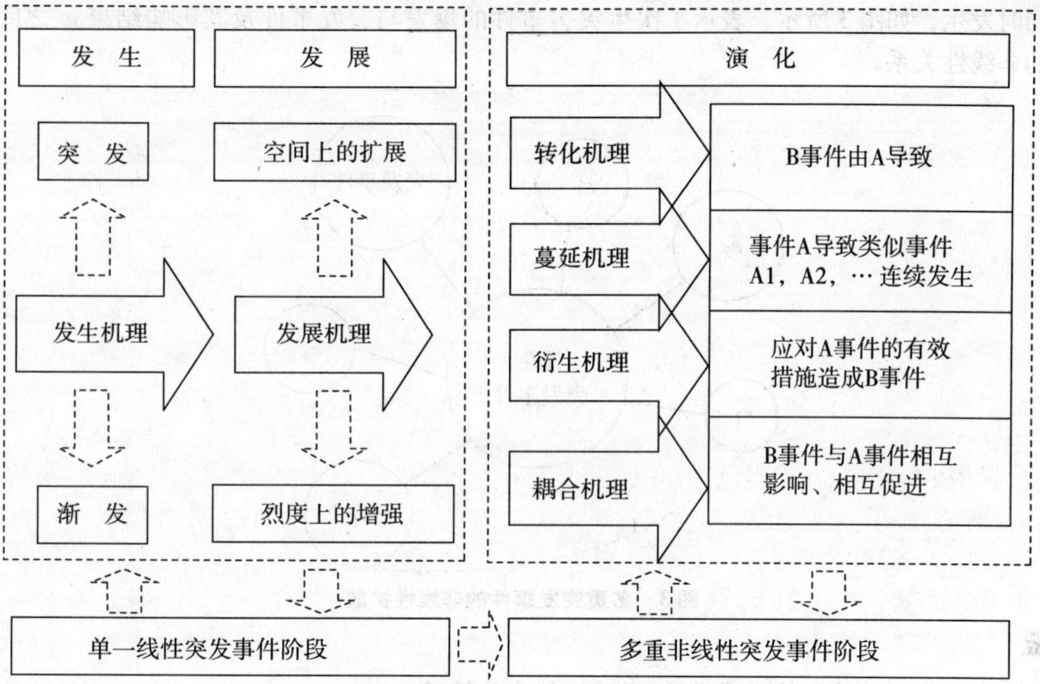

图2　突发事件二阶段变化机理

种单一线性突发事件包括三种情况：

首先，是指突发事件的规模小或危害力有限，仅仅经历单一的发展过程就结束，不会诱发更加严重的突发事件，如损害范围比较局限的爆炸事件，会很快就有一个明确的结果，一般不会有进一步发展的可能性。

其次，是指突发事件虽然较为严重，有进一步引发更多或危害更广复杂事件的潜在可能，但由于应急管理的干扰作用，这类突发事件仅仅停留在单一线性突发事件阶段，也未造成进一步的发展。

再次，是指多重非线性突发事件的发展初期，这种情况多是由于单一线性突发事件应急管理措施不当，将造成更严重的危害，因此，也称之为单一线性突发事件阶段。

对于单一线性突发事件，主要强调的是直接导致事件出现的一个原因，而不是其他的间接原因，对于间接原因，则是探讨多重非线性突发事件不可缺少的。

2. 多重非线性 HMTE

多重非线性突发事件，或多重突发事件，是指性质复杂、危害较大的突发事件，一般是指多种事件对应引发的多种不同结果或危害，形成复杂的非线性扩散、演化发展，如图2所示。多重事件主要是由于一些间接因素的影响，或由于单一突发事件的应急管理措施不当或失误，造成事态的恶化或扩展，它的演变方式主要有四种，即转化、蔓延、衍生和耦合。

在多重非线性突发事件阶段，突发事件之间存在连锁反应。等级高、强度大的突发事件爆发后，常常会诱发出一连串不同等级的次生灾害事件爆发，或几个突发事件同时发生，如图3所示，表示了次生灾害事件的爆发与突发事件及其影响结果 e_i 之间的非线性关系。

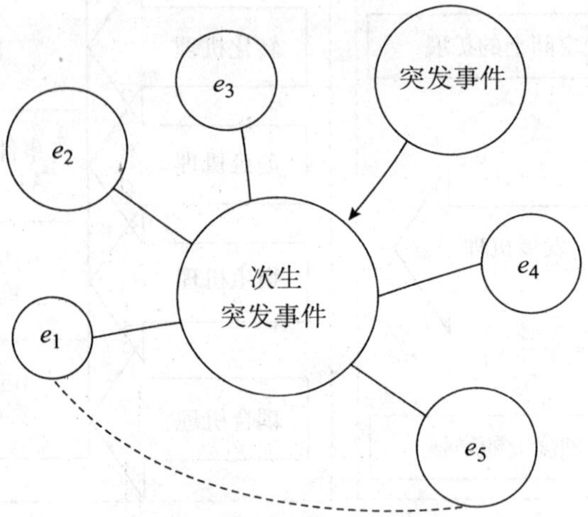

图3 多重突发事件的非线性扩散

四、危险货物运输突发事件 HMTE 与应急管理

中科院计雷研究员认为：突发事件应急管理，是研究突发事件以后管理的一些规律。从2003年大陆“非典事件”发生以后，开始研究这块领域，它的内涵很大，内容也非常多。因为突发事件本身类型就非常多，那么不同类型的突发事件，就应该采取不同的措施和方法，按照它次生的规律来做应急管理。实际上，突发事件一般分两大类：一类是有先兆的，一类是无先兆的。有先兆的突发事件是大量存在的，无先兆的是比较少的，当然还有地震，因为人类对它的认识和了解还不够，但大部分是有先兆的。特别是2008年春季南方冰雪灾害、四川汶川“5·12”大地震发生以来，突发事件应急管理理论的研究更加深入、系统、成熟。

中科院陈安博士认为：应急管理是面对突发灾难性事件，而且是在损失已经造成的情况下进行的管理，预警是应急管理的前奏，而不是应急管理的组成部分，应急管理面对的是一个可能无法挽回的损失或灾难事件，只能通过努力减少损失或者终止损失事件的蔓延，而无法在成本不增加的情况下使状态恢复到损失之前。

1. 系统特征关系分析

由图2突发事件二阶段变化机理体系结构模型所知，HMTE与应急管理作为一个系统内的一对矛盾，从系统内各要素相互作用的角度分析突发事件和应急管理之间的关系，用数学的方式表述其特征。尽可能应用量化、细化、精确的仿真数学描述，不仅会有助于建立优化的系统应急机理，更有助于对进一步风险评估指标体系的建立选取、评估趋向和方法的确定起到重要的参考价值和作用。

HMTE应急处置过程中，一般总是希望其数学模型是线性的，在事态处理过程中，不断采用各种举措或政策，总希望有一对一的结果和收益。但是，突发事件的本质是非线性构造、非线性方程的解，往往需要利用线性方程的解。线性稳定性分析是研究非线性系统稳定性的基本技术之一，这就给突发事件的应急管理研究提供了理论上的依据，即在HMTE应急管理整个过程中，线性关系是追求的理想关系，每一个时间、空间事件的处理力争线性化，使每一个举措都能实现一个预期的结果，即

$$F=f(x) \quad x\text{：表示举措；}F\text{：表示结果}$$

基于系统理论，HMTE与应急管理过程中存在着自催化、正反馈之类的非线性作用，其处置关系是非线性的，它符合非线性函数的九个特征，即变化特性、饱和性、非单调性、振荡性、多值响应性、循环性、失灵性、折叠性和滞后性。

2. HMTE应急管理机理

通过对突发事件变化过程，以及与应急管理之间的系统特征关系研究发现，合理、优化的HMTE应急管理机理，是一种对HMTE变化过程的干扰和阻断机理，而不仅仅是“兵来将挡，水来土掩”的后续应急管理措施。

从应急管理角度来讲，应急管理的特征性机理涉及多主体相关性、动态博弈性、及时性、复杂性等多种特性；从突发事件角度而言，每一种突发事件的原理性机理，又都对应着一个应急管理的原理性机理，因此，使各种关系更加难以刻画，在此，将应急管理的机理按照图4进行分析说明。

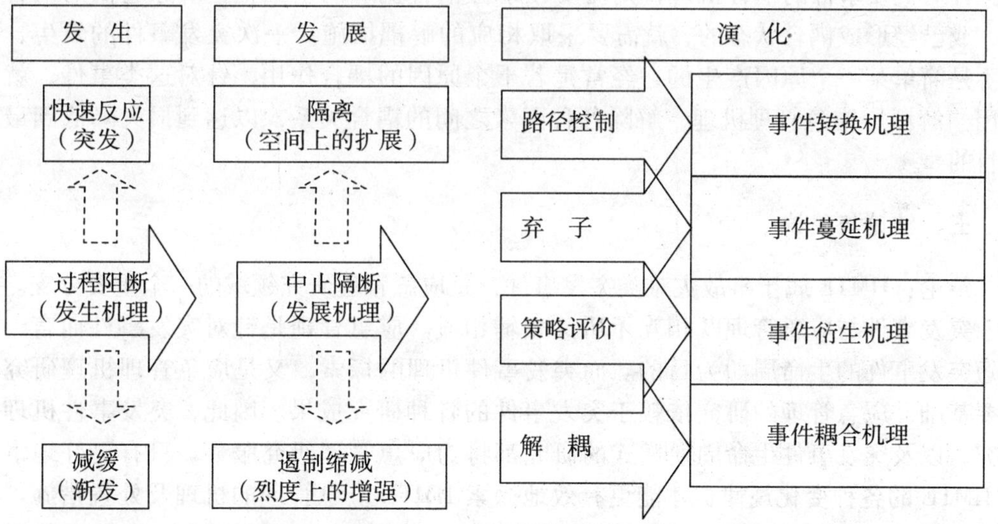

图4 应急管理原理性机理

应对突发事件的发生机理，可以采用过程阻断机理来进行应急干预。对于“突发式”事件，宜采用紧急发布通知、快速反应的策略；而对于“渐发式”事件，就希望采取一定措施，以减缓它的发生或发展。

对于突发事件的发展机理，可以采用中止隔断机理来进行应急干预。其中，空间

上的扩展采取隔离措施来阻断，如因燃气爆炸导致的火灾，可以制造隔离带来防止火势进一步扩散；烈度上的增强可采取遏制缩减措施来阻断。

对于事件转化机理，可采用路径控制机理来阻止事件的连锁转化与传递。突发事件出现蔓延态势时，更多情况下应该采取“弃子”的应急管理机理与之对应。事件的蔓延，是指一个事件出现后不断会有类似事件连续发生。在多数情况下，因为将注意力集中在处置先发事件上，所以，很难彻底避免后续事件（次生灾害）的接连发生，如果这样的情况是可以预见和判断的，那么，采用“弃子”措施可能反倒会更加合适。所谓“弃子”，是指对于暂时不宜或不能处理的HMTE状态或局面，采用一种“弃卒保车”的态度，使生命或一些重要的财产得以保障。事实上，“弃子”措施是一种应急管理过程的决策选择，如2005年“3·29”京沪高速公路液氯泄漏事故，由于发生液氯大面积泄漏和蔓延，造成约2000多亩农田受灾，环境受到严重污染、破坏，最终只得选择暂时关闭高速公路，并疏散近十个村子的1万多名村民。这就是一起典型的“弃子”应急管理处置机理案例。

对于突发事件的衍生机理，在正式采取措施前，对这些看似能取得积极效果的措施进行更加深入、更加全面的研究，争取识别其后续可能潜在的一些消极影响，尽早采取行动，并尽量避免这些潜在负面影响的出现，因此，采用“策略评价”机理来进行应急管理。

针对突发事件的耦合机理，则需要在掌握耦合机理的基础上，解除它们的耦合条件，或已经形成耦合状态的，就需要采取相应的解耦措施。一次突发事件的发生，往往不是简单某一个原因产生的，经常是若干个原因的耦合作用，针对这类事件，就得采用“解耦”应急管理机理，解除各种因素之间的耦合关系，以达到损失降低到最小的目的。

五、结论与建议

结论：HMTE属于事故灾难类突发事件，是应急管理研究领域的一个重要分支。

突发事件与应急管理既相互矛盾又相辅相成。应急管理是针对突发事件而言，以缩短突发事件的生命周期为目的。而突发事件机理的探索，又是应急管理机理研究的重要基础，应急管理的研究依赖于突发事件的各种研究成果。因此，突发事件机理的研究，以及突发事件生命周期模式的研究都将为应急管理研究服务。只有更好地掌握了HMTE的各种变化规律，才能更有效地探索HMTE应急管理的机理及处置措施。所以，不但要重视研究突发事件的机理，还要进一步掌握它的变化周期、它的消长和存亡的生命周期变化规律，而且同样要重视应急管理机理的研究，以及二者内在必然特征关系的研究。

建议：①加强HMTE应急管理体系建设，完善和健全应急管理体制机制，建立健全分类管理、分级负责、条块结合、属地管理为主的应急管理体制，形成统一指挥、功能齐全、反应灵敏、运转高效的应急机制，健全监测、预测、预报、预警和快速反应系统，全面提高应对突发事件能力；②加大政府应急管理政策制度保障、法律法规建设和财政经费投入；③加强海陆HMTE分类专项应急演练，建立专项应急预案和应急专业救灾抢险队伍；④完善突发公共事件应急预案，定期组织开展预案演练，加强专业应急队伍建设，提高国家和全社会的抗风险能力；⑤重视运用科技提高应对突发公共事件的能力，加强应急管理科学研究，提高应急装备和技术水平，推进应急管理信息平台建设，提高应急决策指挥的有效性和针对性，形成国家公共安全和应急管理的科技支撑体系；⑥各级政府成立相应独立的应急管理职能部门和具有一定数量规模的科研机构及专业化队伍、志愿者队伍建设；⑦充分发挥专家作用，为科学应对突发事件提供决策咨询，一些高校可设立突发公共事件应急管理本、硕、博专业及研究方向；⑧加强与国外先进的应急管理职能部门、研究所及高校等机构进行对口合作与交流；⑨加强专项应急演练、培训和教育，强化应急管理基础能力建设，力争使损失降低到最低；⑩加强应急管理科普宣传和典型案例总结备案，增强全民应急管理意识和经验，提高群众参与应急管理能力、自救能力，以及必要的应急处置能力。

参考文献

[1] 罗伯特·希斯．危机管理［M］. 王成，等，译．北京：中信出版社，2004.

[2] 计雷，池红，陈安，等，突发事件应急管理［M］. 北京：高等教育出版社，2006.

[3] 陈安．现代应急管理理论与方法［M］. 北京：中国科学出版社，2009.

[4] 冯凯，徐志胜，王丽．可视化灾害数字仿真重构理论及实证研究——本质解析及仿真理论可行性分析［J］. 灾害学，2006，21（1）.

[5] 陈熙春．正确应对突发事件和危机［J］. 当代行政，2003（9）.

[6] 朱力．突发事件的概念、要素与类型［J］. 南京社会科学，2007（11）.

[7] 祁明亮，池宏，赵红，等．突发公共事件应急管理研究现状与展望［J］. 公共管理与公共政策，2006（4）.

[8] 吴宗之，刘茂．重大事故应急救援系统与预案导论［M］. 北京：冶金工业出版社，2003.

供应链管理

面向废弃物再利用的关联供应链合作决策模型*

李海燕　但　斌　张旭梅　陈　军

摘　要：不同于传统的单链式绿色供应链，关联供应链是一种基于生产性废弃物再利用的多供应链间合作模式。本文建立了关联供应链两核心生产商之间的非合作独立决策模型和完全合作联合决策模型，给出了废弃物再利用可能存在的各种供求情形的定量化条件，以及在各种供求条件下两核心生产商的主产品产量及价格策略。研究结果表明：当废弃物供远小于求时，上下游供应链合作的产量及利润空间为零；当废弃物供远大于求时，下游供应链合作的产量空间最大，合作具有较大的利润空间；当废弃物供求相对平衡时，上游供应链合作的产量空间最大，关联供应链可以获得最大的合作利润。

关键词：绿色供应链　关联供应链　废弃物　合作决策

一、引言

日益恶化的资源、环境问题给人类的生存和发展带来威胁。加工制造业一方面生产各类产品满足人类基本生活需要，另一方面却在消耗大量自然资源的同时产生大量废弃物，这使得整个人类面临着更为严峻的资源与环境压力。为此，很多企业在追求利润的同时，开始逐渐将其对社会和环境的责任融入到了公司使命与价值观之中。正如 Simpson 和 Power 指出的那样，供应关系有助于引导合作性污染减排计划的实施，有助于提供更经济的环境解决方案，也更充分地让企业认识到供应链在解决环境问题上的效率。为此，旨在通过供应链上下游企业之间密切合作以达到环境保护目的的绿色供应链管理受到了广泛关注。

目前，有关绿色供应链的研究已经在概念、实证、案例和数理模型等各个方面展开。然而，上述研究中所涉及的“供应关系”大多是指单条供应链上下游节点企业在其主产品上形成的供应关系，主要是围绕主产品的生产及供给从单条供应链的范围来

* 基金项目：国家自然科学基金资助项目（70972056）；国家863计划重点项目课题（2007AA040801）

作者简介：李海燕，女，云南弥渡人，重庆大学经济与工商管理学院博士研究生，研究方向：物流与供应链管理。但斌，男，重庆市人，重庆大学经济与工商管理学院教授、博士、博士生导师，研究方向：物流与供应链管理。张旭梅、陈军，重庆大学经济与工商管理学院。

综合考虑环境绩效和经济绩效，很少考虑基于工业废弃物（生产过程中产生的副产品、共生品及残渣等）供应关系的供应链间环境及经济绩效问题。事实上，大多数工业废弃物一方面是环境污染的重要源头，另一方面却可以通过企业的技术创新等手段被资源化应用，从而使得企业在节约资源、减少环境负效应的同时，获取一定经济效益。随着生态环境的持续恶化和人们对环境问题的日益关注，基于工业废弃物再利用的生态工业得到了重视和发展。在生态工业共生网络中，不仅存在着位于同一环节的具有副产品交换关系的多个核心企业，同时，也存在着与各核心企业相关的上下游企业，形成了多条平行的单链式供应链之间基于工业废弃物再利用的关联供应链模式。例如，基于矿渣再利用的钢铁行业与水泥行业共生网络、基于甘蔗渣再利用的制糖业与造纸业共生网络，基于啤酒酵母泥再利用的啤酒行业与生物饲料行业共生网络等。在关联供应链中，工业废弃物性质特殊，其伴随产品的生产过程而产生，既作为上游供应链的环境负荷物，又作为下游供应链的资源存在。上下游供应链核心生产企业基于工业废弃物再利用的合作，会导致上下游供应链主产品成本结构发生变化，从而将改变核心生产企业对主产品的产量与价格决策。由于上下游供应链核心生产企业的主产品成本或利润因工业废弃物的供应关系而联系在一起，因而，上下游核心企业在进行各自产量及价格决策时，是否考虑协同决策以追求更大利润会成为可能。有鉴于此，论文主要关注基于工业废弃物再利用的关联供应链系统的决策优化问题。

目前关于供应链跨链间合作优化方面的研究还比较少。Corbett 和 Karmarkar（2001）的研究提到多供应链，但主要是在单链的框架下分析不同链节的企业数量对供应链绩效的影响。有部分文献从产业集群的背景分析多条供应链之间的竞合关系及优化，如动态重复博弈理论，分析了集群内单链节点企业间及并行供应链相同价值环节节点企业间竞争及合作空间的大小。在集群式供应链中，两供应链间在同一地域的动态竞合决策，建立了信息不对称下的 Stackelberg 及 Nash 博弈模型。但上述研究解决的是同一产品市场多供应链的合作优化问题，不能解决关联供应链中属于不同主产品市场的供应链间的合作优化问题。

在关联供应链中，工业废弃物的供需关系主要由上下游供应链产品的市场需求状况决定，它不同于普通产品的供需关系，关联供应链核心企业之间基于工业废弃物供需的合作决策涉及不同的产品市场，理论分析具有一定的复杂性。本文以关联供应链为对象，主要研究基于废弃物再利用的上下游供应链核心生产企业的主产品产量和定价策略，通过比较独立决策与联合决策下的两种模型，对废弃物再利用协同合作的可能性及合作空间的大小进行了讨论。

二、问题与模型

考虑的关联供应链系统结构模型如图 1 所示。供应链 1 核心企业（生产商 1）生产并销售产品 1，供应链 2 核心企业（生产商 2）生产并销售产品 2。产品 1 生产过程中产生的某种副产品一方面对环境造成污染，其无公害化处理需要生产商 1 支付一定的成本；另一方面这种副产品可以作为生产商 2 生产产品 2 的某种替代原材料，生产商 1 可以将其以一定的价格卖给生产商 2。在模型中，生产商 1 与生产商 2 为独立的决策者，其目标为各自利润最大化。生产商 1 基于市场对产品 1 的需求及生产商 2 对废弃物的需求来分析制订产品 1 的产量计划、销售价格及废弃物的价格，当生产商 2 对废弃物的需求小于生产商 1 的产出时，余下的废弃物生产商 1 需要承担环境处理成本；生产商 2 依据市场对产品 2 的需求及废弃物采购价格来制订产品 2 的产量计划及销售价格，进一步确定废弃物的需求量，当生产商 1 提供废弃物的量小于生产商 2 的需求时，生产商 2 需要采购普通原材料进行生产。

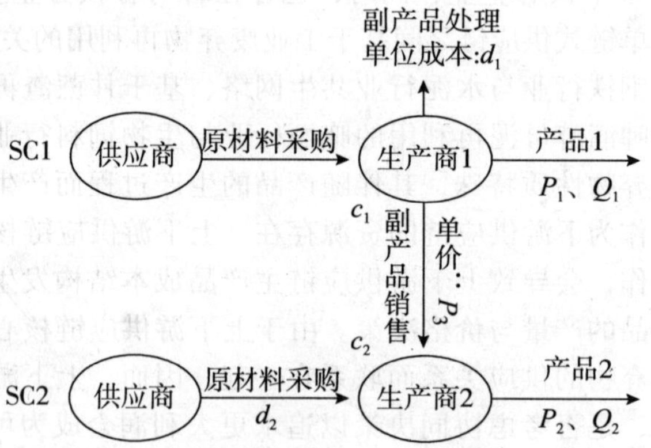

图 1 关联供应链系统的结构模型

文中假设如下：

（1）生产商 1 与生产商 2 之间为完全信息；

（2）上下游供应链两种主产品的市场需求为销售价格的线性减函数；

（3）废弃物与替代原材料的产品消耗系数相同，即生产单位产品对两者的消耗量一致；

（4）用废弃物进行生产与用普通原材料进行生产除采购成本外，单位产品的其他生产成本一致；

（5）用废弃物生产的产品与普通原材料生产的产品完全同质，以同样的市场价格销售。

文中涉及的符号变量及参数说明如下：

c_1：生产商 1 的边际生产成本，包括原材料采购成本和生产运作成本；

β：伴随主产品产生的废弃物的产出率；

d_1：生产性废弃物单位环境无害化处理成本；

c_2：生产商 2 发生的与生产材料采购无关的其他边际生产成本；

δ：生产商 2 生产单位产品时需要的废弃物的量；

d_2：生产商 2 向其他供应商采购普通原材料的价格；

P_3：废弃物的价格，为生产商 1 的决策变量；

Q_i、P_i（$i = 1,2$，用于表示生产商或者其生产的产品）：为产品 i 的市场需求及价格，为生产商 i 的决策变量。假设有 $Q_i = a_i - b_iP_i$，a_i 为产品 i 市场最大的可能需求，$b_i > 0$ 为价格敏感系数。

为了不失一般性，假设文中参数满足：$-d_1 \leqslant P_3 \leqslant d_2$。当 $P_3 < 0$ 时，表示生产商1向生产商2支付一定费用让生产商2帮其处理工业废弃物。该假设蕴涵以下事实：①生产商1支付给生产商2的费用不会高于其自行处理费用；②生产商2的购买价格不会高于普通原材料的价格。

基于以上分析及假设有：

$$P_1 = (a_1 - Q_1)/b_1 \tag{1}$$

$$P_2 = (a_2 - Q_2)/b_2 \tag{2}$$

生产商1的利润函数为：

$$\pi_1(Q_1) = P_1Q_1 + P_3\min(\delta Q_2, \beta Q_1) - c_1Q_1 - d_1\max(\beta Q_1 - \delta Q_2, 0) \tag{3}$$

生产商2的利润函数为：

$$\pi_2(Q_2) = P_2Q_2 - P_3\min(\delta Q_2, \beta Q_1) - c_2Q_2 - d_2\max(\delta Q_2 - \beta Q_1, 0) \tag{4}$$

关联供应链系统利润函数为：

$$\pi(Q_1, Q_2) = P_1Q_1 + P_2Q_2 - c_1Q_1 - c_2Q_2 - d_1\max(\beta Q_1 - \delta Q_2, 0) - d_2\max(\delta Q_2 - \beta Q_1, 0) \tag{5}$$

在等式（3）、（4）、（5）中，βQ_1 是生产商1产生的废弃物数量，δQ_2 是生产商2对废弃物的需求量，$\min(\delta Q_2, \beta Q_1)$ 是生产商1与生产商2之间的废弃物交易量，$\max(\beta Q_1 - \delta Q_2, 0)$ 是生产商1需要进行无害化处理的废弃物数量，$\max(\delta Q_2 - \beta Q_1, 0)$ 是生产商2从第三方供应商购买普通原材料的量。

1. 非合作独立决策模型

在这里，考虑生产商1与生产商2各自独立决策的情形。将两个生产商的独立决策过程假设为：生产商2为主导决策者，首先决定产品2的产量 Q_2，此时生产商2对废弃物的需求量为 δQ_2；生产商1为跟随决策者，在知道生产商2的主产品策略 Q_2，即对废弃物的需求量为 δQ_2 的情况下，确定废弃物的价格 P_3 以及产品1的产量 Q_1，从而确定废弃物的供给量 βQ_1。基于以上情形假设，可以将生产商1与生产商2的决策过程视为一个完全信息两阶段序贯博弈，其中，双方的目标均追求自己的期望利润最大化。

为了求博弈的均衡解，采用逆向归纳法，首先给定生产商2的产量 Q_2，然后求解生产商1的反应函数。将等式（1）带入等式（3），可得：

$$\pi_1 = Q_1(a_1 - Q_1)/b_1 + P_3\min(\delta Q_2, \beta Q_1) - c_1Q_1 - d_1\max(\beta Q_1 - \delta Q_2, 0) \tag{6}$$

在式（6）中对于任意给定的 Q_1，易知 π_1 是 P_3 的增函数。所以可知无论在任何情形，生产商1都会尽可能地提高废弃物的价格来实现其利润最大化，考虑到条件 $-d_1 \leqslant P_3 \leqslant d_2$，所以生产商1最优的价格策略是与替代材料的价格一致，即

$$\hat{p}_3 \equiv d_2 \tag{7}$$

将（7）式代入（6）式，由 π_1 最大化的一阶条件，可得使 π_1 最大化的最优 Q_1 为：

$$\hat{Q}_1 = \begin{cases} M_2 & \text{if} \quad Q_2 > \beta M_2/\delta \\ M_1 & \text{if} \quad Q_2 < \beta M_1/\delta \\ \delta Q_2/\beta & \text{if} \quad \beta M_1/\delta \leqslant Q_2 \leqslant \beta M_2/\delta \end{cases} \tag{8}$$

其中，$M_1 = (a_1 - b_1c_1 - b_1d_1\beta_1)/2$，$M_2 = (a_1 - b_1c_1 + b_1d_2\beta_1)/2$。

（7）、（8）两式为生产商1对生产商2的反应函数。将其代入生产商2的利润函数（4）式，可以得到：

$$\pi_2(Q_2, d_2, \hat{Q}_1(d_2, Q_2)) = P_2Q_2 - d_2\delta Q_2 - c_2Q_2 \tag{9}$$

将生产商2的需求函数（2）式代入（9）式并求 Q_2 的导数，令其导数等于0，即可得到生产商2的最优产量策略，即

$$\hat{Q}_2 = (a_2 - b_2c_2 - b_2d_2\delta)/2 \tag{10}$$

令 $K_1 = (a_2 - b_2c_2 - b_2d_2\delta)/2$，依据以上对生产商1与生产商2的非合作独立决策分析，可以得到如下结论：

结论1：独立决策时，生产商1和生产商2的最优决策如下：

（1）生产商1对工业废弃物的销售价格为：$\hat{p}_3 = d_2$，其主产品产量为：

$$\hat{Q}_1 = \begin{cases} M_2 & \text{if} \quad \delta K_1 > \beta M_2 \\ M_1 & \text{if} \quad \delta K_1 < \beta M_1 \\ \delta K_1/\beta & \text{if} \quad \beta M_1 \leqslant \delta K_1 \leqslant \beta M_2 \end{cases} \tag{11}$$

相应地，主产品价格为：

$$\hat{p}_1 = \begin{cases} (a_1 - M_2)/\mathrm{b}_1 & \text{if} \quad \beta M_2 < \delta K_1 \\ (a_1 - M_1)/b_1 & \text{if} \quad \beta M_1 > \delta K_1 \\ (\beta a_1 - \delta K_1)/(\beta b_1) & \text{if} \quad \beta M_1 \leqslant \delta K_1 \leqslant \beta M_2 \end{cases} \tag{12}$$

（2）生产商2的主产品产量为：

$$\hat{Q}_2 = K_1 \tag{13}$$

相应地，其主产品的市场价格为：

$$\hat{p}_2 = (a_2 - K_1)/b_2 \tag{14}$$

（3）独立决策时的系统利润为：

$$\hat{\pi} = \begin{cases} \dfrac{M_2^2}{b_1} + \dfrac{K_1^2}{b_2} & \text{if} \quad \beta M_2 < \delta K_1 \\ \dfrac{M_1^2}{b_1} + \dfrac{K_1^2}{b_2} + (d_1 + d_2)\delta K_1 & \text{if} \quad \beta M_1 > \delta K_1 \\ \dfrac{\delta K_1}{b_1\beta^2}(2\beta M_2 - \delta K_1) + \dfrac{K_1^2}{b_2} & \text{if} \quad \beta M_1 < \delta K_1 < \beta M_2 \end{cases} \tag{15}$$

在结论1中，条件 $\beta M_2 < \delta K_1$、$\beta M_1 > \delta K_2$、$\beta M_1 < \delta K_1 < \beta M_2$ 分别反应供应链1工业废弃物的供给远小于供应链2的需求、供给远大于供应链2的需求以及废弃物供求相对平衡几种情形。结论1给出了非合作独立决策时，上下游供应链两个核心生产商面对不同废弃物供求情形时，主产品1、主产品2的产量、价格策略及相应的系统利润。事实上，在非合作状态下，上游供应链生产商1完全按照与替代材料相同的市场价格将废弃物卖出，由于不同的废弃物供求情形会影响到主产品的成本结构，因而不同的废弃物供求情形下具有不同的产量及价格策略；对于下游生产商2，由于购买废弃

物和替代材料进行生产的利润是一致的，生产商 2 完全按照主产品 2 的市场需求来进行产量决策，上游废弃物的供给状况对其决策不会产生影响。

2. 完全合作联合决策模型

完全合作条件下，针对关联供应链中两种主产品产量及价格，上下游供应链生产商 1 与生产商 2 进行联合决策以最大化关联供应链系统利润。将（1）、（2）两式代入（5）式可得：

$$\pi = (a_1/b_1 - c_1)\ Q_1 + (a_2/b_2 - c_2)\ Q_2 - Q_1^2/b_1 - Q_2^2/b_2 - d_1\max(\beta Q_1 - \delta Q_2,\ 0) - d_2\max(\delta Q_2 - \beta Q_1,\ 0) \tag{16}$$

（16）式中，对于任意给定的 Q_1，由 π 最大化的一阶条件，可得使 π 最大化的最优 Q_2 值为：

$$Q_2^*(Q_1) = \begin{cases} K_1 & \text{if}\quad Q_1 < \delta K_1/\beta \\ K_3 & \text{if}\quad \delta K_1/\beta \leqslant Q_1 \leqslant \delta K_2/\beta \\ K_2 & \text{if}\quad Q_1 > \delta K_2/\beta \end{cases} \tag{17}$$

其中，$K_2 = (a_2 - b_2c_2 + b_2d_1\delta)/2$，$K_3 = \beta Q_1/\delta$。相应地，将（17）式带入（16）式，可得 $Q_2^*(Q_1)$ 对应的 π 值为：

$$\pi(Q_1) = \begin{cases} \dfrac{(2M_2 - Q_1)Q_1}{b_1} + \dfrac{K_1^2}{b_2} & \text{if}\quad Q_1 < \dfrac{\delta K_1}{\beta} \\ \dfrac{(2A_1 - Q_1)Q_1}{b_1} + \dfrac{\beta^2 Q_1}{b_2\delta^2}\left\{\dfrac{2\delta A_2}{\beta} - Q_1\right\} & \text{if}\quad \dfrac{\delta K_1}{\beta} \leqslant Q_1 \leqslant \dfrac{\delta K_2}{\beta} \\ \dfrac{(2M_1 - Q_1)Q_1}{b_1} + \dfrac{K_2^2}{b_2} & \text{if}\quad Q_1 > \dfrac{\delta K_2}{\beta} \end{cases} \tag{18}$$

其中，$A_1 = (a_1 - b_1c_1)/2$，$A_2 = (a_2 - b_2c_2)/2$。由（18）式易知，$\pi(Q_1)$ 是关于 Q_1 的一个连续函数。此时，由函数 $\pi(Q_1)$ 最大化的一阶条件，可得使 π 最大化的最优 Q_1 值为：

$$Q_1^* = \begin{cases} M_2 & \text{if}\quad \beta M_2 < \delta K_1 \\ M_1 & \text{if}\quad \delta K_2 < \beta M_1 \\ M_3 & \text{if}\quad \beta M_2 > \delta K_1 \text{ 且 } \delta K_2 > \beta M_1 \end{cases} \tag{19}$$

其中，$M_3 = \dfrac{(a_1 - b_1c_1)b_2\delta^2 + (a_2 - b_2c_2)b_1\beta\delta}{2(b_1\beta^2 + b_2\delta^2)}$。容易证明，当 $\beta M_2 > \delta K_1$ 且 $\delta K_2 > \beta M_1$ 时，$\delta K_1/\beta \leqslant M_3 \leqslant \delta K_2/\beta$，此时令 $K_3 = \beta M_3/\delta = \dfrac{(a_1 - b_1c_1)b_2\beta\delta + (a_2 - b_2c_2)b_1\beta^2}{2(b_1\beta^2 + b_2\delta^2)}$。

由此，可以得到如下结论：

结论 2：当生产商 1 与生产商 2 完全合作联合决策时，主产品 1 与主产品 2 的最优产量策略 (Q_1^*, Q_2^*) 为：

$$(Q_1^*, Q_2^*) = \begin{cases} (M_2, K_1) & \text{if}\quad \beta M_2 < \delta K_1 \\ (M_1, K_2) & \text{if}\quad \delta K_2 < \beta M_1 \\ (M_3, K_3) & \text{if}\quad \beta M_2 > \delta K_1 \text{ 且 } \delta K_2 > \beta M_1 \end{cases} \tag{20}$$

此时，对应的最优价格策略为：

$$(P_1^*, P_2^*) = \begin{cases} ((a_1 - M_2)/b_1, (a_2 - K_1)/b_2) & \text{if} \quad \beta M_2 < \delta K_1 \\ ((a_1 - M_1)/b_1, (a_2 - K_2)/b_2) & \text{if} \quad \delta K_2 < \beta M_1 \\ ((a_1 - M_3)/b_1, (a_2 - K_3)/b_2) & \text{if} \quad \beta M_2 > \delta K_1 \text{ 且 } \delta K_2 > \beta M_1 \end{cases} \tag{21}$$

对应的关联供应链系统利润为：

$$\pi^* = \begin{cases} \dfrac{M_2^2}{b_1} + \dfrac{K_1^2}{b_2} & \text{if} \quad \beta M_2 < \delta K_1 \\ \dfrac{M_1^2}{b_1} + \dfrac{K_2^2}{b_2} & \text{if} \quad \delta K_2 < \beta M_1 \\ \dfrac{(2A_1 - M_3) M_3}{b_1} + \dfrac{(2A_2 - K_3) K_3}{b_2} & \text{if} \quad \beta M_2 > \delta K_1 \text{ 且 } \delta K_2 > \beta M_1 \end{cases} \tag{22}$$

结论2给出了联合决策时，上下游供应链两个核心生产商可能面对的废弃物定量化供需条件，以及在各种条件背景下主产品1、主产品2的产量、价格策略及相应的系统利润。

对比非合作独立决策模型与完全合作联合决策模型的均衡结果，可以得到如下结论：

结论3：相比于独立决策情形，关联供应链在联合决策时，整个系统可以获得的利润改进为：

$$\Delta\pi = \begin{cases} 0 & \text{if} \quad \beta M_2 < \delta K_1 \\ \dfrac{b_2 (d_1 + d_2)^2 \delta^2}{4} & \text{if} \quad \beta M_1 > \delta K_2 \\ \dfrac{(\beta M_2 - \delta K_1)^2 b_2 \delta^2}{b_1 \beta^2 (b_1 \beta^2 + b_2 \delta^2)} & \text{if} \quad \beta M_1 < \delta K_1 < \beta M_2 \\ \dfrac{(2A_1 - M_3) M_3}{b_1} + \dfrac{(2A_2 - K_3) K_3}{b_2} - \left\{\dfrac{M_1^2}{b_1} + \dfrac{K_1^2}{b_2} + (d_1 + d_2)\delta K_1\right\} & \text{if} \quad \delta K_1 < \beta M_1 \leqslant \delta K_2 \end{cases} \tag{23}$$

相应的主产品产量增量为：

$$(\Delta Q_1, \Delta Q_2) = \begin{cases} (0,0) & \text{if} \quad \beta M_2 < \delta K_1 \\ (0, b_2 \delta (d_1 + d_2)/2) & \text{if} \quad \beta M_1 > \delta K_2 \\ (\delta (K_3 - K_1)/\beta, (K_3 - K_1)) & \text{if} \quad \beta M_1 < \delta K_1 < \beta M_2 \\ ((M_3 - M_1), (K_3 - K_1)) & \text{if} \quad \delta K_1 < \beta M_1 \leqslant \delta K_2 \end{cases} \tag{24}$$

相应的主产品价格增量为：

$$(\Delta P_1, \Delta P_2) = \begin{cases} (0,0) & \text{if} \quad \beta M_2 < \delta K_1 \\ (0, -\delta (d_1 + d_2)/2) & \text{if} \quad \beta M_1 > \delta K_2 \\ (\delta (K_1 - K_3)/(b_1 \beta), (K_1 - K_3)/b_2) & \text{if} \quad \beta M_1 < \delta K_1 < \beta M_2 \\ ((M_1 - M_3)/b_1, (K_1 - K_3)/b_2) & \text{if} \quad \delta K_1 < \beta M_1 \leqslant \delta K_2 \end{cases} \tag{25}$$

在结论 3 中，条件$\beta M_2 < \delta K_1$、$\beta M_1 > \delta K_2$、$\beta M_1 < \delta K_1 < \beta M_2$、$\delta K_1 < \beta M_1 \leqslant \delta K_2$分别反应供应链 1 工业废弃物的供给远小于供应链 2 的需求、供给远大于供应链 2 的需求以及废弃物供求相对平衡，而供略小于求、供略大于求几种情形。结论 3 给出了在各种供求条件背景下，协同合作的可能性及合作空间的大小。由结论 3 可知：

（1）当供应链 1 工业废弃物的供给远小于供应链 2 的需求时，相比于独立决策，联合决策不能给关联供应链系统带来额外利润，主产品产量及销售价格均不发生变化，因此，合作与否对上下游供应链决策没有影响。事实上，当废弃物供给远小于需求时，生产商 1 产生的废弃物能够全部被生产商 2 利用，所以生产商 1 完全按照主产品 1 的市场需求进行决策，而下游供应链主要采购普通原材料进行生产，因此，在此条件下，联合决策没有意义，上下游供应链均没有合作的动力。

（2）当上游供应链工业废弃物的供给远大于下游供应链的需求时，相比于独立决策，联合决策使关联供应链系统利润增量为 $b_2(d_1+d_2)^2\delta^2/4$，同时，上游供应链的产量及价格不变，下游供应链的产量增量为 $b_2\delta(d_1+d_2)/2$，价格增量为 $-\delta(d_1+d_2)/2$。事实上，由于上游供应链产生的工业废弃物远超过下游供应链的需求，此时，上游供应链需要付出较多的污染处理成本。从关联供应链系统的角度，下游供应链产量的提高会增加其对工业废弃物的需求，从而降低整个系统的环境无害化处理成本，同时使得系统利润增加。由结论 6 可知，环境处理成本及普通原材料的价格越高，则联合决策获得的利润增量越大，此时，联合决策带来的社会效益和经济效益越高。因而，在此情形下考虑基于废弃物再利用的联合决策具有重要的意义。然而，在此情形下，合作的实现依赖于供应链 2 的努力，能否实现合作，取决于供应链 1 给予供应链 2 的激励。

（3）当废弃物供求相对平衡，而供略小于求或供略大于求时，联合决策能使关联供应链系统利润增加，并且使得两条供应链主产品产量增大，销售价格降低。该结论表明合作在改善关联供应链绩效的同时，可以增大社会福利，合作优于非合作。在此条件下，合作前后生产商 1 与生产商 2 的主产品产量及价格均发生变化，表明合作需要双方的共同努力，此时，两条供应链合作的动力依赖于合作利润的分配及相应的协调机制。

三、数值分析

为了能更加直观地解释处于不同废弃物供需背景下合作前后系统利润及产量的变化，运用 Matlab7.0 对处于不同供求关系背景的$\Delta\pi$、ΔQ_1、ΔQ_2进行了数据分析。在计算程序中，通过调整参数 a_2 取值的变化，恰好使得两条供应链的供求变化经历相应的四个区间背景。如图 2 所示，从左到右分别经历供远大于求、供求相对平衡但供略大于求、供求相对平衡但供略小于求和供远小于求这样四个合作背景，图中用变量 state 表示。

图 2 中，在供远大于求，即$\beta M_1 > \delta K_2$，$\Delta\pi$、ΔQ_2 大于零，ΔQ_1 等于 0。合作前后关联供应链系统利润增加，上游供应链的产量不变，下游供应链的产量最大化。由于下游供应链产量的增加是有限的，因而，此条件下，在图 2 中 ΔQ_2 表现为保持最大值的一条直线。在供求相对平衡但供略大于求、供求相对平衡但供略小于求和供远小于求，即 $\delta K_1 < \beta M_1 \leqslant \delta K_2$ 和 $\beta M_1 < \delta K_1 < \beta M_2$，$\Delta Q_1$、$\Delta Q_2$、$\Delta\pi$ 都大于零。在此情形下，合

作使得上下游供应链主产品产量增加，同时也使得系统利润增大。在供远小于求，即 $\beta M_2 < \delta K_1$，$\Delta\pi$、ΔQ_1、ΔQ_2 均等于 0，合作前后系统利润及产量都不发生变化，此时联合决策没有意义。

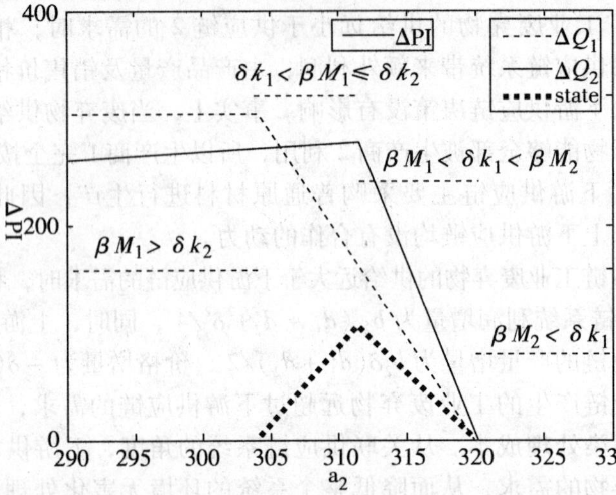

图 2 处于不同供需条件下的 $\Delta\pi$、ΔQ_1、ΔQ_2 数据分析结果

数值分析的结果进一步表明，在 $\beta M_2 < \delta K_1$ 情形时，关联供应链合作的利润及产量空间最小（为零），合作不具有可能性；在 $\beta M_1 > \delta K_2$ 情形时，上游供应链合作的产量空间为零，下游供应链合作的产量空间最大，合作具有较大的利润空间；在 $\delta K_1 < \beta M_1 \leq \delta K_2$ 和 $\beta M_1 < \delta K_1 < \beta M_2$ 情形时，上游供应链合作的产量空间最大，关联供应链具有最大的合作利润空间。

四、结论

关联供应链是指在生产性废弃物再利用上存在上下游关系的两条或多条供应链组成的网络。随着环境成本等因素的增加，关联供应链核心生产企业基于生产性废弃物再利用的合作决策成为了一个值得关注的问题。本文定量分析了关联供应链中两种主产品产量的决策策略，给出废弃物再利用可能存在的各种定量化供求条件，以及在各种供求条件下主产品的产量及相应市场价格策略。通过模型比较及数值分析发现，当两个核心生产企业联合决策时，较之独立决策有：

（1）在废弃物供远大于求的情形下，上游供应链合作的产量空间为零，下游供应链合作的产量空间最大，联合决策可以使系统利润增加。

（2）在废弃物供远小于求时，关联供应链合作的利润及产量空间为零，联合决策不能给关联供应链系统带来额外利润。

（3）在供求大致相当的情形下，上游供应链合作的产量空间最大，关联供应链具有最大的合作利润空间，此时，联合决策可以使两条供应链的产量增加，系统利润增大。

由于生产性废弃物的产出及应用涉及不同的行业及规模，因而企业在基于废弃物

“资源化”应用的合作中会面对模型所讨论的四种不同供需类型。论文为不同供需背景下关联供应链的合作决策提供了理论依据。同时，本文的主旨是考虑基于废弃物再利用的两个生产商之间联合决策的意义及策略，因而，论文假设采用废弃物进行生产与采用普通原材料进行生产的成本相同并且不考虑再利用的固定成本，这也导致研究存在一定的局限。另外，研究也进一步表明，由于不同的供需背景下合作空间不一致，需要生产商1与生产商2作出不同的合作努力，因此，后续的工作将进一步解决不同供求条件下关联供应链的激励及协调问题。

参考文献

[1] 王玉燕，李帮义，乐菲菲．两个闭环供应链的定价模型研究［J］．预测，2006，25（6）：70-73.

[2] 但斌，李海燕，张旭梅．面向资源与环境的关联供应链及其实施策略［J］．软科学，2006，20（5）：86-89.

[3] 戚桂清，杨锡怀，李森．基于重复博弈的集群网络供应链竞合关系分析［J］．东北大学学报：自然科学版，2006，27（2）：233-236.

[4] 黎继子，刘春玲，蔡根女．集群式供应链的链间动态博弈合作决策分析［J］．管理工程学报，2006，20（4）：20-24.

[5] SVENDSEN A.，BOUTILIER R. G.，et al. Measuring the business value of stakeholder relationships（Part One）［J］. CA magazine，2001（8）：29-63.

[6] SIMPSON D F，POWER D J. Use the supply relationship to develop lean and green suppliers［J］. Supply Chain Management，2005 1（1）：60-68.

[7] SARKIS J. Evaluating environmentally conscious business practices［J］. European Journal of Operational Research，1998，107（1）：159-174.

[8] SIMPSON D F，POWER D J. Use the supply relationship to develop lean and green suppliers［J］. Supply Chain Management，2005，1（1）：60-68.

[9] VACHON S，KLASSEN R D. Extending green practices across the supply chain：The impact of upstream and downstream integration［J］. International Journal of Operations & Production Management，2006，25（7）：795-821.

[10] ZHU Q H，SARKIS J，CORDEIRO J，et al. Firm-level correlates of emergent green supply chain management practices in the Chinese context［J］. Omega，2008，36（4）：577-591.

[11] ZHU Q H，COTE R P. Integrating green supply chain management into an embryonic eco-industrial development：a case study of the Guitang group［J］. Journal of Cleaner Production，2004，12（8-10）：1025-1035.

[12] HITCHENS D M W N，BIRNIE E，THOMPSON W. Environmental regulation and competitive advantage：A study of packaging waste in the European supply chain［M］. Chelthenham：Edward Elgar Publishers，2000.

[13] CRUZ J M. Dynamics of supply chain networks with corporate social responsibility through integrated environmental decision-making［J］. European Journal of Operational Research，2008，184（3）：1005-1031.

[14] CORBETT C J.，KARMARKAR U S. Competition and structure in serial supply chain with deterministic demand［J］. Management Science，2001，47（6）：966-978.

供应商能力有约束的混合型多属性决策方法*

双海军　孟卫东

摘　要：研究了一种混合型多属性决策方法，用于多资源模型的供应商选择问题，并将供应商选择过程分为2个阶段。首先用熵系数模型确定评价指标的客观权重，利用TOPSIS模型排定方案优劣次序；然后建立多目标规划模型确定采购数量在入选供应商之间的分配；最后给出了一个算例，算例结果表明该方法可行且有效。

关键词：混合型多属性决策　多目标规划　熵　TOPSIS

一、引言

供应商选择问题一直受到理论界和实际管理工作者的重视。在全球采购、非核心能力业务外包、因特网和电子商务的环境下，供应商的选择决策问题正变得越来越重要和复杂。选择合适的供应商对于企业降低成本，提高市场竞争力具有重要意义，因此，很多专家认为选择合适的供应商是采购部门最重要的活动。

供应商选择过程一般是先确定评价指标，接着对指标赋权，根据指标值和指标权重，利用评价方法得到供应商的综合评价值，最后对综合评价值进行排序来选择最佳供应商。对评价指标选取问题，Dickson调查了170个采购代理和采购管理者的采购实践，总结出23条供应商选择指标，并根据重要性原则进行排序，得出前8位的分别是产品质量、交货期、历史表现、保证条款、生产设备与产能、产品价格、技术能力、财务状况。Weber等对评价指标选取的相关研究进行了综述，并对Dickson的23项指标按引用频率重新进行排序，前8位的依次是产品价格、产品质量、交货期、生产设备与产能、技术能力、财务状况、地理位置、历史表现。同时，指出企业的战略管理决策也会影响评价指标的选择。其他众多学者也进行了相应研究，并发现时间、质量、成本、服务等都是供应商选择的关键指标。在评价指标赋值领域，国内外学者也进行了深入研究，如尤天慧等利用区间数对属性作出评价，并给出了一种逼近于理想点的分析方法；梁昌勇等研究了一类各指标权重未知，指标评价值为精确数、区间数和三角模糊数的混合型多指标决策问题。在供应商评价方法上，较为常见的有成本法、线性规划、模糊规划等方法。如Shiromaru用模糊理论处理供应商选择中的模糊目标问题，并以日本发电厂煤炭采购为实例建立了模糊目标模型，用遗传算法求解模型；陈

* 基金项目：国家社会科学基金重点项目（编号：08AJY028）。

作者简介：双海军，男，湖北潜江人，重庆大学经济与工商管理学院，博士研究生，从事委托代理，装备采购激励机制等研究。孟卫东，男，重庆人，重庆大学经济与工商管理学院，教授，博士，博士生导师，主要从事战略管理，金融工程等方面研究。

晓红等利用三角模糊数构造了集结决策者权威性与意见一致性的组合一致性指标，并在此基础上提出了一种模糊多属性决策算法；夏蔚军等用多目标整数规划确定了待选供应商及采购量分配。

供应商的选择模型有单资源模型和多资源模型 2 种，单资源模型指每个供应商的资源都能满足客户订单需求，采购管理者只需决策最佳供应商；多资源模型指由于供应商供应能力的限制或者客户采购策略的要求，需要从多个供应商那里采购某一产品。购买单一产品（服务）选择单一供应商的问题，即单资源模型，而很多时候实际情况却是：单一供应商的供应能力不能满足采购方的需求，或者采购方出于供应商安全，需要就一种产品选择多个供应商。为了解决这个问题，在上述文献研究的基础上，本文提出了一种多资源的 2 阶段混合型多属性决策模型。第一阶段利用熵系数模型确定指标客观权重，利用 TOPSIS 模型排定方案优劣次序；第二阶段根据已确定入选的供应商，建立多目标规划模型，确定采购量在待选供应商中的分配。

二、混合型多属性决策矩阵建立及规范化

设备选方案集为 $S = \{s_1, s_2, \ldots, s_m\}$ (m≥2)，指标属性集为 $I = \{I_1, I_2, \ldots, I_n\}$，指标属性的权重向量 $W = \{w_1, w_2, \ldots, w_n\}$ 未知，$w_1 + w_2 + \ldots + w_n = 1$；方案 s_i 对第 j 个指标属性 I_j 的评价值记为 $x_{ij}(i = 1,2,\ldots,m; j = 1,2,\ldots,n)$，则 m 个备选方案关于 n 个指标属性的评价值构成决策矩阵 $X = (x_{ij})_{m\times n}$，其中：方案 s_i 对指标属性 I_j 的评价值 $x_{ij}(j = 1,2,\ldots,g_1)$ 为精确实数，方案 s_i 对指标属性 I_j 的评价值 $x_{ij}(j = g_1+1, g_1+2,\ldots, g_2)$ 为区间数，方案 s_i 对指标属性 I_j 的评价值 $x_{ij}(j = g_2+1, g_2+2,\ldots,n)$ 为三角模糊数。

由区间数和三角模糊数构成的决策矩阵难以规范化，故介绍如下基础理论以便于将区间数和三角模糊数转化成精确实数。

定义 1 记 $\hat{a} = [a^L, a^U] = \{x \mid a^L \leqslant x \leqslant a^U\}$，$a^L$、$a^U \in R$，称 $\hat{a}$ 为闭区间数，当 $a^L = a^U$ 时，$\hat{a}$ 退化为一个实数。

定义 2 设 $\hat{a} = [a^L, a^U]$ 为闭区间数，$\rho: [0,1] \to [0,1]$ 是具有下列性质的函数：(1) $\rho(0) = 0, \rho(1) = 1$； （2）若 $x \geqslant \gamma$，则 $\rho(x) \geqslant \rho(\gamma)$，且 $f_\gamma([a^L, a^U]) = \int_0^1 \frac{d\rho(\gamma)}{d\gamma}(a^U - \gamma(a^U - a^L))d\gamma$，则称 f 为连续区间数据 OWA 算子，简称 C－OWA 算子。令 $\rho(\gamma) = \gamma$，运用 C－OWA 算子，得到：

$$f_\gamma([a^L, a^U]) = (a^L + a^U)/2 \tag{1}$$

即区间数转化成精确数。

定义 3 记 $F(R)$ 为 R 上的全体模糊集，设 $\tilde{a} = (a^L, a^M, a^U) \in F(R)$，如果 $\tilde{a}$ 的隶属度函数 $\mu_{\tilde{a}}$，$R \to [0,1]$ 表示为：

$$\mu_{\tilde{a}} = \begin{cases} 0 & x < a_1, x > a_3 \\ (a_3 - x)/(a_3 - a_2) & a_2 \leqslant x \leqslant a_3 \\ (x - a_1)/(a_2 - a_1) & a_1 \leqslant x \leqslant a_2 \end{cases}$$

式中 $a^L \leqslant a^M \leqslant a^U$，$a^L$ 和 a^U 分别为 $\tilde{a}$ 所支撑的下界和上界，而 a^M 为 $\tilde{a}$ 的中值，称 $\tilde{a}$ 为

三角模糊数。

定义 4 记三角模糊数的模糊最大集合是一个模糊子集 $S_{\max} = \{(x, \mu_{\max}) \mid x \in R\}$，模糊最小集合是一个模糊子集 $S_{\min} = \{(x, \mu_{\min}) \mid x \in R\}$，其隶属度函数分别为：$\mu_{\max}(x) = \begin{cases} x; & x \in [0,1] \\ 0; & x \notin [0,1] \end{cases}$，$\mu_{\min}(x) = \begin{cases} 1-x; & x \in [0,1] \\ 0; & x \notin [0,1] \end{cases}$。这样就可以把三角模糊数 $\tilde{a}$ 转化为精确数 a：

$$a = [\mu_R(\tilde{a}) + 1 - \mu_L(\tilde{a})]/2 \tag{2}$$

其中 $\mu_R(\tilde{a}) = \sup x[\mu_{\tilde{a}}(x) \wedge \mu_{\max}(x)]$；$\mu_L(\tilde{a}) = \sup x[\mu_{\tilde{a}}(x) \wedge \mu_{\min}(x)]$

通过式（1）、式（2）将包含精确数、区间数、三角模糊数的混合决策矩阵 $X = (x_{ij})_{m\times n}$ 转变为精确数矩阵 $Y = (y_{ij})_{m\times n}$。由于决策矩阵中各指标量纲不同，无法直接进行比较，因此可利用下列公式进行规范化处理，最后得到规范化的决策矩阵 $R = (r_{ij})_{m\times n}$。

由此可得，成本性指标为：

$$r_{ij} = \frac{y_j^{\max} - y_{ij}}{y_j^{\max} - y_j^{\min}}, (i = 1,2,\cdots,m;\ j = 1,2,\cdots,n) \tag{3}$$

效益型指标为：

$$r_{ij} = \frac{y_{ij} - y_j^{\min}}{y_j^{\max} - y_j^{\min}}, (i = 1,2,\cdots,m;\ j = 1,2,\cdots,n) \tag{4}$$

三、混合型多属性决策模型

1. 客观权重的熵系数模型

熵是信息论中标度系统状态不确定性的量，系统某种状态携带和传输的信息越多，不确定性就越小，熵值也越小。熵值越小，该状态对决策的作用就越大。假设系统可能处于 n 种状态，处于每种状态的概率为 $p_j(j = 1,2,\cdots,n)$，则系统的熵 $E = -\sum_{j=1}^{n} p_j \ln p_j, \sum_{j=1}^{n} p_j = 1$，$0 \leqslant p_j \leqslant 1$。熵具有极值性，当系统状态为等概率时，即 $p_j = 1/n$ 时，熵取得最大值为 $E(p_1, p_2, \cdots, p_n) = \ln n$。

本文利用熵的概念来衡量各备选方案指标属性的客观权重，对于规范化的决策矩阵 $R = (r_{ij})_{m\times n}$，定义第 j 个指标属性的熵值为 $h_j = \rho - E_j$，其中 $E_j = -(\sum_{j=1}^{n} r_{ij} \ln r_{ij})/\ln n$；$(i = 1,2,\cdots,m)$，$\rho$ 为系统参数（$\rho \geqslant \max(E_1, E_2, \cdots, E_n)$）。则确定客观权重的熵系数模型为：

$$\begin{cases} \min Z = W^T K W \\ \text{s.t.} \quad e^T W = 1 \\ W \geqslant 1 \end{cases} \tag{5}$$

其中，K 是 $n \times n$ 对角矩阵，主对角线元素为 $k_{jj} = \rho - E_j, k_{jj} > 0, j = 1,\cdots,n$，其余元素为 0，$e = (1,1,\cdots,1)^{\mathrm{T}}$。

由式（5）构造拉格朗日函数，对 W 与 λ 求一阶偏微分，可得：

$$W = (w_1, w_2, \cdots, w_n) = K^{-1}e / e^{\mathrm{T}}K^{-1}e \quad (6)$$

该模型的优点是：决策矩阵的变化与指标属性权重的变化比较一致，通过改变ρ值使权重具有柔性，更加合理。

2. 方案排序的 TOPSIS 模型

运用 TOPSIS 模型求解多属性决策问题是一种非常有效的方法。它对方案进行排序时需要在目标空间定义一个测度，以度量某个解靠近理想解和远离负理想解的程度。其中心思想是先选定一个正理想解和一个负理想解，然后找出与正理想解距离最近且与负理想解距离最远的方案，作为最优方案。此模型中的距离指（加权）欧氏距离；正理想解是由各指标属性的最优值组成的集合；负理想解是由各指标属性的最劣值组成的集合。

在熵系数模型确定各指标属性的客观权重的基础上，运用 TOPSIS 模型进行方案排序的算法步骤如下：

①计算加权规范化决策矩阵

$$\bar{R} = (\bar{r}_{ij})_{m \times n} = (w_j r_{ij})_{m \times n}$$

②确定正理想解与负理想解

对效益型指标属性，正理想解取其最大值，负理想解取其最小值；对成本型指标属性，理想解取其最小值，负理想解取其最大值。计算公式如下

正理想解

$$\bar{R}^+ = \{(\max_{1 \leqslant i \leqslant m} \bar{r}_{ij} \mid j \in J^+), (\min_{1 \leqslant i \leqslant m} \bar{r}_{ij} \mid j \in J^-)\}$$
$$= \{r_1^+, r_2^+, \cdots, r_n^+\}$$

负理想解

$$\bar{R}^- = \{(\min_{1 \leqslant i \leqslant m} \bar{r}_{ij} \mid j \in J^+), (\max_{1 \leqslant i \leqslant m} \bar{r}_{ij} \mid j \in J^-)\}$$
$$= \{r_1 -, r_2 -, \cdots, r_n -\}$$

③计算 $\bar{r}_{ij}$ 到正理想解和负理想解的距离

至正理想解的距离 $S_i^+ = [\sum_{j=1}^{n} (\bar{r}_{ij} - r_j^+)^2]^{0.5}$

至负理想解的距离 $S_i^- = [\sum_{j=1}^{n} (\bar{r}_{ij} - r_j^-)^2]^{0.5}$

④计算各方案的相对贴近度

$$C_i = S_i^- / (S_i^- + S_i^+)$$

⑤根据相对贴近度的大小对各方案排定优劣次序。

3. 供应商选择的多目标规划模型

对供应商（方案）进行综合评价值排序后，如果一个供应商的供应能力不能满足采购方的需求，采购方根据自身情况，确定要选择几个供应商。对选中的供应商建立多目标规划模型，确定采购数量在选中的供应商之间的分配，以期达到采购价值最大、成本最低的目的。

设：①x_i为第 i 个供应商分配到的订购数量；②p_i为第 i 个供应商提供的产品价格；

③k_i为第 i 个供应商提供的运输费率；④d_i为第 i 个供应商的产品运输距离；⑤σ_i为第 i 个供应商的产品合格率；⑥q_i为第 i 个供应商在采购方规定交货期内供应能力的上限；⑦Q 为采购企业的产品需求量；⑧C 为采购企业的成本预算上限，即包含产品运输费用和产品本身的采购费用；⑨E 为采购的产品总的质量合格率下限。

建立如下多目标规划模型：

目标函数 $$\min z_1;\min(-z_2);\min z_3 \tag{7}$$

$$z_1=\sum_{i=1}^{k}p_ix_i;(k\leqslant m) \tag{8}$$

$$z_2=\sum_{i=1}^{k}\sigma_ix_i \tag{9}$$

$$z_3=\sum_{i=1}^{k}k_id_ix_i \tag{10}$$

约束条件 $$\sum_{i=1}^{k}x_i=Q \tag{11}$$

$$x_i\leqslant q_i \tag{12}$$

$$\sum_{i=1}^{k}p_ix_i+\sum_{i=1}^{k}k_id_ix_i\leqslant C \tag{13}$$

$$\sum_{i=1}^{k}x_iq_i/\sum_{i=1}^{k}x_i\geqslant E \tag{14}$$

$$x_i>0 \tag{15}$$

其中 k 指的是所选中的供应商，目标 z_1是要最小化产品购买支付成本，目标 z_2是要最小化产品缺陷，目标 z_3是要最小化产品运输成本，式（11）表示采购量要满足采购企业的需求，式（12）表示每个供应商在规定时间内的供应量不超过其最大供应能力，式（13）表示采购支出不超出预算采购成本上限，式（14）为采购的产品总的质量合格率要不低于采购企业规定的下限值，式（15）为采购数量的非负约束。

四、供应商选择算例

本文以重庆某大型组装企业为其新产品选择零部件供应商为例，对本文所提出的供应商选择方法进行验证说明。

该企业需要为新产品的一种零部件选择长期供应商，经过详细的市场调查后，决定从 S_1，S_2，S_3，S_4和 S_5等 5 家行业内较好的供应商中进行选择。企业根据自身实际情况，选择了产品质量合格率（I_1）、交货提前期（I_2）、产品价格（I_3）、信誉（I_4）、技术先进性（I_5）、运输距离（I_6）6 项最重要的评价指标对供应商进行评价选择。为了科学选择好供应商，企业向这几家供应商各试订了一小批货并到各供应商处进行了现场实地考察，通过对各供应商交货时间统计、企业信誉度调查、生产技术方法比较、产品质量抽样、运输距离测算和供应商索要价格分析等方法，得出了 5 家供应商各项指标属性的评价值（如表 1 所示），其中，产品质量合格率、交货提前期、运输距离为精确数指标，产品价格为区间数指标，信誉、技术先进性为三角模糊数指标。

表 1 供应商的指标属性值

I \ S	S_1	S_2	S_3	S_4	S_5
I_1	79%	91%	86%	97%	99%
I_2	19	20	22	24	21
I_3	[94, 114]	[84, 104]	[100, 120]	[90, 110]	[105, 125]
I_4	一般 (0.4, 0.5, 0.6)	低 (0.2, 0.3, 0.4)	很高 (0.8, 0.9, 1.0)	一般 (0.4, 0.5, 0.6)	高 (0.6, 0.7, 0.8)
I_5	高 (0.6, 0.7, 0.8)	低 (0.2, 0.3, 0.4)	一般 (0.4, 0.5, 0.6)	很高 (0.8, 0.9, 1.0)	一般 (0.4, 0.5, 0.6)
I_6	150	370	220	260	240

应用式（1）、（2）、（3）、（4）将表 1 的混合决策矩阵 X 标准化，得到规范化决策矩阵 R：

$$R=\begin{bmatrix} 0.0000 & 1.0000 & 0.5238 & 0.2343 & 0.6081 & 1.0000 \\ 0.6000 & 0.8000 & 1.0000 & 0.0000 & 0.0000 & 0.0000 \\ 0.3500 & 0.4000 & 0.2381 & 1.0000 & 0.2343 & 0.6818 \\ 0.9000 & 0.0000 & 0.7143 & 0.2343 & 1.0000 & 0.5000 \\ 1.0000 & 0.6000 & 0.0000 & 0.6081 & 0.2343 & 0.5909 \end{bmatrix}$$

取系统参数 $\rho=1$，运用熵系数模型求解出各项指标属性的客观权重：

$$W=(0.1436, 0.1563, 0.1687, 0.1816, 0.1816, 0.1683)$$

将 W 代入 R，计算得到加权规范化决策矩阵：

$$\bar{R}=\begin{bmatrix} 0.0000 & 0.1563 & 0.0884 & 0.0425 & 0.1104 & 0.1683 \\ 0.0862 & 0.1250 & 0.1687 & 0.0000 & 0.0000 & 0.0000 \\ 0.0503 & 0.0625 & 0.0402 & 0.1816 & 0.0425 & 0.1147 \\ 0.1292 & 0.0000 & 0.1205 & 0.0425 & 0.1816 & 0.0842 \\ 0.1436 & 0.0938 & 0.0000 & 0.1104 & 0.0425 & 0.0994 \end{bmatrix}$$

其理想解为：

$$\bar{R}^{+}=(0.1436, 0.1563, 0.1687, 0.1816, 0.1816, 0.1683)$$

其负理想解为：

$$\bar{R}^{-}=(0.0000, 0.0000, 0.0000, 0.0000, 0.0000, 0.0000)$$

各方案到理想解的距离：

$$S^{+}=(0.2269, 0.3139, 0.2371, 0.2310, 0.2481)$$

各方案到负理想解的距离：

$$S^{-}=(0.2731, 0.2270, 0.2366, 0.2703, 0.2309)$$

各方案的相对贴近度：

$$C=(0.5462, 0.4197, 0.4995, 0.5392, 0.4820)$$

因此各方案的优劣次序为：

$$S_1 > S_4 > S_3 > S_5 > S_2$$

该企业基于供应商安全和供应商供应能力的考虑，决定选择2个供应商进行合作，根据上面排序结果，选中 S_1 和 S_4，现在采购企业要从选中的供应商中采购单一产品，已知购买者对产品的总需求为1500件，在制造企业规定的时间内供应商 S_1 的最大供应能力 q_1 为900件，供应商 S_4 的最大供应能力 q_4 为800件，供应商提供的产品合格率、运输距离见表1，购买者预算上限 C 为200000元，所要求购买的产品总的合格率 E 至少为85%，根据定义4中（2）式可知 S_1 和 S_4 的产品价格转化成精确数分别为104元、100元。为了计算的方便，各供应商到汽车制造商的运输费率 k_i 都视为相等且为0.1元·件/公里，运输距离单位为公里。

将以上数据代入多目标规划模型得到：

目标函数

$$\min z_1;\min(-z_2);\min z_3$$

$$z_1 = 104x_1 + 100x_4$$

$$z_2 = 79\%x_1 + 97\%x_4$$

$$z_3 = 0.1 \times 150x_1 + 0.1 \times 260x_4$$

约束条件

$$x_1 + x_4 = 1500$$

$$x_1 \leqslant 900, x_4 \leqslant 800$$

$$(104x_1 + 100x_4) + 0.1 \times (150x_1 + 260x_4) \leqslant 200000$$

$$(79\%x_1 + 97\%x_4) \div (x_1 + x_4) \geqslant 85\%$$

$$x_1 > 0, x_4 > 0$$

采用MATLAB7.0求解，得到近似解如下：

$$[x_1, x_4] = [700, 800], [z_1, z_2, z_3] = [152800, 1329, 31300]$$

五、结论

本文提出的多资源模型两阶段供应商选择模型，可以解决实施供应链制造企业因供应商供应能力无法满足采购需求，或者出于供应商安全需要就一种产品选择多个供应商的优选问题。第1阶段用熵系数模型确定评价指标的客观权重，利用TOPSIS模型排定各供应商优劣次序；第2阶段建立多目标规划模型确定采购数量在入选供应商之间的分配。研究表明，该模型可以有效帮助企业选择产品质量、交货期、技术水平等符合要求的供应商，同时能有效降低企业的采购成本，模型对实施供应链的企业有一定的参考意义。限于篇幅，本文对供应商进行评价时只选取了6个关键指标，而供应商评价指标远远不止6个，因此本文算例仅作为企业选择供应商参考，应用中各企业要结合自己实际而定，如何完善供应商评价指标，将是我们下一步工作的方向。

参考文献

［1］仲维清，侯强．供应商评价指标体系与评价模型研究［J］．数量经济技术经济研究，2003，(20) 3：93－97.

[2] 姜红刚，杨西龙，王进．基于供应链环境下的供应商评价指标体系的研究［J］．物流技术，2006，(7)：180－182，192.

[3] 王瑛，孙林岩，赵沂蒙．基于欧氏范数的供应商评价方法［J］．系统工程，2002，20（1)：46－50.

[4] 尤天慧，樊治平．区间数多指标决策的一种 TOPSIS 方法［J］．东北大学学报：自然科学版，2002，23（9)：840－843.

[5] 梁昌勇，吴坚，陆文星，丁勇．一种新的混合型多属性决策方法及在供应商选择中的应用［J］．中国管理科学，2006，14（6)：71－76.

[6] 刘晓，李海越，王成恩，等．供应商选择模型与方法综述［J］．中国管理科学，2004，12（1)：139－148.

[7] 陈晓红，阳熹．一种基于三角模糊数的多属性群决策方法［J］．系统工程与电子技术，2008，30（2)：278－282.

[8] 夏蔚军，吴智铭，王丽亚．采购量折扣情况下基于改进 AHP 的供应商选择［J］．上海交通大学学报，2007，41（4)：541－545.

[9] 姜康，曹文钢，于振华．基于遗传算法和模糊决策的大规模联盟伙伴选择方法研究［J］．系统工程理论与实践，2007，1：169－174.

[10] 孟繁晶，邓家禔．合作伙伴的开拓综合评价方法［J］．计算机集成制造系统——CIMS，2005，11（6)：869－874.

[11] 陈菊红，汪应洛，孙林岩．虚拟企业伙伴选择过程及方法研究［J］．系统工程理论与实践，2001，21（7)：48－53.

[12] 闫书丽，杨万才．混合型多属性决策的一种新方法［J］．数学的实践与认识，2007，37（16)：111－115.

[13] 王威，崔明明．混合型多属性决策问题的熵方法［J］．数学的实践与认识，2007，37（3)：64－68.

[14] DIEKSON G. W. An Analysis of Vender Selection System and Decisions [J]. Journal of purchasing，1966，2（1)：5－17.

[15] WEBER C. A.，CURRENT J. R.，BENTON W. C. Vendor selection criteria and methods [J]. European Journal of Operational Research，1991，(50)：2－18.

[16] WILLIS H. T.，HUSTON R. C.，POHLKAMP F. Evaluation measures of just in time supplier performance [J]. Prod. Invent. Management，1993，34（2)：1－5.

[17] GHODSYPOUR S. H，et al. A decision support system for supplier selection using an integrated analytic hierarchy process and linear programming [J]. Int. J. Production Economics，1998（56).

[18] SHIROMARU I. A fuzzy satisfying method for electric power plan coal purchase using genetic algorithms [J]. Operational Research，2000，126：218－230.

[19] QLCER A. I.，ODABASI A. Y. A new fuzzy multiple attributive group decision making methodology and its application to propulsion/manicuring system selection problem [J]. Fuzzy Sets and System，2005，(166)：93－114.

[20] CHEN S. J.，HWANG C. L. Fuzzy Multiple Attribute Decision－Making：Methods and Applications [M]. Springer Verlag，New York，1992.

基于TPL物流服务水平的供应链协调和收益分配研究*

鲍福光　陈达强　琚春华　卢　泰

摘　要：通过协调合作以达到共赢是供应链管理研究的一个重要课题。对引入TPL物流服务水平的三级供应链系统，应用博弈理论对其定价、产量、服务水平和利润分配进行分析。通过独立决策与合作决策的比较，发现后者的供应链总利润远大于前者，进而设置合理的收益分配比例，达到增加供应链整体效益的目的。本文给出MCRS法和NASH谈判模型等有效分配方法的供应链协调机制，结合三维图像处理，通过算例对结果进行实证分析。

关键词：供应链　TPL服务水平　收益分配　MCRS法　NASH谈判模型

一、引言

随着全球经济的融合和区域经济的一体化，21世纪的市场竞争表现为供应链之间的竞争。第三方物流（third party logistics，TPL）是供应链系统中的重要环节。第三方物流是建立在TPL服务提供商与TPL服务需求企业之间通过信息共享、风险共担、利益合理分配基础上的一种契约式物流合作模式。

供应链系统中的TPL服务需求企业为了增强其核心市场竞争力，把物流业务外包给TPL服务提供商。TPL服务提供商往往会依据其自身在物流服务方面的专业优势来提高其服务价格，增大自身收益。然而，这恰好违背了TPL服务需求企业最初将其物流外包来实现降低成本增加收益的目的。而且，不同的供应价、销售价及服务水平又会影响产品的市场需求量。由于信息的不对称，供应链系统中各节点企业都独立谋求其自身利益最大化，各节点企业之间的利益冲突难以协调，难以实现高效的经济模式。因此，研究供应链中各节点企业之间的协调问题对于供应链的理论与实践有着重大意义。

Ilaria（2004）提出了一个供应链契约模型，通过改变契约参数来实现利益在供应链企业间的合理分配。供应链的定价研究以二级模型居多，如Albert（2003）等分析在竞争及非合作时，两个供应商如何定价，以获得顾客的需求。孙黎明（2007）等研究了物流外包方的投入对TPL服务提供商的激励作用。公彦德（2008）等应用博弈理论

* 基金项目：教育部人文社会科学规划基金（10YJA630030）；浙江省教育厅科研基金（Y200906225）；浙江省科技创新活动（新苗人才计划）资助项目。

作者简介：鲍福光，男，浙江余姚人，浙江工商大学，硕士研究生，主要研究物流系统建模与仿真、供应链协调研究。陈达强、琚春华、卢泰，浙江工商大学信息学院。

对三级供应链定价、产量和利润进行了详细分析，但也未考虑物流服务质量对需求的影响。目前，这方面的研究多数是假设市场需求只受零售价影响，而不受物流服务水平影响。契约规定各成员的利润占供应链总利润的比例为 λ_i 。其他关于供应链契约的研究可参见文献。本文正是从引入物流服务水平这一重要因素，涉及制造商、销售商、TPL 服务提供商和顾客等环节进行供应链的协调合作，实现供应链优化及合理分配，提高社会经济效益。

二、模型分析与建立

供应链系统中节点企业包括制造商、销售商、TPL 服务提供商和顾客等。制造商向销售商供给产品，而产品从制造商到销售商以及最终到达顾客手中的包装和运输等物流业务则由 TPL 服务提供商来完成。根据模型与经济学原理可以作以下假设：

制造商向销售商供应产品，其单价为 p_1 ，单位成本为 c_1 ；销售商销售该产品，其单位价格为 p_2 ，单位运营成本为 c_2 。根据市场规律，若销售价格降低，则产品市场需求量增大，相应的销售商会增大订货量 Q；反之，若销售价格升高，则产品市场需求量就会减小。TPL 服务质量提高，产品市场需求量也会增加；反之，TPL 服务质量降低，则产品市场需求量就会减小。基于以上观点，销售商的销售价格 p_2 、TPL 服务质量与其订货量 Q 之间满足关系式：$Q = a - bp_2 + \gamma s$ ，（常数 $a,b,\gamma > 0$ ，价格弹性系数 b ，服务弹性系数 γ，服务等级 s）即 $p_2 = (a - Q + \gamma s)/b$ 。TPL 服务提供商为制造商和销售商提供物流服务。根据物流量的大小，其单位产品的服务价格与销售商订货量 Q 成反比，与其本身的服务水平 s 的平方成正比，可以得到单位运价 $w = w_0 - kQ + c'''_3 s^2$（常数 $w_0,k,c'''_3 > 0$），w_0 为基本单位服务价格，c'''_3 为新增服务成本分配系数；单位产品的运营成本为 $c_3 = c'_3 + c''_3 s^2$（$c'_3,c''_3 > 0$ ，c'_3 为基本单位运营成本，c''_3 为浮动系数），当 c'''_3 与 c''_3 相等时意味着新增服务成本全由销售商和制造商负责。TPL 服务提供商的服务价格由制造商和销售商共同承担，且双方单位承担费用分别为 $k_1 w$ 和 $k_2 w$ ，其中 $k_1 + k_2 = 1$ ，$0 \leqslant k_1,k_2 \leqslant 1$ 。假设制造商、TPL 服务提供商和销售商相互之间具有完全信息，即彼此了解对方的成本水平，且各企业均是风险中性的。

表 1　　各方定价与成本

成　员	定　价	成　本
制造商	p_1	c_1
TPL 提供商	$w = w_0 - kQ + c'''_3 s^2$	$c_3 = c'_3 + c''_3 s^2$
销售商	$p_2 = (a - Q + \gamma s)/b$	c_2

根据经济学原理和数学基础原理，可以建立以下利润模型。制造商的利润为：

$$\Pi_1(p_1,w,Q) = (p_1 - c_1 - k_1 w)Q \tag{1}$$

销售商的利润为：

$$\Pi_2(p_2,w,Q) = (p_2 - p_1 - c_2 - k_2 w)Q = \left(\frac{a - Q + \gamma s}{b} - p_1 - c_2 - k_2 w\right)Q \tag{2}$$

TPL 服务提供商的利润为：

$$\Pi_3(w,Q) = (w - c_3)Q = (w - c'_3 - c''_3 s^2)Q \tag{3}$$

供应链系统的总利润记为：

$$\Pi = \Pi_1 + \Pi_2 + \Pi_3 \tag{4}$$

三、独立决策动态博弈

根据动态博弈：在第一阶段，制造商会选择合适的产品单价 p_1 以达到自身利润最大化；在博弈的第二阶段，TPL 服务提供商会选择单位服务价格 w 和服务水平 s 以达到自身利润最大化；最后在博弈的第三阶段，销售商选择最优订货量 Q 以达到自身利润最大化。采用逆向归纳法对动态博弈进行求解（为了接近实际操作，也为了求解方便，把服务等级 s 离散化成若干等级，每一等级都是确定的常量）。

在独立决策下，制造商、销售商和 TPL 服务提供商博弈均衡时，各自的利润分别为：

$$\Pi_1^* = \frac{k_2[a - b(c'_3 + c_2 + c_1) + (\gamma s - bc''_3 s^2)]^2}{8b(1 + k_2)} \tag{5}$$

$$\Pi_2^* = \frac{k_2^2[a - b(c'_3 + c_2 + c_1) + (\gamma s - bc''_3 s^2)]^2}{16b(1 + k_2)^2} \tag{6}$$

$$\Pi_3^* = \frac{k_2[a - b(c'_3 + c_2 + c_1) + (\gamma s - bc''_3 s^2)]^2}{8b(1 + k_2)^2} \tag{7}$$

由以上结论可以得到供应链总利润为：

$$\Pi^* = \Pi_1^* + \Pi_2^* + \Pi_3^* = \frac{k_2(4 + 3k_2)[a - b(c'_3 + c_2 + c_1) + (\gamma s - bc''_3 s^2)]^2}{16b(1 + k_2)^2} \tag{8}$$

结论 1：由以上求解结果，不难发现，制造商、销售商和 TPL 服务提供商的利润均会随着 k_2（$0 \leqslant k_2 \leqslant 1$）的增大而增大，当 $k_2 = 1$ 时各企业的利润达到最大，即 TPL 物流服务费用全部由销售商承担时利润最大。这个研究结果与文献［1］在未涉及物流服务水平对销售量影响的情况下的研究结论相类似。也就是说，在物流费用预付越低（k_1 越低）的情况下，对于 TPL 服务提供商的信息更少，他在博弈和决策过程中会更多的考虑其他两方的决策，而起到适当均衡的效果。

结论 2：制造商、销售商、TPL 服务提供商的利润和供应链的总利润，都随着三者成本之和的增加而减少。TPL 物流服务的最佳水平点在 $\max\left(\frac{\gamma}{b}s - c''_3 s^2\right)$（关于 s 的一条抛物线），即服务新增产值与新增成本之差最大点处。

因此，供应链系统中各节点企业想提高自身的收益，就必须加强与供应链中其他企业的合作，通过合作来提高整个供应链的柔性及快速响应能力，降低各自的成本。供应链中总成本降低，各节点企业的利润都会随之增加，从而使供应链系统的总利润增加。销售价格降低，增加顾客价值，实现 Pareto 改进。

四、两两合作决策

为了对供应链的协同决策研究更加深入，先对供应链中各企业的各种两两合作情况进行分析。两两合作情况有：制造商与销售商合作，制造商与 TPL 服务提供商合作，销售商与 TPL 服务提供商合作。

制造商与销售商合作：该博弈分为两个阶段：在博弈的第一阶段，由制造商和销售商合作选择最优订货量 Q 以达到自身利润最大化；在博弈的第二阶段，TPL 服务提供商选择单位产品服务价格 w 和服务水平 s 以达到自身利润最大化。采用逆向归纳法对动态博弈进行求解。

制造商与销售商利润：

$$\Pi_{12} = (p_2 - c_1 - c_2 - w)Q = \left(\frac{a - Q + \gamma s}{b} - c_1 - c_2 - w\right)Q \tag{9}$$

TPL 服务提供商利润：

$$\Pi_3(w,Q) = (w - c_3)Q = (w - c'_3 - c''_3 s^2)Q \tag{10}$$

求解得：

$$Q^* = \frac{1}{4}[a - b(c_1 + c_2 + c_3) + rs] \tag{11}$$

$$w^* = \frac{a - b(c_1 + c_2 + c_3) + rs}{2b} \tag{12}$$

$$\Pi_{12}^* = \frac{[a - b(c_1 + c_2 + c_3) + rs]^2}{8b} \tag{13}$$

$$\Pi_3^* = \frac{[a - b(c_1 + c_2 + c_3) + rs]^2}{16b} \tag{14}$$

制造商与 TPL 服务提供商合作：该博弈分为两个阶段：在博弈的第一阶段，制造商、TPL 服务提供商选择 $p_{13} = p_1 + w - k_1 w$ 和服务水平 s 以达到自身利润最大化；在博弈的第二阶段，由销售商选择最优订货量 Q 以达到自身利润最大化。

制造商与 TPL 服务提供商利润：

$$\Pi_{13} = (p_{13} - c_1 - c'_3 - c''_3 s^2)Q \ (p_{13} = p_1 + w - k_1 w) \tag{15}$$

销售商利润：

$$\Pi_2(p_1,w,Q) = (p_2 - p_{13} - c_2)Q = \left(\frac{a - Q + \gamma s}{b} - p_{13} - c_2\right)Q \tag{16}$$

求解得：

$$Q^* = \frac{1}{4}[a - b(c_1 + c_2 + c_3) + rs] \tag{17}$$

$$p_{13}^* = \frac{a + b(c_1 - c_2 + c_3) + rs}{2b} \tag{18}$$

$$\Pi_{13}^* = \frac{[a - b(c_1 + c_2 + c_3) + \gamma s]^2}{8b} \tag{19}$$

$$\Pi_2^* = \frac{[a - b(c_1 + c_2 + c_3) + \gamma s]^2}{16b} \tag{20}$$

销售商与TPL服务提供商合作：在博弈的第一阶段，由制造商选择最佳出厂价 p_1 以达到自身利润最大化；在博弈第二阶段，销售商、TPL服务提供商选择最优订货量Q和服务水平 s 以达到自身利润最大化。

销售商与TPL服务提供商利润：

$$\Pi_{23} = (p_2 - p_1 - c_2 - c'_3 - c''_3 s^2)Q = \left(\frac{a - Q + \gamma s}{b} - p_1 - c_2 - c'_3 - c''_3 s^2\right)Q \quad (21)$$

制造商利润：

$$\Pi_1(p_1, w, Q) = (p_1 - c_1)Q \quad (22)$$

求解得：

$$Q^* = \frac{1}{4}[a - b(c_1 + c_2 + c_3) + rs] \quad (23)$$

$$p_1^* = \frac{a + b(c_1 - c_2 - c_3) + rs}{2b} \quad (24)$$

$$\Pi_1^* = \frac{[a - b(c_1 + c_2 + c_3) + \gamma s]^2}{8b} \quad (25)$$

$$\Pi_{23}^* = \frac{[a - b(c_1 + c_2 + c_3) + \gamma s]^2}{16b} \quad (26)$$

五、集体合作决策均衡解

供应链各节点企业间通过信息共享、风险共担、利益合理分配等手段开展紧密合作，使得供应链系统总利润最大。无限次重复博弈为实现高效率合作提供了可能。同时，基于Internet的信息交互为供应链协作提供了支持。总利润模型为：

$$\Pi = (p_2 - c_1 - c_2 - c'_3 - c''_3 s^2)Q = \left(\frac{a - Q + \gamma s}{b} - c_1 - c_2 - c'_3 - c''_3 s^2\right)Q \quad (27)$$

由最大化的一阶条件得到纳什均衡：

$$Q^{**} = \frac{1}{2}[a - b(c_1 + c_2 + c_3) + rs], \; c_3 = c'_3 + c''_3 s^2 \quad (28)$$

总利润最大为：

$$\Pi^{**} = \frac{[a - b(c_1 + c_2 + c'_3 + c''_3 s^2) + \gamma s]^2}{4b} \quad (29)$$

合作决策与独立决策总利润之差：

$$\Delta\Pi = \Pi^{**} - \Pi^* = \frac{(2 + k_2)^2 (a - b(c_1 + c_2 + c'_3 + c''_3 s^2) + \gamma s)^2}{16b(1 + k_2)^2} \geqslant 0 \quad (30)$$

结论3：集体决策时的总利润始终大于独立决策时的总利润。集体决策可以提高供应链的总利润，实现Pareto改进。

假设供应链上节点企业按照一定的比例分配利润，制造商、销售商和3PL服务提供商所得的利润比例分别为 $\lambda_1, \lambda_2, 1 - \lambda_1 - \lambda_2$ 称为分配因子。分配因子的设置是否合理直接影响着该供应链合作是否长久稳定。则各节点企业的利润分别为：

制造商利润：

$$\Pi_1^{**} = \frac{\lambda_1 [a - b(c_1 + c_2 + c'_3 + c''_3 s^2) + \gamma s]^2}{4b} \tag{31}$$

零售商利润：

$$\Pi_2^{**} = \frac{\lambda_2 [a - b(c_1 + c_2 + c'_3 + c''_3 s^2) + \gamma s]^2}{4b} \tag{32}$$

TPL 服务提供商利润：

$$\Pi_3^{**} = \frac{(1 - \lambda_1 - \lambda_2)[a - b(c_1 + c_2 + c'_3 + c''_3 s^2) + \gamma s]^2}{4b} \tag{33}$$

然而要使各节点企业都愿意合作，还必须满足合作时各节点企业获得的利润不小于非合作时各自的利润。也就是要实现共赢，否则，合作不能实现。因此，与独立决策时相比，各节点企业的利润有如下约束：

$$\begin{cases} \dfrac{\lambda_1 [a - b(c_1 + c_2 + c'_3 + c''_3 s^2) + \gamma s]^2}{4b} \geqslant \dfrac{k_2 [a - b(c_1 + c_2 + c'_3 + c''_3 s^2) + \gamma s]^2}{8b(1 + k_2)} \\ \dfrac{\lambda_2 [a - b(c_1 + c_2 + c'_3 + c''_3 s^2) + \gamma s]^2}{4b} \geqslant \dfrac{k_2{}^2 [a - b(c_1 + c_2 + c'_3 + c''_3 s^2) + \gamma s]^2}{16b(1 + k_2)^2} \\ \dfrac{(1 - \lambda_1 - \lambda_2)[\alpha - b(c_1 + c_2 + c'_3 + c''_3 s^2) + \gamma s]^2}{4b} \geqslant \dfrac{k_2 [a - b(c_1 + c_2 + c'_3 + c''_3 s^2) + \gamma s]^2}{8b(1 + k_2)^2} \end{cases} \tag{34}$$

解得：

$$\begin{cases} \lambda_1 \geqslant \dfrac{k_2}{2(1 + k_2)} \\ \lambda_2 \geqslant \dfrac{k_2{}^2}{4(1 + k_2)^2} \\ \dfrac{2 + 3k_2 + 2k_2{}^2}{2(1 + k_2)^2} \geqslant \lambda_2 \geqslant \dfrac{k_2(2 + 3k_2)}{4(1 + k_2)^2} \end{cases} \tag{35}$$

结论 4：分配比例与服务水平 s 无关，且只要 λ_1, λ_2 的取值在（35）式中的可行区间内，相比独立决策下各企业的利润，集体决策下经过协调后制造商、销售商和 TPL 服务提供商的收益都实现了 Pareto 改进。但同时，如何确定 λ_1, λ_2 的取值，实现各方的利润分配和成本分摊，需要通过合作博弈分配方法的研究。目前，可以有效求解的方法有 Shapley 值法、最小核心法、最小核心多目标、GQP（Game Quadratic Programming）法、简化的 MCRS 法和纳什谈判模型等。

六、有效分配求解方法

（1）简化的 MCRS 法（Minimum Cost – Remaining Savings），首先确定分配向量的上、下界向量 $X_{\min} \leqslant X \leqslant X_{\max}$，其中 $X_{\max} = (u_1, u_2, \cdots, u_n)$，$X_{\min} = (l_1, l_2, \cdots, l_n)$ 然后由点 $X_{\max}$ 和 $X_{\min}$ 连线与超平面 $\sum_{i=1}^{n} x_i = \Pi^{**}$ 的交点 X^* 作为解值，即由 $X_{\min} + \lambda(X_{\max} - X_{\min})$ 和

$\sum_{i=1}^{n} x_i = \Pi^{**}$ 求解而得。通常在 MCRS 方法中分配向量的上下界 $X_{\max}$ 和 $X_{\min}$ 是通过求解线性规划问题求出的，而在简化的 MCRS 方法中，则直接定义 $X_{\min} = U$，$X_{\max} = \Pi^{**}(N) - \Pi^{*}(N - \{i\}), \forall i \in N$ 即将各个单位的理想分摊费用和应该投资费用分别作为其最低和最高的分摊投资费用。

（2）纳什谈判模型分配，设有 n 个企业的集合 $N = 1,2,\cdots n$，并用 n 维空间的一个闭凸子集 F 表示一个可行效用的获利向量集。令 $\Pi^{*} = \{\Pi_1^{*},\Pi_2^{*},\cdots,\Pi_n^{*}\}$ 为各企业单独决策时的最大收益，$X = \{x_1,x_2,\cdots,x_n\}$ 为各企业开展集体决策时的分配收益，显然有：$\sum_{i\in N} x_i - \Pi^{**} = 0, \Pi_i^{*} < x_i$，其中，$\Pi^{**}$ 为供应链企业开展集体决策时的总利润。根据纳什谈判理论，其谈判解可被定义为能使纳什积 $\prod_{i\in N}(x_i - \Pi_i^{*})$ 最大化的唯一强有效向量 X，X 是从 F 中满足对每个 x_i 均有 $x_i < c_i$ 成立的所有向量中选取的。因此，要得到 X 即求解下面的非线性规划问题：

$$\max \prod_{i\in N}(x_i - \Pi_i^{*})$$
$$\text{s. t.} \begin{cases} \sum_{i\in N} x_i - \Pi^{**} = 0 \\ \Pi_i^{*} < x_i \end{cases} \tag{36}$$

七、数值分析

假设市场中存在一个制造商、一个销售商和一个 TPL 服务提供商，设市场需求函数为 $Q = 9 - \frac{1}{3}p_2 + s$，制造商、销售商和 TPL 服务提供商的边际成本分别为 $c_1 = 4$，$c_2 = 2, c_3 = 1 + \frac{1}{2}s^2$，$k_2 = 1$，$k_1 = 0$，合作决策时的利润分配采用纳什谈判模型，其均衡结果如表 2。

表 2　不同服务等级下的非合作与合作的利润比较

项目	$s=1$		$s=2$		$s=3$		$s=4$		$s=5$	
	独立	合作	独立	合作	独立	合作	独立	合作	独立	合作
p_1	15.25		16		16.25		16		15.25	
p_2	27.1875	18.75	30	21	32.938	23.75	36	21	39.1875	18.75
W	7.125		9		11.625		15		19.125	
Q	0.9375	3.75	1	4	1.021	4.083	1	4	0.9375	3.75
Π_1^{*}	10.5469	18.457	12	21	12.505	21.884	12	21	10.5469	18.457
Π_2^{*}	2.6367	10.547	3	12	3.126	12.505	3	12	2.6367	10.547
Π_3^{*}	5.2734	13.184	6	15	6.253	15.632	6	15	5.2734	13.184
Π	18.457	42.188	21	48	21.884	50.021	21	48	18.457	42.188

从表中明显可见，在不同的物流服务水平 s 的情况下，集体决策时的供应链总利润都远远大于独立决策的供应链总利润；集体决策时的销售价 p_2 都小于独立决策的销售价 p_2，零售价格降低，增加顾客价值，实现 Pareto 改进；物流等级 $s=3$ 时，供应链总利润最大。因此最佳协调组合为 $p_2=23.75$，$Q=4.083$，总利润 50.021。

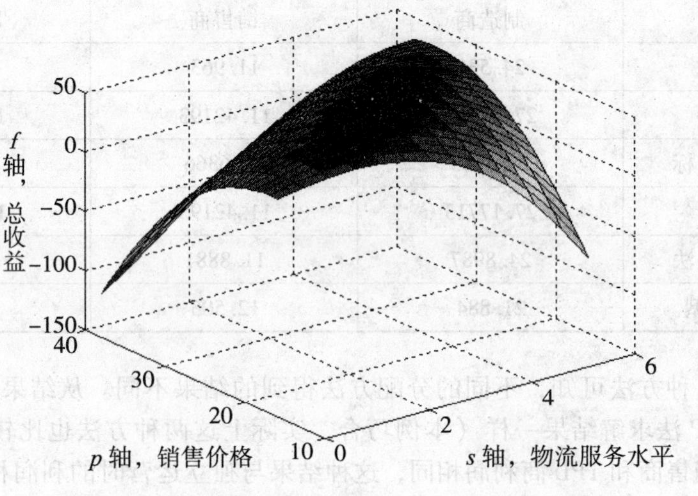

图 1　供应链总收益与售价和物流服务的关系

在制造成本 c_1 和销售成本 c_2 既定的情况下，供应链的总收益只与最终售价 p_2 和物流服务 s 决定，经过 MATLAB 模拟，供应链总收益与销售价格和物流服务水平的关系如图 1 所示，存在峰点。

为了进一步深入分析供应链的发展规律以及供应链合作的可能性，本文研究了各种不同两两合作的情况。并对在最佳服务等级（$s=3$）下，不同合作方式的利润进行了数值比较分析，结果见表 3。

表 3　　最佳服务（$s=3$）下，不同合作方式的利润比较

合作方式	制造商利润	销售商利润	TPL 利润	总利润
独立	12.505	3.126	6.253	21.884
制造商、销售商合作	31.5104		15.7552	47.2656
制造商、TPL 合作		15.7552		47.2656
销售商、TPL 合作	31.5104	15.7552		47.2656
三方合作	21.884	12.505	15.632	50.021

从表中明显可见，独立运营的总利润小于两两合作的总利润，两两合作的总利润又小于供应链合作的总利润。表中，制造商利润出现了异常，在销售商与 TPL 合作时制造商利润大于三方合作时制造商利润。主要原因是：①三方合作利润分配时采用不同的方法会有稍微不同的结果，这里采用了纳什谈判模型；②销售商与 TPL 合作是否

合作取决于销售商和TPL合作，与制造商无关。

应用Shapley值法、最小核心法、最小核心多目标、GQP法、简化的MCRS法和纳什谈判模型等分配方法求解得到的结果如表4：

表4　　各种分配方法的分配结果

	制造商	销售商	TPL利润
Shapley值法	24.531	11.963	13.527
最小核心法	27.17713	11.42193	11.42193
最小核心多目标	25.5645	11.6366	12.8199
GQP法	27.17713	11.42193	11.42193
简化的MCRS法	24.8987	11.8881	13.2342
纳什谈判模型	21.884	12.505	15.632

比较上述6种方法可知，不同的分配方法得到的结果不同。从结果来看，采用最小核心法和GQP法求解结果一样（本例巧合，实际上这两种方法也比较接近），制造商利润极大，销售商和TPL商利润相同，这种结果与独立运营时的利润相关性比较小；采用简化的MCRS法和Shapley值法得出的结果比较接近，优势方利润较多；而采用最小核心多目标法的求解结果介于前两类之间；采用纳什谈判模型得出的结果比较均衡，同情弱势方。

八、结束语

根据上述研究结果分析，很明显，制造商、销售商和TPL服务提供商采用联合定价策略，使得销售价格降低，产品销售量增加，物流服务质量提高，系统利润增加。当然物流服务质量的提高要在服务成本的提高速度低于销售量的增加速度的条件下；产品价格的降低速度低于销售量的增加速度。这样不仅供应链节点企业达到共赢的目的，而且消费者也从中受益。因此，三者均有积极性协调各自的决策，而且系统增加的利润，三者可以设立合理的分配方式，使得各自的利润都增加。

从本文的研究中，发现供应链发展的一种趋向，最早由企业自营“采购、生产、运输、分销”到“生产、物流、销售”专业化产生不同专业化公司，最后，通过供应链的协调合作实现供应链一体化，在此基础上，还会出现供应链一体化的企业联盟或大集团公司。

参考文献

[1] 公彦德，李帮义，刘涛.3PL服务提供商参与下的供应链定价及协调策略［J］.商业研究，2008（11）：162-165.

[2] 孙黎明，公彦德.基于外包方综合投入水平的3PL服务提供商激励机制分析［J］.商业研究，2007（9）：65-68.

[3] 公彦德，李帮义，李为相．三级供应链协调和利润分配机制研究 [J]. 统计与决策，2008 (253)：185－186.

[4] 谢识予．经济博弈论（第二版）[M]. 上海：复旦大学出版社，2001，134－135.

[5] 陈文颖．大气污染总量控制规划方法与智能决策支持系统 [D]. 北京：清华大学，1996.

[6] 徐向阳，安景文，王银和．多人合作费用分摊的有效解法及其应用 [J]. 系统工程理论与实践，2000，3 (3)：116－119.

[7] 琚春华，高春园，鲍福光，等．基于多种方法的共同配送成本分配模型研究 [J]. 铁道运输与经济，2011，33 (2)：57－63.

[8] VAGSTAD S. CENTRALIZED VS. Decentralized Procurement：Does Dispersed Information Call for Decentralized Decision－making? [J]. International Journal of Industrial Organization，2000，18 (6)：949－963.

[9] ILARIA GIANNOCCARO，PIERPAOLO PONTRANDOLFO. SupplyChain Coordination by Revenue Sharing Contracts [J]. International journal of production economics，2004 (89)：131－139.

[10] ALBERT Y. HA，LODE LI. Price and Delivery Logistics Competition in a Supply Chain [J]. Review of Network Economics，2003 (9)：1139－1153.

[11] CACHON G P. Supply Chain Coordination with Contracts [R]. Working Paper，University of Pennsylvania，Philadelphia，2003.

[12] BAHINIPATI BIKRAM K，KANDA ARUN，DESHMUKH S. G. Coordinated Supply Management：Rreview，Insights，and Limitations [J]. International Journal of Logistics：Research & Applications，2009 (12)：407－422.

[13] ROETHLEIN CHRISTOPHER J，MANGIAMELI PAUL M. Quality in a Supply Chain：An Exploratory Case Study [J]. Ekonomie a Management，2008 (11)：41－57.

[14] GHEIDAR KHELJANI J.，GHODSYPOUR S. H.，O'BRIEN C. Optimizing Whole Supply Chain Benefit versus Buyer's Benefit through Supplier Selection [J]. International Journal of Production Economics，2009 (10)：482－93.

[15] LANCIONI R A. NewDevelopments in Supply Chain Management for the Millennium [J]. Industrial Marketing Management，2000，29 (1)：1－6.

[16] LANCIONI R A，SMITH M F，OLIVA T A. TheRole of the Internet in Supply Chain Management [J]. Industrial Marketing Management，2000，29 (1)：45－56.

[17] BAO F G.，CHEN D Q.，MIAO H L.，et al. TPL Service Level and Pricing Models in Manufacturer－retailer Supply Chains [C]. ICMeCG2010，2010.

单生产商多销售商多生产阶段协同订货模型*

熊 浩

摘 要： 在一般的单生产商—多销售商联合生产库存模型中均作如下假定：策略周期内生产商只生产一次；不同销售商的订货次数和订货间隔相同。放松了上述的假定，建立了生产商—销售商的“多生产阶段—协同订货”模型。首先，把多个销售商的不同订货策略转化成一个虚拟销售商的订货策略。然后，把虚拟销售商的订货对应到生产商的不同“生产阶段”，对每个“生产阶段”应用单生产商单销售商的库存—时间图对系统整体的库存进行分析，从而构建了“多生产阶段—协同订货”数学模型，并给出了求解该模型的启发式算法。最后，用实例证实了该模型所得到的最优平均总费用优于已有的此类模型。

关键词： 单生产商多销售商 联合生产—库存系统 多生产阶段 协同订货

一、引言

对于单生产商—单销售商联合系统，Banerjee（1986）给出了批对批（lot - for - lot）的联合经济批量 JELS（Joint Economic - lot Size）订货模型，Goyal 对 JELS 进行改进，提出了供货周期“n 次等量”的订货策略。后来，该作者又对订货策略中“n 次”订货量的比例关系进行了探讨。上述的所有模型都基于如下假定：在一个生产周期内任意连续两次供货量（或不包括第一次供货量）之间的比值是相同的。接着，学者王圣东指出了销售商的订购时间间隔不一定成比例，却能使生产商和销售商所组成的系统平均总相关费用有所降低。本文作者也证实了“等比例策略”的局限性，推导出了更具一般性的“三阶段”订货策略。对于单生产商—多销售商系统，多位学者展开了研究：Lu（1995）认为该系统的订货策略可以看做是单销售商系统策略的叠加，Goyal（1995）提出了改进的“比例订货策略”，王圣东（2006）相应的提出了“非比例订货策略”。以上这些策略有一个共同的假设：销售商同步的发生订货，生产商在供货周期内只生产一次。

正是这些假设使问题的策略具有局限性，为了求得更好的订货策略，必须放松这些假设：允许销售商采用非同步订货的订货策略；并且允许生产商在一个指定的供货期内有多次生产转换。因为协同订货允许多个销售商错开一定的订货时间，能够

* 基金项目：国家自然科学基金资助项目（71072027）；2011 中国物流学会研究课题（2011CSLKT152）；长沙理工大学教育部工程研究中心开放基金资助项目（kfj100305）。

作者简介：熊浩，男，湖北石首人，长沙理工大学讲师，博士生，研究方向：物流优化、交通运输规划与管理。

更好的利用生产商的库存和生产能力；并且周期内多次生产转换，放松了销售商的偏移订货的时间限制，所以这两个条件的放松，能使系统整体平均费用大幅降低。并且用数字实例证实了该模型求得的最优平均总费用低于基于“同步订货”的模型。

二、问题描述

对于一个生产商和多个销售商构成的两层供应链系统，生产商的生产率为 P，销售商 i 的需求率 d_i，$D=\sum_{i=1}^{m} d_i$ 为系统总需求，A_0、A_i（$i=1,\cdots,m$）分别表示生产商的生产调整费用和销售商的订货费，h_0、h_i 分别表示生产商的库存费率、销售商的库存费率。该系统的一般假定：①销售商面临的是确定性需求；②系统运行在无限时间水平上且不允许缺货；③前置期为零，且不单独考虑运输费用（可以包含在订货费之中）；系统运行时，销售商根据其面临的确定性需求进行订货，生产商负责产品的生产并且按照销售商的订货进行发货，要求销售商的订货策略在满足顾客需求的同时，使整体费用最低。系统最优策略既包括生产商的生产策略，也包括销售商的销售策略。其策略具有如下几个方面的特点：

（1）生产商有多个“生产阶段”，不再假设生产商在策略周期（或研究时间范围内）只生产一次。假设生产商在一个策略周期 T 内若干个“生产阶段”。“生产阶段”是指生产商两次生产起始点之间的时间段，每个生产阶段可能包括生产期间和停产期间。则生产商的生产策略应包括：N 个“生产阶段”（需要进行 N 次生产准备调整）；第 i 个“生产阶段”的时间长度是 T_i，其中生产时间为 T'_i。

（2）协同订货。协同订货不再假设各个销售商的订货时间统一。由于销售商订货时间不同步，则和原来的供货周期有很大的区别：①各个销售商在供货周期的第一次订货时间不一致，存在偏移。这样反而能较好地利用生产商的生产能力，使生产商的库存更加均衡。②对于整个系统来说，不再是所有销售商的库存同时为零时才开始订货，而是有些销售商的库存为零了就发生订货。③生产商的发货次数和数量不再直接和销售商的订货次数和数量等同。

为了分析的方便，可以把这 m 个销售商看做是一个虚拟的销售商，那么虚拟销售商的初始库存为 $q'_0=\sum_{i=1}^{m} q_{i0}$，需求为 $D=\sum_{i=1}^{m} d_i$，且虚拟销售商的订货由 m 个销售商的订货合并构成。

（3）系统策略不一定具有周期性。例如：如果求得的单次生产周期性策略的周期是0.9。我们把两个0.9周期作为一个新的周期时间1.8，允许该周期内进行两次生产，则单位时间的生产调整费不变；但是销售商的订货策略可以放的更宽了，则有可能降低库存费用。因此，周期甚至可以放大到0.9的无限多倍，生产策略仍然保持和周期0.9一样（即生产策略不变），则销售商的订货策略就更加不受时间的限制了。但是这样的超大的周期没有实际意义。所以，为了使策略更具有时效性，我们也探讨了指定时间范围内的生产与订货周期策略。

三、周期性“多生产阶段的协同订货模型”

1. 销售商订货及其库存分析

销售商 i 的初始库存为 q_{i0} ，订货次数为 n_i ，需求为 d_i ，是由前一个生产供货周期的最后一次订货消耗的剩余，$q_{i1} \cdots q_{in_i}$ 为销售商 i 的第 1 次至第 n_i 次订货的订货量。销售商 i 在生产供货周期 T 内的订货情况如图 1 所示：t_{ij} 表示销售商 i 的第 j 次订货的订货时间；T_{ij} 表示销售商 i 的第 $j+1$ 次订货与前次订货之间的时间间隔（ T_{i0} 表示期初到销售商 i 第一次订货的时间间隔），T_{in_i} 表示销售商 i 在前一周期最后一次订货到其后的另一周期的第一次订货的时间间隔（如图 1）；销售商的订货间隔与订货量相关，有 $T_{ij} = q_{ij}/d_i$ ，且订货间隔之和等于周期时间 $T = T_i = \sum_{j=1}^{n} T_{ij}$ 。

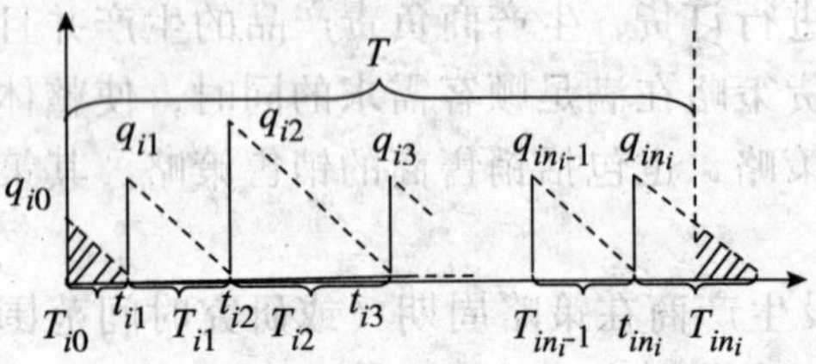

图 1　销售商在一个策略周期的库存情况

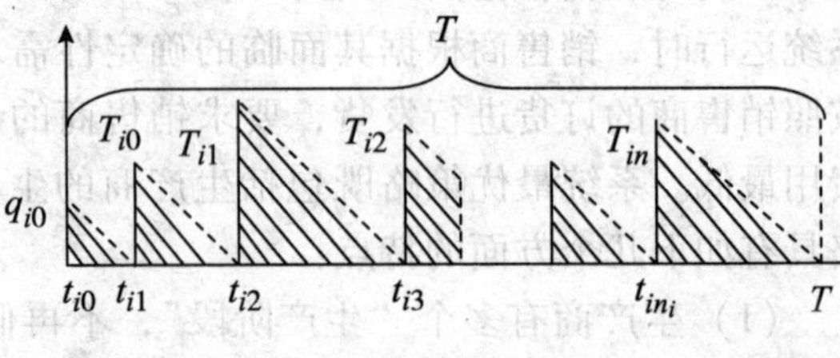

图 2　销售商在研究时间范围 T 的库存情况

由于假设策略有周期性，因此销售商 i 在周期期末剩余库存等于期初库存（如图中，阴影处的面积应该相等）。则销售商 i 在策略周期的库存量为：

$$QT_i = \frac{1}{2}(q_{i1}T_{i1} + q_{i2}T_{i2} + \cdots + q_{in_i}T_{in_i}) = \frac{1}{2}\sum_{j=1}^{n_i} q_{ij}T_{ij} = \frac{1}{2d_i}\sum_{j=1}^{n_i} q_{ij}^{\ 2} \quad (1)$$

其平均库存为：

$$HB_i = QT_{hi}/T = \frac{1}{2Td_i}\sum_{j=1}^{n_i} q_{ij}^{\ 2} \quad (2)$$

2. 生产商的生产策略及系统总平均费用分析

将虚拟销售商的订货策略与生产商的生产“生产阶段”策略结合，就构成了生产商的“生产阶段”发货策略（ t'_{ij} ，Q_{ij} ）；且发货策略在第 i 个“生产阶段”的生产期间的发货次数为 K_i ，在其停产期间的发货次数为 M_i 。图 3 是系统三个“生产阶段”的示意图。第 i 阶段系统的初始库存 Q_{i0} ，是指在生产商开始生产时（即“生产阶段”开始时）虚拟销售商在上一个阶段 $i-1$ 阶段最后一次订货后剩余的库存。

$$Q_{i0} = Q_{(i-1)(K_{i-1}+M_{i-1})} - D\left(\sum_{k=1}^{i-1} T_k - t'_{(i-1)(K_{i-1}+M_{i-1})}\right) \quad (3)$$

此时，系统在生产商的第 i 个“生产阶段”的库存—时间图为图 4 所示。需注意，因为每个“生产阶段”的策略不一定相同，所以其期初虚拟销售商的初始库存都不一定相等，即在一个“生产阶段”虚拟销售商的期初库存不等于其期末剩余库存。

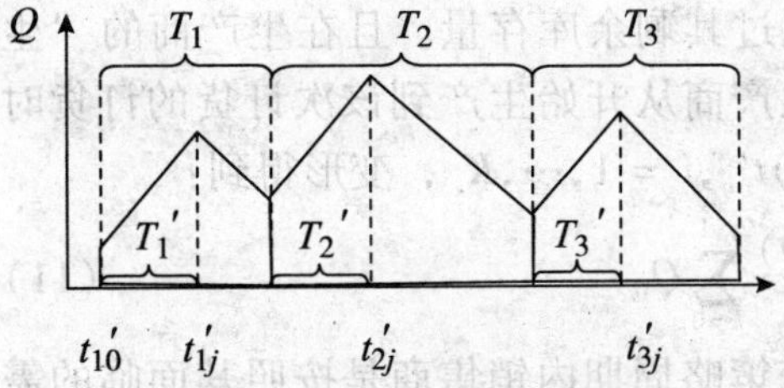

图3　系统整体的库存情况

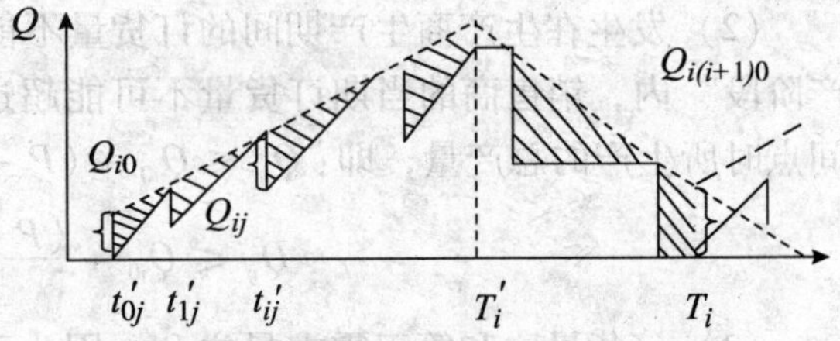

图4　系统在“生产阶段”i的库存情况

则第i个“生产阶段”的生产期间和停产期间整个系统的平均库存H_i^p和H_i^s分别为：

$$H_i^p = Q_{i0} + \frac{(P-D)DT'_i}{2P} \tag{4}$$

$$H_i^s = Q_{(i+1)0} + \frac{[(P-D)T'_i - Q_{(i+1)0}]D}{2P} \tag{5}$$

由于是周期性的策略，所以在研究时间范围T内生产商的最后一个“生产阶段”销售商的期末剩余库存与第一个“生产阶段”销售商的期初库存，即$Q_{(N+1)0} = Q_{10}$。所以，则最后一个“生产阶段”的停产期间的系统平均库存为：

$$H_N^s = Q_{10} + \frac{[(P-D)T'_N - Q_{10}]D}{2P} \tag{6}$$

则利用式（4）、式（5）和式（6）可以推导出系统的整体平均库存为：

$$H = \sum_{i=1}^{N}(H_i^p + H_i^s) = \left(2 - \frac{D}{2P}\right)\sum_{i=1}^{N} Q_{0i} + \sum_{i=1}^{N}\frac{(P-D)DT'_i}{P} \tag{7}$$

将式（7）和上面式（2）联立，可得生产商在策略周期的平均库存为：

$$HV = H - HB = \left(2 - \frac{D}{2P}\right)\sum_{i=1}^{N} Q_{0i} + \sum_{i=1}^{N}\frac{(P-D)DT'_i}{P} - \frac{1}{T}\sum_{i=1}^{m}\frac{1}{2d_i}\sum_{j=1}^{n_i} q_{ij}^{\ 2} \tag{8}$$

从而，可以推导出包括生产商生产调整费、发货费、库存费和销售商的订货费、库存费的系统总体相关费用表达式：

$$C = \frac{1}{T}\left[N \cdot A_0 + \sum_{k=1}^{m} n_k A_k\right] + \left[\begin{array}{l}\left(2 - \frac{D}{2P}\right)\sum_{i=1}^{N} Q_{0i} + \sum_{i=1}^{N}\frac{(P-D)DT'_i}{P} - \\ \frac{1}{T}\sum_{i=1}^{m}\frac{1}{2d_i}\sum_{j=1}^{n_i} q_{ij}^{\ 2}\end{array}\right] h_0 + \frac{1}{T}\sum_{i=1}^{m}\frac{h_i}{2d_i}\sum_{j=1}^{n_i} q_{ij}^{\ 2} \tag{9}$$

3. 约束条件分析

（1）发生在生产期间的订货量不超过总需求量。在生产商的第i个“生产阶段”，若系统销售商订货发生在生产商生产期间T'_i内的订货次数为K_i，则$t'_{iK_i} = t'_{i(K_i-1)} + Q_{i(K_i-1)}/D \leqslant T'_i = DT_i/P$，因为$t'_{ij} = \sum_{k=1}^{j} t'_{ik} = \frac{1}{D}\sum_{k=0}^{j-1} Q_{ik}$，则可得：

$$\sum_{j=0}^{K_i-1} Q_{ij} \leqslant \frac{D^2 T_i}{P} \tag{10}$$

（2）发生在生产商生产期间的订货量不能超过其剩余库存量。且在生产商的“生产阶段”内，销售商的当期订货量不可能超过生产商从开始生产到该次订货的订货时间点时所生产的总产量，即：$Q_{ij} \leqslant Q_{i0} + (P-D)t'_{ij}, j = 1, \cdots, K_i$，变形得到：

$$Q_{ij} \leqslant Q_{i0} + \frac{(P-D)}{D}\sum_{k=0}^{j-1} Q_{ik} \tag{11}$$

（3）订货量之和等于需求量之和。因为系统策略周期内销售商是按照其面临的需求进行订货，所以有订货量之和等于需求量之和：

$$\sum_{j=1}^{M_i} Q_{i(K_i+j)} + \sum_{j=1}^{K_i} Q_{ij} = DT_i \tag{12}$$

四、非周期性“多生产阶段的协同订货模型”

1. 销售商的库存分析

若需要研究的问题是给定时间范围为 T 的非周期性策略，则一般在期末销售商和生产商都不会有剩余库存，所以剩余库存为0。此时销售商的库存图在期末时段和上述周期性策略中的图1有细微差别，如图2所示。

则销售商 i 在整个时间范围 T 内的库存量包括了初始库存量，因此与式（1）有所不同，其表达式为：

$$QT_i = \frac{1}{2}(q_{i0}T_{i0} + q_{i1}T_{i1} + q_{i2}T_{i2} + \cdots + q_{in_i}T_{in_i}) = \frac{1}{2}\sum_{j=0}^{n_i} q_{ij}T_{ij} = \frac{1}{2d_i}\sum_{j=0}^{n_i} q_{ij}^{\ 2} \tag{13}$$

其平均库存为：

$$HB_i = QT_{hi}/T = \frac{1}{2Td_i}\sum_{j=0}^{n_i} q_{ij}^{\ 2} \tag{14}$$

2. 生产商的生产策略分析

由于在研究时间范围 T 内，生产商的最后一个“生产阶段”销售商的库存为0，即 $Q_{(N+1)0} = 0$。所以，则最后一个“生产阶段”的停产期间的系统平均库存与式（6）也不同，其表达式变为：

$$H_N^s = \frac{(P-D)DT'_N}{2P} \tag{15}$$

所以，系统整体的平均库存表达式也与式（7）不同：

$$H = \sum_{i=1}^{N}(H_i^p + H_i^s) = = Q_{01} + \left(2 - \frac{D}{2P}\right)\sum_{i=2}^{N} Q_{0i} + \sum_{i=1}^{N} \frac{(P-D)DT'_i}{P} \tag{16}$$

从而得到新的生产商平均库存表达式：

$$HV = H - HB = q_{01} + \left(2 - \frac{D}{2P}\right)\sum_{i=2}^{N} q_{0i} + \sum_{i=1}^{N}\frac{(P-D)DT'_i}{P} - \frac{1}{2Td_i}\sum_{j=1}^{n_i} q_{ij}^{\ 2} \tag{17}$$

将式（17）和上面式（15）联立，可得生产商在策略周期的平均库存为：

$$C = \frac{1}{T}\left[N \cdot A_0 + \sum_{k=1}^{m} n_k A_k\right] + \left[\begin{array}{l} Q_{10} + \left(2 - \dfrac{D}{2P}\right)\sum\limits_{i=2}^{N} Q_{i0} + \sum\limits_{i=1}^{N} \dfrac{(P-D)DT'_i}{P} - \\ \dfrac{1}{T}\sum\limits_{i=1}^{m} \dfrac{1}{2d_i}\sum\limits_{j=0}^{n_i} q_{ij}^{\ 2} \end{array}\right] h_0 + \frac{1}{T}\sum_{i=1}^{m} \frac{h_i}{2d_i}\sum_{j=0}^{n_i} q_{ij}^{\ 2} \tag{18}$$

五、模型求解及实例仿真

1. 模型求解

上述的数学模型可以利用智能启发式算法进行求解，其一般步骤为：

（1）初始解。首先，可以初步判断策略参数的取值范围。比如：根据企业生成实际预测时间跨度大小来确定最大允许的策略周期、利用最小订货间隔期推导最大订货次数等。然后，随机生成正实数 T、自然数 $n_i(i = 1,\cdots,m)$，然后随机生成正实数 q_{ij}；$i = 1,\cdots,m;j = 0,1,\cdots,n_i$；生产商的“生产阶段”数 N，每个生产阶段的时间长度 $T_i;i = 1,\cdots,N$ 和生产时间长度 $T'_i;i = 1,\cdots,N$。

（2）多销售商订货策略转化为虚拟销售商订货策略。由 q_{ij} 推导出订货间隔和订货时间点：$T_{ij} = q_{ij}/d_i$；$t_{ij} = \sum\limits_{l=1}^{j} T_{il}$；把策略（$t_{ij}$，$q_{ij}$）序列变成虚拟销售商的订货策略（$t'_i$，$q'_i$），对 t_{ij} 进行从小到大的排序，保留所有不同的时间点构成新的时间序列 t'_i；各个订货时间点对应的订货量（相同时间点上的订货相加）构成生产商的发货量 q'_i。

（3）把虚拟销售商的订货策略映射到生产商的“生产阶段”。若 $\sum\limits_{k=0}^{i} T_{i-1} \leqslant t'_j \leqslant T'_i + \sum\limits_{k=0}^{i} T_{i-1}$，则 t'_j 对应的订货在第 i 个“生产阶段”的生产期间，并统计该期间订货次数为 K_i；若 $T'_i + \sum\limits_{k=0}^{i} T_{i-1} \leqslant t'_j \leqslant T_i + \sum\limits_{k=0}^{i} T_{i-1}$，则 t'_j 对应的订货在第 i 个“生产阶段”的停产期间，并统计该期间订货次数为 M_i；对该“生产阶段”生产期间和停产期间的订货重新编号（从阶段开始到阶段结束，编号从 $i1$ 到 $i(K_i + M_i)$），得到该阶段的一系列发货策略（t'_{ij}，Q_{ij}），$j = 1,\cdots,(K_i + M_i)$。

（4）计算各个阶段的初始库存 Q_{i0}，是指在生产商开始生产时（即“生产阶段”开始时）虚拟销售商在上一个阶段 $i-1$ 阶段最后一次订货后剩余的库存：$Q_{i0} = Q_{(i-1)(K_{i-1}+M_{i-1})} - D(\sum\limits_{k=1}^{i-1} T_k - t'_{(i-1)(K_{i-1}+M_{i-1})})$。

（5）检验约束条件。首先，根据已知条件和初始策略计算 $Q^{10} = \sum\limits_{i=1}^{m} q_{10}, D = \sum\limits_{i=1}^{m} d_i$；然后，检验虚拟销售商的策略与各个“生产阶段”策略 Q_{ij} 是否满足约束条件式（10）、式（11）和式（12）。

（6）最后将满足约束条件的解代入目标函数（9）或（17）计算目标函数。若满足约束条件，则将初始策略代入目标函数式。然后根据不同的智能算法进行搜索、迭代。

2. 实例仿真

例：我们考虑王圣东（1995）的例子：$A_v = 300$，$A_1 = 20$，$A_2 = 10$，$A_3 = 15$，$h_v = 1$，$h_1 = 1.2$，$h_2 = 1.6$，$h_3 = 1.4$，$P = 3600$，$d_1 = 500$，$d_2 = 300$，$d_3 = 400$。

为了便于比较，我们采用周期性"多生产阶段—协同订货"策略，按照上述步骤对此案例进行求解。可以找到最优生产策略和最优订货策略（表1）。生产商经历两个"生产阶段"，第1个"生产阶段"的生产时间为0.3、歇产时间为0.6，第1个"生产阶段"的生产时间为0.3、歇产时间为0.6；销售商1发生4次订货，销售商2发生5次订货，销售商3发生4次订货。该策略的周期为1.8，总平均费用为792.9。该结果和王圣东的同步订货策略得到的费用968.6有明显减少。

表1　　最优的协同订货策略

销售商	初始库存	订货1	订货2	订货3	订货4	订货5
1	150.0000	153.0897	146.8308	197.9208	0	402.1136
2	90.0000	96.0186	83.9814	118.7048	146.0045	95.2907
3	125.0514	122.9424	111.9427	48.5686	0	436.5462

六、结论

对于单生产商—多销售商联合生产库存问题，一般假设生产商在一个供货周期内只生产一次，以及多销售商同步订货。这些假设局限了策略的优化效果，而更一般的协同模型允许生产商进行多次生产、多个销售商订货时间偏移协同订货。文中给出了周期性和不具有周期性的有时间界限的协同订货模型，并给出了模型的求解步骤和方法，并利用仿真实例验证了新模型的优越性。

参考文献

[1] 王圣东．单供货商多销售商联合生产库存模型［J］．系统工程学报，2006（21）：92－95.

[2] GOYAL SK. A one－vendor multi－buyer integrated inventory model：A comment［J］. European Journal of Operational Research，1995（82）：209－210.

[3] LU L. A one－vendor multi－buyer integrated inventory model［J］. European Journal of Operational Research，1995（81）：312－323.

[4] XIONG HAO. A Three－Phase Policy for Single－Vendor Single－Buyer Production－Inventory Systems［C］. ICLEM 2010：Logistics for Sustained Economic Development，2010.

[5] HILL R. M. Another look at the single－vendor single－buyer integrated production－inventory problem［J］. International Journal of Production Research，2006（44）：791－800.

[6] HSIEH TSU－PANG. A simple approach to an integrated single－vendor single－buyer inventory system with shortage［J］. Production Planning and Control，2008（19）：601－604.

[7] SAJADIEH MOHSEN SHEIKH. An integrated vendor－buyer cooperative model under stochastic supply lead－time［J］. International Journal of Advanced Manufacturing Technology，2009（41）：1043－1050.

[8] HSIAO, YU - CHENG. A note on integrated single vendor single buyer model with stochastic demand and variable lead time [J]. International Journal of Production Economics, 2008 (114): 294 - 297.

[9] ABDUL - JALBAR, BEATRIZ. Policies for a single - vendor multi - buyer system with finite production rate [J]. Decision Support Systems, 2008 (46): 84 - 100.

[10] ZAVANELLA, LUCIO. A one - vendor multi - buyer integrated production - inventory model: The 'Consignment Stock' case [J]. International Journal of Production Economics, 2009 (118): 225 - 232.

基于两维的集群式供应链绿色合作绩效实证研究 *

左志平　黎继子

摘　要：从横向和纵向视角研究了供应链开展绿色合作的影响因素，通过对湖北省四家产业集群制造企业进行问卷调查，获得了168份有效问卷。运用SPSS14.0和结构方程模型对供应链基础性合作关系、供应链纵向绿色合作、供应链横向绿色合作和绿色合作绩效关系进行了验证性因子分析，并给出了它们之间的结构方程路径图。研究结果表明，本文列出的供应链横向绿色合作变量、供应链纵向绿色合作变量与绿色合作绩效之间存在着较强的相关性，证实了本研究提出的假设，从而为探索集群式供应链开展绿色合作的理论研究和实际应用提供了支持性的论据。

关键词：集群式供应链　绿色合作　合作绩效　实证研究

一、引言

产业集群在推动区域经济增长方面的作用越来越突出，但是，基于传统生产方式的传统产业集群在高强度的物流下，凸显出环境污染、不可再生资源和能源的过度消耗等问题。传统供应链管理是从核心企业的角度来追求供应链的经济绩效，因此在获得最终利润和客户价值的同时也带来资源的过度消耗和环境污染等问题。面对传统供应链管理模式的缺陷及其带来的危机，企业界及学术界都在努力引入新的供应链管理模式来改善供应链中的材料流和能源流问题，以此来缓解企业所面对的越来越严峻的平衡经济绩效与环境绩效方面的压力。例如，一些学者致力于绿色供应链和逆向物流等方面的研究，以实现供应链内部的资源消耗和环境副效应最小。上述研究强调通过供应链上下游企业之间的合作来提高资源环境绩效，尚未考虑横向的供应链与供应链之间的合作来提高资源环境绩效。集群式供应链（Cluster Supply Chain，CSC）源于将供应链运作平台移植到产业集群中，两者相互耦合形成的一种新型网络组织，强调了不同单链式供应链之间的横向合作。集群式供应链绿色合作不仅从纵向角度考虑了供应链内部的绿色化问题，而且通过横向的不同单链式供应链之间的协作进一步解决供应链外部绿色化问题。在供应链内部绿色化的基础上，通过供应链核心制造企业之间

* 基金项目：教育部人文社科基金资助项目（08JA630063）；中国博士后学科基金特别资助项目（200801312）；湖北省教育厅重大项目（Z20081702）。

作者简介：左志平，男，湖北荆州人，中南财经政法大学武汉学院经济系教师，研究方向为物流与供应链管理。黎继子，男，湖北咸宁人，武汉纺织大学教授、博士后，研究方向为供应链管理。

的废弃物再利用来达到减少或避免废弃物向自然界排放的目的，从而节约能源、降低成本，在考虑环境绩效的同时兼顾经济效益，实现了产业集群和供应链的可持续发展。

二、文献回顾

1. 供应链基础性合作关系

供应链基础性合作关系是指供应链成员之间为完成特定的目标而相互支持，并同意在一定时期内分享信息和共担风险的一种意愿关系。这种意愿关系有利于维护供应链的长期稳定和提升供应链整体的竞争优势。许多不同的理论框架曾被用于阐述供应链基础性合作关系的性质。交易成本理论认为，合作企业间具有较强的适应性，在交易过程中能够很好的交流并相互履行己方的承诺，可显著降低交易成本；资源依赖理论认为，企业之间在开发或获取资源的能力方面存在着巨大的差异。正是由于各个企业的资源存在着差异性，企业间倾向建立一种以工业剩余物为交换对象的绿色合作关系；社会交易理论认为，信任是社会交换过程的关键因素，企业之间能否相互协作，是检验合作关系好坏的重要标准。部分学者也作了实证性研究，Brian 等（2005）识别了交流、协作、承诺、适应性、相互依赖和信任是影响供应链企业合作关系的重要因素。Medlin 和 Quester（2005）识别了关系经验和未来导向是企业建立合作关系的动机。本研究综合国内外文献，并结合企业实地调研与访谈，选择了对自变量供应链基础性合作关系进行测量的五个维度：关系经验、未来导向、适应性、承诺和信任。

2. 供应链纵向绿色合作

供应链纵向绿色合作是在整个供应链系统中，通过绿色设计、绿色材料、绿色工艺、绿色生产、绿色包装和绿色回收等手段的运用，促进供应链中各个企业提高资源利用效率，减少环境影响，增强供应链整体竞争力的实践。供应链纵向绿色合作是从供应链自身的角度来提高环境绩效，强调的是供应链内部的绿色化问题。如图 1 供应链 SC1 或供应链 SC2 核心制造企业与上下游企业之间建立的供应链纵向绿色合作关系。目前国内外对供应链纵向绿色合作的研究主要体现在战略和操作两个层面。Zsidisin（2001）指出供应链纵向绿色合作强调了环境友好的设计、采购、生产、分销、使用和再利用，是在供应链上采取的绿色管理策略和行为；Steve 和 Lippmant（1999）通过对 GM、Nike 以及欧洲电子工业等具体企业的调查、分析与总结，指出影响供应链企业之间建立绿色合作关系的关键性因素有：企业高层领导的参与、有效的交流和沟通（强调企业与企业之间的交流与沟通）、多功能团队的集成和合作创新。Zhu 和 Sarkis（2008）采用实证分析的方法，识别了中国汽车制造行业实施绿色供应链管理的实践影响因素主要有：企业内环境管理、与上下游企业环境方面的合作、生态设计、绿色采购和投资回收。因此，本文研究 CSC 纵向合作包括五个维度：绿色采购、绿色设计、绿色制造、绿色营销和回收利用。

3. 供应链横向绿色合作

供应链横向绿色合作是指在某一特定区域内，不同单链式供应链之间模仿自然生态系统中的“食物链”，利用上下环节的主副产品和原料的衔接关系实现的跨链合作，它是供应链纵向绿色合作的延伸和发展。它在供应链纵向绿色合作的基础上，通过供

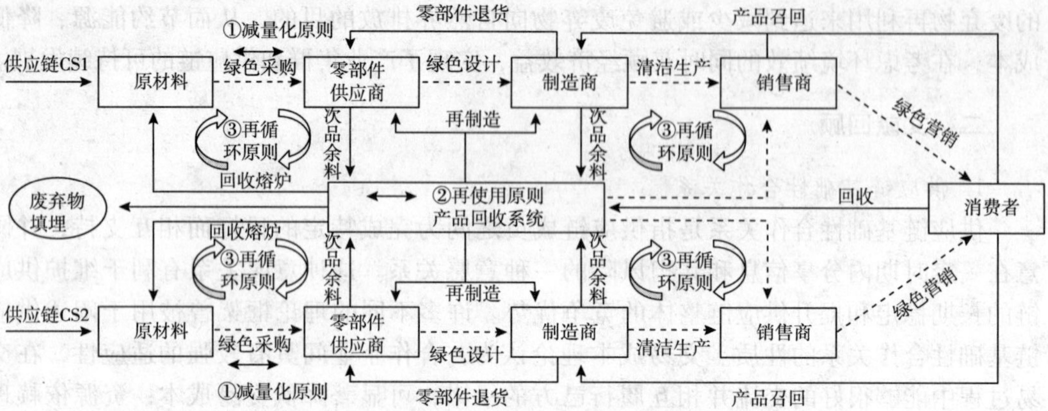

图 1　基于两维的集群式供应链绿色合作示意

应链核心企业之间的废弃物再利用来达到减少或避免废弃物向自然界排放的目的。如图 1 中供应链 SC1 和供应链 SC2 的核心制造企业之间利用副产品实现了横向绿色合作。通过不同单链式供应链核心企业之间的协作，供应链横向绿色合作进一步解决供应链外部绿色化问题。黎继子（2006）通过对产业集群供应链竞合关系的研究指出，CSC 横向合作实现了纵向合作所没有的优势，即不同供应链核心企业之间实现了资源共享、能力互补和购销平衡。王兆华（2002）通过交易费用理论分析指出，集群地理位置的专用性、有形资产的专用性、人力资源的专用性以及优惠政策的专用性等，使得那些客观上具备副产品交易条件的核心企业具有形成一个经济活动中心、从而产生建立更为密切交易关系的动力和愿望，实现供应链核心企业之间的跨链合作。

4. 绿色合作绩效

有关绿色合作绩效的评价一直都没有一个完整的标准。在以往文献中，绿色合作绩效的研究大都是基于集群网络的功能效益，即因绿色合作关系的存在而产生的效益。刘思华（2001）认为企业不仅是经济系统的要素，而且是社会系统和生态系统的成员，所以企业绿色合作绩效不仅要体现经济效益，而且还有体现生态效益和社会效益；刁晓纯、陈树文（2008）在此基础上提出了产业生态网络绩效测度的四个维度，即网络开放性、网络增值性、网络适应性和网络和谐性。Zhu 和 Sarkis（2008）采用实证发现的方法，将供应链企业实施绿色合作的效果用环境绩效（EP）、经济绩效（ECP）与运营绩效（OP）三个维度来表示。从以上文献可以看出，目前，国内外关于绿色合作绩效的评价，大部分停留在主观判断，少数涉及企业环境绩效或生态绩效的研究只是以单一企业作为研究对象，或以区域作为研究范围。而 CSC 绿色合作绩效，不仅体现了集群内单个企业的合作绩效，而且也体现了整个 CSC 网络系统的合作绩效。为此，本文将 CSC 绿色合作绩效的评价分为三个维度：经济绩效、社会绩效、生态绩效。

三、研究假设与研究设计

（一）研究假设

在供应链这种基于竞合的运营模式中，基础性合作关系对合作绩效的影响机制引起了许多学者的广泛关注。Medlin 和 Quester（2005）和 Krause 等（2007）从企业合作的层面进行了分析，应用结构方程建模法论证了基础性合作关系与企业合作绩效之间存在显著的相关关系；Roa 和 Holt（2005）从供应链的层面论证了供应链企业之间建立在高度信任关系上的绿色合作将导致企业竞争能力的提升和经济绩效的增加。上述研究都停留在基础性合作关系的某一个或几个方面（如信任、关系）对企业某一些特定绩效（如经济绩效或市场绩效）的影响上，那么基础合作关系对 CSC 绿色合作绩效的影响如何，它们之间是否存在相关关系？为此，我们提出验证假设：

H1：基础性合作关系对 CSC 绿色合作绩效有着显著的正向影响。

CSC 作为一种新型的网络组织形式，它与传统的供应链相比，其显著的特点是合作形式的多样性、多层性、灵活性、动态性，其基本的特征表现为敏捷性、柔性以及供应链企业在集群区域中各个环节的完整性。CSC 的特点和特征以及在管理实践中的应用，决定了 CSC 合作必将受到信息技术、物流技术、社会环境等方面的客观影响。但从主观方面来看，基础性合作关系的好坏必然是影响 CSC 合作效果的最主要的因素之一。黎继子（2006）指出，产业集群的升级发展和 CSC 横向合作关系的形成都离不开基础性合作关系的支撑，同时基础性合作关系的形成大大降低了集群核心企业的交易风险，鼓励了 CSC 企业之间的合作维度和跨度。基于此，本文提出假设：

H2：基础合作关系对供应链横向绿色合作有着显著的正向影响；

H3：基础合作关系对供应链纵向绿色合作有着显著的正向影响。

在 CSC 网络中，纵向的不同单链式供应链从原料采购、产品设计、产品制造、产品销售以及回收的全过程中考虑环境整体效益最优化。绿色采购选用具有能耗低、污染小等性能的材料，不仅从源头控制了环境污染和资源的浪费，而且从整体上降低成本，为企业带来经济效益和环境效益；绿色设计综合考虑产品的功能、质量、开发周期和成本，使得产品的制造、物流、消费过程中实现最少的资源消耗和最高的环境绩效；绿色制造采用物料和能源消耗少、对环境污染小的工艺方案和工艺路线，防治了工业污染、提高了经济效益；绿色营销利用“绿色”概念来推销产品，树立了企业良好的生态形象；绿色回收根据返回的产品、零部件及包装物存在循环利用的价值的特点，以最少的成本代价，获得最高的回收价值，同时也增加了公司环保形象、增强与供应链上下游之间关系。基于上述，我们提出以下假设：

H4：集群供应链横向绿色合作与绿色合作绩效有着显著的正向影响。

横向的不同单链式供应链上的核心企业出于“三废”综合利用、环境保护的考虑，将其产生的副产品“工业排泄物”进行无毒化、无污化和原料化处理，出售给处于“工业食物链”下游的核心企业作为工业原料使用，其本质在于通过供应链与供应链之间的合作与协调，来减少或避免废弃物向自然界排放的目的，从而节约了能源，降低了成本。另外，集群区域不同单链之间的横向合作显示出其规模经济的优势，有利于集群企业分享集群的资源优势来集中治理污染源，降低集群企业治理污染的费用，提高了合作的经济绩效和环境绩效。因此，我们提出假设：

H5：集群供应链纵向绿色合作与绿色合作绩效有着显著的正向影响。

（二）研究设计

1. 研究的概念模型

在上述文献成果的基础上，本研究分别从供应链基础合作关系、供应链纵向绿色合作、供应链横向合作对CSC绿色合作绩效的影响，研究模型框架如图2所示。

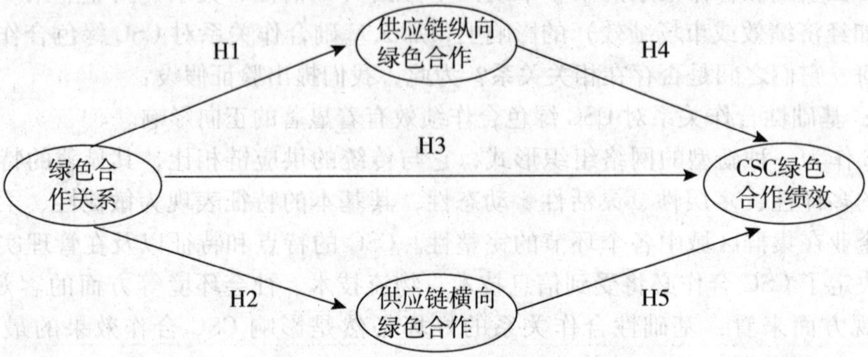

图2 研究的理论模型

2. 量表选取与修正

本文的测量工具为Likert 5级量表，问卷设计主要在已有问卷的基础上，根据实例假设的理论基础综合而来。在测量指标上，本文采用部分学者提倡的多维指标对其进行测度。

虽然我们选用的是成熟量表，但是考虑到中外文化、环境等方面的不同，本研究在问卷设计时仍进行了一定的改动，并在小样本调查部分，对以上四个变量的所包含的因子和指标进行验证性因子分析、可靠性检验，提炼出能够有效测度这四个变量的量表，以进行大样本调查。提纯后的量表显示，基础性合作关系被分为：未来导向（Future Orientation）、关系经验（Relationship Experience）、信任（Trust）和适应性（Flexibility）四个维度；CSC纵向绿色合作分为：绿色采购（Green Purchasing）、绿色设计（Green Design）、绿色制造（Cleaner Producting）、绿色营销（Green Marketing）和回收利用（Recovery）五个维度；供应链横向绿色合作的测量指标分为：交换和利用彼此的工业剩余物（如副产品、废弃物等）、共享基础设施、技术工艺、实现了信息技术共享、获得对方技术创新支持；绿色合作绩效被分为生态绩效（Eco – Perormance）、社会绩效（Social Perormance）和经济绩效（Economic Perormance）三个维度。

3. 数据与样本

为获取多样化的样本避免区域取样偏差，我们对湖北省4个产业集群区域进行了正式调研。问卷发放时间在2009年3月上旬至2009年6月末，发放对象是企业中从事采购、生产、销售、研发、服务等不同部门的中高层管理者。本轮问卷发放共523份，回收203份，其中有效问卷共168份，有效回收率为82.8%。其中机械制造行业34家（占20.2%）、汽车行业49家（占29.2%）、食品加工行业11家（占6.5%）、建筑装饰行业13家（占7.7%）、化工行业17家（占10.1%）、电子电器行业12家（占7.2%）、纺织行业10家（占6.0%）、物流交通行业8家（占4.8%）、其他14家（占

8.3%)。在问卷填写前，我们都简要介绍集群式供应链绿色合作的有关内容，以确保问卷回答者对集群式供应链绿色合作有所了解。

四、数据分析

1. 因子分析

本研究应用 SPSS14.0 软件进行因子分析。供应链基础性合作变量包括的 12 个问项均通过 KMO 检验和 Bartlett 球型检验，说明适合作因子分析。所萃取的 4 个因素能解释全部变异的 66.469%，各因子方差累积贡献率达到了 60% 以上，表明量表具有良好的结构效度。采用同样的方法对供应链纵向绿色合作变量、供应链横向绿色合作变量和绿色合作绩效进行因子分析。结果都通过了 KMO 检验和 Bartlett 球形检验，各因子方差累积贡献率均达到了 60% 以上。因子负载情况如表 1、表 2、表 3、表 4 所示。

表 1　基础性合作变量因子载荷表

指标	KMO = 0.793			
	X_1	X_2	X_3	X_4
FL_1	0.804			
FL_2	0.738			
FL_3	0.725			
FL_4	0.712			
RE_1		0.868		
RE_2		0.832		
RE_3		0.740		
TR_1			0.846	
TR_2			0.844	
TR_3			0.622	
FO_1				0.886
FO_2				0.867
特征值	2.865	2.092	1.592	1.426

表 2　供应链纵向绿色合作变量因子载荷表

指标	KMO = 0.873				
	X_5	X_6	X_7	X_8	X_9
CP_1	0.854				
CP_2	0.798				
CP_3	0.785				

续 表

指标	KMO = 0.873				
	X_5	X_6	X_7	X_8	X_9
CP_4	0.767				
CP_5	0.764				
CP_6	0.685				
GP_1		0.839			
GP_2		0.834			
GP_3		0.725			
GM_1			0.767		
GM_2			0.719		
GM_3			0.707		
GM_4			0.703		
ED_1				0.749	
ED_2				0.694	
ED_3				0.554	
R_1					0.801
R_2					0.700
特征值	4.958	2.733	1.667	1.462	1.105

表 3　　供应链横向绿色合作变量因子载荷表

指标	KMO = 0.873
	X_{10}
CC_1	0.794
CC_2	0.782
CC_3	0.761
CC_4	0.668
特征值	2.268

表 4　　绿色合作绩效因子载荷表

指标	KMO = 0.811		
	Y_1	Y_2	Y_3
EOP_1	0.856		
EOP_2	0.847		
EOP_3	0.626		

续 表

指标	KMO = 0.811		
	Y_1	Y_2	Y_3
SOP_1		0.811	
SOP_2		0.808	
SOP_3		0.798	
ECP_1			0.755
ECP_2			0.726
ECP_3			0.660
特征值	2.488	1.545	1.186

2. 信度分析

本研究采用 Cronbach's Alpha 系数作为测量变量信度检验标准。结果显示，供应链基础性合作量表中的未来导向、关系经验、信任和适应性的 Cronbach 系数分别是 0.809、0.782、0.811、0.827；供应链纵向绿色合作中的绿色采购、绿色设计、绿色制造、绿色营销和回收利用的 Cronbach 系数分别为 0.796、0.839、0.836、0.855 和 0.792；供应链横向绿色合作的 Cronbach 系数为 0.864；绿色合作绩效中的生态绩效、社会绩效和经济绩效的 Cronbach 系数分别为 0.854、0.824 和 0.831。整体而言，各量表的信度水平均超过 0.7，说明研究量表有良好的内部一致性。

3. 效度分析

效度分析包括内容效度和结构效度。在内容效度中，本研究所采用的供应链基础性合作量表和绿色合作绩效量表都是较为成熟的量表，因而具有较好的效度。因我们对供应链纵向绿色合作和横向绿色合作量表的内涵进行了明确的阐述，借鉴了已有研究成果设计各变量的测量题项，并通过预测试对初始量表进行了修订，因而确保量表具有较好的内容效度；结构效度包括收敛效度和区别效度分析，其中收敛效度的分析结果见表 5；区别效度则依据 Anderson 和 Gerbing（1999）的建议进行。研究结果显示，各构面间具有较好区别效度。

表 5　　模型收敛效度分析结果

指　标	χ^2	df	χ^2/df	GFI	AGFI	NNFI	CFI	RMSEA
基础性合作变量	101.49	48	2.11	0.90	0.87	0.89	0.93	0.079
纵向绿色合作变量	414.06	194	2.13	0.91	0.92	0.89	0.92	0.051
绿色合作绩效变量	23.45	17	1.38	0.94	0.87	0.94	0.96	0.063
参照值			<3.0	>0.9	>0.9	>0.9	>0.9	<0.08

4. 假设检验

为了验证假设模型与数据关系的一致性程度，本文使用 LISREL8.70 进行结构方程模型分析。得到的结构方程全模型及路径系数，如图 3 所示。

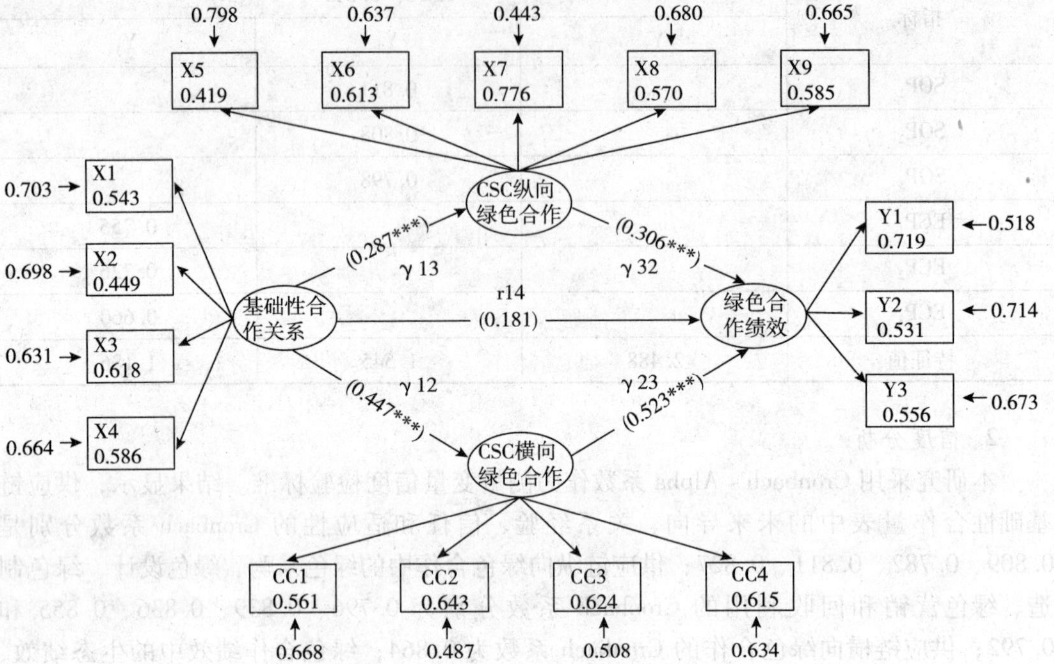

图 3　结构方程模型及路径系数

图中的 γ 值为标准化的参数估计值（路径系数）。当该估计值显著的不等于 0 时认为该路径关系存在，相应的假设成立。本模型的 $\chi^2 = 99.358$、$df = 60$、$\chi^2/df = 1.40$、RMSEA = 0.0548、CFI = 0.956、NNFI = 0.942、GFI = 0.931、AGFI = 0.895，表明模型的拟合度比较好，假设模型得到了数据的有效支持。

通过上述全模型分析，我们可以看到本文假设模型得到了验证：在 5% 的置信水平下，基础性变量、供应链纵向绿色合作变量、供应链横向绿色合作变量和绿色合作绩效之间路径系数是显著的，说明假设 H1、H2、H3、H4、H5 都得到了数据的有效支持。

五、结论与展望

本研究从纵向和横向视角研究了供应链绿色合作与绿色合作绩效的关系。建立了供应链基础性合作、供应链纵向绿色合作、供应链横向绿色合作和绿色合作绩效之间的关系模型，并通过实证研究验证了本文的一些假设。研究结果表明：①供应链企业之间建立的基础性合作关系有利于绿色合作的实践，并产生了较好的合作绩效。就实际情况来说，本文所调查的集群企业在绿色合作过程中都建立了良好的合作关系。从图 3 可知，它们之间的路径系数为 0.181，影响程度较高，而其中信任与基础性合作关系的标准回归系数为 0.618，对基础性合作关系的影响最大；相对的，关系经验对基础性合作关系的影响最小，说明目前 CSC 绿色合作并非基于一种长期的合作意愿。从长远来看，必然会影响它对绿色合作绩效的直接效果。②基础性合作关系是 CSC 绿色合作的基础，基础性合作关系中的信任、承诺、未来导向和关系经验可以克服供应链企业之间的目标冲突，对促进 CSC 横向绿色合作、纵向绿色合作的开展是十分有利的。从图 3 中可以看出，基础性合作关系对 CSC 横向合作的直接效果较大，而对 CSC 纵向绿色合作效果则较小。对于前者，可能与单链式供应链企业进行绿色合作的难度较大有关，CSC 绿色合作需要涉及不同组织间的目标协调、利益协调和行动协调，单链式供应链因受到权力等限制要做到这一点非常困难，基础性合作关系本身存在着协调意愿和协调机制，这会给单链式供应链的各种外部协调带来极大便利，因而效果明显；对于后者，由于基础性合作关系对单链式供应链的影响需要以外部整合作为媒介，这可能使其影响效果减弱。③CSC 纵向绿色合作和横向绿色合作与绿色合作绩效之间呈正相关关系。但研究结果也显示，基础性合作关系透过纵向绿色合作和横向绿色合作对绿色合作绩效的间接效果分别为 0.088（0.287 ×0.306）和 0.238（0.447 ×0.523），总体间接效果为 0.322，这比直接影响效果 0.181 大得多。这说明基础性合作关系在一定时期内有助于供应链合作绩效的提升，但它不会自发地演进为供应链持续性绩效，它需要一定的绿色实践行为为基础。

需要说明的是，本研究的结论是以统计分析为依据的，由于问卷调查采用 Likert 5 点尺度量表，受访者主要基于主观判断，这使所收集的数据可能会产生某种程度的误差；同时，本研究是以汽车零部件、石油化工、纺织、食品行业为研究对象，行业特性的差异使研究结果的特殊性高于普遍性，从而也使其适用范围受到一定的限制。

参 考 文 献

[1] 劳爱乐，耿勇．工业生态学和生态工业园 [M]. 北京：化学工业出版社，2003：8 – 15.

[2] 黎继子．集群式供应链管理 [M]. 北京：中国经济出版社，2006.

[3] 黎继子，刘春玲．集群式供应链的竞合关系分析研究 [J]. 财贸研究，2006 (5)：99 – 104.

[4] 王兆华，武春友．基于交易费用理论的生态工业园中企业共生机理研究 [J]. 科学与科学技术管理，2002 (8)：9 – 12.

[5] 刘思华．可持续发展经济学企业范式论 [J]. 当代财经，2001 (3)：16 – 21.

[6] 刁晓纯，陈树文．工业园区产业生态网络绩效测度研究 [J]. 科研管理，2008，29 (3)：152 – 157.

[7] HANDFIELD R B. Green SupplyChain: Best Practices from the Furniture Industry [C]. Annual Meeting of the Decision Sciences Institute, 1996.

[8] HOCK R. From Reversed Logistics to Green Supply Chains [J]. Supply Chain Management, 1999, 4 (3): 129 – 134.

[9] BRIAN F, CHRIS V, SEAN B. The impact of supply chain relationship quality on quality performance [J]. International Journal of Production Economics, 2005, 9 (6): 339 – 354.

[10] MEDLIN C J, QUESTER P G. A collaborative interest model of relational coordination and empirical results [J]. Journal of Business Researeh, 2005, 5 (8): 214 – 222.

[11] ZSIDISIN G A, SIFERD S P. Environmental Purchasing: a Framework for Theory Development

[J]. European Journal of Purchasing and Supply Management, 2001 (7): 61 – 73.

[12] STEVE LIPPMAN. Supply Chain Environmental Management Elements for Success [J]. Environmental Management, 1999, 6 (2): 175 – 182.

[13] ZHU Q, SARKIS J, LAI K. Confirmation of a measurement model for green supply chain management practices implementation [J]. International Journal of Production Economics, 2008 (111): 261 – 273.

[14] DESROEHERS P. Cities and industrial symbiosis: some historical perspectives and policy implications [J]. Journal of Industrial Eeology, 2002, 5 (4): 29 – 44.

[15] Korhonen J, Wihersaari M, Savolainen I. Industrial ecology of a regional energy supply system: the case of Jyva "skyla" region [J]. Finland. Greener Management International, 1999 (26): 57 – 67.

[16] KRAUSE D R, HANDFIELD R B, TYLERB B. The relationships between supplier development commitment, social capital accumulation and performance improvement [J]. Journal of Operations Management, 2007, 25 (2): 528 – 545.

[17] RAO P, HOLT D. Do green supply chains lead to competitiveness and economic Performance [J]. Journal of Operations&Produetion Management, 2005, 25 (9): 898 – 916.

[18] ANDERSON, J. C., GERBING, D. W. The evualtion of cooperative performance [J]. Joural of Business Logistics, 1999, 19 (2): 69 – 83.

军事虚拟仓库应急保障仿真分析*

姜大立　汤卫克

摘　要：在分析应急物流研究成果基础上，探索应用虚拟仓库理论和仿真技术研究应急物流中的协同库存问题。为此，构建了军事虚拟仓库系统及其协同控制系统动力学仿真模型，并针对军民、军军仓库间的应急物流协同保障策略进行仿真分析，结果表明这种方法可以在应急状态下合理调度和管理各类仓库资源，改进应急物流条件下仓库保障能力。

关键词：虚拟仓库　仿真　应急物流　库存控制

一、引言

应急物流是指以提供应对自然灾害、军事冲突、公共卫生事件、重大事故等突发性事件所需应急物资为目的，以追求时间效益最大化和灾害损失最小化为目标而开展的特种物流活动，与常规物流活动相比，应急物流具有突发性、急迫性、不确定性、多样性以及弱经济性等显著特点。近年来，重大自然灾害、事故灾难及战争冲突等应急事件频发，应对这些应急突发事件，提供有效、快速的应急物流已成为物流研究领域的热点，并已产生大量研究成果。这些成果主要集中在应急物流体系研究、应急物流机制与政策、应急物流系统构建、应急物流模型与优化决策、应急物流风险评估与防范。从现有的研究成果来看，应急物流动态管理、虚拟应急物流、应急物流库存控制研究很少，而研究应急物流中的虚拟仓库协同控制与保障问题的几乎没有看到。应急物流的特性要求充分利用虚拟物流理论和信息技术实现各种物流资源的及时调度和合理安排，以在较短时间内圆满完成物流保障任务。为此，本文拟从库存协同控制与管理的角度，用仿真手段研究军事虚拟仓库的应急保障问题，以期丰富和发展应急物流理论。

二、军事虚拟仓库系统及仿真模型

军事虚拟仓库是为满足一定军事目标下物资储存和供应需求，应用计算机、网络通信、供应链管理等技术，将部分实体仓库以及运输单位、生产单位、供应单位、指挥机构等进行联接，构成具有统一目标、统一任务、统一流程的暂时性军事物资存储与控制组织。作为多个军事实体仓库和其他物流资源的集合，军事虚拟仓库可以进行不同状态、空间、时间的物资有效调度和统一管理，实现对包括生产物资、在运物资、

* 作者简介：姜大立，汤卫克，后勤工程学院现代物流研究所。

市场物资和实体仓库物资在内所有军事物资的全面监控和总库存控制。军事虚拟仓库是供应链管理理论、信息技术以及现代物流思想在仓库系统的应用，军事虚拟仓库改变了传统军事仓储观念，也给传统军事物资供应带来深刻革命。在应急物流保障中，军事虚拟仓库实现对所有仓库库存的协同控制和统一调度，能够最大限度地适应应急物流的突发性、急迫性、不确定性、多样性特性。这里，应用系统动力学理论，将军事虚拟仓库系统划分为四个子系统：生产商子系统、军队仓库子系统、地方仓库子系统和部队库存子系统，形成军事虚拟仓库系统仿真模型如图 1 所示。从模型中可见，“军事虚拟仓库”的实体并不存在，它是通过一个军事虚拟仓库信息平台所产生的对各类仓库及相关物流实体进行联合控制和协调的数据及策略集。

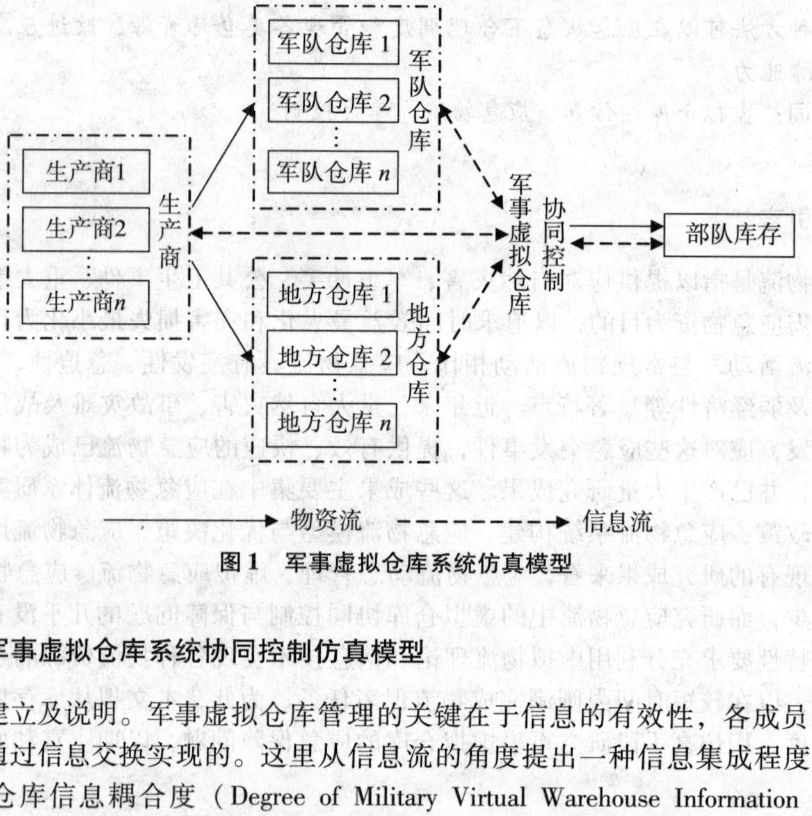

图 1　军事虚拟仓库系统仿真模型

三、军事虚拟仓库系统协同控制仿真模型

模型建立及说明。军事虚拟仓库管理的关键在于信息的有效性，各成员间的流程协同都是通过信息交换实现的。这里从信息流的角度提出一种信息集成程度度量——军事虚拟仓库信息耦合度（Degree of Military Virtual Warehouse Information Coupling, DMVWIC）因子。根据对军事虚拟仓库子系统和信息耦合度因子的分析，这里构建的军事虚拟仓库协同控制仿真模型将由生产商、军队仓库、地方仓库、部队库存、DMVWIC 因子五大部分组成。军事虚拟仓库通过分析生产商、军队仓库、地方仓库所拥有的物资并组织其发往部队；军队仓库、地方仓库的物资由生产商进行补给；DMVWIC 因子主要通过 DMVWIC 因子表函数影响军事虚拟仓库信息更新时间和物资需求信息反馈平滑时间进而影响军事虚拟仓库需求信息的传递。

生产商的物资可流向军队仓库和地方仓库，也可以进入军事虚拟仓库，直接对部队进行保障，将生产商发放至军队仓库、地方仓库、军事虚拟仓库的量与生产商发放总量之间的比值分别设为军队仓库接收系数、地方仓库接收系数、军事虚拟仓库接收系数，它们的相互关系如下：

军队仓库接收系数 + 地方仓库接收系数 + 军事虚拟仓库接收系数 = 1　　（1）

军事虚拟仓库包含的物资源自生产商、军队仓库和地方仓库，将期望来自生产商、军队仓库和地方仓库的物资量与期望总量之间的比值分别设为生产商期望发放系数、军队仓库期望发放系数、地方仓库期望发放系数，它们的相互关系如下：

生产商期望发放系数 + 军队仓库期望发放系数 + 地方仓库期望发放系数 = 1　（2）

军事虚拟仓库协同控制仿真模型如图 2 所示。

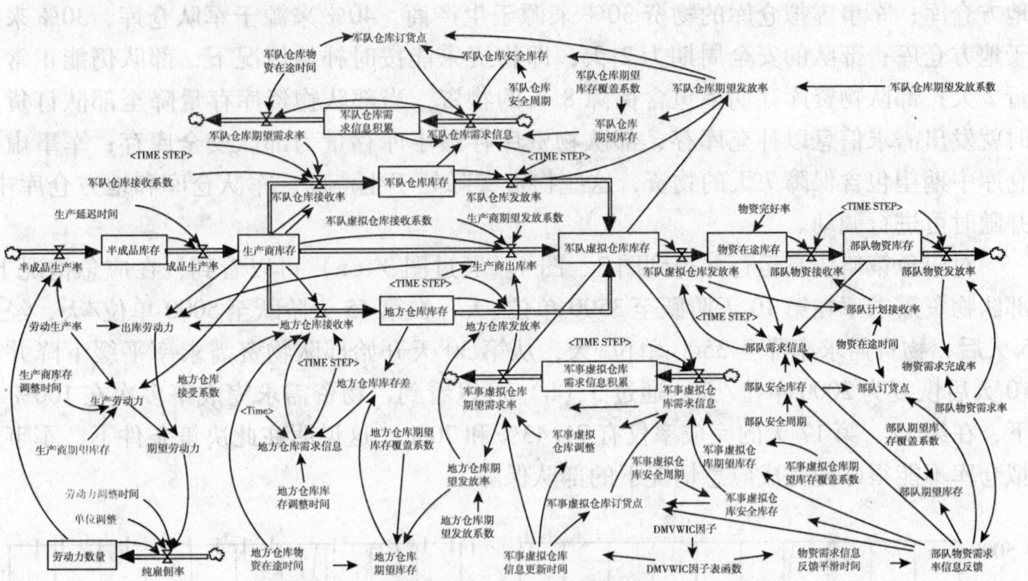

图 2　军事虚拟仓库协同控制仿真模型

四、军事虚拟仓库系统协同控制模型应急保障仿真

（一）问题描述

随着非传统安全问题对国家安全的影响越来越大，运用军事手段来解决各类非传统安全威胁，已成为各国的战略抉择。从近年来我军执行国际维和、反恐维稳，抑制非典传染病，抗击洪水、冰雪、地震自然灾害等一系列军事行动来看，非战争军事行动往往事发突然、涉及区域广泛、任务形式复杂，不同行动仓储保障样式有很大的差别，仓储必须具备更高的指挥控制能力、综合协调能力、应急转换能力和即时动员能力。部队在抢险、救灾、救援等应急情况下，需求在短时间内突增，需要通过后勤动员体系，将社会资源迅速转化为仓储保障能力，实现优势互补，形成全民合力。

假设在应急情况下，部队的物资需求在第 10 天由初期的 2000 单位/天突增至 3500 单位/天，持续 5 天后需求继续突增至 5000 单位/天，在第 20 天降至 3500 单位/天，直到第 30 天部队物资需求率平缓下降，并在第 40 天恢复为原来的 2000 单位/天。

在军事虚拟仓库协同控制仿真模型中，设置 Vensim 函数对战时情况的假设进行表达：

$$\text{部队物资需求率} = 2000 + \text{STEP}(1500, 10) + 1500 \times \text{PULSE}(15, 5) + \text{RAMP}(-150, 30, 40) \quad (3)$$

（二）模型运行及分析

1. 应急策略Ⅰ仿真

本策略中，生产商的物资30%发往军队虚拟仓库，30%发往军队仓库，40%发往地方仓库；军事虚拟仓库的物资30%来源于生产商，40%来源于军队仓库，30%来源于地方仓库；部队的安全周期为2天，即物资未能按时补给情况下，部队仍能正常运行2天；部队物资库存期望包含保障8天的物资，当部队物资库存量降至部队订货点时就发出需求信息以补充库存，部队物资库存最小库存量为部队安全库存；军事虚拟仓库中期望包含保障7天的物资，这些物资实际处于生产商、军队仓库和地方仓库中，并随时可进行调动。

对应急策略仿真运行并得到图3、图4。通过图3（a）可以看到，在应急情况下，部队物资需求率在第10天阶跃至3500单位/天，在第15天阶跃至5000单位/天，经过5天后，物资需求率降至3500单位/天，从第30天开始部队物资需求率平缓下降并在10天后恢复为2000单位/天。通过3（b）可以看到，物资需求完成率多次在100%以下，在第11、第17天的完成率仅有71.43%和70%，这说明在此决策条件下，军事虚拟仓库不能很好地完成应急情况下的部队保障。

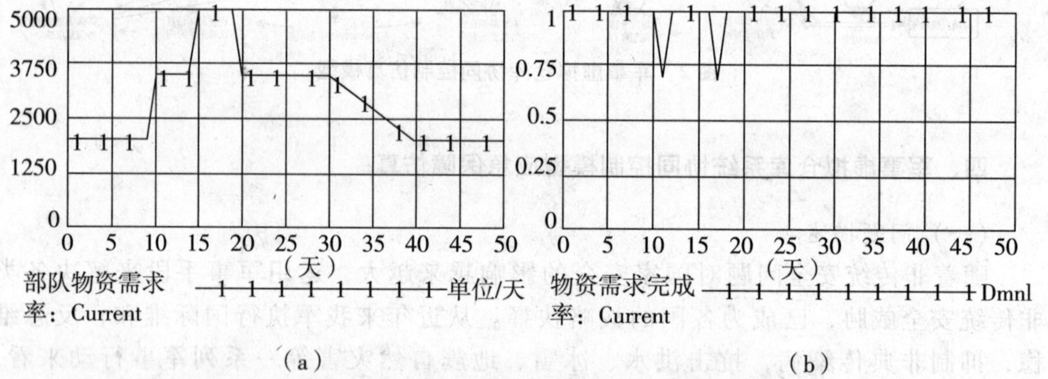

图3 应急策略下部队物资需求率及物资需求完成率

分析图4（a）可知，与应急情况下部队需求变化相对应，生产商、军队仓库、地方仓库的库存量也随着增长和减少。生产商的库存量在27252（第16天）~77086.9单位（第31天）范围内波动，军队仓库的库存量在7200（第12天）~33082.2单位（第36~44天）范围内波动，地方仓库的库存量在0（第35~50天）~40000单位（第0天）范围内波动。

分析图4（b）可知，军事虚拟仓库的峰值随着应急需求发生变化，由初期的12000单位逐步经21000单位上升至中期的30000单位，在需求下降时，经过一段

9000 ~20100 单位的波动后在末期达到 11950 单位。

分析图 4（c）可知，部队物资需求突增时发放物资增加，在途库存随之增多，需求下降时发放物资减少，在途库存也变小，发放的物资在途中无损耗，顺利到达部队。

分析图 4（d）可知，在第 11 天，由于部队物资库存的适应能力不足，不能有效应对物资需求的突增，以致出现保障不力的情况；在第 17 天，虽然军事虚拟仓库和部队物资库存针对第一次需求突增进行了调整，但面对第二次突增，由于自身的适应性限制，仍然不能满足部队的需求。

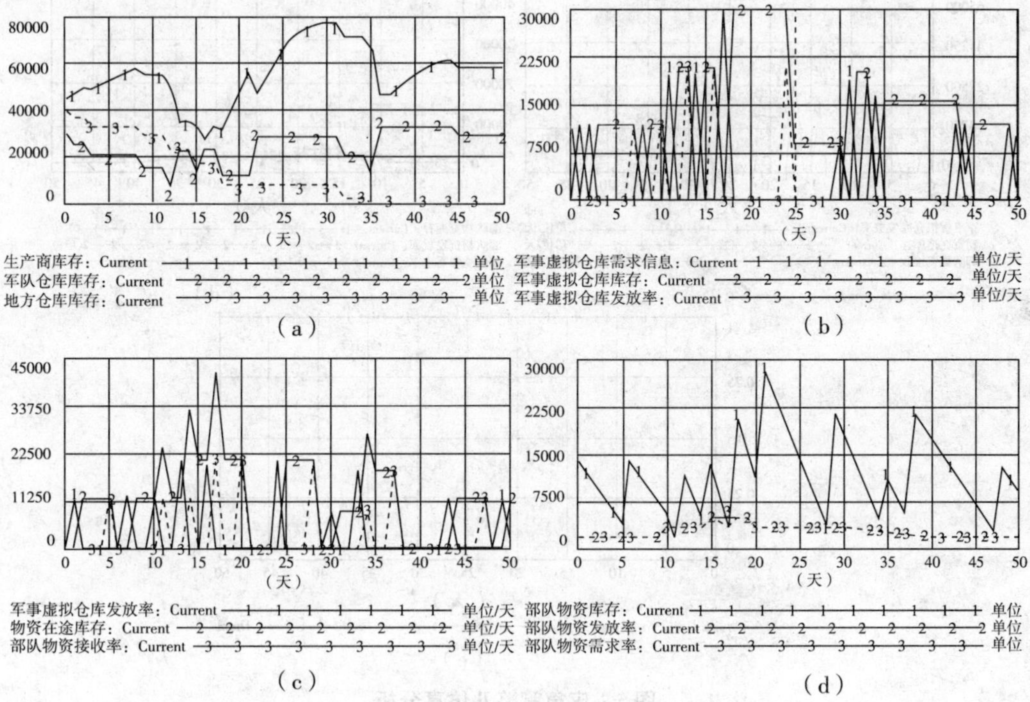

图 4　应急策略Ⅰ仿真分析

通过对应急策略Ⅰ仿真结果进行系统动力学（SD）分析可以发现，策略Ⅰ不适合此应急条件下的仓储保障。

2. 应急策略Ⅱ仿真

重新对应急条件下军事虚拟仓库协同控制仿真模型进行整体分析，调试高敏感度参数，发现适当提高部队安全库存和期望库存、军事虚拟仓库期望库存可以提高物资需求完成率。因此以适应应急需求为目标制定策略Ⅱ，物资调动情况保持不变，将高敏感度参数部队安全周期、部队期望库存覆盖系数、军事虚拟仓库期望库存覆盖系数分别调整为 3、9、8，根据部队期望库存确定部队物资库存初始物资量为 16000 单位，表示在策略Ⅱ中，物资保障的安全时间设置为 3 天，部队物资库存期望包含保障 9 天的物资，军事虚拟仓库中期望包含保障 8 天的物资。策略Ⅱ的制定意味着在应急情况下，为了应对多次突增的物资需求，需要增强部队应急适应能力，提高应急动员能力，增大军事虚拟仓库物资调动量，以提升应急保障水平。对应急策略Ⅱ进行仿真，得到图 5。

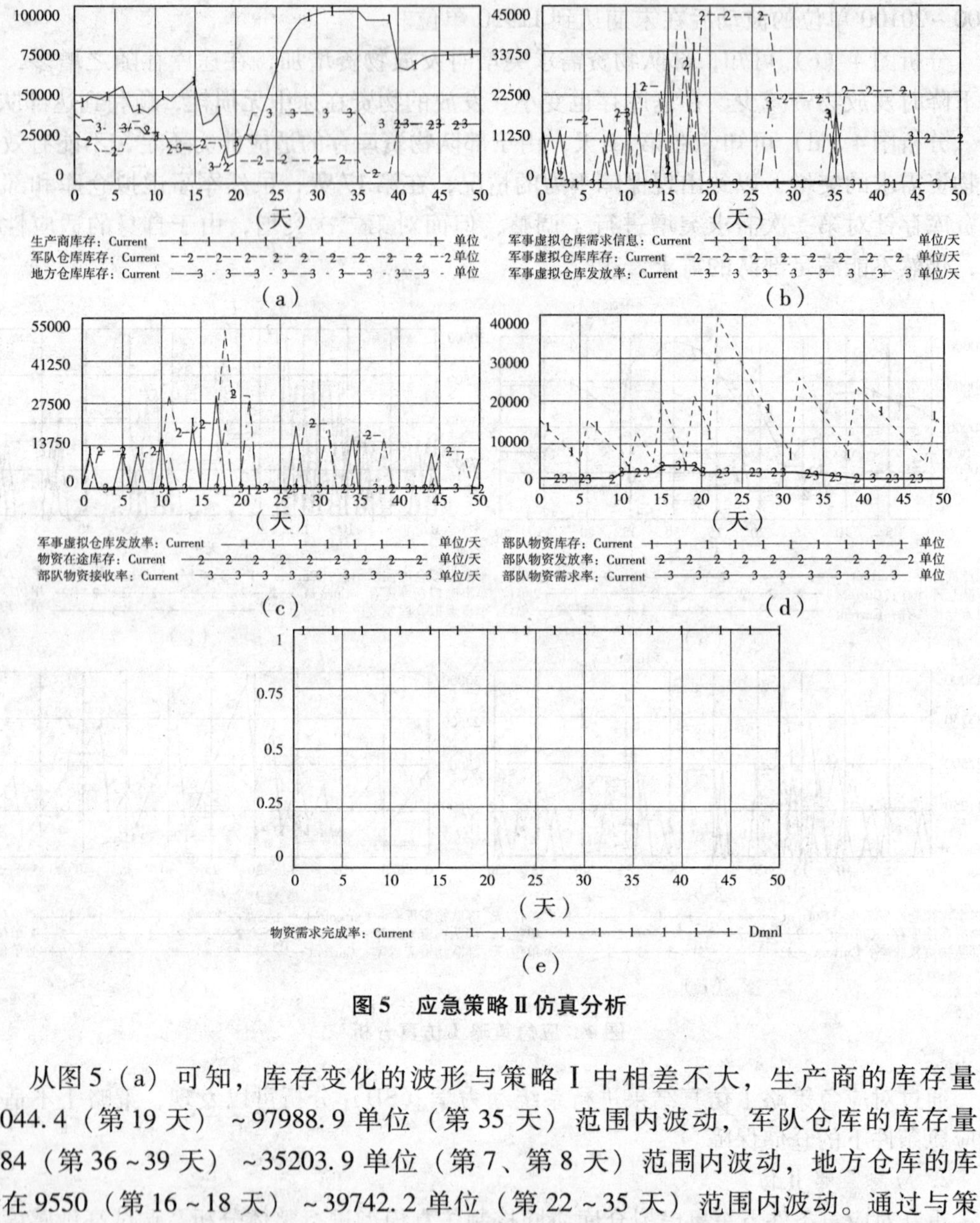

图5　应急策略Ⅱ仿真分析

从图5（a）可知，库存变化的波形与策略Ⅰ中相差不大，生产商的库存量在14044.4（第19天）~97988.9单位（第35天）范围内波动，军队仓库的库存量在5784（第36~39天）~35203.9单位（第7、第8天）范围内波动，地方仓库的库存量在9550（第16~18天）~39742.2单位（第22~35天）范围内波动。通过与策略Ⅰ对比，生产商、军队仓库、地方仓库的库存最低值都有所提高，说明有更多的物资可供调动，以保障部队需求。

从图5（b）可知，军事虚拟仓库期望库存的提高使其更好的适应了应急需求的变化，在需求增长时峰值由初期的14000单位逐步增至中期的42550单位，当需求下降时峰值在21550单位和23400单位之间略经变动，最后达到11400单位。

从图5（c）可知，应急情况下物资需求紧急，需求突增时发放较频繁，使得物资在途库存在第18天达到顶峰51000单位，需求平缓时物资发放间隔变长。

从图5（d）可知，部队安全库存、部队期望库存的提高能更好的满足部队需求，进而达到提高物资需求完成率的目的。从图4中可以看出，部队物资发放率能完全满足部队物资需求率的要求。

通过对应急策略Ⅱ仿真结果进行系统动力学（SD）分析可以发现，策略Ⅱ可满足此应急条件下的部队保障。

3. 应急策略选择

通过军事虚拟协同控制模型对上述应急策略Ⅰ、Ⅱ的仿真分析，我们可以看到，应急策略Ⅰ中的部队安全库存、期望库存和军事虚拟仓库期望库存设置不太合理，面对多次突增的物资需求，并未进行相关策略的调整，这使得对生产商、军队仓库、地方仓库的动员力度不够，未能产生及时有效的保障能力；应急策略Ⅱ体现了通过加强仓储保障的动员能力和适应能力，提高保障的灵敏性，满足部队应急需求的情况，反映了应急情况下保障力量整体联合、协调行动，形成全民保障合力的要求。因此，可以确定选择策略Ⅱ作为军事虚拟仓库在应急物流保障中仓库协同控制策略。

五、结论

本文运用系统动力学方法进行了军事虚拟仓库在应急物流保障中的仓库协同控制研究，建立了生产商子系统、军队仓库子系统、地方仓库子系统和部队库存子系统构成的军事虚拟仓库，通过对各子系统以及各子系统之间的反馈关系进行详细分析，结合DMVWIC因子，构建了军事虚拟仓库协同控制仿真模型。最后，以应急物资保障为例，提出两种保障策略分析，对不能满足物资需求的策略进行相关调整，结果表明军事虚拟仓库及其协同控制模型在提高应急物流保障决策水平方面具有一定实用价值。

参考文献

[1] 欧忠文，王会云，姜大立．应急物流［J］．重庆大学学报，2004，27（3）：164－167.

[2] 黄洪涛．应急物流系统研究［D］．大连：大连海事大学，2006.

[3] 姚芳．突发事件物流中若干关键问题的技术研究［D］．武汉：武汉理工大学，2006.

[4] 王丰，姜玉宏，王进．应急物流［M］．北京：中国物资出版社，2007.

[5] 刘小群，游新兆，孙建中等．应急物流能力的内涵剖析与构成体系［J］．灾害学，2007，22（2）：123－127.

[6] 谢如鹤，邱祝强．论应急物流体系的构建及其运作管理［J］．物流技术，2005（10）：78－80.

[7] 徐长涛，单晓红．应急物流体系的搭建［J］．现代经济，2008，7（2）：102—103.

[8] 黄菲菲．我国应急物流体系构建的思考［J］．绵阳师范学院学报，2010，29（10）：27－30.

[9] 欧忠文，李科，姜玉宏，等．应急物流保障机制研究［J］．物流技术，2005（9）：13－15.

[10] 宋则，孙开钊．中国应急物流政策研究（上）［J］．中国流通经济，2010（4）．

[11] 夏晶，吴燕妮，夏季．武汉城市圈应急物流系统构建的研究［J］．湖北工业大学学报，2009（6）：6－8.

[12] 孟参，王长琼．应急物流系统运作流程分析及其管理［J］．物流技术，2006（9）：16－17.

[13] 赵艳．浅谈我国应急物流系统的构建［J］．中国市场，2008（36）：42－43.

[14] 李滢棠．汶川地震引发的构建应急物流系统的思考［J］．物流技术，2008，27（8）：

8 – 10.

［15］陈琨，翁迅．应急物流设施选址考虑因素研究［J］．物流科技，2010（10）：55 – 56.

［16］缪成，许维胜，吴启迪．大规模应急救援物资运输模型的构建与求解［J］．系统工程，2006，24（11）：6 – 12.

［17］计国君，朱彩虹．突发事件应急物流中资源配送优化问题研究［J］．中国流通经济，2007（3）：18 – 21.

［18］赵勇，封少娟，刘佳．应急物流风险分析研究［J］．物流科技，2006，29（9）：9 – 13.

［19］李志伟．基于 AHP 法与 BP 神经网络的应急物流风险评估与预测模型［J］．物流技术，2008，27（9）：75 – 77.

［20］高文军，陈菊红，胡飞虎．我国应急物流研究综述与展望［J］．物流科技，2009，32（8）：6 – 10.

［21］王丰，姜大立，彭亮．军事物流学［M］．北京：中国物资出版社，2003.

零售商供应链管理的一个系统框架与系统实现*

田　歆　汪寿阳　华国伟

摘　要：供应链管理是国际上企业管理领域的一个热点问题。目前企业供应链在运作中，形成了以制造商为核心的生产供应链和以零售商为核心的消费供应链。本文针对中国零售业的实际情况及存在的问题，提出了一个零售商供应链管理的系统框架——FROM－SCM 模型，并基于 TEI@I 方法论对 FROM－SCM 中的商品需求预测、定价与折扣，以及订货策略等关键问题提出改进的模型及实现方法。通过在企业中实际应用 FROM－SCM 模型，表明这种供应链管理模型可以很好地整合优化企业的外部资源，大大提高供应链的运作效率。

关键词：供应链管理　FROM－SCM 模型　零售商　TEI@I 方法论

一、问题的提出和研究现状

供应链管理（SCM）的概念从提出到现在已经经过了二十多年的发展和考验，其理念的先进性和对企业的重要性已经得到学术界和企业界的广泛认同。一些知名的跨国企业，比如戴尔、沃尔玛、海尔等都借助供应链管理的成功运用，扩大了竞争优势，并将供应链管理作为核心竞争力之一。表面上看来，先进的理念、成功的先例，给企业指出了一条明路。然而，面对实践中供应链问题，众多企业依然束手无策，也有不少企业盲目照搬理论进行供应链管理实践，大多付出昂贵的成本后收效甚微。目前，供应链管理实践比较成功、影响力较大的主要集中在大型企业，而且企业的供应链管理实施具有地域和文化限制，比如全球零售业巨头沃尔玛，在中国地区和韩国地区的供应链管理就并不成功。理论的先进性与实践的可行性的反差、大企业与中小型企业供应链管理实施的反差、同一企业不同地域实施供应链管理效果的反差等让企业界陷入迷惑的同时也引起深思——如何用供应链管理理论科学地指导实践，大幅度提升企业的核心竞争力。

对供应链管理实践需要解决的问题，一些学者进行了研究总结。如 Attaran 和 Attaran 认为供应链管理不仅要实现战略供应商关系、供应商管理库存（VMI）、信息共享等功能，还要加入两个重要的内容：协作计划和预测补充，并证明了协作计划和预测补充在供应链管理中的重大作用。对于其他三个维度，Li 等讨论了战略供应商关系在供

---

* 基金项目：国家自然科学基金资助项目（No. 70221001 和 No. 70731003）。

作者简介：汪寿阳，男，江苏东台人，中国科学院数学与系统科学研究院，博士生导师。田歆，中国科学院虚拟经济与数据科学研究中心。华国伟，北京交通大学经济管理学院。

应链管理中的作用；Sari 系统分析了供应商管理库存在供应链管理中的绩效增长和优势；Zhao 和 Simchi－Levi、Zhao 等分析了信息共享在供应链管理中的重要价值。此外，还有不少学者从不同角度、不同背景出发，先后提出了其他不同的供应链管理的实现维度。

企业供应链管理的三个反差现象，也促使学术界对于供应链管理的研究越来越务实。如 Chee 等通过对欧洲地区玩具行业的供应链问题进行案例研究，对这种需求波动较大的产品，提出一种制造商与零售商供应链的匹配实现模型；Koh 等采集了 203 家土耳其伊斯坦布尔地区中小型制造企业的数据，采用样本分析的方法，把供应链管理理论与传统经验相结合，从运营绩效和组织绩效的角度讨论了土耳其中小型制造企业实施供应链管理的情况。还有一些学者对所在地区特定行业或是中小型企业的供应链问题进行了研究，对区域内具体行业的供应链管理提出建议。

目前，企业供应链在实践运作中形成了分别以制造商和零售商为核心的生产供应链和消费供应链两部分。在当前国内以商业资本为主导的经济形势和以销定产的生产环境下，供应链后端与顾客接近的消费供应链显得更为重要。然而，目前国内几乎没有这方面结合实际问题进行供应链管理实践的对策研究。

本文针对国内外研究的不足，从国内零售业的实际情况和本土文化出发，对零售商及其上游企业的供应链管理问题展开研究，提出一种切实可行的零售商供应链管理的系统框架以及系统实现的模型方法。

二、模型和方法

当前国内零售业通常的运营模式是：零售商拥有总部（或区域总部）、物流中心（或区域物流中心）以及门店，总部或物流中心根据市场需求向上游供应商订购商品。上游供应商根据订单信息对零售商进行库存补充。商品通过物流运作从供应商处运送到物流中心再分拣配送到各个门店。这个上游企业可能是分销商也可能是制造商，一些特殊情况下，门店可能直接向供应商订货，由供应商配送到物流中心或者直送门店。根据这种模式，建立如图 1 所示的一个两阶段供应链模型，主要功能是实现商品的库存补充，包括订货发起、订单递交、订单完成和订货接受等过程，目的是以最低的成本及时为零售商补充库存。

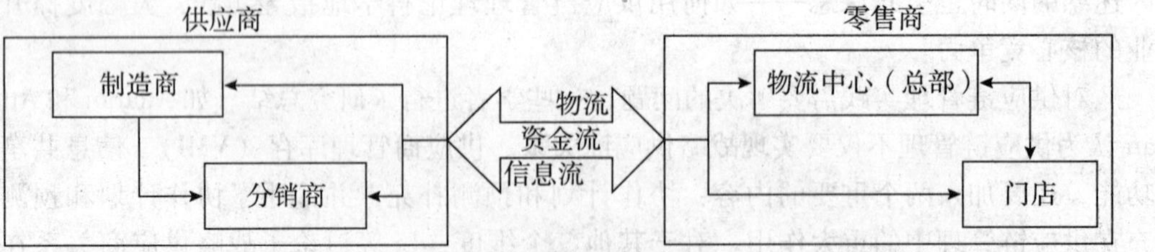

图 1　零售商与上游企业供应链

本文沿用 Attaran 和 Attaran 的观点，选取战略供应商关系、供应商管理库存、信息共享、协作计划和预测补充等作为供应链管理实现的维度和评判依据。利用供应链管理的系统思想，结合一些国内普遍存在的特有问题，如应收账款、商品定价和折扣、商品“返点”等，提出一种零售商供应链管理的系统框架，并提出系统实现的模型方法。

（一）FROM－SCM 模型

根据国家物流标准术语的定义：“供应链管理是指利用计算机网络技术全面规划供应链中的商流、物流、信息流、资金流等并进行计划、组织、协调与控制。”供应链管理模型要达到两层目标，一是为相应的计算机信息系统建设提供理论指导；二是对基于信息系统的流程和管理重组提供理论指导。框架的设计要能实现供应链中基本的库存补充功能，而且涵盖选取的五个维度以实现供应链管理的功能和增值服务。

在零售商已经完成内部管理（如 POS 系统建设）的前提下，针对目标和功能维度提出一种零售商外部资源整合的供应链管理系统框架模型——FROM－SCM 模型，如图 2 所示。该模型通过创新性的引入预测系统（Forecast System）、“返点”管理（Rebate Management）、在线订购结算（Online Purchase and Settlement）与人工处理（Manual Process）等机制或功能，灵活地解决 SCM 实践中零售商从上游企业的商品“FROM”问题。FROM－SCM 模型包括七个模块，即基于 WEB 技术的人机界面交互模块、数据库与数据管理模块、采购与补充管理模块、供应商关系管理模块、信息处理模块、预测系统模块以及人工处理机制模块。下面介绍各个模块的内容和功能。

1. 基于 WEB 技术的人机界面交互模块

在模型中人机界面是一个用户与系统交互信息的图形化窗口。主要目的在于处理用户与系统之间信息的输入输出，其他模块功能的操作全部在这个界面上完成。从某种意义上来说，人机界面模块是用户与供应链管理系统功能交互的平台。值得注意的是，这个模块必须拥有强有力的安全保护机制，确保数据安全。

2. 数据库与数据管理模块

数据库与数据管理模块是系统运行的基础，其功能主要是进行系统中所有数据的存储与处理，以及与其他系统进行数据交换。按类型划分数据主要有系统数据、基础数据和业务数据三种。其中系统数据主要包括系统用户信息、用户组信息、权限和日志等；基础数据主要包括商品资料、单位资料、商品与单位的关系、用户与单位的关系等；业务数据主要包括单据和报表两部分。这些数据一部分来源于系统的输入、输出及业务处理，另一部分来源于外部的数据交换。

3. 采购与补充管理模块

采购与补充管理模块进行商品的有效补充，实现该供应链环节的基本功能。这个模块主要包括订单管理和财务结算两部分。在预测系统和相关信息的支持下，零售商通过订单管理功能发出商品订货，或由供应商管理商品的销售和库存信息，主动发出订单，另一方确认后完成订单并进行配送。与订单管理结合的财务结算则把对账和支付从现实搬到网上，根据双方的合同进行在线财务结算，这可以有效解决当前国内普遍存在的应收账款回收难和“疏漏占”等问题，可以极大的改善零售商和供应商的关系。

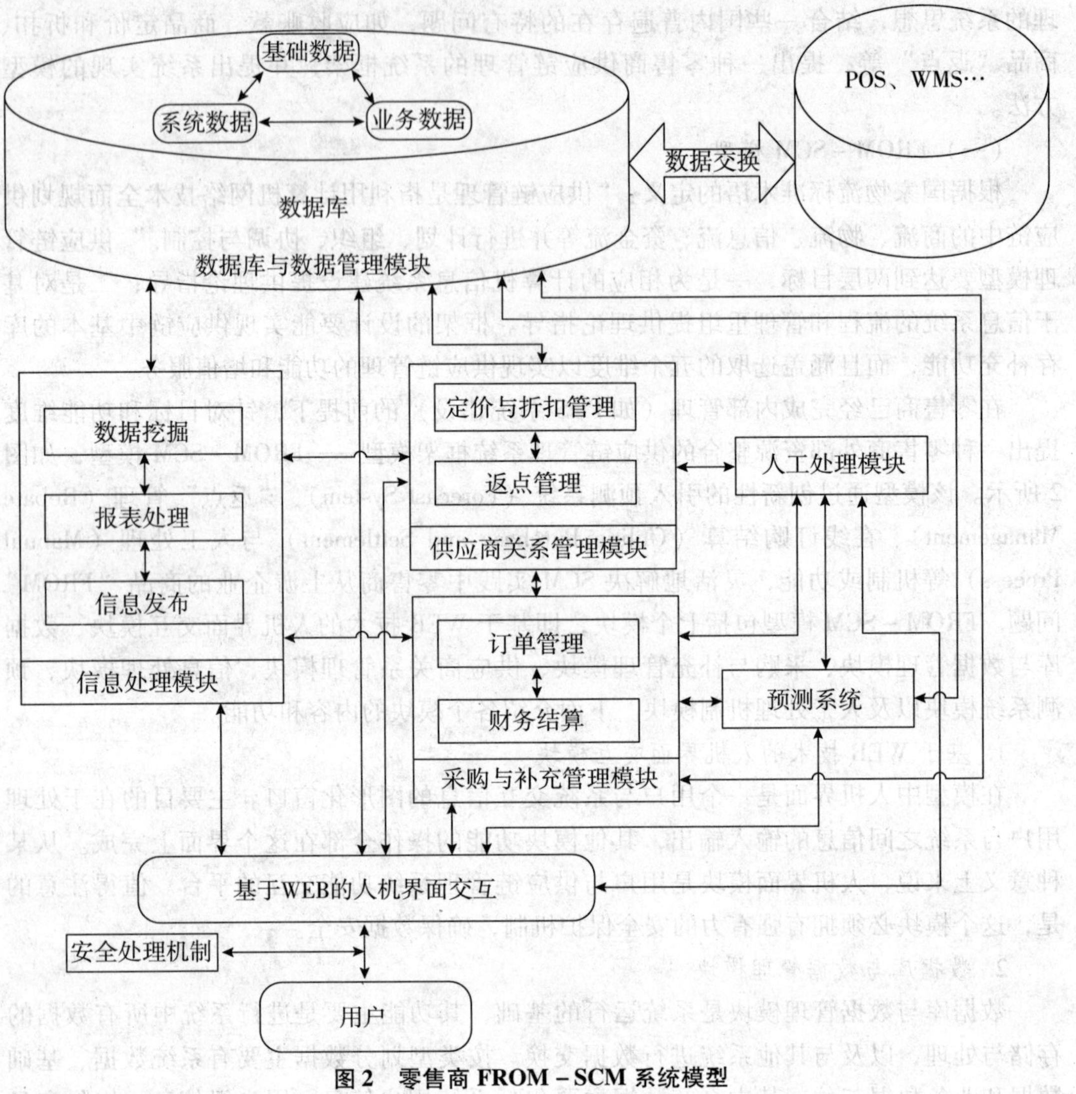

图2　零售商 FROM－SCM 系统模型

4. 供应商关系管理模块

供应商关系管理模块主要用来管理供应商与零售商之间的利益分配，这也是零售商与供应商合作与竞争的原始驱动力。商品定价与折扣策略是进行采购补充的基础，是双方在供应链中利润分配的主要影响因素；基于中国零售业现实的“返点”管理功能其实是进行供应链上双方利益的再分配。这两个问题在现实中受到外部其他不规则因素影响较大，通过引入人工处理机制给予灵活处理。这个模块和采购与补充管理模块的财务结算功能一起，完成供应链中的利益分配与利润共享。

5. 信息处理模块

信息处理模块属于供应链管理中的增值服务部分，主要实现有价值的信息在零售商总部与门店之间、零售商与供应商之间的交流和共享，有效应用这些信息也是企业发展的另一个增值点。业务机制主要是对数据库中存储的数据进行分析，按照业务要求形成各种报表，再依据权限分类发布。基于这些信息，供应商在采购与补充管理模块中可以实现 VMI 功能。

值得注意的是，成功的企业在运营中积累了大量的数据，这些数据一旦经过整理分析，对企业以及供应商的发展都有极大的促进作用，同时也方便供应商和零售商对平时一些日常数据的查询，节省人力物力。

6. 预测系统模块

预测模块是整个 FROM - SCM 系统的大脑，订单的制定通常依据系统根据历史销售数据对商品需求的预测。因此，预测系统的准确性直接影响了整个供应链管理运作效益提高的程度。但供应链上商品销售受各种定性定量以及不确定性因素的影响，难以把握。这里引入一种全新的预测方法——TEI@I，有效地解决了这一问题，这也是本文研究的创新点之一。

7. 人工处理机制模块

人工处理机制是在国内零售业运作还不完善，很多问题无法通过理论方法解决的前提下提出的一种解决方案。在供应链管理运作中，一些问题的数据无法通过一定的规则或数学运算导出，但供应链中很多功能必须基于这些数据才能进一步处理。结合国内人力资源成本较低的现实，创新性的提出人工处理机制。其思想是：针对类似商品定价与折扣、年终“返点”等受外部因素影响较大难以推导的问题，分析这部分和整个系统交互的具体内容，提供接口由人工录入具体数据来保持整个系统的有效运转。这种机制的提出有效解决了现实中一些导致供应链管理难以推行的问题，充分发挥了人的主观能动性，提高了系统的准确性、灵活性和适用范围。

综上所述，图 2 所示的零售商 FROM - SCM 的系统模型，通过商品从供应商到零售商的物流、商品订购财务结算和供应商利润“返点”的双向资金流和销售与库存等信息反馈给供应商和零售商的信息流，以及系统与外部 POS、WMS 的数据交互，有效地完成了商品补充功能，实现了战略供应商关系、供应商管理库存、信息共享、协作计划和预测补充等维度。除了逻辑推理实现外，对于模型中商品需求预测、定价与折扣以及订货策略等问题的解决及实现方法还需要作进一步分析。

（二）模型实现方法

商业活动中，零售商品的种类成千上万，数据也复杂多变，很难用几种数学概率分布描述清楚，数据量大又要追求运算效率。因此，在零售商 FROM - SCM 系统中，相关功能实现和问题解决的模型方法要尽量成熟简单有效，而且适用范围广、结果稳定。在这种思路下，一方面选用比较成熟的模型方法，另一方面创新性的在供应链管理中引入一种全新的复杂性科学方法论—TEI@I 方法论对模型进行改进，提出新的方法模型以提高系统的适用性和准确性。

TEI@I 方法论是汪寿阳研究员在 2004 年首次提出的一种针对具有突现性、不稳定性、非线性和不确定性等特征的现实复杂系统进行分析的全新研究方法论。“TEI@I 方法论基于一种先分解后集成的思想，首先将复杂系统分解，利用经济计量模型来分析复杂系统呈现的主要趋势，利用人工智能技术来分析复杂系统的非线性与不确定性，然后利用文本挖掘技术来分析复杂系统的突现性和不稳定性，最后基于集成的思想，把以上分解的复杂系统的各个部分集成起来，形成对复杂系统总体的分析与建模，从而达到分析复杂系统的目的。”

从图 2 中可知，FROM－SCM 系统中需要解决三个主要问题，即商品的需求预测、定价与折扣以及订货策略问题。

1. 商品需求预测

商品销售的预测信息是进行订货补充的基础。零售业中商品销售具有相当大的波动性、复杂性和不规则性，未来的商品需求不仅具有线性和非线性特征，而且商品的销售还经常受一些突发事件的影响，比如促销活动、周边重大活动、天气状况等。目前常规的线性预测模型或者非线性预测模型及两者的混合都不能充分的反映突发事件的影响。除了这些模型之外，有必要导入新技术来捕捉这种不规则的影响。

如图 3 所示，在预测中引入 TEI@ I 方法论，其基本思路如下：先利用计量经济模型对销售数据的线性趋势进行建模预测；再利用人工智能技术比如神经网络训练等方法拟合销售数据的非线性趋势；然后利用文本挖掘专家系统技术来捕捉和量化重要事件对于销售和补充的影响；最后利用集成预测技术将三者综合，形成一个集成的预测结果。

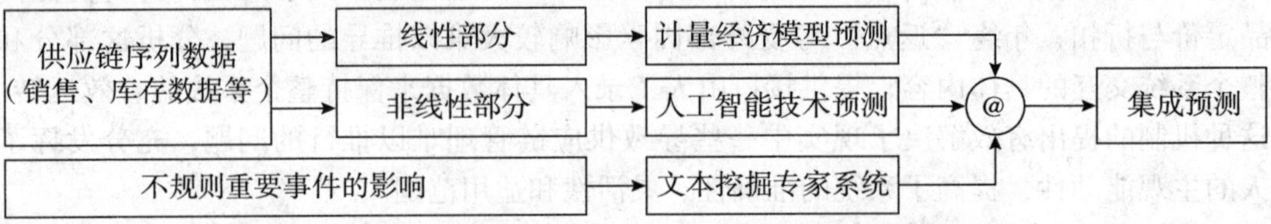

图 3　基于 TEI@I 的 FROM－SCM 系统商品需求预测模型

具体而言，我们按照如下的步骤来进行预测，假设商品销售数据为 $\{Y_t, t = 1, 2, \cdots\}$。

第一，用经济计量模型去拟合商品销售数据序列线性部分，产生一个预测，记为 $\{\hat{E}_t\}$；因为商品销售的影响因素比较复杂，单单一个线性模型是不足以预测的，通过对比 Y_t 与 $\hat{E}_t$，我们可以得到商品销售的误差序列部分，记为 $\{e_t\}$，即

$$e_t = Y_t - \hat{E}_t \tag{1}$$

第二，我们利用人工智能技术比如神经网络训练来拟合商品销售的非线性的误差序列部分，可以产生一个预测，记为 $\{\hat{I}_t\}$，实际上，误差序列部分是在做一个非线性映射，即

$$e_t = f(e_{t-1}, e_{t-2}, \cdots, e_{t-p}) \tag{2}$$

第三，对于一些不规则的重要事件，通过文本或事件挖掘来总结，然后用专家系统来量化这些事件的影响，这些影响记为 $\{\hat{T}_t\}$。这里可以看成是专家的判断性调整。

第四，将前面三者 $\{\hat{T}_t, \hat{E}_t, \hat{I}_t\}$ 组合，构成一个混合预测模型，即：

$$\hat{H}_t = \hat{T}_t + \hat{E}_t + \hat{I}_t \tag{3}$$

第五，除了使用人工智能技术预测误差序列之外，也使用单独的人工智能技术预测整个商品销售数据系列，得到一个预测结果，记为 $\{\hat{N}_t\}$。另外我们用单独的经济计量模型来预测原始的商品销售数据系列，可得到一个预测结果，记为 $\{\hat{L}_t\}$。

第六，我们将上面的结果集成起来，形成一个非线性集成预测，其形式为：

$$\hat{Y}_t = f(\hat{H}_t, \hat{T}_t, \hat{E}_t, \hat{I}_t, \hat{L}_t, \hat{N}_t) \tag{4}$$

式中，$f(\ )$ 是一个非线性函数，这里可以使用支持向量机回归来实现非线性映射。限于篇幅，这里不多作介绍，关于 TEI@I 预测方法的具体实现可参阅文献［5］。

2. 商品定价与折扣

在实际运作中，制造商生产出一个商品后会依据成本因素以及利润率等为商品制定一个出厂指导价，供货商会根据营运成本和利润考虑在这个指导价的基础上进行调整，给出一个固定的商品价格。随后在和零售商的谈判中，依据订货量、订货频率等影响因素确定折扣策略。此外，商品的定价和折扣还受到一些非常规因素的影响，比如双方战略合作伙伴关系、双方博弈中部分商品定价折扣的妥协、追求长远利益对零售商的短期扶持、零售商和供货商之间的市场地位和依赖性等。

本文提出一种支持商品定价与折扣谈判的模型，基本思路是：通过计量经济模型对商品定价和折扣进行分析，再通过专家系统来捕捉和量化非常规因素的影响，二者集成，得到商品最后的定价折扣结果。具体而言，按照如下步骤进行分析：

（1）假设商品的出厂指导价为 p_0，根据预测模型得出的预测值 $\hat{Y}$ 得到一定时期（月或年）内的订货量估计，记为 $\hat{Q}$，即

$$\hat{Q} = g(\hat{Y}) \tag{1}$$

（2）根据需求预测、运作能力和订货策略，得到一个订货频率估计 $\hat{f}$。

（3）用计量经济模型来分析产品的定价和折扣问题，产生一个结果。记为 $\hat{p}_1$，即

$$\hat{p}_1 = P(p_0, \hat{Q}, \hat{f}) \tag{2}$$

（4）对于一些非常规影响因素，通过专家系统和判断，并量化这些因素的影响，这些影响记为 $\hat{p}_2$，可看成是专家的判断性调整。

（5）将上面的结果集成起来，我们可以得到一个商品的价格和折扣结果。其形式为：

$$\hat{p} = f(\hat{p}_1, \hat{p}_2) \tag{3}$$

值得一提的是，这里并不是按照单次的订货量而是按照未来一个时间段内（如一年）总订货量来确定最终的商品定价折扣，每次的订货无论数量多少，在这个时段内都按照总量商定的价格进行采购补充。一般而言，实际的订货量与之前的估计值存在差异，如果实际订货量超过了预期，供货商给以利益奖励，反之则扣除部分返利作为惩罚，这个过程通过“返点”管理进行运作协调，对这个问题，我们将进一步展开优化研究。

3. 商品订货策略

订货策略又叫库存补充策略，主要依据对需求的预期，决定什么情况下对商品进行补充以及补充的数量。目前比较常用的订货策略是（s,S）模型，假设当前库存量为I，若$I > s$，则不进行订货；若$I \leqslant s$，则进行订货补充，补充数量$Q = S - I$，补充后最大库存量为S。s也称为订货点或安全库存量。

订货中一般需要解决的问题是确定s与S的值，常规做法是将需求量拟合成一个正态分布，根据理论订单满足率∂得到一个标准正态分布分位数z_{∂}，然后根据安全库存量和最优订货量等参数通过正态分布的计算确定s与S值。

然而在零售业中，这种需求模型拟合预测的需求量值并不完全适用，尤其对加盟店较多的零售商更为明显，很多商品的销售量和需求量并不服从正态及其他常用分布，而且零售业中商品品种多，周转速度快，必须寻找一种新的（s,S）计算方法。

本文充分利用预测系统的准确度，提出一种具有广泛适用性的动态（s,S）计算方法。具体步骤如下：

（1）根据经验和企业需求设定m,n值。其中$m < n$且m,n都是整数。s值等于商品m天的销量，S值等于商品n天的销量。其中m值的确定主要考虑提前期，n值的确定主要考虑商品周转天数。

（2）从预测模型中得到商品需求序列预测数据$\{\hat{Y}_t\}$。

（3）求出s,S值，其中$s = \lceil \sum_{i=1}^{m} \hat{Y}_i \rceil$，$S = \lceil \sum_{i=1}^{n} \hat{Y}_i \rceil$，计算结果往上取整。

当运用第三步得到的（s,S）值经过一段时间运作稳定后，继续下调m,n值，重新计算s,S值来提高商品周转率和降低库存成本。具体做法是先保持m不变下调n值；再保持n值不变调整m值。这种（s,S）订货策略几乎适用于所用商品，其满足率取决于预测精度，对预测模型要求较高，但相对常规的概率分布拟合预测分析，该方法是一个创新和进步。

三、案例

A企业是国内一家便利零售企业，成功实施企业内部信息化建设（POS－MIS）后，从一个不到50家门店的传统小企业跨越到一个自动化、现代化管理的近800家门店的大型零售企业。发展到一定程度后，企业面临供应商合作以及商品补充的制约，日常营运不堪重负。信息不准确，沟通慢，效率低下，订货补充难以把握，库存水平高，成本浪费严重。而且财务上结款不及时，应收账款“疏漏占”和“返点”错漏多等问题给双方都造成了巨大损失。供应商、企业、员工怨声载道。

面对这些问题，A企业运用零售商FROM－SCM模型进行分析，进行信息化改造和供应链管理实践。在供应链管理一期项目中，A企业建立SCM系统并进行相应的流程重组。一期SCM系统基本实现了FROM－SCM模型中人机界面交互、数据库与数据管理、采购与补充管理和供应商关系管理模块的功能。在人机界面交互模块中引入电子令牌安全保护机制，通过数据库管理与POS、WMS系统数据交互进行协作，基于采购与补充模块支持在线订货、在线配送与在线结算。通过供应商关系模块对“返点”

问题进行系统管理，有效解决了“返点”错漏多的问题。对于信息处理、预测系统和人工处理机制等模块，系统中也应用了部分思想，比如在商品的定价折扣、“返点”管理等功能上支持人工录入，通过正态分布拟合或者近期销售数据均值简单预测商品需求，向供应商有偿提供定制个性化报表等。这三个部分的功能参照 FROM－SCM 模型仍然具有很大的改进余地，尤其是预测系统，对销售量大而且平稳的商品预测较好，对波动大易受外界环境影响的商品支持不够，安全库存量较高。总的来说，供应链管理一期项目实施后，取得了很好的应用效果，如表 1 所示。

表 1　　供应链管理实施前后比较（A 企业）

	SCM 实施前	SCM 实施后
订货方式	纸面单据采购，电话、传真确认	在线订货
订货支持模式	仅支持总部订货，无法满足当前业务	支持七种订货模式和 VMI
财务结算	错漏多，损失严重，账款难以及时支付	在线对账、在线结算
订货信息	变动性强，难以把握	信息共享，VMI，EDI
库存	积压严重，周转慢，成本高	资金占用减少 70%、门店库存降低 15%、仓库利用率提高 5 倍
订单部人员	30 多人	6 人
负责门店配送人员	20 人	0.5 人（另一半负责在线供应商管理）
运作效率	低	较高
成本	高	每年仅因在线订货节省电话传真费、纸张费、打印费数百万元；而且通过系统权限、信息服务、安全令牌等每年从供应商处收取近千万元
供应商关系	差	公司形象和信誉得到极大提升

A 企业基于零售商 FROM－SCM 模型的供应链管理实践表明，FROM－SCM 模型可以有效地解决企业外部资源整合的难题，也表明了零售商 FROM－SCM 模型的可行性及对企业实施供应链管理的重要价值。

四、创新和展望

本文从中国本土零售业的实际情况出发提出了一种新的零售商供应链管理的系统框架模型——FROM－SCM 模型，通过引入 TEI@I 方法论提出了 FROM－SCM 模型实现的改进方法，并将此模型用于国内某零售企业供应链管理信息化建设，取得了非常好的应用效果，在有效解决企业供应链问题、大幅度改善运作效率的同时，还通过良好的运作机制为企业带来每年数百万元成本的节省和近千万元的收益。在 FROM - SCM 模型中，结合实际情况，引入了人工处理机制，增加了灵活性，有效解决了国内当前存在的一些问题；通过在线自动财务结算，解决了当前国内普遍的账款回收难题；而且，在供应链管理中引入先进的 TEI@ I 方法论，大大提高了供应链管理的准确度和适用性。这些创新有力地保证了供应链管理的顺利实现。

目前，国内在零售商与其上游企业组成的供应链上，绝大部分供应商处于弱势，没有平等的定价权和话语权。本文的研究基于这一相当时期内难以改变的现状，但供应商与零售商地位不平等终究是供应链管理的一个问题和隐患，在运作中也会引发一些问题。对于供应商如何改变与零售商地位不平等的问题，成思危教授曾经有过一些思考："从国际资本发展的历史来看，最初是产业资本为主导，进一步就是商业资本为主导，商业资本控制产业资本，现在国内的情况就是这样。但现在实际上从发达国家来看，是金融资本控制了商业资本和产业资本。所以要解决这个问题，就要通过产业资本和金融资本的联合，制约商业资本。"如何将这一思想实现，有力改善供应商在供应链中的地位，是需要进一步研究的问题。

参考文献

[1] 黄河，但斌，刘飞．供应链的研究现状及发展趋势［J］．工业工程，2001，4（1）：16 - 20.

[2] 朱庆华，曲英．中国制造企业绿色供应链管理实践统计分析［J］．管理科学，2005，18（2）：2 - 7.

[3] 李力，陈宏，王进发．军事供应链管理及其理论分析框架［J］．管理学报，2005，2（6）：645 - 653.

[4] 成思危．复杂科学与系统工程［J］．管理科学学报，1999，2（2）：1 - 7.

[5] 余乐安，汪寿阳，黎建强．外汇汇率与国际原油价格波动与预测——TEI@ I 方法论［M］．长沙：湖南大学出版社，2006.

[6] ATTARAN M，ATTARAN S. Collaborative supply chain management：The most promising practice for building efficient and sustainable supply chains［J］. Business Process Management Journal，2007，13（3）：390 - 404.

[7] LI S，RAO S S，RAGU - NATHAN T S，et al. Development and validation of a measurement for studying supply chain management practices［J］. Journal of Operations Management，2005，23（6）：618 - 641.

[8] SARI K. Exploring the benefits of vendor managed inventory［J］. International Journal of Physical Distribution & Logistics Management，2007，37（7）：529 - 545.

[9] ZHAO Y，SIMCHI - LEVI D. The value of information sharing in a two - stage supply chain with production capacity constraints：The infinite horizon case［J］. Manufacturing & Service Operations Management，2002，4（1）：21 - 24.

[10] ZHAO X，XIE J，ZHANG W J. The impact of information sharing and ordering coordination on supply chain performance［J］. Supply Chain Management：An International Journal，2002，7（1）：24 - 40.

[11] TAN K C. A framework of supply chain management literature［J］. European Journal of Purchasing & Supply Management，2001，7（1）：39 - 48.

[12] ULUSOY G. An assessment of supply chain and innovation management practices in the manufactur-

ing industries in Turkey [J]. International Journal of Production Economics, 2003, 86 (3): 251 - 270.

[13] MIN S, MENTZER J T. Developing and measuring supply chain concepts [J]. Journal of Business Logistics, 2004, 25 (1): 63 - 99.

[14] CHEE Y W, JAN S A, JOHANSEN J. Supply chain management practices in toy supply chains [J]. Supply Chain Management: An International Journal, 2005, 10 (5): 367 - 378.

[15] KOH S C L, DEMIRBAG E, BAYRAKTAR E, et al. The impact of supply chain management practices on performance of SMEs [J]. Industrial Management & Data Systems, 2007, 107 (1): 103 - 124.

[16] SAHAY B S, MOHAN R. Supply chain management practices in Indian industry [J]. International Journal of Physical Distribution & Logistics Management, 2003, 33 (7): 582 - 606.

[17] MICHAEL Q. A study of supply chain management practice in UK industrial SMEs [J]. Supply Chain Management: An International Journal, 2003, 8 (1): 79 - 86.

[18] STOREY J, EMBERSON C, GODSELL J, et al. Supply chain management: theory, practice and future challenges [J]. International Journal of Operations & Production Management, 2006, 26 (7): 754 - 774.

[19] WANG S Y. TEI@ I: a new methodology for studying complex systems [Z]. The International Workshop on Complexity Science, Tsukuba, Japan, 2004.

七国汽车产业供应链竞争力的实证分析*

王斌义

摘　要： 依据绿色精敏供应链范式构建汽车产业供应链竞争力评价体系，运用计量经济学方法，建立经济模型，对中外七国汽车产业供应链竞争力进行测度，分析了中国汽车产业供应链竞争力的位次，找出了影响我国汽车产业供应链竞争力的因素，并科学地阐释了我国汽车产业供应链竞争力低下的原因。

关键词： 绿色精敏供应链范式　汽车产业供应链　竞争力

一、产业供应链竞争力评价概述

汽车产业供应链竞争力是在国际汽车竞争性市场中，供应链所具有的能够合理运用供应链内外部资源，持续地比其他供应链更有效地向市场、顾客、社会提供产品或服务，从而获得赢利和建立竞争优势的能力。供应链竞争力是一种综合能力，决定和影响竞争力的各种因素总是作为一个整体发生作用。

为了评价供应链整体运营绩效，许多学者从不同角度考察供应链并提出了相应的评价指标体系，总体上可以将这些评价体系划分为基于供应链运作参考模型的评价体系、基于供应链平衡记分卡的评价体系和 Beamon 提出的 ROF（资源 Resources、输出 Output 及柔性 Flexibility）体系三大类。

供应链研究的权威机构 PRTM 在 SCOR 模型中提出了度量供应链绩效的 11 项指标，它们是：交货情况、订货满足情况、完美的订货满足情况、供应链响应时间、生产柔性、总物流管理成本、附加价值生产率、担保成本、现金流周转时间、供应周转的库存天数和资产周转率。

Robert S. Kaphn 等人提出了“平衡记分卡”（Balanced Score Card，BSC）评价体系。BSC 不仅是一种评价体系而且是一种管理思想的体现，其最大的特点是集评价、管理、沟通于一体，即通过将短期目标和长期目标、财务指标和非财务指标、滞后型指标和超前型指标、内部绩效和外部绩效结合起来，使管理者的注意力从短期的目标实现转移到兼顾战略目标实现。该体系分别从财务角度、顾客角度、内部过程角度、学习和创新角度建立评价体系。

Bemnon 从供应链的战略目标入手，通过影响战略目标的几个关键因素建立供应链绩效评价指标体系框架。该体系由三个一级指标构成即资源测度（Resources Measures）、输出测度（Output Measures）、柔性测度（Flexibility Measurement）。其中，资源

* 作者简介：王斌义，厦门理工学院。

测度反映效率水平、输出测度反映顾客服务水平、柔性测度反映对环境变化的响应能力。每一个一级指标又有若干子指标构成。

霍佳震等人从供应链绩效定义出发提出评价框架，该框架由顾客价值和供应链价值两个一级指标组成。前者是最终顾客通过购买产品或者接受服务获得的价值，后者是供应链各节点企业通过各种活动增加和创造的价值。其中，顾客价值由顾客满意度这个二级指标体现；供应链价值由投入、产出、财务三个二级指标体现。

二、建立汽车产业供应链竞争力评价指标体系

（一）确立竞争力评价指标体系的原则

依据绿色精敏供应链范式设计汽车产业供应链竞争力评价体系。绿色精敏供应链范式是以满足消费者的利益和经济可持续发展为目的，以绿色供应链为前提，全方位节能减排；以敏捷供应链为核心，提高市场响应度；集成精益供应链减少消耗、降低成本。绿色精敏供应链范式既符合国际经济形势的要求，又满足了我国经济转型的需要。

指标体系的建立要从实际出发，符合目的性和可行性原则，做到需要与可能相结合。

指标体系的建立，既要考虑研究的目的和不同指标的作用，还应结合社会经济发展观的转变来选取。在过去很长一段时间内，人们在考察竞争力时，往往围绕经济增长这一侧面来建立指标体系，因此要有经济状况的描述指标，也要考虑社会经济发展对环境、资源的影响以及资源投入的绩效。

（二）供应链竞争力评价指标的选取

在进行汽车产业供应链竞争力评价时，选择有代表性、可操作性强的要素作为评价指标，建立一套科学的供应链竞争力评价指标体系。依据绿色精敏供应链范式，本文建立了七类影响汽车产业供应链竞争力的指标。

1. 供应链敏捷性

较强的敏捷性意味着能够快速响应市场需求的变化，体现了供应链系统快速捕捉市场机遇和满足顾客多样化、个性化需求的能力。在科技迅速发展、竞争日益激烈、顾客需求不断变化的形势下，供应链系统的敏捷性是评价供应链竞争力的重要内容。体现供应链敏捷性的主要指标包括：

OTD 时间。订单交付 OTD 时间（指对工厂下单一直到车辆交付给经销商），OTD 的思想精髓在于根据对各种类型的客户需求（预测、线索、意向、订单，等等）的把握，通过管理和优化的手段，以期在最恰当的时间点上组织生产、供应和物流。

供应链可视性。供应链可视性反映核心企业与其供应商和分销商之间的信息共享的程度，是供应链集成、消除不确定性和提高供应链效益和效率的关键因素。信息系统的先进性在很大程度上决定着信息传递的及时性、正确性和有效性。

准时交货率。准时交货率反映供应链以顾客需求为中心的管理能力以及在规定的时间内准时交货的情况，反映了一个供应链系统的综合供货服务能力以及信

誉水平，同时也反映了一个供应链系统的快速响应能力，因而也是一个重要的评价指标。

2. 客户价值

客户作为供应链市场导向和利润来源，成为供应链绩效的主要驱动。客户不断变化的、加强的客户化要求，不断降价的要求和消费的偏好增加了供应链在运作成本和提前期上的压力。同时产品的质量、计划的柔性不能有丝毫的下降。客户对产品为自身带来的价值增值或成本节约越发的注重，使得供应链要在链中的每一的环节加以客户理念的作用。

由于客户价值主要基于顾客感知，要求评估起源于顾客，包括顾客满意度和产品质量。

产品质量是指供应链的产品满足顾客需求的程度。供应链提供的产品质量是否可靠，是评价供应链竞争力的一个很重要的指标，产品质量可以用新车质量、汽车故障率进行评价。新车质量由 J. D. Power 亚太公司调研报告，新车质量问题被明确划分为两大类：设计质量和生产质量（包括产品缺陷和故障）。综合得分以每百辆车的问题数（PP100）来衡量，分数越低表明发生问题的频率越小，质量也越高。汽车故障率按照汽车出现故障的比率衡量。

3. 内部流程和成本方面

内部流程衡量方法所重视的是对客户满意程度和实现组织财务目标影响最大的那些内部流程。内部流程能够创造未来企业的价值，推动产业未来的财务绩效。汽车物流成本占销售额比例、物流外包比例来衡量内部流程和成本，因为物流是供应链的重要流程，物流成本占供应链成本的比例越来越大。

4. 专业化分工与协作程度

专业化分工与协作决定供应链的演变、转型，影响供应链的效率。用产业集中度、零部件自制率、契约时间来衡量。

5. 知识共享与创新

供应链的竞争力由供应链的创新能力决定的，谁成为产业供应链创新中的领先者，谁就能在市场竞争中赢得主动。知识经济时代的到来使得知识成为保持竞争优势的重要资源，而知识只有在交流中才能得到发展，只有在流动和共享的基础上才能更好的促进新知识的产生。

6. 绿色环保方面

供应链在进行生产流通等过程中必然在环境污染等方面密切影响着社会。注重考查绿色供应链对环境的影响、从环保方面评价绿色供应链的绩效，是绿色供应链绩效评价的重要研究内容之一。本文用油耗和碳排放量来衡量。

7. 财务方面

对财务方面的评价一直是供应链竞争力评价的一个方面，它有着比较直观可以直接表明企业绩效高低的特点。我们用产业利润率、产量、销量、出口量占产量的比重来衡量，见表 1。

表 1　　汽车产业供应链竞争力评价指标体系

一级指标	二级指标	数据单位	备注
敏捷性	OTD 时间	天	
	供应链可视性	百分制	
	交货准确率	%	
客户价值	顾客满意度	%	
	新车质量	分（CSI）	
	汽车故障率	PP100	
业务流程与成本	汽车物流成本占销售额比例	%	
	物流外包比例	%	
专业化分工与协作程度	产业集中度	CR3. %	
	零部件自制率	%	
	契约时间	年	
知识共享与创新	传授知识时间	天	
	研发投入占销售额的比重	%	
绿色环保	平均油耗	L/100km	
	碳排放量	每公里排放量（升）	
财务	利润率	%	
	产量	万辆	
	销量	万辆	
	出口量占产量的比重	万辆	

三、七个国家汽车产业供应链竞争力测度

（一）建立模型与收集数据

运用因子分析法对中外汽车产业供应链竞争力进行测度。

1. 建立模型

模型公式：

设有 N 个变量，P 个指标。$x=(x_x, x_2, \cdots, x_n)^T$ 为可观察的随机变量，要寻找的公因子为 $f=(f_1, f_2, \cdots, f_q)$，则模型：

$$\begin{cases} x_1 = u_1 + a_{11}f_1 + \cdots + a_{1q}f_q + e_1 \\ x_2 = u_2 + a_{21}f_1 + \cdots + a_{2q}f_q + e_2 \\ \vdots \\ x_p = u_p + a_{p1}f_1 + \cdots + a_{pq}f_q + e_p \end{cases} \quad (1)$$

为因子分析模型。

在因子分析过程中，我们将每个公因子表示为变量的线性组合，进而变量的观测值估计每个公因子的值（因子得分）。其数学模型为：

$$F_i = b_{i1}x_1 + b_{i2}x_2 + \cdots + b_{in}x_n \quad (i=1,\ 2,\ \cdots,\ m) \tag{2}$$

式中 F_i 为第 i 个因子得分。

设 19 个因子，OTD 时间为 x_1，供应链可视性为 x_2，准时交货率为 x_3，顾客满意度为 x_4，新车质量为 x_5，汽车故障率为 x_6，汽车物流成本占销售额比例为 x_7，物流外包比例为 x_8，产业集中度为 x_9，零部件自制率为 x_{10}，契约时间为 x_{11}，传授知识时间为 x_{12}，研发投入占销售额的比重为 x_{13}，平均油耗为 x_{14}，碳排放量为 x_{15}，利润率为 x_{16}，产量为 x_{17}，销量为 x_{18}，出口量占产量的比重为 x_{19}。

运用因子分析法提取公共因子，找出影响汽车产业供应链竞争力的因素，并对几个样本国家汽车产业供应链竞争力进行比较。

2. 收集原始数据

查阅中国统计年鉴、中国汽车工业协会年报、中国物流与联合会公布的数据，进行实地调查，部分数据征求专家意见，绘制如表 2。

表 2　　汽车产业供应链竞争力评价数据

评价指标	中国	美国	日本	韩国	法国	印度	德国	备注
OTD 时间 x_1	58	15	14	34	21	50	24	天
供应链可视性 x_2	75	90	86	84	83	75	87	%
交货准确率 x_3	85	94	95	90	90	84	90	%
顾客满意度 x_4	822	875	874	824	853	826	838	%
新车质量 x_5	258	93	95	102	160	135	201	分（CSI）
汽车故障率 x_6	60	40	42	40	50	50	42	PP100
汽车物流成本占销售额比例 x_7	15	8	5	15	14	10	9	%
物流外包比例 x_8	26	57	80	26	28	25	75	%
产业集中度 x_9	48.6	98.9	63.6	97.1	99	49	54.3	CR3%
零部件自制率 x_{10}	60	36	30	64	68	70	32	%
契约时间 x_{11}	0.6	1.7	3.5	0.6	0.7	1	2	年
传授知识时间 x_{12}	2	6	13	1	1	2	3	天
研发投入占销售额的比重 x_{13}	2.07	5.4	5	2.7	5	2.1	4.02	%
平均油耗 x_{14}	8.13	6.6	5.9	8	9	7.6	6.5	L/100km
碳排放量 x_{15}	140	255.6	130.8	164	140.4	150	130	每公里
利润率 x_{16}	11	5.4	5	10.3	8	10	6	%
产量 x_{17}	1379	571	793	251	205	263	521	万辆
销量 x_{18}	1364	1349	508	124	257	198	343	万辆
出口量占产量比重 x_{19}	2.98	19.32	45.58	61.17	89.64	21.04	68.78	%

（二）用 SPSS 软件计算及分析

定义变量及标签，输入数据，将其中的逆指标 x_1、x_5、x_6、x_7、x_{10}、x_{14}、x_{15} 正向化，以保证分析数据一致可比性。按照软件的程序运行得出如表 3 所示。

表 3　　变量共同度

	初始	开方
x_2	1.000	0.860
x_3	1.000	0.946
x_4	1.000	0.921
x_8	1.000	0.925
x_9	1.000	0.961
x_{11}	1.000	0.988
x_{12}	1.000	0.864
x_{13}	1.000	0.984
x_{17}	1.000	0.903
x_{18}	1.000	0.993
x_{19}	1.000	0.997
zx_1	1.000	0.984
zx_5	1.000	0.855
zx_6	1.000	0.899
zx_7	1.000	0.917
zx_{10}	1.000	0.916
zx_{14}	1.000	0.983
zx_{15}	1.000	0.944
zx_{16}	1.000	0.973

从表 3 可知，变量的共同度对所有变量都是 1，表明模型解释了每一个变量的全部方差，而不需要特殊因子，即特殊因子的方差为 0。

表 4　　解释总方差

主成分	初始特征根			主成分贡献率			旋转后的载荷方差		
	总计	方差占比	累计占比	总计	方差占比	累计占比	总计	方差占比	累计占比
1	10.481	55.163	55.163	10.481	55.163	55.163	8.828	46.464	46.464
2	3.752	19.746	74.909	3.752	19.746	74.909	3.399	17.889	64.353
3	2.116	11.139	86.049	2.116	11.139	86.049	3.269	17.207	81.560
4	1.464	7.705	93.753	1.464	7.705	93.753	2.317	12.193	93.753

（续）表

主成分	初始特征根			主成分贡献率			旋转后的载荷方差		
	总计	方差占比	累计占比	总计	方差占比	累计占比	总计	方差占比	累计占比
5	0.827	4.355	98.108						
6	0.359	1.892	100.000						
7	-13.13	-5.156	100.000						
8	-10.19	-11.942	100.000						
9	-11.943	-12.865	100.000						
10	-12.257	-13.03	100.000						
11	-14.016	-13.956	100.000						
12	-14.546	-8.348	100.000						
13	-10.397	-12.525	100.000						
14	-21.968	-19.088	100.000						
15	-17.187	-22.27	100.000						
16	-18.853	-16.502	100.000						
17	-19.776	-16.987	100.000						
18	-20.161	-17.19	100.000						
19	-20.935	-17.597	100.000						

表5　公因子的特征值和贡献率

因子	特征根	方差贡献率	累计贡献率
F1	10.481	46.464	46.464
F2	3.752	17.889	64.353
F3	2.116	17.207	81.560
F4	1.464	12.193	93.753

由表4及表5可知，变量相关阵有四个特征根，前四个因子的特征值分别为10.481、3.752、2.116和1.464，方差贡献率分别为46.464、17.889、17.207、12.193，他们一起解释总方差的93.753%（累计贡献率），这说明前四个主因子提供了原始数据的足够信息。

基于过程内定取特征根大于1的规则，Factor过程提取了四个主因子，由图1可以看出，前四个主因子的特征根大于1，而其他主因子的特征值小于1，可以认为前四个主因子能概括绝大部分信息。

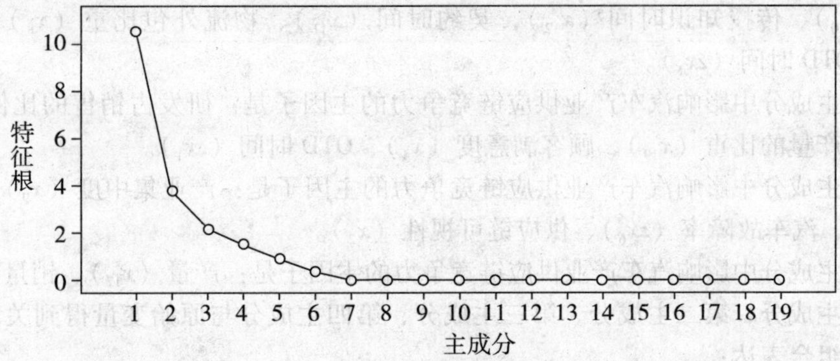

图1 碎石图

表6 **旋转后的因子负荷矩阵**

指数	主成分			
	1	2	3	4
x_2	0.549	0.555	0.486	-0.120
x_3	0.675	0.558	0.423	-0.029
x_4	0.656	0.605	0.307	0.173
x_8	0.948	0.164	-0.021	0.007
x_9	-0.241	0.678	0.646	-0.158
x_{11}	0.991	0.063	-0.026	-0.026
x_{12}	0.908	0.061	0.092	0.163
x_{13}	0.528	0.810	0.223	0.018
x_{17}	0.191	-0.240	-0.352	0.828
x_{18}	0.052	0.033	0.151	0.983
x_{19}	-0.246	0.788	-0.262	-0.496
zx_1	0.723	0.599	0.317	0.048
zx_5	0.414	0.077	0.803	-0.181
zx_6	0.518	0.148	0.674	-0.394
zx_7	0.955	0.016	0.069	0.008
zx_{10}	0.938	0.139	0.055	0.118
zx_{14}	0.968	-0.125	0.159	0.066
zx_{15}	0.163	-0.108	-0.894	-0.326
zx_{16}	0.884	0.388	0.186	0.079

从表6看出，旋转后的因子系数更加具有解释意义。第一主成分中影响汽车产业供应链竞争力的主因子是：平均油耗（zx_{14}）、物流成本占销售比重（zx_7）、零部件自

制率（zx_{10}）、传授知识时间（x_{12}），契约时间（x_{11}）、物流外包比重（x_8）、利润率（zx_{16}）、OTD 时间（zx_1）。

第二主成分中影响汽车产业供应链竞争力的主因子是：研发占销售的比例（x_{13}）、出口量占产量的比重（x_{19}）、顾客满意度（x_4）、OTD 时间（zx_1）。

第三主成分中影响汽车产业供应链竞争力的主因子是：产业集中度（x_9）、新车质量（zx_5）、汽车故障率（zx_6）、供应链可视性（x_2）。

第四主成分中影响汽车产业供应链竞争力的主因子是：产量（x_{17}）、销量（x_{18}）。

第一主成分、第二主成分、第三主成分、第四主成分与原始变量得到关系，可用下列线性组合表达：

$$F1 = 0.549 \times x2 + 0.675 \times x3 + 0.656 \times x4 + 0.948 \times x8 - 0.241 \times x9 + 0.991 \times x11 + 0.908 \times x12 + 0.528 \times x13 + 0.191 \times x17 + 0.052 \times x18 - 0.246 \times x19 + 0.723 \times zx1 + 0.414 \times zx5 + 0.518 \times zx6 + 0.955 \times zx7 + 0.938 \times zx10 + 0.968 \times zx14 + 0.163 \times zx15 + 0.884 \times zx16$$

$$F2 = 0.555 \times x2 + 0.558 \times x3 + 0.605 \times x4 + 0.164 \times x8 + 0.678 \times x9 + 0.063 \times x11 + 0.061 \times x12 + 0.810 \times x13 - 0.240 \times x17 + 0.033 \times x18 + 0.788 \times x19 + 0.599 \times zx1 + 0.077 \times zx5 + 0.148 \times zx6 + 0.016 \times zx7 + 0.139 \times zx10 - 0.125 \times zx14 - 0.108 \times zx15 + 0.388 \times zx16$$

$$F3 = 0.486 \times x2 + 0.425 \times x3 + 0.307 \times x4 - 0.021 \times x8 + 0.646 \times x9 - 0.026 \times x11 + 0.092 \times x12 + 0.223 \times x13 - 0.352 \times x17 + 0.151 \times x18 - 0.262 \times x19 + 0.317 \times zx1 + 0.803 \times zx5 + 0.674 \times zx6 + 0.069 \times zx7 + 0.055 \times zx10 + 0.159 \times zx14 - 0.894 \times zx15 + 0.186 \times zx16$$

$$F4 = -0.120 \times x2 - 0.029 \times x3 + 0.173 \times x4 + 0.007 \times x8 - 0.158 \times x9 - 0.026 \times x11 + 0.163 \times x12 + 0.018 \times x13 + 0.828 \times x17 + 0.983 \times x18 - 0.496 \times x19 + 0.048 \times zx1 - 0.181 \times zx5 - 0.394 \times zx6 + 0.008 \times zx7 + 0.118 \times zx10 + 0.066 \times zx14 - 0.326 \times zx15 + 0.079 \times zx16$$

依据计算得到如下结果：$F = (46.464 \times fac1\_1 + 17.889 \times fac2\_1 + 17.207 \times fac3\_1 + 12.193 \times fac4\_1)/93.753$.

前四个主成分解释了变量与 F 的关系。

绿色精敏供应链范式是以满足消费者的利益和经济可持续发展为目的，以绿色供应链为前提，全方位节能减排；以敏捷供应链为核心，提高市场响应度；集成精益供应链减少消耗、降低成本。从模型的计算结果来看，验证了汽车产业供应链朝绿色精敏供应链范式转型的重要性，第一主成分的主因子中，平均油耗（zx_{14}）凸显了绿色供应链；物流成本占销售比重、物流外包比重等强调精益供应链；OTD 时间是衡量敏捷供应链的重要指标。

F_1、F_2、F_3、F_4 与 19 个变量的关系，在影响汽车产业供应链竞争力的主因子的分布中，平均油耗（zx_{14}）、物流成本占销售比重（zx_7）、零部件自制率（zx_{10}）、传授知识时间（x_{12}）、契约时间（x_{11}）、物流外包比重（x_8）、利润率（zx_{16}）、OTD 时间（zx_1）、研发占销售的比例（x_{13}）、出口量占产量的比重（x_{19}）、顾客满意度（x_4）、OTD 时间（zx_1）等是影响汽车产业供应链竞争力的重要因素。

也就是说，我们要汽车产业的环保因素，降低油耗，节约能源；重视物流及零部件制造的外包，降低物流与生产成本；加强合作，重视知识共享和技术研发；强化敏捷性，保护客户利益，争取扩大汽车出口等。

表 7　　　　因子得分表

国家	fac1_ 1	fac2_ 1	fac3_ 1	fac4_ 1	F	排序
中国	-0.73984	-0.6284	-0.95412	1.685023	-0.44254	6
美国	0.315605	0.598733	1.666212	1.099853	0.719508	2
日本	1.810836	0.051642	-0.27996	-0.10127	0.842751	1
韩国	-0.74499	-0.46237	1.084006	-0.98527	-0.38663	5
法国	-0.91046	1.807036	-0.66532	-0.50737	-0.29452	4
印度	-0.43734	-1.32789	-0.06809	-0.63663	-0.56542	7
德国	0.706185	-0.03875	-0.78272	-0.55434	0.12684	3

从表 7 可知，日本汽车产业供应链竞争力得分第一，美国其次，中国汽车产业供应链竞争力排第 6，仅仅比印度高，得分情况和世界汽车产业现状吻合。我国在平均油耗（zx_{14}）、物流成本占销售比重（zx_7）、零部件自制率（zx_{10}）、传授知识时间（x_{12}），契约时间（x_{11}）、物流外包比重（x_8）、OTD 时间（zx_1）、研发占销售的比例（x_{13}）、出口量占产量的比重（x_{19}）、顾客满意度（x_4）等方面得分较低，导致我国汽车产业供应链竞争力低下。因此我们必须采取有力措施，加快汽车产业供应链转型，提高我国汽车产业供应链竞争力。

参 考 文 献

[1] 霍佳震，隋明刚，刘仲英．集成化供应链整体绩效评价体系构建［J］．同济大学学报：自然科学版，2002，30（4）：495－499.

[2] 马丽娟．供应链竞争力评价体系的研究［J］．商场现代化，2009（3）：29－30.

[3] 王国兴．基于模糊层次分析的供应链绩效评价研究［J］．北京：北京化工大学，2007.

[4] ROBERT S. KAPLAN，DAVID P. NORTON. The Balanced Score card Measures That Drive Performance［J］. Harvard Business Review，1992，70（1）：71－79.

[5] BENITA M BEAMON. Measuring Supply Chain Performance［J］. International Journal of Operations & Production Management，1999，19（3）：275－292.

BP 神经网络及其在供应商选择评价中的应用*

钱芝网

摘　要：供应商选择评价方法是否得当，将直接决定了企业所选供应商的优劣，并将最终影响到整个供应链的竞争能力。论文首先基于21世纪采购环境的变化及其对采购供应提出的新要求，结合前人的研究成果，构建了一套由质量、成本、服务、柔性、可靠性、管理水平、研究与发展能力这7个一级指标和交货柔性、协调能力、信息化水平等27个二级指标组成的供应商选择评价指标体系，并对这些指标的内涵进行了分析。考虑到供应商选择指标之间呈现出复杂的非线性关系，而诸多的评价方法中，唯有人工神经网络具有独特的非线性适应性信息处理能力，据此论文以此为工具，运用前向神经网络中的BP神经网络设计了一套算法，并基于该算法建立了供应商选择评价模型，最后进行了实例分析。结果表明，运用这一评价模型来选择供应商，能较好地避免其他方法人为计取权值和相关系数过程中的主观影响和不确定性，选择的结果比较客观、科学。

关键词：BP 神经网络　供应商选择　输入向量　网络收敛

一、引言

实施供应链管理可以有效地提高企业的整体竞争力，使其能够面对巨大的挑战。而供应商的选择则是构筑供应链的第一步，也是关键的一步。如何快速有效地从众多的供应商中选择到适合企业所需要的供应商，这是供应链上每个企业所特别关注的问题。由于供应商的选择属于多目标决策的范畴，非常复杂，企业只有充分考虑到本企业的需求实际和战略目标，采用科学的选评方法，才能选择到理想的供应商。

关于供应商的选择方法，近几十年来，不少学者从单产品和多产品、单货源和多货源、价格折扣、单阶段和多阶段等角度进行了有益的探索，提出了许多行之有效的方法，特别是一些定量方法。

Timmerman（1986）提出用成本先计算由质量、运输、服务等项目构成的总成本，然后进一步计算每项构成指标的成本占总成本的百分比，并据此来确定最终供应商的成本比率法。Roodhooft 和 Jonings（1996）通过分析采购活动产生的直接和间接成本来选择供应商，提出了作业成本法（Activity - Based Costing）。此外，还有学者提出了 ABC 成本法（Activity Based Costing Approach），通过计算供应商的总成本来选择供应商。以上这些学者都是从成本的角度来研究供应商的选择问题的。此方法的优点在于

* 作者简介：钱芝网，上海理工大学。

帮助采购商在决策时从整体考虑采购成本，不单单考虑产品价格，进而作出更为理性的决策。但是，由于成本法要求在制定采购决策之前必须详细收集供应商的信息及各种成本数据，信息量和计算复杂度大，对于那些没有供应商详细信息的供应选择问题，此方法难以奏效。另外，此种方法只考虑了成本这样一个指标而忽视了其他很重要的指标，对供应商评价也不太全面。

Gaballa（1974）以澳大利亚邮局的多项目采购为例，建立了混合整数规划模型，首次将线性规划方法用于供应商选择问题。Pan（1989）以价格、质量和服务为约束条件，针对供应商选择以及采购量在供应商之间分配的决策问题建立了一个以成本为目标函数的单目标线性规划模型。Rosenthal（1995）等人以价格、质量、交货和供应能力作为约束条件，研究了不同产品绑定销售打折情况，建立了以最小化采购成本为目标的混合整数规划模型。Ghodsypour 和 O'Brien（2001）以质量和供货能力为约束条件，以采购、存储、运输、订货等各项成本之和最小化为目标函数，提出了一个用于求解单产品、多货源以及无价格折扣条件下多阶段供应商选择与采购量分配优化决策问题的单目标混合整数非线性规划模型。Weber 和 Current 将价格、质量、交货作为目标，以供应商能力、需求、政策、资金、供应商数量作为约束，用多目标线性规划模型进行供应商选择。Karpank 等人（1999）根据多产品、多货源、无价格折扣的假设条件建立了一个可视化多目标混合整数线性规划模型，在供应能力限制与供需平衡的约束条件下综合考虑采购成本、产品质量和交货可靠性。Arunkumar 等人（2006）基于多产品、多货源、有价格折扣的假设条件，考虑供需平衡、供货能力、提供给被选中供应商的业务量等制约因素来构建使不合格产品数量、非准时交货数量和总采购成本都最小化的多目标混合整数线性规划模型。上述学者构建的供应商选择模型都是基于数学规划法的，这一方法是供应商选择中运用相当广泛的一种方法，它是解决单货源和多货源情况下供应商选择与采购量优化决策问题的一种有效方法。但由于对社会、生产和经济系统的复杂性和非确定性缺少足够的理论支持和足够的历史数据等，导致许多问题无法抽象出清晰的数学模型和精确的数学方法求解。同时，在问题较大且复杂的情况下很难得到精确的解析。

Gregory 和 Timmerman（1986）用一种分类法（Categorical method）来评价供应商，给供应商的每个准则简单的判断为"满意＋"、"可以 0"、"不满意"，然后计算供应商的总积分。这实际上是一种线性加权方法，该方法主要应用于单货源选择。由于这种方法过分依赖人为判断，主观性太强，因而缺少实际应用价值。

如前所述，供应商选择是一个多目标决策的复杂问题，单纯用解析的方法难以解决许多优化决策问题。于是，有不少学者开始尝试采用各种非解析方法，并且将定量方法和定性方法结合起来，来解决供应商选择过程中存在的问题。Dae－Ho Byun（2000）用 AHP 法（Analytic Hierarchy Process，AHP）分析了韩国汽车的采购过程，并给出了应用实例来进行供应商选择，但这种方法在确定指标权重时带有较多的主观因素，难免不出现误差。Soukoup（1987）提出用仿真的方法来处理供应商选择过程中的一些不确定的因素。Cook（1997）提出了案例分析系统（Case－Based Reasoning）来制定采购决策，通过积累的大量信息来训练系统的能力，从而选择出合理的供应商。

Weber 等人（1998）提出了一个由多目标规划和数据包络分析法（Data Envelopment Analysis）组成的组合模型，该模型基于单产品、多货源、多目标及无价格折扣的假设条件，以总采购价值最大化为目标函数，通过供应能力、质量等约束条件来分析供应商选择与采购配额优化决策问题，但这种方法对有效的供应商不能进一步区分优劣，通过对权重的精细选择，可能会使一个在少数指标上有优势而多数指标上有劣势的供应商成为相对有效的供应商。Isao Shiromaru（2000）等人采用了模糊理论处理供应商选择中的模糊目标问题，并以日本发电厂煤炭采购为实例建立了模糊目标模型，用遗传算法求解模型，这种方法虽然对不确定因素给予了足够的重视，但是为了求出各因素的隶属函数，必须把各项指标进行特征化处理，这样有些指标本属白化的数值，经特征化处理后，反而变成一个区间的模糊值而不同程度的丧失信息，从而给评价者带来了误差。

此外，还有学者研究用 TOPSIS 法（Technique for Order Preference by Similarity to Ideal Solution，TOPSIS）、遗传算法（Genetic Algorithm，GA）、灰色关联分析等方法来选择供应商。也有少数学者研究用人工神经网络算法来选择供应商，但比较浅显，不够深入，而且只有简单算法，没有建立实例模型。

本文根据经济全球化下企业采购环境的变化，客户需求的多样化、个性化趋势，供应链管理的特点，以及由此带来的供应柔性化、交货准时化和较强的产品设计能力、创新能力、沟通协调能力等的要求，构建了富有时代特征的供应商选择评价指标体系，运用前向神经网络中的 BP 神经网络设计了一套算法，并基于该算法建立了供应商选择评价模型，最后进行了实例分析。

二、供应商选择评价指标体系的构建

供应商选择是一个选择性决策问题。任何选择都需要选择评价标准，供应商选择评价标准的研究始于 1966 年美国学者 Dickson（1966）在《采购》上发表的一篇论文，随后便引起学术界的普遍关注。Dickson 通过对 273 名代理商和管理人员的统计调查，总结出 23 条供应商选择标准，它们分别是质量、交货期、历史表现、保证条款、生产设备与产能、价格、技术能力、财务状况、程序遵守情况、交流系统、行业美誉度、合作热情、组织管理、操作控制、维修服务、态度、印象、包装能力、劳资关系、地理位置、既往业务量、培训和联营安排。Dickson 的研究成果对后来的供应商选择研究产生了深远的影响。后来 Cusumano 和 Takeishi（1991）在 Dickson 的研究基础上进一步提炼为财务、价格、品质、技术能力、过去的商业关系 5 个核心标准；Weber 和 Current、Chaudhry 等（1993）则都概括为 3 个核心标准，分别是：价格、交货可靠度、产品品质和交货能力限度、价格回馈；Swift（1995）在此基础上又增加了 1 个标准即可信任程度；Choi 和 Hartley（1996）在他们的研究基础上又进一步扩展为财务、一贯性、关系、弹性、技术能力、服务、可靠性、价格 8 个核心标准。

到了 20 世纪末、21 世纪初，随着经济全球化的快速发展，企业采购的外部环境发生了重大变化，主要体现在进货渠道多、价格差异大、质量难以控制、采购风险大等方面，再加上消费需求也日益个性化、生产方式也发生了重大的变化，多样化，多品种、小批量生产取代了原先的大批量生产，评价供应商的指标体系也不得不跟着发生变化，出现了一些 Dickson 当年未曾提到的新指标，如 Jayaraman 和 Benton1999 年提出了“前置时间”指标、Lee 等人在 2001 年提出了“产品开发与改进”指标、Chan 等人在 2003 年提出了“设计能力”指标、Prahinski 和 Benton 2004 年提出了“回应需求变更能力”指标、Kreng 和 wang 2005 年提出了“准时交货能力”指标，等等。

根据学者们的上述研究成果，结合 21 世纪采购环境和客户需求的变化，本文提出了选择供应商的 7 大标准（如图 1 所示）。

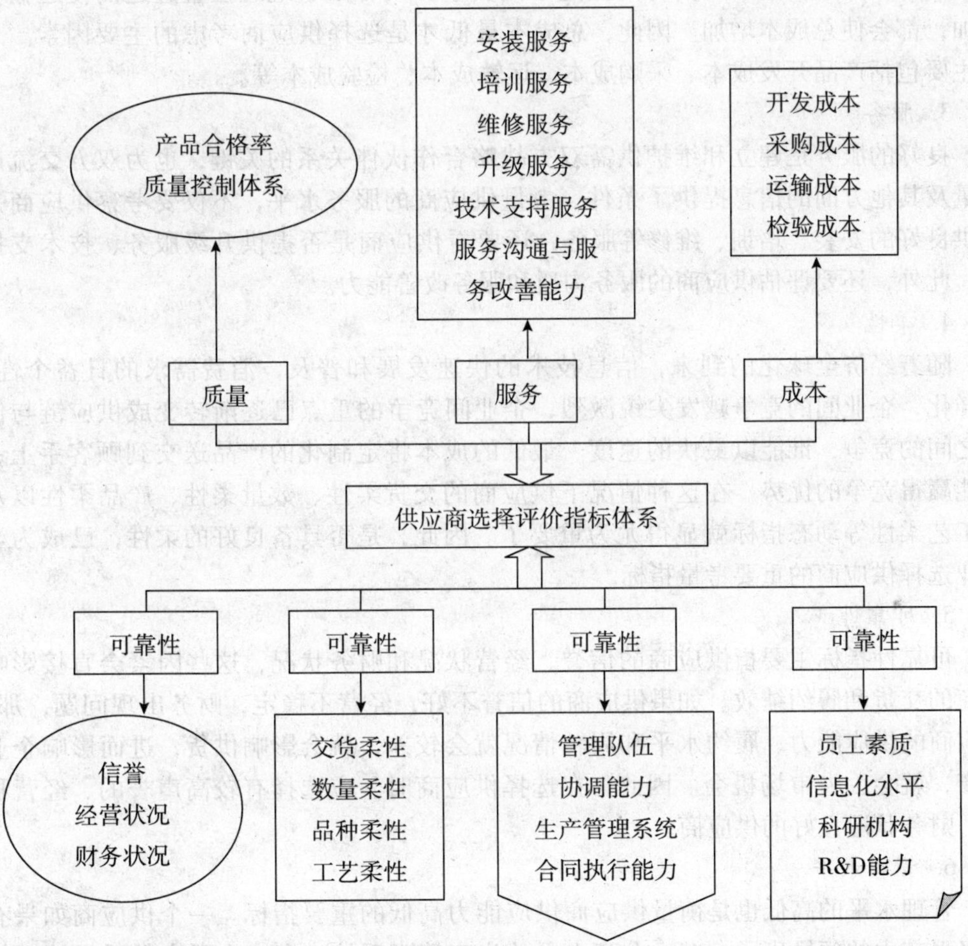

图 1　供应商选择评价指标体系

1. 质量

供应商提供的产品质量是否可靠，是一个很重要的评估指标，供应商的产品必须持续稳定地符合采购企业的生产所需，质量过高或过低都是错误的。如果质量低了，虽然采购价格也会相应的低，但实际上会导致企业的总成本增加，因为质量不合格的产品在企业投入使用的过程中，往往会影响生产的连续性和产成品的质量。如果价格过高，远远超过了生产要求的质量，对企业而言也是一种浪费。因此，对供应商提供的产品质量要求以生产企业“合适”为度。评价供应商产品的质量，不仅仅要看产品的合格率，还要看供应商有没有建立起严格、规范的质量控制体系。

2. 成本

对供应商的报价单进行成本分析，是有效甄选供应商的方式之一。成本不仅仅包括采购价格，而且包括原料或零部件使用过程中或生命周期结束前所发生的一切支出。较低的采购价格对于降低企业生产经营成本，提高竞争力和增加利润，有着明显的作用，因而它是选择供应商的一个重要条件。但是价格最低的供应商不一定就是最合适的，如果在产品质量、交货时间上达不到要求，或者由于地理位置过远而使运输费用增加，都会使总成本增加。因此，总成本最低才是选择供应商考虑的主要因素。总成本主要包括产品开发成本、采购成本、运输成本、检验成本等。

3. 服务

良好的服务是建立和维护供需双方战略合作伙伴关系的关键，也为双方交流产品质量及其他方面的信息提供了条件。考量供应商的服务水平，不仅要考察供应商是否提供良好的安装、培训、维修等服务，还要看供应商是否提供升级服务、技术支持服务。此外，还要评估供应商的服务沟通和服务改善能力。

4. 柔性

随着经济全球化的到来，信息技术的快速发展和普及，消费需求的日益个性化、多样化，企业间的竞争越发尖锐激烈，企业间竞争的重点已逐渐转变成供应链与供应链之间的竞争，谁能以最快的速度、最低的成本将定制化的产品送交到顾客手上，谁就能赢得竞争的优势。在这种情况下供应商的交货柔性、数量柔性、产品柔性以及生产工艺柔性等动态指标就显得尤为重要了。因此，是否具备良好的柔性，已成为当今企业选择供应商的重要考量指标。

5. 可靠性

可靠性指标主要指供应商的信誉、经营状况和财务状况，这些因素会直接影响供应商的交货和履约绩效。如果供应商的信誉不好，经营不稳定，财务出现问题，那么，供应商的供应能力、履约水平和周转情况就会较差，就会影响供货，进而影响企业的生产，就会丢失市场机会。因此，在选择供应商时。应选择有较高声誉的、经营稳定的、财务状况良好的供应商。

6. 管理水平

管理水平的高低也是衡量供应商供应能力高低的重要指标。一个供应商如果有一个坚强有力的领导班子，有一个高水平的生产管理系统，有一个严密的质量管理保障体系，企业形成了一股严肃认真、一丝不苟的工作作风，那么，这样的供应商必然能提供高质量的产品，合同的履行必然有保障。

需要特别指出的是，在评价供应商的管理水平时，有一个指标——供应商的协调能力，我们不能忽视。传统选择供应商的指标过于重视对供应商内部的评价而忽视了供应商对上下游厂商的协调能力。由于21世纪的竞争已不是企业与企业之间的竞争，而是供应链与供应链之间的竞争，事实上，柔性生产就是建立在供应链基础之上的。现在越来越多的企业已成为供应链的节点企业了，企业要生存和发展，必然要和更多的企业打交道，必然要得到供应链上其他企业的支持和配合，如果企业缺乏协调供应链上下游企业的能力，那么，就会影响甚至降低整个供应链的服务水平和响应速度。因此，供应商的协调能力也应是我们评价供应商管理水平的一个重要的指标。

7. 创新与发展能力

创新和发展能力是企业生命之树长青的源泉，也是企业的核心竞争力之所在。21世纪的今天，企业寻找供应商，并不是寻找一个临时的交易对象，而是要寻找一个长期的战略合作伙伴，供应商能否成为企业的长期战略合作伙伴，取决于供应商是否具有较强的创新与发展能力。供应商的创新与发展能力我们可以用供应商员工的素质、信息化水平、科研机构和R&D能力这4个二级指标来衡量。其中，“信息化水平”这一指标，在传统的供应商选择指标当中是没有的。如前所述，企业和供应商是要结成长期的战略合作伙伴关系的，这一关系形成的基础条件之一就是双方要能够做到信息的快速传递和共享，在这种情况下，供应商的信息化水平就至关重要了。如果供应商的信息化水平低，必然会影响双方信息的传递速度和共享程度，而信息的阻滞、脱节、传输不畅势必会影响对顾客最终需求的响应速度。因此，供应商的信息化水平具有强烈的时代色彩，应是衡量供应商创新发展能力强弱的重要指标。

三、BP神经网络的原理及算法

1. BP神经网络的原理

人工神经网络（Artificial Neural Network，ANN），亦称为神经网络（Neural Networks，NN），是由大量处理单元（神经元 Neurons）互连而成的网络，是对人脑的抽象、简化和模拟，反映人脑的基本特性。人工神经网络的研究是从人脑的生理结构出发来研究人的智能行为，模拟人脑信息处理的功能。它是根植于神经科学、数学、统计学、物理学、计算机科学及工程等科学的一种技术，通常可分为前向神经网络、反馈神经网络和自组织神经网络3种基本类型，其中属于前向神经网络的BP神经网络是目前研究最多、应用最广泛的神经网络。

BP神经网络是误差反向传播神经网络的简称（Back Propagation Neural Networks，BP），它由一个输入层、一个或多个隐含层和一个输出层构成，其中输入和输出都只有一层，隐含层可以有多层，其激励函数采用Sigmoid型函数。每一层由一定数量的神经元构成，同层的网络节点之间没有连接，每个网络节点表示一个神经元，这些神经元如同人的神经细胞一样是相互关联的，其结构如图2所示：

BP网络是一种单向传播的多层前向网络，它通过大量样本进行有导师学习，不断减小网络输出与用户要求间的距离，逼近要求，其学习训练由四个过程组成：

（1）输入模式由输入层经中间层向输出层的“模式顺传播”过程，得到了最初网络的输出；

（2）由网络的期望输出与网络实际输出之差得到的误差信号，从输出层经中间层向输入层逐渐修正连接权的“误差逆传播”过程；

（3）“模式顺传播”与“误差逆传播”的反复交替进行的网络“记忆训练”过程，用各样本反复迭代，不断修正连接权；

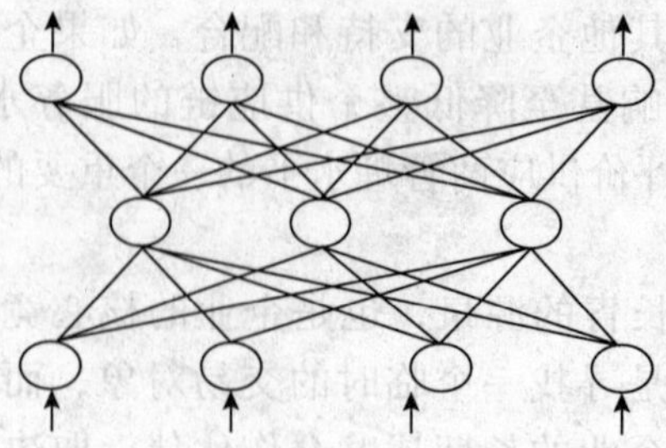

图 2　BP 神经网络结构

（4）网络趋向收敛，即网络的全局误差趋向极小值的“学习收敛”过程。

网络收敛后，就达到用户的要求，训练过程结束。

可以看出，BP 网络的训练过程归结起来为：模式顺传播→误差逆传播→记忆训练→学习收敛。

由于 BP 神经网络及其算法增设了中间隐含层而且有相应的学习规则可循，使其具有对非线性模式的识别能力，尤其是其数学意义明确、算法步骤分明，更使其具有广泛的应用前景。

2. BP 神经网络的算法

BP 神经网络采用误差反传学习算法，它使用梯度搜索技术，实现网络的实际输出与期望输出的均方差最小化。网络学习的过程是一种边向后边传播边修正权值的过程。

在这种网络中，学习过程由正向传播和反向传播组成。在正向过程中，输入信号从输入层经隐层单元逐层处理，并传向输出层，每一层神经元的状态只影响下一层神经元的状态。如果在输出层不能得到期望的输出，则转向反向传播，将输出的误差按原来的连接通路返回。通过修改各层神经元的权值，使得误差信号最小。得到合适的网络连接值后，便可对新样本进行非线性映像。

（1）信息的正向传递。

假设 BP 网络共 l 层，对于给定的 P 个样本，网络的期望输出为：

$$T_d = [T_{d1}, T_{d2}, \cdots, T_{dp}]$$

当输入第 P 个样本时，对于网络中的第 l（$l=1, 2, \cdots, L-1$）层中第 j 个神经元的操作特性为：

$$net_{jp}^{(l)} = \sum_{i=1}^{n_{l-1}} W_{ji}^{(l)} O_{ip}^{(l-1)} - \theta_j^l \tag{1}$$

$$O_{jp}^{(l)} = f_l(net_{jp}^{(l)}) \tag{2}$$

式中，W_{ji} 为神经元 i 到神经元 j 的连接权值；

n_{l-1} 是第 $l-1$ 层的结点数；

$O_{jp}^{(l-1)}$ 为神经元 j 的当前输入；

$O_{jp}^{(l)}$ 为神经元 j 的输出；

f_l 为非线性可微非递减函数，一般取为 S 型函数，即

$$f_l(x) = \frac{1}{1+e^{-x}} \tag{3}$$

而对于输出层则有

$$O_{jp}^{(L)} = f_L(net_{jp}^{(L)}) = \sum_{i=1}^{n_{L-1}} W_{ji}^{(L)} O_{ip}^{(L-1)} - \theta_j^L \tag{4}$$

神经网络学习的目的是实现对每一样本 $E_p = \frac{1}{2}\sum_{j=1}^{m}(T_{jdp} - \hat{T}_{jp})^2$，($p=1, 2, \cdots, P$)，其中 m 为输出结点个数，达到最小，从而保证网络总误差 $E = \sum_{p=1}^{P} E_p$ 极小化。其中 T_{jdp}、$\hat{T}_{jp}$ 分别为输出层第 j 个节点的期望输出和实际输出。

(2) 利用梯度下降法求权值变化及误差的反向传播。

采用梯度算法对网络权值、阈值进行修正。

第1层的权系数迭代方程为：

$$W(k+1) = W(k) + \Delta_p W(k+1)$$

$$W = \{w_{ij}\}$$

其中，k 为迭代次数。

$$令\ \Delta_p w_{ji} \propto -\frac{\partial E_p}{\partial w_{ij}^{(l)}}$$

$$-\frac{\partial E_p}{\partial w_{ij}^{(l)}} = -\frac{\partial E_p}{\partial net_{jp}^{(l)}}\frac{\partial net_{jp}^{(l)}}{\partial w_{ij}^{(l)}} = -\frac{\partial E_p}{\partial net_{jp}^{(l)}} O_{ip}^{(l-1)} \tag{5}$$

令 $\delta_{pj}^{(l)} = -\frac{\partial E_p}{\partial net_{jp}^{(l)}}$，则有

$\Delta_p w_{ji} = \eta \delta_{pj}^{(l)} O_{ip}^{(l-1)}$，其中，$\eta$ 为学习步长。

四、基于BP神经网络的供应商选择模型的构建

1. BP神经网络用于选择供应商的原理

把图1供应商选择评价指标体系的信息作为神经网络的输入向量 $X=(x_1, x_2, \cdots, x_n)$；将代表相应综合评价结果的值作为神经网络的输出 y，用足够的样本即比较实例训练这个网络，使不同的输入向量得到不同的输出量值，将输出值与期望输出值比较，当其误差小于某一设定值时，这时神经网络所持有的那组权系数值 w_{ij}，阈值（$i=0$ 时，w_{ij} 即表示阈值），便是网络经过自适应学习所得到的正确内部表示。这其中涉及两个过程：一个是前向过程，将输入网络通过各个单元的传递，直至输出单元得到网络的输出结果为止；另一个是反向过程：把实际输出值和期望输出值之间的误差通过输出层逐步返回到输入层，并调整连接权值和偏置权值，直至样本的实际输出值和期望输出值之间的误差小于预先给定的值为止。一旦神经网络训练完毕，即可作为企业选择供应商的有效工具。

2. 基于BP神经网络的供应商选择模型结构设计

根据Kolmogrov理论，一个三层有sigmoid神经元的BP网络只要有足够的隐节点就

可以逼近任一个连续函数。因此，为了计算简化，本文选用含有一个隐含层的三层 BP 神经网路，其结构如图 3 所示。

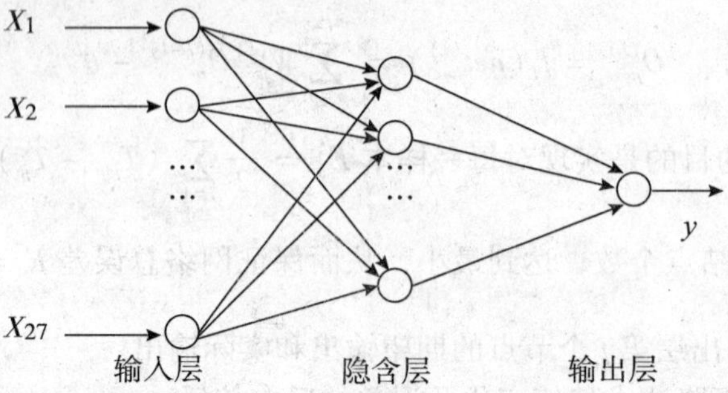

图 3　基于 BP 神经网络的供应商选择模型结构

图 3 中，输入层的节点数对应于所建立的供应商选择评价指标体系中的 27 个指标变量，这些指标变量有些是定性的，有些是定量的，需要对定性指标进行量化和标准化。对定量指标进行标准化，一般将输入数据标度到限定范围［0，1］。隐含层神经元数的选取关系到整个 BP 网络的精确度和学习效率，因此，在选取隐含层神经元数的时候，既要考虑到 BP 网络的精确度，又要兼顾网络的学习效率。而到目前为止，对隐含层节点数的确定尚无理论上的结论，只能根据一些经验法则，通过实验来确定。根据经验公式 $m = \sqrt{n + l} + a$（其中，m 为隐含层节点数，n 为输入层节点数，l 为输出节点数，a 为 1 ~ 10 的常数）。对供应商的选择评价是一个从定性到定量再到定性的过程，通过 *BP* 网络模型将定性转化为定量输出，然后综合评价集和输出结果，对供应商作出定性评价。因此，输出层神经元数设置为 1 个。

3. 基于 BP 神经网络的供应商选择模型的构建

第一步，设输入层向量为 $\{x_i\}$，$i = 1, 2, \cdots, 27$；隐含层向量为 $\{y_j\}$，$j = 1, 2, \cdots, 7$；输出值为 y；期望输出值为 d；用 v_{ij} 表示输入层 i 节点到隐含层 j 节点的权值；用 w_j 表示隐含层 j 节点到输出层的权值。

第二步，初始化神经网络权值 $w_{ij}(0)$，阈值 $\theta_{ij}(0)$，$w_{ij}(0)$、$\theta_{ij}(0)$ 为小的非零随机数。

第三步，输入一个样本 $X = (x_l, x_2, \cdots, x_{27})$，以及对应期望输出 $Y = (Y_1, Y_2, \cdots, Y_{27})$。

第四步，计算各层的输出。对于隐含层：$y_i = f_i(\sum_j w_{ij}x_j - \theta_j) = f_i(net_i)$，其中 $net_i = \sum_j w_{ij}x_j - \theta_j, f_i(*)$ 为输入节点和隐层节点间的传递函数。对于输出层：$net = \sum_{j-1}^{7} w_i y_i, y = f(net)$。

第五步，求各层的学习误差。$E = \frac{1}{2}(d - y)^2$。

第六步，修改权值或阈值。

$$\Delta w_j = \eta\delta^0 y_j = \eta(d-y)y(1-y)y_j$$

$$w_j(k+1) = w_j(k) + \Delta w_j = w_j(k) + \eta(d-y)y(1-y)y_j$$

$$\Delta v_{ij} = \eta\delta_j^y x_i = \eta\delta^0 w_j y_j(1-y_j)x_i \quad v_{ij}(k+1) = v_{ij}(k) + \Delta v_{ij} = v_{ij}(k) + \eta\delta^0 w_j y_j(1-y_j)x_i$$

式中，k 为迭代次数，η 是学习系数（$0<\eta<1$），δ_0、δ_j^y 分别是对输出层和隐含层定义的一个误差信号 $\delta^0 = -\frac{\partial E}{\partial net}$，$\delta_j^y = -\frac{\partial E}{\partial net_j}$。

按照上面的公式，网络一轮一轮的迭代下去，直到输出值与期望输出值之间的误差小于某一设定的值，供应商的选择模型就此建立。

在选择供应商时，可预先设置一个评价对象综合供应能力的优劣等级标准，比如以 P 来代表供应商的综合供应能力，如果 $0.9\leqslant P\leqslant 1$，则表示该供应商综合供应能力强，是优秀供应商；如果 $0.8\leqslant P<0.9$，则表示该供应商综合供应能力较强，是良好供应商；如果 $0.7\leqslant P<0.8$，则表示该供应商综合供应能力中等，是一般供应商；如果 $0.6\leqslant P<0.7$，则表示该供应商综合供应能力弱，是不予考虑的供应商。

五、实例分析

某企业通过筛选，要从10个供应商中选择1个供应商作为长期合作伙伴，经过对这10个供应商的进一步调查分析，得到了相关的数据资料，对于定性指标，请专家进行了赋分，10个供应商的情况如表1所示。

表1　　10个供应商指标数据一览

供应商	质量	成本	服务	柔性	可靠性	管理水平	创新与发展能力
S_1	9.7	9.2	9.4	8.5	9.5	9.5	9.1
S_2	9.7	9.3	9.2	8.7	9.6	9.4	8.7
S_3	9.6	9.5	9.4	8.9	9.3	9.5	8.6
S_4	9.8	9.6	9.0	9.4	9.6	9.5	9.0
S_5	9.7	9.5	9.5	9.1	9.2	9.3	8.8
S_6	9.5	9.1	9.3	8.6	9.4	9.4	8.9
S_7	9.5	9.0	9.5	9.1	9.6	9.3	9.0
S_8	9.6	8.9	9.1	9.1	9.7	9.5	8.8
S_9	9.7	9.5	9.0	8.9	9.4	9.1	8.9
S_{10}	9.5	9.4	9.1	9.1	9.5	9.4	9.1

运用上述选择评价模型对各供应商的综合供应能力进行分析，并用 $f(x)$、$g(x)$ 对各项指标进行归一化处理，处理后的数据如表2所示。

表 2　　　　10 个供应商综合供应能力（归一化处理）数据一览

供应商	质量	成本	服务	柔性	可靠性	管理水平	创新与发展能力
S_1	0.101	0.099	0.102	0.095	0.100	0.101	0.102
S_2	0.101	0.100	0.099	0.097	0.101	0.100	0.098
S_3	0.100	0.102	0.102	0.100	0.098	0.101	0.097
S_4	0.102	0.103	0.097	0.105	0.101	0.101	0.101
S_5	0.101	0.102	0.103	0.102	0.097	0.099	0.099
S_6	0.099	0.098	0.101	0.096	0.099	0.100	0.100
S_7	0.099	0.097	0.103	0.102	0.101	0.099	0.101
S_8	0.100	0.096	0.098	0.102	0.102	0.101	0.099
S_9	0.101	0.102	0.097	0.100	0.099	0.097	0.100
S_{10}	0.099	0.101	0.098	0.102	0.100	0.100	0.102

将表 2 数据分为两部分，选取前面的 7 组作为学习样本，目标值采用以前的专家评价值 $P=$（0.8 0.7 0.75 0.95 0.80 0.65 0.80），用以训练权值。学习精度 $\varepsilon=0.001$，后面的 3 组作为测试样本。经过 3 次训练后，隐含层神经元为 8 的 BP 网络对函数的逼近效果最好，最大训练步数为 50，性能参数为 0.001，其训练结果如图 4 所示。

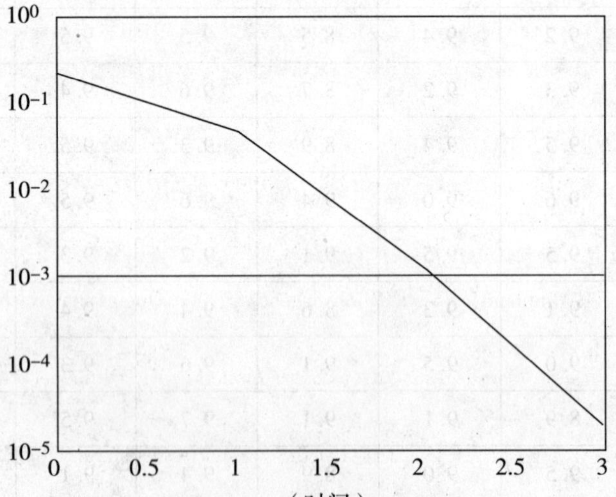

图 4　网络训练记录

训练结束后，利用训练好的三层 BP 网络，分别输入测试的 3 组样本数据，输出结果数据如表 3 所示。

表3　3个供应商综合供应能力输出结果数据一览

供应商	综合供应能力 P
S_8	0.8891
S_9	0.7593
S_{10}	0.9197

由表3可知，供应商10的综合供应能力在0.9以上，是优秀供应商，因此，该企业可选择其作为长期合作伙伴。

六、结语

供应商选择指标之间的关系非常复杂，呈现出复杂的非线性关系，人工神经网络具有独特的非线性适应性信息处理能力，特别是其中的反向传播（BP）算法是一种能修正误差的多层映射人工神经网络算法，在参数适当时，此算法能收敛到较小的均方差。同时，这一算法主要是根据所提供的数据，通过学习和训练找出输入与输出之间的内在联系，从而求取问题的解，而不是完全依据对问题的经验知识和规则。由此，用建立在这一算法基础上的评价模型来选择应商，能较好地避免其他方法人为计取权值和相关系数过程中的主观影响和不确定性，选择的结果比较客观、科学。因此，这一方法是非常值得探讨和推广的。但是，训练神经网络需要很多的数据，在数据缺乏的情况下不适合应用神经网络对供应商进行选择。

参考文献

［1］刘晓，李海越，等．供应商选择模型与方法综述［J］．中国管理科学，2004（1）：142.

［2］TIMMERMAN，E. An approach to vendor performance evaluation［J］. Journal of Purchasing and Supply Management，1986，22（4）：2－8.

［3］FILIP ROODHOOFT，JOZEF KONINGS. Vendor selection and evaluation an activity based costing approach［J］. European Journal of Operational Research，1996（96）：97－102.

［4］SMYTKA，D. L.，CLEMENS，M. W. Total cost supplier selection models：a case study［J］. Journal of Purchasing and Supply Management，1993（29）：42－49.

［5］A. A. GABALLA. Minimum cost allocation of tenders［J］. Operational Research Quarterly，1974，25（3）：389－398.

［6］A. C. PAN. Allocation of order quantity among suppliers［J］. Journal of Purchasing and Materials Management，1989，25（3）：36－39.

［7］E. C. ROSENTHAL，J. L. ZYDIAK，CHAUDHRY. Vendor selection with bundling［J］. Decision Sciences，1995，26（1）：35－48.

［8］GHODSYPOUR，S H，O'BRIEN，C. The total cost of logistics in supplier selection，under conditions of multiple sourcing，multiple criteria and capacity constraint［J］. International Journal of Production Economics，2001，73（1）：15－27.

［9］C. A. WEBER，J. CURRENT. A multiobjective approach to vendor selection［J］. European Journal of Operational Research, 1993 (68): 173 – 184.

[10] KARPAK, B., KUMCU, E., KASUGANTI, R. An application of visual interactive goal programming: a case in vendor section decisions [J]. Journal of Multi – Criteria Decision Analysis, 1999 (8): 33 – 41.

[11] ARUNKUMAR, N, KARUNAMOORTHY, L, ANAND, S, RAMESH, B T. Linear approach for solving a piecewise linear vendor selection problem of quantity discounts using lexicographic method [J]. International Journal of Advanced Manufacturing Technology, 2006, 28 (11): 1254 – 1260.

[12] GREGORY, R. E.. Source selection: a matrix approach [J]. European Journal of Purchasing & Supply Management, 1986 (22): 24 – 29.

[13] TIMMERMAN, E.. An approach to vendor performance evaluation [J]. Journal of Purchasing and Supply Management, 1986 (1): 27 – 32.

[14] DAE – HO B YUN. The AHP approachfor selecting an automobile purchase model [J]. Information & Management, 2000 (38): 289 – 297.

[15] SOUKUP, W. R.. Supplier selection strategies [J]. Journal of Purchasing and Supply Management, 1987 (23): 27 – 32.

[16] COOK, R. L.. Case – based reasoning systems in purchas ing: applications and development [J]. International Journal of Purchasing and Materials Management, 1997, 33 (1): 32 – 39.

[17] WEBER, C A, CURRENT, J R, DESAI, A. Non – cooperative negotiation strategies for vendor selection [J]. European Journal of Operational Research, 1998, 108 (1): 208 – 223.

[18] ISAO SHIROMARU. A fuzzy satisficing method for electricpower plant coal purchase using genetic algorithms [J]. Operational Research, 2000 (126): 218 – 230.

[19] DISKON, G. W.. An Analysis of Vendor Selection Systems and Decision [J]. Journal of Purchasing, 1996 (2): 5 – 17.

[20] CUSUMANO, M. A., A. TAKEISHI. Supplier Relations and Management: A Survey of Japanese, Japanese – Transplant and US Auto Plants [J]. Strategic Management Journal, 1991 (12): 563 – 588.

[21] WEBER, C. A., J. R. CURRENT, A Multi – objective Approach to Vendor Selection [J]. European Journal of Operational Research, 1993 (68): 173 – 184.

[22] CHAUDHRY, S. S., F. G. FROST, J. L. ZYDIAK. Vendor Selection with Price Breaks [J]. European Journal of Operation Research, 1993 (70): 52 – 66.

[23] SWIFT, C. O.. Preferences for Single Sourcing and Supplier Selection Criteria [J]. Journal of Business Research, 1995 (32): 105 – 111.

[24] CHOI, T. Y., J. L. HARTLEY. An Exploration of Supplier Selection Practices Across the Supply Chain [J]. Journal of Operations Management, 1996 (14): 333 – 343.

[25] SRIVASTAVA, W. C. BENTON JAYARAMAN, V., R., Supplier Selection and Quantity Allocation: A comprehensive Model [J]. The Journal of Supply Chain Management, 1999 (35): 50 – 58.

[26] LEE, E. K. HA, S. K. KIM, S. Supplier Selection and Management System Considering Relationships in Supply Chain Management, IEEE Transactions on Engineering Management, 2001, 3 (48): 307 – 318.

[27] CHAN, F. T. S. Interactive Selection Model for Supplier Selection Process: an Analytical Hierarchy Process Approach [J]. International Journal of Production Research, 2003, 41 (115): 3549 – 3579.

[29] PRAHINSKI, C., W. C. BENTON. Supplier Evaluations: Communication Strategies to Improve Supplier Performance [J]. Journal of Operations Management, 2004 (22): 39 – 62.

[30] KRENG. V. B., I. C. Wang. Supplier Management for Manufacturer—a Case Study of Flexible PCB [J]. International Journal of Advanced Management Technology, 2005 (25): 785 – 792.

企业横向供应链整合的建模与优化*

曾敏刚　王旭亮　张贵萍　苏水清

摘　要：本文从企业横向供应链整合后的利润最大化入手，同时考虑供应商、核心企业和分销商三者的利润，研究了整合企业所处供应链与目标企业所处供应链的整合问题。基于学习曲线、数量折扣和规模效应对供应商、核心企业和分销商三者在供应链各环节中的物流成本、库存成本和生产成本产生的协同效应，建立了混合整数规划模型并给出其求解方法。最后通过算例，验证了供应链经有效的整合后，其整体利润得到明显提升并且核心企业的利润提升幅度最大。

关键词：横向供应链整合　混合整数规划　优化

一、引言

在面对全球化的国际竞争环境，企业内部扩张难以适应快速变化的市场情况条件下，企业并购尤其是横向并购已经成为了企业快速扩张的新模式，许多企业都希望能通过并购后实现供应链整合，从而提高自身的竞争优势。另外，随着信息技术进步以及管理思想的创新，当今的竞争已不再是企业之间的单打独斗，而是取决于供应链之间的群体竞争。即使在受金融海啸影响的今天，企业横向供应链的整合步伐从未停止，只是变得更加谨慎。市场分散和金融危机造成企业订单急剧减少、库存积压、资金短缺，使得不少中小企业，甚至一些大中型企业濒临破产。同时，一些大型企业也加快并购行动，强强联合，抱团过冬。在这种市场分散、需求变化不确定性都增强的情况下，横向供应链整合成为了企业的一种战略行为，只有着眼整个供应链的企业才能赢得最后的胜利。

在数学建模方面，励凌峰、黄培清从基于成本协同的横向并购入手，研究了横向并购中整合企业所处供应链与目标企业所处供应链的整合问题，建立了具有模糊参数和随机参数的规划模型；吴强创建了供应链整合的动态规划模型；黄青紫以核心企业为主导的三级供应链为研究对象，探讨了如何对并购前的上游供应商和下游分销商进行整合，并分别从核心企业采购总成本和分销总成本的角度建立供应商和分销商的数学整数规划模型；陈俊君根据生产商与零售商两者的零和博弈，以市场的需求与供给的关系为基准，结合运用蛛网模型理论解释生产周期较长的商品在失去供求均衡时发生的不同波动情况，分收敛型蜘蛛网、发散型蜘蛛网和稳定型蜘蛛网三种情况选择不

* 基金项目：国家自然科学基金重点项目（70832003），教育部人文社科研究规划基金项目（08JA630025）。

作者简介：曾敏刚，男，华南理工大学工商管理学院，副教授，研究方向物流与供应链整合。王旭亮、张贵萍、苏水清，华南理工大学工商管理学院。

同的供应链整合方式，还有一些学者从绩效层面对供应链的整合建模研究。

但以上模型都很少考虑生产成本、物流成本的规模效益和数量折扣问题；只选取核心企业而未从供应链整体角度考虑问题；使用专家打分法等主观性较强方法评测等。

本文从整条供应链的利润最大化入手，不仅站在核心企业角度，同时考虑供应商与分销商的利润，使整条供应链都存在横向整合的动机，同时充分考虑整合后各项指标的变化，重新提出生产成本、库存成本，物流成本，这些在以前被忽略的因素在模型中的重要作用，并考虑规模效应，学习曲线等因素，建立了混合整数规划模型，利用 lingo 求解并给出算例，对横向供应链整合研究具有理论意义。

二、问题描述和假设

本文站在目前经济形势与市场分散的角度，构建企业并购后供应链的整合模型。主要情形如下：整合企业 E 和目标企业 F 是其原供应链中的核心企业，各生产 P 种相似的产品，未整合前共有 e 个供应商和 f 个销售商，在并购前企业 E、F 存在重叠的市场需求，但他们独立进行采购—生产—销售的经营活动；并购之前，企业 E 比企业 F 规模大，占有市场份额多，综合竞争力强。横向整合后，不改变原有供应链上成员的属性，也不新增任何成员的前提下，建立混合整数规划模型，通过整合原有供应商，销售商数量，改变采购计划、生产计划、配送计划、库存方式等，从而使得整个供应链获利更大并且供应链参与者之间的利润分配更为合理，对于核心企业而言可以更好提高企业利润，降低产品成本，增强企业在市场上的综合竞争力。

根据所建立的模型，可以为企业确定并购整合后所需的上游供应商，下游分销商以及在运作过程中的最优采购，生产和分销数量，从而实现了企业追求的成本协同效应。在模型中所用到的符号变量：

S，P，K，J：分别为原材料的总数、产品总数、公司总数、市场总数；

s，p，k，j：分别为原材料编号、产品编号、公司编号（1 代表 E，2 代表 F），市场编号；

I_s 表示第 s 种原材料单位库存费用；

Hsp 表示第 s 种原材料中用于生产第 p 种产品的数量；

θ_P 表示第 P 种产品消耗 α 个原材料，产出 θ_P 个产品；

θ_{po} 表示第 p 种产品初始库存量；

V_p 表示第 p 种产品的单位生产成本；

I_p 表示生产出来的产品 p 的单位库存费用；

M_s 表示第 s 种原材料未整合之前供应商的总数量；

P_{si} 表示第 s 种原材料的第 i 个供应商提供的单位价格；

Pp 表示第 p 种商品的市场销售价；

Q_{zi} 表示第 s 种原材料第 i 个供应商的订购量；

T_{jk} 表示第 j 个市场第 K 个分销商处单位成品的分销费用；

G_{pjk} 表示第 p 个产品第 j 个市场第 k 个分销商的产品需求量；

D_{si}，R_{si} 分别表示表示第 s 种原材料第 i 个供应商毁约成本与维持成本；

D_{jk}，R_{jk}分别表示第 j 个市场的第 K 个分销商毁约成本与维持成本；

W_{si}表示从第 i 个供应商处采购第 s 种原材料的单位物流成本；

U_{pjk}表示第 p 个产品运到第 j 个市场第 K 个分销商处的单位产品物流成本；

L 表示一个充分大的常数；

$$X_{si}=\begin{cases}0 & \text{第 } s \text{ 种原材料的第 } i \text{ 个供应商没有被选为整合后的供应商}\\ 1 & \text{第 } s \text{ 种原材料的第 } i \text{ 个供应商被选为整合后的供应商；}\end{cases}$$

$$Y_{jk}=\begin{cases}0 & \text{第 } j \text{ 个市场的第 } k \text{ 个分销商没有被选为整合后的分销商}\\ 1 & \text{第 } j \text{ 个市场的第 } k \text{ 个分销商被选为整合后的分销商。}\end{cases}$$

假设条件：

（1）整合的供应链上企业有原料供应商，产品制造商（即核心企业本身）和产品分销商，他们组成三级链状供应链。

（2）市场对产品的需求在整合前后不变。

（3）假定每个供应商提供的原材料质量是一样的；合作关系等在毁约成本和维持成本中体现。

（4）为符合实际情况，每个供应商只提供一种原材料。如果一个供应商提供 s 种原材料，模型将按照原材料的分类把该供应商视为 s 个供应商，每个供应商只提供一种原材料。而销售商销售 p 种商品则认为是一个销售商。

（5）基于分散市场条件下，整合之后一个市场最终只存在一个分销商，代理核心企业生产的所有产品。这里的市场可以指目前存在的区域市场，也可以是核心企业重新划分的区域市场。

（6）原料和产品在各个环节都会产生存储费用。但在供应商处原材料库存费用以及分销商处产品库存费用忽略不计。

（7）整合后所有市场均实行统一的销售价。

三、横向供应链整合模型

（一）整合模型的目标函数

企业并购后整合供应链时，供应商、制造商即核心企业、分销商在考虑到供应链长期稳定和整体利益可能提高的情况下，都有继续合作意愿，这样可以加强上下游企业之间的协作，形成成本协同效应；同时供应链同级成员之间可以依赖实力对产品价格进行调整，最终达到供应链收益最大化。因此基于形成成本协同的企业并购后供应链的整合模型是通过重新整合供应商和分销商等供应链成员，使得供应链的所有利润最大。在供应链整合中，总利润形式如下：

$$TP=O-(A+B+C) \tag{1}$$

$$O=\sum_{p=1}^{p}\sum_{J=1}^{J}\sum_{K=1}^{K}P_pG_{pjk}Y_{jk} \tag{2}$$

$$A=\sum_{s=1}^{s}\sum_{i=1}^{M_s}X_{si}P_{si}Q_{si}+\sum_{s=1}^{S}\sum_{i=1}^{M_s}[D_{sj}(1-X_{sj})+R_{sj}X_{sj}]+\sum_{s=1}^{s}\sum_{i=1}^{M_s}X_{si}Q_{si}W_{si} \tag{3}$$

$$B=\sum_{s=1}^{s}l_s(\sum_{s=1}^{Ms}Q_{si}-\sum_{p=1}^{p}H_{sp})+\sum_{p=1}^{p}V_p\theta_p+\sum_{p=1}^{p}I_p(\theta_{po}+\theta_p-\sum_{j=1}^{J}\sum_{k=1}^{k}G_{pjk}) \tag{4}$$

$$C=\sum_{p=1}^{p}\sum_{j=1}^{J}\sum_{k=1}^{K}Y_{jk}T_{pjk}G_{pjk}+\sum_{j=1}^{J}\sum_{k=1}^{K}[D_{jk}(1-Y_{jk})+R_{jk}Y_{jk}]+\sum_{p=1}^{P}\sum_{j=1}^{J}\sum_{k=1}^{K}U_{pjk}G_{pjk}Y_{jk} \tag{5}$$

其中A代表采购环节，其中第一项为原材料采购成本，第二项为供应商的维持与毁约成本，第三项原材料的物流成本；B代表生产环节，其中第一项为原材料库存成本，第二项为生产成本，第三项为成品库存成本；C代表分销环节，其中第一项为分销成本，第二项为分销商的维持与毁约成本，第三项为成品的物流成本。

（二）部分函数与变量的说明

为了更符合实际情况，我们对某些变量进行了更为细致的定义，以体现生产成本、库存成本，物流成本在现行经济形式下的重要性，以及由于规模效应，学习曲线等带来的成本变化。

1. 由于数量变化而引起的价格折扣模型：

a. 符号变量：

B_{si}表示第i种原材料第s个供应商所提供的价格折扣系数；

p_{si}表示第i种原材料第s个供应商所提供的价格；

Q_{si}表示第i种原材料第s个供应商所提数量供应；

b. 模型：

$$P_{si}=B_{sij}P_{sio}$$

其中 $$B_{sij}=\begin{cases}1 & 0<Q_{si}\leqslant Q_{s1}\\ B_{si2} & Q_{s1}<Q_{si}\leqslant Q_{s2}\\ \cdots & \cdots\\ B_{sin} & Q_{s(n-1)}<Q_{si}\leqslant Q_{s0}\end{cases}\quad 0<\mathrm{B_{sij}}\leqslant 1$$

2. 由于数量变化学习曲线效果加强：

a. 符号变量：

V_{p1}表示生产第P类产品第一单位需要的成本；

B表示学习率指数，$0<b<1$，$b=\dfrac{\lg r}{\lg 2}$，其中r为学习率；

b. 模型：

$$V_p=\frac{V_{p1}}{1-b}Q_p^{-b}$$

3. 由于数量变化引起的物流成本下降：

a. 符号变量：

W_{si}表示从第i个供应商处采购第s种原材料的单位物流成本；

U_{pjk}表示第p个产品运到第j个市场K个分销商处的单位产品物流成本；

Q_{si}表示第s种原材料第i个供应商的订购量；

G_{pjk}表示第p个产品第j个市场第k个分销商的产品需求量。

b. 模型：

$$W_{si}=W\ (Q_{si})\ =W_{sij}=\begin{cases}W_{si1} & 0\leqslant Q_{si}\leqslant Q_{s1}\\ W_{sit} & Q_{s1}\leqslant Q_{si}\leqslant Q_{st}\\ W_{sij} & Q_{st}\leqslant Q_{si}\leqslant Q_{s0}\end{cases}$$

$$U_{pjk}=U\ (G_{pik})\ =\begin{cases}U_{pjk0} & 0\leqslant G_{pik}\leqslant G_{pi1}\\ U_{pjkt} & 0<G_{pik}\leqslant G_{pit}\\ U_{pjkk} & 0<G_{pik}\leqslant G_{pi0}\end{cases}$$

（三）横向整合整模型的建立

$$\max \quad TP \tag{5}$$

s. t.

$$\sum_{i=1}^{M} X_{si}\leqslant M_s\ (s=1,\ 2,\ \cdots,\ S) \tag{6}$$

$$\sum_{k=1}^{N_j} Y_{jk}\leqslant K\ (p=1,\ 2,\ \cdots,\ p;\ j=1,\ 2,\ \cdots,\ m_p) \tag{7}$$

$$Q_{si}\leqslant LX_{si} \tag{8}$$

$$G_{pjk}\leqslant LY_{jk} \tag{9}$$

$$\sum_{i=1}^{M_s} Q_{si}\geqslant \sum_{p=1}^{p} H_{sp} \tag{10}$$

$$\theta_p=Q\ (\sum_s H_{sp}) \tag{11}$$

$$\sum_{k=1}^{K} Y_{jk}=1 \tag{12}$$

$$\theta_{po}+\theta_p-\sum_{j=1}^{J}\sum_{k=1}^{K} G_{pjk}\geqslant 0 \tag{13}$$

$$\sum_{k=1}^{K} Y_{jk}G_{pjk}=G_{pj}G_{pj} \tag{14}$$

$$\sum_{j=1}^{J}\sum_{k=1}^{K} Y_{jk}G_{pjk}=\sum_{j=1}^{m_p} G_{pj} \tag{15}$$

$$H_{sp}\geqslant 0,\ Q_{si}\geqslant 0 \tag{16}$$

其中式（6）和式（7）代表整合后的原材料供应商和分销商数目可能会减少；式（8）和式（9）表示只有在 X_{si} 和 Y_{jk} 为 1 时，Q_{si} 和 G_{pjk} 才有数值，式（10）表示核心企业的采购量要大于生产需求量，式（11）是生产函数，表示第 P 种产品消耗 $\sum_{sH} sp$ 个原材料，产出 θ_p 个产品；式（12）表示任何一种产品的任何一个市场只有一个分销商；式（13）表示成品库存要大于需求量；式（14）表示合并后第 p 个产品的第 j 个市场需求量相同；式（15）表示合并前后市场的需求量相等。上述模型反映当需求量与销售量不确定的情况下，供应链整合后如何选择供应商，分销商以及数量分配的优化问题。同时，我们使用 lingo 对模型进编程，并利用算例进行求解。

四、算例

本文以电子制造企业为例，E 是整合企业，F 是目标企业，均生产两种产品 P_1 和 P_2，生产周期为 1 个月。生产 P_2 需要 3 种原料，分别是 S_1，S_2 和 S_3。生产 P_2 需要 2 种原料，分别是 S_2 和 S_4。生产一个单位 P_1 需要两个单位的 S_1，一个单位的 S_2 和一个单位的 S_3。生产一个单位 P_2 需要一个单位 S_2 和一个单位 S_4。整合之前企业 E 的原料供应商 M_{si} 有 9 家，企业 F 的原料供应商 M_{si} 有 5 家，详细供应及编号见表 1。

原料供应商 M_{si} 提供原料 S_s，整合之前其原料成本为 RM_{si0}，价格是 P_{si0}，订购量是 Q_{si0}，单位物流成本是 W_{si0}；此时物流费用由供应商支付。整合之后原料供应商原料成本为 RM_{si}，价格是 P_{si}，订购量是 Q_{si}，单位物流成本是 W_{si}；此时物流费用由核心企业支付。供应商的毁约成本是 D_{si}，供应商的维持成本是 R_{si}。整合之后，由于核心企业跟供应商订购批量增大，那么原料供应商原料成本有所下降，价格也会下降。

整合之前，由于企业生产能力的限制，单个企业并不能满足所有市场的需求。其中企业 E 主要市场有区域 1，2，3，4，5，6，7，8，9，企业 F 主要市场有区域 2，3，5，10，11；两者存在交叉市场。产品在市场上统一售价为：P_1：38 元/个，P_2：26 元/个，核心企业整合之后，核心企业由于原料成本，生产成本，库存成本，物流成本都减少，最终给分销商的产品价格也有所下降。模型具体初始数据如下表 2 ~ 表 7，其中成本单位为：元，数量单位为：个。

表 1　　原料供应商编号

原料种类	企业 E	企业 F
S_1	$M_{11}M_{12}M_{13}$	$M_{14}M_{15}$
S_2	$M_{21}M_{22}$	M_{23}
S_3	$M_{31}M_{32}$	M_{3a}
S_4	$M_{41}M_{42}$	M_{43}

表 2　　原材料初始库存

原料种类	企业 E	企业 F
S_1	1500	1000
S_2	1000	800
S_3	1000	800
S_4	1000	800

表 3　　与供应商相关的参数

供应商 M_{si}	整合之前				整合之后			供应能力	毁约成本 D_{si}	维持成本 R_{si}
	成本	价格	数量	物流成本	成本	价格	物流成本			
M_{11}	4	4.4	5000	0.5	3.5	3.9	0.2	8000	500	200
M_{12}	4	4.3	5600	0.4	3.6	4.2	0.4	6500	200	400
M_{13}	4.1	4.6	4400	0.5	3.7	4.1	0.25	7000	600	300
M_{14}	4.1	5	3000	0.6	3.8	4.2	0.3	6500	860	250
M_{15}	4.4	4.8	3500	0.5	3.8	4.2	0.4	5500	310	400
M_{21}	3.4	3.9	7200	0.5	3	3.3	0.2	10000	500	200
M_{22}	3.5	4.1	6800	0.4	3.2	3.5	0.3	8000	700	320
M_{23}	4	4.5	6300	0.4	3.5	4	0.5	8000	560	230

续 表

供应商 M_{si}	整合之前				整合之后			供应能力	毁约成本	维持成本
	成本	价格	数量	物流成本	成本	价格	物流成本		D_{si}	R_{si}
M_{31}	3.4	3.8	3500	0.4	3.2	3.4	0.35	6000	500	240
M_{32}	3.2	3.6	4000	0.3	3.1	3.3	0.25	7000	500	230
M_{33}	3.6	4	3000	0.4	3.3	3.5	0.3	6000	310	600
M_{41}	6.1	6.5	3000	0.7	5.5	5.9	0.5	5000	210	580
M_{42}	5.7	6.2	3500	0.6	5.4	5.8	0.35	5000	420	420
M_{43}	6	6.5	3000	0.7	5.5	5.8	0.4	5000	270	310

表4　　整合之前原材料单位库存费用 I_s

原材料种类	企业 E 的 I_s	企业 F 的 I_s
S_1	0.5	0.5
S_2	0.3	0.35
S_3	0.3	0.3
S_4	0.6	0.65

表5　　整合之后原材料单位库存费用

原材料种类	企业的 I_s
S_1	0.28
S_2	0.2
S_3	0.16
S_4	0.38

表6　　产品生产成本及库存成本

状态	企业	产品	单位生产成本	单位库存费用	产品初始库存量
整合之前	企业 E	P_1	4.0	0.8	1300
		P_2	4.2	0.5	500
	企业 F	P_1	4.2	0.9	1000
		P_2	4.5	0.5	300
整合之后	核心企业	P_1	3.8	0.5	2300
		P_2	4.0	0.4	800

表 7　　　　与分销商相关数据

市场 j	分销商	整合之前						整合之后				毁约成本	维持成本
		产品 P_1			产品 P_2			产品 P_1		产品 P_2			
		T_{pjk0}	G_{pjk0}	U_{pjk0}	T_{pjk0}	G_{pjk0}	U_{pjk0}	T_{pjk}	U_{pjk}	T_{pjk}	U_{pjk}	D_{jk}	R_{jk}
1	N_{11}	32	800	0.8	21.5	760	0.7	32	0.4	22	0.5	200	200
2	N_{21}	31	820	0.8	23	720	0.7	31	0.4	20	0.5	230	600
	N_{22}	33	640	1	23	520	1	32	0.4	21	0.4	600	250
3	N_{31}	32	850	0.8	22	800	0.7	32	0.4	20	0.4	800	300
	N_{32}	33	680	0.9	23	600	1	30	0.5	21	0.6	380	950
4	N_{41}	32	760	0.8	22	640	0.9	32	0.5	22	0.6	700	100
5	N_{51}	31	840	0.8	22	680	0.8	32	0.4	21	0.4	500	150
	N_{52}	34	640	1	23	560	1	31	0.6	21	0.6	400	900
6	N_{61}	32	720	0.9	22	710	0.7	31	0.5	21	0.5	800	300
7	N_{71}	31	810	0.8	22	680	0.8	32	0.4	21	0.6	1000	260
8	N_{81}	32	780	0.8	22	690	0.8	32	0.5	22	0.6	850	200
9	N_{91}	32	820	0.8	22	720	0.7	31	0.4	21	0.5	1100	240
10	N_{101}	33	600	1	23	540	1	31	0.6	22	0.7	500	180
11	N_{111}	33	640	0.9	23	580	1	32	0.5	21	0.7	580	320

整合之前分销价格是 T_{pjk0}，订购量是 G_{pjk0}，单位物流成本是 U_{pjk0}，整合之后分销价格是 T_{pjk}，订购量是 G_{pjk}，单位物流成本是 U_{pjk}。

通过 lingo 求解，模型的整合优化之后模型中 X_{si}，Y_{jk} 最优解如表 8，而这个供应链整合前后绩效比较如表 9。

表 8　　　　最优解

X_{11}	X_{12}	X_{13}	X_{14}	X_{15}	X_{21}	X_{22}	X_{23}	X_{31}	X_{32}	X_{33}	X_{41}	X_{42}	X_{43}
1	0	1	1	0	1	1	1	0	1	1	0	1	1
Y_{11}	Y_{21}	Y_{22}	Y_{31}	Y_{32}	Y_{41}	Y_{51}	Y_{52}	Y_{61}	Y_{71}	Y_{81}	Y_{91}	Y_{102}	Y_{112}
1	0	1	1	0	1	1	0	1	1	1	1	1	1

表 9　　　　供应链整合前后绩效比较

整合前后的变化情况	整合之前	整合之后	增长	增长百分比	占供应链总利润的百分比
整个供应链利润增长	245796	292495	46699	19.00%	
供应商	18570	20600	2030	10.93%	4.35%
核心企业	132096	162585	30489	23.08%	65.29%
分销商	95130	109310	14180	14.91%	30.36%

从上述结果可以看出，整合后供应链整体利润得到了明显的提升，增长19.4%；其中核心企业利润提升最快，23.8%，占供应链总利润的66.0%；分销商利润提升次之，为14.9%，占供应链总利润的29.7%。这些利润主要源于供应链的整合过程中，供应商数量减少，采购原材料批量增大，原材料成本降低；同时物流由核心企业进行系统管理，可以更好利用资源，缩减物流成本；而且产品的生产采取大批量的生产使得核心企业技术更加熟练，生产效率提高，单位产品成本降低；对于分散市场实行分销渠道整合，一个区域市场由一个分销商负责，可以明显降低分销物流成本，同时核心企业的市场覆盖率也大大提高。

五、结论

本文从利润最大化的角度入手，在考虑数量折扣，规模效应，学习曲线对物流成本，库存成本，生产成本的影响下研究了横向供应链整合前后的利润变化以及供应商和分销商的选择问题，建立了混合整数规划模型，利用lingo进行了求解，并通过一个算例证明了供应链整体包括销售商，核心企业，分销商的利润明显增加并且核心企业的利润提升幅度最大。由于横向供应链整合已经成为了一种企业增强竞争力的有效方法，因此本文具有较强的现实意义，特别对我国企业在当前金融危机下实施供应链整合提供了一定的指导。当然，横向供应链整合可能对很多企业而言目标都不是单一的，所以今后还可以对多目标的供应链整合做进一步的研究。

参考文献

[1] 谌小红．供应链整合研究综述［J］．中国海运，2007（7）：247-250.

[2] 励凌峰，黄培清．企业横向并购中的供应链整合模型［J］．工业工程与管理，2005（4）：17-21.

[3] 吴强．基于动态规划的供应链整合［J］．科技创业，2006（8）：77-78.

[4] 黄青紫．企业横向并购中的供应链整合［D］．南京：南京航空航天大学，2007：15-44.

[5] 陈俊君．基于蛛网模型的生产商与零售商供应链整合研究［J］．物流工程与管理，2009（31）：66-68.

[6] 姜新月．基于核心制造企业的供应链整合及绩效评价研究［D］．天津：天津大学，2008：46-50.

[7] 伍江．考虑固定成本的横向兼并模型的分析［J］．贵州财经学院学报，2009（3）：39-44.

[8] 李国良．基于成本优势的企业横向兼并行为研究［J］．流体机械，2007，8（35）：34-38.

[9] 马士华，林勇，等．供应链管理［M］．北京：高等教育出版社，2009.

[10] JEREMY F. SHAPIRO. Modeling the Supply Chain［M］. Citic Publishing House，2005：5-24.

[11] JULKA N，SRINIVASAN R，KARIMI I. Agent-base supply management-1：framework［J］. Computers and Chemical Engineering，2002，26（12）：1755-1769.

物流技术与工程

面向不确定环境的集装箱空箱鲁棒优化调度*

王　琳　陈秋双　张瑞玲　杜玉泉

摘　要： 由于贸易不平衡性，如何有效地管理空集装箱成为班轮公司管理的一大挑战。本文建立了一个带有补偿函数的两阶段鲁棒优化模型，以解决净需求量不确定环境下的空箱调度问题。其中不确定预算 Γ 即对不确定性的保守程度，反映了决策者的风险偏好。本文分析了在不确定预算集下最坏情形的补偿函数，将该鲁棒模型转化为一个大规模线性规划问题，并根据其特点设计了有效的求解方式。数值实验说明鲁棒的代价非常小，求解时间也很短。

关键词： 不确定　空集装箱　鲁棒优化

一、引言

自20世纪50年代以来，集装箱运输这一先进的运输方式以其特有的优势促进了全球贸易的迅速发展。与此同时，由国家和地区之间产业分布以及进出口贸易的不平衡导致的空箱调度管理问题日益引起了研究者的关注。在集装箱调度问题的研究成果中，相当一部分研究是基于这样一种共同的假设，就是所有参数都是确定的，而且认为调度计划一旦制订，就会按部就班地执行。但是这种假设并不现实，由于集装箱的运输流转是一个极为复杂的过程，整个系统由不同的子系统构成。按照运输方式可以分为水路集装箱运输系统、铁路集装箱运输系统以及公路集装箱运输系统；按流转区域可分为水运系统和内陆集疏运系统。各个子系统之间相互关联交织在一起，相互影响，相互制约。而且整个集装箱流转系统涉及班轮公司、港口码头、货代企业、租箱公司等多个不同的主体，因此班轮公司在决策其空箱调度时，不得不面临各种各样的不确定性，包括各种交通工具的运输时间、空箱需求量等。同时，在系统的运行中常常会有一些突发事件发生，如恶劣天气（大雾、风暴潮等）、设施故障等。在实际调度时，这些广泛存在的不确定因素，使得由各种确定性模型和方法得到的优化调度性能指标降低甚至不再可行。这些由于扰动造成的不可行，要么会使补偿成本大大增加，要么失信于客户，这将对企业信誉造成不可估量的影

* 基金项目：此项工作得到国家自然科学基金资助，项目批准号：70772052。

作者简介：王琳，天津科技大学。陈秋双、张瑞玲、杜玉泉，南开大学信息技术科学学院。

响。因此，对于班轮公司来说，如何有效降低箱管成本、合理调度有限的空箱资源，以降低不确定性对整个集装箱流转系统的不利影响、有效地应对突发事件，使计划与调度方案能够具有抗扰动的稳定性、对变化的适应性、灵活性，这是集装箱管理中亟待解决的问题。

关于空箱管理的研究，最早由 White 对铁路运输中的集装箱空箱调运问题建立了动态网络模型。随后考虑不同情形下的集装箱调运优化研究日趋增多，并开始侧重动态性和随机性等方面的研究。刘大镕等利用机会约束规划的思想对随机需求进行了处理，构造了内陆空箱调运模型。Raymond K. cheung 等建立了一个双阶段随机网络模型来研究海运中动态的空箱调运问题，并通过随机混合逼近方法来求解。王斌以空箱需求和费用成本（装卸、运输和租赁）为模糊数分别构建了不同的模糊优化模型。对于不确定性因素的处理，除了用随机规划、模糊规划等方法，鲁棒优化调度也日渐受到研究者的青睐。其思想是模型对数据的不确定具有免疫性。Atamturk 等对需求不确定的空箱调运问题提出了两阶段鲁棒网络流模型。其思想是从网络结构着手，将网络分为两个部分，考虑如何设计前一部分的网络及流量来抵御后一部分的不确定性需求。Erera 等对右端项不确定性的空箱重置问题进行了鲁棒优化研究。对于在扰动集内出现的供需不确定性扰动，总能在补偿集里找到相应的补偿行动，强调解的可恢复性，但没有考虑恢复行动潜在的费用。本文针对符合空箱调运系统特点的净需求量不确定性，建立了带有补偿函数的两阶段鲁棒优化模型，并根据补偿函数特点将其转化为保守程度可控且易处理的大规模线性规划模型。

二、问题描述

在班轮公司的空箱调运管理中，各港口的箱管代理需要制定港口的需箱和供箱报表并且上报给箱管中心，然后由箱管中心制订空箱调运计划，并落实到港口码头堆场及内陆场站。由此可见，空箱的需求量和供给量是系统中最为关键的因素。在此我们将空箱的需求量和供给量定义为空箱的净需求量。空箱调运系统的随机性主要考虑来源于空箱净需求量的不确定性。首先，系统内空箱净需求量可以细分为确定性净需求量和不确定性净需求量两种。确定性净需求量可以通过客户与船公司签订长期的定期要箱合同，或客户事先向船公司通知所需空箱量、需运至时段及用箱合同中的还箱时间，因而在本决策初期提前得知；不确定性净需求量则来自于临时需求客户需求的不确定性扰动以及资源的可用性扰动，是在箱管中心作出调度空箱决策时无法事先预知的。由于随机扰动重复性不强且包含一些主观因素，很难得到精确的分布函数，但可以估计其扰动范围。因此，我们将空箱净需求量考虑为以确定性净需求量加上随机扰动估计值之和为标称值（Nominal Value）的有界对称区间内的随机变量。

本文研究目的是在不确定性预算集下建立一个鲁棒的两阶段模型，协助班轮公司有效地进行港口间的空箱调运，从而减少两阶段的总成本。其中第一阶段决策各港口间的调运量及库存量，第二阶段决策租箱和存储量作为对不确定性参数实现时的补偿。目标是两阶段的总费用最小。

三、模型假设及符号定义

为了方便问题描述，我们给出以下合理假设：

（1）假设以某班轮公司为主体，以其所拥有航线上各港口的码头堆场及其内陆场站中的集装箱为研究对象；

（2）假设在一个包含 T 个周期的计划期内进行决策。我们假定在计划期开始之前，所有的静态信息已知，而动态信息有相应的预测扰动范围；

（3）假设所有顾客的需求必须被满足，并且要及时满足，不能被拖延到下一个周期。由于集装箱运输行业的竞争激烈，客户需求得不到及时满足将造成不可估量的信誉损失，从而导致失去客户；

（4）当空箱库存量不能满足需求时，班轮公司将从集装箱租赁公司租箱。假设租箱的数量没有限制，并且立刻能得到所租的空箱；且租箱成本包括还箱费用在内；

（5）假设库存成本在一个特定港口的码头堆场及其内陆场站保持稳定。

T：表示计划期长度；

P：表示该班轮公司所拥有航线挂靠的港口数量；

t：表示决策的第 t 个时间周期；

τ_{ij}：表示从港口 i 到港口 j 的运输时间；

h_i：表示港口 i 在每单位周期内的空箱库存单位成本；

g_{ij}：表示从港口 i 到港口 j 的空箱调运单位成本；

x_{ij}^t：表示第 t 个周期从港口 i 到港口 j 的空箱调运量，$i \neq j$，为决策变量；

x_{ii}^t：表示第 t 个周期港口 i 的库存量，为决策变量；

$\tilde{b}_i^t$：港口 i 在第 t 个周期的空箱净需求量为 $\tilde{b}_i^t$，设

$$\tilde{b}_i^t \in [\bar{b}_i^t - \hat{b}_i^t, \bar{b}_i^t + \hat{b}_i^t]$$

其中 $\bar{b}_i^t$ 为标称净需求量，$\bar{b}_j^t \geqslant 0$ 表示空箱需求量，$\bar{b}_j^t \leqslant 0$ 表示空箱供应量；这里的 $\hat{b}_i^t \geqslant 0$。

为了控制鲁棒模型的保守程度，我们采用了 Bertsimas 和 Sim 的方法，用不确定性预算集 D 约束 $\tilde{b}_i^t$ 潜在的联合实现。

$$D = \{\tilde{b}_k = \bar{b}_k + \hat{b}_k z_k, z_k \in Z, \forall k\}$$

其中 $Z = \{\sum_k |z_k| \leqslant \Gamma, |z_k| \leqslant 1, \forall k\}$。$\Gamma$ 为保守程度，它界定了不确定参数的实现偏离标称值的偏差总和，也就是不确定性预算集的预算，在实际问题中这一取值反映了决策者的风险偏好。当 $\Gamma = 0$ 时，原模型即不考虑不确定性的标称问题；当 Γ 取 k 的最大值时，意味着不确定性参数能同时取到最坏情形，即最保守的情况。

四、标称模型

$$(\mathrm{NP}) \min \sum_{i=1}^{P} \sum_{t=1}^{T} \mathrm{h}_i x_{ii}^t + \sum_{i=1, i \neq j}^{P} \sum_{t=1}^{T} \mathrm{p}_{ij} x_{ij}^t$$

$$\text{s.t.} \sum_{i \neq j} x_{ij}^{t-\tau_{ij}} + x_{jj}^{t-1} - x_{jj}^{t} - \sum_{k \neq j} x_{jk}^{t} = \bar{b}_j^t, \tag{1}$$

$$j = 1, \cdots, P, t = 1, \cdots, T;$$

$$x_{ij}^t \in Z_+, \forall i, j, t = 1, \cdots, T; \tag{2}$$

目标函数表示库存和调运费用最小化，约束（1）表示流量平衡约束，其中 $x_{ij}^{t-\tau_{ij}}$ 表示$t-\tau_{ij}$周期从i港口出发，于t周期到达j港口的集装箱数量，当$t-\tau_{ij} \leqslant 0$的时候，令 $x_{ij}^{t-\tau_{ij}} = 0$；当$t \geqslant T$的时候，令 $x_{jk}^t = 0$；约束（2）为变量的取值约束。为了方便后面的推导，我们将模型进行矩阵化表示。将决策变量 x_{ii}^t 和 x_{ij}^t 联合表示为以 x_l 为元素的列向量 X，将库存单位成本和调运单位成本联合表示为以 c_l 为元素的列向量 C，标称空箱净需求量表示为以 b_k 为元素的列向量 B，将约束条件（1）表示为矩阵形式，则标称模型可以简化为

$$\min C'X$$

$$\text{s.t. } (AX)_k = b_k, k = 1, \cdots, P \times T; \tag{3}$$

$$x_l \in Z_+, \forall l;$$

五、两阶段鲁棒优化模型

1. 符号定义

在（3）式中，考虑不确定性预算集D中空箱净需求量的实现为 $\tilde{b}_k, k = 1, \cdots, P \times T$；

y_k^+：当 $\tilde{b}_k - (AX)_k \geqslant 0$ 时，$y_k^+ = \tilde{b}_k - (AX)_k$ 表示由于不确定性净需求量的正扰动导致违反第k个约束的程度，y_k^+ 构成列向量 y^+ 为第二阶段决策变量；

y_k^-：当 $\tilde{b}_k - (AX)_k < 0$ 时，$y_k^- = (AX)_k - \tilde{b}_k$ 表示由于不确定性净需求量的负扰动导致违反第k个约束的程度，y_k^- 构成列向量 y^- 为第二阶段决策变量；

C_k^+：表示在第二阶段，采取租箱或其他补偿策略导致的惩罚性单位成本，C^+ 表示由 C_k^+ 构成的列向量；

C_k^-：表示标称模型第k个约束由于不确定性净需求量的负扰动导致的惩罚性空箱库存单位成本，这一成本是为了防止一些港口空箱堆积过多，C^- 表示由 C_k^- 构成的列向量；

这里采用极小极大策略，得到两阶段鲁棒模型

$$(\text{RP}) \min C'X + \max_{\tilde{b}_k \in D} R(X, \tilde{b}_k) \tag{4}$$

$$\text{s.t. } x_l \in Z_+, \forall l;$$

其中第二阶段补偿函数模型为

$$R(X, \tilde{b}_k) = \min \sum_{k=1}^{P \times T} C_k^+ y_k^+ + C_k^- y_k^- \tag{5}$$

$$= \min C^{+\prime} y^+ + C^{-\prime} y^-$$

$$\text{s.t.}\quad y_k^+ - y_k^- = \tilde{b}_k - (AX)_k \tag{6}$$

$$y_k^+, y_k^- \geqslant 0 \tag{7}$$

这里 $D = \{\tilde{b}_k = \bar{b}_k + \hat{b}_k z_k, z_k \in Z, \forall k\}$，其中第一阶段目标函数最小化两部分之和，其中一部分是确定性变量相关的费用，而另一部分是第二阶段由不确定性扰动变量造成的补偿费用。

显然可以将补偿函数 $R(X, \tilde{b}_k)$ 表示成如下形式：

$$R(X, \tilde{b}_k) = \sum_{k=1}^{P\times T} [C_k^+ \cdot \max\{0, (\tilde{b}_k - (AX)_k)\} + C_k^- \cdot \max\{0, ((AX)_k - \tilde{b}_k)\}] \tag{8}$$

接下来我们将基于补偿函数将模型转化为易处理的线性鲁棒模型。

2. 对模型的处理

通过对第二阶段补偿模型进行分析，发现其总是存在可行解且最优值是有限的，由强对偶性可得

$$R(X, \tilde{b}) = \max(\tilde{b} - AX)'g \tag{9}$$

$$\text{s.t.}\quad -C^- \leqslant g \leqslant C^+ \tag{10}$$

因此该鲁棒模型（RP）可以转化为

$$\min_{X\in z_+}[CX + \max_{\tilde{b}\in D, -C^-\leqslant g\leqslant C^+} (\tilde{b} - AX)'g] \tag{11}$$

这里的 D 即前面定义的不确定性预算集。

性质 1：假设 X, g 已知，则

$$\max_{\tilde{b}\in D}(\tilde{b} - AX)'g = (\bar{b} - AX)'g + \min \lambda\Gamma + \sum_{k=1}^{P\times T}\mu_k \tag{12}$$

$$\text{s.t.}\quad \lambda + \mu_k \geqslant \hat{b}_k |g_k|, \forall k \tag{13}$$

$$\lambda, \mu_k \geqslant 0, \ \forall k \tag{14}$$

证明：对于 $Q(X,g) = \max_{\tilde{b}\in D}(\tilde{b} - AX)'g$，由不确定性预算集定义

$Z = \{\sum_{k=1}^{P\times T}|z_k| \leqslant \Gamma, |z_k| \leqslant 1, \forall k\}$ 可得

$$\max_{\tilde{b}\in D}(\tilde{b} - AX)'g = (\bar{b} - AX)'g + \max_{z\in Z}\sum_{k=1}^{P\times T} g_k \hat{b}_k z_k \tag{15}$$

我们定义非空有界集合

$$Z' = \{\sum_{k=1}^{P\times T} z_k' \leqslant \Gamma, 0 \leqslant z_k' \leqslant 1, \forall k\}$$

将（15）式转化为

$$\max_{\tilde{b}\in D}(\tilde{b} - AX)'g = (\bar{b} - AX)'g + \max_{z'\in Z'}\sum_{k=1}^{P\times T}|g_k|\hat{b}_k z_k' \tag{16}$$

由强对偶性可得

$$\max_{z' \in Z'} \sum_{k=1}^{P\times T} |g_k| \hat{b}_k z'_k \qquad \min \lambda \Gamma + \sum_{k=1}^{P\times T} \mu_k$$

$$\text{s.t.} \sum_{k=1}^{P\times T} z'_k \leqslant \Gamma, \qquad \text{s.t. } \lambda + \mu_k \geqslant \hat{b}_k |g_k|, \ \forall k$$

$$0 \leqslant z'_k \leqslant 1 \qquad \lambda, \mu_k \geqslant 0, \ \forall k$$

由此得证。

令向量 g^* 表示 $-C^- \leqslant g \leqslant C^+$ 中的极值点。有以下定理。

定理1：鲁棒问题（11）等价于以下大规模线性规划问题

$$(\text{LRP}) \min_{X \in Z_+} C'X + F \tag{17}$$

$$\text{s.t. } F \geqslant (\bar{b} - AX)' g^*(m) + \lambda_m \Gamma + \sum_{k=1}^{P\times T} \mu_{km}, \forall m,$$

$$\lambda_m + \mu_{km} \geqslant \hat{b}_k |g_k^*(m)|, \ \forall k = 1, \cdots, P\times T$$

$$\lambda, \mu \geqslant 0, X \in Z_+$$

这里 $m = 1, \cdots, 2^k$，表示极值点 g^* 的 m 种可能取值。

证明：由于 $Q(X,g) = \max\limits_{\tilde{b} \in D} (\tilde{b} - AX)' g$ 是关于 g 的连续函数，因此在 $-C^- \leqslant g \leqslant C^+$ 上一定存在极值点 g^* 使得 $Q(X, g^*)$ 达到最大。问题（11）等价于

$$\min CX + F$$

$$\text{s.t. } F \geqslant \max_{\tilde{b} \in D} (\tilde{b} - AX)' g, \tag{18}$$

$$X \in Z_+$$

由性质1，（18）式等价于

$$F \geqslant (\bar{b} - AX)' g^* + \min \lambda \Gamma + \sum_{k=1}^{P\times T} \mu_k$$

可将此约束等价转换为一组约束

$$F \geqslant (\bar{b} - AX)' g^*(m) + \lambda_m \Gamma + \sum_{k=1}^{P\times T} \mu_{km}, \forall m,$$

根据第二阶段补偿函数 $R(X, \tilde{b})$ 的特点，$g^*(m)$ 取到极值点应当在区间 $[-C^-, C^+]$ 的两端，因此有 2^k 种可能的取值。

显然穷举这些端点将导致约束的规模变得相当大。因此，本文希望通过分析解的性质，只产生对求解有益的约束。

3. 性质分析

定义1：定义原问题各约束的最大扰动值：

$$\omega_i = \max\{(\bar{b}_i - (AX)_i + \hat{b}_i) C_i^+, (\bar{b}_i - (AX)_i - \hat{b}_i)(-C_i^-)\} - \max\{(\bar{b}_i - (AX)_i) C_i^+, (\bar{b}_i - (AX)_i)(-C_i^-)\}。$$

定义2：令 I 为 ω_i 中扰动值最大的前 Γ 个下标集合。

性质2：第二阶段补偿函数

$R(X) = \max\limits_{\tilde{b} \in D, -C^- \leqslant g \leqslant C^+} (\tilde{b} - AX)'g$ 的函数值在 $\tilde{b} \in D$ 的最坏情形下取得，可以表示成如下形式

$$R(X) = \sum_{i \in I} \max\{(\bar{b}_i - (AX)_i + \hat{b}_i)C_i^+, (\bar{b}_i - (AX)_i - \hat{b}_i)(-C_i^-)\} + \sum_{i \notin I} \max\{(\bar{b}_i - (AX)_i)C_i^+, (\bar{b}_i - (AX)_i)(-C_i^-)\} \tag{19}$$

证明：我们将第二阶段补偿函数化为

$$\begin{aligned} R(X) &= \max_{\tilde{b} \in D} \max_{-C^- \leqslant g \leqslant C^+} (\tilde{b} - AX)'g \\ &= \max_{\tilde{b} \in D} \sum_{i=1}^{P \times T} \max\{(\tilde{b}_i - (AX)_i)C_i^+, (\tilde{b}_i - (AX)_i)(-C_i^-)\} \\ &= \sum_{i=1}^{P \times T} \max\{(\bar{b}_i - (AX)_i)C_i^+, (\bar{b}_i - (AX)_i)(-C_i^-)\} + \max_{z' \in Z'} \sum_{i=1}^{P \times T} \omega_i z_i' \\ &= \sum_{i=1}^{P \times T} \max\{(\bar{b}_i - (AX)_i)C_i^+, (\bar{b}_i - (AX)_i)(-C_i^-)\} + \max_{i \in I} \sum_{i=1}^{P \times T} \omega_i \end{aligned}$$

这里 $Z' = \{\sum_{i=1}^{P \times T} z_i' \leqslant \Gamma, 0 \leqslant z_i' \leqslant 1, \forall i\}$。由定义1、2，由于不确定性预算集的存在，显然扰动结果对目标函数影响最大的前 Γ 个扰动取得最坏情形时，补偿函数取得最大值，此时 $g^*(m)$ 相应的取到 $[-C^-, C^+]$ 中和扰动同号的端点值。

性质3：X^* 是鲁棒问题（LRP）中的最优解，当且仅当 $F^*(X^*) \geqslant R(X^*)$。

证明：由最坏情形 $R(X)$ 的定义可得。

由上述性质可定义以下迭代过程求解（LRP）问题，这里 V 为迭代次数：

$$\min_{X \in Z_+} C'X + F \tag{20}$$

$$\text{s.t. } F \geqslant (\bar{b} - AX)'g^*(\nu) + \lambda_\nu \Gamma + \sum_{i=1}^{P \times T} \mu_{i\nu} \quad \forall \nu = 1, \cdots, V \tag{21}$$

$$\begin{aligned} &\lambda_\nu + \mu_{i\nu} \geqslant \hat{b}_i |g_i^*(\nu)|, \\ &\forall i = 1, \cdots, P \times T, \forall \nu = 1, \cdots, V \end{aligned} \tag{22}$$

$$\lambda_\nu, \mu_\nu \geqslant 0, X \in Z_+, \forall \nu = 1, \cdots, V \tag{23}$$

（a）任取向量 $g^*(1)$，其中 $g_i^*(1)$ 为 $[-C_i^-, C_i^+]$ 的端点值；

（b）求解上述模型（20）-（23），得到解

$$(X^*, \lambda^*, \mu^*, F^*);$$

（c）将 X^* 代入（19），求解第二阶段补偿函数 $R(X^*)$；

（d）如果 $F^* \geqslant R(X^*)$，则停止迭代，$(X^*, \lambda^*, \mu^*, F^*)$ 即为该问题的最优解；

如果 $F^* < R(X^*)$，则 X^* 不是原问题的最优解，$v = v + 1$；令

$$g_i^*(v) = \begin{cases} C_i^+ & \bar{b}_i - (AX^*)_i \geqslant \hat{b}_i \dfrac{C_i^- - C_i^+}{C_i^- + C_i^+} e_{\{i \in I\}} \\ -C_i^- & \text{其他} \end{cases}$$，这里 $e_{\{i \in I\}} = \begin{cases} 1 & i \in I \\ 0 & i \notin I \end{cases}$，返回（b）。

4. 数值实验

本文算法采用 Matlab R2009a 与 MOSEK 6.0 混合编程实现，所得结果均在 Pentium Ⅳ 2.8G CPU，1G RAM 的个人计算机上测得。

本文根据实际数据的取值范围，随机产生问题实例，对本文方法的有效性进行验证。取港口数 $P=10$，以周为单位，取计划期长度为 $T=24$ 周。2000 个客户净需求量标称值在 $[-10,10]$ 上随机生成，均匀分布在各港口的各个周期，累计后作为空箱净需求量 $\bar{b}$。假设不确定性扰动幅度为 20%，即 $\hat{b}=0.2\bar{b}$。假设库存单位成本为 1，运输单位成本为 2，租箱单位成本为 10，惩罚性空箱库存单位成本为 2。对于不同的保守程度，我们进行了 50 次仿真后的平均计算结果如下：

表 1　　不同 Γ 对解的影响

Γ	Iter	Cost	Time	Price of Robust
0	——	35290	0.54	0%
5	185	35332	95	0.12%
10	216	35470	112	0.51%
15	251	35590	131	0.85%
20	289	35717	155	1.21%
30	350	35971	190	1.93%
50	405	36299	215	2.86%
70	471	36539	253	3.54%
100	563	36776	307	4.21%

其中 Γ 为保守程度，Iter 为平均迭代次数，Cost 表示两阶段鲁棒模型平均目标函数值，Time（单位 s）为相应的平均求解时间，Price of Robust$(\Gamma=\kappa) = \dfrac{Cost(\Gamma=\kappa) - Cost(\Gamma=0)}{Cost(\Gamma=0)}$ 表示鲁棒模型对于数据不同程度的不确定性所付出的代价，即与标称模型解之间的比较，其中 κ 为 Γ 的取值。显然随着保守程度减少，不确定性随之减少，鲁棒模型的目标函数值越接近标称问题。值得注意的是，对于鲁棒性付出的代价相对而言是很小的，当保守程度 $\Gamma=100$ 时（相当于 42% 的不确定性发生），鲁棒性的平均代价仅为 4.21%。从时间上来说，由于标称模型的结构特殊，求解时间相当快，而由鲁棒模型得到的大规模线性模型，由于迭代过程的存在，计算时间虽然有所增加，但平均求解时间仍在可接受范围内。对于实际问题中 Γ 的选取可以根据班轮公司决策者的风险偏好来决策。

六、结论

本文针对班轮公司集装箱管理过程中出现的集装箱净需求量的不确定性进行了研究，建立了两阶段带补偿函数的鲁棒优化调度模型，通过对补偿函数的特点分析，将该模型转化为一个特殊的大规模线性规划模型，并采用了有效的求解方式，计算结果表明，本文鲁棒优化方法所得的解在最优性和鲁棒性之间权衡，只需付出较小的代价就能换取较好的抗干扰能力，其计算时间完全可以满足实际应用的需要，同时，班轮公司可以根据自己的风险偏好选择相应的保守程度来应对空箱调运中的不确定性。

参考文献

[1] 刘大熔，贺斌，蒋良奎，余爱平．随机（单箱种）陆上空箱调运模型［J］．上海海运学院学报，2000，9（3）：8－18.

[2] 汪传旭．刘大熔，贺斌．随机条件下空箱调配模型研究［J］．交通运输工程学报，2001，9（3）：119－122.

[3] 王斌，海运空箱调运模糊优化研究［J］．港工技术，2007.8（4）：11－13.

[4] W. W. WHITE，A. M. Bomberault. A net work algorithm for empty freight car allocation［J］．IBM System journal，1969，15（2）：147－169.

[5] T. G. CRAINIC，M. GENDREAU，P. DEJAX. Dynamic and stochastic models for the allocation of empty containers［J］．Operations Research，1993，（41）：102－126.

[6] RAYMOND K. CHEUNG，CHUEN-YIH CHEN. A Two Stage Stochastic Network Model and Solution Methods for the Dynamic Empty Container Allocation Problem［J］．Transportation Science，1998. 32（2）：142－162.

[7] A. L. SOYSTER. Convex programming with set-inclusive constraints and applications to inexact linear programming［J］．Operations Research，1973，21（5）：1154－1157.

[8] A. BEN-TAL，A. NEMIROVSKI. Robust solutions of uncertain linear programs［J］．Operations Research Letters，1999，25（1）：1－13.

[9] A. BEN-TAL，A. NEMIROVSKI. Robust solutions of linear programming problems contaminated with uncertain data［J］．Mathematical Programming，2000，88（3）：411－424.

[10] D. BERTSIMAS，MELVYN SIM. Robust discrete optimization and network flows［J］．Mathematical Programming，Set. B，2003，98（1）：49－71.

[11] D. BERTSIMAS，MELVYN SIM. The price of robustness［J］．Operations Research，2004，52（I）：35－53.

[12] AIPER ATAMTÜRK' MUHONG ZHANG. Two-Stage Robust Network Flow and Design Under Demand Uncertainty［J］．Operations Research，2007，55（4）：662－673.

[13] AIAN L. ERERA，JUAN C. MORALES，MARTIN SAVELSBERGH. Robust Optimization for Empty Repositioning Problems［J］．Operations Research，March-April 2009，57：468－483.

多车次同时集散货物路线问题研究*

李　建　达庆利　何瑞银

摘　要：本文研究了配送车辆数和车辆工作时间有限的多车次同时集散货物路线问题，以车辆数和运输里程最小为目标建立了多目标模型，提出了允许不可行解的禁忌搜索法。该方法能同时解决路线安排和路线分配的问题，其中路线安排采用了4种邻域搜索方法和重起策略，路线分配采用了初次分配和二次调整策略。算例分析表明，该方法能有效地找到满意解；且采用多车次安排路线比单车次安排路线更加经济合理。

关键词：车辆路线问题　同时集散　多车次　禁忌搜索算法

一、引言

车辆路线问题自文献［5］于1959年提出以来，产生了大量的研究成果，其中主要是单向车辆路线问题，如文献［1-2］、文献［6］分别研究了带货物权重、多车型、开放式单向车辆路线问题。近年由于零售业和逆向物流的发展，同时集散货物路线问题（Vehicle Routing Problem with Simultaneous Deliveries and Pickups，VRPSDP）引起了人们越来越多的关注。该问题广泛应用于快捷物流、邮政及连锁超市等的配送活动中。

目前对多车次同时集散货物路线问题的研究几乎没有。已有的相关研究主要集中在单车次的同时集散货物路线和多车次单向车辆路线问题的研究上。

文献［5-10］研究了单车次的同时集散货物路线问题。文献［3］设计了客户直接排列的解的表示方法，用模拟退火算法求解了规模为20点的同时集散货物路线问题；文献［4］设计了结合2-opt法和等级替换策略混合遗传算法，以运输距离最小为目标求解了问题规模为40点的同时集散货物路线问题；文献［7］修改大量的车辆路线邻域搜索规则，如2-opt、3-opt，并发展了reverse、neck等邻域搜索规则，最后按一定顺序将这些规则组织起来，形成启发式算法；文献［8］也采用了基于插入的启发式算法，其特点是考虑了运输距离、车辆容量剩余和离站点距离等三项插入客户的指标。文献［9］用粒子群算法研究了同时集散货物路线问题；文献［10］首先根据运输距离和装载容量设计了插入算法，取得初始解，然后用记录更新法（Record-to-Record Travel）对初始解进行了改进。以上文献对同时集散货物路线问题的算法设计作了

* 基金项目：国家自然科学基金资助项目（71001053）；江苏省农机局基金资助项目（GXZ08002）。

作者简介：李建，男，南京农业大学工学院，副教授，博士，主要从事物流系统优化研究。达庆利，东南大学经济管理学院。何瑞银，南京农业大学工学院。

研究，但研究的问题还存在以下三个方面的不足：①假设在计划期内（一般为一天），车辆只运行一车次；②车辆的工作时间没有限定，也没有考虑装卸时间；③仅以旅行距离最短为目标。这些假设使问题与实际存在明显的差距，实际中集散货物的车辆一天一般要出行多车次；由于司机的休息和车辆的检修，车辆每天工作的时间是有限制的；为了减少固定投入和司机人数，应该尽量减少车辆数。

文献［11－14］虽然研究了多车次问题，但仅为单向车辆路线问题，没有整合逆向需求，这样会导致车辆空载率高；算法主要以多阶段求解为特征。

本文针对以上不足，研究了以车辆数和旅行距离最小为目标的多车次同时集散货物问题。由于单车次同时集散货物路线问题是 NP－Hard 难题，而多车次同时集散货物问题是单车次同时集散货物路线问题的拓展，一方面要求解单车次同时集散货物路线问题，另一方面还要将路线分配给车辆，这两者相互影响，所以难度更大。为了能同时解决路线安排和路线分配问题，本文提出用允许不可行解的禁忌搜索算法求解该问题，并分析了车辆数的下界值。

二、模型的建立

1. 问题的描述

配送中心派遣一组车辆为客户服务，客户可以同时收货和发货，也可只发货或只取货，每个客户必须被访问且只访问一次；车辆从配送中心出发，完成任务后返回配送中心；货物的装载量不能超过车辆容量；在每个计划期内，每辆车可以服务多车次，但工作的总时间不超过最大值 T。其中两点间的旅行时间等于两点间的距离除以平均速度 v，客户点的装卸时间为 $s\_\ t_i$，配送中心装货时间（或卸货时间）计为 $s\_\ t_0$。目标是要找出车辆数和运输里程最少的车辆路线安排及路线分配。由于车辆数直接影响到物流企业固定成本的投入和司机工资的开支，这两项占到运输成本较大比重，所以本文以车辆数最小为第一目标，运输里程最小为第二目标。

2. 模型

模型符号

V：所有客户的集合；V_0：所有节点的集合，包括客户和配送中心；K：车辆集合；R：路线集合；

Q：车辆容量；c_r：是路线 r 的旅行距离；pd_{ijr}：路线 r 中弧段 ij 的装载量；t_r：路线 r 的旅行时间；T 是车辆每天的最大工作时间；

m：是车辆数量，$m = |K|$；y_{ir}：是二进制变量，表示路线 r 是否访问客户 i，若访问，其值为1，否则为0；x_r^k：是二进制变量，表示路线 r 是否分配给车辆 k，若分配，其值为1，否则为0。

模型的建立

$$\min m \tag{1}$$

$$\min \sum_{k \in K} \sum_{r \in R} c_r x_r^k \tag{2}$$

$$\text{s. t.} \quad \sum_{k \in K} \sum_{r \in R} y_{ir} x_r^k = 1, \forall i \in V \tag{3}$$

$$pd_{ijr} \leqslant Q, \forall i \in V_0, \forall j \in V_0, i \neq j, \forall r \in R \tag{4}$$

$$\sum_{r \in R} \left(t_r + \sum_{i \in V} s\_\ t_i y_{ir} + 2s\_\ t_0 \right) x_r^k \leqslant T, \forall k \in K \tag{5}$$

$$x_r^k \in \{0,1\}, \ \forall k \in K, \ \forall r \in R \tag{6}$$

$$y_{ir} \in \{0,1\}, \ i \in V, \ \forall r \in R \tag{7}$$

（1）式和（2）式是目标函数，（1）式表示使车辆数最小；（2）式表示旅行距离最小；（3）式表示每个客户必须且仅被一条线路访问；（4）式表示满足车辆容量约束；（5）式是对车辆工作时间的约束；（6）式和（7）分别限制变量 x_r^k 和 y_{ir} 的取值。

三、算法设计

由于禁忌搜索算法在经典车辆路线（Vehicle Routing Problem，VRP）研究中表现出较强的竞争力，所以本文选用禁忌搜索算法作为求解框架。为了使目标（1）和目标（2）最小，首先确定最小车辆数：仅考虑容量约束，计算出旅行距离最小的路线安排及其总运输时间，进而由车辆最大工作时间，确定出最小车辆数；然后将容量约束和车辆工作时间约束一起考虑，再确定旅行距离最小的路线安排。

由于多车次同时集散货物路线问题包含路线的安排和路线的分配两个子问题，而这两个子问题相互作用，无论先考虑哪一个子问题，都难以确保解的可行性。为了同时决策这两个子问题，将车辆工作时间约束（5）修改后加入旅行距离目标函数（2）中，允许产生不可行解。目标函数（2）修改后的结果如（8）式所示，其中 M 为惩罚值。

$$\min \sum_{k \in K} \sum_{r \in R} c_r x_r^k + M \sum_{k \in K} \max\left(\sum_{r \in R} \left(t_r + \sum_{i \in V} s\_\ t_i y_{ir} + 2s\_\ t_0 \right) x_r^k - T, 0 \right) \tag{8}$$

目标函数（8）需要计算总的旅行距离和总的时间违背量，总的旅行距离通过安排的路线直接求出，而总的时间违背量要通过路线分配的结果来计算。其总体算法步骤为：

步骤1：仅考虑容量约束构造初始解；

步骤2：仅考虑容量约束，以旅行距离最小为目标，即目标函数（2），从当前解执行禁忌搜索算法，重复 *outer_ iter_* max 次步骤2.1和2.2：

步骤2.1：对当前解依序使用2 - opt*，Reverse，1 - 0，Reverse，1 - 1，Reverse 邻域搜索方法，选出最好的非禁忌解作为当前解，并更新目前最好解。

步骤2.2：如果目前最好解超过一定代数（*Inner_ iter_* max）没有更新，则重起，清空禁忌表；从2 - opt*，Reverse，1 - 0和1 - 1中随机选取两邻域搜索方法执行，以改变当前搜索方向。

步骤3：根据仅考虑容量约束，以旅行距离最小为目标求得的路线安排，确定最小车辆数；

步骤4：以旅行距离和总的时间违背量之和最小为目标，即目标函数（8），重复

*outer_ iter_* max 次步骤 2.1 和步骤 2.2。其中，在步骤 2.1 至步骤 2.2 中每执行一步后，对目前最好解进行更新，更新的规则是：若时间违背量 $\sum_{k\in K}\max\left(\sum_{r\in R}\left(t_r+\sum_{i\in V}s\_\ t_i y_{ir}+2s\_\ t_0\right)x_r^k-T,0\right)$ 减小，则更新；或者时间违背量相等，而运输里程 $\sum_{k\in K}\sum_{r\in R}c_r x_r^k$ 减小，则更新。目前最好解是指从程序开始到当前搜索到的最好解。

（一）初始解的构造

用扫描法构造初始路线，其步骤如下：

步骤1：根据客户极坐标值，对客户进行排序；

步骤2：随机选取一客户作为起点，依次将客户分配给路线，路线只需满足容量约束（4），如图1所示：

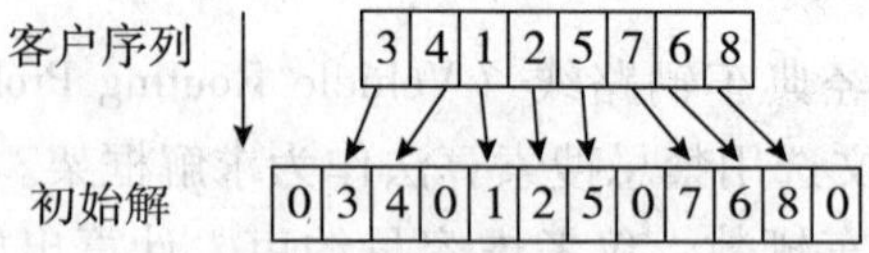

图1 初始解的产生

步骤3：计算旅行距离，即目标函数（2）；

步骤4：由于每个客户都可作为车辆路线的第一个客户，这样有 n 个客户就可形成 n 种路线安排，选择其中最好的路线安排（即目标值最小）作为禁忌搜索算法的初始解。

（二）路线邻域搜索方法

1. 邻域结构设计

本文选用4种邻域搜索方法：Reverse、1-0 交换、1-1 交换、2-opt* 交换。1-0 交换，1-1 交换，2-opt* 交换属于线路间优化，而 Reverse 属于线路内部优化。采用客户和配送中心共同排列表示解的方法，用0表示配送中心，用 1，2，…，n 表示各需求点。为了利于程序的编写和应用，本文采用编码的方式来解释这些方法。

（1）Reverse。该方法出自文献［7］，就是将线路的一部分子线路逆转，属于线路内部变换。如将某条路线 01 2345670 中的划线部分逆转后变为 01 6543270。

（2）1-0 交换，1-1 交换。它们也称为 Swap/shift 移动，介绍在文献［10］中，是路线间的客户移动。1-0 交换就是一条路线的某一客户插入到另一路线中去，如路线 01 2345067 890 中的客户 2 插入到客户 8 前面，得到路线 01345067 2890；1-1 交换是指在两条路线中各选一个客户来相互交换，如路线 01 2345067 890 中的客户 2 与客户 8 交换，得到路线 01 8345067 290。

（3）2-opt* 交换。该方法介绍于文献［17］，它是 1-1 交换的扩展，将两条路线的尾部进行交换，如路线 012 345067 890 中的划线部分交换，得到路线 012 89067 3450。

在以上四种邻域方法中，Reverse 邻域方法的计算时间复杂性为 $O(n^2)$，1 - 0 交换，1 - 1 交换和 2 - opt* 交换的时间复杂性均为 $O(n^3)$。

2. 重起策略和扰动

重起就是选择一个新解作为搜索的当前解，本文选择目前最好解作为重起的起点。当目前最好解超过一定代数没有被更新，则将该最好解作为当前解，清空记忆表，沿新的方向搜索解空间。

为了改变解的搜索方向，加入扰动，以使解沿着新的方向搜索，开发更大的解空间。本文采用的扰动方法是在以上四种邻域方法（Reverse、1 - 0 交换，1 - 1 交换和 2 - opt*）中随机选取两种方法来执行，以改变固定搜索顺序。

（三）车辆数的确定

通过取消车辆工作时间约束，先求出总的运输时间（包括旅行时间和装卸时间），再确定最小车辆数。具体方法为：首先将时间约束 T 设置为一大数 M，把问题变为只有容量约束的同时集散货物路线问题。通过 3.1 和 3.2 部分求解该问题，得出总运输时间 $\sum_{r\in R}(t_r + \sum_{i\in V} s\_\ t_i y_{ir} + 2s\_\ t_0)$。由于总运输时间须满足 $\sum_{r=1}^{|R|}(t_r + \sum_{i\in V} s\_\ t_i y_{ir} + 2s\_\ t_0) \leq \sum_{k=1}^{m} T$，其中使该不等式满足的最小 m 值就是所求的最小车辆数，即 $m = [\sum_{r\in R}(t_r + \sum_{i\in V} s\_\ t_i y_{ir} + 2s\_\ t_0)/T] + 1$，“[ ]”表示向下取整。由于车辆最大工作时间的约束，若在最小 m 值下找不到可行解，可将 m 增加 1，重新搜索。

（四）路线的分配和调整

（1）路线的初次分配

路线初次分配的方法是将运输时间最长的路线分配给剩余时间最多的车辆，依次循环直到路线分配完为止，其中允许不满足时间约束。

（2）路线的调整

若初次分配的结果不能满足时间约束，则对其路线进行调整，以减少时间违背量。对路线调整的策略是两两交换，即在两辆不同车中随机选取了两条路线进行交换，以取得时间违背量小的解。

四、数据实验

某第三方物流企业需要为 100 个客户集送货物，其中第三方物流企业的配送中心坐标为（34，36），客户的位置、货物需求量和发送量见表 1 所示，在每个客户点的装卸货时间设为 0.1 小时，车辆在配送中心装货和卸货时间各为 0.1 小时，车速设为 35 公里/小时，车辆装载容量为 10 吨，每辆车的工作时间为 8 小时，惩罚值 M 设为 3000，*outer_ iter_* max = 100，*Inner_ iter_* max = 20。笔者利用 Visual Basic 6.0 编写了算法程序，运行计算机 CPU 为 Pentium IV 1.6GHz PC。

表1　客户数据

序号	X坐标（km）	Y坐标（km）	发货量（t）	收货量（t）	序号	X坐标（km）	Y坐标（km）	发货量（t）	收货量（t）	序号	X坐标（km）	Y坐标（km）	发货量（t）	收货量（t）	序号	X坐标（km）	Y坐标（km）	发货量（t）	收货量（t）
1	42	7	0.08	0.42	26	10	20	0.95	0.95	51	15	19	0.08	0.02	76	49	73	1.68	0.82
2	24	12	0.25	0.25	27	5	30	0.03	0.17	52	22	22	0.20	0.00	77	67	5	0.19	2.31
3	23	3	0.09	0.61	28	20	40	0.60	0.60	53	18	24	1.65	0.55	78	56	39	2.51	1.09
4	11	14	1.41	0.39	29	15	60	0.43	1.28	54	26	27	2.60	0.10	79	37	47	0.47	0.13
5	6	38	0.25	1.35	30	45	65	0.62	0.28	55	25	24	1.92	0.08	80	37	56	0.33	0.17
6	2	48	0.00	0.10	31	45	20	0.49	0.61	56	22	27	0.90	0.20	81	57	68	1.26	0.24
7	8	56	0.39	2.31	32	45	10	0.40	1.40	57	25	21	1.01	0.19	82	47	16	0.85	1.65
8	13	52	0.90	2.70	33	55	5	0.26	2.64	58	19	21	0.90	0.10	83	44	17	0.35	0.55
9	6	68	0.26	2.74	34	65	35	0.16	0.14	59	20	26	0.69	0.21	84	46	13	0.23	0.57
10	47	47	1.30	0.00	35	65	20	0.18	0.42	60	18	18	1.70	0.00	85	49	11	0.40	1.40
11	41	49	0.84	0.16	36	45	30	1.13	0.57	61	49	58	0.84	0.16	86	49	42	1.11	0.19
12	35	17	0.34	0.36	37	35	40	1.40	0.20	62	27	43	0.57	0.33	87	53	43	1.14	0.26
13	55	45	1.06	0.24	38	41	37	1.44	0.16	63	37	31	1.17	0.23	88	61	52	0.26	0.04
14	55	20	0.69	1.21	39	64	42	0.59	0.31	64	57	29	0.92	0.88	89	57	48	1.94	0.36
15	15	30	1.30	1.30	40	40	60	1.40	0.70	65	63	23	0.07	0.13	90	56	37	0.40	0.20
16	25	30	0.25	0.05	41	31	52	1.61	1.09	66	53	12	0.14	0.46	91	55	54	2.55	0.05
17	20	50	0.20	0.30	42	35	69	1.17	1.13	67	32	12	0.26	0.44	92	15	47	0.51	1.09
18	10	43	0.21	0.69	43	53	52	1.08	0.02	68	36	26	1.30	0.50	93	14	37	0.42	0.68
19	55	60	1.47	0.13	44	65	55	1.18	0.22	69	21	24	2.45	0.35	94	11	31	0.25	0.45
20	30	60	0.80	0.80	45	63	65	0.78	0.02	70	17	34	0.15	0.15	95	16	22	2.98	1.12
21	20	65	0.37	0.83	46	2	60	0.02	0.48	71	12	24	0.65	0.65	96	4	18	0.78	2.72
22	50	35	1.33	0.57	47	20	20	0.80	0.00	72	24	58	0.79	1.11	97	28	18	1.67	0.93
23	30	25	1.92	0.38	48	5	5	1.60	0.00	73	27	69	0.39	0.61	98	26	52	0.45	0.45
24	15	10	1.33	0.67	49	60	12	0.62	2.48	74	15	77	0.18	0.72	99	26	35	1.11	0.39
25	30	5	0.13	0.67	50	40	25	0.56	0.34	75	62	77	1.61	0.39	100	31	67	0.14	0.16

1. 多车次同时集散货物路线问题的计算

为了确定最小车辆数，首先将 T 设置为 M，即取消车辆工作时间约束，求解单车次同时集散货物路线问题。单车次同时集散货物路线问题的最好可行解目标值为919.181公里（运算10次），CPU计算时间为36秒，解为：

车辆1：0－70－71－26－96－48－4－24－3－25－67－12－68－0；

车辆2：0－99－28－93 －18－5 －27 －94－15－95－53－59－16－0；

车辆3：0－62－98－17－8－29－21－72－20－41－37－0；

车辆4：0－79－11－19－81－45－75－76－40－80－0；

车辆5：0－92－6－7－46－9－74－73－100－42－30－61－91－43－10－0；

车辆6：0－31－82－66－49－77－35－65－34－39－44－88－89－13－87－86－0；

车辆7：0－63－36－14－64－90－78－22－38－0；

车辆8：0－54－55－57－97－23－0；

车辆9：0－50－83－84－85－33－32－1－2－60－51－58－47－52－69－56－0，解的相关数据如表2所示。

表2　　单车次同时集散货物路线问题解的相关数据

数据	车辆1	车辆2	车辆3	车辆4	车辆5	车辆6	车辆7	车辆8	车辆9	平均值
	路线1	路线2	路线3	路线4	路线5	路线6	路线7	路线8	路线9	
最大装载量（吨）	9.45	9.75	9.33	9.83	9.45	9.98	9.59	9.12	9.57	9.56
满载率	94.5%	97.5%	93.3%	98.3%	94.5%	99.8%	95.9%	91.2%	95.7%	95.6%
路线时间（小时）	4.80	3.84	3.69	4.39	5.91	5.60	3.02	1.88	4.93	4.23
车辆使用时间利用率	60.0%	48.0%	46.1%	54.9%	73.9%	70.0%	37.8%	23.5%	61.6%	52.9%

由于总发货量和总收货量的最大值为83.79吨，所以表2表明单车次解已取得最小车辆数（9辆）。利用 $m = [\sum_{r \in R}(t_r + \sum_{i \in V} s\_\ t_i y_{ir} + 2s\_\ t_0)/T] + 1$，计算多车次最小车辆数 $m = [38.06/8] + 1 = 5$ 辆，求解多车次同时集散货物路线问题。最好可行解目标值为940.6621公里（运算10次），CPU计算时间为45秒，解为：

车辆1：0－23－55－54－0－93－5－18－6－46－9－74－21－73－100－42－61－19－91－43－0

车辆2：0－66－33－77－49－35－65－34－39－89－13－87－86－10－0－37－79－41－20－72－98－0

车辆3：0－38－22－78－90－64－14－36－63－0－11－80－40－30－76－75－81－45－44－88－0

车辆4：0－68－12－67－25－3－24－48－4－51－60－47－58－0－62－17－29－7－8－92－28－99－0

车辆5：0－70－15－94－27－96－26－71－95－53－59－16－0－50－31－83－82－

84 -85 -32 -1 -2 -97 -57 -52 - 69 -56 -0，解的相关数据如表3所示。

表3 多车次同时集散货物路线问题解的相关数据

数据	车辆1		车辆2		车辆3		车辆4		车辆5		平均值
	路线1	路线2	路线3	路线4	路线5	路线6	路线7	路线8	路线9	路线10	
最大装载量（吨）	6.44	9.58	9.61	5.85	9.59	9.95	9.96	9.23	9.68	9.84	8.97
满载率	64.4%	95.8%	96.1%	58.5%	95.9%	99.5%	99.6%	92.3%	96.8%	98.4%	89.7%
路线时间（小时）	1.4	6.4	5.3	2.5	3.0	4.7	4.5	3.2	3.6	4.3	3.9
车辆使用时间（小时）	7.84		7.79		7.68		7.62		7.95		7.78
车辆使用时间利用率	98.0%		97.3%		96.0%		95.2%		99.4%		97.2%

2. 允许不可行解的禁忌搜索算法与两阶段算法的比较

从单车次同时集散货物路线问题和多车次同时集散货物路线问题的计算可知，该算法均能搜索到的满意解：车辆数均取得下界值，单车次同时集散货物路线问题的解具有较高的平均满载率（95.6%），多车次同时集散货物路线问题的解具有较高的平均时间利用率（97.2%）。为了更好体现允许不可行解的禁忌搜索算法的优势，将其与两阶段算法作比较，如表4所示。两阶段算法就是先不考虑车辆工作时间的限制，用禁忌搜索算法计算单车次值；然后在第二阶段根据单车次解用装箱算法生成多车次路线安排。从表4可以看出允许不可行解的禁忌搜索算法求得的车辆数比两阶段算法取得的车辆数节约了2辆（28.6%），而运输距离仅增加了21.48公里（2.3%）；车辆使用平均时间利用率提高了29.2%，而车次平均满载率仅降低5.9%。由于本文以车辆数为第一目标、运输距离为第二目标，所以表4表明允许不可行解的禁忌搜索算法优于两阶段算法。

表4 允许不可行解的禁忌搜索算法与两阶段算法的比较

比较	车辆数	运行距离（公里）	车次平均满载率	车辆使用平均时间利用率
两阶段算法	7	919.18	95.6%	68.0%
允许不可行解的禁忌搜索算法	5	940.66	89.7%	97.2%

3. 多车次同时集散货物路线问题与单车次同时集散货物路线问题的比较

为了体现多车次安排的优势，将多车次安排和单车次安排的主要参数作比较，如表5所示。从表5的比较可以看出采用多车次安排能够节约4辆车辆的使用，相应减少44.4%的车辆固定使用费（或租赁费）和司机工资费用，而运行距离只增加了21.48公里，占总旅行距离的2.3%；车次平均满载率虽然降低5.9%，但车辆使用平均时间利用率提高了44.3%。由于车辆固定成本和司机工资费用在运输总费用中占较大比重，所以采用多车次安排，能在车辆满载率和车辆使用时间利用率之间取得更好的平衡，使配送操作更加经济合理。

表 5　　多车次同时集散货物路线问题与单车次同时集散货物路线问题的比较

比较	车辆数	运行距离（公里）	车次平均满载率	车辆使用平均时间利用率
单车次同时集散货物路线问题	9	919.18	95.6%	52.9%
多车次同时集散货物路线问题	5	940.66	89.7%	97.2%

五、结语

多车次同时集散货物路线问题的研究对配送操作具有十分重要的现实意义。本文针对现实中配送车辆和工作时间有限的特点，建立了更符合实际的多车次同时集散货物路线问题模型。由于模型属于 NP - hard 难题，本文提出根据单车次同时集散货物路线问题的解确定最小使用车辆数，再采用允许不可行解的禁忌搜索法同时决策路线安排和路线分配的问题。最后算例的计算表明该方法能有效的求得满意的可行解；采用多车次路线安排更加经济合理。本文的模型和求解算法可为广大物流企业（尤其是第三方物流企业）的实际配送操作提供优化技术支持。

参考文献

[1] 潘震东，唐加福，韩毅．带货物权重的车辆路径问题及遗传算法［J］．管理科学学报，2007，10（3）：23 - 29.

[2] 李建，张永，达庆利．第三方物流多车型硬时间窗路线问题研究［J］．系统工程学报，2008，23（1）：74 - 80.

[3] 郎茂祥．装卸混合车辆路径问题的模拟退火算法研究［J］．系统工程学报，2005，20（5）：485 - 491.

[4] 张建勇，李 军．具有同时配送和回收需求的车辆路径问题的混合遗传算法［J］．中国公路学报，2006，19（4）：118 - 122.

[5] DANTZIG G，RAMSER J. The truck dispatching problem［J］．Management Science，1959，6（1）：80 - 91.

[6] LI F，GOLDEN B，WASIL E. The open vehicle routing problem：Algorithms，large-scale test problems，and computational results［J］．Computers & Operations Research，2007，34（10）：2918 - 2930.

[7] NAGY G，SALHI S. Heuristic algorithms for single and multiple depot vehicle routing problems with pickups and deliveries［J］．European Journal of Operational Research，2005，162（1）：126 - 141.

[8] DETHLOFF J. Vehicle routing and reverse logistics：the vehicle routing problem with simultaneous delivery and pick-up［J］．OR Spectrum，2001，23（1）：79 - 96.

[9] AI T J，KACHITVICHYANUKUL V. A particle swarm optimization for the vehicle routing problem with simultaneous pickup and delivery［J］．Computers & Operations Research，2009，36（5）：1693 - 1702.

[10] CHEN J - F，WU T - H. Vehicle routing problem with simultaneous deliveries and pickups［J］.

Journal of the Operational Research Society, 2006, 57 (5): 579 - 587.

[11] TAILLARD E, LAPORTE G, GENDREAU M. Vehicle routing with multiple use of vehicles [J]. Journal Operational Research Society, 1996, 47 (8): 1065 - 1070.

[12] PETCH R J, SALHI S. A multi-phase constructive heuristic for the vehicle routing problem with multiple trips [J]. Discrete Applied Mathematics, 2004, 133 (1): 69 - 92.

[13] BRANDÃO J, MERCER A. A tabu search algorithm for the multi-trip vehicle routing and scheduling problem [J]. European Journal of Operational Research, 1997, 100 (1): 180 - 191.

[14] OLIVERA A, VIERA O. Adaptive memory programming for the vehicle routing problem with multiple trips [J]. Computers & Operations Research, 2007, 34 (1): 28 - 47.

[15] TOTH P, VIGO D. The Vehicle Routing Problem [M]. Philadelphia: Siam, 2002.

[16] GILLETT B E, MILLER LR. A heuristic algorithm for the vehicle-dispatch problem [J]. Operations Research, 1974, 22 (4): 340 - 349.

[17] POTVIN J Y, ROUSSEAU J M. An exchange heuristic for routeing problems with time windows [J]. Journal of the Operational Research Society, 1995, 46 (12): 1433 - 1446.

灾害链中多资源应急调度模型与算法*

李　进　张江华　朱道立

摘　要：灾害事故的应急资源调度是减少生命财产损失的有效手段。以往研究大多数缺少对灾害链的考虑，忽视了在整个灾害链中调配应急资源，因而不能完整的解决应急资源调度问题。本文考虑灾害链中多资源应急调度问题，建立了多资源多受灾点应急调度模型，设计了基于图论中网络优化和线性规划优化思想的启发式算法，并分析了算法复杂性。该算法根据应急资源在原生灾害和次生灾害中的需求对资源进行分类，对灾害链中都需要的公共应急资源，通过对模型线性松弛解的修正，降低问题的复杂性，减少算法的计算时间；而对原生或次生灾害中需要的应急资源，运用领域搜索方法寻找出救点，得到满意的资源调度方案。最后通过算例验证了算法的有效性和可行性，表明算法适合较大规模的计算，并能满足应用中的实时性要求。

关键词：灾害链　应急资源调度　多资源　启发式算法

一、引言

我国是世界上少数灾害种类最多的国家之一，地震、洪涝、台风、沙尘暴等自然灾害和火灾、交通事故、化学事故等频繁发生，许多灾害事故，特别是等级高、强度大的灾害事故发生后，常常诱发出一连串的其他灾害，形成灾害链。灾害链是指原生灾害及其引起的一种或多种次生灾害所形成的灾害系列（见图1，其中 D_1，D_2，…，D_n 表示同一时段的次生灾害，既可以是同一地点的不同灾害，也可以是不同地点的同一灾害）。所谓原生灾害是指由动力活动或环境异常变化直接形成的灾害事故；次生灾害是由原生灾害引起的“连带性”或“延续性”灾害，灾害链中的一系列次生灾害往往可以通过相关的数据分析估计到其发生概率。例如，2008 年 5 月 12 日发生的四川汶川特大地震，引发了大量的连带性次生灾害，强烈的地震使山体崩塌，形成滑坡、泥石流；水坝河堤决口造成水灾；易燃易爆物的引燃形成火灾、爆炸等。另外，台风、森林火灾、洪水等灾害在发生过程中往往会产生延续性的次生灾害，造成不同地区发生程度不同的同类灾害，例如，2009 年第 8 号台风“莫拉克”，裹挟风雨席卷台湾沿海，并陆续袭击了台湾、福建、浙江、江西、安徽等地，对各地造成不同程度的水灾和房屋倒塌等灾害。灾害链的存在给灾害的预防和应急处置构成了极大的挑战。

---

* 基金项目：国家自然科学基金重点资助项目（70432001）；上海市重点学科建设资助项目（B210）；教育部人文社会科学项目（06JA630018）。

作者简介：李进，浙江工商大学。张江华，山东大学管理学院。朱道立，同济大学经济管理学院。

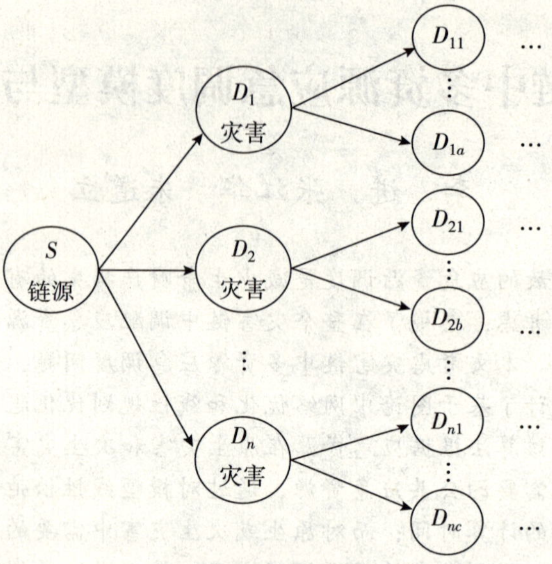

图1　灾害链示意

突发事件的发生突然、发展的速度快，出乎意料，往往具有信息缺失、数据难以收集与整理等特点，使得事件难以应对。为了及时、科学、有效地应对各种灾害事故，国内外学者进行了一些卓有成效的研究，主要集中于事前的应急服务点的选址、应急资源配置，事中的应急疏散、应急资源调度和事后的应急能力评估等方面。而灾害事故的应急资源调度是抢险救灾的关键步骤，制订合理的调度方案，选择恰当的应急服务点意味着能赢得更多的时间最大程度地减轻灾害事故带来的不利后果。在应急资源调度方面，何建敏、刘春林等人针对应急系统多出救点问题的特点，引入了连续可行方案的概念，在考虑“应急时间最短”、“出救点数目最少”的目标下对单灾点单资源的多出救点组合问题进行了研究，提出了有效的数学模型及求解算法。戴更新和达庆利建立了应急开始时间最早目标下的单灾点多资源应急问题的数学模型并进行了求解。在此基础上，高淑萍和刘三阳针对多资源连续消耗应急系统调度问题中出救点到应急地点的时间不确定性，提出了基于联系数的多资源连续消耗应急系统应急开始时间最早的模型和算法。吕永波等对救灾物资发放问题进行了研究，建立了此类问题的数学模型，设计了动态遗传算法，并通过求解实际问题对标准遗传算法与设计的动态遗传算法结果进行了对比。Linet 和 Ediz 对应急资源运输调度问题进行了探讨，假定当前和将来一段时间内供应的物资数量有限且将来需要的物品数量可以预测，对车辆的分配命令是由一系列的“断点”路线组成，目标是使救援中心的需求在请求的时间里最大化，建立了两个模型使用拉格朗日松弛迭代联立求解。Fiedrich 、Gehbauer 和 Rickers 探讨了在时间、资源的数量和质量是有限的情况下，通过资源的有效使用提高救援的质量，使死亡人数最少，给出了地震后向多个受灾地点分配和运输资源的最优计划模型。Jae Young Choi 研究了在路网情况不确定情况下如何分配有限的资源如救护车和其他应急救灾车辆将受伤人员运输到医院，目标是使受伤人员存活数最多。

以上研究都考虑单受灾点多资源或单资源多受灾点情形下的应急资源调度问题，没有涉及面向灾害链的多资源多受灾点的应急资源调度问题，但是在实际灾害事故发生时，随着事态的发展，极可能有次生灾害发生，对应急资源的需求也不可避免的涉及人力物力等多种资源，因此，考虑可能发生次生灾害情形下的多资源应急调度问题的研究更加具有实际意义。为此，本文在以上文献研究的基础上，考虑到可能在多个地点发生次生灾害的情形，建立了灾害链中多资源应急调度模型，并设计了基于线性规划优化和图论中网络优化思想的启发式算法，给出了算法的复杂性分析，最后通过算例验证了该算法的有效性和可行性，算例表明该算法适合较大规模问题的求解，能够满足应用中的实时性要求。

二、问题描述

1. 问题假设

不同灾害事故有着各自的不同特性，相应的应急资源调度也有着不同情景。为了简化决策模型和分析过程，本文所考虑的灾害链情形下的多资源应急调度问题作如下假设：

（1）假设灾害链由原生灾害和次生灾害构成，次生灾害的发生具有一定的概率，且不考虑次生灾害所引起的后续灾害；

（2）假设出救点（应急资源供给点）的布局现状已定，每个出救点的资源供给是有限的；

（3）假设应急资源都以整数计，将应急资源的需求划分为原生灾害需求和次生灾害需求，原生灾害需求和次生灾害需求相互独立；

（4）应急资源从一个地点到另一个地点的运输时间为常数，不考虑道路运输能力和不确定性；

（5）假设所有的应急资源调度都完全听从指挥，能按制订的调度计划完成调度工作，应急资源的调度供给不仅要满足原生灾害受灾点对资源的需求，还要兼顾可能的次生灾害受灾点的资源需求。

2. 符号和决策变量

假定应急网络 $G = (V,E)$，其中 V 为地点集，E 为道路弧集。假设出救点集合为 $L = \{A_i \mid i = 1,2,\cdots,|L|\}$，$L \subset V$；原生灾害受灾点集合为 $F = \{B_f \mid f = 1,2,\cdots,|F|\}$，$F \subset V$；次生灾害受灾点集合为 $M = \{C_v \mid v = 1,2,\cdots,|M|\}$，$M \subset V$，对于每个可能的次生灾害受灾点 C_v，以概率 p_v 发生次生灾害。应急资源种类集合为 $R = \{j \mid j = 1,2,\cdots,|R|\}$。

其他符号和决策变量定义如下：

r_i^j：出救点 i 的 j 种资源的可用量，$i \in L$，$j \in R$；

n_c^j：受灾点 c 的 j 种资源需求量，$c \in F \cup M$，$j \in R$；

t_{ic}：从出救点 i 到受灾点 c 的最短旅行时间，$i \in L$，$c \in F \cup M$；

x_{if}^j：出救点 i 派遣到原生灾害受灾点 f 的 j 种资源量，$i \in L$，$f \in F$，$j \in R$；

y_{iv}^j：出救点 i 派遣到可能的次生灾害受灾点 v 的 j 种资源量，$i \in L$，$v \in M$，$j \in R$；

s_i^j：原生灾害受灾点的资源调度后，出救点 i 的 j 种资源可用量，$i \in L$，$j \in R$。

3. 模型建立

$$\min \sum_{i \in L} \sum_{f \in F} \sum_{j \in R} t_{if} x_{if}^j + \sum_{i \in L} \sum_{v \in M} \sum_{j \in R} p_v t_{iv} y_{iv}^j \quad (1)$$

$$\text{s. t.} \sum_{f \in F} x_{if}^j + s_i^j = r_i^j \quad \forall i \in L, \forall j \in R \quad (2)$$

$$\sum_{i \in L} x_{if}^j = n_f^j \quad \forall f \in F, \forall j \in R \quad (3)$$

$$\sum_{i \in L} y_{iv}^j = n_v^j \quad \forall v \in M, \forall j \in R \quad (4)$$

$$y_{iv}^j \leqslant s_i^j \quad \forall i \in L, \forall v \in M, \forall j \in R \quad (5)$$

$$x, y \geqslant 0\ (\text{且为整数}), s \geqslant 0 \quad (6)$$

其中目标函数（1）为资源的调度时间，包括两部分：$\sum_{i \in L} \sum_{f \in F} \sum_{j \in R} t_{if} x_{if}^j$ 为原生灾害应急调度的时间，$\sum_{i \in L} \sum_{v \in M} \sum_{j \in R} p_v t_{iv} y_{iv}^j$ 为次生灾害应急调度的时间期望值。约束（2）为原生灾害受灾点资源可用量的约束；约束（3）表示原生灾害应急资源的调度满足供需平衡；约束（4）表示次生灾害应急资源的调度满足供需平衡；约束（5）表示次生灾害应急调度的资源可用量约束；约束（6）为决策变量的非负和取整约束，x, y，s 分别为对应含有 x_{if}^j, y_{iv}^j，s_i^j 的向量。

三、算法

定义 1　α_f 表示原生灾害受灾点 f 的资源调度方案，$f \in F$，β_v 表示次生灾害受灾点 v 的资源调度方案，$v \in M$：

$$\alpha_f = \begin{bmatrix} x_{1f}^1 & x_{2f}^1 & \cdots & x_{|L|f}^1 \\ x_{1f}^2 & x_{2f}^2 & \cdots & x_{|L|f}^2 \\ \vdots & \vdots & \cdots & \vdots \\ x_{1f}^{|R|} & x_{2f}^{|R|} & \cdots & x_{|L|f}^{|R|} \end{bmatrix}, \beta_v = \begin{bmatrix} y_{1v}^1 & y_{2v}^1 & \cdots & y_{|L|v}^1 \\ y_{1v}^2 & y_{2v}^2 & \cdots & y_{|L|v}^2 \\ \vdots & \vdots & \cdots & \vdots \\ y_{1v}^{|R|} & y_{2v}^{|R|} & \cdots & y_{|L|v}^{|R|} \end{bmatrix}$$

矩阵中，第 j 行表示各出救点向受灾点 f（或 v）调度第 j 种资源的向量，第 i 列表示出救点 A_i 向受灾点 f（或 v）调度的资源向量，若该向量为 0 表示该点不参与应急。记 $\varphi = \{\alpha_1, \alpha_2, \cdots, \alpha_{|F|}, \beta_1, \beta_2, \cdots, \beta_{|M|}\}^{\mathrm{T}}$ 为一调度方案。

定义 2　任一方案 φ，如果 α_f，β_v 中的第 j 个行向量使得约束（2）~（6）成立，那么方案 φ 关于第 j 种资源是可行的。如果对于 $\forall j \in R$，方案 φ 都是关于第 j 种资源可行的，则称方案 φ 为可行方案。

定义 3　对出救点集合 L 中的任一出救点到受灾点 $c(c \in F \cup M)$ 的（旅行时间）距离按升序排序，记 $\lambda_{\rho c}$ 为出救点到受灾点 c 的距离排序中第 ρ －短距离，也就是说，λ_{1c} 为最短距离，λ_{2c} 为第二短距离，…，$\lambda_{|L|c}$ 为最远距离。这样，可以构造一个出救点到受灾点的距离排序矩阵 $SP_{|L| \times |F \cup M|}$，如下：

$$SP_{|L|\times|F\cup M|}=\begin{bmatrix}(i_{11},\lambda_{11}) & (i_{12},\lambda_{12}) & \cdots & (i_{1|F\cup M|},\lambda_{1|F\cup M|})\\(i_{21},\lambda_{21}) & (i_{22},\lambda_{22}) & \cdots & (i_{2|F\cup M|},\lambda_{2|F\cup M|})\\\vdots & \vdots & & \vdots\\(i_{|L|1},\lambda_{|L|1}) & (i_{|L|2},\lambda_{|L|2}) & \cdots & (i_{|L||F\cup M|},\lambda_{|L||F\cup M|})\end{bmatrix}$$

其中，矩阵 $SP_{|L|\times|F\cup M|}$ 的每一个元素 $SP_{(\rho,c)}=(i_{\rho c},\lambda_{\rho c})$ 为一个二元组，第一项 $i_{\rho c}$ 表示到受灾点 c 第 ρ －短距离的出救点（$i_{\rho c}\in L$），第二项 $\lambda_{\rho c}$ 为对应的最短（旅行时间）距离。

本文的应急资源调度模型是一个混合整数规划问题，传统求解方法主要有分枝定界法和割平面法。两种方法都是多次运用单纯性法，相比之下，分枝定界法更为有效。但是，混合整数规划是 NP－完全问题，其求解算法具有指数复杂性，不存在多项式算法，对于小规模的问题，可以用传统方法求出最优调度方案，然而应急资源调度具有时间紧迫性，传统方法不能解决大规模问题和满足应用中的实时性要求。为此，本文提出了一个快速得到满意方案的启发式算法。

1. 算法步骤

在应急资源调度的实际应用中，要求尽可能快的作出调度决策，而且要给出尽可能优化的调度方案。因此，本文基于图论中网络优化和线性规划优化思想，针对上述数学模型中的约束条件和目标，设计了多资源分类调度的启发式算法。算法的基本思路是：根据灾害链中原生和次生灾害的应急资源需求，把应急资源分为三类，对仅原生或次生灾害应急需要的资源，分别根据原生灾害受灾点需求量和次生灾害受灾点需求期望建立受灾点资源供给规则，然后按照领域出救点搜索方法分配资源；对于原生和次生灾害都需要的公共应急资源，在给定的应急网络中，进行统筹调度，从模型的线性松弛问题入手求解，为了避免分枝定界法中对非整数解进行分枝而带来了多次求解 LP 问题，只对线性松弛问题的解进行修正，使问题的复杂性降低，减少算法的计算时间。最终得到应急资源调度问题的一个满意方案。

根据算法思路，构造如下启发式算法：

步骤 1：初始化。

给定出救点集合 L，原生灾害受灾点集合 F，可能的次生灾害受灾点集合 M，并估计每个受灾点 C_v 发生灾害事件的概率 p_v；

应用 Dijkstra 算法求出从每个出救点到受灾点的最短路径，确定最短旅行时间 t_{ic}，构造出救点到受灾点的旅行时间排序矩阵 $SP_{|L|\times|F\cup M|}$；

步骤 2：资源分类（如图 2）。

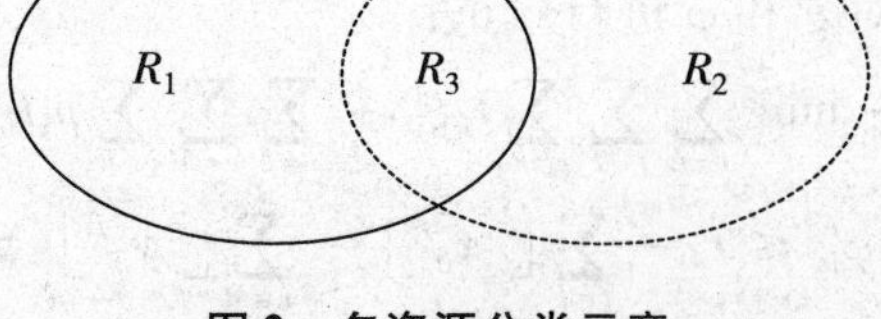

图 2　多资源分类示意

将资源集合 R 分为三类：R_1, R_2, R_3，满足 $R = R_1 \cup R_2 \cup R_3$，其中 R_1 为仅原生灾害需要的应急资源种类的集合，R_2 为仅次生灾害需要的应急资源种类的集合，R_3 为原生和次生灾害均需要的公共应急资源种类的集合；

步骤3：对于第一、第二类资源 R_1、R_2 的调度，每种资源 $\forall j \in R_1 \cup R_2$。

① 按照以下资源供给规则为每个受灾点 c（$c \in F \cup M$ 且满足 $n_c^j > 0$）分配应急资源：

若 $c \in F$，则资源需求多的受灾点将优先分配资源；

若 $c \in M$，则资源需求期望值大的受灾点将优先分配资源，其中，需求期望 = 需求量 × 概率；

② 按照资源供给规则，对于每个受灾点 c，由矩阵 $SP_{|L| \times |F \cup M|}$ 得到 c 到各出救点的旅行时间排序列向量 $\{(i_{1c}, \lambda_{1c}), (i_{2c}, \lambda_{2c}), \cdots, (i_{|L|c}, \lambda_{|L|c})\}^T$；

③ 运用领域出救点搜索方法（见图3）确定受灾点 c 的 j 资源调度方案为：

$$\gamma_c^j = \{(i_{1c}, r_{i_{1c}}^j), (i_{2c}, r_{i_{2c}}^j), \cdots, (i_{c_{\max-1c}}, r_{i_{c_{\max-1c}}}^j), (i_{c_{\max}c}, n_c^j - \sum_{k=1}^{c_{\max}-1} r_{i_{kc}}^j), (i_{c_{\max+1c}}, 0), \cdots, (i_{|L|c}, 0)\}$$

这里，若 $c \in F$，则 $\alpha_c^j = \gamma_c^j$，若 $c \in M$，则 $\beta_c^j = \gamma_c^j$，γ_c^j 每个元素都是一个二元组，第一项为出救点，第二项为对应出救点的资源供给量，并且 $\sum_{k=1}^{c_{\max}-1} r_k^j < n_c^j \leqslant \sum_{k=1}^{c_{\max}} r_k^j$，$c_{\max}$ 为满足资源需求的出救点序列的最大下标。

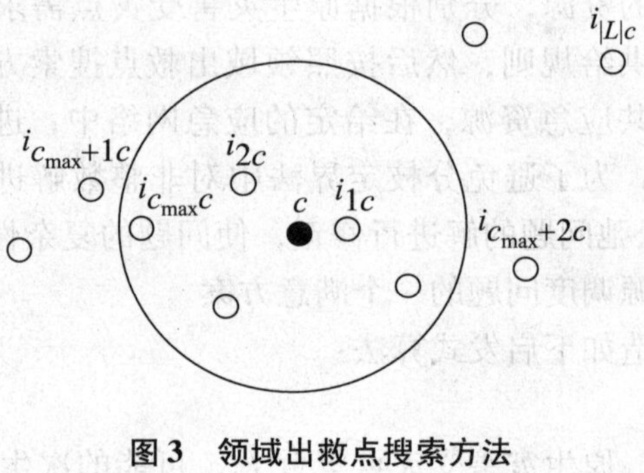

图3　领域出救点搜索方法

步骤4：对于第三类资源 R_3 的调度。

① 求解出应急资源调度模型对 $j \in R_3$ 的线性松弛解，如果得到整数解，则找到最优调度方案，结束，否则转步骤②。

② 若 $\bar{x}$，$\bar{y}$ 为模型具有小数部分的线性松弛解，假设 $x = \lfloor \bar{x} \rfloor + \xi$，$y = \lfloor \bar{y} \rfloor + \varphi$，这里 $\lfloor \bar{x} \rfloor$ 为 $\bar{x}$ 的下取整，$\lfloor \bar{y} \rfloor$ 为 $\bar{y}$ 的下取整，$0 \leqslant \xi \leqslant e$，$0 \leqslant \varphi \leqslant e$，其中 e 为单位向量。通过求解下面的问题 TP 对 ξ 和 φ 进行修正：

$$\text{TP: } \min \sum_{i \in L} \sum_{f \in F} \sum_{j \in R_3} t_{if} \xi_{if}^j + \sum_{i \in L} \sum_{v \in M} \sum_{j \in R_3} p_v t_{iv} \varphi_{iv}^j \tag{7}$$

$$\text{s. t. } \sum_{f \in F} \xi_{if}^j + \sum_{v \in M} \varphi_{iv}^j \leqslant r_i^j - \sum_{f \in F} \lfloor \bar{x}_{if}^j \rfloor - \sum_{v \in M} \lfloor \bar{y}_{iv}^j \rfloor \quad \forall i \in L, \forall j \in R_3 \tag{8}$$

$$\sum_{i\in L}\xi_{if}^{j}=n_{f}^{j}-\sum_{i\in L}\lfloor x_{if}^{-j}\rfloor\ \forall f\in F,\forall j\in R_{3} \tag{9}$$

$$\sum_{i\in L}\varphi_{iv}^{j}=n_{v}^{j}-\sum_{i\in L}\lfloor y_{iv}^{-j}\rfloor\ \forall v\in M,\forall j\in R_{3} \tag{10}$$

$$0\leqslant\xi\leqslant e\,,0\leqslant\varphi\leqslant e \tag{11}$$

问题TP具有最优的0－1解向量ξ^{*}，φ^{*}，由于问题TP是在原模型的约束条件下进行求解，故可得调度方案为$x^{*}=\lfloor\bar{x}\rfloor+\xi^{*}$，$y^{*}=\lfloor\bar{y}\rfloor+\varphi^{*}$。

步骤5：检查$\forall j\in R_3$对于$\forall c\in F\cup M$受灾点的资源需求是否得到调度，如果都已得到分配完毕，则转步骤6，否则返回步骤4。

步骤6：汇总得到满意的应急资源调度方案，计算出对应的目标函数值Z。

2. 算法复杂性分析

根据算法步骤，将总的时间划分成初始化运算时间和资源调度运行时间。在初始化时间里，计算每个出救点到受灾点最短路径所用的时间是Dijkstra算法的时间$0(|F\cup M|^2)$，由于有$|L|$个出救点，所需时间为$0(|L|\cdot|F\cup M|^2)$；对每个受灾点到各出救点的最短旅行时间进行升序排序，所用时间按一般的排序算法（例如选择排序法、冒泡排序法）计算，时间复杂度为$0(|L|^2)$，共有$|F\cup M|$个受灾点，所以计算$SP_{|L|\times|F\cup M|}$矩阵所需时间为$0(|F\cup M|\cdot|L|^2)$。资源调度运行时间内，第一、第二类资源调度的计算时间不超过$0(|R|\cdot|F\cup M|^2)$，对于第三类资源调度的计算，由于LP问题存在多项式时间算法，求解模型线性松弛解的时间为$0((|L|\cdot|F|\cdot|R_3|+|L|\cdot|M|\cdot|R_3|+|L|\cdot|R_3|)^r)$，这里$r$与具体的LP多项式求解算法有关，为一常数；求解TP问题的计算时间不超过$0((|L|\cdot|F|\cdot|R_3|+|L|\cdot|M|\cdot|R_3|)^r)$。

总的处理时间为上述时间之和，由于$|L|<|V|$，$|F|<|V|$，$|M|<|V|$，$|R_3|<R$，在最差的情况下，即应急网络中所有点都既是出救点、原生灾害受灾点，也是次生灾害发生点，总的处理时间不超过$0(|V|^3+(|V|^2\cdot|R|)^r)$，表明算法能在有限步终止。

四、算例

下面将通过算例来验证算法的有效性和可行性。

例：某地区发生地震，应急网络经抽象简化后有50个节点，假设有2个应急救援队A_1—A_2，3个救灾物资供给中心A_3—A_5，3个急救中心A_6—A_8，3个地震发生点B_1—B_3，且预测到有2个地点B_1、B_2可能震后次生疾病，发生概率分别为$p_1=0.7$，$p_2=0.9$，地震使水库大坝遭到破坏，地点C_3可能次生水灾，发生概率估计为$p_3=0.8$；受灾点需求的资源（为了简化问题，以有代表性的资源为例）包括：救灾人员、运输保障车、救灾帐篷、救生衣、急救车、防治药品（分别记为1、2、3、4、5、6）六种资源。仿真数据包括：出救点资源可用量、受灾点资源需求量、出救点距受灾点的旅行时间矩阵分别如表1、表2、表3所示。

表 1　出救点资源可用量

出救点	A_1		A_2		A_3			A_4			A_5			A_6		A_7		A_8	
资源种类	1	2	1	2	2	3	4	2	3	4	2	3	4	5	6	5	6	5	6
可用量	150	10	100	8	5	100	150	8	300	100	10	500	200	10	100	8	50	5	30

表 2　受灾点资源需求量

受灾点	B_1				B_2				B_3				C_1（B_1）		C_2（B_2）		C_3		
资源种类	1	2	3	5	1	2	3	5	1	2	3	5	5	6	5	6	1	2	4
需求量	50	7	300	4	120	10	450	6	20	5	100	2	3	50	5	100	50	10	350

注：为了问题简化，表 1、表 2 中资源的可用量和需求量是成组化后的数据，并不代表实际的应急数据，例如救灾人员以组队计，救灾帐篷、救生衣、防治药品以批次计等。C_1（B_1）表示发生次生疾病灾害的地点 B_1，C_2（B_2）表示发生次生疾病灾害的地点 B_2。

表 3　出救点距受灾点的旅行时间矩阵

B \ A	A_1	A_2	A_3	A_4	A_5	A_6	A_7	A_8
B_1	8	2	12	6	4	18	9	20
B_2	18	5	15	9	10	8	3	13
B_3	12	15	7	17	8	11	16	5
C_3	3	2	9	7	15	10	5	20

应用上述算法进行求解：

首先，初始化：

出救点集合 $L = \{A_1, A_2, \cdots, A_8\}$，原生灾害受灾点集合 $F = \{B_1, B_2, B_3\}$；次生灾害受灾点集合 $M = \{C_1, C_2, C_3\}$，每个受灾点发生灾害事件的概率为 $p_1 = 0.7$，$p_2 = 0.9$，$p_3 = 0.8$；

应用 Dijkstra 算法求出出救点到受灾点的最短路径，确定最短时间距离 t_{ic}，得到表 3 所示的旅行时间矩阵；构造出救点到受灾点的旅行时间排序矩阵 $SP_{|L| \times |F \cup M|}$ 如下：

$$SP_{|L| \times |F \cup M|} = \begin{bmatrix} (A_2,2) & (A_7,3) & (A_8,5) & (A_2,2) \\ (A_5,4) & (A_2,5) & (A_3,7) & (A_1,3) \\ (A_4,6) & (A_6,8) & (A_5,8) & (A_7,5) \\ (A_1,8) & (A_4,9) & (A_6,11) & (A_4,7) \\ (A_7,9) & (A_5,10) & (A_1,12) & (A_3,9) \\ (A_3,12) & (A_8,13) & (A_2,15) & (A_6,10) \\ (A_6,18) & (A_3,15) & (A_7,16) & (A_5,15) \\ (A_8,20) & (A_1,18) & (A_4,17) & (A_8,20) \end{bmatrix}$$

根据原生和次生灾害的应急需求，将所有应急资源分为三类，$R_1 = \{3\}$，$R_2 = \{4,$

6｝，$R_3 = \{1,2,5\}$；

对于第一、第二类资源 R_1 、R_2 的调度，每种资源 $\forall j \in R_1 \cup R_2$ 的调度过程见表4；

表4　　　　第一、第二类资源调度过程

受灾点	资源分配顺序	资源需求量 n_c^j			受灾点在 $SP_{\|L\|\times\|F\cup M\|}$ 中的出救点排序	调度方案		
		3	4	6		α_c^3	β_c^4	β_c^6
B_1	2	300			$A_2A_5A_4A_1A_7A_3A_6A_8$	$\{(A_5,300)\}$		
B_2	1	450			$A_7A_2A_6A_4A_5A_8A_3A_1$	$\{(A_4,300),(A_5,150)\}$		
B_3	3	100			$A_8A_3A_5A_6A_1A_2A_7A_4$	$\{(A_3,100)\}$		
C_1	2			50	$A_2A_5A_4A_1A_7A_3A_6A_8$			$\{(A_6,50)\}$
C_2	1			100	$A_7A_2A_6A_4A_5A_8A_3A_1$			$\{(A_7,50),(A_6,50)\}$
C_3	1		350		$A_2A_1A_7A_4A_3A_6A_5A_8$		$\{(A_4,100),(A_3,150),(A_5,100)\}$	

对于第三类资源 R_3 的调度，求解出该调度问题的线性松弛解为：

$x_{11}^1 = 50$，$x_{12}^1 = 20$，$x_{22}^1 = 100$，$x_{13}^1 = 20$；$x_{51}^2 = 7$，$x_{22}^2 = 8$，$x_{42}^2 = 2$，$x_{33}^2 = 5$；$x_{71}^5 = 4$，$x_{62}^5 = 5$，$x_{72}^5 = 1$，$x_{83}^5 = 2$，其他 $x = 0$；$y_{13}^1 = 50$；$y_{13}^2 = 10$；$y_{71}^5 = 3$，$y_{62}^5 = 2$，$y_{72}^5 = 3$，其他 $y = 0$；

第三类资源调度问题的线性松弛解为整数值，目标值为1895.4；

最后，所有受灾点的各种资源需求都已分配完毕，考虑灾害链的多资源应急调度方案见表5。汇总得到的启发式算法的目标函数值Z＝11960.4，结束。

表5　　　　多资源应急调度方案

	A_1	A_2	A_3	A_4	A_5	A_6	A_7	A_8
B_1	$^{1}50$				$^{2}7$　$^{3}300$		$^{5}4$	
B_2	$^{1}20$	$^{1}100$　$^{2}8$		$^{2}2$　$^{3}300$	$^{3}150$	$^{5}5$	$^{5}1$	
B_3	$^{1}20$		$^{2}5$　$^{3}100$					$^{5}2$
C_1						$^{6}50$	$^{5}3$	
C_2						$^{5}2$　$^{6}50$	$^{5}3$　$^{6}50$	
C_3	$^{1}50$　$^{2}10$		$^{4}150$	$^{4}100$	$^{4}100$			

注：其中左上标为资源种类。

在1.60GHz CPU、1GB 内存、MS Windows XP 操作系统的 Lenovo 电脑上，以 ILOG OPL Development Studio 5.5 编写了仿真程序。对所求问题分别运用启发式算法和最优化方法的运算结果如表6 所示。可以看到，启发式算法的计算时间明显优于最优化方法，由3.2 节的算法复杂性分析可知，启发式算法的计算时间主要与线性松弛问题的求解有关（一般 $r > 2$），启发式算法只需要求解两次线性规划，包括一个简单的 TP 问题，而运用分枝定界法的最优化方法要多次求解 LP 问题，随着问题规模的增大，最优化求解具有指数复杂性，而启发式算法的计算时间优势将更加明显。在本例中，启发式算法的目标值与最优化方法目标值的相对误差为2.6%，完全在可以接受的范围之内，而计算时间节约了26.3%。

表6　　启发式算法和最优化求解结果对比

计算方法	目标值	CPU 计算时间（s）
最优化	11645	1.123
启发式算法	11960.4	0.828

此算例表明算法是有效和可行的，适合较大规模计算，能够满足应用中的实时性要求，将有利于辅助政府相关部门的应急资源调度决策。

五、结论

应急资源调度是应急资源管理的核心内容之一，也是应急救援的关键步骤之一。研究突发事故下的资源调度可为科学制订突发灾害事故应急预案及快速、高效进行应急资源调度提供必要的指导。突发灾害事故应急处置中短时间内需要的物资种类多，而且灾害事故可能诱发一系列的次生灾害，在以往研究中忽略了对多资源调度和次生灾害发生的考虑，导致得出的调度方案不太合理，算法大多是以求得最优解为目标进行设计的，不能满足实时响应的要求。本文考虑了灾害链情形下的多资源调度问题，建立了灾害链中多受灾点多资源调度模型，设计了基于图论中网络优化和线性规划优化思想的启发式算法。该算法对多种资源进行了分类，对仅原生或次生灾害需要的应急资源，根据原生灾害需求量和次生灾害需求期望值，分别建立了资源供给规则，运用领域搜索方法制定资源调度方案，对于原生和次生灾害均需要的公共应急资源，通过修正 LP 松弛解避免了多次求解 LP 问题，降低了时间复杂度，从而得出满意的应急资源调度方案，算例结果验证了算法的有效性和可行性，该算法适合较大规模计算，能够满足应用中的实时性要求。进一步工作将考虑次生灾害产生后续系列灾害的情形以及更加符合实际的因素，例如，资源运输过程中的时间限制、道路运输能力和资源需求的不确定性等，使之更有利于政府相关部门制定科学、有效的应急预案和进行快速、高效的应急资源调度。

参考文献

［1］周靖，马石城，赵卫锋．城市生命线系统暴雪冰冻灾害链分析［J］．灾害学，2008，23（4）：39－43.

［2］地球科学大辞典编辑委员会．地球科学大辞典——应用学科卷［M］．北京：地质出版社，2005：479－480.

［3］潘郁，余佳，达庆利．基于粒子群算法的连续性消耗应急资源调度［J］．系统工程学报，2007，22（5）：556－560.

［4］樊博．基于空间聚类挖掘的城市应急救援机构选址研究［J］．管理科学学报，2008，11

(3)：16 -28.

[5] 张江华，刘治平，朱道立．多源点突发灾害事故应急疏散模型与算法 [J]. 管理科学学报，2009，12 (3)：111 -118.

[6] 刘春林，何建敏，盛昭瀚．多出救点应急系统最优方案的选取 [J]. 管理工程学报，2000，14 (1)：13 -15.

[7] 何建敏，刘春林，尤海燕．应急系统多出救点的选择问题 [J]. 系统工程理论与实践，2001 (11)：89 -93.

[8] 戴更新，达庆利．多资源组合应急调度问题的研究 [J]. 系统工程理论与实践，2000 (9)：52 -55.

[9] 高淑萍，刘三阳．基于联系数的多资源应急系统调度问题 [J]. 系统工程理论与实践，2003 (6)：113 -122.

[10] 吕永波，贾楠，任锦鸾，等．救灾物资发放问题的动态遗传算法求解 [J]. 管理科学学报，2008，11 (3)：29 -34.

[11] GREEN L V, KOLESAR P J. Improving emergency responsiveness with management science [J]. Management Science, 2004, 50 (8): 1001 -1014.

[12] HAMACHER H W, TJANDRA S A. Mathematical modeling of evacuation problems——a state of the art [C]. Pedestrian and evacuation dynamics, edited by Michael S, Som D S, Berlin: Springer-Verlag, 2002, 227 -266.

[13] C. S. REVELLE, H. A. EISELT. Location Analysis: A Synthesis and Survey [J]. European Journal of Operational Research, 2005, 165 (1): 1 -19.

[14] LINET OZDAMAR, EDIZ EKINCI. Emergency logistics planning in natural disasters [J]. Annals of Operations Research, 2004: 217 -245.

[15] FIEDRICH F, GEHBAUER F, RICKERS U. Optimized resource allocation for emergency response after earthquake disasters [J]. Safty Science, 2000 (30): 41 -57.

[16] JAE YOUNG CHOI. Stochastic scheduling problems for minimizing tardy jobs with application to emergency vehicle dispatching on unreliable road networks [D]. New York: University of New York, 2003.

[17] HILLIER F S, LIEBERMAN G J. Introduction to Operations Research [M]. New York: McGraw-Hill. Inc., 1990.

[18] LIN Y C, HWANG K S. A mixed - coding scheme of evolutionary algorithms to solve mixed - integer nonlinear programming problems [J]. Computers and Mathematics with Applications, 2004, 47 (8): 1295 -1307.

[19] BAZARAA, M. S., JARVIS, J. J., SHERAI, H. D. Linear programming and network flows, 2nd Edition [M]. New York: John Wiley and Sons, 1990.

[20] RENEGAR, J. A polynomial time algorithm based on Newton's method for linear programming [J]. Mathematical Programming, 1988 (40): 59 -93.

一种研究交通枢纽物流量的新方法*

——以港口为例

阳明明

摘　要：交通枢纽的发展取决于流经该枢纽的物流量大小，而物流量的大小则是由其腹地区域经济发展中交易部分决定的，如何测算这部分交易量是关键所在。本文受空间经济学的研究方法启示，以港口枢纽为例，测算了流经港口枢纽的物流量，并通过数值分析模拟了物流量分别与其腹地区域人口基数、农业与制造业规模、运输成本指数以及交通枢纽之间的距离等系统因素的关系，同时分析了这些关系的长期演化趋势。

关键词：交通枢纽　港口　物流　区域经济

一、引言

交通枢纽是一种或多种运输方式的交叉与衔接之处，共同办理客货的中转、发送、到达所需的多种运输设施的综合体，一般由车站、港口、机场和各类运输线路、库场以及运输工具等部分组成，是物流业发展最重要的资源之一，流经枢纽的物流量预测一直是交通运输、物流园区规划的重要依据。主要用到的预测方法包括：网络分析、动态规划、排队论、模糊数学和投入—产出模型等，虽然这些方法也充分考虑到了相关经济区域经济发展的因素，但毕竟没有把经济发展过程（如工业企业的区域分布，产业的动态发展）作为内生过程来处理，而仅仅是作为一个参量，因此不能对流经交通枢纽的物流量进行系统性的、动态的、较为准确的预测。在研究空间经济学的过程中，我们发现新地理经济学（也被称为空间经济学）用迪克西—斯蒂格利茨模型来解释为何港口这样的交通枢纽容易诞生新城市的模型中，实际上隐含了另一个有趣的方式，那就是这个模型还可以用来预测流经交通枢纽的动态物流量，甚至可以直接用来预测区域经济系统的物流总产值。

二、文献综述

1991 年，空间经济学代表人物之一的保罗·克鲁格曼（Paul Krugman）提出了一个命题，即世界上绝大部分大城市都是沿港口而生，1996 年，Masahisa Fujita、Tomoya Mori 两位学者设计了一个模型证明了这个命题，不足的是模型是在只有单一制造业和农业两个部门的假设下构建的，并没有涉及不同层次的制造业。1999 年，Masahisa Fujita、Paul Krugman、Tomoya Mori 三位学者又构建了一个更具一般性的多层次制造业和农业组成的迪克西—斯蒂格利茨模型，但该模型是用来解释城市层级体系的演化过程

* 作者简介：阳明明，广东商学院。

的，并没有再将港口或其他交通枢纽纳入模型的考虑范围之内。如果把 Masahisa Fujita、Tomoya Mori（1996）的港口枢纽模型与 Masahisa Fujita、Paul Krugman、Tomoya Mori（1999）两个模型融合在一起，即把多层次产业的空间演化建立在一个带有交通枢纽的空间模型之上，就可以用来监测产业在空间转移过程中流经交通枢纽的物流量的变化过程，而这有待于进一步的理论拓展。国内学者梁琦 2005 年发表在《经济学季刊》上的文章"空间经济学：过去、现在与未来"可算作较早系统介绍空间经济学的文献。此后学者开始在空间经济学视角下用中国的数据作实证研究（陈建军、黄洁，2008），研究的领域集中在 FDI 区位选择，FDI 集聚（王剑、徐康宁，2004；黄肖琦、柴敏，2006；钱学锋、梁琦，2007；黄健，2007），也有研究制造业的区域分布与空间集聚的（王业强、魏后凯，2007；张翎、窦静雅，2007；李胜会，2008）及政策评价（金煜等，2005）。用空间经济学的方法研究物流的则更少，仅有少数文献做过一般性探讨，如李爱国、黄建宏（2006）提出要在新经济地理的视觉下看待物流对区域经济发展的影响。总体上来说，空间经济学的相关理论及其应用在国内仍然处于探索阶段。

三、基本模型及其扩展

1. 带有港口的单一城市区域经济模型

Masahisa Fujita、Tomoya Mori（1996）为了研究港口在城市形成过程中的枢纽效应，构建了一个有趣的模型（图 1）。假设图 1 中的 X_1 与 X_2 是两处适宜耕种的狭长、连续区域，土地耕种密度分别为 1 和 s，两个区域背后都是山脉，因此与外界没有联系，两个区域之间有一条河流（或者大海），物流与人流都必须通过港口 b 和 O_2 来往，港口 b 和 O_2 之间的经济距离（折合陆地距离）为 c，区域内的运输皆不走水路。假设一开始人口全部集中在 X_1 区域，其中一部分在城市 O_1（该点坐标为原点，即 $r(O_1)=0$），城市 O_1 生产所有的工业品（包括服务），由于占地极少假设城市仅为一个不占用土地的点，唯一的投入要素为劳动力且制成品的生产存在正向的规模效益。另一部分人口分散在农业地带（以 A_1，A_2 来表示）生产农产品，农业品按照 Leontief 技术生产，只有劳动力和土地两种生产要素，且按固定比例投入，不存在规模效益，所有的农产品同质化。劳动力是同质化且自由择业的，存在运输成本。农业工人生产农产品，城市工人生产制成品，二者进行交换。整个经济体按消费者效用最大化条件生产和消费，并且实现市场均衡。

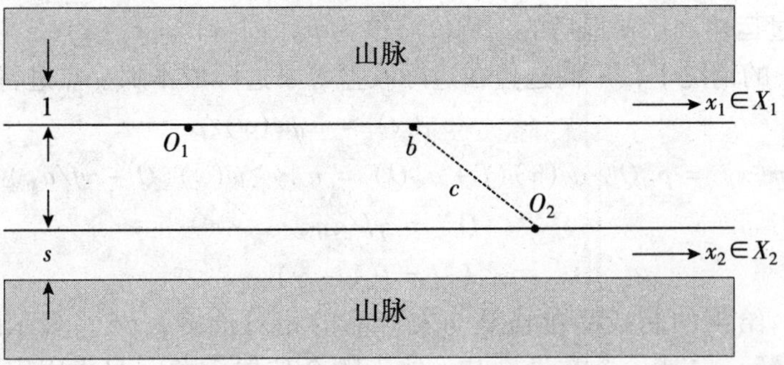

图 1　带港口枢纽的区域经济模型

假设所有的消费者由工人（制造业与农业）和土地主构成（假设所有的土地主都居住在他的土地上并且仅以出租土地为生），每个消费者消费同质的农产品和一系列差异化的制成品，他们具有相同的 *Cobb – Douglas* 效用函数 $U = z_A^{\alpha_A}\left(\int_0^n z_M(\omega)^\rho \mathrm{d}\omega\right)^{\alpha_M/\rho}$，其中 z_A 为农产品的消费量，$z_M(\omega)$ 是制成品的消费密度函数，$\omega \in (0,n)$ 表示制成品的种类数，α_A 和 α_M 分别是农产品和制成品的消费支出份额，满足 $\alpha_A + \alpha_M = 1$，ρ 是农产品与制成品的可替代参数，$\rho \in (0,1)$，$\left(\int_0^n z_M(\omega)^\rho \mathrm{d}\omega\right)^{1/\rho}$ 是多样化制成品的子效用函数。给定任何名义收入 Y 及价格组合 p_A 和 $P_M(\cdot)$，消费者在预算约束条件 $p_A z_A + \int_0^n p_M(\omega) z_M(\omega)\mathrm{d}\omega = Y$ 条件下实现其效用最大化。根据效用函数求得需求函数：

$$z_A = \alpha_A Y/p_A \tag{1}$$

$$z_M(\omega) = \frac{\alpha_M Y}{p_M(\omega)} \frac{p_M(\omega)^{-\rho/(1-\rho)}}{\int_0^n p_M(\omega)^{-\rho/(1-\rho)} \mathrm{d}\omega}, \omega \in [0,n] \tag{2}$$

由于 $\rho/(1-\rho)$ 在后面会经常出现，令 $\rho/(1-\rho) = \gamma$，$\sigma \equiv 1/(1-\rho)$，根据定义，σ 刚好是任意两种产品的相互替代弹性，显然 $\sigma \equiv 1+\gamma$，ρ 越大，制成品的需求弹性也越大，也就是说它越容易被替代。公式（2）表示出制成品各品种之间的替代弹性是相等的。将方程（1）和（2）代入效用函数得到以总收入和价格表示的间接效用函数（3）式，它意味着随 n 增加，消费者的总效用也将增加。

$$U = Y\alpha_A{}^{\alpha_A}\alpha_M{}^{\alpha_M}p_A{}^{-\alpha_A}\left\{\int_0^n p_M(\omega)^{-\gamma}\mathrm{d}\omega\right\}^{\alpha_M/\gamma} \tag{3}$$

由于农业是规模报酬不变的，假设生产一单位农产品需要 a_A 个劳动单位和一单位的土地，而制成品行业只有劳动一种投入要素且存在规模报酬递增，生产一单位制成品需要 a_M 单位的劳动，制成品的总劳动投入 $L = f + a_M Q$，其中 f 是固定投入，Q 是生产量。

运输成本采用 Samuelson 冰山模型，运输一个单位的农产品或制成品到距离为 d 的地方，只有 $\mathrm{e}^{-\tau_A d}$ 或 $\mathrm{e}^{-\tau_M d}$ 部分能到达，其他被融解的部分即为运输成本，τ_i 被称为融解指数，是一个大于零的参数，越大表示运输成本越高，距离 d 越大运输成本也越高。如果一个厂商位于 $x \in X_i(i=1,2)$，F. O. B 价为 $p_M(x)$ 的情况下选择产量以达到利润最大化，那么经过运输到达 y 地后的到货价应该为 $p_M(y \mid x) = p_M(x)\mathrm{e}^{\tau_m d(x,y)}$，在 x 地工资水平为 $w(x)$ 的情况下，厂商选择在边际收益等于边际成本那一点进行生产：

$$p_M(x) = a_M w(x)/\rho \tag{4}$$

$$\pi(x) = p_M Q - w(x)(f + a_M Q) = a_M \gamma^{-1} w(x)(Q - \gamma f/a_M) \tag{5}$$

$$Q^* = \gamma f/a_M \tag{6}$$

$$L^* = f(1+\gamma) \tag{7}$$

方程（4）给出的制成品价格是与农产品的相对价格，（6）表示的是每一种制成品的最优产量，它是一个常量，与 x 处于哪个位置无关，只由固定投入和制成品的需求弹性决定。根据假设一种产品只有一个厂商进行生产，而方程（7）又显示了在单一产业模型中，一类产品的劳动用工量 L^* 与人口 N 的增长无关，仅与厂商的固定投入及产品的替代弹性相关。制造业的扩张会体现在品种数 n 上，$n = (N - a_A\{2\ell + 2s[\ell - (b + c)]\})/f(1 + r)$，即制造业充分就业时的总工人数除以每一个品种的用工数。

如果整个经济体只存在图 1 中的 O_1 城市，当 $\ell > b + c$ 时，X_2 区将出现农业地带，耕种的边界为港口 O_2 两侧的 $\ell - (b + c)$ 和 $-[\ell - (b + c)]$。与制成品价格略有不同，假设农产品在城市的销售价格为一个单位，而在产地 y 的价格也就是 F. O. B 价为：

$$p_A(y) = \mathrm{e}^{-\tau_A d(O_1, y)} \tag{8}$$

同样地，在利润最大化条件下 y 地的土地租金可以表示为：

$$R(y) = p_A(y) - a_A w(y) = \mathrm{e}^{-\tau_A d(O_1, y)} - a_A w(y) \tag{9}$$

由于边界地带的租金 $R(\ell) = 0$，(9) 式意味着 $w(\ell) = \mathrm{e}^{-\tau_A \ell}/a_A$，根据 (4) 式，可以导出 y 地的制成品到货价 $p_M(y \mid O_1) = (a_M w(O_1)/\rho)\mathrm{e}^{\tau_M d(O_1, y)}$，联立 (8) 式农产品的价格方程代入 (3) 式中的效用函数中，再利用边界 ℓ 处的工资水平为零这个条件，可以求出边界处消费者的总效用，由于工人是自由流动的，各地消费者的实际效用必定相等，可以导出 y 地的均衡工资水平：

$$w(y) = a_A{}^{-1} \mathrm{e}^{-\alpha_M(\tau_A + \tau_M)\ell} \mathrm{e}^{(\alpha_M \tau_M - \alpha_A \tau_A) d(O_1, y)} \tag{10}$$

按照假设（每个工人拥有一个单位的劳动，每单位农产品需要投入 a_A 单位劳动），农业人口数为 $N_A = a_A\{2\ell + 2s[\ell - (b + c)]\}$，城市人口量为 $N_1 = N - N_A$。通过方程 (1)，任意农业区 y 地的农产品供给量为 $1 - \alpha_A Y(y)/p_A(y) = \alpha_M$，考虑到农产品的运输成本，最后 X_1 供给城市的农产品应为 $\alpha_M \int_{-\ell}^{\ell} p_A(y)\mathrm{d}y$。同样的道理，当 $\ell > b + c$ 时，X_2 的农产品供给量为 $\alpha_M \int_{-[\ell-(b+c)]}^{\ell-(b+c)} p_A(y) s\mathrm{d}y$，把两个地区的农产品供给量相加得出总的农产品供给量 $S_A(O_1)$，整个城市对农产品的需求量 $D_A(O_1) = \alpha_A w(O_1) N_1$，令 $S_A(O_1) = D_A(O_1)$，可以得到：

$$\begin{aligned} &\alpha_A a_A{}^{-1} \mathrm{e}^{-\alpha_M(\tau_A + \tau_M)\ell}(N - a_A\{2\ell + 2s[\ell - (b + c)]\}) \\ &= \alpha_M\left\{\frac{2(1 - \mathrm{e}^{-\tau_A \ell}) + 2s(\mathrm{e}^{-\tau_A(b+c)} - \mathrm{e}^{-\tau_A \ell})}{\tau_A}\right\} \end{aligned} \tag{11}$$

(11) 式表示了人口与耕种边界距离的内在的一对一的映射关系 $\ell^* = \ell^*(N)$，它是一个连续函数且满足 $\ell^*(0) = 0$，$\ell^*(\infty) = \infty$。至此，单一城市经济体的市场实现均衡，包括劳动力市场均衡，农产品市场均衡以及制成品市场均衡。

2. 单一城市模型下的港口物流量

由于存在正向的规模效益，制造业在一定时间内将集中在城市 O_1 进行而不会分散，这是因为制造业的前向关联与后向关联使其具备了自我集聚能力，在相当长一段时间内，X_2 将专门从事农业生产并与城市 O_1 进行交换，而无须发展自己的制造业，正因如此，两个经济体之间的交换引致了双向的港口物流，而港口物流量的大小与两个区域经济体的人口、运输成本指数的高低有密切关系，我们正是希望借助这个区域经济模型来探索港口等交通枢纽的长期发展趋势与区域经济系统之间的关系，并用来预测交通枢纽的物流量及其长期发展趋势。

令 T_A 为流经港口的农产品物流量，T_M 为流经港口的制成品物流量，假设区域内部的物流不经过港口运输，则单一城市模型达到均衡时，只有 X_2 运往城市 O_1 的农产品（公式（1）），以及由城市 O_1 运往 X_2 销售的制成品（式（2））需要流经港口。总的物流量 $T = T_M + T_A$，其中：

$$T_A = \alpha_M \int_{-[\ell-(b+c)]}^{\ell-(b+c)} p_A(y) s \mathrm{d}y = \frac{2\alpha_M s(\mathrm{e}^{-\tau_A(b+c)} - \mathrm{e}^{-\tau_A \ell})}{\tau_A} \tag{12}$$

$$T_M = \int_{-[\ell-(b+c)]}^{\ell-(b+c)} Y_{A2}/p_M(y \mid O_1) \mathrm{d}y = \int_{-[\ell-(b+c)]}^{\ell-(b+c)} \frac{s a_A \alpha_M \rho \mathrm{e}^{-\tau_A |y|}}{a_M \mathrm{e}^{-\alpha_M(\tau_A+\tau_M)\ell} \mathrm{e}^{\tau_M(|y|+b+c)}} \mathrm{d}y \tag{13}$$

对（12）、（13）分别积分并加总，可以得到，

$$T = \frac{2s(\mathrm{e}^{-\tau_A(b+c)} - \mathrm{e}^{-\tau_A l})}{\tau_A} - \frac{2s a_A \alpha_M \rho(\mathrm{e}^{-\alpha_M(\tau_A+\tau_M)l - \tau_M c} - \mathrm{e}^{(\tau_A+\tau_M)((\alpha_M-1)l+(b+c))})}{a_M(\tau_A + \tau_M)} \tag{14}$$

公式（14）表示当 X_2 区域完全为农业地带，整个经济体只存在一个制造中心时，流经港口的物流总量，只要根据区域经济系统的情况对公式中的参数赋值，我们就可以测算流经港口枢纽的物流量。由于式子太复杂，我们有必要借助数值分析来观察它的趋势。

四、数值分析

我们取参数 $\alpha_A = \alpha_M = 0.5$（虽然恩格尔系数在不同的国家或地区有较大区别，但由于制成品中还有一部分仍然需采用农产品，我们认为这个比例是较为合理的），这表示消费者用于农产品和制成品的支出比例是相当的。$\rho = 0.75(\sigma = 4)$，表示制成品之间的替代弹性为4。农业的边际投入 $a_A = 0.5$，而制成品的边际投入为 $a_M = 1$，这个假设初看起来不合理，因为至少在工业革命以后，制造业的劳动生产率显然已经大大高于农业，但这个假设并不一定意味着农业的劳动生产率高于制造业，因为我们抽象了量纲。取参数 $\tau_M = 1, \tau_A = 0.8$，这表示制成品的运输指数略大于农产品的。其他参数 $b = 0.3$，$c = 0.1$，$f = 1$。

1. 土地耕种厚度对交通枢纽物流量的影响

分别令 $s = 1$、$s = 2$、$s = 0.5$ 对总物流量进行模拟，结果如图2，X_2 的土地耕种厚度对港口物流量的影响是正向并呈指数形式变化的，且随着人口的增加耕种边界的不断扩张，递增趋势会越来越明显。模拟结果意味着，有一个肥沃富饶的腹地，即使没有承接到制造业，港口物流量也能随着农业增长实现较快增长。

图2显示的情况经常发生在工业化早期。比如第一次工业革命时期的英殖民地国家加拿大、澳大利亚、新西兰等，甚至连北欧的发达工业国家丹麦等国也都经历过类似情况。加拿大在19世纪下半叶的大部分时间内，出口的35%~60%流入了英国或者是美国，其中农、林、蓄等初级产品占了绝大部分，而进口的则主要是来自这两个工业国家的各类制成品，丰富的物流量促使了蒙特利尔等港口的繁荣（如今这个港口仍然是加拿大第二大港）。澳大利亚是另外一个依靠出口初级产品而兴旺的国家，19世纪

下半期澳大利亚出现了国民收入的迅速扩张，至 19 世纪 40 年代时，澳大利亚人的平均生活水平就足以与他们的母国英国相媲美了，至 1851 年澳大利亚成了世界市场上最大的羊毛出口国，另出口水果、肉类、谷物等，当时的昆士兰港也因此盛极一时。同样的，北欧富国丹麦也是如此，“丹麦工业革命的一个重要特点就是他的技术突破首先发生于农业部门而不是工业部门”。19 世纪 80 年代和 90 年代，丹麦成为谷物和浓缩产品的净出口国，到 19 世纪末 20 世纪初期，农产品出口占到丹麦出口额 60% 以上。

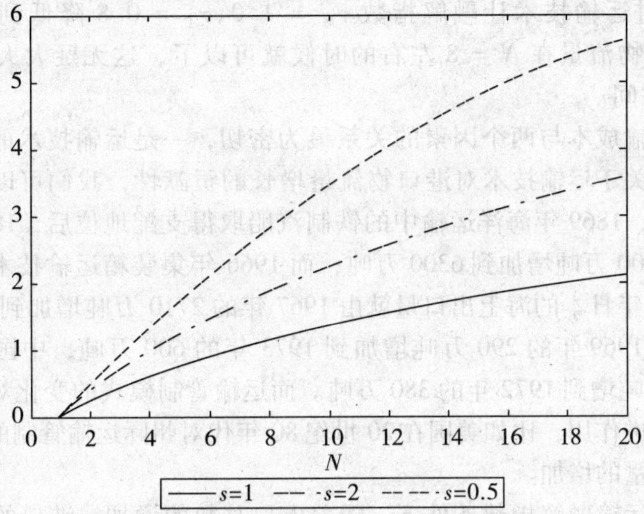

图 2　不同耕种厚度下，港口物流量的演化（*N* 为人口基数，*T* 为物流量）

2. 运输成本对港口物流量的影响

令耕种厚度 $s=1$，我们模拟运输成本对港口物流量的影响，令冰山运输模型中的融解指数逐步下降，得出三条不同的趋势曲线。

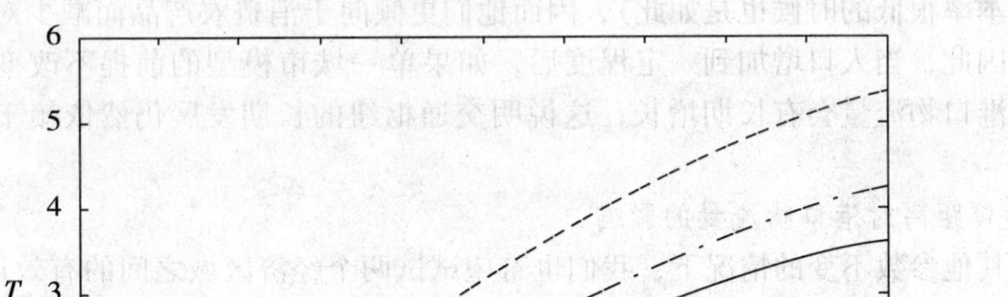

图 3　不同运输成本指数下的物流量演化（*N* 为人口基数，*T* 为物流量）

图3显示的结果与我们预期非常一致。首先，让制成品的运输成本下降，$\tau_M = 1$ 降低到 $\tau_M = 0.5$，保持农产品的运输成本率不变，可以看到港口运输量呈指数形式增加，增速也加快了。如果让农产品和制成品的运输指数同步下降到 $\tau_M = 0.2, \tau_A = 0.5$ 时，可以看到港口物流量非常迅速的上升，且上升的加速度也较前两者大，这可以看做是运输技术的进步给港口带来的福利。从图3的直虚线标识来看，要想使得港口物流量增加到3个单位，我们可以不必等到系统的人口增加到14，只要改进运输技术让融解指数 $\tau_M = 1.0, \tau_A = 0.8$ 降低到 $\tau_M = 0.2, \tau_A = 0.5$，这样港口物流量在 $N = 8$ 左右的时候就可以了，这无疑大大缩短了港口兴盛所需要等待的时间。

实践中，运输成本与两个因素的关系最为密切，一是运输技术的进步，另一个是运输管制模式。关于运输技术对港口物流量增长的贡献性，我们可以从一组历史数据的比较得到验证，1869年海洋运输中的铁制汽船取得支配地位后，1873—1896年，世界海运货量从2700万吨增加到6300万吨；而1966年集装箱运输技术在海运中取得支配地位后，1968年日本的海上出口量就由1967年的2710万吨增加到3030万吨；韩国的海上贸易量从1969年的290万吨增加到1973年的600万吨，中国香港的出口量从1970年的300万吨增到1972年的380万吨。而运输管制模式的变化对物流量的影响也有非常明显的促进作用，比如美国在20世纪80年代对州际运输管制的放松就曾极大地促进了州际物流量的增加。

在任意一组运输融解指数条件下，随着人口基数的增加，港口的总物流量的增速是逐步放缓的。造成这种现象的是经济系统均衡的内在原因：一是随着系统人口 N 的增加，两岸农业耕种绝对面积的差距越来越小，直接导致了两岸农产品交易量占总产量比重的缩小（但绝对值仍然是增加的），增速到最后会无限接近0；二是随着耕种边界 ℓ 的不断扩张，远离城市 O_1 地区的农业工人获得制成品的相对价格越来越高（即使当运输成本率很低的时候也是如此），因而他们更倾向于消费农产品而减少对制成品的消费量。因此，当人口增加到一定程度后，如果单一城市模型的前提不改变，我们就不能期待港口物流量会有长期增长，这说明交通枢纽的长期发展仍然依赖于本区域的工业化。

3. 港口距离对港口物流量的影响

保持其他参数不变的情况下，我们也希望试试两个经济区域之间的有效运输距离 c 是否会对港口物流量产生实质性影响。我们分别令 $c = 0.3$，$c = 0.6$，$c = 0.9$ 以及 $c = 1.3$ 四种情况下进行对比，结果如图4所示。

演化结果与常识有相符的地方也有不相符的地方。相符的地方在于，随着港口之间有效运输距离 c 的减小，港口物流量明显增加，而且增加的趋势越来越明显，增速仍然是随着人口增加逐步放缓的。不相符的地方则是，日常观察到的数据显示，两个港口之间距离越近，越容易呈现此消彼长的现象，这是因为距离近的港口之间往往共享同一个经济腹地，容易出现激烈竞争，而我们的模型中没有考虑到这种竞争。

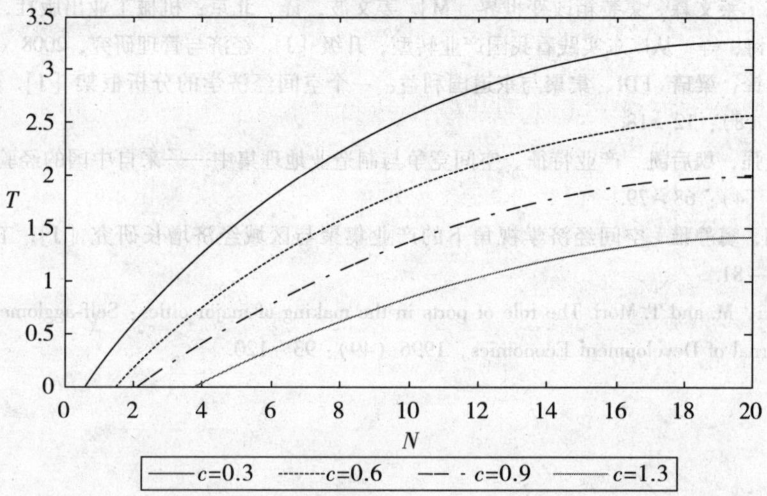

图 4　港口物流量对港口距离的演化（*N* 为人口基数，*T* 为物流量）

五、结束语

本文借鉴 Masahisa Fujita、Tomoya Mori（1996）关于港口城市形成及演化过程的模型，研究了流经以港口为例的交通枢纽发展与腹地区域经济发展的关系，并运用软件 MATLAB7.04 实现了对港口物流量长期演化过程的数值分析。得出的主要结论包括：第一，交通枢纽自身的发展是区域经济发展的内生部分，给定任何一组人口基数及相关的经济参数的值，我们可以根据模型测算出流经交通枢纽的物流量；第二，有一个肥沃富饶的腹地，即使没有发达的制造业，物流量也能随着农业增长实现较快增长；第三，运输成本的下降（比如运输技术改进、交通管制成本的下降等）将给港口带来福利，促进港口物流量增长，但随着人口增加，港口物流量的增速会逐步放缓，直至不再增长；第四，随着港口之间有效运输距离的减小，港口物流量增加，增加的趋势越来越明显，但给定运输成本率的情况下，港口物流量的增速仍然是随着人口增加逐步放缓的。

本文模型是建立在单一城市、单一层次制造业的基础之上，后续的研究方向可以考虑制造业转移至区域 2 形成双城市（或多城市）、单一层次制造业的情形，还可以考虑到将单一层次制造业扩展至多层次制造业的情形，使模型更具一般性。

参 考 文 献

［1］陈雯，吕卫国．空间经济学研究的相关进展与评述［J］．世界地理研究，2007（12）：70－75.

［2］梁琦．空间经济学：过去、现在与未来——兼评空间经济学：城市、区域与国际贸易［J］．经济学（季刊），2005，4（4）：1068－1087.

［3］李爱国，黄建宏．新经济地理理论视角下的现代物流对区域经济发展的影响［J］．改革与战略，2006（11）：9－11.

［4］马克·莱文森．集装箱改变世界［M］．姜文波，译．北京：机械工业出版社，2007.

［5］毛蕴诗，等．从广东实践看我国产业转型、升级［J］．经济与管理研究，2008（7）：16－22.

［6］钱学锋，梁琦．FDI、集聚与东道国利益：一个空间经济学的分析框架［J］．经济理论与经济管理，2007（8）：12－18.

［7］王业强，魏后凯．产业特征、空间竞争与制造业地理集中——来自中国的经验证据［J］．管理世界，2007（4）：68－79.

［8］张翎，窦静雅．空间经济学视角下的产业集聚与区域经济增长研究［J］．工业技术经济，2007（7）：79－81.

［9］Fujita，M. and T. Mori. The role of ports in the making of major cities：Self-agglomeration and hub-effect［J］. Journal of Development Economics，1996（49）：93－120.

基于 DEA 的最小化碳排放量的 PIDRP 模型与算法*

戢守峰　喻海飞　朱宝林

摘　要：本文研究了单制造商、多 RDC、多客户问题，使用具有有效区分单元的 DEA 方法评价供应链的效能，将供应链的效率评价值作为目标函数的一部分加入到模型中，建立了基于 DEA 技术的以低碳化供应链为整体目标的 PIDRP（Production Inventory Distribution Routing Problem，生产—库存—分销—运输路线集成问题）整数规划模型，并对模型的核心部分——车辆路径问题使用改进遗传算法进行求解，最后通过抚顺石化公司的真实数例，验证了模型和算法的有效性以及 DEA 方法在实际中的作用。

关键词：数据包络分析　PIDRP　CO_2排放量　遗传算法　石化产品

一、引言

物流网络的绩效在很大程度上取决于其网络规划与设计的好坏，但是由于工业企业在运作活动中使用过多的矿物燃料（如煤、石油等），会排放出大量的 CO_2 等多种温室气体，这就促使对物流网络绩效的评价体系进行调整。造成全球变暖的温室气体主要包括二氧化碳、甲烷、氧化亚氮、氢氟碳化物、全氧化物、六氟化硫，而 CO_2 的含量在其中所占的比重不容忽视。未来企业低碳化发展的进程一定是衡量一个企业综合竞争能力和持续发展能力的重要标准。

目前，研究绿色供应链的文献很多，但以最小化 CO_2 排放量作为目标函数进行建模分析的文献甚少。Quariguasi Frota Neto（2008）根据欧洲造纸业的实例在原有供应链的基础上考虑环境问题，制订了一个可持续发展网络的设计和评估框架，在此框架中同时考虑利润和环境问题；Gonzalo Guillén - Gosálbez（2010）在原有供应链模型单目标的基础上，加入环境影响这一目标构建双目标模型，并且针对环境性能评估模型中存在的不确定性，从现实角度对环境性能进行评估；Chun - Jen Chung（2011）针对短生命周期易腐产品，建立了集成的生产库存模型，指出新技术的使用、再制造的比率和系统持有成本是影响绿色供应链系统的关键因素；Balan（2010）将碳排放考虑进了整个物流网络各个节点的运作过程，即供应商、制造商、仓库、分销中心和客户等，将各个节点的碳排放量进行加总作为整个供应链的碳排放；Chunshan Li（2009）考虑化

* 基金项目：国家自然科学基金项目（70872019）。

作者简介：戢守峰，男，辽宁沈阳人，东北大学教授，博士生导师，研究方向：物流系统建模与优化、物流与供应链管理。喻海飞、朱宝林，东北大学工商管理学院。

学过程中的碳排放意识，通过权衡决策者的偏好信息，构建一个带有权重向量的经济环境目标模型。本文在模型的目标函数中加入了带有虚拟决策区分单元的 DEA 技术对现存供应链的评价值，目前存在很多在 DEA（数据包络分析）方面的研究，如 Yuan Qingmin（2009）使用 DEA 方法分析绿色供应链的内涵，并使用实例进行方法有效性的验证。

随着物流网络越来越复杂，对物流网络进行的研究也在趋于系统化，其中从 PIDRP（Production Inventory Distribution Routing Problem，生产—库存—分销—运输路线集成问题）的角度进行研究更符合当前复杂物流网络的实际特征，成为本领域研究的热点并且也是带有挑战性的课题。近年来，出现了国外对此问题的研究文献。例如，Jonathan（2009）提出了采用启发式算法对考虑生产决策的多周期库存路线问题的建模与求解，并给出了解决出现于制造业供应链的库存路线问题（IRP）的一系列启发式算法的一个比较性分析；Gutiérrez（2007）研究了在有限产能和允许缺货的情况下，假设库存容量是随着时间不断变化的动态生产批量问题；Elisa Gebennini（2009）以最小化物流系统成本和优化设施定位为目的，研究了基于成本的多阶段混合整数规划生产—分销系统模型；Lin（2005）将 PIDRP 分成定位—分配和运输安排与库存控制两个子问题，提出了使用禁忌搜索结合模拟退火算法进行求解的启发式算法。

上述国外文献从不同的角度讨论了 PIDRP，但是很少有学者在对 PIDRP 的研究中考虑环境因素，尤其是考虑怎样减少 CO_2 的问题。Thierry（1995）指出政府和消费者已经开始对制造型企业施加压力，要求他们通过改进产品或运作来减少环境影响；Bloemhof - Ruwaard（1995）认识到在供应链中考虑环保问题可以减少废物的排放、最小化污染、节约能源、降低碳排放等，但是没有使用合适的模型和方法进行有效性的验证；Aarón David Bojarski（2009）认识到提高环境性能不能孤立的进行，需要供应链实体协同努力，并且使用 LCA 将环境问题纳入模型，达到经济和环境问题的供应链设计最优化；朱庆华（2010）以系统动力学作为理论的基础，建立企业实施绿色供应链管理动力模型，将企业的运营过程分解为动力系统、运营系统和反馈系统；赵涛（2010）通过提升环境管理能力与效率，使企业在新的竞争环境中获得竞争优势；王能民（2007）从系统的角度出发，以集成的方法进行绿色供应链的环境管理，并且提出了一些关于绿色供应链管理的未来发展趋势；李瑞海（2009）研究了两种不同的市场结构下绿色供应链的效率问题，并且应用博弈论的相关理论分析了单一制造商和供应商组成的供应链减量化生产效率问题。

企业如何通过改进原有的物流网络模型来提高能源的利用效率，达到低碳化供应链运作的目的，是使企业实现可持续发展应该考虑的关键问题。综合以上分析，目前将二氧化碳排放量与 PIDRP 模型结合起来进行研究的文献甚少，而将二氧化碳排放量作为主要目标进行建模的文献几乎不存在，所以本文从这个角度出发，首先使用带有有效区分单元的 DEA 方法进行供应链评估，其次将减少二氧化碳排放量作为模型的主要目标建模，并且使用改进的遗传算法进行模型求解，最后通过实例对模型有效性以及 DEA 方法的作用进行验证。

二、问题描述与假设条件

1. 问题描述

影响物流网络成本和运作环境的成员和活动有很多，成员主要有供应商、制造商、分销中心、消费者、第三方物流、物流服务提供者等，与此有关的活动主要包括生产—库存—分销—路径等，这些因素都会消耗大量的能源并且排放大量的温室气体和废物。在温室气体的组成部分中，CO_2所占比例最大，这就是物流网络所关注的CO_2排放问题，而在本文PIDRP模型中涉及的CO_2排放主要如图1所示。本文模型中涉及的CO_2排放可以分为三个部分：制造商生产产品造成的CO_2排放、库存运转造成的CO_2排放和整个环节运输造成的CO_2排放。通过以上对模型的假设和变量设定，分别从这三个方面对CO_2排放量进行表示。

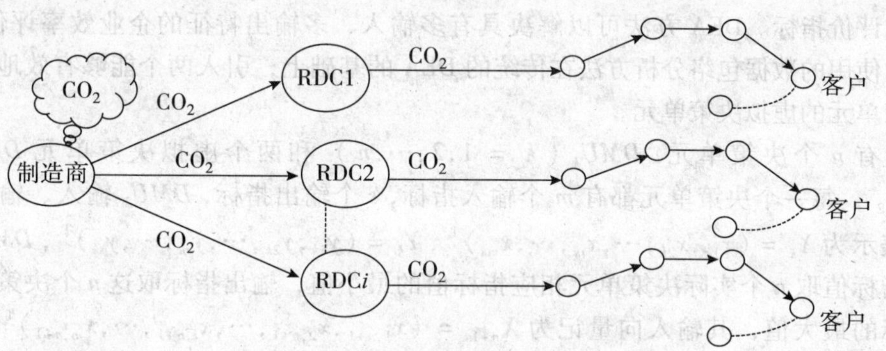

图1　单制造商、多RDC、多客户问题的运作流程

图1中标示CO_2的部分即为本文所考虑的CO_2排放问题，从制造商开始，到使用产品的最终客户结束，这几部分均在不同程度上对环境造成的影响，在这个基础上，将整个过程排放的二氧化碳总量作为目标函数，通过数学模型将问题模型化，通过使用有效方法对模型求解，使得该过程排放的CO_2总量得到有效控制，成员选择上主要分析的是单制造商、多RDC、多客户的情况。

本文拟解决的问题是从制造商、RDC和客户出发，找到排放CO_2的各个环节，针对各个环节设定不同的变量，建立有效的最小化CO_2排放量的数学模型，通过对模型求解来解决实际问题，例如，在生产环节，找到能够在满足客户需求情况下，生产合适的产品数量来减少生产造成的CO_2排放；在运输环节，找到能够在原材料和产品在规定时间运达需求方手中的前提下，选择适当的运载量和运输路线使得CO_2排放量得到有效控制。通过模型化该问题，使得物流环境更加清洁。

2. 模型假设

（1）假定客户对产品的需求为确定的单一品种的商品；RDC和客户均存在多个潜在的具有固定位置的备选节点，且分销商的仓库容量是相同的；

（2）每个客户点每天仅能由同一车辆为其服务，在为各节点提供运输服务的每条运输路线上只有一辆车，每条运输路线上的总需求不能超过车辆的运载能力，运输任务结束后车辆不返回分销中心；

（3）制造商生产的商品数量以及分销商的库存容量可以满足所有客户的需求，即这里不考虑缺货的情况；

（4）本文在考虑温室气体的污染时，只考虑的是CO_2部分；

（5）在制造商进行生产的过程中，假设使用的燃料为煤炭。

三、模型构建

（一）DEA

传统供应链网络评价指标只针对网络自身的经济效益，随着绿色供应链与目前的实际更加吻合，如果仍使用这些指标来评价绩效就忽略了环境的影响因素，因此评价低碳化供应链效能时就要引入新的评价指标，即包括反映供应链网络价值和环境影响的双重评价指标。DEA 方法可以解决具有多输入、多输出特征的企业效率评价问题，而本文使用的数据包络分析方法在传统的 DEA 的基础上，引入两个能够有效地区分实际决策单元的虚拟决策单元。

设有 n 个决策单元，DMU_k（$k = 1,2,\cdots,n$）和两个虚拟决策单元 DMU_{n+1}、DMU_{n+2}，每一个决策单元都有 m 个输入指标，s 个输出指标，DMU_k 输入、输出向量分别表示为 $X_k = (x_{1k},x_{2k},\cdots,x_{ik},\cdots,x_{mk})^{\mathrm{T}}$，$Y_k = (y_{1k},y_{2k},\cdots,y_{rk},\cdots,y_{sk})^{\mathrm{T}}$，$DMU_{n+1}$ 的输入指标值取 n 个实际决策单元相应指标值的最小值，输出指标取这 n 个决策单元相应指标的最大值，其输入向量记为 $X_{n+1} = (x_{1,n+1},x_{2,n+1},\cdots,x_{i,n+1},\cdots,x_{m,n+1})^{\mathrm{T}}$，输出向量为 $Y_{n+1} = (y_{1,n+1},y_{2,n+1},\cdots,y_{r,n+1},\cdots,y_{s,n+1})^{\mathrm{T}}$，其中，$x_{i,n+1} = \min(x_{i1},x_{i2},\cdots,x_{in})$，$y_{r,n+1} = \max(y_{r1},y_{r2},\cdots,y_{rn})$，$DMU_{n+2}$ 的输入指标值取 n 个实际决策单元相应指标值的最大值，输出指标取这 n 个决策单元相应指标的最小值，其输入向量为 $X_{n+2} = (x_{1,n+2},x_{2,n+2},\cdots,x_{i,n+2},\cdots,x_{m,n+2})^{\mathrm{T}}$，输出向量为 $Y_{n+2} = (y_{1,n+2},y_{2,n+2},\cdots,y_{r,n+2},\cdots,y_{s,n+2})^{\mathrm{T}}$。式中，$x_{i,n+2} = \max(x_{i1},x_{i2},\cdots,x_{in})$，$y_{r,n+2} = \min(y_{r1},y_{r2},\cdots,y_{rn})$。

式中，x_{ik}，y_{rk} 分别表示 DMU_k 的第 i 个输入指标和第 r 个输出指标，设 u_i，v_r 分别为输入和输出指标的权重，DEA 方法最重要的一步就是确定权重系数 u_i 和 v_r。通过下面的线性规划模型可以确定权重 u_r^*（$r = 1,2,\cdots,s$）和 v_i^*（$i = 1,2,\cdots,m$）：

$$\min \sum_{r=1}^{s} v_r y_{rk}$$

$$\text{s. t.} \begin{cases} \sum_{i=1}^{m} u_i x_{i,n+2} = 1 \\ \sum_{r=1}^{s} v_r y_{r,n+1} - \sum_{i=1}^{m} u_i x_{i,n+1} = 0 \\ \sum_{r=1}^{s} v_r y_{rj} - \sum_{i=1}^{m} u_i x_{ij} \leqslant 0, \quad j \neq n+1 \\ v_r \geqslant 0, \quad r = 1,2,\cdots,s, \quad v_i \geqslant 0, \quad i = 1,2,\cdots,m \end{cases}$$

该模型能够在满足最优决策单元的效率值最大的多组权重中，找出使最差决策单元效率值最小的一组来求解最后的效率值。通过模型求解出权重后，使用计算公式 $E_k = \sum_{r=1}^{s} v_r^* y_{rk} \Big/ \sum_{i=1}^{m} u_i^* x_{ik}$（$k=1, 2, \cdots, n$）求出各个决策单元的效率值，然后根据效率值 E_k^*（$k = 1,2,\cdots,n$）的高低来选择优秀的决策单元。

（二）目标函数的确定

1. 制造商生产过程中的 CO_2 排放量计算

制造企业在生产、经营等活动过程中因消耗化石燃料直接向自然环境排放二氧化碳，该部分排放虽然污染很大，但为了保证供应链过程的顺利进行该部分的排放也是不可避免的。由于二氧化碳是因消耗化石燃料所产生的，因此实际上环境污染的源泉最终将落到煤炭、石油、天然气等化石燃料上，这里根据模型假设部分，仅考虑使用煤炭的情况，所以煤炭的使用量决定了制造商的 CO_2 排放量。则制造商生产过程中的 CO_2 排放量 TE_1 表示为：$TE_1 = Q_p \cdot EM$。

2. 库存运营的 CO_2 排放量计算

由于在分销商 i 处库存量是随着客户的需求不断变化的，这样库存运转的 CO_2 排放量则与这不断变化的库存有关，通过每个时间周期 t 分销商 i 处运入和运出量 w_{pi}^t，w_{ij}^t 的变化，得出分销商 i 处的库存量公式：$Q_i = \sum_{t \in T}(w_{pi}^t - w_{ij}^t)$。

根据库存量 Q_i 的公式，得出分销商 i 处库存运营的 CO_2 排放量公式为：$TE_2 = \sum_{i \in I} EM_i \cdot Q_i \cdot z_i$。

3. 运输过程的 CO_2 排放量计算

在现实的物流运输过程中，应该优先满足需求量较大的客户，货物运输可以考虑的因素有许多，如时间窗约束、运送方式的选择、按货物权重运输等。本文主要从带有货物权重的车辆路径问题进行考虑，要决策的问题是如何安排运输线路和使用的车辆，使得整个运输网络的 CO_2 排放量最小。

对于任意一个客户的需求量 D_j 可以分为以下两种情况：① $[D_j/\max Q_v] > 1$ 时，即客户 j 所需货物超出了一辆车的最大载重量时；② $[D_j/\max Q_v] \leq 1$ 时，即 RDCj 所需货物量不足一辆车的载重时。针对这两种情况，运送方式可分为整车运输和散车运输，整车运输是指车辆均满载，即从分销商处出发，每次满足一个客户的需求后运输就终止，使得整车运输时的 CO_2 排放量最小。散车运输就是将每个需求量不足一辆车的客户的货物量集中运输，即从分销商处出发，一次需要顺序满足几个不同客户的需求，采用该方法可以有效减少发车数量和行驶距离，从而净化运输环境。

车辆运输造成的 CO_2 排放与运距和载重量有关。例如，一辆载有 8 吨货物的货车和一辆载有 3 吨货物的货车在同一线路上行驶，最终造成的 CO_2 污染是不一样的，所以客户的需求量应作为一个很重要的因素进行考虑。下面给出整车运输和散车运输两方面的二氧化碳排放量：

$$TE_{Full} = \sum_{j \in N} EM_r \times d_{ij} \times [D_j/\max Q_v] + \sum_{j \in N} EM_{ijv} \times d_{ij} \times [D_j/\max Q_v] \times \max Q_v$$

$$TE_{Nonfull} = \sum_{r \in R} EM_r \sum_{m=1}^{N_r-1} d_{S_{r,m},S_{r,m+1}} + \sum_{r \in R} \sum_{m=1}^{N_r-1} EM_{ijv} \times d_{S_{r,m},S_{r,m+1}} \times Q_{S_{r,m},S_{r,m+1}}$$

所以最后运输部分的总 CO_2 排放量 $TE_3 = TE_{Full} + TE_{Nonfull}$。

（三）模型建立

以二氧化碳总排放量 TE 最小为目标函数，构建的 PIDRP 模型如下：

$$\begin{aligned} \min TE &= TE_1 + TE_2 + TE_3 + (-W) = TE_1 + TE_2 + TE_{Full} + TE_{Nonfull} + (-W) \\ &= Q_p \cdot EM + \sum_{i \in I} EM_i \cdot \left(\sum_{t \in T} w_{pi}^t - w_{ij}^t\right) \cdot z_i + \sum_{j \in N} EM_r \times d_{ij} \times [D_j / \max Q_v] + \\ &\quad \sum_{j \in N} EM_{ijv} \times d_{ij} \times [D_j / \max Q_v] \times \max Q_v + \sum_{r \in R} EM_r \sum_{m=1}^{N_r-1} d_{S_{r,m},S_{r,m+1}} + \sum_{r \in R} \\ &\quad \sum_{m=1}^{N_r-1} EM_{ijv} \times d_{S_{r,m},S_{r,m+1}} \times Q_{S_{r,m},S_{r,m+1}} + (-W) \end{aligned} \tag{1}$$

$$\text{s. t.} \begin{cases} P_t \geqslant \sum_{i \in N} D_i & (2) \\ \sum_{i \in I} \sum_{j \in J} x_{ijr} \cdot w_{ij}^t \leqslant \max Q_v & (3) \\ \sum_{t \in T} w_{pi}^t \leqslant \max In & (4) \\ \sum_{r \in R} \sum_{i \in I} x_{ijr} = 1, \quad j \in J & (5) \\ \sum_{i \in I} \sum_{t \in T} w_{ij}^t \leqslant Q_i, \quad j \in J & (6) \\ \sum_{i \in I \cup J} x_{ikr} - \sum_{j \in I \cup J} x_{kjr} = 0, \quad r \in R & (7) \\ x_{ijr} = 0 \text{ 或 } 1, y_{ij} = 0 \text{ 或 } 1, \quad i \in I, j \in J, r \in R & (8) \end{cases}$$

目标函数（1）为模型的目标函数，代表二氧化碳总排放量以及 DEA 评价结果的相反数之和最小；约束条件（2）表示制造商的生产能力必须大于等于客户的总需求，以保证满足所有 RDC 的需求，超过时可以进行库存处理；约束条件（3）表示运输产品过程中的运输能力限制，保证在一条运输回路上使用每种运输方式的运输量小于该种运输方式的最大装载能力；约束条件（4）表示一个周期运往仓库 i 的商品数量之和不能超过该仓库的最大库存量；约束条件（5）表示每个客户只能由同一辆车对其进行服务；约束条件（6）表示由同一个分销商进行服务的 RDC 需求之和不能超过该分销商的库存量；约束条件（7）保证了路线的连续性；约束条件（8）表示变量的取值约束。

四、求解算法设计

从最小化二氧化碳排放量模型的目标函数可以看出，制造商处的二氧化碳排放和库存运转的二氧化碳排放是整个物流网络顺利运转不可缺少的，没有这两部分的运转不可能发生物流活动，所以在本文的优化中，我们主要针对造成大量二氧化碳排放的运输过程进行优化，包括使用的车辆数目以及每辆车服务 RDC 点的序列等。模型假设中提到每辆车在服务完最后一个客户后不要求其返回出发点，那么每辆车所行使的路线就是一条哈密尔顿路径，是车辆路径问题的经典拓展问题——开放式车辆路径问题，而且在车辆选择方面考虑了货物的权重问题，因此本文针对带有货物权重的开放式车辆路径问题为此设计图 2 所示的求解步骤。

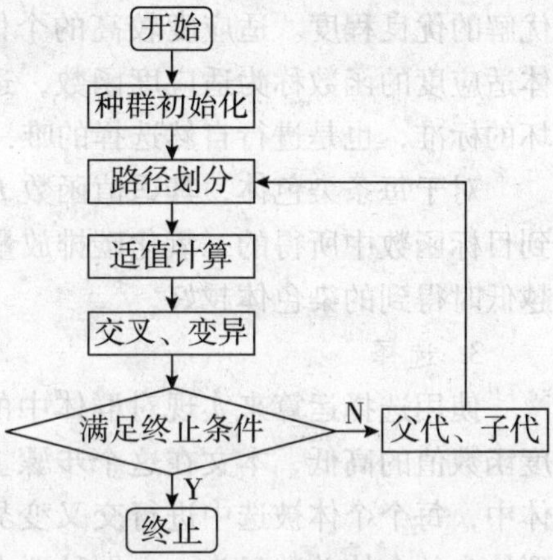

图 2　改进的遗传算法步骤

1. 路径划分

在遗传算法求解 VRP 时，路径划分中使用的自然数编码方式可以分为两类：第一类是先划分行驶路径再确定客户配送次序；第二类是先确定客户配送次序再划分行驶路径，本文在编码时采取的是第二种方式，并在此基础上进行一些优化和改进。

对于指定的染色体可能的编码顺序有两种，如客户 i 和客户 $i+1$ 的配送次序划分只有两种可能，第一种：客户 i 和客户 $i+1$ 在同一配送路径上，由同一辆车对他们进行运输配送。第二种：客户 i 和客户 $i+1$ 不在相同的配送路径上，由不同车辆对其进行服务。但是由染色体的编码方式可知，在第二种情况下 $i+1$ 必定是另一条路线的第一个客户，而客户 i 则是当前路径的最后一个被服务点。因此在染色体路径划分中，判断 i 和 $i+1$ 之间是否应该有一个划分点，即是否需要再增加一辆车，则只需在不超过车辆载重的前提下比较这两种方式所造成的二氧化碳排放量即可。如果是第一种情况则将客户 i 和客户 $i+1$ 归到一条路线上，否则，必须再分配一辆车来给客户 $i+1$ 运输货物。本文不使用分销商节点作为“分隔符”，而是使用一种划分方法来划分路径。

例如，一条客户数目为 7 的染色体如下图，0，7，5，1，3，4，2，6，由于该编码中没有分销商作为分隔符，所以需要根据车辆容量和优先次序进行路线的划分。具体步骤如图 3：

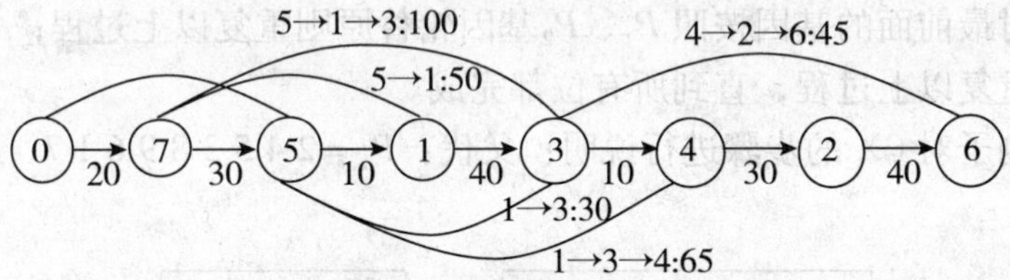

图 3　路径划分

图 3 中每个圆内的数字代表一个客户节点，节点之间的水平连线表示车辆从 0 节点出发行驶到箭头指向节点的 CO_2 排放量，弧线表示车辆从 0 节点出发，经过弧间一系列节点到达所指向节点的 CO_2 排放量，需要注意的是，弧间节点的货物需求量不能超过车辆的最大载重量。

通过路径划分的具体算法进行编码，得到该例子的最佳路径划分为：0，7，5 ‖ 1，3，4 ‖ 2，6。

2. 适值计算

在遗传算法中通常使用适应度来度量种群中个体在优化计算中能达到或接近于最优解的优良程度。适应度较高的个体进入到下一代的概率较大，反之则较小，度量个体适应度的函数称为适应度函数，适应度函数是根据目标函数确定的用于区分个体好坏的标准，也是进行自然选择的唯一依据。

对于每条染色体，其适值函数 $F(x)$ 是指通过路径划分方法得到的可行解，再代回到目标函数中所得的二氧化碳排放量，即 $F(x) = TE_3$，很显然当适值函数 $F(x)$ 的值越低时得到的染色体越好。

3. 选择

使用选择运算来实现对群体中的个体进行优胜劣汰操作，通过适值计算比较适应度函数值的高低，本文在这个步骤上使用比例选择的方法对个体进行选择。在一个群体中，每个个体被选中进行交叉变异的概率与其适应度函数值的大小成正比，设一个群体中的个体总数目为 n，即种群大小为 n，个体 i 的适应度为 $F_i(x)$，则个体 i 被选中而遗传到下一代群体中的概率为：$P_i = F_i(x) \Big/ \sum_{i=1}^{n} F_i(x)$，所以对于每个个体来讲，$P_i$ 的值越大，进入到下一代种群的机会就越大。

4. 交叉

针对本文建立的模型，选择适合该模型的 CX 交叉方式，因为 CX 很好的保留了位值特征，它的基本思想是子串位置上的值必须与父母相同位置上的值相等。它最大的特点是当两父串相同时，仍能产生新的个体，这就减弱了对群体多样性的要求，避免了普通遗传算法的缺陷，如图 4。CX 的具体步骤如下：

第一步：选择父代 P_1 的第一个元素作为子代 C_1 的第一位；选择 P_2 的第一个元素作为 C_2 的第一位；

第二步：在 P_1 中寻找 P_2 的第一个元素赋给 C_1 的相对位置……重复此过程，直到 P_2 上得到 P_1 的第一个元素为止，称为一个循环；

第三步：对最前面的基因按照 P_1、P_2 基因轮替原则重复以上过程；

第四步：重复以上过程，直到所有位都完成。

用下面的例子对 CX 的步骤进行说明：父代：P_1 = 2 4 5 3 8 9 6 1 7　P_2 = 3 9 8 6 5 4 2 7 1。

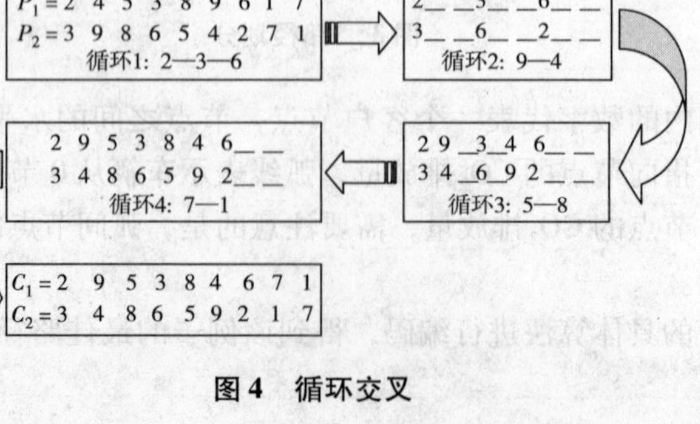

图 4　循环交叉

5. 变异

在遗传过程中，染色体变异的概率是非常小的，所以变异在算法中不起决定性的作用，对于种群中的个体以变异概率进行染色体变异，在变异修复策略选择上，使用换位变异策略进行变异的操作。换位变异就是指随机地在染色体上选取两个位置，交换基因的位值，如图 5。

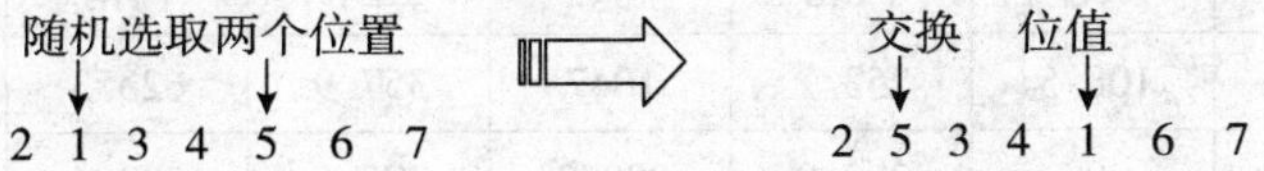

图 5　换位变异策略

五、算例与数值分析

本文以中石油抚顺石化公司的真实数据为例进行数值分析。

抚顺石化公司的生产业务主要包括油（汽油、煤油、柴油）和石蜡（轻蜡、石蜡），销售业务涉及原油和石油产品的销售，基本石油化工产品、衍生化工产品及其他化工产品的销售等。本文仅以产量最大的树脂为代表产品，合理选择数据对模型有效性进行验证，具体数据如表 1 所示。

表 1　　抚顺石化树脂产品分销的四大区域以及需求量

抚顺石化产品销售的四大区域	2009 年需求量（吨）	各大区所占比例
华北	41397	30.82%
华南	11410	8.50%
西南	29948	22.30%
华东	51546	38.38%
合计	134301	100.00%

表 2　　抚顺石化树脂产品分销的四大区域下各客户节点的需求量

销售大区	RDC	需求量（吨）	比例	销售大区	RDC	需求量（吨）	比例
华北	北京	4951	11.96%	西南	四川	12635	42.19%
	天津	3142	7.59%		重庆	7286	24.33%
	河北	6375	15.40%		陕西	2617	8.74%
	湖北	3076	7.43%		湖南	2620	8.75%
	山东	18724	45.23%		贵州	1653	5.52%
	河南	3167	7.65%		云南	3139	10.48%
	山西	1561	3.77%	合计		29950	100.00%
	内蒙古	406	0.98%	华东	浙江	28216	54.74%
合计		41402	100.00%		江苏	15510	30.08%
华南	广东	9085	79.62%		上海	5644	10.95%
	福建	1084	9.50%				
	广西	1207	10.58%		安徽	1283	2.49%
	海南	35	0.31%		江西	897	1.74%
合计		11411	100.00%	合计		51546	100.00%

在树脂的分销中，采用的运输方式是铁路运输。根据 2006—2009 年的运输相关数据得到表 3、表 6 所示的关于各客户点之间运输距离表和表 7 关于几种运输方式的排量表。

表 3　　华北大区各 RDC 之间运输距离表　　（单位：公里）

里程	北京	天津	河北	湖北	山东	河南	山西	内蒙古
北京	0	108.5	253.2	1047	357.9	623.3	392.9	420.2
天津	108.5	0	262.9	980.3	275.5	583.4	426.5	506.7
河北	253.2	262.9	0	829	265	374.7	168.2	387.5
湖北	1047	980.3	829	0	720.8	466.7	820.9	1158.3
山东	357.9	275.5	265	720.8	0	374.8	415.2	651.5
河南	623.3	583.4	374.7	466.7	374.8	0	360.7	699.1
山西	392.9	426.5	168.2	820.9	415.2	360.7	0	337.4
内蒙古	420.2	506.7	387.5	1158.3	651.5	699.1	337.4	0

表 4　　华南大区各 RDC 之间运输距离表　　（单位：公里）

里程	广东	福建	广西	海南	里程	广东	福建	广西	海南
广东	0	692.1	501.8	456.5	广西	501.8	1162.2	0	369.7
福建	692.1	0	1162.2	1131.8	海南	456.5	1131.8	369.7	0

表 5　　西南大区各 RDC 之间的运输距离表　　（单位：公里）

里程	上海	浙江	江苏	安徽	江西	里程	上海	浙江	江苏	安徽	江西
上海	0	166.9	266.3	405.8	600.8	安徽	405.8	335.4	151	0	374.3
浙江	166.9	0	245.2	335.4	445	江西	600.8	445	466.1	374.3	0
江苏	266.3	245.2	0	151	466.1						

表 6　　华东大区各 RDC 之间运输距离表　　（单位：公里）

里程	四川	湖南	重庆	陕西	贵州	云南
四川	0	902.4	256.1	606.9	515.5	637.5
湖南	902.4	0	649.7	768.5	644.1	1070.7
重庆	256.1	649.7	0	563.3	333.6	628.4
陕西	606.9	768.5	563.3	0	876.9	1184.6
贵州	515.5	644.1	333.6	876.9	0	428.2
云南	637.5	1070.7	628.4	1184.6	428.2	0

本文采用的运输方式主要是铁路运输，铁路运输方面固定 CO_2 排放量为 1800 克/次，单位运输 CO_2 排放量为 155 克/吨·公里。在相关数据（车辆容量 $\max Q_v = 4000$，交叉概率为 0.5，变异概率为 0.005，种群为 100，迭代次数为 400）给定的前提下，将参数值带入模型中，运用改进的遗传算法求得结果如表 7 所示。

表 7　　　　模型求解结果　　　　（单位：吨）

生产量	134500							
分销商以及零售商运输量	华北（北京）	41400	北京	4951	山东	18724	河南	3167
			山西	1561	内蒙古	406	天津	3142
			河北	6375	湖北	3076		
	华南（广东）	11450	广东	9085	广西	1207	海南	35
			福建	1084				
	西南（四川）	30000	四川	12635	湖南	2620	重庆	7286
			贵州	1653	陕西	2617	云南	3139
	华东（上海）	51600	浙江	28216	安徽	1283	江苏	15510
			江西	897	上海	5644		
运输次序	华北	整车运输：北京→山东（4 辆车） 北京→河北（1 辆车） 散车运输：北京→山东（833）→河南（3167） 北京→河北（2109）→山东（1891） 北京→天津（658）→河北（266）→湖北（3076） 北京→天津（2033）→山西（1561）→内蒙古（406） 北京→天津（451）						
	华南	散车运输：广东→海南（35）→广西（1207）→福建（1084）						
	西南	整车运输：四川→重庆（1 辆车） 散车运输：四川→重庆（1380）→湖南（2620） 四川→云南（3139）→贵州（861） 四川→重庆（1383）→陕西（2617） 四川→重庆（523）→贵州（792）						
	华东	整车运输：上海→浙江（7 辆车） 上海→江苏（3 辆车） 散车运输：上海→安徽（1283）→江西（897）→浙江（216） 上海→江苏（3510）						

表 7 即为通过所建立模型而得出的结果，企业使用表中的数据进行相应的运输和生产可以减少 CO_2 的排量 35.63 吨，有效的减少了温室气体的污染。

六、结论

本文从绿色供应链中影响比较严重并且所占比重比较大的二氧化碳排放出发，针对供应链系统中单制造商、多分销商、多客户问题进行建模分析，通过使用该模型求解结果进行实际的供应链活动可以有效减少二氧化碳的排放，加强企业的可持续化发展。在当前环境压力越来越大的情况下，建立以供应链利润碳排放量为目标的模型，综合运用数学方法及优化算法来解决环境问题，是绿色供应链很值得进行深入研究的环节。

本文仅是解决化工企业从生产到销售的 CO_2 排放问题的初步尝试，进一步研究可以包括：①化工企业产供销一体化过程的 CO_2 排放问题，以更好的体现完整供应链的情况；②钢铁生产企业的 CO_2 排放问题，对于污染较严重、运输较复杂的行业进行研究是很有意义的，随着社会各界对绿色供应链的重视，对 CO_2 排放问题的研究可以进一步加强。

参考文献

[1] 朱庆华，田一辉．企业实施绿色供应链管理动力模型研究［J］．管理学报，2010，7（5）：723－727.

[2] 赵涛，李小鹏．绿色供应链管理绩效评价研究［J］．北京理工大学学报：社会科学版，2007，12（5）：80－83.

[3] 王能民，汪应洛．绿色供应链管理的研究进展及趋势［J］．管理工程学报，2007，21（2）：118－122.

[4] 李瑞海，张涛．减量化生产模式下绿色供应链效率比较［J］．系统管理学报，2009，18（4）：432－435.

[5] J. QUARIGUASI FROTA NETO，BLOEMHOF-RUWAARD. Designing and Evaluating Sustainable Logistics Networks［J］. Int. J. Production Economics，2008（111）：195－208.

[6] GONZALO GUILLÉN-GOSÁLBEZA，IGNACIO GROSSMANNB. A Global Optimization Strategy for the Environmentally Conscious Design of Chemical Supply Chains under Uncertainty in the Damage Assessment Model［J］. Computers and Chemical Engineering，2010（34）：42－58.

[7] CHUNG CHUN-JEN，WEE HUI-MING. Short Life-cycle Deteriorating Product Remanufacturing in a Green Supply Chain Inventory Control System［J］. Int. J. Production Economics，2011（129）：195－203.

[8] BALAN SUNDARAKANI，ROBERT DE SOUZA. Modeling Carbon Footprints across the Supply Chain［J］. Int. J. Production Economics，2010（128）：43－50.

[9] LI CHUNSHAN，ZHANG XIANGPING. Environmentally Conscious Design of Chemical Processes and Products：Multi-optimization Method［J］. Chemical Engineering Research and Design，2009（87）：233－243.

[10] YUAN QINGMIN.，WANG LIPENG. A Study on Green Supply Chain Achievements Evaluation Based on DEA Model［J］. International Conference on Management and Service Science，2009.

[11] JONATHAN F. BARD，NARAMETH NANANUKUL. Heuristics for a Multiperiod Inventory Routing Problem with Production Decisions［J］. Computers & Industrial Engineering，2009（57）：713－723.

[12] GUTIÉRREZ，J.，SEDEÑO－NODA，A. A Polynomial Algorithm for the Production/Ordering Planning Problem with Limited Storage［J］. Computers & Operations Research，2007，34（4）：934－937.

[13] GEBENNINI ELISA, GAMBERINI RITA. An Integrated Production-distribution Model for the Dynamic Location and Allocation Problem with Safety Stock Optimization [J]. Int. J. Production Economics, 2009 (122): 286 - 304.

[14] LIN S C, LIN C C. A Heuristic Method for the Combined Location Routing and Inventory Problem [J]. Int J of Advanced Manufacturing Technology, 2005 (26): 372 - 381.

[15] THIERRY M, SALOMON M, VAN NUNEN. Strategic Issues in Product Recovery Management [J]. California Management Review, 1995, 37 (2): 114 - 135.

[16] BLOEMHOF-RUWAARD, PAUL VAN BEEK. Interactions between Operational Research and Environmental Management [J]. European Journal of Operational Research, 1995 (85): 229 - 243.

[17] AARÓN DAVID BOJARSKI, JOSÉ MIGUEL LAÍNEZ. Incorporating Environmental Impacts and Regulations in a Holistic Supply Chains Modeling: an LCA Approach [J]. Computers and Chemical Engineering, 2009 (33): 1747 - 1759.

多重博弈的 Dijkstra 算法快递行业航空网络应用研究*

马常松　刘祥超　李　昊

摘　要：随着快递行业发展和客户体验要求的提高，航空运输已成为快递行业保证客户服务和客户体验不可缺少的部分之一。传统相关研究中大多数是从航空线路的经济因素、枢纽选择等角度进行研究，研究工具主要有鲁棒优化算法、模拟退火算法、蚁群算法等，针对单一维度，该类方法有一定价值。现实情况是多维度的。目前在传统研究中利用博弈论和最短路径算法相结合对快递行业的航空网络应用进行的研究较少。本文专门从快递行业的角度进行分析考虑，在时间与成本存在的内部关系基础上，提出基于多重博弈的 Dijkstra 算法规划航空网络，从时间、成本、距离多维度进行考虑，以实现快递航空网络的低成本与高时效。该算法易于计算机编程，最后证明该算法的优势性及切实可行。

关键词：110.7425　组合最优化　多重博弈　Dijkstra 算法　快递行业　航空网络

一、引言

在日益激烈的快递市场竞争中，航空运输的优劣程度已经成为了比较快递企业竞争力的重要因素，也成为影响快件速度和客户体验的关键因素。国内相关研究中多侧重于航空公司的航空网络选址、航线规划问题，没有考虑快递行业中的航空网络选址以及航线规划问题。同时航空网络规划与陆路运输路线规划有相似之处，但本质上区别较大。国内在陆路运输路线规划研究中，所考虑的因素和参数在航空网络中基本无法适用，航空运输中所需要考虑的因素和陆路运输也不一样，所以在国内的研究中的陆路运输规划模型也无法适用于现代航空运输中的情况。

在国内外的相关研究中，姜涛、朱金福（2006）利用鲁棒优化算法对航空公司枢纽选址做过分析；舒湘沅、杨铭、王延平（2010）利用模拟退火算法对航空项目资源的合理配置做过研究；周鸿、欧建新、李政道（2008）利用仿真模型对航空货运中心物流系统进行了研究；戴福青、王瑞（2007）使用迭代优化算法对单枢纽机场选址与航线网络规划综合优化进行了研究，并进行了验证；俞桂杰、彭语冰、褚衍昌（2006）研究了复杂网络理论在航空网络中的应用；伯明国、朱金福（2006）使用三阶段法对航空网络的设计进行了研究；王俊超（2010）对中国航空网络的复杂性进行了研究；

---

* 作者简介：马常松，男，汉族，河南郑州人，电子科技大学博士生，西南财经大学讲师，研究方向：管理科学工程。刘祥超、李昊，西南财经大学天府学院。

杨晗熠（2010）利用单连接轴理论对辐射网络结构在中国民用航空网络中的应用进行了研究；Hannula M、Huttunen K、Koskelo J、Laitinen T、Leino T（2008）比较了人工神经网络和多线性回归模型在航空网络中的评估差异。

从以上一些前人的研究可以看出，大多数研究主要是针对民航或者航空枢纽选址问题进行了研究，并未对快递行业中的航空网络的特殊性进行考虑，就目前而言民航运输已经有相对成熟的规划方式，并且民航运输中路线规划方式也与快递航空网络规划方式不同，相互之间无法通用。此时正是中国快递行业飞速发展崛起的时候，亟待解决的是效率和成本效益背反的问题，而传统研究中并未考虑或者研究快递航空网络。

针对以上情况，本文结合博弈论和最短路径算法 Dijkstra 算法，对基于多重博弈的 Dijkstra 算法规划航空网络，对航空网络最优路径进行了研究，以实现快递航空网络的低成本与高时效的目标。同时该算法易于计算机编程实现，适用性较强，最后以某快递企业的航空网络为例，证明该算法的优势性及切实可行。

二、模型说明

1. 符号说明与基本假设

为便于描述问题模型，现将定义的符号及其表示的意义表述如下：

N：代表航空站的数量，即分析对象目前有 N 个航空枢纽，需要向 N 个地方运送货物。

X_{ij}：为每个航空枢纽到其他航空枢纽的需求量，下标 i 和 j 代表各个航空枢纽的编号。

T_{ij}：为每个航空枢纽到其他航空枢纽所需要的飞行时间，下标 i 和 j 代表各个航空枢纽的编号。

假设飞机飞行的时间越短，则消耗燃料越少，成本越小，同时飞行距离与飞行时间成正比，各航空枢纽间的飞行时间不同。对于快件需求量，根据现实情况，每两个枢纽之间的往返需求量是不同的。

2. 算法模型分析

本算法模型中采取了需求量作为其第一变量，每条最优线路都会走满足最大需求量的路线，所以采用求最短路径的 Dijkstra 算法来计算。但是由于 Dijkstra 是求最短路径的算法，所以在计算之前，需要对需求量的数据进行一定的处理，对需求量数据进行翻转。

在使用 Dijkstra 算法计算的时候每走一条路线就对该路线加一分，相同的路线走一次就再加一分，以此使得路线与路线之间产生优劣的差异关系，相互博弈，最终比较得出各个路线之间的优劣，得出最终的结果。

在这个算法模型中各航空枢纽间的飞行时间作为其第二变量，各个航空枢纽之间所需要的飞行时间不同，而飞行时间越短，飞机消耗的成本越低。将各个航空枢纽间的飞行时间与 Dijkstra 算法计算出的最终路线进行再次博弈。多重博弈后，选择出满足需求量和相对低成本的路线，算法结束。

三、算法设计

（1）将各航空枢纽的业务需求量（进量和出量之和）进行从大到小的排序，建立处理数轴。以数 0 作为数轴的起点，选出业务需求量最大的数据 X_{ij}，作为数轴终点，并将终点数据的二分之一（$1/2\ X_{ij}$）作为此数轴的中间数轴。

（2）将大于中间数轴 $1/2\ X_{ij}$ 的数字排到中间数轴右侧，小于中间数轴的数字排到数轴左边。用中间数轴 $1/2\ X_{ij}$ 右侧的需求量 X_{ij} 分别减去中间数轴，得出一数字 X_{ij}'，再用中间数轴减去此数字，即 $1/2\ X_{ij}-X_{ij}'$，设为 H_{ij}，此数字必然小于中间数轴，将此数翻转排列到中间数轴左侧；用中间数轴分别减去中间数轴左侧的业务需求量 X_{ij}，得出一数字 X_{ij}'，再用中间数轴加上此数字，即 $1/2\ X_{ij}+X_{ij}'$，设为 H_{ij}，此数字必然大于中间数轴 $1/2X_{ij}$，将此数翻转排列到中间数轴右侧，如图 1 所示：

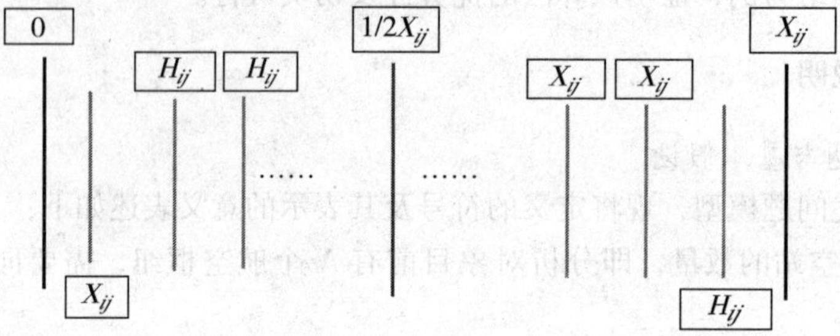

图 1　最初处理数轴

将处理数轴中的需求量数据和翻转后数据分离，留下翻转后数据，如图 2 所示：

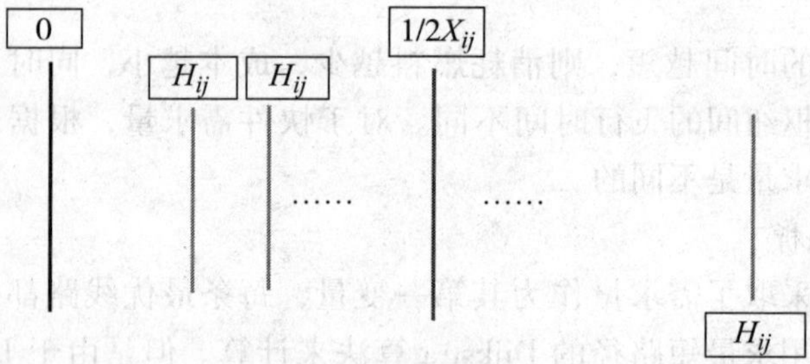

图 2　最终处理数轴

通过数据处理后，就将较大需求量转换为较小的数字，方便之后的运算。

（3）根据第（2）步的数据处理结果，利用 Dijkstra 算法求出最短路线。Dijkstra 在无向图 $G=(V,\ E)$ 中，假设每条边 $E[i]$ 的长度为 $w[i]$，找到由顶点 V_0 到其余各点的最短路径。

Dijkstra 算法描述如下：

关于标志说明，如节点标志为［20，4］：第一个数表示从开始节点到该节点的距离，第二个数表示从开始节点到该节点的路径上的请一个节点的编号。

步骤 1：给节点 1 永久标志［0，S］。0 标志节点 1 到自己的距离为 0，S 表示节点为起始点。

步骤 2：考察从节点 1 能直接到达的节点，并给出暂时标志。

步骤 3：从暂时标志节点中确定具有最小距离的节点，并且标记该节点为永久标志。如果所有节点全被永久标志，转到步骤 5。

步骤 4：从新标记的永久标志开始，考察从新标志的永久标志所能直接到达的未被永久标志的节点。

（1）如果考察节点为暂时标志节点，则把新标志的永久标志节点距离值与新标志的永久标志节点直接到达该点的距离值相加。如果其和小于暂时标志点的距离值，则重新确定最小距离值为该点的距离值。

（2）如果考察的节点为未标志的节点，则把新标志的永久标志节点距离值与新标记的永久标志节点直接到达该点的距离值相加。作为该点的暂时标志。返回步骤 3。

步骤 5：永久标志既确定了从节点 1 到每一个节点的最短距离，也确定了最短路线。最短路线的确定采用倒推法进行。

表 1　　任意两点之间的最短路径

	V_1	V_2	V_3	V_4	V_5	V_6	各行中最大数
V_1	0	X_{12}	X_{13}	X_{14}	X_{15}	X_{16}	
V_2		0	X_{23}	X_{24}	X_{25}	X_{26}	
V_3			0	X_{34}	X_{35}	X_{36}	
V_4				0	X_{45}	X_{46}	
V_5					0	X_{46}	
V_6						0	

（4）根据第（3）步计算出的最短路径，对路径进行多重加权处理，如图 3 所示：

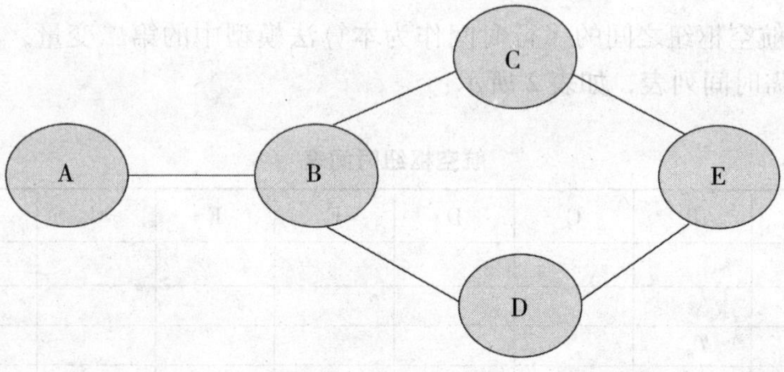

图 3　最短路径

若现有的业务需求线路为：

① A→B

② A→B→C→E

③ E→D→B→A

④ C→B→A

⑤ B→D

⑥ E→C→B

每条路线被经过一次，就加上 1 个权值，进行多重加权。根据以上的业务需求线路，进行多重加权后的结果如图 4：

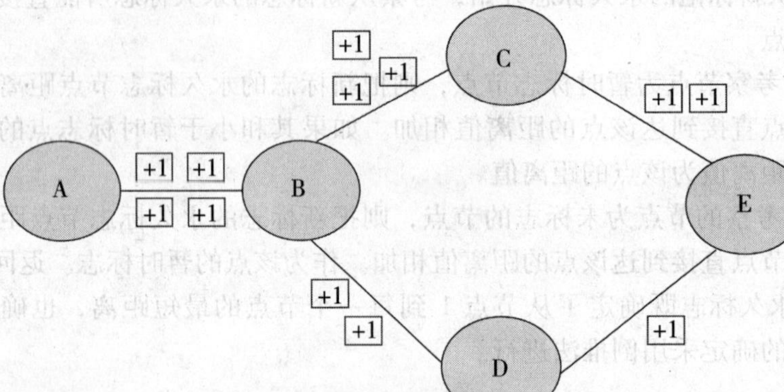

图 4　多重加权后的路径图

（5）将各路线按照最后得出的权值，从大到小进行排序。以第（4）步中的模型为例，排序后的结果为：

① A—B

② B—C

③ B—D　C—E

④ D—E

⋮

（6）各个航空枢纽之间的飞行时间作为本算法模型中的第二变量，将各个航空枢纽之间飞行所需时间列表，如表 2 所示：

表 2　　航空枢纽时间表

	A	B	C	D	E	F	G	H	I
A									
B	T_{AB}								
C	T_{AC}	T_{BC}							
D	T_{AD}	T_{BD}	T_{CD}						
E	T_{AE}	T_{BE}	T_{CE}	T_{DE}					
F	T_{AF}	T_{BF}	T_{CF}	T_{DF}	T_{EF}				
G	T_{AG}	T_{BG}	T_{CG}	T_{DG}	T_{EG}	T_{FG}			
H	T_{AH}	T_{BH}	T_{CH}	T_{DH}	T_{EH}	T_{FH}	T_{GH}		
I	T_{AI}	T_{BI}	T_{CI}	T_{DI}	T_{EI}	T_{FI}	T_{GI}	T_{HI}	
……	……	……	……	……	……	……	……	……	……

（7）将时间因素考虑于博弈后 Dijkstra 算法所得出的最短路径中，进行再次博弈。若存在相同的路径权值，则取用时间 T_{ij} 小者，将线路进行再次排序。若 $T_{BD} > T_{CE}$，则再次排序后的顺序为：

① A—B

② B—C

③ C—E

④ D—E

⋮

（8）排序之后，在地图中按照排序结果标记。以第 7 步中数据排序后的结果为例，首先在地图中标记出“A—B”，然后标记出“B—C”，再标记出“C—E”，最后标记出“D—E”。直到标记完毕所有航空枢纽为止，算法结束。

（9）通过 Dijkstra 算法求出最短路径，利用线路的通过次数作为权值，进行第一次博弈，选出最短路径中的最优路径；利用时间的长短作为第二变量，在第一次博弈结果的基础上进行第二次博弈，选取出最优路径中的最优路径。

通过多重博弈，在最短的路径中选择出最优解，再在最优解中选择出所用时间最短的路径，在节约路程的基础上节约时间，同时达到节约成本的目标。

四、数据模拟

（1）根据某快递企业实地调研结果显示，该快递企业目前的航空枢纽有北京、上海、重庆、沈阳、成都、无锡、潍坊、杭州、深圳、香港 10 个城市。各个城市之间的航空业务需求量如表 3 所示：

表 3　　各航空枢纽间业务需求

	010 北京	021 上海	023 重庆	024 沈阳	028 成都	510 无锡	536 潍坊	571 杭州	755 深圳	852 香港
010 北京		13585	2339	9219	4825	11433	11911	11978	21460	1799
021 上海	20425		1974	6909	3810		8803		21265	5780
023 重庆	750	589		338		459	273	598	1766	53
024 沈阳	6190	3073	519		839	2070	2207	2997	4188	735
028 成都	3036	1059		604		1281	1057	1416	3628	157
510 无锡	16331		1697	5880	4807		8247		33784	8294
536 潍坊	9092	6419	784	2533	1699	5006		5672	12446	2829
571 杭州	23857		4524	9332	9145		13788		58370	18852
755 深圳	53138	44075	6925	14984	13746	48691	24409	63753		
852 香港	2309	6347	142	858	210	6422	2125	9601		

注：以上纵向为始发地代码（电话区号后三位），横向为目的地代码（电话区号后三位）。

（2）数据处理。根据 1 中的航空枢纽，将各个航空枢纽的业务需求量进行数据处理，目的是将大量转换为小量，方便算法的计算。处理过程如下。

将各航空枢纽的业务需求量（进量和出量）进行从大到小的排序，建立处理数轴。以数0作为数轴的起点，选出业务需求量最大的数据，作为数轴终点，并将终点数据的二分之一作为此数轴的中间数轴。

① 在航空枢纽中，业务量的排名整理如表4：

表4　　航空枢纽业务量排名

始……终	业务量	始……终	业务量
深圳……杭州	63753	……	……
杭州……深圳	58370	重庆……香港	53
深圳……北京	53138		

② 根据表4的排名结果，将大于中间数轴的数字排到中间数轴右侧，小于中间数轴的数字排到数轴左边。即63753/2＝31877（取整），31877为中间数轴。

③ 用中间数轴右侧的需求量分别减去中间数轴，得出一数字，再用中间数轴减去此数字，此数字必然小于中间数轴，将此数翻转排列到中间数轴左侧；用中间数轴分别减去中间数轴左侧的业务需求量，得出一数字，再用中间数轴加上此数，此数必然大于中间数轴，将此数翻转排列到中间数轴右侧。

如：31877－（59370－31877）＝4384，31877－（53138－31877）＝10616，（31877－53）＋31877＝63701，最后的数据处理数轴如图5所示：

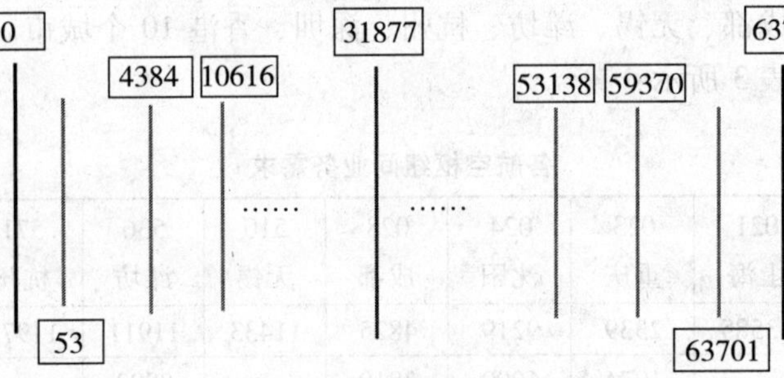

图5　最初处理数轴

将处理数轴中的需求量数据和翻转后数据分离，留下翻转后数据。如图6所示：

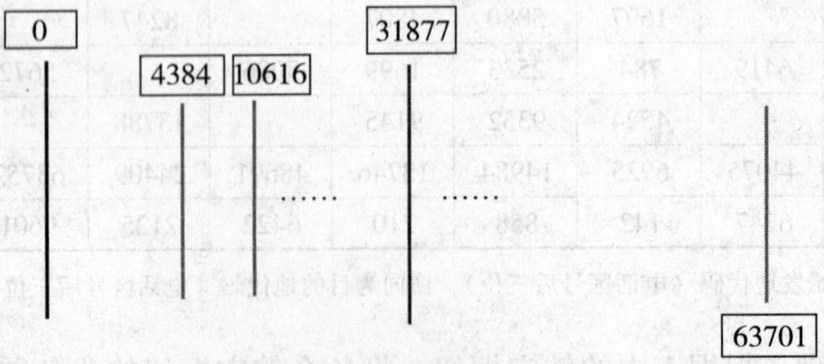

图6　最终处理数轴

通过数据处理后，就将较大需求量转换为较小的数字，方便之后的运算。

（3）时间处理。我们以时间因素为准，将各个航空枢纽之间的飞行时间处理为一张时间表。表 5 为某快递企业目前航空枢纽间的飞行时间表：

表 5 **业务需求城市飞行时间表** （单位：分钟）

	010 北京	上海	重庆	沈阳	成都	无锡	潍坊	杭州	深圳	香港
010 北京										
021 上海	110									
023 重庆	150	150								
024 沈阳	60	135	190							
028 成都	150	150		190						
510 无锡	120		140	120	135					
536 潍坊	60	80	80	80	170	90				
571 杭州	120		145	130	150		135			
755 深圳	190	130	130	310	120	135	180	110		
852 香港	225	140	135	220	145	130	190	120		

（4）求出最短路径。根据第（2）步的数据处理结果和第（3）步的时间处理结果，利用 Dijkstra 算法求出最短路线。

（5）多重博弈加权。根据第（4）步计算出的最短路径，对路径进行多重加权处理。例：

假设经过计算后的最短路径如图 7 所示，

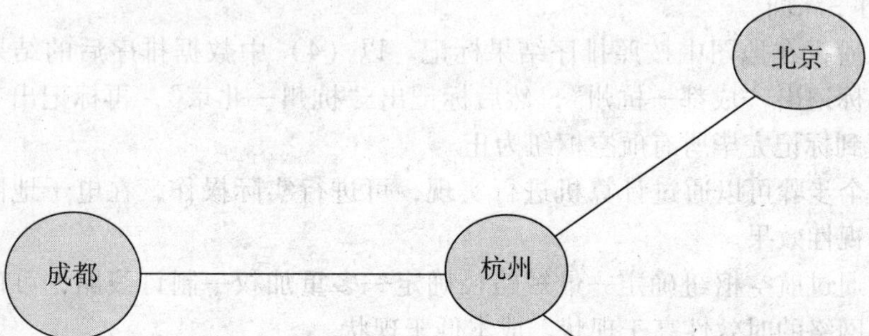

图 7　最短路径

现有的业务需求线路为：

① 成都—杭州—北京

② 成都—杭州

③ 成都—杭州—深圳

④ 北京—杭州—成都

每条路线被经过一次，就加上 1，进行多重加权。根据以上的业务需求线路，进行多重加权后的结果如图 8：

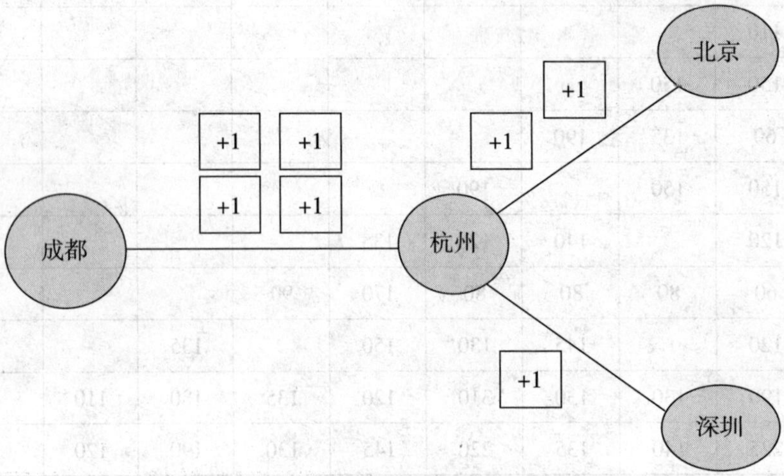

图 8 多重加权后的路径

（6）排序及标记 。将各路线按照最后得出的权值，从大到小进行排序。以（5）中数据为例，排序后的结果为：

① 成都—杭州

② 杭州—北京

③ 杭州—深圳

排序之后，在地图中按照排序结果标记。以（4）中数据排序后的结果为例，首先在地图中标记出“成都—杭州”，然后标记出“杭州—北京”，再标记出“杭州—深圳”……直到标记完毕所有航空枢纽为止。

以上六个步骤可以通过计算机进行实现，可进行实际操作，在电子地图上生成图像，增强可视性效果。

至此，通过航空枢纽确定—最短路径确定—多重加权—制订线路，可以保证某快递企业航空网络的时效性高于现状，成本低于现状。

经过计算，本算法的准确性和实用性较其他相关算法更为有效，也更贴近现实。本算法易于计算机实现，处理效率相对其他相关算法更为快捷。

五、结语

航空网络是快件传递中重要的渠道之一，它不是某个单一因素就能影响的，而是多因素，多方面，多层次的快件网络。可以基于时间效率、成本效率两个维度建立一个统一的模型，同时对两个维度进行有效规划和实现。之前的相关研究中，大多数研究主要是针对民航或者航空枢纽选址问题进行了研究，并未对快递行业中的航空网络的特殊性进行考虑。

针对以上情况，本文结合博弈论和最短路径算法 Dijkstra 算法，对基于多重博弈的 Dijkstra 算法规划航空网络，对航空网络的最优路径进行了研究，以实现快递航空网络的低成本与高时效的目标。同时用计算机编程实现该算法，适用性较强。

随着近代快递业的飞速发展，对与航空网络的资源优化和配置也越来越重视，本文研究快递行业的航空网络的规划，可以对快递航空业建立规划航空模型提供参考，一定程度上提升和优化航空网络的效率，并降低其成本。当然越贴近于现实的假设会使得算法越复杂，本算法在假设上比较近于现实，但并未完全与现实相符合，当然这也是进一步要研究的方向。

参考文献

[1] 姜涛，朱金福．航空公司选择枢纽机场的鲁棒优化方法［J］．系统工程，2006，24（6）：6.

[2] 舒湘，杨铭，王延平．航空项目资源均衡优化问题的蚁群——模拟退火算法［J］．航空制造技术，2010（13）：77－81.

[3] 周鸿，欧建新，李政道．航空货运中心物流系统建模及仿真研究［J］．系统仿真学报，2008，20（6）：5－6.

[4] 戴福青，王瑞．单枢纽机场选址与航线网络规划综合优化［J］．中国民航大学学报，2007，25（1）：17－20.

[5] 俞桂杰，彭语冰，褚衍昌．复杂网络理论及其在航空网络中的应用［J］．复杂系统与复杂性科学，2006，3（1）：79－84.

[6] 伯明国，朱金福．航空公司航线网络设计的一种三阶段方法［J］．南京航空航天大学学报，2006，38（2）：181－185.

[7] 王姣娥，莫辉辉，金凤君．中国航空网络空间结构的复杂性［J］．地理学报，2009（8）：5－7.

[8] 杨晗熠．枢纽确定单连接轴—辐网络结构在中国民用航空网络中的应用［J］．北京理工大学学报，2010，12（2）：27－30.

[9] 柏明国，等．枢纽航线网络的构建方法及应用［J］．系统工程，2006（5）：3－9.

[10] 刘宏鲲，周涛．中国城市航空网络的实证研究与分析［J］．物理学报，2007，56（1）：106－112.

[11] 金凤君．我国航空客流网络发展及其地域系统研究［J］．地理研究，1999，20（1）：31－39.

[12] 戴福青．单枢纽机场选址与航空网络规划综合优化［J］．中国民航大学学报，2007，25（1）：17－20.

[13] 肖明君，肖志东，刘勇．基于点波束的航空网络接入与切换策略的研究［J］．科技创新导报，2008（27）：39.

[14] HANNULA M，HUTTUNEN K，KOSKELO J，et al. Comparison between artificial neural network and multilinear regression models in an evaluation of cognitive workload in a flight simulator［J］. Computers in Biology and Medicine，2008（12）：5－7.

多载具自动化存取系统货位分配和拣选路径集成优化*

杨 朋 缪立新 戚铭尧

摘 要：为了提高多载具自动化存取系统整体进出库效率，分析了多载具自动化存取系统的运作特点，建立了同时考虑货位分配和拣选路径的集成优化模型。模型以最小化单位指令周期的行程时间为优化目标，最后设计了两阶段禁忌搜索算法求解该问题。不同货位规模和不同载具数量的数值实验结果表明两阶段禁忌算法获得的行程时间较初始解有至少40%的改善，而且与分别优化的方法相比行程时间也能降低7% ~ 23%。

关键词：集成优化 多载具 自动化存取系统 货位分配 拣选路径

一、引言

配送领域中自动化存取系统（Automated Storage and Retrieval System，AS/RS）货位分配优化关注指令周期内为待存货物分配合适空货位以及为待取货物选择合适取货货位（待取的货物可能存放在多个货位上），以提高出入库效率。单载具 AS/RS 一次行程最多访问两个货位，货位分配和拣选路径（行程内货位访问的顺序）的关联度较弱，单独优化货位分配即能取得较好成效，但是多载具（Multi - Shuttle）AS/RS 拥有多个载具（大于等于 2 个），一次行程可以同时存放和取出多个货物单元，行程内访问的货位数将大大增加。如果仍然单独优化货位分配，将难以从整体上提高进出库效率。

货位分配的已有研究着重于单载具 AS/RS 货位分配优化和 Man - on - board（Person - on - board）系统（即拣选人员在存取设备上完成存取货作业，存取设备可以穿越不同的通道行走）货位分配优化研究，但仅关注为入库货物寻找最优货位存放，主要考虑货物周转率、保持货架稳定上轻下重、货物相关性等因素，少量文献同时考虑了存货货位和取货货位的优化，但大部分忽略了取货货位的分配优化。多载具 AS/RS 控制优化文献较少，集中在存取指令作业调度排序和吞吐能力仿真上，从集成角度对多载具 AS/RS 货位分配和拣选路径规划的优化还未见研究。

本文针对多载具 AS/RS 的特点，以配送领域为应用背景，从集成优化的角度对多载具 AS/RS 的货位分配和拣选路径问题进行研究。

---

* 作者简介：杨朋，男，河南镇平人，清华大学深圳研究生院博士后，研究方向：生产及物流系统建模优化。缪立新，男，江苏南京人，清华大学深圳研究生院教授，主要从事物流优化、物流信息化研究。戚铭尧，男，湖北武穴人，清华大学深圳研究生院副教授，主要从事物流时空分析、物流优化研究。

二、问题描述

实际配送环境下存取系统不停进行出入库作业，连续到达的存取货指令分别形成入库队列和存货队列，多载具自动化存取系统按照指令周期（Command Cycle）模式进行运作，根据单位时间内存货队列和取货队列的长度，可组合划分为多个指令周期，假设堆垛机有 n 个载具（$n \geqslant 2$），一个指令周期内最多可以完成 n 个货物单元的存货操作和 n 个货物单元的取货操作。根据系统存货队列和取货队列的情况，堆垛机可以进行复合式和单一任务式两种指令周期作业方式，其中复合式指令周期指堆垛机一次行程同时完成 m_1（$0 < m_1 \leqslant n$）个货物单元存货操作和 m_2（$0 < m_2 \leqslant n$）个货物单元取货操作，单一任务式指令周期指堆垛机一次行程只完成 m（$0 < m \leqslant n$）个货物单元的存货或取货操作。指令周期是多载具自动化存取系统运作的最小单元，同时也是提高存取系统进出库效率的基本优化单元。每个指令周期几乎都将面临选择存取货位及货位访问顺序设计（拣选路径）问题，对基本单元内对应优化问题的研究将是提高存取系统整体效率的基础。本文同时考虑存取货位分配和拣选路径规划两个优化问题，以最小化指令周期内存取货物的时间距离为目标进行集成优化研究。

三、数学模型

1. 基本假设

考虑单元负载式（Unit - Load）自动化存取系统，以托盘为存取单元，货物从同一出口进出，进出货口（Input/Output Point，I/O Point）位于货架左下方，每个货位只能存放一个托盘单一种类的货物，货架上货位具有相同尺寸，每个托盘都可以存放货架上任一货位；堆垛机有 n 个载具（$n \geqslant 2$），各个载具的操作互相独立，堆垛机在水平方向上和垂直方向上同时运动，假设水平方向和垂直方向均做匀速运动，速度已知且为常数，不受堆垛机载物与否影响；不考虑堆垛机在货位处取货和存货（pickup/deposit）的时间；系统存货队列和取货队列无容量限制，规划时间内存货队列和取货队列货物种类已知，且两个队列无相同种类货物，否则直接从存货队列将货物取走，不用进入存储区，存货队列和取货队列的指令均按照先到先服务（FCFS）的原则处理。

2. 符号定义

根据规划时间内存取货队列情况，按照 FCFS 规则划分指令周期集合，不失一般性，任选集合中任一指令周期 j 作为研究对象，假设单位时间内取货队列长度为 LR，存货队列长度为 LS，则 $j = 1, 2, \cdots, \frac{\max(LR, LS)}{n}$，其中 $\frac{\max(LR, LS)}{n}$ 是指令周期总个数；为便于建模，补充定义如下符号：

I 为货物种类集合，数量 N^I，索引 i，i'；L 为货位集合，数量 N^L，索引 k，k'，l，其中货位 0 代表 I/O；n 为堆垛机载具数量；$L_e{}^j$ 为指令周期 j 执行前空货位集合；$L_i{}^j$ 为指令周期 j 执行前存储货物 i 的货位集合，$i \in I$；S_j 为指令周期 j 内需存货物集合；R_j 为指令周期 j 内需取货物集合，满足 $S_j \cap R_j = \varnothing$；$AL_j$ 为指令周期 j 内可能访问到的货位集合，$AL_j = L_e{}^j \cup \left(\bigcup_{i \in R_j} L_i{}^j \right)$；$c_{kl}$ 为货位 k 到货位 l 的时间距离，$k, l \in L$；（W_k，H_k）

为货位 k 的坐标，$k \in L$，（0，0）代表 I/O；w 为相邻货位水平方向距离；h 为相邻货位垂直方向距离；v_x 为堆垛机水平方向速度；v_y 为堆垛机垂直方向速度；$T(cc_j)$ 为堆垛机完成指令周期 j 的行程时间；q_{klj} 为在 j 指令周期内，访问完货位 k 后再访问货位 l 前堆垛机的负载量；d_{kj} 为 j 指令周期货位 k 可存货的数量；p_{kj} 为 j 指令周期货位 k 可取货的数量，其中 $d_{kj} = \begin{cases} 1, k \in L_e^{\ j} \\ 0, k \notin L_e^{\ j} \end{cases}, p_{kj} = \begin{cases} 1, k \notin L_e^{\ j} \\ 0, k \in L_e^{\ j} \end{cases}$，系统为单元式负载，负载量 1 代表 1 货物单元。

集成优化模型的决策变量为 $x_{ikj} = 1,0$，取 1 表示指令周期 j 内，货物 i 存放在货位 k 处，$i \in S_j, k \in L_e$，否则取 0；$y_{i'k'j} = 1,0$，取 1 表示指令周期 j 内，从货位 k' 处取出货物 i'，$i' \in R_j, k' \in L_{i'}$，否则取 0；$z_{klj} = 1,0$，取 1 表示指令周期 j 内，访问货位 k 后立即访问货位 l。另外为了建模方便，设置补充变量 $vl_{kj} = 1,0$，取 1 表示货位 k 在指令周期 j 内将被访问，$k \in L, \forall j$，其中 $vl_{kj}, x_{ikj}, y_{i'k'j}$ 满足 $vl_{kj} = 1 - (1 - \sum_{i \in S_j} x_{ikj})(1 - \sum_{i' \in R_j} y_{i'kj})$。

3. 数学模型

在任一指令周期 j（复合式或单一任务式指令周期均可）内，多载具 AS/RS 存取货位分配和路径规划的确定属于组合优化问题，可抽象为下述整数规划模型，待存取货位确定后，模型即转化为求解一个混合考虑存货和取货的 TSP/PD（Travel Salesman Problem with Pickups and Deliveries）问题。该模型类似于宏观层面的配送中心选址—路径问题（Location Routing Problem，LRP），但货位的备选集合的规模较 LRP 更大且更复杂，路径问题需考虑存货取货两种操作，其约束条件也较 LRP 只考虑取货操作情况更严格。

$$\min T(cc_j) = d(x_{ikj}, i \in S_j, k \in L_e^j; y_{i'k'j}, i \in R_j, k \in L_{i'}^j)$$

$$= \sum_{k \in AL_j} \sum_{l \in AL_j} c_{kl} z_{klj}$$

$$\text{s.t.} \quad \sum_{k \in L_e^j} x_{ikj} = 1, \ i \in S_j \tag{1}$$

$$\sum_{i \in S_j} x_{ikj} \leqslant 1, \ k \in L_e^{\ j} \tag{2}$$

$$\sum_{k' \in L_{i'}^j} y_{i'k'j} = 1, i' \in R_j \tag{3}$$

$$z_{klj} \leqslant vl_{kj} vl_{lj}, \ \forall k, l \in AL_j - \{0\} \tag{4}$$

$$\sum_{k \in AL_j} z_{klj} = 1, \ \forall l \in AL_j \tag{5}$$

$$\sum_{l \in AL_j} z_{klj} = 1, \ \forall k \in AL_j \tag{6}$$

$$\sum_{k \in AL_j} z_{kmj} - \sum_{l \in AL_j} z_{mlj} = 0, \ \forall m \in AL_j - \{0\} \tag{7}$$

$$\sum_{k \in AL_j} q_{klj} - d_{lj} + p_{lj} = \sum_{k \in AL_j} q_{lkj}, \forall l \in AL_j - \{0\} \tag{8}$$

$$\sum_{l \in AL_j} q_{0lj} = \sum_{k \in AL_j} \sum_{l \in AL_j} z_{klj} d_{lj} \tag{9}$$

$$\sum_{k \in AL_j} q_{k0j} = \sum_{k \in AL_j} \sum_{l \in AL_j} z_{klj} p_{lj} \tag{10}$$

$$0 \leqslant q_{klj} \leqslant n, \ \forall k, l \in AL_j \tag{11}$$

两个货位间的时间距离采用切比雪夫距离表示为：

$$c_{kl} = \begin{cases} \max\left(\dfrac{w * |W_k - W_l|}{v_x}, \dfrac{h * |H_k - H_l|}{v_y}\right), k \neq l \\ \Delta, \text{充分大的正数}, k = l \end{cases}$$

其中约束（1）和（2）确保指令周期 j 内指定一个空货位供货物存放，约束（3）确保指令周期 j 内从一个存有货物 i' 的货位上取货以满足取货需求，约束（4）确保指令周期 j 内只访问被分配的存取货位，约束（5）（6）确保被分配的存取货位全部遍历到，约束（7）使访问某一货位（I/O 除外）后，必须要从该货位离开，约束（8）反映堆垛机访问货位 l 后所载货物数量的变化，约束（9）确保使堆垛机从 I/O 点出发时的载货量满足指令周期内的存货需求，约束（10）确保堆垛机返回 I/O 点的载货量满足指令周期内取货需求，约束（11）保证堆垛机在运行过程中负载不超过其最大负载限制。

单位时间根据存取货队列情况划分的指令周期集合中，上述模型在每一个指令周期都需求解一次，相邻指令周期序列中空货位和存货货位集合会发生不断的更新，模型中货位的初始分布状态由上一次指令周期模型的求解结果决定，但限于篇幅，多指令周期的优化将另文描述，本文只集中在基本优化单元中单个指令周期的货位分配和路径规划的集成优化上。

TSP/PD 和 LRP 已被证明为 NP－hard 问题，上述模型嵌套 TSP/PD，而且约束较 LRP 更加严格，虽然现实多载具系统配置的载具数量有限（一般为 2～6 个），TSP/PD 节点数的规模较小，存在采用精确算法求解 TSP/PD 问题的可能性，但是对货位分配阶段大规模禁忌搜索中每一个可行解精确求解一个 TSP/PD 问题，其计算代价将大大增加，另外上述集成优化模型需要考虑货位分配优化和拣选路径优化之间的反馈关系，因此单独采用货位指派算法和路径规划算法也难以有效求解，本文设计两阶段的禁忌搜索（Tabu Search）算法进行求解，通过两阶段禁忌搜索的反馈获得多载具 AS/RS 货位分配和拣选路径的最优方案。

四、算法实现

禁忌算法是求解组合优化问题的性能较优的启发式算法，其主要思想是用禁忌表记录已经到达过的局部最优点或达到局部最优的过程，在下次搜索中不再搜索这些点，以跳出局部最优点，以提高算法性能，最终达到全局最优。其中两阶段禁忌算法是适用于集成优化问题的多阶段启发式算法，已成功应用求解配送中心选址—路径问题 和集装箱码头卸货堆存位置选择—集卡调度问题 ，其算法思想有效反映了不同优化层面的反馈作用关系。

本文设计两阶段禁忌搜索算法求解多载具 AS/RS 货位分配和拣选路径集成优化模型，算法流程如图 1。货位分配阶段，通过禁忌算法搜索货物的存取货位分配方案，基于货位分配优化方案，在路径规划阶段，执行另一禁忌算法求解货位访问的最优路径，在路径优化结果基础上计算指令周期的总行程时间，并将此结果反馈到货位分配优化阶段，从而影响货位分配优化阶段的禁忌搜索过程，通过两阶段搜索过程的互相反馈获得模型最优解。下面对两阶段禁忌搜索算法的几个关键技术作一介绍。

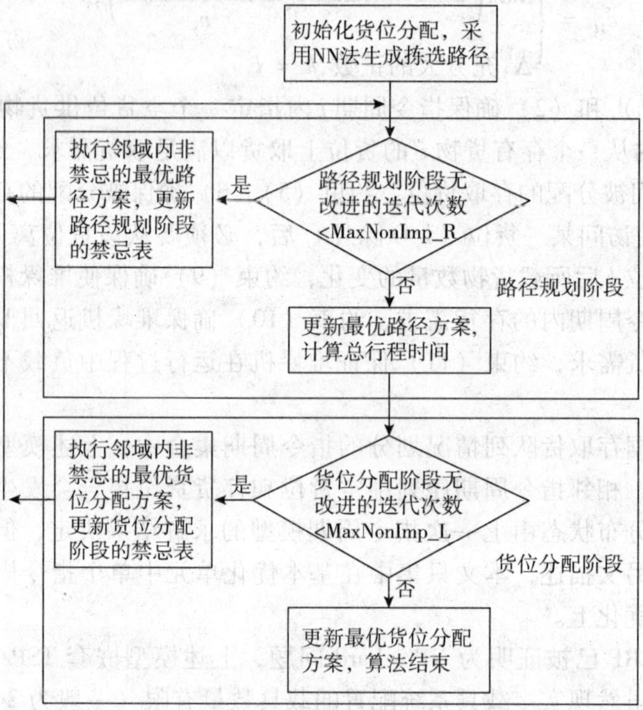

图 1　两阶段禁忌算法流程

1. 初始解的构建

货位分配阶段禁忌算法的初始解从可行解集中通过随机方法生成，以“空货位集合 + 取货货位集合 1 + 取货货位集合 2 + …”序列的 0 - 1 码形式表示货位分配方案；路径规划阶段的禁忌算法初始解则通过改进的最近邻点法（Nearest Neighbor，NN）生成，在改进的最近邻点法中，每次的搜索范围由是否存在空载具决定，有空载具最近邻点从空货位和待取货物货位的并集中搜寻，无空载具则只能从空货位集合中搜寻。

2. 货位分配阶段的邻域搜索策略

由于货位分配涉及存取货位的选择，如果采用简单货位交换方法生成邻域，势必会产生大量的不可行解，影响算法的执行，本文设计一种基于片段的货位交换方法来生成当前解的邻域，例如，载具 AS/RS 指令周期内需要存放 A，B，C 货物各一，取出 D，E，F 货物各一，货位分配方案采用“空货位集合 + 存放货物 D 货位集合 + 存放货物 E 货位集合 + 存放货物 F 货位集合”序列的 0 - 1 码表示，其中可行解应该满足空货位序列中三个码位为“1”，表示选择三个空货位，存放货物 D，E，F 货位序列中各有一个码位为“1”，从四个片段中以一定概率选择某一片段，在片段内进行 0 - 1 交换来构造货位分配阶段的邻域，以同时满足解的可行性和搜索覆盖面，邻域规模视备选货位分配备选集合规模而定，去除邻域中被禁忌的对象，生成候选集合，采用改进的 NN 方法评价候选集合中解的性能，选择最优货位分配方案作为本次迭代的最优解，同时更新货位分配阶段的禁忌表，另外设置货位分配阶段允许无改进迭代次数的阈值 max-*NonImp_ L*，当连续迭代次数达到 max*NonImp_ L* 时，解的性能仍无改进，货位分配阶段的邻域搜索终止。

3. 路径规划阶段的邻域搜索策略

货位分配方案每次更新后，路径规划阶段要在现有货位分配方案基础上，搜索其最优的货位访问路径方案。路径规划阶段采用交换货位顺序方法构造当前解的邻域，即已选货位集合中两个货位进行对换，由于存取货操作并行存在，需对邻域的解作可行性验证，剔除不满足堆垛机载货容量约束的不可行解，同样设置路径规划阶段允许无改进迭代次数的阈值 max*NonImp_ R*，当连续迭代次数达到 max*NonImp_ R* 时，解的性能仍无改进，路径规划阶段的邻域搜索终止，整个两阶段禁忌算法也同时终止。

4. 禁忌表

货位分配阶段和路径规划阶段均选择解本身作为禁忌对象，禁忌表由矩阵表示，矩阵的每一行代表禁忌对象，行标代表禁忌长度，每迭代一次，矩阵各行上移一位，代表对应禁忌长度减一，原首行解禁忌解除，将新加入禁忌对象写入尾行，禁忌长度的选择有赖于问题规模和禁忌表存储所需内存空间的考量，一般货位分配阶段备选货位集合规模较大，可选 15 - 20 较长禁忌长度为宜，路径规划阶段可行解集合规模较小，可选 5 - 10 较短禁忌长度为宜。实际计算中，为提高计算效率，可对禁忌表参数动态调整，多次搜索后没有改进时，可以适当增加禁忌表的长度，当所有解均被禁忌后，采用基于评价值的特赦规则，其中货位分配阶段采用改进的 NN 方法对解进行评价，路径规划阶段则直接计算行程时间评价，选取评价较优的解，提前解除禁忌。

五、算例分析

假设相邻货位水平方向间距 $w = 1.5$ m，垂直方向间距 $h = 1.5$ m，堆垛机水平方向速度 $v_x = 2$ m/s，垂直方向的速度为 $v_y = 0.5$ m/s，选择40（5层×8列）、80（8层×10列）、120（10层×12列）、160（10层×16列）和200（10层×20列）五种货架货位数规模，选择 2 - 6 载具数量，存货取货所涉及的货物共 20 种，初始货位分布随机生成，其中每种算例方案取10组计算，结果取10组平均值，货位分配阶段允许最大无改进迭代次数 max*NonImp_ L* = 100，禁忌表长度取 20，路径规划阶段允许最大无改进次数 max*NonImp_ R* = 100，禁忌表长度取 5，采用 Matlab 7.0 为计算仿真工具，处理器 AMD 2.30 GHz 和内存 1GB 的个人计算机作为计算平台进行数值实验。

选择 3 载具 AS/RS，对不同货位规模的两阶段禁忌算法进行仿真实验，结果如表 1，结果表明与初始解相比，两阶段禁忌算法所得的行程时间有明显改善，改进程度平均达到 60%，算法的计算时间随着货位规模的增大而缓慢增加，但都能够在合理时间内有效收敛，可以满足多载具 AS/RS 实际操作中的调度决策需求。

表 1　两阶段禁忌搜索算法计算结果

货位数	初始行程时间（s）	两阶段禁忌算法得到的行程时间（s）	两阶段禁忌算法的计算时间（s）
40	34. 12	15. 97	4. 82
80	49. 27	17. 32	4. 97
120	56. 17	22. 05	5. 04
160	56. 70	23. 25	5. 17
200	69. 22	24. 75	5. 21

取10层12列共120货位规模的货架，对不同载具数量的两阶段禁忌算法进行仿真实验，结果如表2，结果表明算法在不同载具数量情况下均能有效改进解的性能，改进程度则随载具数量的增加有所降低，2载具时改进64%，6载具时只有49%，但改进效果仍然明显，随着载具数量增多，算法计算时间显著增加，这与存取货的周期变长及搜索复杂性大大增加有关，但计算时间均处在可承受范围内。

表 2　载具数量对两阶段禁忌搜索算法的影响

载具数	初始行程时间（s）	两阶段禁忌算法得到的行程时间（s）	两阶段禁忌算法的计算时间（s）
2	45. 52	18. 82	2. 93
3	57. 82	22. 27	5. 03
4	59. 70	29. 77	7. 39
5	72. 97	34. 20	9. 97
6	79. 20	40. 05	12. 88

为检验本文模型和算法集成优化的性能，取3载具AS/RS，针对不同货位规模，对货位分配—拣选路径分别优化方法和本文的集成优化方法进行仿真比较，其中分别优化方法中货位分配采用遗传算法，最大迭代100代，拣选路径采用改进NN法，比较结果如表3。结果表明无论货位规模大小，两阶段禁忌算法在计算结果性能上和计算速度上都全面优于分别优化方法，计算结果最大改进程度达到23.22%，计算时间的改进程度随着货位规模增大快速增加，最大改进甚至达到90.70%。比较结果有效验证了集成优化模型和算法的优越性，为多载具AS/RS实际作业调度提供了决策工具。

表 3　两阶段禁忌算法与分别优化法比较

货位数	分别优化法		两阶段禁忌算法		两阶段禁忌算法较分别优化法的改进程度	
	行程时间（s）	计算时间（s）	行程时间（s）	计算时间（s）	行程时间（%）	计算时间（%）
40	17. 70	6. 03	15. 90	4. 79	10. 17	20. 56
80	22. 27	12. 45	17. 10	5. 01	23. 22	59. 76
120	25. 27	19. 12	22. 27	4. 98	11. 87	73. 95
160	29. 02	32. 05	24. 15	5. 07	16. 78	84. 18
200	27. 82	55. 46	25. 87	5. 16	7. 01	90. 70

六、结论

多载具 AS/RS 指令周期内可访问多个货位进行存取货操作，统一考虑货位分配和拣选路径才能有效缩短行程时间，提高系统整体进出库效率。集成优化模型中优化问题互相嵌套增加了模型复杂性，本文设计两阶段禁忌算法对模型求解，求解过程体现了两个优化问题的相互反馈关系。两阶段禁忌算法在不同货位规模和载具数量下能够显著改善解的质量，而且与分别优化方法相比，能够将行程时间平均降低 15% 左右，进而相应提高系统出入库效率。未来应该进一步对规划时间内的多指令周期动态货位分配和拣选路径进行优化，以便于多载具 AS/RS 实际作业调度中灵活使用。

参考文献

[1] 柳赛男，柯映林，李江雄，等. 基于调度策略的自动化仓库系统优化问题研究 [J]. 计算机集成制造系统，2006，12 (9)：1438 – 1443.

[2] 商允伟，裘聿皇，刘长有. 自动化仓库货位分配优化问题研究 [J]. 计算机工程与应用，2004 (26)：16 – 21.

[3] 肖建，郑力. 检修备品库的货位优化模型 [J]. 清华大学学报：自然科学版，2008，48 (11)：1883 – 1886.

[4] 贾煜亮，缪立新. 自动化立体仓库中货位实时分配优化问题研究 [J]. 北京交通大学学报：社会科学版，2007，6 (4)：18 – 24.

[5] 曾庆成，杨忠振. 集装箱码头卸船作业调度方案的两阶段禁忌搜索算法 [J]. 交通运输工程学报，2007，7 (2)：109 – 112.

[6] XIAO JIAN，ZHENG LI. A correlated storage location assignment problem in a single-block – multi-aisles warehouse considering BOM information [J]. *International Journal of Production Research*, 2010，48 (5)：1321 – 1338.

[7] LEE M. A storage assignment policy in a man-on-board automated storage/retrieval system [J]. *International Journal of Production Research*, 1992，30 (10)：2281.

[8] CHEN LU，LANGEVIN A，RIOPEL D. The storage location assignment and interleaving problem in an automated storage/retrieval system with shared storage [J]. *International Journal of Production Research*, 2010，48 (4)：991 – 1011.

[9] TANAKA S. A hybrid algorithm for the input/output scheduling problem of multi-shuttle AS/RSs [C] //Proc Society of Instrument and Control Engineers Annual Conference 2007. Kagawa，Japan：IEEE Press，2007，2643 – 2648.

[10] DOOLY D. R，LEE H. F. A shift-based sequencing method for twin-shuttle automated storage and retrieval systems. [J]. *IIE Transactions*, 2008，40 (6)：586 – 594.

[11] POTRC I，LERHER T，KRAMBERGER J，et al. Simulation model of multi-shuttle automated storage and retrieval systems [J]. *Journal of Materials Processing Technology*, 2004，157 – 158 (20)：236 – 244.

[12] LIU S. C，LEE S. B. A two-phase heuristic method for the multi-depot location routing problem taking inventory control decisions into consideration [J]. *The International Journal of Advanced Manufacturing Technology*, 2003，22 (11)：941 – 950.

虚拟环境下的协同配送仿真研究*

田红英　黄远新　李　丁　黄有方

摘　要：本文从协同配送虚拟企业的定义出发，分析了它的特点。本文的重点放在用 AOTOMOD 仿真软件对协同配送的仿真上，包括问题的提出，仿真目标的设定，然后到模型的建立，通过对仿真结果的深入分析，获悉影响协同配送效率和成本的诸多影响因素，最后对如何提高协同配送效率给出一些建议。

关键词：协同配送虚拟企业　3PL　资源集成　仿真

一、虚拟及协同配送概述

从虚拟环境下协同配送的实施过程看，这里的“虚拟”实际上是指在 3PL 企业各自专业化功能基础上，基于配送任务发生时的运作方式的合作化，比如车辆的共用，存货的合并等。所谓协同配送虚拟企业（Collaborate Distribution Virtual Enterprise，CD-VE）是指为了适应高频度、小批量的运输市场需求，由运输承担企业（包括生产制造企业、批发商、零售商和 3PL 企业）联合有同样运输需求的企业，通过信息和通信技术，共享运输、仓储和信息等资源，为实现高效率、低成本的“门到门”一体化运输而组织起来的一种企业联盟模式。从系统优化的角度看，协同配送虚拟企业是一个资源集成体，这些资源来自不同的有配送需求企业和相关部门并被集成，具有“整体大于部门之和”的特点。协同配送虚拟企业是一种战略联盟，双赢其组建的基础，信息和通信技术是实现的手段。

本文研究的是狭义的协同配送虚拟企业，主要是从协同配送的承担人角度进行考虑的，指由核心 3PL 企业主导的、以信息网络为基础、为完成一体化协同配送任务而组成的动态联盟，是组织、运输、仓储、运输网络、信息等资源的有效集成。这种企业组织模式能够克服交货时限和配送网络的时空局限性，保持成本和效率之间的稳定、合理平衡，具有系统优化组合和有效协调的优越性。协同配送虚拟企业提供的服务不是一般意义上的“配送”，而是在组织、管理及信息等要素集成基础上，统一制订配送方案，共享资源，所形成的高效的一体化配送。

---

* 基金项目：本文受上海市经委引进技术的吸收与创新年度计划项目“综合型物流企业信息系统中现代数据处理技术的应用示范工程”（NO. 07XI－058）的资助。

作者简介：田红英，女，高级经济师，成都职业技术学院副教授，主要研究方向为第三方物流。黄远新，男，博士，高级经济师，远成集团有限公司副总裁，西南交通大学兼职教授及研究生导师，主要研究方向为物流管理与工程。李丁，男，硕士，主要研究方向为物流工程，深圳华为科技有限公司。黄有方，男，上海海事大学教授、博导，主要研究方向为港航物流智能化信息理论与系统、采购与供应链管理、现代港口物流管理与工程一体化相关技术等。

二、虚拟协同配送的仿真模拟

（一）确定仿真目标

围绕仿真目标建立仿真模型，并随目标的变化进行相应调整，只要能达到目标，应尽可能地使模型简化，这样既可以减少工作量，也可以减少因不必要的干扰引起的误差。为了更直观地认识协同配送较传统配送所具有的优势，了解协同配送的影响因素，以帮助决策者理性选择配送方式、制订协同配送方案，实现节约成本、提高效益的目的，本文拟对协同配送运输系统进行仿真研究，并将仿真目标确定为：①运输系统效率的影响因素及机理。②协同配送各成本与出货时间之间的关系。③运输成本与其他影响因素之间的关系。

（二）仿真模型的建立

1. 问题描述

A、B、C 等三家 3PL 企业的集配路线如图 1 所示，其中 P 表示集货需求企业，D 表示配货需求企业。企业 A、B、C 分别拥有 V_1、V_3、V_5 和 V_2、V_4、V_5 和 V_1、V_4、V_6 几种车型的车辆，如表 1 所示。假设三家企业决定组建虚拟企业联盟，共享车辆、信息等资源，开展协同配送，其配送路线如图 2 所示。

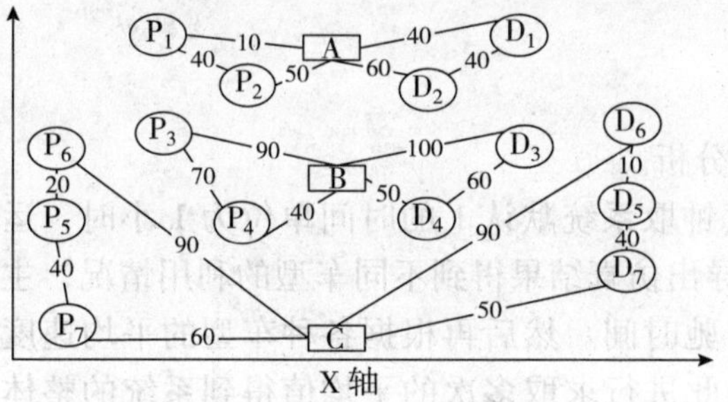

图 1　ABC 企业集配路线

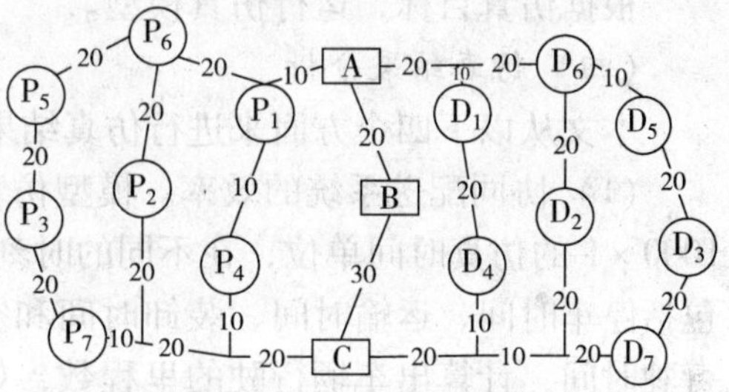

图 2　协同配送路线图示

表 1　车辆相关参数

车型	容量（吨）	平均车速（公里/小时）	单位运输成本（元/吨·公里）	车型	容量（吨）	平均车速（公里/小时）	单位运输成本（元/吨·公里）
V_1	1～5	40	4.5	V_4	15～20	70	3.6
V_2	5～10	50	4.2	V_5	20～25	80	3.4
V_3	10～15	60	3.9	V_6	25 以上	90	3.0

资料来源："远成集团各种运输车辆运输成本的调研报告"

$$C_{总} = C_{V1} + C_{V2} + C_{V3} + C_{V4} + C_{V5} + C_{V6} \quad (1)$$

$$C_{Vn} = Q \times D \times M \quad (2)$$

式中：$C_{总}$——总的运输成本；C_{Vn}——某种车型运输成本；Q——运输数量；D——运输距离；M——单位运输成本。

2. 建立简化模型并设定约束条件

根据图 2 示意的配送路线，绘制运输系统的仿真模型。

该模型分为集货和配货两个部分。待模型建立好后，选择 System 菜单中的 Open 打开 Peisong 模型。文中把集货需求企业简化为 Resource、配货需求企业简化为 Queue 来处理，分别有三条集货和配货路线，假设每条路线的企业数目随机，中间的表示虚拟企业，他们通过信息技术共享物流基础设施，两边的表示有集配货需求的客户企业。虚拟企业在每一周期内根据集配货需求信息制定配送路线，根据货量调配车辆。假设客户企业处理单位货物量的时间相同，设为吨/5 分钟。

仿真程序是控制仿真模型运行的关键，它体现模型和实际的吻合度，逻辑程序的编写是建立在一定的假设基础之上的，对于没考虑到的因素对系统所产生的影响，可根据经验数据加以修正。因此，本文特作如下假设：①所有车辆和设备正常运行，没发生故障。②不考虑路况，根据路程和车速来确定运行时间。③操作人员能在规定时间内完成任务。

（三）运行 3D 仿真模型

模型运行的初始状态：①虚拟企业仓库中库存有该配送路线所需的货物。②集货阶段，开出或进入配送中心分别为空车或载重车，配货阶段则反之。③各个客户企业都处在准备工作状态。

根据仿真目标，运行仿真模型。

（四）仿真结果分析

本文从以下四个方面来进行仿真结果分析。

（1）协同配送系统的效率。模型仿真钟取系统默认 1 的时间单位为 1 小时，运行 1000 ×1 的仿真时间单位，在不同的时刻导出仿真结果得到不同车型的利用情况，主要包括停车时间、运输时间、装卸时间和空驰时间。然后再根据各种车型的平均速度和行驶时间，计算出车辆行驶的里程数，如此进行求取多次的平均值得到系统的整体利用情况，如表 2 所示。

表 2　　协同配送系统利用情况

项目	空驰时间百分比（%）	装卸时间百分比（%）	运输时间百分比（%）	停车时间百分比（%）	行驶里程（公里）	装卸次数	需求满足率（%）
V_1	16.42	31.14	43.77	8.67	23761.00	66	0
V_2	27.92	11.58	60.00	0.50	23547.50	50	0
V_3	23.78	10.47	52.09	13.67	17956.00	31	0
V_4	20.00	19.50	51.74	8.76	15616.00	26	0
V_5	15.64	28.50	47.64	8.22	22020.00	61	0
V_6	14.14	14.14	53.40	18.31	16488.00	27	0
总成本							3935.17

从表 1 得知不同车型的单位运输成本是不一样的，协同配送的目的一方面是要提高各种车型的车辆利用率，另一方面要增加大吨位车辆的利用率，降低小吨位车辆的利用率。从表 2 所列每种车型的工作时间即利用时间（Transfer）中知道 V_1、V_2、V_3 的利用率还比较高，而 V_4、V_5、V_6 的利用率还有待进一步提高。于是对协同配送模型进行进一步优化，一方面增加配送总量，另一方面，稍微降低 V_4、V_5、V_6 车型的最低载货量。优化后的仿真结果如表 3 所示。

表 3　　优化后的仿真结果

项目	空驰时间百分比（%）	装卸时间百分比（%）	运输时间百分比（%）	停车时间百分比（%）	行驰里程（公里）	装卸次数	需求满足率（%）
V_1	20.59	15.14	28.67	35.6	12768.00	28	0
V_2	24.92	14.58	30.00	30.50	15432.50	30	0
V_3	20.78	13.47	35.09	29.67	16956.00	38	0
V_4	12.00	16.70	62.74	8.56	22636.00	50	0
V_5	10.64	18.50	63.64	7.22	24020.00	61	0
V_6	10.14	18.14	65.40	6.32	23685.00	65	0
总成本							3476.43

从表 3 可以看出，V_4、V_5、V_6 车型的车辆利用率有了较明显的改善，并且运输总成本也得到了降低。由此可见，协同配送降低成本的途径之一是规模效应，一方面要求货运需求越大越好，另一方面，在路况允许的情况下，大吨位车辆的单位运输成本比小吨位车辆的单位运输成本低，提倡多使用大吨位车辆。

（2）协同配送各成本与各次出货之间时间间隔 T 之间的关系。图 3 到图 7 反映了协同配送总成本与各次出货之间时间间隔 T 之间的关系。随着 T 的增加，车辆装载量增加了，运输成本降低了，但同时存货成本也增加了。虽然各类存货成本（包括来源地存货成本、在途存货成本和目的地存货成本）随着配送量的增加而增加，但相对于运输成本的减少量，就显得微不足道了。由公式 $C^* = 2\ (Ah/d)^{1/2}$ 求得的最小总成本，可反映出协同配送降低运输成本所得收益与增加存货成本造成的亏损的比较情况。

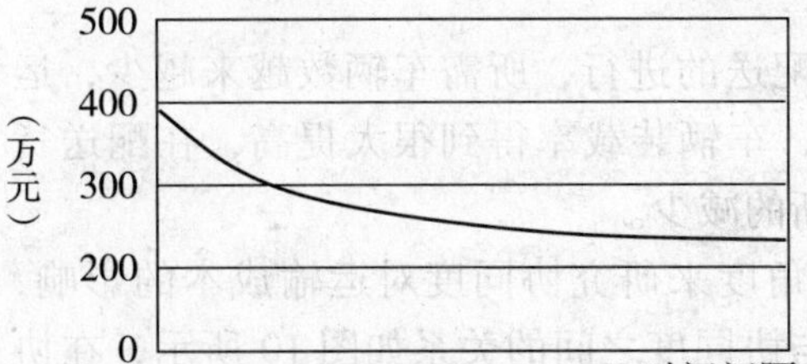

图 3　协同配送总成本

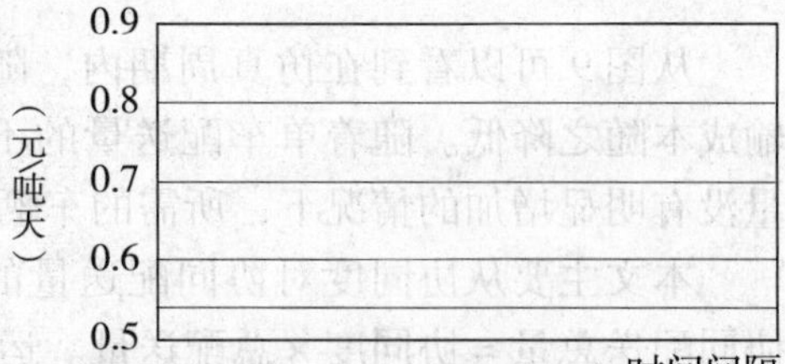

图 4　存货成本

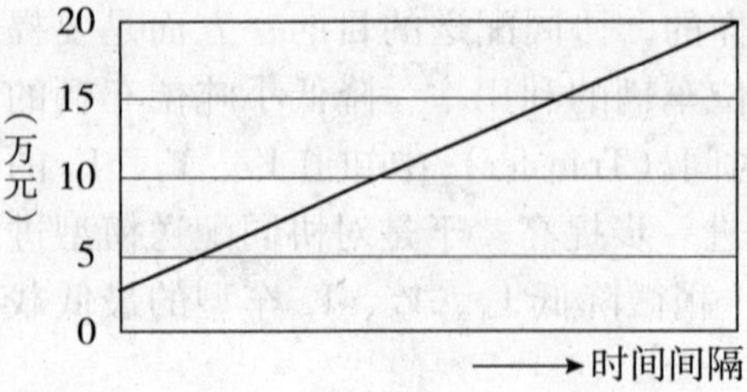

图5　目的地存货成本

图6　在途存货成本

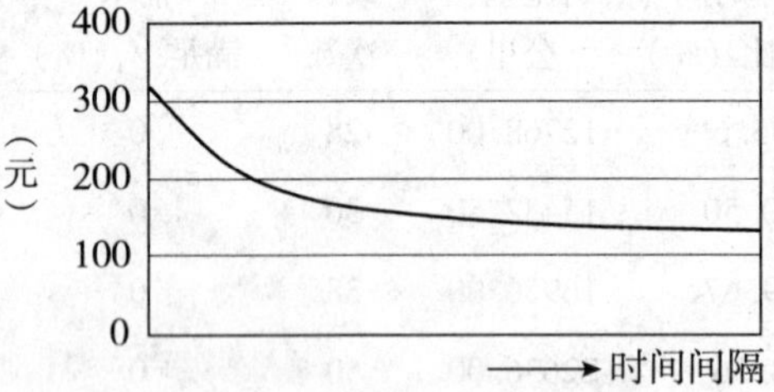

图7　运输成本

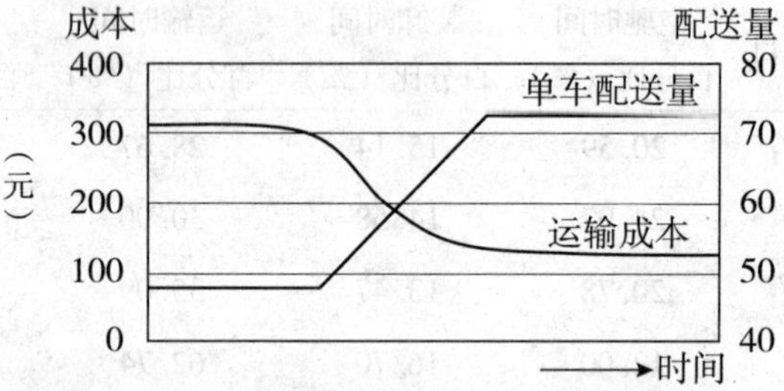

图8　运输成本与单车配送量之间的关系

（3）运输成本与其他因素之间的关系。从图8可以看出，随着协同配送进行，单车配送量有了较明显的增加，而运输成本则相应地减少。在协同配送的初始阶段，由于各次出货之间存在一定的时间间隔，起初单车配送量比较少，随着时间的推移，有了更多的货物通过协同配送，提高了单车协同配送量，实现了规模效应，运输成本也得到相应的降低。

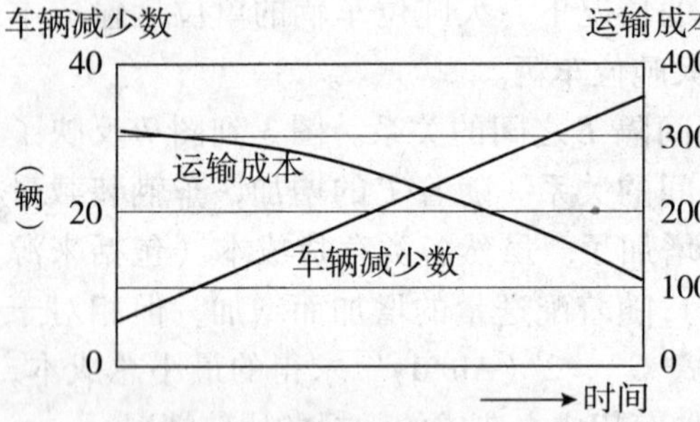

图9　运输成本与车辆减少量的关系

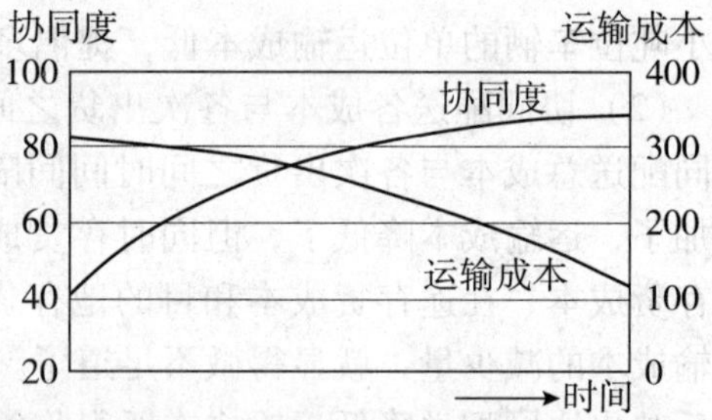

图10　运输成本与协同度的关系

从图9可以看到在仿真周期内，随着协同配送的进行，所需车辆数越来越少，运输成本随之降低。随着单车配送量的不断增加，车辆装载率得到很大提高，在配送货量没有明显增加的情况下，所需的车辆数在不断的减少。

本文主要从协同度对协同配送量的影响的角度来研究协同度对运输成本的影响，协同配送总量 = 协同度 × 总配送量。运输成本与协同度之间的关系如图10所示，在协同配送虚拟企业联盟运营之初，由于各成员企业彼此之间还不够信任，使得原本可以通过协同配送的很多货物，因担心泄露客户资料等商业机密而未果，导致协同度不高，进而影响了协同配送的顺利开展。随着协同配送的开展，各成员企业之间的信任度不断地得到加强，企业之间的协同度也就不断提高，最终运输成本也就随之越来越低。

（4）协同配送量与 CO_2 排放量之间的关系。开展协同配送有利于减少车辆出行量，减少尾气排放量，降低对环境的污染。不同车辆的耗油量和燃烧每升汽油所产生的 CO_2 量是不同的。从图 11 可以看出即使货物的配送量翻倍，货车产生的 CO_2 排放量会维持在以前的水平，即协同配送的实施可以充分减少 CO_2 排放量，降低货运交通对环境的污染。

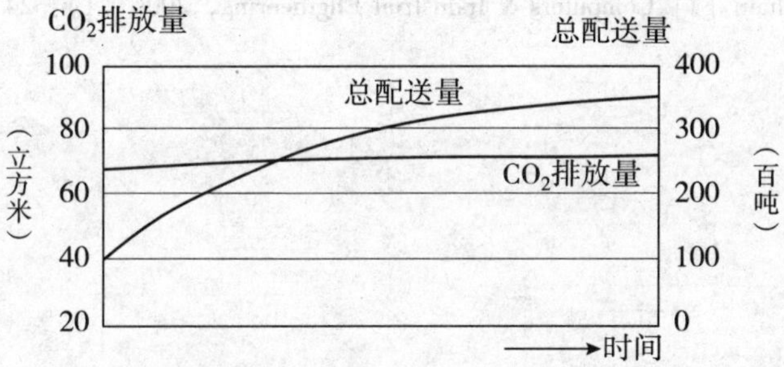

图 11　配送量与 CO_2 排放量之间的关系

通过上述的仿真结果分析可以得出如下结论：

① 影响协同配送效率的因素有很多，只有配送量达到了一定的规模，协同配送才能产生规模效应；大吨位车辆的单位运输成本比小吨位车辆低，应尽量组织充足的货源使用大吨位车辆开展协同配送。

② 实施协同配送的优势之一体现在单车配送量的增加，提高车辆装载率，可以满足中小型企业的多频度、小批量配送的需求，通过协同合作，减少库存。另一个最具吸引力的好处在于降低物流成本。从物流成本的构成上看，企业的运输成本是物流成本的主体，而采用协同配送方式可以大大提高运输效率，避免重复、交错和返空运送等问题，减少车辆行驶里程，降低运输成本，减少负外部性。

③ 从市场的角度来优化与改造配送渠道，不但实现了社会配送渠道的合理化，同时也使企业内部物流系统走向合理化。由于协同配送是企业之间的协同合作，使得企业之间可以互通有无，在市场需求不确定的情况下，有利于提高企业的应变能力。

三、结论

本文从虚拟和协同配送的本质出发，分析了协同配送虚拟企业的特点，构建了协同配送虚拟企业模型，通过仿真模拟可以深刻认识到从市场的角度来改造配送渠道，不仅利于社会配送渠道的合理化，同时也促使企业内部物流系统得到进一步优化；实施协同配送有利于增加单车配送量，提高车辆装载率，降低物流成本，减少负外部性，发展低碳经济与绿色物流；不过影响协同配送效率的因素较多，因此，需要组建协同配送虚拟企业联盟，统一制订协同配送方案，共享信息、运力、仓库等实体与虚拟物流资源，提高运作效率。

参考文献

［1］HOKEY MIN，HYUN-JEUNG KO . The dynamic design of a reverse logistics network from the perspective of third-party logistics service providers［J］. Production Economics，2008（113）：176－192.

［2］KUNPENG LI，APPA IYER SIVAKUMAR，VISWANATH KUMAR GANESAN. Analysis and algorithms for coordinated scheduling of parallel machine manufacturing and 3PL transportation［J］. Elsevier，2008（1）.

［3］YOUNG HAE LEE，JUNG WOO JUNG，KYONG MIN LEE. Vehicle routing scheduling for cross-docking in the supply chain［J］. Computers & Industrial Engineering，2006（1）：247－256.

附　录

第十次中国物流学术年会获奖论文名单
（共321篇）

一等奖（15篇）

1. 物流企业竞争力的构成要素及其演化分析——来自中国的实证研究

刘伟华　天津大学管理与经济学部
刘秉镰　南开大学现代物流研究中心
陈伟博　南开大学现代物流研究中心
王海鹏　南开大学现代物流研究中心

2. 制造业与物流业联动发展的演化博弈分析

王珍珍　福建师范大学
陈功玉　中山大学

3. 面向不确定环境的集装箱空箱鲁棒优化调度

王　琳　天津科技大学
陈秋双　南开大学信息技术科学学院
张瑞玲　南开大学信息技术科学学院
杜玉泉　南开大学信息技术科学学院

4. 库存管理中的碳足迹管理（英文）

华国伟　北京交通大学经济管理学院
郑大昭　香港理工大学物流及航运学系
汪寿阳　中国科学院数学与系统科学研究院

5. 考虑现货市场和需求信息更新下的供应期权合同（英文）

赵映雪　对外经济贸易大学国际经贸学院
蔡灿明　香港理工大学纺织及制衣学系商学部
郑大昭　香港理工大学工商管理学院物流学系
汪寿阳　中国科学院数学与系统科学研究院

6. 码头随机前沿中群体与个体异方差分析（英文）

叶子良　香港理工大学
孙新宇　香港理工大学
刘建华　香港城市大学

7. 风险态度对供应链决策的影响（英文）

吴　军　　北京邮电大学经管学院

汪寿阳　　中国科学院

赵修利　　美国密歇根大学

吴志图　　香港理工大学

郑大昭　　香港理工大学

8. 面向废弃物再利用的关联供应链合作决策模型

李海燕　　重庆理工大学经济与工商管理学院

但　斌　　重庆理工大学经济与工商管理学院

张旭梅　　重庆理工大学经济与工商管理学院

陈　军　　重庆理工大学经济与工商管理学院

9. 多车次同时集散货物路线问题研究

李　建　　南京农业大学工学院

达庆利　　东南大学经济管理学院

何瑞银　　南京农业大学工学院

10. 空间经济学视角下的物流业集聚及其影响因素研究——中国 31 个省市的经验证据

钟祖昌　　广东外语外贸大学

11. 供应商能力有约束的混合型多属性决策方法

双海军　　重庆大学经济与工商管理学院

孟卫东　　重庆大学经济与工商管理学院

12. 灾害链中多资源应急调度模型与算法

李　进　　浙江工商大学

张江华　　山东大学管理学院

朱道立　　同济大学经济管理学院

13. 基于 TPL 物流服务水平的供应链协调和收益分配研究

鲍福光　　浙江工商大学信息学院

陈达强　　浙江工商大学信息学院

琚春华　　浙江工商大学信息学院

卢　泰　　浙江工商大学信息学院

14. 单生产商多销售商多生产阶段协同订货模型

熊　浩　　长沙理工大学、同济大学

15. 区域物流网络规划研究现状及若干关键问题

吴　刚　　西南交通大学

陈兰芳　　西南交通大学

张　燕　　西南交通大学

王　涵　　西南交通大学

二等奖（27 篇）

1. 需求稀少情况下随机动态装卸混合问题研究

   张旭梅　　重庆大学经济与工商管理学院
   陈久梅　　重庆大学经济与工商管理学院、重庆工商大学商务策划学院
   肖　剑　　重庆大学经济与工商管理学院、重庆大学数理学院
   但　斌　　重庆大学经济与工商管理学院

2. SDN 企业实施 MC 的逆向物流成本控制模型研究

   倪　明　　华东交通大学
   廖瑞辉　　华东交通大学

3. 库存成本预算约束下订单生产与备货生产系统履约绩效指标比较研究（英文）

   邵晓峰　　上海交通大学
   董　明　　上海交通大学

4. 基于两维的集群式供应链绿色合作绩效实证研究

   左志平　　中南财经政法大学武汉学院
   黎继子　　武汉纺织大学经济管理学院

5. 区域竞争环境下香港港口发展危机的实证研究（英文）

   田　歆　　中国科学院虚拟经济与数据科学研究中心
   刘黎明　　香港理工大学物流及航运学系
   成思危　　中国科学院虚拟经济与数据科学研究中心
   施建明　　日本室兰工业大学电子与信息工程学院

6. 基于 multi – agent 的大型人群活动多阶段动态协调控制模型

   李　进　　浙江工商大学
   朱道立　　复旦大学管理学院

7. 物流产业集群共生发展影响因素实证研究

   唐卫宁　　湖州师范学院
   徐福缘　　上海理工大学管理学院

8. 基于安全可靠度的食品物流系统优化

   邹毅峰　　广州大学商学院
   谢如鹤　　广州大学商学院

9. 军事虚拟仓库应急保障仿真分析

   姜大立　　后勤工程学院
   汤卫克　　后勤工程学院

10. 现代物流服务业自主创新的驱动力及模式选择

    汪旭晖　　东北财经大学工商管理学院
    翟丽华　　东北财经大学工商管理学院

11. 基于模糊物元的中部六省物流能力评价

    张　诚　　华东交通大学经济管理学院

张　红　　华东交通大学经济管理学院

于兆宇　　华东交通大学经济管理学院

12. 一种研究交通枢纽物流量的新方法——以港口为例

阳明明　　广东商学院

13. 汽车零部件制造业集配中心选址的鲍摩—瓦尔夫法研究

宋少忠　　吉林工商学院信息工程分院、吉林大学机械科学与工程学院、吉林财经大学物流产业经济与智能物流实验室

孔繁森　　吉林大学机械科学与工程学院

王利芳　　吉林大学机械科学与工程学院

郭淑馨　　吉林财经大学管理科学与信息工程学院、吉林财经大学物流产业经济与智能物流实验室

14. 基于 DEA 的最小化碳排放量的 PIDRP 模型与算法

戢守峰　　东北大学物流系统工程研究所

喻海飞　　东北大学物流系统工程研究所

朱宝林　　东北大学物流系统工程研究所

15. 多重博弈的 Dijkstra 算法快递行业航空网络应用研究

马常松　　电子科技大学经济与管理学院、西南财经大学天府学院

刘祥超　　西南财经大学天府学院

李　昊　　西南财经大学天府学院

16. 基于系统动力学的港口集疏运系统仿真模型研究——以广西北部湾港为例

隋博文　　钦州学院

17. 多周期环境下物流服务供应链数量协调研究

刘春玲　　天津大学管理与经济学部

刘伟华　　天津大学管理与经济学部

葛美莹　　天津大学管理与经济学部

谢　冬　　天津大学管理与经济学部

18. 基于第三方逆向物流的闭环供应链最优主从策略（英文）

晏妮娜　　中央财经大学商学院

周利国　　中央财经大学商学院

19. 浅论物流规划安全

张振辉　　昆明振辉物流管理有限公司

20. 我国省域物流作业的 CO_2 排放量测评及其低碳化对策研究

周　叶　　北京科技大学、南昌航空大学

王道平　　北京科技大学

赵　耀　　北京科技大学

21. 基于云计算与机器视觉的木材物流执法检查系统

邱荣祖　　福建农林大学交通学院

林宇洪　　福建农林大学交通学院

郑丽凤 福建农林大学交通学院

22. 江苏物流业与制造业协调发展分析

陈绍兰 常州大学经济管理学院

佟金萍 常州大学经济管理学院

23. 幂需求形式下具有公平偏好成员的供应链协调（英文）

马利军 深圳大学管理学院管理科学系

严厚民 香港城市大学管理科学系

赵映雪 对外经济贸易大学国际经贸学院物流学系

24. 基于 excel 插件求解小规模旅行商问题的一种可靠规划求解方法（英文）

蒋长兵 浙江工商大学信息学院

25. 关于军事物流体系建设规划的几个重大问题

王宗喜 后勤学院军事物流仓储教研室

徐 东 后勤学院军事物流仓储教研室

黄定政 后勤学院军事物流仓储教研室

26. 运用电子商务进行电力物流转型的研究与实践

刘志强 国电物资集团有限公司

师 骏 国电物资集团有限公司

27. 新兴港口城市物流金融基地建设研究

钱 进 清华大学工业工程系

黄湘民 中外运美旗物流管理（北京）有限公司

陈雪松 中国物流智库

三等奖（91 篇）

1. 基于 VAR 模型的钢铁产品质押率研究

杨浩雄 北京工商大学

方亚男 北京工商大学

2. 我国铁路货物运输的空间经济分析

姜 旭 北京物资学院

3. 物流服务供应链供需协调与绩效的关联关系——来自中国的实证研究（英文）

刘伟华 天津大学管理与经济学部

徐学才 华中科技大学土木工程与力学学院

刘彦平 南开大学

何龙飞 天津大学管理与经济学部

4. 随机连续需求下分布式仓储两阶段模型研究

鲍福光 浙江工商大学信息学院

傅培华 浙江工商大学信息学院

5. 基于粗糙集—VAR 模型的铁路货运需求量预测

张广胜 华东交通大学

张　诚　　华东交通大学

6. 关于快递网络效应问题的探讨

向先文　　西南交通大学交通运输与物流学院

张　锦　　西南交通大学交通运输与物流学院

7. 多载具自动化存取系统货位分配和拣选路径集成优化

杨　朋　　清华大学深圳研究生院现代物流研究中心

缪立新　　清华大学深圳研究生院现代物流研究中心

戚铭尧　　清华大学深圳研究生院现代物流研究中心

8. 供应商免费送货条件下零售商的订货策略选择研究

何明珂　　北京工商大学

王　磊　　北京工商大学

周永圣　　北京工商大学

9. 现代区域物流网络节点选择实证研究

海　峰　　武汉大学经济与管理学院

郭　强　　武汉大学经济与管理学院

丁　灿　　武汉大学经济与管理学院

邵　校　　武汉大学经济与管理学院

10. 基于产业供应链物流系统规划

李严锋　　云南财经大学商学院

刘文胜　　云南财经大学商学院

11. 虚拟环境下的协同配送仿真研究

田红英　　成都职业技术学院

黄远新　　远成集团、上海海事大学

李　丁　　深圳华为科技有限公司

黄有方　　上海海事大学

12. 北京市绿色物流体系构建研究

车卉淳　　北京物资学院

赵　娴　　北京物资学院

13. 军民融合现代军事物流体系中地方物流供应商“偷懒”行为监管机制研究

姚　平　　重庆后勤工程学院后勤信息工程系

姜大立　　重庆后勤工程学院后勤信息工程系

刘　军　　重庆后勤工程学院后勤信息工程系

王　科　　重庆后勤工程学院后勤信息工程系

14. 农业物流园服务能力的区域差异性与模式选择

刘明菲　　武汉理工大学

周梦华　　武汉理工大学

15. 军队物资采购供应链建设与发展研究

万　毅　　军事经济学院

王 猛 军事经济学院

刘筱兰 军事经济学院

16. 我国快递企业的挑战与发展对策：全球背景下中国快递市场环境之视角

姜 波 天津对外经济贸易职业学院

17. 基于加权 Voronoi 图的连续型物流节点布局优化

王 伟 河海大学港口海岸与近海工程学院水运规划与物流工程研究所

封学军 河海大学港口海岸与近海工程学院水运规划与物流工程研究所

18. 基于分析型 KANO 模型的物流服务质量提升决策方法

孟庆良 江苏科技大学

邹农基 江苏科技大学

李晓萍 江苏科技大学

安 玲 江苏科技大学

蒋秀军 江苏科技大学

19. 江苏省经济发展与物流发展的互动性研究

吴新燕 江苏信息职业技术学院

王常伟 江苏信息职业技术学院

20. 零售商供应链管理的一个系统框架与系统实现

田 歆 中国科学院虚拟经济与数据科学研究中心

汪寿阳 中国科学院数学与系统科学研究院

华国伟 北京交通大学经济管理学院

21. 基于协同论的家电制造商与 3PL 协同度研究

翁华海 江苏科技大学

高 攀 江苏科技大学

刘 欣 江苏科技大学

22. 基于网络单纯形法的海运集装箱空箱调运研究

黄纯辉 武汉纺织大学管理学院

23. 七国汽车产业供应链竞争力的实证分析

王斌义 厦门理工学院

24. 供应网络整合问题研究——以某大型国企为例（英文）

高静晨 北京交通大学经济管理学院

徐 杰 北京交通大学经济管理学院

25. 基于 GAMS 的 VRP 问题求解研究

赵振华 解放军后勤工程学院

姜大立 解放军后勤工程学院

26. 物流企业客户终身价值系统模型与仿真

黄向宇 中南林业科技大学物流学院

庞 燕 中南林业科技大学物流学院

27. BP 神经网络及其在供应商选择评价中的应用

钱芝网　　上海理工大学

28. 区域物流能力与经济增长

刘　林　　安徽工业大学管理科学与工程学院

吴金南　　安徽工业大学管理科学与工程学院

29. 政府调控下物流企业低碳行为的演化博弈决策

周　叶　　南昌航空大学

何　慧　　江西师范大学

30. 区域物流一体化发展的动力来源及作用机制

李国旗　　西南交通大学

刘思婧　　西南交通大学

31. 港口物流与多层次腹地经济的关联性研究——以广西北部湾港为例

王景敏　　钦州学院

32. 亚洲小麦贸易的面板数据计量经济分析

谢京辞　　山东大学管理学院

王歆杰　　扬州大学商学院

33. 提升国际陆港物流集成力的战略思考

董千里　　长安大学物流与供应链研究所

董　展　　长安大学物流与供应链研究所

刘　俊　　长安大学物流与供应链研究所

关高峰　　长安大学物流与供应链研究所

34. 第五代物联网港口设想与我国港口物流信息化展望

李　辉　　深圳远洋公司

李向文　　大连海事大学

35. 基于智慧现代化的现代物流升级与转型——以攀枝花为例

贺盛瑜　　成都信息工程学院

袁　波　　成都信息工程学院

赵镭屹　　北京理工大学管理与经济学院

36. 基于生态保护的生态工业园可持续发展策略研究

甘卫华　　华东交通大学

张　倩　　华东交通大学

37. 物联网技术在水产品冷链物流中的应用

王　健　　福州大学

王友丽　　福州大学

38. 将物流理论引入企业管理的成功案例

靳默萱　　中国农业大学

39. 珠三角第三方物流企业的服务供应链运营水平评价研究

付秋芳　　广东外语外贸大学国际工商管理学院

赵淑雄　　广东外语外贸大学国际工商管理学院

忻莉燕　广东外语外贸大学国际工商管理学院

40. 嘉兴港地主港模式对浙江沿海港口的借鉴作用

孙秋高　浙江交通职业技术学院

徐　秦　浙江交通职业技术学院

41. 物流与物质——关于物流的哲学思考

韩功华　北京中物联物流规划研究院项目部

42. 中国－东盟自由贸易区物流急需标准化

吴砚峰　广西职业技术学院

韦克俭　广西职业技术学院

43. 上海航空物流与经济发展关系的实证研究

陶学宗　同济大学

张　戎　同济大学

44. 保税港与内陆港互动发展关键因素识别研究

孙家庆　大连海事大学交通运输管理学院

蔡　静　大连海事大学交通运输管理学院

45. 我国城市物流的现状与发展思路

李作聚　北京财贸职业学院

46. 曲线拟合度分析法在公路货运回归预测中的应用

吴汪友　浙江交通职业技术学院

孙秋高　浙江交通职业技术学院

47. 最优物流作业批量模型研究

张国庆　浙江农林大学

刘龙青　浙江农林大学

48. 可控提前期下复杂部分短缺量拖后的库存模型

邱晗光　重庆工商大学

张旭梅　重庆工商大学

但　斌　重庆工商大学

陈　军　重庆工商大学

李宇雨　重庆工商大学

49. 铁路物流角色定位研究：SDN 的一类节点

倪　明　华东交通大学

皮敏娟　华东交通大学

50. 基于 SOA 的军事物流信息系统总体架构研究

汪贻生　后勤工程学院

51. 物流的战略分析视角研究

李敬泉　南京大学工程管理学院

王有朝　南京大学工程管理学院

52. 基于期权契约的物流园区债务投资风险控制

刘俊华　　内蒙古工业大学
李文杰　　内蒙古工业大学
长　青　　内蒙古工业大学
李长青　　内蒙古工业大学

53. 后危机时代振兴我国物流产业微观路径探析

王海兰　　辽宁大学经济学院

54. 区域物流网络的形成机理与实证研究

彭本红　　南昌航空大学
冯良清　　南昌航空大学

55. 我军绿色军事物流发展战略研究

龚卫锋　　解放军后勤学院
戴宗武　　解放军后勤学院
潘　荣　　解放军后勤学院

56. 物流外包中的冲突分析及解决机制

彭本红　　南昌航空大学

57. 基于循环创新链的物流企业集群服务创新体系研究

慕　静　　天津科技大学经济与管理学院

58. 基于计算机仿真的高端物流管理人才培养模式探讨

王　洁　　华南师范大学
陈功玉　　中山大学岭南学院

59. 有关物流人才培养的调查研究——基于89份高校物流教师的调查

谢林婕　　浙江工商大学信息学院
孙莎莎　　浙江工商大学信息学院
蒋长兵　　浙江工商大学信息学院

60. 废塑料再生纺涤纶短纤维优化配料模型应用研究

张国华　　湖南工业大学、中南林业科技大学
陈洁余　　中南林业科技大学

61. 基于变权的物流通道方案模糊决策模型

周凌云　　淮阴工学院、北京交通大学
穆　东　　北京交通大学

62. 危险货物运输突发事件与应急管理机理研究

尚鸿雁　　泰国华侨崇圣大学经贸管理学院
刘小东　　香港经贸管理学院经管院
陈　安　　中国科学院科技政策与管理科学研究所
董千里　　长安大学
刘安琪　　泰国Assumption（ABAC）大学工程学院

63. 基于比重——周转率地位图分析的拣货路径优化研究

林勋亮　　广东商学院工商管理学院

钟永恒　　广东商学院工商管理学院

64. 基于 eM - Plant 的铁水铁路运输物流系统建模与仿真

祁明明　　重庆赛迪冶炼装备系统集成工程技术研究中心有限公司

王　力　　重庆赛迪冶炼装备系统集成工程技术研究中心有限公司

袁　超　　重庆赛迪冶炼装备系统集成工程技术研究中心有限公司

高　伟　　重庆赛迪冶炼装备系统集成工程技术研究中心有限公司

65. 基于顾客满意度的配送中心多目标优化选址模型

平　海　　广东商学院

吴丽敏　　广东商学院

66. 一种考虑三维装载的车辆路径规划问题的两层启发式算法

骆　琦　　清华大学深圳研究生院

戚铭尧　　清华大学深圳研究生院

张　莹　　清华大学深圳研究生院

缪立新　　清华大学深圳研究生院

67. 基于聚类分析的 ENLM 模型与实证研究

周兴建　　武汉纺织大学、湖北物流发展研究中心

刘爱华　　武汉纺织大学

胡超群　　武汉纺织大学

68. 基于二级评价体系的制造企业供应商选择决策研究

郑小雪　　福建农林大学

69. 企业横向供应链整合的建模与优化

曾敏刚　　华南理工大学工商管理学院

王旭亮　　华南理工大学工商管理学院

张贵萍　　华南理工大学工商管理学院

苏水清　　华南理工大学工商管理学院

70. 基于食品安全保障的我国猪肉供应链与价值链分析

高　阔　　南昌大学理学院

甘筱青　　九江学院

胡一竑　　同济大学经济与管理学院

陈克东　　复旦大学管理学院

71. 生产系统的检修时间间隔及关键备件采购的联合优化

侯玉梅　　燕山大学经济管理学院工业工程系

许　良　　燕山大学经济管理学院工业工程系

王艳亮　　燕山大学经济管理学院工业工程系

姜文超　　燕山大学经济管理学院工业工程系

田　歆　　中国科学院虚拟经济研究所

马力军　　深圳大学管理学院

72. 汽车市场中租赁渠道对传统零售渠道的影响

梁　喜　　重庆交通大学财经学院
熊中楷　　重庆大学经济与工商管理学院

73. 政府采购中寻租监管问题的博弈分析
田　剑　　江苏科技大学经济管理学院
徐鑫鑫　　江苏科技大学经济管理学院

74. 供应链上竞争性产品横向联合广告投资研究
李雪莲　　中山大学岭南学院
陈功玉　　中山大学岭南学院
盛　鑫　　中山大学岭南学院

75. 随机需求下单供应商两分销商 VMI 协调策略
全春光　　华中科技大学管理学院、湖南科技大学管理学院
刘志学　　华中科技大学管理学院
程晓娟　　湖南科技大学管理学院
王克喜　　湖南科技大学管理学院

76. 饮料行业低碳供应链建设探析
洪江涛　　上海对外贸易学院、复旦大学管理学院
吴　迪　　上海对外贸易学院

77. 基于逆向物流的废弃干电池的经济效益分析（英文）
施先亮　　北京交通大学经济管理学院
李志华　　北京交通大学经济管理学院

78. 以时效为导向的售后物流运营研究（英文）
郝　皓　　上海第二工业大学

79. 三级供应链网络下订购和定价均衡策略模型研究（英文）
贾俊秀　　西安电子科技大学
李　华　　西安电子科技大学
胡祥培　　大连理工大学

80. 面向哈佛体系结构和 Agent 计算的集装箱码头物流系统建模仿真研究（英文）
李　斌　　福建工程学院交通运输系
李文锋　　武汉理工大学物流工程学院副院长

81. 改进型遗传算法在应急物流路径优化中的应用研究（英文）
张立毅　　天津商业大学
高庆春　　太原理工大学信息工程学院
孙云山　　天津商业大学
张　锦　　太原理工大学信息工程学院

82. 北京陆运口岸发展问题探讨
郝玉柱　　北京物资学院
刘振峰　　北京陆港国际物流有限公司

83. 供应商组织选择分析（英文）

孙新宇　香港理工大学
吴志图　香港理工大学

84. 再谈商品采购中的预防腐败（英文）
翟玉强　洛阳理工学院

85. 基于低碳经济下低碳物流的思考（英文）
熊文杰　武汉商业服务学院商贸学院

86. 基于 PCA－DEA 方法的物流网络能力评价研究：中国的实证分析（英文）
蒋长兵　浙江工商大学信息学院
琚春华　浙江工商大学信息学院

87. 铅酸电池逆向供应链生命周期评价研究（英文）
王雅璨　北京交通大学经济管理学院
于　憬　北京交通大学经济管理学院

88. 多类顾客供应链中的两种补贴计划研究（英文）
汪小京　宁波现代物流规划研究院
丁　秦　宁波现代物流规划研究院
周昌林　宁波现代物流规划研究院
杭明生　宁波现代物流规划研究院
金曙光　宁波现代物流规划研究院

89. 佳怡集团信息技术发展战略研究（英文）
岳　丽　山东佳怡物流有限公司

90. 基于博弈论的零售商实施可追溯系统研究（英文）
魏金石　北京交通大学
兰洪杰　北京交通大学

91. 六西格玛在汽车物流一体化管理体系及流程改善中的应用
龙少良　北京吉利大学物流学院
龙科宇　远成集团
吴仲夏　北京吉利大学物流学院

优秀奖（188 篇）

1. 环京津、冀东、冀中南经济区物流产业布局与发展研究
杨　蕾　河北金融学院

2. 物流园区建设规模确定方法研究
潘静静　福建农林大学交通学院

3. 生物进化、种群生态学以及商业集群
尹德洪　北京物资学院经济学院
谢桂梅　北京物资学院经济学院

4. 广西物流能源消耗的影响关联度评价
乔鹏亮　钦州学院

5. 致力于物流业与制造业联动发展打造引领钢铁行业创新发展的商业流通模式
汪晓秀　　淮矿现代物流有限责任公司
6. 国民经济增长的物流固定资产投资支持研究
张　诚　　华东交通大学经济管理学院
于兆宇　　华东交通大学经济管理学院
7. 食品应急物流配送成本模型及算法研究
谢建光　　中南大学交通工程学院
谢如鹤　　广州大学商学院
8. 基于汽车产业集群的物流园区运营模式研究
田红英　　成都职业技术学院
黄远新　　西南交通大学
王玉霞　　重庆大江工业有限公司
9. 日本蔬菜价格稳定制度及其有效性分析—基于对我国的参考和借鉴
徐　涛　　日本中村学园大学
10. 物流对珠三角地区对外贸易作用的实证
周启良　　罗定职业技术学院经济管理系
湛柏明　　中南民族大学
11. 供销合作社参与加快发展农村现代物流的建议研究
曹宝亚　　安徽财贸职业学院
12. 独立学院物流管理专业教学模式探讨
许敬秋　　厦门大学嘉庚学院
13. 山东省“一圈一群一带”物流产业经济分析
耿　辛　　北京物资学院
姜　旭　　北京物资学院
14. 宁波港国际集装箱海铁联运发展战略定位
贺向阳　　宁波市现代物流规划研究院
汪月娥　　宁波市现代物流规划研究院
15. 中阿经贸合作视角下宁夏物流业发展的思考
杨巧红　　宁夏社会科学院
陈志新　　宁夏职业技术学院
16. 物流金融的主要模式与业务流程
李淑芳　　浙江商业职业技术学院
蒋长兵　　浙江工商大学信息学院
17. 基于适站量预测技术的物流工程管理创新研究
蔡南珊　　天津商务职业学院
18. 物流业发展对云浮经济增长影响的实证分析
潘意志　　广东省罗定职业技术学院
19. 江苏物流业与经济增长——基于误差修正模型的分析

刘翠萍　　江苏建筑职业技术学院

20. 模糊环境下含逆向物流单产品多周期定价研究

隋博文　　钦州学院

21. 海西区域物流发展影响因素分析

侯秀英　　福建农林大学

邱荣祖　　福建农林大学

刘娜翠　　福建农林大学

22. 物联网产业需求驱动发展模式研究

李仁良　　南昌大学经济管理学院

邹海荣　　南昌大学经济管理学院

23. 我国冷链物流的发展现状和财政支持政策研究

马妙明　　西安铁路职业技术学院

田　军　　西安铁路职业技术学院

冯耕中　　西安交通大学管理学院

24. 建设港口物流园区的对策建议

刘素婷　　唐山职业技术学院

25. 当前我国物流企业服务体系创新途径分析

况　漠　　广州大学商学院

缪兴锋　　广东轻工职业技术学院

26. 再生资源回收行为典型相关的实证研究

陈兰芳　　西南交通大学

吴　刚　　西南交通大学

张　燕　　西南交通大学

张仪彬　　西南交通大学

27. 汽车制造企业物流成本竞争力的综合评价研究

乐德林　　广州汽车集团乘用车公司

谢　琼　　广州汽车集团乘用车公司

宋　莹　　广州汽车集团乘用车公司

28. 基于 SERVQUAL 的物流园区服务质量评价研究

路欢欢　　上海市标准化研究院

晏绍庆　　上海市标准化研究院

康俊生　　上海市标准化研究院

29. 基于 PEST 分析的河北省农产品物流产业发展对策研究

张　博　　河北农业大学

杨　蕾　　河北金融学院

30. 物流监管业务的运作模式及风险控制——基于物流企业的视角

吕玉兰　　盐城工学院

31. 物流金融——中小企业融资的新途径

洪怡恬　　厦门理工学院

32. 物流企业电子商务风险的评估与控制

王晓光　　上海海事大学物流研究中心、上海金融学院物流管理系

郭湖滨　　上海海事大学物流研究中心、上海金融学院物流管理系

邹仲海　　上海海事大学物流研究中心、上海金融学院物流管理系

33. 基于涡旋机理的区域国际物流综合服务体系构建模式研究

王成林　　北京物资学院物流学院

蒲　锋　　北京物资学院物流学院

杨　丽　　北京物资学院物流学院

34. 谈科学发展观指导下的我国应急物流体系建设

李艳琴　　防灾科技学院

张立毅　　天津商业大学信息工程学院

郭纯生　　防灾科技学院

35. 基于 RFID 技术的物联网在现代物流领域的应用研究

丁天明　　江苏经贸职业技术学院

36. 基于灰色聚类的物流节点层次划分研究

常　娥　　北京物资学院

吕晓静　　北京物资学院

王静玉　　北京物资学院

37. 3PL 企业物流金融业务的风险管理研究

陈　彧　　天津滨海职业学院物流管理系

38. 发展宁夏清真物流业的思考

陈志新　　宁夏职业技术学院

姚蓓艳　　宁夏大学

39. 我国物流园区发展布局的规范化管理研究

马　娜　　上海市标准化研究院

40. 电子商务应用能力与企业绩效关系的实证研究

吴金南　　安徽工业大学

杨亚达　　安徽工业大学

41. Sierpinski 曲线算法在“农超对接”下 TSP 问题的应用分析

刘　欢　　云南财经大学商学院

李严锋　　云南财经大学商学院

42. 物流服务提供商选择的研究及应用

李可贤　　云南冶金昆明重工有限公司

43. 低碳视角下城乡双向商贸流通农业物流模式构建

罗兴武　　浙江经济职业技术学院

44. 无通道自动化立体仓库设计研究

鞠美晨　　大连海事大学

曾庆成　　大连海事大学

45. 工作过程导向的中职物流专业课程建设的实践与研究

胡旭东　　宁波市北仑职业高级中学

46. 知识资源共享中的物流企业价值创造能力提升

陈永平　　安徽财经大学工商管理学院

武佩剑　　安徽财经大学工商管理学院

47. 攀枝花建设现代化综合运输体系的构想

贺盛瑜　　成都信息工程学院

刘成华　　成都信息工程学院

黎　明　　成都信息工程学院

胡云涛　　成都信息工程学院

张治国　　成都信息工程学院

48. 高速公路经济带物流园区空间层次布局研究

唐丽敏　　大连海事大学

孙家庆　　大连海事大学

49. 制造业与物流业联动发展的实证分析

葛金田　　济南大学经济学院

刘利红　　济南大学经济学院

陈宁宁　　济南大学经济学院

50. 基于熵值法的家乐福食品供应商选择问题研究

康正惠　　上海金融学院

王　沁　　上海金融学院

沈　琨　　上海金融学院

王卿费　　上海金融学院

51. 基于长尾理论的中小物流企业发展路径探讨

平　海　　广东商学院

侯翠云　　广东商学院

52. 中国物流与阿米巴模式

冯曙明　　环东物流有限公司

53. 湖北省高职物流专业现状调查与思考

杨爱明　　湖北城市建设职业技术学院

54. 面向东盟的企业物流风险管理

马俊生　　昆明冶金高等专科学校

陈智刚　　昆明冶金高等专科学校

余晓红　　昆明冶金高等专科学校

55. 企业集团网络化物流模式的机制探讨

董　军　　北京交通大学

鞠颂东　　北京交通大学

黄树林　北京交通大学

56. 军事逆向物流网络的构建

姜玉宏　后勤工程学院

姜春志　后勤工程学院

王　丰　后勤工程学院

57. 物流园区网络协同运作背景下的物流企业动态合作分析

吴文征　北京交通大学

鞠颂东　北京交通大学

58. 基于重心法的农产品收购站选址问题研究

金　鑫　佳木斯大学经济管理学院

乔金友　东北农业大学工程学院

59. 物流公共信息平台研究综述

张志坚　华东交通大学

60. 淘宝网物流优化研究

张京敏　北京工商大学商学院

李星辰　北京工商大学商学院

61. 快速消费品业库存管理的风险分析及控制对策

缪华昌　苏州托普信息职业技术学院

62. 北京市药品批发企业物流能力分级研究

魏金石　北京交通大学

兰洪杰　北京交通大学

63. 中小物流企业核心竞争力现状及提升对策研究——以浙江省中小物流企业为例

宣玲玲　浙江交通职业技术学院

刘欲晓　浙江交通职业技术学院

孙秋高　浙江交通职业技术学院

64. 空铁联运混合轴辐式物流网络优化模型

周兴建　武汉纺织大学、湖北物流发展研究中心

李　泉　武汉纺织大学

程培阳　武汉纺织大学

65. 面向企业联盟的物流设施最小成本模型研究

汪洪波　中南林业科技大学物流学院

王忠伟　中南林业科技大学物流学院

66. 基于层次－灰色综合评价模型的物流园区建设次序研究

杨　扬　昆明理工大学交通工程学院物流工程系

浦　焘　昆明理工大学交通工程学院物流工程系

67. 基于物联网的军事物流信息平台建设

刘筱兰　军事经济学院

赵宇亮　军事经济学院

68. 区位选择、流通组织成本与生产服务性流通发展

赵　娴　　北京物资学院流通经济研究所

高鸿鹰　　北京物资学院流通经济研究所

69. 应急物资的两层运输调度模型

郑　璐　　重庆大学自动化学院

罗思惠　　重庆大学自动化学院

虞福江　　重庆大学自动化学院

竺蓉蓉　　重庆大学自动化学院

70. 生鲜农产品配送中心选址模型研究

肖建华　　南开大学现代物流研究中心

熊　欢　　南开大学现代物流研究中心

71. 物联网技术在装备物流领域的应用研究

王树礼　　装甲兵工程学院技术保障工程系

罗春萌　　中国人民解放军73137部队

倪明仿　　装甲兵工程学院技术保障工程系

李振举　　装甲兵工程学院技术保障工程系

72. 物流工程专业研究型教学体系建设探析

马　乐　　重庆大学自动化学院

李　楠　　重庆大学自动化学院

张莹莹　　重庆大学自动化学院

郑　璐　　重庆大学自动化学院

陈　玲　　重庆大学自动化学院

73. 基于EPC技术的SOA－BPM集成平台的医药应急物流应用研究

米志强　　湖南现代物流职业技术学院、湖南大学

王　东　　湖南大学

74. F物流公司仓储管理信息系统

胡　云　　广州风神物流有限公司

75. 中药材品种数量储存模型研究

杨启淑　　华南理工大学工商管理学院

曾敏刚　　华南理工大学工商管理学院

76. 基于Flexsim的配送中心仿真及优化研究

刘家财　　福建农林大学

77. 电子商务环境下城市快递业的运营与监控模式研究

段李杰　　湖北经济学院

初叶萍　　湖北经济学院

78. 湖南省物流公共信息平台的总体规划

邓子云　　湖南现代物流职业技术学院、湖南省物流公共信息平台有限公司

黄友森　　湖南现代物流职业技术学院、湖南省物流公共信息平台有限公司

杨晓峰　　湖南现代物流职业技术学院、湖南省物流公共信息平台有限公司

79. 通货膨胀环境下的库存管理模型研究

王旭亮　　华南理工大学工商管理学院

曾敏刚　　华南理工大学工商管理学院

80. 供应链整合视角下基于国际货物流发展的上海国际贸易中心建设研究

孙　浩　　上海海关学院

81. 大型水电开发工程供应链集成控制系统

刘振元　　华中科技大学系统工程研究所

王红卫　　华中科技大学系统工程研究所

王兆成　　二滩水电开发有限责任公司

钟卫华　　二滩水电开发有限责任公司

黄明辉　　中国长江三峡集团公司

82. 基于综合云模型的第三方物流企业评价

李　剑　　中国海洋大学

徐　潇　　中国海洋大学

83. 我国蔬菜产业链成本收益分析

张喜才　　北京商业管理干部学院

张屹南　　中国人民大学

张利庠　　中国人民大学

84. 供应链管理的内生风险评价及对策研究

谷再秋　　长春大学

朱庆伟　　日照职业技术学院

85. 基于物联网我国猪肉供应链构建的研究

孙宏岭　　河南工业大学

周　行　　河南工业大学

李金峰　　河南工业大学

86. 物流服务商选择中的模糊物元综合评价法

黄先军　　安庆师范学院

87. 供应链物流研究述评

杨浩军　　苏州经贸职业技术学院

88. 基于物流企业视角的仓单质押风险控制

潘福斌　　厦门理工学院管理科学系

欧　颖　　厦门远海集装箱码头有限公司

89. 基于 AHP 的物流外包客户满意度研究——以制造企业为例

丁　飞　　浙江工商大学信息学院

90. 基于 RFID 的供应链业务协作决策支持方法研究

陶　熠　　浙江树人大学

吴佑波　　浙江省先进制造技术重点实验室

91. 基于 AHP 与模糊综合评价法的供应链风险评估研究

刘伯超　常州机电职业技术学院

92. 基于供应链价值的网络设计决策模型

曹翠珍　山西财经大学

王俊新　山西财经大学应用数学学院

93. 基于 Nash 协商博弈的关联供应链合作行为研究

李海燕　重庆理工大学工商管理学院

宋　寒　重庆理工大学工商管理学院

饶　凯　比萨圣安娜大学

94. 离散需求情境下基于两阶段思想的分布式仓储研究

王宗格　浙江工商大学信息学院

鲍福光　浙江工商大学信息学院

95. 双向期权在供应链协调中的应用

赵映雪　对外经济贸易大学国际经贸学院

孟晓阁　对外经济贸易大学国际经贸学院

96. 高强度快递需求区域移动仓库选址模型

覃文文　昆明理工大学

戢晓峰　昆明理工大学

李剑仕　昆明理工大学

97. 基于改进 RFM 模型的 B2C 网站客户细分研究

徐翔斌　华东交通大学

王佳强　华东交通大学

涂　欢　华东交通大学

穆　明　华东交通大学

98. 供应链竞争中的企业跳链行为及规制研究

李朝敏　嘉兴职业技术学院

99. 粮食供应链整合研究——以常州粮食现代物流中心为例

吴志华　南京财经大学营销与物流管理学院

胡非凡　南京林业大学经济管理学院

100. 供应链绩效动态优化实证研究

李　弘　北京交通大学

于明华　内蒙古工业大学

李长青　内蒙古工业大学

101. 基于供应链融资的质物效益评价方法

王　爽　天津滨海职业学院

102. 猪肉供应链各主体间基于安全成本的动态进化博弈研究

林朝朋　厦门城市职业学院

许晓春　厦门城市职业学院

谢如鹤　　广州大学

103. 基于SOM的MRO物料采购决策模型

杜新建　　北京工商大学

张屹然　　北京工商大学

杨浩雄　　北京工商大学

何明珂　　北京工商大学

104. 精捷化通路—家电连锁企业物流配送体系的优化路径

刘玉奇　　北京物资学院

王超英　　北京索爱普天移动通讯有限公司

105. 基于合作预测的分销库存模型设计

侯佩宝　　山东佳怡物流有限公司

106. 基于模糊综合评价的供应链操作风险研究

王宝森　　北京物资学院

107. 现代工业物流企业竞争优势构建模式—价值链物流

张　琦　　北京物资学院经济学院

108. 基于供应链的物流企业营销管理创新研究

谢少安　　武汉纺织大学外经贸学院

109. 网购与物流的协同性调查报告

张　迪　　北京物资学院

110. 佳怡物流理论模型

刁吉玉　　山东佳怡物流有限公司

111. 风神汽车物流金融业务模式及风险控制体系研究

钟志勇　　广州风神物流有限公司

陈祥国　　上海交通大学中美物流研究院

康　佳　　广州风神物流有限公司

张钦红　　上海交通大学中美物流研究院

112. 物流能力对经济发展的贡献分析：以江苏为例

陈　超　　常州大学经济管理学院

江涛涛　　常州大学经济管理学院

蔡建飞　　常州大学经济管理学院

113. 自然灾害应急物流配送网络优化分析研究

徐　威　　西南交通大学

114. 基于博弈论的物流金融风险控制实证与分析

马　维　　云南财经大学商学院

夏　露　　云南财经大学商学院

115. 基于电子商务平台的网络回收运作模式研究

吴凤娟　　天津大学管理学院

高举红　　天津大学管理学院

116. 军事物流外包的影响因素研究

斯剑栋　　浙江工商大学信息学院

王斌达　　浙江工商大学信息学院

伍　蓓　　浙江工商大学信息学院

117. 基于作业成本法的制造企业物流成本核算分析

梁碧云　　广东工业大学管理学院

118. 基于 Petri 网的江西省物流业投入产出系统研究

冒小栋　　华东交通大学

王艳玲　　华东交通大学

张广胜　　华东交通大学

119. 湖北省物流产业对其经济增长影响研究

鲍　丽　　中南财经政法大学

刘仁军　　中南财经政法大学

120. 会展物流中文物的运输和保护浅析

白郁之　　北京城市学院

121. 甩挂运输牵线车与挂车最优配比研究

张磊磊　　大连海事大学

孙家庆　　大连海事大学

122. 采购商选择运用电子反向拍卖的影响因素分析

高　攀　　江苏科技大学

刘　欣　　江苏科技大学

陈　曲　　江苏科技大学

123. 条码技术在 XF 公司物流中应用的调查分析

张凯巍　　北京城市学院

马德龙　　北京城市学院

高　玥　　北京城市学院

杜文龙　　北京城市学院

124. 香港航运物流规划研究

黄思弈　　北京城市学院

杜文龙　　北京城市学院

125. 基于层次分析法——熵技术的应急物流网络方案综合评价模型（英文）

王　娟　　河海大学

王　伟　　河海大学

封学军　　河海大学

126. 实现卓越的供应链管理协调性（英文）

张世龙　　中国海洋大学

127. 蔬菜市场网络体系的变化及其对农户收入的影响研究：孟加拉国 Bogra 地区实证（英文）

万国伟　浙江树人大学管理学院
李笑盈　浙江树人大学现代服务业学院
Munsur Rahman Mohammad　孟加拉国农村发展研究所
安部淳　日本岐阜大学

128. 金融危机对物流上市公司信用风险的影响：基于 KMV 模型的中英比较研究（英文）
张圣忠　长安大学经济与管理学院
李　倩　长安大学经济与管理学院

129. 基于主从监管博奕的食品供应链突发事件防范研究（英文）
肖开红　长安大学经济与管理学院

130. 美国运输政策变迁的制度经济学分析（英文）
王晓芳　北京物资学院
欧国立　北京交通大学经管学院

131. 基于风险和时变参数及融资需求下的报童模型均衡分析（英文）
关铨光　华南理工大学
祁　明　华南理工大学经济与贸易学院

132. 中国物流业发展的因素分析及对策研究（英文）
李　虹　沈阳工程学院

133. 国民经济与物流需求系数的相关分析（英文）
李严锋　云南财经大学商学院
李彦辉　云南财经大学商学院
范崇磊　云南财经大学商学院

134. 家电下乡中物流中心选址研究：以辽宁省为例（英文）
金玉然　辽宁科技大学
沈烈志　辽宁科技大学

135. 基于精益物流的制造企业生产物流系统优化研究（英文）
王晓艳　合肥学院

136. 河北物流业与三次产业联动发展研究（英文）
郑红玲　唐山师范学院

137. 基于粗糙集的废旧军用航空器材回收处理中心选址研究
王　科　后勤工程学院
姜大立　后勤工程学院现代物流研究所

138. 电子商务物流的包裹集中交付点研究（英文）
徐俊杰　安庆师范学院
洪　亮　安庆师范学院
李亦亮　安庆师范学院

139. 风险厌恶情形下的渠道协商分析（英文）
马利军　深圳大学管理学院管理科学系
刘芳梅　深圳大学管理学院管理科学系

李四杰　　东南大学物流研究所
严厚民　　香港城市大学管理科学系

140. 低碳化道路货运网络构建研究：基于山东省的实证（英文）
李红启　　北京航空航天大学交通学院
高洪涛　　山东省交通运输厅

141. 联合补货可订货策略的新型聚类算法（英文）
赵培忻　　山东大学
张存铨　　美国西弗吉尼亚大学
张　欣　　山东电子职业技术学院

142. 基于半参数线性回归的港口月度空箱吞量预测（英文）
孙　浩　　上海海关学院

143. 基于时间序列法杭州都市经济圈物流需求预测及布局（英文）
钱　言　　杭州师范大学钱江学院
沈玉燕　　杭州师范大学钱江学院

144. 基于区间直觉模糊关系的供应商选择方法研究（英文）
张仕军　　浙江工业职业技术学院

145. 基于异质网络博弈形成模型的物流网络管理策略分析（英文）
卞文良　　北京交通大学经济管理学院
李　静　　北京交通大学经济管理学院

146. 城市脆弱性与突发公共事件应急物流系统研究（英文）
张　念　　河南工业大学

147. 基于 IL – WGA 的农产品供应链合作伙伴选择问题研究（英文）
陆　杉　　湖南商学院
黄福华　　湖南商学院

148. 四级梯度的煤炭物流网络及选址研究（英文）
兰洪杰　　北京交通大学
胡　洁　　北京交通大学

149. RFID 技术在农产品物流追溯系统的应用研究（英文）
朱雨薇　　华东交通大学
张婷婷　　华东交通大学
甘卫华　　华东交通大学

150. 一个食品应急保障机制的风险评价模型（英文）
黄向荣　　广州大学

151. 电子商务环境下 fuzzy – ahp 方法在物流能力评价中的应用（英文）
杨　蕾　　河北金融学院
张义珍　　河北农业大学

152. 基于物联网的智能物流技术应用分析（英文）
董兴林　　山东科技大学

马　媛　山东科技大学

153. 基于遗传算法的水上石油物流中心选址模型及布局优化（英文）

初良勇　集美大学现代物流研究中心

王鸿鹏　集美大学现代物流研究中心

康文庆　集美大学现代物流研究中心

周建频　集美大学现代物流研究中心

154. 破解网购配送难题：应举物流产业和社会之力

刘建新　中国外运长航集团有限公司发展研究部

155. 构建林产品现代物流体系对策研究

王永富　广西生态工程职业技术学院

156. 我国应急物资储备体制机制现状、发展及启示

王海兰　军事交通学院军事物流系

彭富兵　军事交通学院军事物流系

陶新良　军事交通学院军事物流系

157. 应急物流与在途物资征用研究

王国志　江苏检验检疫局

158. 湖南中小化工企业物流创新发展分析

刘长军　湖南化工职业技术学院

肖　军　湖南工业大学

159. 空驶现象分析及物流解决方案

桑　茹　山西职业技术学院物流管理系

160. 巴西淡水河谷物流管理模式及借鉴

刘长俭　交通运输部规划研究院

161. 物流企业网络化成长路径研究

王　来　中铁快运股份有限公司

王继彪　中铁快运股份有限公司

162. 谈谈供销合作社农产品批发市场的十大问题——兼谈农产品物流和农产品供应链建设问题

吴　震　中华合作时报社

郭未名　中华合作时报社

曲丽赢　中华合作时报社

163. 关于“建港兴市开发内陆”的方法讨论

席　平　西安欧亚学院国际陆港研究所所长

164. 北京药品配送系统现存问题与对策分析

郎德琴　北京一轻高级技术学系

姚秉学　北联通州干休所

165. 供应链网络级联失效风险控制研究

郭　科　成都理工大学管理科学学院

洪定军　　成都理工大学管理科学学院

166. 供应链运作可视化技术研究

黄　伉　　中铁隧道股份有限公司

167. 中美快递产业对比分析研究

徐　勇　　快递咨询网

168. 我国电子商务物流服务业发展及“十二五”展望

孙开钊　　中国社会科学院财政与贸易经济研究所

169. 物流管理高职专业如何构建实践性教学体系

张广敬　　徐州经贸高等职业学校

170. 面向服务架构在供应链全球一体化进程中的应用研究

于　鑫　　北京联合大学

谢　楠　　北京联合大学

李　平　　北京联合大学

赵丽华　　北京联合大学

171. 以第四方物流推动长三角物流一体化的思索

梁春梅　　浙江工商职业技术学院

172. 如何提高港口现代物流的装卸效率

孙斋温　　烟台港客运总公司

173. 建立高栏港保税物流园区的重要性研究

张　滨　　吉林大学珠海学院

174. 江苏物流业与经济增长——基于误差修正模型的分析

刘翠萍　　江苏建筑职业技术学院

175. 从跨组织成本管理视角探讨我国物流成本管理的策略

邓金娥　　广东水利电力职业技术学院

176. 发展现代物流促进运输组织与服务的变革

谢雨蓉　　国家发展改革委综合运输研究所

樊一江　　国家发展改革委综合运输研究所

177. 零部件物流系统各子网络关联整合与研究

陈琦峰　　安吉汽车物流有限公司

178. 基于PCA的新疆区域物流发展水平综合评价

王春豪　　石河子大学商学院

179. 基于“五级三层”ERP实训平台的高校物流管理专业人才信息化素养培养体系研究

余真翰　　成都东软学院

180. 大中型水电工程建设业主统供物资供应商管理策略

李　科　　长江三峡设备物资有限公司

彭　强　　长江三峡设备物资有限公司

181. 物流产业应用物联网技术案例与变革方向

左　斌　浙江物产集团流通产业研究中心
姚　瑶　浙江工商大学

182. 北京市冷链物流人才现状分析
葛晓雯　北京物资学院

183. 基于 DEA 和灰色关联的物流企业绩效分析
包耀东　紫琅职业技术学院
张悟移　昆明理工大学

184. 绿色包装对低碳物流的影响探讨
李正军　湖南工业大学包装物流工程研究所

185. 《物流管理概论》课程的教学改革尝试
林　婕　上海思博职业技术学院

186. 仓储管理系统在成都大西南铁路储运有限公司的应用
胥清辉　成都大西南铁路储运有限公司
唐廷元　成都大西南铁路储运有限公司
袁　梁　成都大西南铁路储运有限公司

187. 物流管理专业建设的研究与实践
郑志军　深圳技师学院

188. 新疆产业聚集区物流支撑体系发展对策研究
易正兰　新疆财经大学工商管理学院

2011 年物流文献检索

上海海事大学物流情报研究所《物流文摘》提供

一、现代物流

【序号】20101086
【题名】我国中小型港口物流发展现状及对策——以浙江省宁波舟山港为例
【作者】周欲晓
【机构】舟山市港航管理局
【刊名】中国水运（下半月刊）.2010（09）
【分类号】F552

【序号】20101087
【题名】模糊综合评判在现代物流中的应用
【作者】李思
【机构】河北大学
【刊名】商业文化（学术版）.2010（08）
【分类号】F253.9

【序号】20101088
【题名】德国现代物流业整体优化趋势及给我国的启示
【作者】庞凌
【机构】辽宁装备制造职业技术学院
【刊名】现代经济信息.2010（16）
【分类号】F259.2

【序号】20101089
【题名】浅议发展绿色物流的措施和战略价值
【作者】陈萌苗
【机构】西安铁路职业技术学院交通运输系
【刊名】硅谷.2010（16）
【分类号】F250

【序号】20101090
【题名】日本物流探求的六个适用性
【作者】中田信哉
【机构】神奈川大学
【刊名】中国流通经济.2010（08）
【分类号】F259.313

【序号】20101091
【题名】我国港口竞争力提升的途径
【作者】赵海虹
【机构】上海海事大学
【刊名】合作经济与科技.2010（16）
【分类号】F552

【序号】20101092
【题名】经济地理学视角下的物流活动研究进展及启示

【作者】宗会明
【机构】西南大学地理科学学院
【刊名】地理科学进展 . 2010（08）
【分类号】F252

【序号】20101093
【题名】提升运输效率改善物流绩效的对策研究
【作者】方轮
【机构】广东工程职业技术学院
【刊名】交通运输系统工程与信息 . 2010（04）
【分类号】F252

【序号】20101094
【题名】城市化进程中的物流业发展策略研究
【作者】许忠荣
【机构】宿迁学院经济贸易系
【刊名】中国城市经济 . 2010（08）
【分类号】F299. 24

【序号】20101095
【题名】新经济地理学视角下我国物流行业发展研究
【作者】范华锋
【机构】中央财经大学经济学院
【刊名】中国城市经济 . 2010（08）
【分类号】F259. 27

【序号】20101096
【题名】浅议甘肃物流发展特点及对策
【作者】贺亚春
【机构】兰州资源环境职业技术学院
【刊名】甘肃科技纵横 . 2010（04）
【分类号】F259. 27

【序号】20101097
【题名】关于加快铁路物流业发展的思考
【作者】高蒙亮
【机构】北京交通大学经济管理学院
【刊名】铁道货运 . 2010（08）
【分类号】F532

【序号】20101098
【题名】中国农产品物流的现状、问题及对策
【作者】宿长海
【机构】大连理工大学经济系
【刊名】商业经济 . 2010（15）
【分类号】F326. 6

【序号】20101099
【题名】物联网在烟草商业物流的应用研究
【作者】徐亚鹏
【机构】中国海洋大学经济学院
【刊名】中国信息界 . 2010（08）
【分类号】F252

【序号】20101100
【题名】物流学科与物流业的发展变迁
【作者】王耀球
【刊名】综合运输 . 2010（08）
【分类号】F250

【序号】20101101
【题名】现代物流运输技术的发展方向
【作者】杨凌爱
【机构】山东大学威海分校商学院
【刊名】网络财富 . 2010（15）
【分类号】F259. 2

【序号】20101102
【题名】基于 Agent 的虚拟物流信息平台结构研究

【作者】姜大立
【机构】后勤工程学院现代物流研究所
【刊名】中国储运．2010（08）
【分类号】F253.9

【序号】20101103
【题名】高素质应用型物流管理人才培养模式研究
【作者】袁晓梅
【机构】延安大学西安创新学院
【刊名】知识经济．2010（16）
【分类号】F252－4

【序号】20101104
【题名】浅析我国电子商务与现代物流的协同发展
【作者】闵辉
【机构】华东交通大学
【刊名】知识经济．2010（16）
【分类号】F259.2

【序号】20101105
【题名】在物流专业教学中渗透可持续发展教育
【作者】徐凌洁
【机构】泰州职业技术学院管理工程系
【刊名】科教文汇（下旬刊）．2010（07）
【分类号】F250－4

【序号】20101106
【题名】大力发展现代物流信息平台
【作者】王涛
【机构】河北金融学院
【刊名】河南科技．2010（14）
【分类号】F253.9

【序号】20101107
【题名】基于网格技术的综合物流资源服务平台研究
【作者】周志英
【机构】浙江万里学院
【刊名】工业技术经济．2010（07）
【分类号】F252

【序号】20101108
【题名】低碳经济下的现代物流何去何从
【作者】王建
【机构】中国铁路物资哈尔滨物流中心
【刊名】铁路采购与物流．2010（07）
【分类号】F259.2

【序号】20101109
【题名】物流中心的设置与比较分析
【作者】杨晓东
【机构】中交集团隧道工程局通丹高速公路指挥部物资部
【刊名】铁路采购与物流．2010（07）
【分类号】F250

【序号】20101110
【题名】关于加快新疆铁路物流发展的思考
【作者】李全民
【机构】乌鲁木齐铁路局物资供应段
【刊名】铁路采购与物流．2010（07）
【分类号】F259.2

【序号】20101111
【题名】中国物流法立法问题的分析
【作者】王鹏
【机构】江苏省国资委
【刊名】市场周刊（理论研究）．2010（07）
【分类号】F259.2

【序号】20101112
【题名】发展中国物流业探析

【作者】康红兵
【机构】南京交通产业有限责任公司
【刊名】市场周刊（理论研究）. 2010（07）
【分类号】F259. 2

【序号】20101113
【题名】浅析我国物流企业人力资源管理存在问题及其对策
【作者】耿炳莉
【机构】青岛飞洋职业技术学院
【刊名】中国商界（下半月）. 2010（07）
【分类号】F259. 2

【序号】20101114
【题名】日本物流产业的发展经验对天津的启示
【作者】连会新
【机构】天津社会科学院日本研究所
【刊名】天津经济. 2010（07）
【分类号】F259. 2

【序号】20101115
【题名】以循环经济为基础的现代绿色物流发展探析
【作者】石兆
【机构】长沙商贸旅游职业技术学院
【刊名】山西科技. 2010（04）
【分类号】F250

【序号】20101116
【题名】我国现代物流人力资源开发研究综述
【作者】陈长瑶
【机构】云南师范大学历史与行政学院
【刊名】资源开发与市场. 2010（07）
【分类号】F259. 2

【序号】20101117
【题名】铁路干线货运站向物流节点的转化分析
【作者】王云
【机构】贵州大学职业技术学院
【刊名】价值工程. 2010（20）
【分类号】F252

【序号】20101118
【题名】物流金融的业务模式剖析
【作者】刘坤
【机构】西南财经大学经济数学学院
【刊名】中国商贸. 2010（14）
【分类号】F252

【序号】20101119
【题名】国内外物流业发展现状及对策
【作者】王萍
【机构】长江大学管理学院
【刊名】中国商贸. 2010（14）
【分类号】F259. 1

【序号】20101120
【题名】政府在现代物流发展中的作用研究
【作者】张秀霞
【机构】石家庄职业技术学院管理系
【刊名】中国商贸. 2010（14）
【分类号】F259. 2

【序号】20101121
【题名】曹妃甸港口物流发展策略
【作者】于颖
【机构】河北秦皇岛职业技术学院
【刊名】中国商贸. 2010（14）
【分类号】F259. 27

【序号】20101122
【题名】青海省商贸流通业现状及发展思路
【作者】房玉双

【机构】青海大学农牧学院
【刊名】中国商贸.2010（14）
【分类号】F752.8

【序号】20101123
【题名】电子商务条件下现代物流业发展困境与出路
【作者】黄凯
【机构】西安铁路职业技术学院计划财务处
【刊名】中国商贸.2010（17）
【分类号】F259.2

【序号】20101124
【题名】现代物流信息技术发展趋势
【作者】王晓霞
【机构】江西蓝天学院
【刊名】合作经济与科技.2010（22）
【分类号】F253.9

【序号】20101125
【题名】对构建我军现代军事物流体制的思考
【作者】海军
【机构】军事交通学院军事交通系
【刊名】军事交通学院学报.2010（06）
【分类号】E23

【序号】20101126
【题名】基于低碳经济的塘沽区现代物流业发展探析
【作者】陈怀录
【机构】兰州大学城市规划设计研究院
【刊名】西北师范大学学报（自然科学版）.2010（06）
【分类号】F259.27

【序号】20101127
【题名】现代物流管理的观念及流程
【作者】牛旺林
【机构】山西汾西工程建设有限责任公司
【刊名】中国市场.2010（45）
【分类号】F252

【序号】20101128
【题名】现代物流业在产业集群区的发展模式研究
【作者】郁雷
【机构】江苏省靖江市委党校
【刊名】中国市场.2010（45）
【分类号】F253

【序号】20101129
【题名】现代物流如何推动我国B2C电子商务的发展
【作者】王晓雪
【机构】中州大学
【刊名】商业时代.2010（30）
【分类号】F724.6

【序号】20101130
【题名】浅谈现代物流园区的规划与布局
【作者】贾斐
【机构】绥滨县城乡建设规划管理处
【刊名】价值工程.2010（30）
【分类号】F259.2

【序号】20101131
【题名】郑州现代物流业发展现状及对策研究
【作者】董学历
【机构】郑州经贸职业学院
【刊名】商业文化（学术版）.2010（10）
【分类号】F259.27

【序号】20101132

【题名】电子商务下的现代物流发展策略
【作者】方秦盛
【机构】无锡科技职业学院
【刊名】中国商贸 . 2010（20）
【分类号】F724. 6

【序号】20101133
【题名】西安发展现代物流业 SWOT 分析与对策研究
【作者】宋丽华
【机构】长安大学经济与管理学院
【刊名】物流工程与管理 . 2010（10）
【分类号】F259. 27

【序号】20101134
【题名】产业转移视角下安徽物流网络空间系统构建的研究
【作者】邓琪
【机构】宿州学院经济管理学院
【刊名】物流工程与管理 . 2010（10）
【分类号】F259. 27

【序号】20101135
【题名】陕北煤炭企业现代物流管理体系的构建
【作者】刘丁诚
【机构】西安外事学院经济管理学院
【刊名】物流工程与管理 . 2010（10）
【分类号】F252

【序号】20101136
【题名】电子商务与现代物流融合发展浅谈
【作者】南灵燕
【机构】长庆油田分公司物资供应处商检所
【刊名】物流工程与管理 . 2010（10）
【分类号】F252

【序号】20101137
【题名】铁路货运发展现代物流的分析与对策
【作者】赵欣欣
【机构】西南交通大学交通运输学院
【刊名】中国西部科技 . 2010（29）
【分类号】F532

【序号】20101138
【题名】试论案例教学法在现代物流教学中的应用
【作者】刘运芹
【刊名】黑龙江科技信息 . 2010（29）
【分类号】F25 -4

【序号】20101139
【题名】聊城市现代物流的营销战略分析
【作者】袁大红
【机构】聊城职业技术学院
【刊名】中国商贸 . 2010（19）
【分类号】F259. 2

【序号】20101140
【题名】案例教学法在现代物流教学中的应用
【作者】刘运芹
【机构】江西蓝天学院
【刊名】物流科技 . 2010（10）
【分类号】F250 -4

【序号】20101141
【题名】现代物流系统规划在乘用车钢制车轮企业中的应用
【作者】童恬
【机构】上海宝钢车轮有限公司设备工程部
【刊名】物流科技 . 2010（10）
【分类号】F426. 471

【序号】20101142

【题名】连云港徐圩新区发展现代钢铁物流的策略研究
【作者】秦海波
【机构】淮海工学院商学院
【刊名】物流科技.2010（10）
【分类号】F426.31

【序号】20101143
【题名】乌海地区铁路发展现代物流的思考
【作者】纪俊梅
【机构】呼和浩特铁路局货运处
【刊名】铁道货运.2010（10）
【分类号】F259.27

【序号】20101144
【题名】现代物流投融资模式发展分析
【作者】王洪国
【机构】武汉理工大学华夏学院
【刊名】中小企业管理与科技(上旬刊).2010（10）
【分类号】F250

【序号】20101145
【题名】现代农村物流发展的现状与前景
【作者】韩露
【机构】沁县道路运输管理所
【刊名】中小企业管理与科技（上旬刊).2010（10）
【分类号】F326.6

【序号】20101146
【题名】铁路运输企业发展现代物流的探讨
【作者】刘彤
【机构】哈尔滨铁路局佳木斯车务段
【刊名】哈尔滨铁道科技.2010（03）
【分类号】F532

【序号】20101147
【题名】现代物流管理专业实践教学体系改革的思考
【作者】王在勤
【机构】江苏省盐城技师学院
【刊名】价值工程.2010（27）
【分类号】F250－4

【序号】20101148
【题名】浅谈现代物流管理对企业发展的影响
【作者】陈艳
【机构】绵阳职业技术学院
【刊名】才智.2010（27）
【分类号】F272

【序号】20101149
【题名】电子商务时代现代物流发展对策
【作者】王在勤
【机构】江苏省盐城技师学院
【刊名】中小企业管理与科技(下旬刊).2010（09）
【分类号】F259.2

【序号】20101150
【题名】电子商务与物流配送的协同发展——探讨新经济与现代物流的关系
【作者】张琪
【机构】山东省工会管理干部学院
【刊名】工会论坛（山东省工会管理干部学院学报).2010（05）
【分类号】F724.6

【序号】20101151
【题名】基于全球化背景的云南省现代物流业发展思考
【作者】陈长瑶

【机构】云南师范大学历史与行政学院
【刊名】资源开发与市场 . 2010（09）
【分类号】F259. 27

【序号】20101152
【题名】从不同方物流形式出现看现代物流企业建设
【作者】王斌
【机构】燕山大学秦皇岛职业技术学院
【刊名】江苏商论 . 2010（09）
【分类号】F253

【序号】20101153
【题名】现代物流人才就业市场和培养对策分析
【作者】孙宏岭
【机构】河南工业大学经济贸易学院
【刊名】河南工业大学学报（社会科学版）. 2010（03）
【分类号】F249. 2

【序号】20101154
【题名】广西沿海铁路发展现代物流的对策研究
【作者】王倬威
【机构】广西沿海铁路公司
【刊名】市场论坛 . 2010（09）
【分类号】F532

【序号】20101155
【题名】现代海运物流发展的对策及技术研究
【作者】吴铁锋
【机构】北京交通大学交通运输学院
【刊名】中国水运（下半月刊）. 2010（09）
【分类号】F552

【序号】20101156
【题名】铁路小件货物运输与现代物流的发展
【作者】苏顺虎
【机构】铁道部运输局
【刊名】铁道运输与经济 . 2010（09）
【分类号】F259. 23

【序号】20101157
【题名】济宁市任城区现代物流业发展研究初探
【作者】李海明
【机构】西华师范大学教育学院
【刊名】中国科技信息 . 2010（19）
【分类号】F259. 27

【序号】20101158
【题名】现代物流对瓦楞纸箱运输包装的要求
【作者】张琴
【机构】南京工程学院
【刊名】印刷技术 . 2010（10）
【分类号】F426. 8

【序号】20101159
【题名】论电子商务与现代物流的关系及发展趋势
【作者】蒋云
【机构】广西南宁高级技工学校
【刊名】广西轻工业 . 2010（09）
【分类号】F713. 36

【序号】20101160
【题名】盐城现代物流园区成长的障碍及其超越
【作者】左元斌
【机构】盐城工学院经济与管理学院
【刊名】物流工程与管理 . 2010（09）
【分类号】F259. 2

【序号】20101161
【题名】河南省现代物流类专业人才培养模式探析
【作者】孙红霞
【机构】河南工业大学经贸学院
【刊名】粮食科技与经济. 2010（05）
【分类号】F259. 27

【序号】20101162
【题名】铁路物资企业发展现代物流的探讨
【作者】刘玉彬
【机构】太原物资供应段大同配送站
【刊名】科技情报开发与经济. 2010（26）
【分类号】F252

【序号】20101163
【题名】加快发展现代物流业是广西沿海产业经济做大做强的关键
【作者】欧文权
【机构】广西东方外语职业学院
【刊名】大众科技. 2010（09）
【分类号】F259. 2

【序号】20101164
【题名】中国现代物流业与国民经济联系研究
【作者】韩嵩
【机构】北京物资学院信息学院
【刊名】统计与决策. 2010（17）
【分类号】F259. 2

【序号】20101165
【题名】物联网现代物流与供应链管理的新工具
【作者】刘小泾
【机构】武汉理工大学土木工程与建筑学院
【刊名】商业时代. 2010（25）
【分类号】F49

【序号】20101166
【题名】论重庆秀山（武陵）现代物流园区科学发展
【作者】曹冬梅
【机构】重庆市秀山县委党校
【刊名】物流科技. 2010（09）
【分类号】F259. 27

【序号】20101167
【题名】全面预算管理加强现代物流内部控制
【作者】谢芝兰
【机构】云南空港物流有限公司
【刊名】现代经济信息. 2010（17）
【分类号】F253. 7

【序号】20101168
【题名】卷烟工业企业现代物流建设探讨
【作者】荆志瑞
【机构】江苏中烟工业有限责任公司
【刊名】价值工程. 2010（25）
【分类号】F426. 8

【序号】20101169
【题名】基于循环经济的新农村现代物流模式研究
【作者】上官绪明
【机构】信阳师范学院经济与管理学院
【刊名】生态经济. 2010（09）
【分类号】F326. 6

【序号】20101170
【题名】基于多维空间的现代区域物流协同要素分析——暨现代企业物流系统合理化途径分析

【作者】黎娟
【机构】四川天一学院
【刊名】商业时代 . 2010（24）
【分类号】F253

【序号】20101171
【题名】轴—辐式现代物流网络构建及实证分析
【作者】丁伟
【机构】中南大学商学院
【刊名】中国软科学 . 2010（08）
【分类号】F259. 2

【序号】20111001
【题名】浙江现代物流业与经济增长的互动关系研究
【作者】李绩才
【机构】浙江师范大学行知学院
【刊名】华东经济管理 . 2011（03）
【分类号】F224

【序号】20111002
【题名】现代物流系统综合评价方法研究
【作者】任晔
【机构】郑州电力高等专科学校
【刊名】物流科技 . 2011（02）
【分类号】F252

【序号】20111003
【题名】基于 SaaS 模式的现代物流管理系统的设计
【作者】黄日胜
【机构】河源职业技术学院
【刊名】计算机与数字工程 . 2011（01）
【分类号】F253. 9

【序号】20111004
【题名】基于核心竞争力的我国现代物流企业发展模型探讨
【作者】王柳根
【机构】浙江大学紫金港校区管理学院
【刊名】现代商业 . 2011（02）
【分类号】F259. 23

【序号】20111005
【题名】区域差异视角下现代物流业与制造业效率的关系研究——基于中国 2003—2007 年省级面板数据的计量分析
【作者】杨杰
【机构】安徽财经大学商学院
【刊名】广西经济管理干部学院学报 . 2011（01）
【分类号】F259. 2

【序号】20111006
【题名】现代物流活动中的非绿色因素对环境的影响
【作者】李钦华
【机构】湖北三峡职业技术学院
【刊名】企业导报 . 2011（01）
【分类号】X322

【序号】20111007
【题名】浅谈现代物流企业及其发展方向
【作者】林猛
【机构】大冶有色物流有限公司
【刊名】物流工程与管理 . 2011（01）
【分类号】F259. 23

【序号】20111008
【题名】关于传统物流企业向现代物流业转型的探讨
【作者】钮立新
【机构】南京铁道职业技术学院
【刊名】中国商贸 . 2011（02）

【分类号】F259.23

【序号】20111009
【题名】电子商务与现代物流的发展
【作者】童夏敏
【机构】河北建材职业技术学院
【刊名】中国商贸.2011（02）
【分类号】F724.6

【序号】20111010
【题名】合肥市现代物流业SWOT分析
【作者】徐志群
【机构】安徽国际商务职业学院
【刊名】物流科技.2011（01）
【分类号】F259.27

【序号】20111011
【题名】浅谈唐山市道路运输业向现代物流的发展
【作者】朱嘉
【机构】唐山市交通运输管理处
【刊名】商场现代化.2011（02）
【分类号】F542

【序号】20111012
【题名】加快环三都澳区域现代物流业发展的若干思考
【作者】游国斌
【机构】宁德师范学院经济管理系
【刊名】商业经济.2011（01）
【分类号】F259.2

【序号】20111013
【题名】海峡西岸环三都澳区域现代物流业发展优劣势分析
【作者】游国斌
【机构】宁德师范学院
【刊名】当代经济.2011（01）

【分类号】F259.2

【序号】20111014
【题名】天津港陆运交易平台在现代物流中的作用
【作者】黄昆
【机构】天津港国际物流发展有限公司
【刊名】天津科技.2010（06）
【分类号】F259.2

【序号】20111015
【题名】电子商务与现代物流的协同发展
【作者】李颖
【机构】天津轻工职业技术学院
【刊名】科技信息.2010（36）
【分类号】F724.6

【序号】20111016
【题名】现代物流中心服务支撑体系的内涵、重要性及构建途径
【作者】郑浩昊
【机构】三峡大学经济与管理学院
【刊名】当代经济.2010（24）
【分类号】F259.2

【序号】20111017
【题名】我国现代物流服务发展对策研究
【作者】朱敏
【机构】北京工商大学商学院
【刊名】东方企业文化.2010（18）
【分类号】F259.2

【序号】20111018
【题名】贵阳现代物流业的发展对贵州经济社会发展的影响分析
【作者】刘玲玲
【机构】贵州商业高等专科学校
【刊名】贵州商业高等专科学校学报.2010

（04）
【分类号】F259. 27

【序号】20111019
【题名】淮安现代物流业发展现状及战略研究
【作者】万玉龙
【机构】淮安信息职业技术学院
【刊名】淮北职业技术学院学报. 2010（06）
【分类号】F259. 27

【序号】20111020
【题名】西藏现代物流产业与区域经济增长的互动关系研究
【作者】辛馨
【机构】西藏大学经济与管理学院
【刊名】西藏大学学报（社会科学版）. 2010（04）
【分类号】F259. 27

【序号】20111021
【题名】论现代物流包装的作用及推动其发展的因素
【作者】金国斌
【机构】浙江科技学院轻工学院
【刊名】浙江科技学院学报. 2010（06）
【分类号】TB48

【序号】20111022
【题名】甘肃地区现代物流发展的问题和对策研究
【作者】王婧婷
【机构】甘肃兰州交通大学
【刊名】物流工程与管理. 2010（12）
【分类号】F259. 27

【序号】20111023
【题名】上海产业经济与现代物流的联动分析
【作者】田野
【机构】同济大学交通运输工程学院
【刊名】物流工程与管理. 2010（12）
【分类号】F252

【序号】20111024
【题名】包头西站发展现代物流的探讨
【作者】田大春
【机构】呼和浩特铁路局包头西站
【刊名】铁道运输与经济. 2010（12）
【分类号】F532. 6

【序号】20111025
【题名】后危机时期武汉城市圈现代物流业发展研究
【作者】范学谦
【机构】武汉纺织大学外经贸学院
【刊名】中国市场. 2010（49）
【分类号】F259. 2

【序号】20111026
【题名】现代物流管理的观念及流程
【作者】牛旺林
【机构】山西汾西工程建设有限责任公司
【刊名】商场现代化. 2010（35）
【分类号】F259. 2

【序号】20111027
【题名】现代物流案例分析教学法的探讨
【作者】樊伽利
【机构】衡阳技师学院
【刊名】中国商界（上半月）. 2010（12）
【分类号】F252 - 4

【序号】20111028
【题名】基于现代物流视角的二元经济结构弱化研究

【作者】罗爱学
【机构】柳州师范高等专科学校公共管理系
【刊名】经济研究导刊 . 2010（34）
【分类号】F123

【序号】20111029
【题名】临沂现代物流产业发展现状及对策
【作者】陈淑龙
【机构】北京物资学院
【刊名】商场现代化 . 2010（34）
【分类号】F259. 2

【序号】20111030
【题名】高职院校现代物流仿真实训室体系的构建
【作者】周宁武
【机构】湖州职业技术学院
【刊名】知识经济 . 2010（24）
【分类号】F252 - 4

【序号】20111031
【题名】岳阳现代物流发展的障碍及对策分析
【作者】陶婷
【机构】岳阳职业技术学院商贸物流系
【刊名】岳阳职业技术学院学报 . 2010（06）
【分类号】F259. 27

【序号】20111032
【题名】推进现代物流业发展的思考——以安徽省阜阳市为例
【作者】李金龙
【机构】中共安徽省阜阳市委党校
【刊名】经济研究导刊 . 2010（33）
【分类号】F259. 27

【序号】20111033
【题名】电子商务与现代物流业的发展
【作者】卢斌
【机构】江西环境工程职业学院
【刊名】科技信息 . 2010（33）
【分类号】F724. 6

【序号】20111034
【题名】现代物流服务体系研究
【作者】贺登才
【机构】中国物流与采购联合会
【刊名】中国流通经济 . 2010（11）
【分类号】F259. 2

【序号】20111035
【题名】现代物流企业客户关系管理浅论
【作者】王春阳
【机构】河南省电子科技学校
【刊名】中国商贸 . 2010（26）
【分类号】F253

【序号】20111036
【题名】现代物流企业服务营销中的策略研究
【作者】梁晶
【机构】大连海事大学
【刊名】中国商贸 . 2010（26）
【分类号】F274

【序号】20111037
【题名】浅析现代物流企业财务管理
【作者】谢小琴
【机构】四川大学
【刊名】中国商贸 . 2010（26）
【分类号】F253. 7

【序号】20111038

【题名】知识管理在现代物流企业中的应用探析
【作者】冯腾飞
【机构】冀中能源股份有限公司供应公司
【刊名】经营管理者 . 2010（22）
【分类号】F253

【序号】20111039
【题名】浙江现代物流发展策略研究
【作者】应伟
【机构】浙江工商大学杭州商学院
【刊名】商业文化（下半月）. 2011（05）
【分类号】F259. 2

【序号】20111040
【题名】低碳经济与我国绿色物流的发展
【作者】董葆茗
【机构】河北经贸大学工商管理学院
【刊名】中国流通经济 . 2011（05）
【分类号】F252. 24

【序号】20111041
【题名】物流高技能人才胜任力模型初探
【作者】瞿群臻
【机构】上海海事大学经济管理学院
【刊名】中国流通经济 . 2011（05）
【分类号】F272. 92

【序号】20111042
【题名】加快山东省现代物流业创新发展的政策选择
【作者】李秀荣
【机构】山东财政学院
【刊名】山东财政学院学报 . 2011（03）
【分类号】F259. 2

【序号】20111043
【题名】浙江省现代物流人才需求调查与分析
【作者】施晓敏
【机构】嘉兴学院平湖校区
【刊名】现代商业 . 2011（14）
【分类号】F259. 2

【序号】20111044
【题名】以开发性金融支持现代物流产业系统性融资研究
【作者】戴吋清
【机构】中南大学交通运输工程学院
【刊名】云南民族大学学报（哲学社会科学版）. 2011（03）
【分类号】F832. 2

【序号】20111045
【题名】长株潭发展区域现代物流的 SWOT 分析
【作者】刘红梅
【机构】湖南涉外经济学院
【刊名】中国商贸 . 2011（14）
【分类号】F259. 27

【序号】20111046
【题名】中山市发展保税物流产业的策略分析
【作者】李中全
【机构】中山职业技术学院
【刊名】商业经济 . 2011（09）
【分类号】F259. 2

【序号】20111047
【题名】WebServices 的基本特征及其在现代物流管理信息系统中的应用优势
【作者】刘跃华
【机构】娄底职业技术学院机电工程系
【刊名】软件导刊 . 2011（04）

【分类号】TP393.09

【序号】20111048
【题名】对内蒙古现代物流发展有关问题的探讨
【作者】王寅
【机构】内蒙古自治区运输管理局
【刊名】内蒙古公路与运输.2011（02）
【分类号】F259.27

【序号】20111049
【题名】我国物流产业的现状分析与发展建议
【作者】高宏伟
【机构】内蒙古交通职业技术学院
【刊名】北方交通.2011（04）
【分类号】F259.2

【序号】20111050
【题名】长三角区域物流空间布局及演化特征研究
【作者】沈玉芳
【机构】华东师范大学长江流域发展研究院
【刊名】经济地理.2011（04）
【分类号】F259.27

【序号】20111051
【题名】现代物流业务的模式探索
【作者】施任驰
【机构】中国铁路物资哈尔滨物流有限公司
【刊名】铁路采购与物流.2011（04）
【分类号】F259.2

【序号】20111052
【题名】浅谈重庆市现代物流业发展的现状、问题与对策
【作者】陈黎
【机构】重庆交通大学
【刊名】经营管理者.2011（08）
【分类号】F259.2

【序号】20111053
【题名】现代物流管理及发展趋势
【作者】康薇
【机构】天津生物工程职业技术学院
【刊名】企业研究.2011（08）
【分类号】F252

【序号】20111054
【题名】物流信息化服务方式的博弈研究
【作者】卫振林
【机构】北京交通大学交通运输学院
【刊名】交通运输系统工程与信息.2011（02）
【分类号】F224.32

【序号】20111055
【题名】兰州市现代物流业发展的趋势研究
【作者】何蓉
【机构】兰州交通大学党委宣传部
【刊名】兰州交通大学学报.2011（02）
【分类号】F259.2

【序号】20111056
【题名】商丘市现代物流业发展的SWOT分析
【作者】岳晓东
【机构】北京交通大学交通运输学院
【刊名】物流技术.2011（07）
【分类号】F259.27

【序号】20111057
【题名】现代物流服务企业价值链的分析与构建

【作者】王国顺
【机构】北京工商大学商学院
【刊名】财务与金融 . 2011（02）
【分类号】F259. 2

【序号】20111058
【题名】湖南省基于 SWOT 分析的现代农业物流研究
【作者】彭佳红
【机构】湖南农业大学信息科学技术学院
【刊名】电子商务 . 2011（04）
【分类号】F326. 6

【序号】20111059
【题名】利用现代物流新理论发展军事物流
【作者】王军
【机构】公安海警学院
【刊名】中国市场 . 2011（15）
【分类号】F252

【序号】20111060
【题名】论电子商务条件下现代物流业的发展与升级
【作者】刘斌
【机构】河北工程技术高等专科学校
【刊名】中国商贸 . 2011（11）
【分类号】F259. 2

【序号】20111061
【题名】濮阳市现代物流业发展的调查与建议
【作者】任登魁
【机构】濮阳市政府发展研究中心
【刊名】物流科技 . 2011（04）
【分类号】F259. 2

【序号】20111062
【题名】我国现代物流中心发展对策探析
【作者】蒋欣吟
【机构】湖南女子学院
【刊名】企业家天地（理论版）. 2011（03）
【分类号】F259. 2

【序号】20111063
【题名】关于现代物流企业人力资源管理的思考
【作者】陈惠清
【机构】新汶矿业集团物资供销公司
【刊名】当代经济 . 2011（06）
【分类号】F259. 23

【序号】20111064
【题名】电子商务环境下现代物流的发展探究
【作者】蒙西燕
【机构】西藏大学经济与管理学院
【刊名】商场现代化 . 2011（09）
【分类号】F259. 2

【序号】20111065
【题名】基于 SWOT－PEST 模型的珠海市现代物流业发展分析
【作者】林珊
【机构】华南理工大学土木与交通学院
【刊名】徐州工程学院学报（社会科学版）. 2011（02）
【分类号】F259. 27

二、企业物流

【序号】20102077
【题名】ERP 环境下企业集团物流成本管理研究
【作者】黄树林
【机构】北京交通大学经济管理学院
【刊名】物流技术 . 2010，29（12）
【分类号】F253. 9

【序号】20102078
【题名】企业物流自动化立体仓库设计
【作者】李美霞
【机构】北京交通大学
【刊名】物流技术 . 2010，29（12）
【分类号】F253. 9

【序号】20102079
【题名】信息化在企业物流管理中的作用
【作者】王宇飞
【机构】河南新华物资集团有限公司
【刊名】致富时代：下半月 . 2010（06）
【分类号】F274

【序号】20102080
【题名】基于精益生产方式的企业物流作业成本控制
【作者】黄沫
【机构】广西东方外语职业学院
【刊名】沿海企业与科技 . 2010（05）
【分类号】F275. 3

【序号】20102081
【题名】中小企业物流外包风险的综合评价过程
【作者】马芙玲
【机构】中山火炬职业技术学院
【刊名】大众科技 . 2010（07）
【分类号】F276. 3

【序号】20102082
【题名】制造型企业物流系统的问题与对策研究
【作者】彭光辉
【机构】湖北职业技术学院财经学院
【刊名】电子商务 . 2010（07）
【分类号】F406. 14

【序号】20102083
【题名】企业物流管理中的信息不对称问题及对策分析
【作者】汪小芬
【机构】中南民族大学工商学院
【刊名】决策与信息：下旬 . 2010（05）
【分类号】F273

【序号】20102084
【题名】汽车运输企业物流管理模式初探
【作者】闫海
【机构】九三农垦交通局
【刊名】经济技术协作信息 . 2010（13）
【分类号】F540. 5

【序号】20102085
【题名】企业物流外包决策分析
【作者】梁菊红
【机构】安徽大学工商管理学院
【刊名】合作经济与科技 . 2010（02）

【分类号】F7

【序号】20102086
【题名】连锁经营企业物流配送组织模式分析
【作者】张路路
【机构】河南安阳师范学院经济学院
【刊名】企业导报. 2010（03）
【分类号】F812. 42

【序号】20102087
【题名】关于现代企业物流审计的探析
【作者】王晓燕
【机构】山西财经大学华商学院
【刊名】物流工程与管理. 2010（06）
【分类号】F259. 22

【序号】20102088
【题名】我国大型煤炭企业与物流业联动发展探析
【作者】吴洪刚
【机构】河南工程学院工商管理系
【刊名】中国煤炭. 2010（07）
【分类号】F426. 21

【序号】20102089
【题名】ERP 环境下企业物流持有成本的分析与核算
【作者】秦常龙
【机构】中原工学院经济管理学院
【刊名】价值工程. 2010，29（17）
【分类号】F251

【序号】20102090
【题名】浅谈石油化工销售企业物流保险策略的选择
【作者】杨永刚
【机构】中国石油华南化工销售公司
【刊名】现代商业. 2010（18）
【分类号】F274

【序号】20102091
【题名】浅谈企业物流社会化的途径
【作者】覃欣
【机构】中山市技师学院
【刊名】现代商业. 2010（18）
【分类号】F259. 22

【序号】20102092
【题名】烟草企业物流整合策略探讨
【作者】李建明
【机构】中南大学
【刊名】企业家天地：理论版. 2010（05）
【分类号】F426. 89

【序号】20102093
【题名】基于层次分析法的中小企业物流整体绩效评估模型
【作者】王颖
【机构】中南财经政法大学
【刊名】现代商贸工业. 2010，22（12）
【分类号】F22

【序号】20102094
【题名】供应链物流集成战略的实施要点
【作者】刘启辉
【机构】青岛理工大学
【刊名】中国物流与采购. 2010（12）
【分类号】F274

【序号】20102095
【题名】企业物流成本控制浅析
【作者】李岫嵋
【机构】河北钢铁股份有限公司唐山分公司
【刊名】边疆经济与文化. 2010（07）

【分类号】F224.7

【序号】20102096
【题名】依托铁路运输优势适应货运组织改革促进多经企业物流业务加快发展
【作者】苏顺虎
【机构】铁道部运输局
【刊名】铁道运输与经济.2010，32（06）
【分类号】F259.23

【序号】20102097
【题名】关于运输成本控制的一些思考
【作者】赵文媛
【机构】中国电工设备总公司
【刊名】中国科技博览.2010（17）
【分类号】F2

【序号】20102098
【题名】连锁企业物流成本管理问题及对策
【作者】冯文龙
【机构】成都大学管理学院
【刊名】高科技与产业化.2010（06）
【分类号】F252

【序号】20102099
【题名】我国汽车企业物流资源整合初探
【作者】肖建辉
【机构】广东女子职业技术学院
【刊名】中国流通经济.2010（06）
【分类号】F279.23

【序号】20102100
【题名】上汽通用五菱物流现状分析与改进
【作者】唐远洪
【机构】上汽通用五菱汽车股份有限公司
【刊名】物流科技.2010（06）
【分类号】F272

【序号】20102101
【题名】3PL企业物流金融服务创新性发展对策
【作者】洪璇
【机构】安徽大学管理学院
【刊名】现代商业.2010（14）
【分类号】F274

【序号】20102102
【题名】浅谈油田企业物流的一体化管理
【作者】刘海云
【机构】中国石化胜利油田分公司
【刊名】现代商业.2010（14）
【分类号】F274

【序号】20102103
【题名】浅议企业物流成本管理存在的问题和对策
【作者】洪璇
【机构】安徽大学
【刊名】物流工程与管理.2010（05）
【分类号】F275

【序号】20102104
【题名】生产企业物流外包决策行为分析
【作者】周湘峰
【机构】华东交通大学经济管理学院
【刊名】华东经济管理.2010（05）
【分类号】F274

【序号】20102105
【题名】企业物流过程中的成本控制研究
【作者】段青莎
【机构】兰州理工大学合金材料总厂
【刊名】财会研究.2010（12）

【分类号】F275.3

【序号】20102106
【题名】电子商务环境下企业物流运作模式的研究
【作者】靳荣利
【机构】浙江国际海运职业技术学院
【刊名】物流技术 . 2010，29（11）
【分类号】F253.9

【序号】20102107
【题名】基于 SAM 的中小企业物流信息战略模型探讨
【作者】林海松
【机构】广州番禺职业技术学院
【刊名】商场现代化 . 2010（15）
【分类号】F832.33

【序号】20102108
【题名】生产企业物流成本管理研究
【作者】刘阳
【机构】解放军总后勤部军需装备研究所
【刊名】中国市场 . 2010（19）
【分类号】F252

【序号】20102109
【题名】我国制造企业物流成本会计核算研究
【作者】赵菁
【机构】云南能源职业技术学院
【刊名】硅谷 . 2010（05）
【分类号】F23

【序号】20102110
【题名】企业物流外包策略研究
【作者】黄青萍
【机构】桂林高等师范专科学校
【刊名】生产力研究 . 2010（05）
【分类号】F273

【序号】20102111
【题名】中小企业物流管理
【作者】侯兵兵
【机构】安阳师范学院
【刊名】城市建设：下旬 . 2010（05）
【分类号】F274

【序号】20102112
【题名】企业物流成本管理初探
【作者】李蕾
【机构】石家庄信息工程职业学院
【刊名】商情 . 2010（09）
【分类号】F124.3

【序号】20102113
【题名】浅谈企业物流成本会计核算模式
【作者】李秀云
【机构】中国矿业大学管理学院
【刊名】商情 . 2010（11）
【分类号】F274

【序号】20102114
【题名】浅谈企业物流人才开发
【作者】朱洪伟
【机构】河南神火国贸有限公司
【刊名】现代商业 . 2010（15）
【分类号】F274

【序号】20102115
【题名】全球性企业物流发展战略研究
【作者】康登元
【机构】江西旅游商贸职业学院
【刊名】企业经济 . 2010（07）
【分类号】F252

【序号】20102116

【题名】企业物流成本管理存在的问题及对策分析
【作者】邵华
【机构】上海交通大学
【刊名】物流工程与管理 . 2010（07）
【分类号】F253. 7

【序号】20102117
【题名】加强企业物流管理提高企业经济效益
【作者】王在勤
【机构】江苏省盐城技师学院
【刊名】中小企业管理与科技 . 2010（15）
【分类号】F270. 3

【序号】20102118
【题名】供应链企业物流活动的绿色因素分析
【作者】乔鹏亮
【机构】钦州学院政治与经济学系
【刊名】商业时代 . 2010（14）
【分类号】F252

【序号】20102119
【题名】论企业物流成本管理
【作者】孙小佳
【机构】中南财经政法大学会计学院
【刊名】现代商贸工业 . 2010，22（09）
【分类号】F25

【序号】20102120
【题名】企业物流服务外包决策动因及其关系研究
【作者】姚建明
【机构】中国人民大学商学院
【刊名】商业研究 . 2010（05）
【分类号】F270

【序号】20102121
【题名】物流企业开展融资物流业务的运作模式及风险防范研究
【作者】吕玉兰
【机构】盐城工学院经济与管理学院
【刊名】华东经济管理 . 2010（12）
【分类号】F253

【序号】20102122
【题名】制造企业物流成本核算模型研究
【作者】郭红军
【机构】中国矿业大学管理学院
【刊名】现代商贸工业 . 2010（23）
【分类号】F275. 3

【序号】20102123
【题名】制造企业物流成本控制研究
【作者】李金
【机构】重庆理工大学工商管理学院
【刊名】现代商贸工业 . 2010（23）
【分类号】F253. 7

【序号】20102124
【题名】我国企业物流管理中存在的突出问题及解决路径探析
【作者】姚久扬
【机构】泰安亿金物资有限责任公司
【刊名】中国市场 . 2010（45）
【分类号】F252

【序号】20102125
【题名】对石油化工销售企业物流风险及物流保险业务优化的思考
【作者】杨永冈
【机构】中国石油华南化工销售公司
【刊名】中国市场 . 2010（28）
【分类号】F252

【序号】20102126
【题名】论企业逆向物流管理的途径
【作者】崔兴文
【机构】安徽理工大学经济与管理学院
【刊名】中小企业管理与科技（上旬刊）. 2010（11）
【分类号】F274

【序号】20102127
【题名】物流化背景下货物运输企业发展问题研究
【作者】宋金鹏
【机构】长安大学经济与管理学院
【刊名】武汉理工大学学报（社会科学版）. 2010（05）
【分类号】F540

【序号】20102128
【题名】刍议低碳经济下物流企业的经营对策
【作者】葛莉
【机构】桂林航天工业高等专科学校
【刊名】商业时代. 2010（30）
【分类号】F253

【序号】20102129
【题名】电子商务环境下企业物流管理若干问题探索
【作者】赵志强
【机构】西安财经学院
【刊名】商业文化（学术版）. 2010（10）
【分类号】F724. 6

【序号】20102130
【题名】长株潭区域物流企业快速反应策略研究
【作者】王秋林
【机构】长沙民政职业技术学院
【刊名】科技信息. 2010（30）
【分类号】F259. 27

【序号】20102131
【题名】我国大型科技企业物流外包问题研究
【作者】刘伯超
【机构】常州机电职业技术学院经济管理系
【刊名】特区经济. 2010（10）
【分类号】F259. 27

【序号】20102132
【题名】企业内部物流管理分析
【作者】供应科
【机构】陕西延川县永坪炼油厂
【刊名】现代经济信息. 2010（20）
【分类号】F252

【序号】20102133
【题名】国家标准《企业物流成本构成与计算》的不足及改进建议
【作者】涂传清
【机构】江西农业大学
【刊名】中国流通经济. 2010（10）
【分类号】F253. 7

【序号】20102134
【题名】中小物流企业自身信息化建设初探
【作者】董拥军
【机构】河南商业高等专科学校
【刊名】中国商贸. 2010（23）
【分类号】F253. 9

【序号】20102135
【题名】论供应链系统下的企业物流库存管理

【作者】郑东
【机构】贵阳学院
【刊名】中国商贸 . 2010（23）
【分类号】F252

【序号】20102136
【题名】浅论企业物流成本管理
【作者】李鑫
【机构】金堆城钼业股份有限公司
【刊名】科技创新导报 . 2010（30）
【分类号】F275. 3

【序号】20102137
【题名】企业物流管理平台的设计与分析研究
【作者】钮立新
【机构】南京铁道职业技术学院
【刊名】中国商贸 . 2010（23）
【分类号】F253. 9

【序号】20102138
【题名】浅析基于 . NET 架构下的企业物流信息系统
【作者】黄浩
【机构】南京化工职业技术学院
【刊名】中国商贸 . 2010（23）
【分类号】F253

【序号】20102139
【题名】中小型物流企业建立共同配送合作条件的博弈分析
【作者】郭彦玎
【机构】四川大学工商管理学院
【刊名】中国商贸 . 2010（23）
【分类号】F224. 32

【序号】20102140
【题名】石油开采企业物流向社会物流转型的条件及过程分析
【作者】库彬
【机构】北京交通大学经济管理学院
【刊名】物流技术 . 2010，29（12）
【分类号】F253

【序号】20102141
【题名】物流企业战略成本管理创新研究
【作者】汤志飞
【机构】北京交通大学
【刊名】中国商贸 . 2010（23）
【分类号】F253. 7

【序号】20102142
【题名】浅析物流企业营销效果评价方法
【作者】刘吾康
【机构】四川文化产业学院
【刊名】中国商贸 . 2010（20）
【分类号】F274

【序号】20102143
【题名】关于物流企业顾客满意度的分析和研究
【作者】丁文彪
【机构】云南省沥青油料储备保障中心
【刊名】经营管理者 . 2010（20）
【分类号】F274

【序号】20102144
【题名】基于效率改进的企业物流成本会计核算模式研究
【作者】吴彩凤
【机构】无锡工艺职业技术学院经济管理系
【刊名】江苏商论 . 2010（10）
【分类号】F253. 7

【序号】20102145
【题名】基于物流完成周期的企业物流成

本综合控制
【作者】寇猛
【机构】陕西理工学院
【刊名】价值工程.2010（29）
【分类号】F253.7

【序号】20102146
【题名】企业物流外包决策动因因素的结构关系分析
【作者】姚建明
【机构】中国人民大学商学院
【刊名】商业经济与管理.2010（10）
【分类号】F259.22

【序号】20102147
【题名】制造企业物流信息系统的优化与设计
【作者】刘鑫
【机构】湖南铁道职业技术学院
【刊名】物流工程与管理.2010（10）
【分类号】F253.9

【序号】20102148
【题名】企业物流成本控制探析
【作者】郑秀芳
【机构】福建莆田学院管理学院
【刊名】北方经贸.2010（10）
【分类号】F275.3

【序号】20102149
【题名】基于 PSO - BP 网络的煤炭企业物流成本预测
【作者】石永奎
【机构】山东科技大学资源与环境工程学院
【刊名】辽宁工程技术大学学报（自然科学版）.2010（05）
【分类号】F224

【序号】20112001
【题名】企业物流成本管理存在问题及对策
【作者】黄沙
【机构】上海交通大学
【刊名】物流技术与应用.2011（02）
【分类号】F253.7

【序号】20112002
【题名】我国石油企业物流改革探讨
【作者】张轩昂
【机构】长江大学管理学院
【刊名】科技创业月刊.2011（02）
【分类号】F252

【序号】20112003
【题名】中小企业物流管理的现状及思考
【作者】陶宇
【机构】浙江机电职业技术学院
【刊名】企业经济.2011（01）
【分类号】F276.3

【序号】20112004
【题名】一种半虚拟企业物流模式的研究
【作者】周大为
【机构】深圳市成为生物科技有限公司
【刊名】西南大学学报（自然科学版）.2011（01）
【分类号】F274

【序号】20112005
【题名】企业物流服务组织模式与决策动因的对应分析
【作者】姚建明
【机构】中国人民大学商学院
【刊名】当代经济管理.2011（01）
【分类号】F252

【序号】20112006
【题名】流通企业物流成本核算及绩效考核研究
【作者】孙静
【机构】交通运输部财务司
【刊名】公路交通科技（应用技术版）. 2011（01）
【分类号】F715. 5

【序号】20112007
【题名】关中地区企业物流成本改进措施分析
【作者】张鹏程
【机构】西安外事学院商学院
【刊名】物流工程与管理 . 2011（01）
【分类号】F252

【序号】20112008
【题名】从供应链看制造企业物流外包
【作者】耿红山
【机构】许昌职业技术学院财贸经济系
【刊名】电子商务 . 2011（01）
【分类号】F252

【序号】20112009
【题名】国家标准 GB/T 20523—2006《企业物流成本构成与计算》实施中存在的问题及对策
【作者】涂传清
【机构】江西农业大学
【刊名】中国管理信息化 . 2011（02）
【分类号】F275. 3

【序号】20112010
【题名】企业物流外包的管理策略
【作者】张峰
【机构】上海理工大学管理学院
【刊名】中国市场 . 2011（02）
【分类号】F252

【序号】20112011
【题名】农产品企业物流中使用 RFID 障碍因素分析
【作者】彭东华
【机构】北华航天工业学院经济管理系
【刊名】中国商贸 . 2011（02）
【分类号】F323. 7

【序号】20112012
【题名】电力企业物流的特点分析及管理措施探究
【作者】朱良勇
【机构】重庆市电力公司永川供电局
【刊名】中国新技术新产品 . 2011（01）
【分类号】F426. 61

【序号】20112013
【题名】关于我国连锁零售企业物流发展的思考
【作者】朱春玲
【机构】中国人民大学商学院
【刊名】商业时代 . 2011（01）
【分类号】F721. 7

【序号】20112014
【题名】基于物联网的煤炭企业物流信息平台应用研究
【作者】崔曼
【机构】西安科技大学
【刊名】煤炭技术 . 2011（01）
【分类号】TP391. 44

【序号】20112015
【题名】基于信息化的企业物流系统发展研究
【作者】李元爱

【机构】顺德职业技术学院经济管理学院
【刊名】现代经济信息 . 2011（01）
【分类号】F252

【序号】20112016
【题名】论知识经济时代企业物流信息化建设的发展方向
【作者】朱紫茂
【机构】硅湖职业技术学院
【刊名】价值工程 . 2010（36）
【分类号】F259.2

【序号】20112017
【题名】如何赢得跨国企业物流客户
【作者】高杨旭
【机构】沈阳师范大学国际商学院
【刊名】中国商界（下半月）. 2010（12）
【分类号】F259.2

【序号】20112018
【题名】价值链企业物流成本管理浅析
【作者】王瑾琳
【机构】西北农林科技大学经济管理学院
【刊名】商业会计 . 2010（24）
【分类号】F275

【序号】20112019
【题名】优化企业物流成本管理的策略分析
【作者】田芳
【机构】沈阳师范大学旅游管理学院
【刊名】经营管理者 . 2010（24）
【分类号】F253.7

【序号】20112020
【题名】企业物流业务外包的可行性分析与外包实施方案设计
【作者】张江霞
【机构】淮安信息职业技术学院图书馆
【刊名】内蒙古科技与经济 . 2010（23）
【分类号】F259.23

【序号】20112021
【题名】企业物流成本降低的初探
【作者】郑靓婧
【机构】咸宁职业技术学院
【刊名】现代商业 . 2010（35）
【分类号】F253.7

【序号】20112022
【题名】钢铁企业物流绩效评价研究
【作者】王健
【机构】河北钢铁集团有限责任公司
【刊名】物流工程与管理 . 2010（12）
【分类号】F252

【序号】20112023
【题名】企业物流业务流程的一体化重构设计
【作者】王峰
【机构】淮海中联水泥有限公司
【刊名】企业导报 . 2010（12）
【分类号】F274

【序号】20112024
【题名】中小企业物流金融的主要模式与业务流程
【作者】蒋长兵
【机构】浙江工商大学现代商贸研究中心
【刊名】铁道运输与经济 . 2010（12）
【分类号】F276.3

【序号】20112025
【题名】储运企业物流设备安全策略设计
【作者】高波
【机构】军事交通学院

【刊名】中国储运 . 2010（12）
【分类号】TH692. 3

【序号】20112026
【题名】中小企业物流管理探析
【作者】张庆丰
【机构】开封大学财政经济学院
【刊名】中国商贸 . 2011（15）
【分类号】F252

【序号】20112027
【题名】企业物流金融的特点及其发展策略分析
【作者】胡晓婧
【机构】中国投资担保有限公司
【刊名】经济视角（下）. 2011（05）
【分类号】F259. 22

【序号】20112028
【题名】中小企业物流成本管理分析及对策研究
【作者】欧阳少娟
【机构】秦皇岛职业技术学院
【刊名】中国商贸 . 2011（14）
【分类号】F253. 7

【序号】20112029
【题名】企业物流管理绩效评价体系探讨
【作者】崔鹏飞
【机构】河南储备物资管理局机关服务中心
【刊名】新会计 . 2011（04）
【分类号】F253

【序号】20112030
【题名】基于 . NET 的企业物流平台的设计与开发
【作者】张玲玲
【机构】山西轻工职业技术学院
【刊名】太原城市职业技术学院学报 . 2011（04）
【分类号】TP311. 52

【序号】20112031
【题名】基于总图优化理论的企业物流分析
【作者】陈大鹏
【机构】西安建筑科技大学
【刊名】中国商贸 . 2011（12）
【分类号】F252

【序号】20112032
【题名】企业物流外包选择规划问题的研究
【作者】马毅
【机构】辽宁信息职业技术学院
【刊名】中国商贸 . 2011（12）
【分类号】F259. 2

【序号】20112033
【题名】中小企业物流费用成本控制的对策研究
【作者】金浩杰
【机构】浙江财经学院东方学院
【刊名】中国商贸 . 2011（12）
【分类号】F253. 7

【序号】20112034
【题名】企业物流成本管理探讨
【作者】杨静
【机构】遵义市烟草公司余庆县分公司
【刊名】现代商业 . 2011（11）
【分类号】F253. 7

【序号】20112035
【题名】中小企业物流管理系统的设计

【作者】庞丽艳
【机构】吉林财经大学
【刊名】长春工业大学学报（自然科学版）. 2011（02）
【分类号】F276. 3

【序号】20112036
【题名】浅谈生产企业物流成本管理存在的问题及对策
【作者】李胜馨
【机构】福建江夏学院
【刊名】物流工程与管理 . 2011（04）
【分类号】F253. 7

【序号】20112037
【题名】我国企业物流管理中存在的问题及对策研究
【作者】张潜
【机构】长沙通信职业技术学院通信管理系
【刊名】企业家天地 . 2011（04）
【分类号】F259. 2

【序号】20112038
【题名】供应链环境下企业物流成本的构成及控制研究
【作者】李慧兰
【机构】郑州航空工业管理学院
【刊名】中国市场 . 2011（15）
【分类号】F253. 7

【序号】20112039
【题名】浙江省中小型生产企业物流业务外包决策研究
【作者】孙跃兰
【机构】浙江机电职业技术学院
【刊名】中国商贸 . 2011（11）
【分类号】F259. 23

【序号】20112040
【题名】义乌中小企业物流供应链管理
【作者】楼巧玲
【机构】义乌工商职业技术学院
【刊名】中国商贸 . 2011（11）
【分类号】F276. 3

【序号】20112041
【题名】LBS 技术在企业物流调配系统中的应用研究
【作者】毛金莲
【机构】浙江商业职业技术学院
【刊名】丽水学院学报 . 2011（02）
【分类号】F253. 9

【序号】20112042
【题名】企业物流业务外包相关问题探讨
【作者】郑东
【机构】贵阳学院经济与管理科学系
【刊名】商业时代 . 2011（10）
【分类号】F252

【序号】20112043
【题名】我国企业物流成本管理研究
【作者】刘青鸾
【机构】中国海洋大学管理学院
【刊名】中国城市经济 . 2011（03）
【分类号】F253. 7

【序号】20112044
【题名】电子商务环境下企业物流模式选择研究
【作者】屈晓娟
【机构】渭南师范学院
【刊名】中国商贸 . 2011（09）
【分类号】F259. 2

【序号】20112045

【题名】河北省农产品企业物流中的 RFID 应用研究
【作者】张春霞
【机构】北华航天工业学院经济管理系
【刊名】中国商贸 . 2011（09）
【分类号】F326. 6

【序号】20112046
【题名】约束理论视域下企业物流管理分析
【作者】肖绍萍
【机构】广西交通职业技术学院
【刊名】商业时代 . 2011（08）
【分类号】F252

【序号】20112047
【题名】基于 Anylogic 的生产企业物流成本控制研究
【作者】吴国辉
【机构】北京交通大学经济管理学院
【刊名】物流技术 . 2011（05）
【分类号】F253. 7

三、第三方物流

【序号】20103078
【题名】第三方物流企业成本核算问题及对策分析
【作者】向乐乐
【机构】重庆交通大学财经学院
【刊名】财会研究 . 2010（12）
【分类号】F259. 23

【序号】20103079
【题名】基于物流外包下双制造商定价协调研究
【作者】刘华
【机构】广东技术师范学院天河学院
【刊名】物流技术 . 2010（29）
【分类号】F224. 0

【序号】20103080
【题名】存货质押业务中银行对第三方物流的激励契约设计
【作者】韦燕
【机构】电子科技大学经济与管理学院
【刊名】物流技术 . 2010（29）
【分类号】F224. 0

【序号】20103081
【题名】第三方专业物流服务品质评估研究
【作者】张德瑞
【机构】南开大学商学院
【刊名】物流技术 . 2010（29）
【分类号】F253

【序号】20103082
【题名】与第三方物流相关的法律问题
【作者】孟于群
【机构】中国海事仲裁委员会和中国国际经济贸易仲裁委员会
【刊名】中国海商法年刊 . 2010（21）
【分类号】F252

【序号】20103083
【题名】第三方物流企业自身违约风险评估模型
【作者】李倩
【机构】长安大学经济与管理学院
【刊名】西北农林科技大学学报：社会科学版 . 2010（10）
【分类号】F252. 3

【序号】20103084
【题名】不同信用等级条件下第三方物流企业质押融资费率研究
【作者】苑波
【机构】上海海事大学经济管理学院
【刊名】上海第二工业大学学报 . 2010（27）
【分类号】F274

【序号】20103085
【题名】第三方物流服务现状及分析
【作者】刘真真
【机构】河北经贸大学
【刊名】现代商贸工业 . 2010（22）
【分类号】F25

【序号】20103086
【题名】基于第三方逆向物流的合作协调模型设计与实现
【作者】陈虎
【机构】攀枝花学院经济与管理学院
【刊名】开发研究 . 2010（3）
【分类号】F740

【序号】20103087
【题名】第三方物流企业和物流服务使用方合作关系初探
【作者】单璐
【机构】中南民族大学工商学院
【刊名】决策与信息：下旬 . 2010（5）
【分类号】F253

【序号】20103088
【题名】第三方物流企业顾客满意度影响因素研究
【作者】唐振武
【机构】江西交通职业技术学院
【刊名】决策与信息：下旬 . 2010（4）
【分类号】F253. 7

【序号】20103089
【题名】基于 TOPSIS 的第三方物流服务供应商选择方法研究
【作者】李学兰
【机构】安徽科技学院经济管理学院
【刊名】河北北方学院学报：社会科学版 . 2010. （26）
【分类号】F252

【序号】20103090
【题名】欧美第三方物流发展对我国的启示
【作者】欧阳强国
【机构】北京科技大学经济管理学院
【刊名】经济师 . 2010（1）
【分类号】F250

【序号】20103091
【题名】价格激励行为下物流外包的信号博弈研究
【作者】邱厌庆
【机构】四川大学工商管理学院
【刊名】华东经济管理 . 2010（7）
【分类号】F274

【序号】20103092
【题名】基于多任务委托代理的第三方物流激励与监督机制

【作者】屈莉莉
【机构】大连海事大学交通运输管理学院
【刊名】商业研究．2010（7）
【分类号】F224. 32

【序号】20103093
【题名】物流在企业中的重要性
【作者】马秀辰
【机构】西山煤电集团总公司机电总厂
【刊名】山西焦煤科技．2010（B07）
【分类号】TD9

【序号】20103094
【题名】第三方物流模式与运作研究
【作者】杜宜文
【机构】哈尔滨商业大学 MBA 教育中心
【刊名】知识经济．2010（14）
【分类号】F618

【序号】20103095
【题名】基于 AHP 法的食品企业第三方物流服务商选择
【作者】姚茜
【机构】上海海事大学经济管理学院
【刊名】中国储运．2010（7）
【分类号】F752. 02

【序号】20103096
【题名】用信息化战略提升中小型第三方物流企业竞争力
【作者】张玲
【机构】山西财经大学
【刊名】物流工程与管理．2010（6）
【分类号】F253

【序号】20103097
【题名】对降低现代物流费用的浅析
【作者】王卉
【机构】甘肃省农业科学院蔬菜研究所
【刊名】大众商务：下半月．2010（1）
【分类号】F511. 41

【序号】20103098
【题名】3PL 企业物流金融风险防控策略研究
【作者】陈娇
【机构】中南林业科技大学物流学院
【刊名】湖南工业职业技术学院学报．2010.（10）
【分类号】F83

【序号】20103099
【题名】UML 在第三方物流管理信息系统中的应用
【作者】隋艳辉
【机构】西南交通大学物流学院
【刊名】商场现代化．2010（17）
【分类号】F253. 9

【序号】20103100
【题名】第三方物流信息系统功能模块分析
【作者】刘娜
【机构】广东女子职业技术学院
【刊名】企业技术开发．2010.（29）
【分类号】F259. 23

【序号】20103101
【题名】我国第三方物流企业发展模式研究
【作者】吴婕
【机构】上海中侨职业技术学院
【刊名】管理观察．2010（14）
【分类号】F259. 23

【序号】20103102

【题名】新疆第三方物流发展环境和需求浅析
【作者】赵蓉瑾
【机构】石河子大学经济贸易学院
【刊名】市场论坛 . 2010（6）
【分类号】F062. 9

【序号】20103103
【题名】基于客户导向下第三方物流企业的思考
【作者】管声交
【机构】湖南省郴州职业技术学院
【刊名】电子商务 . 2010（6）
【分类号】F259. 23

【序号】20103104
【题名】B2C 电子商务企业自建物流的原因及利弊分析
【作者】张玉红
【机构】北京物资学院商学院
【刊名】商业时代 . 2010（17）
【分类号】F713

【序号】20103105
【题名】论电子商务环境下的物流配送模式的构建
【作者】谢志慧
【机构】大庆职业学院工商管理系
【刊名】价值工程 . 2010（29）
【分类号】F25

【序号】20103106
【题名】第三方物流信息系统外包服务开启新模式
【作者】陈昉
【机构】中远网络物流信息科技有限公司
【刊名】物流时代 . 2010（6）
【分类号】F252. 24

【序号】20103107
【题名】物流运输行业效率优化研究
【作者】孙璐艳
【机构】西南交通大学交通运输学院
【刊名】活力 . 2010（02）
【分类号】F542. 6

【序号】20103108
【题名】无锡新区第三方物流企业构建核心竞争力的影响因素研究
【作者】蒋薇
【机构】南京财经大学
【刊名】物流科技 . 2010（06）
【分类号】F719

【序号】20103109
【题名】第三方物流管理系统的设计与实现
【作者】胡炜
【机构】怀化职业技术学院
【刊名】价值工程 . 2010.（29）
【分类号】F252

【序号】20103110
【题名】现行经济条件下第三方物流企业的振兴策略
【作者】叶善椿
【机构】华东交通大学机电工程学院
【刊名】全国商情：经济理论研究 . 2010（09）
【分类号】F259. 23

【序号】20103111
【题名】基于模糊层次法的第三方逆向物流服务商选择评价模型研究
【作者】辽宁工程技术大学
【机构】刘嘉莹
【刊名】财经界 . 2010（07）

【分类号】F253

【序号】20103112
【题名】第三方物流企业目标市场选择
【作者】宋爱苹
【机构】云南经济管理职业学院建筑工程系
【刊名】商业时代. 2010（16）
【分类号】F252

【序号】20103113
【题名】企业物流外包的风险分析与对策研究
【作者】胡明菲
【机构】哈尔滨华联投资有限公司
【刊名】商业经济. 2010（15）
【分类号】F304. 3

【序号】20103114
【题名】第三方物流企业动态联盟成员信息传递模型
【作者】李雪莲
【机构】中山大学岭南学院
【刊名】物流技术. 2010（29）
【分类号】F253

【序号】20103115
【题名】第三方物流产业的市场结构分析
【作者】邓梦云
【机构】福州大学管理学院
【刊名】海峡科学. 2010（11）
【分类号】F253

【序号】20103116
【题名】第三方物流企业在应急物流体系中的支撑作用
【作者】罗书林
【机构】苏州工业职业技术学院管理工程系
【刊名】中国管理信息化. 2010（22）
【分类号】F259. 23

【序号】20103117
【题名】基于供应商库存管理与第三方物流——汽车整车销售物流系统模式探索
【作者】高文
【机构】东风汽车有限公司
【刊名】现代经济信息. 2010（21）
【分类号】F252

【序号】20103118
【题名】论我国第三方物流的发展现状及趋势
【作者】张莹
【机构】中国海洋大学
【刊名】现代经济信息. 2010（21）
【分类号】F252

【序号】20103119
【题名】CTOC 电子商务下的第三方物流
【作者】杨艳
【机构】苏州经贸职业技术学院
【刊名】中小企业管理与科技(上旬刊). 2010（11）
【分类号】F724. 6

【序号】20103120
【题名】第三方逆向物流实施策略研究
【作者】梁志林
【机构】长安大学
【刊名】公路. 2010（10）
【分类号】F253

【序号】20103121
【题名】浅析第三方物流在天津港的典型

应用模式
【作者】李虹
【机构】天津滨海职业学院物流管理系
【刊名】天津科技.2010（05）
【分类号】F552.6

【序号】20103122
【题名】试论我国第三方物流企业物流金融风险及防范
【作者】孟庆亮
【机构】连云港广播电视大学
【刊名】现代商业.2010（30）
【分类号】F259.2

【序号】20103123
【题名】第三方物流信息化运作模式分析
【作者】王成明
【机构】青岛开发区社会保障事业管理中心
【刊名】科技信息.2010（30）
【分类号】F253.9

【序号】20103124
【题名】第三方物流内涵及实施探讨
【作者】贾咏
【机构】中国海洋大学
【刊名】科技传播.2010（20）
【分类号】F253

【序号】20103125
【题名】基于第三方物流企业为协调中心的虚拟库存运作研究
【作者】黄远新
【机构】上海海事大学
【刊名】中国流通经济.2010（10）
【分类号】F259.23

【序号】20103126
【题名】中小型第三方物流企业发展之路
【作者】官倩宁
【机构】广西大学商学院
【刊名】科技创新导报.2010（30）
【分类号】F259.23

【序号】20103127
【题名】第三方物流企业信用证使用风险的合同法救济
【作者】王勇
【机构】河北邯郸市市委党校
【刊名】中国商贸.2010（23）
【分类号】F740.4

【序号】20103128
【题名】第三方物流的现状及发展趋势
【作者】徐立山
【机构】河南安阳师范学院
【刊名】商场现代化.2010（30）
【分类号】F259.2

【序号】20103129
【题名】基于第三方物流的沿江港口企业物流发展模式研究
【作者】高飞
【机构】安庆职业技术学院经济贸易系
【刊名】改革与战略.2010（10）
【分类号】F259.22

【序号】20103130
【题名】第三方物流企业顾客满意度研究
【作者】唐振武
【机构】江西交通职业技术学院
【刊名】廊坊师范学院学报（自然科学版）.2010（05）
【分类号】F274

【序号】20103131

【题名】河南省第三方物流产业发展问题研究
【作者】王文超
【机构】河南财经政法大学工商管理学院
【刊名】江苏商论．2010（10）
【分类号】F259.2

【序号】20103132
【题名】第三方物流系统中权限管理的研究与实现
【作者】王艳
【机构】宁夏大学数学计算机学院
【刊名】计算机系统应用．2010（10）
【分类号】F253

【序号】20103133
【题名】基于平衡计分卡的第三方物流绩效评估
【作者】朱小涛
【机构】中航工业综合技术研究所
【刊名】航空标准化与质量．2010（05）
【分类号】F259.23

【序号】20103134
【题名】第三方物流企业"一对一"营销模式分析
【作者】伍智勇
【机构】南京机电职业技术学院
【刊名】现代商贸工业．2010（20）
【分类号】F253

【序号】20103135
【题名】铁路物资企业发展第三方物流业务的优势和对策
【作者】李庆功
【机构】北京铁路局物资处材料科
【刊名】铁道技术监督．2010（10）
【分类号】F532

【序号】20103136
【题名】第三方物流 RDC 运作模式中基于 SOP 的服务创新
【作者】代湘荣
【机构】武汉交通职业学院
【刊名】物流工程与管理．2010（10）
【分类号】F252

【序号】20103137
【题名】第三方物流企业物流服务失误及其补救策略探讨
【作者】许芳
【机构】中南民族大学管理学院
【刊名】物流工程与管理．2010（10）
【分类号】F253

【序号】20103138
【题名】第三方物流运输服务定价模型与研究
【作者】余木红
【机构】西华大学交通与汽车工程学院
【刊名】物流工程与管理．2010（10）
【分类号】F253

【序号】20103139
【题名】我国邮电分营体制下第三方物流参与模式构想
【作者】李长斌
【机构】大连海事大学交通与物流工程学院
【刊名】物流工程与管理．2010（10）
【分类号】F259.2

【序号】20103140
【题名】自建物流与第三方物流的比较及选择
【作者】佟雅娟
【机构】华北电力大学

【刊名】现代商业 . 2010（29）
【分类号】F252

【序号】20103141
【题名】第三方物流企业发展的问题与对策研究
【作者】马文彬
【机构】安徽大学商学院
【刊名】市场周刊（理论研究）. 2010（10）
【分类号】F253. 9

【序号】20103142
【题名】基于电子商务的第三方物流
【作者】李晓君
【机构】河北经贸大学工商管理学院
【刊名】企业导报 . 2010（10）
【分类号】F724. 6

【序号】20103143
【题名】第三方冷链物流企业营销策略研究
【作者】郭莉莎
【机构】西安财经学院
【刊名】中国科技信息 . 2010（10）
【分类号】F253

【序号】20103144
【题名】基于模糊神经网络的第三方物流项目风险预测
【作者】王慧萍
【机构】武汉理工大学理学院
【刊名】武汉理工大学学报（信息与管理工程版）. 2010（05）
【分类号】F250

【序号】20103145
【题名】第三方物流企业核心竞争力研究
【作者】肖传恩
【机构】中南林业科技大学物流学院
【刊名】中国商贸 . 2010（19）
【分类号】F259. 2

【序号】20103146
【题名】第三方物流企业金融服务中的风险控制研究
【作者】张红丽
【机构】河南工业大学管理学院
【刊名】科技创业月刊 . 2010（10）
【分类号】F259. 23

【序号】20103147
【题名】第三方物流企业管理创新适配过程机制分析：多案例研究
【作者】苏敬勤
【机构】大连理工大学管理学院
【刊名】科学学与科学技术管理 . 2010（10）
【分类号】F259. 23

【序号】20103148
【题名】加快发展石油企业第三方物流
【作者】邱琴
【机构】长江大学管理学院
【刊名】吉林农业 . 2010（10）
【分类号】F426. 22

【序号】20103149
【题名】我国第三方物流业发展探析
【作者】王公强
【机构】西安铁路职业技术学院
【刊名】新西部 . 2010（09）
【分类号】F259. 22

【序号】20103150
【题名】基于 SEM 的第三方物流客户满意度测评模型

【作者】华瑶
【机构】东北电力大学经济管理学院
【刊名】长春大学学报.2010（09）
【分类号】F224

【序号】20103151
【题名】不缺货情形下基于第三方物流的供应链协同补货模型研究
【作者】姚卫新
【机构】东华大学管理学院
【刊名】预测.2010（05）
【分类号】F252

【序号】20103152
【题名】关于第三方物流理论研究探讨
【作者】贾苏绒
【机构】西安铁路职业技术学院
【刊名】科技信息.2010（27）
【分类号】F250

【序号】20103153
【题名】ebXML在第三方物流企业信息交换中的应用研究
【作者】王婷
【机构】兰州交通大学机电技术研究所
【刊名】铁路计算机应用.2010（10）
【分类号】F253.9

【序号】20103154
【题名】高铁时代下如何发展铁路第三方物流
【作者】张晶磊
【机构】上海市联运有限公司
【刊名】铁路采购与物流.2010（09）
【分类号】F532

【序号】20103155
【题名】我国第三方物流研究进展分析
【作者】白平
【机构】西安理工大学经济与管理学院
【刊名】科技管理研究.2010（10）
【分类号】F259.2

【序号】20103156
【题名】电子商务与第三方物流发展关系分析
【作者】熊民庆
【机构】河南省工业学校
【刊名】现代经济信息.2010（18）
【分类号】F252

【序号】20103157
【题名】我国第三方物流运作模式探究
【作者】刘玉茹
【机构】新乡市第一人民医院
【刊名】今日科苑.2010（18）
【分类号】F252

【序号】20103158
【题名】第三方物流民商事法律关系探讨
【作者】唐芳
【机构】中南财经政法大学
【刊名】金卡工程（经济与法）.2010（09）
【分类号】D923

【序号】20103159
【题名】第三方物流企业服务创新模式研究
【作者】段少军
【机构】北京物资学院研究生部
【刊名】物流技术.2010（17）
【分类号】F253

【序号】20103160
【题名】第三方物流企业的自动化立体仓库货位优化策略

【作者】杨磊
【机构】华南理工大学经济与贸易学院
【刊名】物流技术. 2010（17）
【分类号】F253. 9

【序号】20103161
【题名】基于第三方物流的原材料供货的安全性评价
【作者】李建丽
【机构】上海海事大学科学研究院
【刊名】燕山大学学报（哲学社会科学版）. 2010（10）
【分类号】F253

【序号】20103162
【题名】第三方物流企业信息化项目风险控制探析
【作者】李卓勋
【机构】郑州铁路职业技术学院
【刊名】中国管理信息化. 2010（18）
【分类号】F253. 9

【序号】20103163
【题名】第三方物流企业核心竞争力评价模型
【作者】何平基
【机构】内蒙古工业大学机械学院
【刊名】物流工程与管理. 2010（09）
【分类号】F253

【序号】20103164
【题名】论第三方物流战略联盟的实现对策
【作者】于汶艳
【机构】辽宁对外经贸学院
【刊名】物流工程与管理. 2010（09）
【分类号】F252

【序号】20103165
【题名】试论移动物流信息化管理系统在第三方物流企业中的应用
【作者】谌剑波
【机构】上海交通大学
【刊名】物流工程与管理. 2010（09）
【分类号】F253. 9

【序号】20103166
【题名】基于第三方物流的闭环供应链差别定价问题研究
【作者】陈剑
【机构】南开大学商学院
【刊名】物流工程与管理. 2010（09）
【分类号】F274

【序号】20113001
【题名】网站服务质量、第三方物流及顾客满意度研究——以“当当网”为例
【作者】李振婷
【机构】东北财经大学管理科学与工程学院
【刊名】商业文化（下半月）. 2011（02）
【分类号】F724. 6

【序号】20113002
【题名】第三方物流企业协同关系的演化博弈
【作者】李斌
【机构】湖南大学经济与贸易学院
【刊名】统计与决策. 2011（03）
【分类号】F224. 32

【序号】20113003
【题名】第三方物流企业的供应链金融风险测度
【作者】马冬雪
【机构】上海交通大学

【刊名】物流科技 . 2011（02）
【分类号】F259. 23

【序号】20113004
【题名】第三方物流企业绩效评价
【作者】李化
【机构】沈阳工程学院
【刊名】中国集体经济 . 2011（04）
【分类号】F224

【序号】20113005
【题名】基于 DEA 的第三方物流服务商评价与选择
【作者】杨怀珍
【机构】桂林电子科技大学商学院
【刊名】商业时代 . 2011（02）
【分类号】F224

【序号】20113006
【题名】促进我国第三方物流企业发展的对策探析
【作者】程昌盛
【机构】重庆工业职业技术学院
【刊名】经营管理者 . 2011（02）
【分类号】F259. 23

【序号】20113007
【题名】中国第三方物流发展的问题及对策研究
【作者】于凤英
【机构】煤集团七台河分公司物资供应部
【刊名】经营管理者 . 2011（02）
【分类号】F259. 2

【序号】20113008
【题名】基于动态能力的第三方物流企业理念创新
【作者】王宇
【机构】攀枝花学院经济与管理学院
【刊名】生产力研究 . 2011（01）
【分类号】F253

【序号】20113009
【题名】我国第三方物流企业发展对策与建议
【作者】公立
【机构】西京电气总公司
【刊名】物流科技 . 2011（01）
【分类号】F259. 23

【序号】20113010
【题名】第三方物流企业客户关系管理研究
【作者】孙承志
【机构】吉林大学军需科技学院
【刊名】商场现代化 . 2011（01）
【分类号】F274

【序号】20113011
【题名】第三方物流企业核心竞争力研究
【作者】王伟
【机构】广东农工商职业技术学院
【刊名】湖南工业职业技术学院学报 . 2010（06）
【分类号】F259. 23

【序号】20113012
【题名】第三方物流易燃液体运输车辆的选择策略模型
【作者】王昕
【机构】安徽天源物流有限公司
【刊名】信息技术 . 2010（12）
【分类号】F252

【序号】20113013
【题名】第三方物流企业的困境与对策

【作者】李晓琴
【机构】河南工业职业技术学院
【刊名】现代商业．2010（36）
【分类号】F259. 2

【序号】20113014
【题名】第三方物流企业服务营销存在问题及策略探讨
【作者】陈芝韵
【机构】昆山登云科技职业学院
【刊名】现代商业．2010（36）
【分类号】F274

【序号】20113015
【题名】探讨第三方物流及信息化作用
【作者】阿西木江·卡米力
【机构】新疆大学经济与管理学院
【刊名】中国集体经济．2010（36）
【分类号】F259. 2

【序号】20113016
【题名】我国第三方物流发展对策研究
【作者】岳鹏飞
【机构】中国民航管理干部学院
【刊名】中国商贸．2010（29）
【分类号】F259. 2

【序号】20113017
【题名】第三方物流企业物流服务营销策略分析
【作者】彭永芳
【机构】石家庄经济学院商学院
【刊名】中国商贸．2010（29）
【分类号】F253

【序号】20113018
【题名】中国第三方物流企业信用缺失求解
【作者】张泽林
【机构】湘潭大学商学院
【刊名】经营管理者．2010（24）
【分类号】F259. 23

【序号】20113019
【题名】福建第三方物流的发展瓶颈及对策研究
【作者】林昉
【机构】福州大学八方物流学院
【刊名】科技经济市场．2010（12）
【分类号】F259. 2

【序号】20113020
【题名】基于第三方物流的陇南农产品流通模式研究
【作者】代文锋
【机构】兰州商学院信息工程学院
【刊名】电子商务．2010（12）
【分类号】F259. 2

【序号】20113021
【题名】第三方物流合同纠纷解决的有关问题探析——以第三方物流经营人的责任为考察对象
【作者】黄义
【机构】北京交通大学
【刊名】物流技术．2010（Z2）
【分类号】D923. 6

【序号】20113022
【题名】基于模糊评价法的第三方物流选择研究
【作者】赵婷婷
【机构】烟台南山学院
【刊名】现代商贸工业．2010（24）
【分类号】F224

【序号】20113023
【题名】浅析如何提升第三方物流企业核心竞争力
【作者】王伟
【机构】广东农工商职业技术学院
【刊名】物流工程与管理 . 2010（12）
【分类号】F253

【序号】20113024
【题名】制造商监督下的第三方物流集配中心服务契约
【作者】张旭梅
【机构】重庆大学经济与工商管理学院
【刊名】计算机集成制造系统 . 2010（12）
【分类号】F252

【序号】20113025
【题名】第三方物流的现状与发展趋势
【作者】孙赟
【机构】青岛港湾职业技术学院
【刊名】才智 . 2010（35）
【分类号】F259. 2

【序号】20113026
【题名】我国第三方物流企业发展的现状与对策
【作者】林君暖
【机构】广西经济管理干部学院
【刊名】中国商贸 . 2010（28）
【分类号】F259. 2

【序号】20113027
【题名】中美第三方物流企业市场竞争力比较研究
【作者】郭滕达
【机构】国防科学技术大学
【刊名】工业工程与管理 . 2010（06）
【分类号】F253

【序号】20113028
【题名】基于层次分析法的中小型企业第三方物流选择
【作者】白杰
【机构】江苏省无锡科技职业学院管理学院
【刊名】商场现代化 . 2010（35）
【分类号】F259. 2

【序号】20113029
【题名】基于 Wiki 构建第三方物流企业知识共享平台
【作者】张凯
【机构】复旦大学
【刊名】物流科技 . 2010（12）
【分类号】F259. 23

【序号】20113030
【题名】我国第三方物流的发展现状及趋势预测
【作者】梁永安
【机构】江西理工大学
【刊名】物流科技 . 2010（12）
【分类号】F259. 2

【序号】20113031
【题名】我国第三方物流的现状及发展浅析
【作者】钮济莉
【机构】山西财经大学
【刊名】科技情报开发与经济 . 2010（34）
【分类号】F259. 2

【序号】20113032
【题名】浅析电子商务下的第三方物流
【作者】孙毅
【机构】吉林工业职业技术学院商学院
【刊名】才智 . 2010（34）

【分类号】F724.6

【序号】20113033
【题名】浅谈客户关系管理在第三方物流企业中的应用
【作者】高晓英
【机构】江苏海事职业技术学院
【刊名】知识经济.2010（23）
【分类号】F253

【序号】20113034
【题名】作业成本法在第三方物流企业成本管理中的应用
【作者】胡玲玲
【机构】河南工业职业技术学院
【刊名】黑龙江对外经贸.2010（11）
【分类号】F275.3

【序号】20113035
【题名】供应链融资模式下第三方物流消解信息不对称研究
【作者】林飞
【机构】中国人民银行临沂市中心支行
【刊名】金融发展研究.2010（11）
【分类号】F832.4

【序号】20113036
【题名】基于主成分分析的物流企业竞争要素识别与量化研究——以浙江省第三方物流企业为例
【作者】陈溢醴
【机构】浙江工商大学
【刊名】江苏商论.2010（11）
【分类号】F259.2

【序号】20113037
【题名】EDI技术在图书行业第三方物流的应用
【作者】张圣阳
【机构】浙江教育出版社
【刊名】物流工程与管理.2010（11）
【分类号】G230.7

【序号】20113038
【题名】引入第三方物流，提高军队后勤保障能力
【作者】王敏
【机构】总后华北军用物资采购局采购二处
【刊名】现代商业.2010（32）
【分类号】E233

【序号】20113039
【题名】论第三方物流与第四方物流协同发展的必要性
【作者】施智明
【机构】安徽职业技术学院
【刊名】经济师.2010（11）
【分类号】F252

【序号】20113040
【题名】第三方物流的监督博弈研究
【作者】刘盼
【机构】武汉科技大学管理学院
【刊名】技术经济与管理研究.2011（06）
【分类号】F252

【序号】20113041
【题名】我国第三方物流产业发展策略研究
【作者】郭峰
【机构】十堰广播电视大学教育学院
【刊名】中国市场.2011（15）
【分类号】F252

【序号】20113042

【题名】浅议我国第三方物流发展现状及对策
【作者】舒增斌
【机构】浙江工商大学杭州商学院
【刊名】商业文化（下半月）.2011（05）
【分类号】F253

【序号】20113043
【题名】化工企业第三方物流外包探讨
【作者】董迎新
【机构】山西三维集团公司
【刊名】现代营销（学苑版）.2011（05）
【分类号】F259.2

【序号】20113044
【题名】整合、做强第三方物流的思路和政策研究
【作者】郜振廷
【机构】河北经贸大学工商管理学院
【刊名】经济与管理.2011（05）
【分类号】F252

【序号】20113045
【题名】对我国第三方物流发展的思考
【作者】蒋文崇
【机构】吉林大学管理学院
【刊名】商业文化（上半月）.2011（05）
【分类号】F259.2

【序号】20113046
【题名】信任约束下制造企业与第三方物流企业的合约设计
【作者】陈菊红
【机构】西安理工大学工商管理学院
【刊名】华东经济管理.2011（05）
【分类号】F224

【序号】20113047
【题名】第三方物流企业物流金融服务的分析与决策
【作者】袁光珮
【机构】四川大学工商管理学院
【刊名】统计与决策.2011（08）
【分类号】F830.4

【序号】20113048
【题名】基于第三方物流企业角度研究物流金融分析
【作者】张妍雪
【机构】北京物资学院研究生部
【刊名】时代金融.2011（12）
【分类号】F830

【序号】20113049
【题名】浅析我国第三方物流的发展现状及改进思路
【作者】梁松
【机构】长江大学管理学院
【刊名】现代营销（学苑版）.2011（04）
【分类号】F259.2

【序号】20113050
【题名】第三方物流企业定价机制的供需博弈分析
【作者】白燕华
【机构】天津大学马克思主义学院
【刊名】改革与开放.2011（08）
【分类号】F252

【序号】20113051
【题名】第三方物流企业的一对一营销模式研究
【作者】冯彬蔚
【机构】广州科技贸易职业学院
【刊名】中国集体经济.2011（12）
【分类号】F253

【序号】20113052
【题名】第三方物流企业传统定价机制综述
【作者】白燕华
【机构】天津大学马克思主义学院
【刊名】中国证券期货．2011（04）
【分类号】F253

【序号】20113053
【题名】第三方物流企业开展仓储创新服务问题分析
【作者】赵冬
【机构】上海海事大学经济管理学院
【刊名】物流技术．2011（07）
【分类号】F253

【序号】20113054
【题名】关于欠发达地区第三方物流发展现状的研究
【作者】金廷芳
【机构】清远职业技术学院
【刊名】商业文化（上半月）．2011（04）
【分类号】F259.2

【序号】20113055
【题名】农产品第三方物流信息系统研究
【作者】郑瑞银
【机构】江西旅游商贸职业学院
【刊名】中国市场．2011（15）
【分类号】F252

【序号】20113056
【题名】浅析我国第三方物流企业运行模式
【作者】黎娟
【机构】四川天一学院
【刊名】中国商贸．2011（11）
【分类号】F252.24

【序号】20113057
【题名】第三方物流企业绩效评价体系研究
【作者】蒋明
【机构】浙江海洋学院管理学院
【刊名】北方经济．2011（08）
【分类号】F224

【序号】20113058
【题名】我国第三方物流企业成本管理探析
【作者】许菱
【机构】江西理工大学
【刊名】物流科技．2011（04）
【分类号】F253.7

【序号】20113059
【题名】客户导向下的第三方物流企业战略定位研究
【作者】刘玉莹
【机构】兰州工业高等专科学校
【刊名】物流科技．2011（04）
【分类号】F253

【序号】20113060
【题名】基于第三方物流循环取货模式的供应商管理库存系统研究
【作者】潘振
【机构】西南交通大学信息科学与技术学院
【刊名】硅谷．2011（07）
【分类号】F274

【序号】20113061
【题名】广东江门第三方物流行业发展现状与趋势
【作者】谭海花
【机构】江门市第一职业高级中学

【刊名】经济研究导刊 . 2011（10）
【分类号】F259. 2

【序号】20113062
【题名】基于模糊综合评价法的中小型第三方物流企业绩效评价
【作者】姜超雁
【机构】上海海事大学经济管理学院
【刊名】上海海事大学学报 . 2011（01）
【分类号】F224

【序号】20113063
【题名】第三方物流企业营销策略研究
【作者】何亿
【机构】湖南邵阳职业技术学院
【刊名】中国外资 . 2011（06）
【分类号】F253

【序号】20113064
【题名】第三方物流企业物流金融信用评价研究
【作者】潘圣辉
【机构】华东师范大学金融与统计学院
【刊名】金融发展研究 . 2011（03）
【分类号】F224

【序号】20113065
【题名】第三方物流供应商选择不确定语言决策研究
【作者】陈治奎
【机构】山东理工大学管理学院
【刊名】山东理工大学学报（自然科学版）. 2011（02）
【分类号】F224

【序号】20113066
【题名】我国第三方物流企业发展战略分析
【作者】吴畅
【机构】中南大学商学院
【刊名】企业家天地（理论版）. 2011（03）
【分类号】F259. 23

【序号】20113067
【题名】基于 CRM 的第三方物流企业的客户保持战略研究
【作者】王春豪
【机构】石河子大学商学院
【刊名】中国商贸 . 2011（09）
【分类号】F253

【序号】20113068
【题名】基于委托代理模型的第三方物流激励机制研究
【作者】孙天红
【机构】上海理工大学管理学院
【刊名】技术与创新管理 . 2011（02）
【分类号】F224

【序号】20113069
【题名】知识管理在第三方物流企业中的应用探索
【作者】宁开云
【机构】广东省轻工职业技术学校
【刊名】商场现代化 . 2011（08）
【分类号】F259. 23

【序号】20113070
【题名】数据挖掘在第三方物流企业中的应用
【作者】罗娟娟
【机构】厦门海洋职业技术学院
【刊名】物流科技 . 2011（03）
【分类号】TP311. 13

【序号】20113071

【题名】基于改进 TOPSIS 法的第三方物流供应商选择
【作者】刘晓峰
【机构】湖州师范学院商学院
【刊名】物流科技 . 2011（03）
【分类号】F252

四、第四方物流

【序号】20104023
【题名】国内外第四方物流理论述评
【作者】杨益华
【机构】广州铁路职业技术学院
【刊名】经济研究导刊 . 2010（24）
【分类号】F250

【序号】20104024
【题名】基于第四方物流的现代物流园区管理优化
【作者】谭春平
【机构】兰州理工大学国际经济管理学院
【刊名】中国管理信息化 . 2010（16）
【分类号】F259. 2

【序号】20104025
【题名】我国第四方物流发展现状及对策
【作者】王璇
【机构】北京化工大学经济管理学院
【刊名】中国国情国力 . 2010（6）
【分类号】F252

【序号】20104026
【题名】宁波第四方物流平台服务、作业与管理标准体系研究
【作者】戴东生
【机构】宁波市现代物流规划研究院
【刊名】物流技术 . 2010，29（12）
【分类号】F127. 55

【序号】20104027
【题名】第四方物流的风险与防范
【作者】王春朝
【机构】邯郸钢铁集团公司原料部
【刊名】科技信息 . 2010（19）
【分类号】F252

【序号】20104028
【题名】基于第四方物流的第四代港口发展模式研究
【作者】李永辉
【机构】上海海事大学经济管理学院
【刊名】物流科技 . 2010（7）
【分类号】U691

【序号】20104029
【题名】基于宁波港口的第四方物流发展态势与思考
【作者】董华平
【机构】宁波市港航管理局
【刊名】港口科技 . 2010（6）
【分类号】U691. 1

【序号】20104030
【题名】农产品第四方物流发展的理论借鉴

【作者】张秋平
【机构】哈尔滨商业大学经济学院
【刊名】经济研究导刊 . 2010（17）
【分类号】F713. 5

【序号】20104031
【题名】第四方物流参与下的融通仓研究
【作者】熊桂武
【机构】四川外语学院国际商学院
【刊名】改革与战略 . 2010，26（6）
【分类号】F830. 5

【序号】20104032
【题名】国际会展中的第四方物流运作方式研究
【作者】张玉春
【机构】兰州理工大学国际经济管理学院
【刊名】商场现代化 . 2010（16）
【分类号】F253. 9

【序号】20104033
【题名】后金融危机时代第四方物流组织模式探讨
【作者】陈鹏宇
【机构】重庆交通大学交通运输学院
【刊名】物流科技 . 2010（6）
【分类号】F253

【序号】20104034
【题名】第四方物流对我国零售企业发展的贡献
【作者】姚翠玲
【机构】天津市南开社区学院
【刊名】知识经济 . 2010（12）
【分类号】F252

【序号】20104035
【题名】4PL 模式下物流任务分配问题研究

【作者】宋杨
【机构】哈尔滨商业大学管理学院
【刊名】物流技术 . 2010，29（9）
【分类号】F252

【序号】20104036
【题名】我国第四方物流发展战略分析及研究
【作者】叶会秋
【机构】中山市中等专业学校
【刊名】物流工程与管理 . 2010（4）
【分类号】F252

【序号】20104037
【题名】我国西部第四方物流发展研究
【作者】肖伟
【机构】甘肃政法学院经济管理学院
【刊名】商场现代化 . 2010（29）
【分类号】F259. 2

【序号】20104038
【题名】基于约束理论的我国西部第四方物流发展现状分析
【作者】肖伟
【机构】甘肃政法学院经济管理学院
【刊名】物流科技 . 2010（10）
【分类号】F259. 2

【序号】20104039
【题名】淘宝网实施第四方物流的赢利可行性研究
【作者】王南
【机构】广西大学电气工程学院
【刊名】物流科技 . 2010（10）
【分类号】F724. 6

【序号】20104040
【题名】基于 ASP. NET 开发 B/S 模式的

第四方物流信息平台
【作者】黄霞
【机构】江苏科技大学张家港校区
【刊名】微计算机信息 . 2010（27）
【分类号】TP311. 52

【序号】20104041
【题名】我国第四方物流的发展研究
【作者】史玉敏
【机构】海军航空工程学院青岛分院
【刊名】价值工程 . 2010（26）
【分类号】F259. 2

【序号】20104042
【题名】第四方物流环境下的供应商评价优化问题探讨
【作者】牟小俐
【机构】重庆大学经济与工商管理学院
【刊名】商业时代 . 2010（25）
【分类号】F274

【序号】20104043
【题名】基于努力水平的第四方物流企业与第三方物流企业非对称进化博弈分析
【作者】李富昌
【机构】重庆大学经济与工商管理学院
【刊名】管理评论 . 2010（11）
【分类号】F259. 23

【序号】20104044
【题名】基于物流服务的第四方物流运作流程及支持技术研究
【作者】王琦峰
【机构】浙江万里学院
【刊名】工业技术经济 . 2010（11）
【分类号】F253

【序号】20114001
【题名】基于 SOA 的第四方物流信息平台研究
【作者】管卫国
【机构】上海交通大学软件学院
【刊名】微型电脑应用 . 2011（02）
【分类号】TP393. 09

【序号】20114002
【题名】基于客户满意度的第四方物流多属性指派决策机制
【作者】王爱民
【机构】安阳师范学院
【刊名】计算机工程与应用 . 2011（06）
【分类号】F274

【序号】20114003
【题名】AHP－TOPSIS 法在第四方物流供应商选择中的应用
【作者】初艳巍
【机构】合肥工业大学管理学院
【刊名】电子商务 . 2011（01）
【分类号】F259. 2

【序号】20114004
【题名】考虑第三方物流竞争的第四方物流运输与库存外包决策
【作者】李富昌
【机构】云南师范大学经济与管理学院
【刊名】中国管理科学 . 2010（06）
【分类号】F259. 2

【序号】20114005
【题名】第四方物流信息平台功能及架构的研究
【作者】金礼舒
【机构】南京航空航天大学
【刊名】信息与电脑（理论版）. 2010（12）

【分类号】F259.27

【序号】20114006
【题名】第四方物流结构模型的研究
【作者】严维红
【机构】南京广播电视大学
【刊名】中小企业管理与科技（下旬刊）.2010（11）
【分类号】F252

【序号】20114007
【题名】基于4PL的物流系统成本节约及效益分配研究
【作者】范如国
【机构】武汉大学经济与管理学院
【刊名】技术经济.2010（11）
【分类号】F252

【序号】20114008
【题名】C2C电子商务中的第四方物流发展研究
【作者】张运通
【机构】河北大学
【刊名】中国商界（上半月）.2010（11）
【分类号】F724.6

【序号】20114009
【题名】我国第四方物流发展研究
【作者】李晓琴
【机构】河南工业职业技术学院
【刊名】现代商业.2011（14）
【分类号】F259.2

【序号】20114010
【题名】我国第四方物流的发展模式研究
【作者】李健
【机构】江苏科技大学经济管理学院
【刊名】价值工程.2011（13）
【分类号】F252

【序号】20114011
【题名】第四方物流信息的平台功能与架构分析
【作者】杨帆
【机构】吉林大学管理学院
【刊名】情报科学.2011（05）
【分类号】F252

【序号】20114012
【题名】4PL模式下供应链资源整合的收益与风险决策
【作者】姚建明
【机构】中国人民大学商学院
【刊名】系统管理学报.2011（02）
【分类号】F224

【序号】20114013
【题名】论第四方物流模式及其在中国发展的策略
【作者】蔡凯
【机构】合肥工业大学管理学院
【刊名】商品与质量.2011（S4）
【分类号】F259.2

【序号】20114014
【题名】我国第四方物流企业发展的SWOT分析
【作者】孙淑生
【机构】武汉科技大学管理学院
【刊名】物流工程与管理.2011（04）
【分类号】F252

【序号】20114015
【题名】我国第四方物流与咨询管理研究
【作者】严维红
【机构】南京广播电视大学

【刊名】南京广播电视大学学报.2011（01）
【分类号】F259.22

【序号】20114016
【题名】从“云物流”看第四方物流的价值贡献
【作者】徐颖
【机构】东北财经大学
【刊名】现代商业.2011（08）
【分类号】F259.2

【序号】20114017
【题名】基于AHP－Delphi的第四方物流企业竞争力评价模型研究
【作者】刘峰涛
【机构】东华大学
【刊名】工业技术经济.2011（02）
【分类号】F253

【序号】20114018
【题名】基于蚁群算法的第四方物流信息化路径研究
【作者】郑少峰
【机构】福建交通职业技术学院
【刊名】福建商业高等专科学校学报.2011（01）
【分类号】TP301.6

【序号】20114019
【题名】云南中小企业开展第四方物流的环境分析
【作者】杨路明
【机构】云南大学工商管理与旅游管理学院
【刊名】科学决策.2011（02）
【分类号】F252

【序号】20114020
【题名】第四方物流服务质量模糊评价方法研究
【作者】李雯雯
【机构】上海大学管理科学与工程系
【刊名】江苏商论.2011（02）
【分类号】F224

【序号】20114021
【题名】浅议我国第四方物流的发展
【作者】金环
【机构】天津铁道职业技术学院
【刊名】科技创新导报.2011（05）
【分类号】F259.2

【序号】20114022
【题名】第四方物流夹层融资的相关问题浅析
【作者】张清华
【机构】无锡商业职业技术学院
【刊名】中小企业管理与科技(下旬刊).2011（01）
【分类号】F832.4

五、供应链管理

【序号】20105068
【题名】具有需求扰动的供应链协调仿真

研究
【作者】滕春贤
【机构】哈尔滨理工大学系统工程研究所
【刊名】统计与决策 . 2010（16）
【分类号】F274

【序号】20105069
【题名】VMI 在佛山市中小企业供应链管理中应用分析与对策
【作者】王建龙
【机构】河海大学商学院
【刊名】商业文化（学术版）. 2010（08）
【分类号】F274

【序号】20105070
【题名】敏捷供应链知识服务主体的知识交互行为研究
【作者】王道平
【机构】北京科技大学经济管理学院
【刊名】科技进步与对策 . 2010（16）
【分类号】F274

【序号】20105071
【题名】制造企业供应链管理软件系统技术研究
【作者】何英捷
【机构】江苏省金思维信息技术有限公司
【刊名】信息系统工程 . 2010（08）
【分类号】TP311. 52

【序号】20105072
【题名】产业集群企业的低碳供应链管理
【作者】赵广华
【机构】浙江大学管理学院
【刊名】企业管理 . 2010（08）
【分类号】F274

【序号】20105073
【题名】制造行业供应链合作关系对协同及运作绩效影响的实证研究
【作者】曾文杰
【机构】华中科技大学管理学院
【刊名】管理学报 . 2010（08）
【分类号】F274

【序号】20105074
【题名】绿色供应链管理驱动因素、绿色设计与绩效关系
【作者】叶飞
【机构】华南理工大学工商管理学院
【刊名】科学学研究 . 2010（08）
【分类号】F272

【序号】20105075
【题名】基于信息共享增值机制的供应链需求均衡优化
【作者】钟哲辉
【机构】西南交通大学经济管理学院
【刊名】中国管理科学 . 2010（04）
【分类号】F224

【序号】20105076
【题名】战略视角下的供应链信息系统设计思考
【作者】张燕
【机构】铜陵职业技术学院管理系
【刊名】中国管理信息化 . 2010（16）
【分类号】F270. 7

【序号】20105077
【题名】损失厌恶下的供应链收益共享契约研究
【作者】林志炳
【机构】福州大学管理学院
【刊名】管理科学学报 . 2010（08）
【分类号】F274

【序号】20105078
【题名】制造商竞争环境下闭环供应链的均衡与协调策略研究
【作者】山青
【机构】浙江工业大学
【刊名】经济论坛 . 2010（08）
【分类号】F274

【序号】20105079
【题名】供应链价值系统与竞争优势
【作者】沈小平
【机构】深圳大学经济学院
【刊名】物流工程与管理 . 2010（08）
【分类号】F274

【序号】20105080
【题名】供应商—制造商供应链的控制研究
【作者】张劲珊
【机构】广东广播电视大学
【刊名】物流工程与管理 . 2010（08）
【分类号】F274

【序号】20105081
【题名】不确定性条件下供应链协调管理研究
【作者】韦艳丽
【机构】上海电机学院
【刊名】物流工程与管理 . 2010（08）
【分类号】F274

【序号】20105082
【题名】基于 AHP 与 Delphi 法的供应商选择研究
【作者】黄利莹
【机构】武汉科技大学管理学院
【刊名】物流工程与管理 . 2010（08）
【分类号】F224

【序号】20105083
【题名】企业供应链风险管理研究
【作者】张爽
【机构】黑龙江科技学院经济管理学院
【刊名】商业经济 . 2010（15）
【分类号】F274

【序号】20105084
【题名】基于供应链管理的营销物流系统策略整合
【作者】李学工
【刊名】综合运输 . 2010（08）
【分类号】F274

【序号】20105085
【题名】区域一体化架构下的钢铁流通供应链管理模式研究
【作者】严鸽群
【机构】宝钢国际经济贸易有限公司
【刊名】商场现代化 . 2010（23）
【分类号】F426. 31

【序号】20105086
【题名】以竞争情报提升供应链的竞争力
【作者】龚花萍
【机构】南昌大学信息工程学院
【刊名】企业活力 . 2010（08）
【分类号】F272. 9

【序号】20105087
【题名】知识管理在敏捷供应链中的应用研究
【作者】何延岩
【机构】沈阳师范大学管理学院
【刊名】科技管理研究 . 2010（15）
【分类号】G301

【序号】20105088

【题名】协同供应链管理突破企业联盟合作困境的思考
【作者】陶梅
【机构】广州工商职业技术学院
【刊名】经营管理者.2010（15）
【分类号】F274

【序号】20105089
【题名】基于BPR的中小企业供应链业务流程的再造
【作者】李爱军
【机构】滁州学院经济管理系
【刊名】统计与决策.2010（14）
【分类号】F270.7

【序号】20105090
【题名】面向供应链管理的企业ERP系统研究
【作者】颜凌
【机构】太极集团涪陵制药厂
【刊名】科技情报开发与经济.2010（21）
【分类号】F270.7

【序号】20105091
【题名】基于逆向物流的应急供应策略研究
【作者】程序
【机构】上海交通大学中美物流研究院
【刊名】陕西农业科学.2010（04）
【分类号】F224

【序号】20105092
【题名】绿色供应链绩效评价指标体系研究
【作者】张培
【机构】燕山大学经济管理学院
【刊名】中国商界（下半月）.2010（07）
【分类号】F274

【序号】20105093
【题名】成本和需求同时扰动时供应链协调合约研究
【作者】曹二保
【机构】湖南大学经济与贸易学院
【刊名】管理科学学报.2010（07）
【分类号】F273

【序号】20105094
【题名】基于供方定价条件下供应链管理有效协调机制的研究
【作者】缪兴锋
【机构】广东轻工职业技术学院
【刊名】生产力研究.2010（07）
【分类号】F274

【序号】20105095
【题名】基于二维模式的供应链冲突处理策略探析
【作者】王昕旭
【机构】中南财经政法大学工商管理学院
【刊名】内蒙古大学学报（哲学社会科学版）.2010（04）
【分类号】F274

【序号】20105096
【题名】考虑协同信息的供应链合作伙伴选择方法
【作者】刘洪娟
【机构】后勤工程学院现代物流研究所
【刊名】物流技术.2010（13）
【分类号】F273.7

【序号】20105097
【题名】基于多级模糊综合评判法的供应链管理绩效评价
【作者】常娜娜
【机构】烟台南山学院物流管理学院

【刊名】现代商贸工业. 2010（23）
【分类号】F274

【序号】20105098
【题名】中国制造企业的绿色供应链管理
【作者】张曙红
【机构】湖北经济学院工商管理学院
【刊名】企业管理. 2010（23）
【分类号】F274

【序号】20105099
【题名】供应链质量管理免疫的内涵及机理研究
【作者】李全喜
【机构】吉林大学管理学院
【刊名】东北大学学报（社会科学版）. 2010（06）
【分类号】F274

【序号】20105100
【题名】供应链环境下企业研发新产品目标成本管理探讨
【作者】陈海声
【机构】华南理工大学工商管理学院
【刊名】现代财经（天津财经大学学报）. 2010（11）
【分类号】F275. 3

【序号】20105101
【题名】浅析绿色供应链管理在工程项目建设中的应用
【作者】李智勇
【机构】华北水利水电学院
【刊名】山西建筑. 2010（31）：198－199
【分类号】F274

【序号】20105102
【题名】食品供应链质量安全管理模式研究
【作者】张煜
【机构】北京航空航天大学经济管理学院
【刊名】管理评论. 2010（10）：67－74
【分类号】F203

【序号】20105103
【题名】浅议中小企业与供应链管理
【作者】张小利
【机构】江苏电大武进学院
【刊名】中小企业管理与科技(下旬刊). 2010（10）
【分类号】F274

【序号】20105104
【题名】基于企业可持续发展战略的绿色供应链管理
【作者】颜雁
【机构】闽江学院管理学系
【刊名】商业文化（学术版）. 2010（10）
【分类号】F274

【序号】20105105
【题名】煤炭企业绿色供应链管理探析
【作者】杨健
【机构】山西财经大学管理科学与工程学院
【刊名】现代商业. 2010（30）
【分类号】F274

【序号】20105106
【题名】基于服务的供应链管理创新研究
【作者】赵洋
【机构】四川大学工商管理学院
【刊名】中国集体经济. 2010（30）
【分类号】F274

【序号】20105107

【题名】基于供应链管理的港口物流发展模式设计——以江苏沿海港口为例
【作者】董艳梅
【机构】江苏沿海开发研究院
【刊名】特区经济 . 2010（10）
【分类号】F274

【序号】20105108
【题名】基于 IUE - SSC 模型的中国培训业服务供应链管理研究
【作者】章怡
【机构】四川大学工商管理学院
【刊名】中国商贸 . 2010（23）
【分类号】F274

【序号】20105109
【题名】绿色供应链管理的研究与分析
【作者】杨倩兰
【机构】四川大学工商管理学院
【刊名】中国商贸 . 2010（23）
【分类号】F274

【序号】20105110
【题名】电子商务与供应链协同管理模式的探析
【作者】孙国志
【机构】南通大学法政与管理学院
【刊名】中国商贸 . 2010（23）
【分类号】F274

【序号】20105111
【题名】加强食品质量安全供应链管理的构想与对策
【作者】杜淑琴
【机构】宁夏工商职业技术学院旅游管理系
【刊名】中国商贸 . 2010（20）
【分类号】F274

【序号】20105112
【题名】低碳经济下的绿色供应链管理
【作者】黄桂红
【机构】赣南师范学院商学院
【刊名】赣南师范学院学报 . 2010（05）
【分类号】F274

【序号】20105113
【题名】基于供应链管理的 VMI 增值策略研究
【作者】张磊
【机构】上海工程技术大学管理学院
【刊名】商业时代 . 2010（29）
【分类号】F274

【序号】20105114
【题名】商业银行供应链融资的风险及其管理
【作者】林树红
【机构】招商银行
【刊名】南方金融 . 2010（10）
【分类号】F832. 2

【序号】20105115
【题名】基于职业能力培养的供应链管理课程教学改革初探
【作者】夏彩云
【机构】西安铁路职业技术学院物流教研室
【刊名】价值工程 . 2010（29）
【分类号】F274 - 4

【序号】20105116
【题名】供应链管理中的一类分批调度问题
【作者】朱洪利

【机构】曲阜师范大学运筹与管理学院
【刊名】曲阜师范大学学报（自然科学版）. 2010（04）
【分类号】O233

【序号】20105117
【题名】军事供应链供应商管理的博弈分析
【作者】贾建锋
【机构】后勤工程学院
【刊名】物流工程与管理 . 2010（10）
【分类号】E233

【序号】20105118
【题名】基于物联网的药品供应链管理系统
【作者】秦新生
【机构】华南师范大学增城学院
【刊名】物流工程与管理 . 2010（10）
【分类号】F274

【序号】20105119
【题名】供应链管理课程中 ERP 沙盘模拟教学模式研究
【作者】杨剑锋
【机构】郑州大学商学院
【刊名】现代教育技术 . 2010（10）
【分类号】F274

【序号】20105120
【题名】绿色供应链管理绩效评价研究
【作者】赵涛
【机构】天津大学管理学院
【刊名】北京理工大学学报（社会科学版）. 2010（05）
【分类号】F274

【序号】20105121
【题名】浅析现代物流动态供应链模式下的 VMI 管理
【作者】王自柯
【机构】南京工业大学
【刊名】中国商贸 . 2010（19）
【分类号】F274

【序号】20105122
【题名】供应链融资的风险管理
【作者】梁雅乔
【机构】东北财经大学研究生院
【刊名】商场现代化 . 2010（29）
【分类号】F274

【序号】20105123
【题名】国外水泥企业的供应链管理分析及启发
【作者】彭华平
【机构】广西鱼峰水泥股份有限公司
【刊名】大众科技 . 2010（10）
【分类号】F274

【序号】20105124
【题名】信息生命周期管理对供应链管理优化的效应研究
【作者】吴清
【机构】上海工程技术大学管理学院
【刊名】商业时代 . 2010（28）
【分类号】F274

【序号】20105125
【题名】连锁零售企业供应链风险管理策略研究
【作者】丁雪
【机构】重庆工商职业学院
【刊名】现代经济信息 . 2010（19）
【分类号】F717

【序号】20105126
【题名】基于供应链协同管理的生产型企业外协件保供策略研究
【作者】杜梦华
【机构】湖南大学工商管理学院
【刊名】现代商贸工业.2010（19）
【分类号】F274

【序号】20105127
【题名】辽宁装备制造业物流供应链管理的发展战略
【作者】沈艳丽
【机构】沈阳工程学院
【刊名】中国集体经济.2010（27）
【分类号】F274

【序号】20105128
【题名】基于语义Web服务技术的敏捷供应链协同管理研究
【作者】屈莉莉
【机构】大连海事大学
【刊名】微计算机信息.2010（27）
【分类号】TP311.52

【序号】20105129
【题名】供应链管理促进产业集群升级研究
【作者】曹丽莉
【机构】中南财经政法大学工商管理学院
【刊名】管理评论.2010（05）
【分类号】F274

【序号】20105130
【题名】我国危险化学品供应链风险管理体系研究
【作者】张江华
【机构】山东大学应用经济学博士后流动站
【刊名】东岳论丛.2010（09）
【分类号】F274

【序号】20105131
【题名】产业集群供应链协同管理体系构建
【作者】赵广华
【机构】浙江大学管理学院
【刊名】科技进步与对策.2010（18）
【分类号】F274

【序号】20105132
【题名】跨国公司供应链社会责任风险管理研究
【作者】刘晰晰
【机构】北京印刷学院出版传播与管理学院
【刊名】中国商界（下半月）.2010（05）
【分类号】F274

【序号】20105133
【题名】服务供应链运营管理分析
【作者】李红
【机构】九江学院理学院
【刊名】九江学院学报（自然科学版）.2010（03）
【分类号】F274

【序号】20105134
【题名】基于LS－SVM的供应链合作伙伴选择
【作者】肖宇
【机构】华东师范大学信息学院计算中心
【刊名】计算机与数字工程.2010（09）
【分类号】F274

【序号】20105135
【题名】基于企业供应链管理的物联网模

型研究
【作者】孙无极
【机构】南京邮电大学通信与信息工程学院
【刊名】盐城工学院学报（自然科学版）.2010（03）
【分类号】F274

【序号】20105136
【题名】供应链管理与企业核心竞争力
【作者】顾海英
【机构】河南工业大学财务处
【刊名】河南工业大学学报（社会科学版）.2010（03）
【分类号】F274

【序号】20115001
【题名】水电建设项目物资供应链管理要素分析
【作者】杨荣旭
【机构】清华大学
【刊名】水力发电学报.2011（01）
【分类号】F274

【序号】20115002
【题名】供应链管理下的采购管理策略研究
【作者】叶志阳
【机构】江西理工大学经济管理学院
【刊名】商业文化（下半月）.2011（02）
【分类号】F274

【序号】20115003
【题名】关于改进中国汽车零部件行业采购和供应链管理的研究
【作者】任学用
【机构】德尔福沙基诺凌云驱动轴有限公司
【刊名】汽车工程.2011（02）
【分类号】F426.471

【序号】20115004
【题名】我国制造业实施绿色供应链管理研究
【作者】奚雷
【机构】安徽科技学院管理学院
【刊名】重庆科技学院学报（社会科学版）.2011（04）
【分类号】F274

【序号】20115005
【题名】基于供应链管理的物流快速反应系统研究
【作者】杜洪礼
【机构】中国空间技术研究院
【刊名】物流科技.2011（02）
【分类号】F274

【序号】20115006
【题名】基于供应链管理的供应商与制造商关系模型研究
【作者】杨军
【机构】中国空间技术研究院
【刊名】物流科技.2011（02）
【分类号】F274

【序号】20115007
【题名】探析物联网技术对供应链管理的影响
【作者】蒋伟
【机构】江苏联合职业技术学院
【刊名】物流科技.2011（02）
【分类号】F274

【序号】20115008
【题名】中小乡镇企业供应链管理初探

【作者】林渊博
【机构】天津大学
【刊名】中国农机化 . 2011（01）
【分类号】F274

【序号】20115009
【题名】供应链管理在煤炭企业中的应用
【作者】闫建军
【机构】上海大屯能源股份有限公司
【刊名】经营管理者 . 2011（02）
【分类号】F426. 21

【序号】20115010
【题名】供应链管理策略实证分析——基于牛鞭效应治理角度
【作者】袁媛
【机构】安徽理工大学经济与管理学院
【刊名】企业科技与发展 . 2011（02）
【分类号】F274

【序号】20115011
【题名】基于物联网的集成化粮食供应链管理研究
【作者】周行
【机构】河南工业大学经济贸易学院
【刊名】中国农学通报 . 2011（02）
【分类号】F49

【序号】20115012
【题名】我国中餐企业供应链管理模式研究
【作者】耿凯平
【机构】西安交通大学管理学院
【刊名】科技与管理 . 2011（01）
【分类号】F719. 3

【序号】20115013
【题名】CPFR 在快速成长型企业的供应链管理中的应用
【作者】王力
【机构】上海交通大学
【刊名】物流工程与管理 . 2011（01）
【分类号】F274

【序号】20115014
【题名】供应链管理中配送安全模型的探索与研究
【作者】俞仲秋
【机构】上海外国语大学贤达经济人文学院
【刊名】物流工程与管理 . 2011（01）
【分类号】F274

【序号】20115015
【题名】浅析绿色供应链管理的实施
【作者】张晨云
【机构】长江大学管理学院
【刊名】物流工程与管理 . 2011（01）
【分类号】F274

【序号】20115016
【题名】戴尔供应链管理模式对我国企业的启示
【作者】郑金花
【机构】武汉铁路职业技术学院
【刊名】物流工程与管理 . 2011（01）
【分类号】F274

【序号】20115017
【题名】供应链管理课程考试改革研究
【作者】姜玉宏
【机构】后勤工程学院现代物流研究所
【刊名】物流工程与管理 . 2011（01）
【分类号】F274 – 4

【序号】20115018

【题名】我国外贸企业供应链管理成功影响因素的实证研究
【作者】洪江涛
【机构】上海对外贸易学院
【刊名】科学学与科学技术管理.2011（01）
【分类号】F274

【序号】20115019
【题名】中小制造企业供应链管理研究
【作者】李文生
【机构】江门职业技术学院
【刊名】物流科技.2011（01）
【分类号】F276.3

【序号】20115020
【题名】基于供应链管理的低碳经济体系研究
【作者】付芳
【机构】河北农业大学
【刊名】商业会计.2011（01）
【分类号】F274

【序号】20115021
【题名】服装业实施敏捷供应链管理策略的研究
【作者】葛万军
【机构】温州职业技术学院
【刊名】商场现代化.2011（02）
【分类号】F426.86

【序号】20115022
【题名】基于供应链管理的钢铁企业采购策略研究
【作者】黄铭洁
【机构】上海理工大学管理学院
【刊名】商业经济.2011（01）
【分类号】F253.2

【序号】20115023
【题名】基于Web服务的供应链管理系统研究
【作者】蹇崇军
【机构】厦门大学管理学院
【刊名】福建电脑.2010（12）
【分类号】TP311.52

【序号】20115024
【题名】实施供应链管理增强企业竞争力
【作者】李瑶
【机构】中铁十九局集团轨道交通有限公司
【刊名】铁路采购与物流.2010（12）
【分类号】F274

【序号】20115025
【题名】基于供应链管理的房地产企业成本控制研究
【作者】王挨云
【机构】阳煤集团寿阳煤炭管理有限责任公司
【刊名】现代经济信息.2010（24）
【分类号】F293.33

【序号】20115026
【题名】基于Web的供应链管理系统的分析与设计
【作者】陈佳
【机构】齐齐哈尔高等师范专科学校
【刊名】廊坊师范学院学报（自然科学版）.2010（06）
【分类号】F721

【序号】20115027
【题名】基于战略联盟的煤电供应链管理研究
【作者】李永卓
【机构】中国地质大学（北京）

【刊名】中国矿业 . 2010（S1）
【分类号】F426. 2

【序号】20115028
【题名】供应链管理的新模式协作计划、预测与补货
【作者】张建军
【机构】武汉科技大学管理学院
【刊名】商业时代 . 2010（35）
【分类号】F274

【序号】20115029
【题名】煤炭销售供应链管理策略分析
【作者】白秀伟
【机构】北京交通大学
【刊名】河北能源职业技术学院学报 . 2010（04）
【分类号】F426. 21

【序号】20115030
【题名】供应链管理和质量管理集成研究评述
【作者】蒲国利
【机构】西安交通大学管理学院
【刊名】工业工程 . 2010（06）
【分类号】F274

【序号】20115031
【题名】医药行业绿色供应链管理系统功能模型研究
【作者】钮立红
【机构】南京市中医院人事科
【刊名】武汉理工大学学报（信息与管理工程版）. 2010（06）
【分类号】F274

【序号】20115032
【题名】石油化工施工企业的供应链管理
【作者】尚飞
【机构】武汉大学经济管理学院
【刊名】企业导报 . 2010（12）
【分类号】F274

【序号】20115033
【题名】基于绿色供应链理论的人造板企业物流运作模式研究
【作者】王源渊
【机构】中南林业科技大学物流学院
【刊名】物流工程与管理 . 2010（12）
【分类号】F274

【序号】20115034
【题名】供应链管理在施工企业物资管理中的应用探讨
【作者】石彦昌
【机构】中铁物资集团华北有限公司
【刊名】石家庄铁路职业技术学院学报 . 2010（04）
【分类号】F426. 92

【序号】20115035
【题名】基于组织变革的企业供应链管理策略
【作者】曹刚
【机构】湖北工业大学管理学院
【刊名】湖北工业大学学报 . 2010（06）
【分类号】F274

【序号】20115036
【题名】供应链管理背景下的库存管理模式
【作者】崔德忠
【机构】七台河市市委党校
【刊名】中国市场 . 2010（49）
【分类号】F274

【序号】20115037
【题名】刍议房地产业以建立准则层为核心的供应链管理
【作者】邹坦
【机构】江西理工大学经济管理学院
【刊名】现代财经（天津财经大学学报）. 2010（12）
【分类号】F293.33

【序号】20115038
【题名】供应链管理风险因素分析
【作者】张婧
【机构】首都经济贸易大学
【刊名】经济研究导刊 . 2010（34）
【分类号】F274

【序号】20115039
【题名】基于供应链管理的家具制造业库存控制研究
【作者】王炳荣
【机构】东营职业学院
【刊名】价值工程 . 2011（16）
【分类号】F253.4

【序号】20115040
【题名】供应链整体营运资金管理分析
【作者】邓连凯
【机构】中国海洋大学管理学院
【刊名】中国管理信息化 . 2011（11）
【分类号】F275.1

【序号】20115041
【题名】建立供应链的全方位价值管理体系
【作者】季皓
【机构】北京联合大学商务学院
【刊名】技术经济与管理研究 . 2011（05）
【分类号】F275

【序号】20115042
【题名】基于模糊神经网络的供应商选择建模
【作者】刘昌法
【机构】西北工业大学机电学院
【刊名】制造业自动化 . 2011（10）
【分类号】TP183

【序号】20115043
【题名】供应链管理环境下的库存控制研究
【作者】王梦影
【机构】武汉理工大学机电工程学院
【刊名】中国外资 . 2011（10）
【分类号】F274

【序号】20115044
【题名】基于修正的模糊 AHP 方法的供应链协作伙伴评估选择
【作者】夏辉
【机构】景德镇高等专科学校
【刊名】科技和产业 . 2011（05）
【分类号】F274

【序号】20115045
【题名】敏捷供应链中库存成本控制的模型与方法
【作者】郑春晓
【机构】肇庆科技职业技术学院会计系
【刊名】中国证券期货 . 2011（05）
【分类号】F253.7

【序号】20115046
【题名】从供应链管理角度浅谈我国物联网的构建
【作者】桂波
【机构】乐山职业技术学院
【刊名】中国商贸 . 2011（15）

【分类号】F274

【序号】20115047
【题名】新时期企业供应链管理的分析与探讨
【作者】张洪滨
【机构】胜利石油管理局政策研究室
【刊名】中国商贸 . 2011（15）
【分类号】F274

【序号】20115048
【题名】企业集团供应链风险的识别与评价研究
【作者】耿殿明
【机构】山东工商学院工商管理学院
【刊名】技术与创新管理 . 2011（03）
【分类号】F224

【序号】20115049
【题名】风险偏好下的供应链协同契约机制研究
【作者】孙华
【机构】山东大学
【刊名】云南大学学报（社会科学版）. 2011（03）
【分类号】F274

【序号】20115050
【题名】浅析供应链系统在商业流通企业中的应用
【作者】吴婷婷
【机构】华盛达控股集团北京华商达数据系统科技有限公司
【刊名】现代商业 . 2011（14）
【分类号】F274

【序号】20115051
【题名】供应链管理环境下的供应商评价和选择
【作者】罗智
【机构】中国石化巴陵石化物资装备部
【刊名】现代商业 . 2011（14）
【分类号】F274

【序号】20115052
【题名】供应链管理视角下我国农产品流通中信息服务模式研究
【作者】资武成
【机构】湖南师范大学商学院
【刊名】物流科技 . 2011（05）
【分类号】F326. 6

【序号】20115053
【题名】供应链知识共享绩效评价研究
【作者】冯长利
【机构】大连理工大学工商管理学院
【刊名】科学学与科学技术管理 . 2011（05）
【分类号】F224

【序号】20115054
【题名】物联网在供应链中的应用及对策研究
【作者】王曼
【机构】华中科技大学
【刊名】武汉金融 . 2011（05）
【分类号】F274

【序号】20115055
【题名】基于信任的农产品供应链质量安全控制机制研究
【作者】周杰
【机构】西南政法大学管理学院
【刊名】企业活力 . 2011（05）
【分类号】F322

【序号】20115056

【题名】浅析供应链弹性管理
【作者】王乐乐
【机构】西安外事学院
【刊名】价值工程.2011（13）
【分类号】F274

【序号】20115057
【题名】供应链管理环境下的物资采购
【作者】黄敬梓
【机构】福建水口发电集团有限公司
【刊名】经济师.2011（05）
【分类号】F274

【序号】20115058
【题名】供应链快速响应时间研究分析
【作者】周伊
【机构】西南石油大学经济管理学院
【刊名】经营管理者.2011（09）
【分类号】F274

【序号】20115059
【题名】浅析中国汽车制造企业供应链绩效外部影响因素
【作者】李浩
【机构】甘肃政法学院管理学院
【刊名】经济研究导刊.2011（13）
【分类号】F274

【序号】20115060
【题名】面向敏捷供应链的制造业与物流业联动分析
【作者】张睿
【机构】郑州航空工业管理学院
【刊名】商业时代.2011（12）
【分类号】F259.2

【序号】20115061
【题名】供应链不确定性因素的预防策略
【作者】张铖
【机构】北京化工大学经济管理学院
【刊名】山西财经大学学报.2011（S1）
【分类号】F274

【序号】20115062
【题名】供应链管理在企业物流管理中的应用
【作者】祁泽新
【机构】冀中能源股份公司物资部
【刊名】河北煤炭.2011（02）
【分类号】F274

【序号】20115063
【题名】工程项目供应链管理实现过程分析
【作者】杨耀红
【机构】华北水利水电学院水利学院
【刊名】企业经济.2011（04）
【分类号】F274

【序号】20115064
【题名】食品行业的绿色供应链管理研究
【作者】李晓英
【机构】大连大学旅游学院
【刊名】黑龙江对外经贸.2011（04）
【分类号】F426.82

【序号】20115065
【题名】金融危机冲击下中小企业供应链管理问题及对策研究
【作者】朱伟华
【机构】湖南城市学院经济管理系
【刊名】改革与开放.2011（08）
【分类号】F274

【序号】20115066
【题名】浅谈供应链成本控制的有效方

法——作业成本与目标成本控制的融合应用
【作者】宁欢
【机构】中国石油化工股份有限公司
【刊名】现代商业 . 2011（12）
【分类号】F275. 3

【序号】20115067
【题名】供应和需求不确定条件下物流服务供应链能力协调研究
【作者】王晓立
【机构】华中科技大学管理学院
【刊名】运筹与管理 . 2011（02）
【分类号】F253. 9

【序号】20115068
【题名】需求分布未知且提前期可控的联合库存决策
【作者】宋华明
【机构】南京理工大学经济管理学院
【刊名】运筹与管理 . 2011（02）
【分类号】F274

【序号】20115069
【题名】外包策略下的三级供应链系统协调问题研究
【作者】朱珠
【机构】中国科学院沈阳自动化研究所
【刊名】运筹与管理 . 2011（02）
【分类号】F224

【序号】20115070
【题名】基于供应链的库存管理研究
【作者】邹寒羽
【机构】成都职业技术学院
【刊名】科技信息 . 2011（12）
【分类号】F274

【序号】20115071
【题名】供应链企业信息共享的支撑技术研究
【作者】潘旭阳
【机构】广西工学院鹿山学院
【刊名】中国商贸 . 2011（12）
【分类号】F274

【序号】20115072
【题名】供应链管理视野下的企业物流外包探析
【作者】黄靖
【机构】浙江万里学院现代物流学院
【刊名】福建论坛（社科教育版）. 2011（04）
【分类号】F252

【序号】20115073
【题名】基于委托代理模型的物流供应链任务分配及利益协调机制研究
【作者】文龙光
【机构】湖南工程学院经济管理学院
【刊名】经济问题 . 2011（04）
【分类号】F252

【序号】20115074
【题名】基于物联网技术的物流园区供应链集成管理平台构建
【作者】肖亮
【机构】浙江工商大学现代商贸研究中心
【刊名】电信科学 . 2011（04）
【分类号】TN929. 5

【序号】20115075
【题名】基于商业价值视角的闭环供应链研究新进展
【作者】吕君
【机构】华东师范大学商学院

【刊名】商业经济与管理．2011（04）
【分类号】F224

【序号】20115076
【题名】制造业供应链管理主要问题研究
【作者】尹小勇
【机构】东莞理工学院工商管理学院
【刊名】人民论坛．2011（11）
【分类号】F274

【序号】20115077
【题名】商务协同环境下供应链管理的研究
【作者】李波
【机构】北京交通大学交通运输学院
【刊名】物流技术．2011（07）
【分类号】F274

【序号】20115078
【题名】基于 OWA 算子的供应链风险评估方法
【作者】王文婕
【机构】上海海事大学交通运输学院
【刊名】物流技术．2011（07）
【分类号】F274

【序号】20115079
【题名】基于 SCOR 模型的供应链绩效评估：一个创新的参数 OFE
【作者】童健
【机构】维也纳经济与管理大学运输经济与物流研究所
【刊名】中国管理科学．2011（02）
【分类号】F274

【序号】20115080
【题名】考虑成员风险态度和 VaR 约束时的供应链协调模型
【作者】黄松
【机构】华中科技大学管理学院
【刊名】管理工程学报．2011（02）
【分类号】F274

【序号】20115081
【题名】基于新消费者行为理论的供应链应急预案研究
【作者】姚珣
【机构】西南民族大学管理学院
【刊名】管理工程学报．2011（02）
【分类号】F274

【序号】20115082
【题名】两级供应链上质量控制的动态协调机制研究
【作者】洪江涛
【机构】上海对外贸易学院
【刊名】管理工程学报．2011（02）
【分类号】F274

【序号】20115083
【题名】社会责任环境下供应链的协作与利润分享策略研究
【作者】郭春香
【机构】四川大学工商管理学院
【刊名】管理工程学报．2011（02）
【分类号】F274

【序号】20115084
【题名】基于供应商图示评审网络的复杂产品关键质量源诊断与探测问题研究
【作者】刘远
【机构】南京航空航天大学经济与管理学院
【刊名】管理工程学报．2011（02）
【分类号】F274

【序号】20115085
【题名】供应链绩效的模糊综合评价与Markov预测
【作者】林超
【机构】中国热带农业科学院后勤服务中心
【刊名】科技信息.2011（11）
【分类号】F224

【序号】20115086
【题名】基于CPFR的供应链优化与控制
【作者】郗蒙浩
【机构】北京航空航天大学
【刊名】生产力研究.2011（04）
【分类号】F224

六、配送

【序号】20106051
【题名】现代物流配送的模式与流程
【作者】陈鹏程
【机构】天津海运职业学院
【刊名】科技创新导报.2010（22）
【分类号】F252

【序号】20106052
【题名】基于多式联运的物流配送系统研究与实现
【作者】时岩
【机构】菏泽学院
【刊名】微计算机信息.2010（24）
【分类号】F253.9

【序号】20106053
【题名】单车场车辆路径问题的蚁群算法求解及程序设计
【作者】尹朋珍
【机构】中国地质大学经济管理学院
【刊名】计算机应用与软件.2010（08）
【分类号】O224

【序号】20106054
【题名】基于面向对象的离散事件仿真的VRP问题研究
【作者】孙中悦
【机构】北京交通大学经济管理学院
【刊名】交通运输系统工程与信息.2010（04）
【分类号】U116.2

【序号】20106055
【题名】物流配送中车辆调度优化决策机理分析
【作者】刘安业
【机构】黑龙江省收费公路管理局
【刊名】黑龙江交通科技.2010（08）
【分类号】U116.2

【序号】20106056
【题名】一类基于价格弹性的分销配送优化模型
【作者】叶彩鸿
【机构】宁波大学海运学院
【刊名】武汉理工大学学报.2010（15）
【分类号】F274

【序号】20106057
【题名】物流配送中心选址方法研究
【作者】张大威
【机构】河北经贸大学
【刊名】现代商贸工业．2010（16）
【分类号】F252

【序号】20106058
【题名】基于GIS的物流配送系统设计与实现
【作者】胡志娟
【机构】同济大学经济与管理学院
【刊名】经济论坛．2010（08）
【分类号】F253.9

【序号】20106059
【题名】基于蚁群算法的城市物流配送路径优化
【作者】庞凌
【机构】辽宁装备制造职业技术学院
【刊名】物流工程与管理．2010（08）
【分类号】F224

【序号】20106060
【题名】多物流配送中心选址规划的算法分析
【作者】王鑫
【机构】潍坊学院
【刊名】潍坊学院学报．2010（04）
【分类号】F224

【序号】20106061
【题名】基于逆向物流的第三方物流仓储配送规划研究
【作者】李勤
【机构】中国兵器工业第59研究所
【刊名】包装工程．2010（15）
【分类号】F252

【序号】20106062
【题名】考虑时间窗限制条件的配送路线节约法改进
【作者】李艺
【机构】湖南现代物流职业学院
【刊名】中国储运．2010（08）
【分类号】F253.4

【序号】20106063
【题名】基于送收的物流配送车辆路径优化问题研究
【作者】张智勇
【机构】华南理工大学
【刊名】商业时代．2010（21）
【分类号】O224

【序号】20106064
【题名】基于电子商务环境下物流配送系统的设计与实现
【作者】程翠玉
【机构】中国海洋大学
【刊名】科技信息．2010（21）
【分类号】F252

【序号】20106065
【题名】物流配送中心的作用和设施选址决策的研究——以北京中邮物流有限责任公司为例
【作者】武子珺
【机构】北京师范大学经济与工商管理学院
【刊名】山西财经大学学报．2010（s2）
【分类号】F224

【序号】20106066
【题名】基于GIS和蚁群算法的物流配送中心选址研究
【作者】许婷

【机构】南通大学地理科学学院
【刊名】测绘科学 . 2010（06）
【分类号】P208

【序号】20106067
【题名】基于协 PSO 算法的物流配送中心选址研究
【作者】暴伟
【机构】安徽工业大学管理科学与工程学院
【刊名】价值工程 . 2010（31）
【分类号】F252

【序号】20106068
【题名】浅析连锁经营中物流配送系统的优化
【作者】甘泉
【机构】巢湖学院经法系
【刊名】赤峰学院学报（自然科学版）. 2010（10）
【分类号】F253. 4

【序号】20106069
【题名】建设我国电子商务物流配送体系的设想
【作者】李海华
【机构】吉林财经大学
【刊名】中国商贸 . 2010（23）
【分类号】F724. 6

【序号】20106070
【题名】国外发达国家连锁经营企业物流配送经验借鉴
【作者】黄雪莹
【机构】四川大学工商管理学院
【刊名】中国商贸 . 2010（23）
【分类号】F253

【序号】20106071
【题名】我国电子商务物流配送瓶颈及对策研究
【作者】郑秀恋
【机构】吉林财经大学
【刊名】中国商贸 . 2010（20）
【分类号】F724. 6

【序号】20106072
【题名】基于分布估计算法的军事物流配送中心选址决策
【作者】周树德
【机构】中国电子科学研究院
【刊名】中国电子科学研究院学报 . 2010（05）
【分类号】E075

【序号】20106073
【题名】基于 GIS 和遗传算法的物流配送中心选址研究
【作者】林娜
【机构】成都理工大学遥感与 GIS 研究所
【刊名】遥感信息 . 2010（05）
【分类号】F253. 9

【序号】20106074
【题名】基于直觉模糊集的物流配送中心选址决策
【作者】梁雪春
【机构】南京工业大学自动化学院
【刊名】辽宁工程技术大学学报（自然科学版）. 2010（06）
【分类号】F253. 4

【序号】20106075
【题名】基于 SWOT 分析的西部物流中心物流配送研究
【作者】胡长杰

【机构】四川大学工商管理学院
【刊名】企业导报 . 2010（10）
【分类号】F259. 27

【序号】20106076
【题名】关于电子商务物流配送模式的选择探析
【作者】陈银凤
【机构】内蒙古财经学院
【刊名】中国管理信息化 . 2010（20）
【分类号】F252

【序号】20106077
【题名】探讨我国物流企业网店配送的发展方向和趋势
【作者】李宁
【机构】广西经济管理干部学院
【刊名】中国商贸 . 2010（19）
【分类号】F259. 2

【序号】20106078
【题名】电子商务下中小企业的物流配送模式探讨
【作者】陈彩霞
【机构】海南师范大学信息科学技术学院
【刊名】中国商贸 . 2010（19）
【分类号】F259. 2

【序号】20116001
【题名】基于改进粒子群优化算法的物流配送中心选址技术
【作者】胡琳
【机构】湖南工程学院经济管理学院
【刊名】统计与决策 . 2011（04）
【分类号】F253. 9

【序号】20116002
【题名】蚁群算法在物流配送路径优化中的研究
【作者】陈建军
【机构】绍兴文理学院元培学院
【刊名】计算机仿真 . 2011（02）
【分类号】F252

【序号】20116003
【题名】物流配送中心选址双层规划模型与算法
【作者】段刚
【机构】兰州交通大学交通运输学院
【刊名】交通运输系统工程与信息 . 2011（01）
【分类号】F224

【序号】20116004
【题名】基于 GIS 的物流配送系统车辆调度研究
【作者】王小完
【机构】西安建筑科技大学管理学院
【刊名】统计与决策 . 2011（02）
【分类号】F224

【序号】20116005
【题名】基于混沌蚁群算法的物流配送路径问题仿真研究
【作者】高大利
【机构】泉州师范学院
【刊名】赤峰学院学报（自然科学版）. 2011（01）
【分类号】TP18

【序号】20116006
【题名】物流仓储配送优化及其基于射频识别的可视化运作管理
【作者】徐琪
【机构】东华大学旭日工商管理学院

【刊名】中国流通经济 . 2011（01）
【分类号】F250

【序号】20116007
【题名】基于改进蚁群算法的多物流配送中心选址
【作者】王勇
【机构】成都理工大学信息管理学院
【刊名】经营管理者 . 2011（02）
【分类号】F224

【序号】20116008
【题名】电子商务环境下的物流配送管理研究
【作者】陆春华
【机构】巢湖学院图书馆
【刊名】商场现代化 . 2011（03）
【分类号】F259. 2

【序号】20116009
【题名】城市配送的关键信息技术研究
【作者】王甫
【机构】绵阳师范学院
【刊名】价值工程 . 2011（02）
【分类号】F253. 9

【序号】20116010
【题名】基于“断裂点”公式的电子商务物流配送服务半径界定方法
【作者】范月娇
【机构】华侨大学经济与金融学院
【刊名】北京交通大学学报（社会科学版）. 2011（01）
【分类号】F252

【序号】20116011
【题名】一种求解供应链环境下生产—配送问题的集成优化方法
【作者】梁春华
【机构】北京航空航天大学经济管理学院
【刊名】控制与决策 . 2011（01）
【分类号】O224

【序号】20116012
【题名】应急物资混合协同配送模式研究
【作者】刘明
【机构】东南大学系统工程研究所
【刊名】控制与决策 . 2011（01）
【分类号】N945. 15

【序号】20116013
【题名】基于鲍摩—瓦尔夫模型的配送中心选址
【作者】孙浩然
【机构】湖州师范学院商学院
【刊名】物流工程与管理 . 2011（01）
【分类号】F224

【序号】20116014
【题名】基于物流配送中心的物料搬运活性理论分析
【作者】王春晖
【机构】石家庄铁道大学四方学院
【刊名】商品与质量 . 2011（S1）
【分类号】F253. 4

【序号】20116015
【题名】物流配送系统干扰管理模型研究
【作者】胡祥培
【机构】大连理工大学系统工程研究所
【刊名】管理科学学报 . 2011（01）
【分类号】F252

【序号】20116016
【题名】突发事件下应急物资配送问题的改进算法研究

【作者】李坤颖
【机构】昆明理工大学交通工程学院
【刊名】科学技术与工程 . 2011（01）
【分类号】F253. 9

【序号】20116017
【题名】RFID 在物流配送优化中的应用研究
【作者】安庆权
【机构】黑龙江省标准化研究院
【刊名】现代经济信息 . 2011（01）
【分类号】F252

【序号】20116018
【题名】多模糊信息条件下的物料配送路径规划问题研究
【作者】李晋航
【机构】华中科技大学机械科学与工程学院
【刊名】机械工程学报 . 2011（01）
【分类号】TH165. 1

【序号】20116019
【题名】多车场多目标开放式物流配送车辆调度问题的研究
【作者】王海宾
【机构】邢台职业技术学院
【刊名】计算机测量与控制 . 2010（12）
【分类号】TP301. 6

【序号】20116020
【题名】物流配送网络模型演化机制研究
【作者】薛艳肖
【机构】南京大学商学院
【刊名】中国商贸 . 2010（29）
【分类号】F259. 2

【序号】20116021
【题名】物流配送中心配载车辆调度问题研究
【作者】谢天保
【机构】西安理工大学
【刊名】计算机工程与应用 . 2010（36）
【分类号】F250

【序号】20116022
【题名】多配送中心车辆路径问题的两阶段算法
【作者】陈诚
【机构】福建农林大学交通学院
【刊名】三明学院学报 . 2010（06）
【分类号】U116. 2

【序号】20116023
【题名】基于人工蜂群算法的物流配送路径优化
【作者】杨亮
【机构】西安工业大学机电工程学院
【刊名】信息系统工程 . 2010（12）
【分类号】F252

【序号】20116024
【题名】以物联网技术为基础的供应链全过程智能化物流配送服务研究
【作者】窦宇
【机构】四川化工职业技术学院
【刊名】全国商情（理论研究）. 2010（23）
【分类号】F49

【序号】20116025
【题名】面向电子商务的配送中心服务质量评价研究
【作者】任春玉
【机构】黑龙江大学信息科学与技术学院
【刊名】哈尔滨商业大学学报（自然科学版）. 2010（06）

【分类号】F713.36

【序号】20116026
【题名】多目标进化算法在物流配送中心选址中的应用
【作者】张金凤
【机构】广东工业大学应用数学学院
【刊名】广东工业大学学报.2010（04）
【分类号】F224

【序号】20116027
【题名】基于整合约束理论的配送中心仓储运作的仿真优化
【作者】王伟
【机构】郑州轻工业学院经济与管理学院
【刊名】郑州轻工业学院学报（自然科学版）.2010（06）
【分类号】F253.9

【序号】20116028
【题名】基于MATLAB语言的物流配送中心选址模型求解问题研究
【作者】鲁晓丽
【机构】辽宁工业大学
【刊名】辽宁工业大学学报（自然科学版）.2010（06）
【分类号】F224

【序号】20116029
【题名】有时间窗物流配送路径优化问题的并购算法
【作者】刘芳华
【机构】浙江师范大学数理与信息工程学院
【刊名】计算机工程与科学.2010（12）
【分类号】O224

【序号】20116030
【题名】基于改进K-means聚类的物流配送区域划分方法研究
【作者】谷炜
【机构】北京科技大学经济管理学院
【刊名】中国管理信息化.2010（24）
【分类号】F250

【序号】20116031
【题名】基于Petri网的物流配送系统模型研究
【作者】李焰
【机构】武汉理工大学
【刊名】武汉理工大学学报.2010（23）
【分类号】F253.9

【序号】20116032
【题名】基于改进节约法的配送路线优化问题研究
【作者】轩华
【机构】郑州大学管理工程系
【刊名】物流技术.2010（Z2）
【分类号】F253.9

【序号】20116033
【题名】基于构造算法的配送物流成本研究
【作者】曹玮
【机构】河南理工大学能源科学与工程学院
【刊名】物流技术.2010（Z2）
【分类号】F253.7

【序号】20116034
【题名】物流配送中心动态选址模型及算法研究
【作者】税文兵
【机构】西南交通大学物流学院
【刊名】计算机应用研究.2010（12）

【分类号】F252

【序号】20116035
【题名】基于 A－HGA 的某钢材加工配送中心车间调度
【作者】李苗
【机构】天津大学管理与经济学部
【刊名】工业工程与管理．2010（06）
【分类号】F273

【序号】20116036
【题名】基于改进蚁群算法的时间窗约束下物流配送车辆路径优化研究
【作者】张玉春
【机构】南京航空航天大学
【刊名】现代管理科学．2010（12）
【分类号】F253.9

【序号】20116037
【题名】基于 GPS/GIS/GPRS 的可视化物流配送系统设计
【作者】李冉
【机构】北京交通大学交通运输学院
【刊名】物流科技．2010（12）
【分类号】F253.9

【序号】20116038
【题名】具有同时送货和取货特点的单车辆配送路径优化算法
【作者】王艳艳
【机构】西安铁路职业技术学院
【刊名】价值工程．2010（34）
【分类号】F252

【序号】20116039
【题名】物流配送成本分析
【作者】李晓琴
【机构】河南工业职业技术学院
【刊名】商场现代化．2010（34）
【分类号】F253.7

【序号】20116040
【题名】军事物流配送中心作业流程建模与仿真
【作者】冯云
【机构】后勤工程学院后勤信息工程系
【刊名】后勤工程学院学报．2010（06）
【分类号】E075

【序号】20116041
【题名】基于 RFID 技术的应急物资配送管理系统设计
【作者】杨纯朵
【机构】兰州交通大学机电技术研究所
【刊名】起重运输机械．2011（05）
【分类号】F253.9

【序号】20116042
【题名】一种使用遗传算法进行物流配送成本优化方法
【作者】毕浅雨
【机构】辽宁石油化工大学经济管理学院
【刊名】辽宁石油化工大学学报．2011（02）
【分类号】F224

【序号】20116043
【题名】淘宝网物流配送问题研究
【作者】张维
【机构】西安外事学院
【刊名】出国与就业（就业版）．2011（10）
【分类号】F259.2

【序号】20116044
【题名】电子商务环境下第三方物流发展模式探析
【作者】洪梅香

【机构】菏泽学院
【刊名】黑龙江对外经贸.2011（05）
【分类号】F713.36

【序号】20116045
【题名】农产品物流过程追溯中的智能配送系统
【作者】杨信廷
【机构】国家农业信息化工程技术研究中心
【刊名】农业机械学报.2011（05）
【分类号】F323.7

【序号】20116046
【题名】关于构建金华市现代城市物流配送体系的探讨
【作者】吴茹
【机构】金华职业技术学院经济管理学院
【刊名】中国证券期货.2011（05）
【分类号】F259.2

【序号】20116047
【题名】我国电子商务下的物流配送体系研究
【作者】崔磊
【机构】江西财经大学
【刊名】信息系统工程.2011（05）
【分类号】F252

【序号】20116048
【题名】配送中心主功能区域面积分配优化模型及算法
【作者】秦进
【机构】中南大学交通运输工程学院
【刊名】计算机应用研究.2011（05）
【分类号】TP301.6

【序号】20116049
【题名】积极推进国防资源物流配送发展转型
【作者】李志军
【机构】辽宁省军区
【刊名】国防.2011（05）
【分类号】E234

【序号】20116050
【题名】基于复杂网络（CN）的战时配送体系对抗模型研究
【作者】曾已泷
【机构】军事交通学院
【刊名】信息与电脑（理论版）.2011（05）
【分类号】E917

【序号】20116051
【题名】基于车辆共享的软时间窗动态需求车辆路径问题
【作者】王万良
【机构】浙江工业大学
【刊名】计算机集成制造系统.2011（05）
【分类号】F252

【序号】20116052
【题名】北京物美连锁超市物流配送模式探讨
【作者】贾新政
【机构】漯河职业技术学院
【刊名】漯河职业技术学院学报.2011（03）
【分类号】F259.2

【序号】20116053
【题名】基于因子分析的物流配送客户满意度指标量化测评
【作者】王甜源
【机构】中山大学南方学院
【刊名】物流科技.2011（05）

【分类号】F224

【序号】20116054
【题名】智能调度系统在整车物流配送中的开发应用
【作者】莫金康
【机构】安吉汽车物流有限公司
【刊名】上海汽车 . 2011（05）
【分类号】F253. 9

【序号】20116055
【题名】基于蚂蚁算法的物流配送路径的优化
【作者】彭川
【机构】华东交通大学
【刊名】交通科技与经济 . 2011（03）
【分类号】U116. 2

【序号】20116056
【题名】物资配送跟踪系统的关键技术研究
【作者】黄瑞铭
【机构】北京邮电大学
【刊名】中国储运 . 2011（05）
【分类号】F426. 21

【序号】20116057
【题名】基于混合整数规划法的农产品物流配送中心选址模型
【作者】李梦觉
【机构】湖南商学院信息学院
【刊名】统计与决策 . 2011（08）
【分类号】F326. 6

【序号】20116058
【题名】基于免疫算法与 GIS 技术的农产品物流配送中心选址
【作者】钟聪儿
【机构】厦门城市职业学院经济管理学部
【刊名】江南大学学报（自然科学版）. 2011（02）
【分类号】F326. 6

【序号】20116059
【题名】物流信息技术在农产品物流配送中的应用
【作者】齐虎春
【机构】内蒙古化工职业学院
【刊名】农村牧区机械化 . 2011（02）
【分类号】F253. 9

【序号】20116060
【题名】浅论我国商业物流配送中心发展的主要问题及对策
【作者】孙竞译
【机构】许昌职业技术学院
【刊名】中小企业管理与科技（下旬刊）. 2011（04）
【分类号】F259. 2

【序号】20116061
【题名】考虑碳排放的物流配送中心选址
【作者】朱江洪
【机构】西南交通大学交通运输与物流学院
【刊名】铁路采购与物流 . 2011（04）
【分类号】F259. 2

【序号】20116062
【题名】作业成本法在配送企业的应用
【作者】许菁
【机构】山西工程职业技术学院
【刊名】铁路采购与物流 . 2011（04）
【分类号】F275. 3

【序号】20116063

【题名】企业物流配送体系构建初探
【作者】王芳
【机构】山东兖矿集团物资部
【刊名】中国外资 . 2011（08）
【分类号】F252

【序号】20116064
【题名】浅析我国的电子商务与物流配送
【作者】马景华
【机构】海南师范大学信息科学技术学院
【刊名】民营科技 . 2011（04）
【分类号】F259. 2

【序号】20116065
【题名】基于 GIS 的物流配送车辆调度实现与应用
【作者】李惠珠
【机构】广东工贸职业技术学院计算机系
【刊名】长春师范学院学报 . 2011（04）
【分类号】P208

【序号】20116066
【题名】现代物流配送中心选址与布局规划设计
【作者】张安梅
【机构】通化师范学院数学系
【刊名】通化师范学院学报 . 2011（04）
【分类号】F252

【序号】20116067
【题名】基于畅通可靠度的城市物流配送运输网络优化研究
【作者】周骞
【机构】长沙理工大学
【刊名】公路工程 . 2011（02）
【分类号】F224

【序号】20116068
【题名】浅析电子商务环境下的物流配送
【作者】尹慧博
【机构】烟台工程职业技术学院
【刊名】才智 . 2011（11）
【分类号】F259. 26

七、仓储管理

【序号】20107016
【题名】第三方物流进行仓储管理的研究
【作者】李军
【机构】大庆油田物资公司
【刊名】城市建设：下旬 . 2010（6）
【分类号】F259. 23

【序号】20107017
【题名】RFID 应用系统与 ERP 系统间的业务集成
【作者】翟欣玥
【机构】复旦大学软件学院
【刊名】计算机应用与软件 . 2010（08）
【分类号】TP391. 44

【序号】20107018
【题名】基于 CORBA 的 RFID 仓储信息系统集成研究

【作者】高瞻
【机构】重庆邮电大学自动化学院
【刊名】重庆邮电大学学报（自然科学版）.2010（04）
【分类号】TP311.52

【序号】20107019
【题名】基于 RFID 技术仓储管理系统设计研究
【作者】华佳林
【机构】赣南师范学院数学与计算机学院
【刊名】现代商贸工业.2010，22（16）
【分类号】F253.4

【序号】20107020
【题名】RFID 在 SOA－BPM 集成平台仓储管理系统的应用
【作者】米志强
【机构】湖南现代物流职业技术学院
【刊名】物流技术与应用.2010（08）
【分类号】F253.9

【序号】20107021
【题名】基于 Struts＋EJB3.0 的第三方物流仓储系统的实现
【作者】刘树军
【机构】宁夏大学数学计算机学院
【刊名】计算机技术与发展.2010（08）
【分类号】TP311.52

【序号】20107022
【题名】基于 LINQ 三层架构仓库管理系统的设计与实现
【作者】张翼
【机构】黑龙江东方学院
【刊名】黑龙江科技信息.2010（22）
【分类号】TP311.52

【序号】20107023
【题名】配送与仓储管理课程教学改革的实践探索
【作者】李莉
【机构】重庆交通大学管理学院
【刊名】物流工程与管理.2010（07）
【分类号】F253.4－4

【序号】20107024
【题名】仓库管理系统的设计与实现
【作者】郭补军
【机构】太原选煤厂
【刊名】山西焦煤科技.2010（S1）
【分类号】TP311.52

【序号】20107025
【题名】基于 XML 的仓储管理信息系统的设计
【作者】王珂
【机构】山东交通职业学院
【刊名】硅谷.2010（13）
【分类号】TP3

【序号】20107026
【题名】基于射频传感器（RFID）的仓储管理系统
【作者】潘庆玉
【机构】烟台汽车工程职业学院
【刊名】科技传播.2010（13）
【分类号】TP273

【序号】20107027
【题名】第三方物流企业中的仓储管理
【作者】侯静秋
【机构】吉林长春
【刊名】现代商业.2010（18）
【分类号】F259.23

【序号】20107028
【题名】RFID 在仓储管理系统中的应用研究
【作者】杨莉
【机构】天津科技大学包装与印刷工程学院
【刊名】物流技术. 2010，29（12）
【分类号】F253.9

【序号】20107029
【题名】基于 B/S 结构的汽车制造业仓储管理系统
【作者】邹丹
【机构】华东交通大学信息工程学院
【刊名】科技广场. 2010（05）
【分类号】TP311.52

【序号】20107030
【题名】浅谈如何通过信息化手段规范卷烟工业企业烟叶仓储管理工作
【作者】王秀叶
【机构】山东中烟工业有限责任公司青岛卷烟厂
【刊名】价值工程. 2010（30）
【分类号】TS42

【序号】20107031
【题名】电厂仓储物资管理
【作者】尚敏
【机构】中国水利电力物资天津公司
【刊名】现代商业. 2010（30）
【分类号】F253.4

【序号】20107032
【题名】基于 RFID 技术的仓储系统工作流建模研究
【作者】张同亮
【机构】交通运输部公路科学研究院物流工程研究中心
【刊名】交通标准化. 2010（19）
【分类号】TP391.44

【序号】20107033
【题名】株洲电力物料仓储管理系统的设计与实现
【作者】徐述
【机构】湖南城市学院计算机科学系
【刊名】科技信息. 2010（28）
【分类号】TP311.52

【序号】20107034
【题名】服装供应链基于 RFID 的仓储配送智能化管理
【作者】徐琪
【机构】东华大学旭日工商管理学院
【刊名】纺织学报. 2010（11）
【分类号】TP391.44

【序号】20107035
【题名】持续运用信息化手段提高煤炭企业仓储管理精益化水平的探讨
【作者】马小宁
【机构】中国神华能源股份公司神东煤炭集团
【刊名】物流技术. 2010（16）
【分类号】F253.9

【序号】20107036
【题名】矿山企业业务流程优化初探——以冬瓜山铜矿仓储信息管理系统为例
【作者】蒋瑞
【机构】铜陵有色冬瓜山铜矿财务部
【刊名】安徽电子信息职业技术学院学报. 2010（04）
【分类号】F270.7

【序号】20117001
【题名】基于 RFID 技术的仓储管理系统应用研究
【作者】吴翔
【机构】浙江省烟草公司
【刊名】科技创新导报 . 2011（02）
【分类号】TP311. 52

【序号】20117002
【题名】基于 RFID 技术的物流仓储管理系统设计
【作者】邱忠赛
【机构】温州大学
【刊名】商场现代化 . 2011（01）
【分类号】TP311. 52

【序号】20117003
【题名】仓储管理中的图像中间件设计与实现
【作者】王栋
【机构】企业数字化技术教育部工程研究中心
【刊名】计算机应用与软件 . 2010（12）
【分类号】TP391. 41

【序号】20117004
【题名】基于分层 Petri 网的仓储管理建模与验证
【作者】赵珊
【机构】西安建筑科技大学
【刊名】计算机技术与发展 . 2010（12）
【分类号】F252

【序号】20117005
【题名】RFID 触发容错寻址的大型仓储管理系统设计
【作者】肖志良
【机构】佛山市安讯智能科技有限公司
【刊名】科技传播 . 2010（22）
【分类号】TP315

【序号】20117006
【题名】RFID 技术在军用危险品仓储管理中的应用
【作者】张道坤
【机构】解放军理工大学
【刊名】国防技术基础 . 2010（11）
【分类号】TJ089

【序号】20117007
【题名】配件仓储管理系统的设计与开发
【作者】黄俊冬
【机构】江苏省宜兴中等专业学校
【刊名】办公自动化 . 2010（22）
【分类号】TP311. 52

【序号】20117008
【题名】RFID 的食品仓储管理系统
【作者】王丽芳
【机构】上海海事大学信息工程学院
【刊名】科学技术与工程 . 2011（15）
【分类号】TP315

【序号】20117009
【题名】基于条码和 RFID 集成的仓储管理系统数据库设计
【作者】吴翔
【机构】浙江省烟草公司
【刊名】科技资讯 . 2011（14）
【分类号】TP391. 44

【序号】20117010
【题名】条码技术在药品仓储中的应用
【作者】郭书玲
【机构】晋煤集团总医院
【刊名】物流科技 . 2011（05）

【分类号】TP391.44

【序号】20117011
【题名】无线网络：让仓储管理无限延伸
【作者】吴文琦
【刊名】上海信息化.2011（05）
【分类号】F253.4

【序号】20117012
【题名】无线条码扫描技术在黄陵矿业仓储管理中的应用
【作者】常碧侠
【机构】陕西陕煤黄陵矿业物资供应公司
【刊名】中国高新技术企业.2011（13）
【分类号】F426.1

【序号】20117013
【题名】射频识别技术在电力物资仓储管理中的应用
【作者】刘春辉
【机构】吉林省电力有限公司
【刊名】吉林电力.2011（02）
【分类号】TP391.44

【序号】20117014
【题名】仓库管理系统的研究与开发
【作者】刘喜旺
【机构】洛阳中收机械装备有限公司
【刊名】拖拉机与农用运输车.2011（02）
【分类号】TP311.52

【序号】20117015
【题名】融合 WSN 和 RFID 的智能入库管理系统设计
【作者】季德雨
【机构】沈阳航空航天大学计算机学院
【刊名】沈阳航空航天大学学报.2011（02）
【分类号】F253.4

【序号】20117016
【题名】基于 UML 的库存管理系统的研究与设计
【作者】李海兵
【机构】长沙南方职业学院
【刊名】电脑与电信.2011（04）
【分类号】TP311.52

【序号】20117017
【题名】安全库存管理在电能计量资产仓储管理系统中的应用及分析
【作者】付瑾
【机构】安康市供电局
【刊名】科学技术与工程.2011（10）
【分类号】TM933.4

【序号】20117018
【题名】货币物流概念下的仓储管理探讨
【作者】刘金坪
【机构】中国人民银行西安分行
【刊名】西部金融.2011（04）
【分类号】F822.2

【序号】20117019
【题名】浅谈数据挖掘在物流仓储管理中的应用
【作者】徐鑫涛
【机构】东营职业学院计算机系
【刊名】中国科技信息.2011（07）
【分类号】TP311.13

【序号】20117020
【题名】供应链管理环境下仓储管理问题与对策的研究
【作者】马金龙
【机构】上海大屯能源股份有限公司

【刊名】现代经济信息 . 2011（06）
【分类号】F274

【序号】20117021
【题名】物联网中的智能物流仓储系统研究
【作者】黄志雨
【机构】西安建筑科技大学
【刊名】自动化仪表 . 2011（03）
【分类号】TN929. 5